JINGZHOU
CHANG JIANG GONGTIE DAQIAO
SHIGONG JISHU ZONGJIE

荆州长江公铁大桥施工技术总结

中铁大桥局集团有限公司　编著

西南交通大学出版社
·成都·

图书在版编目（CIP）数据

荆州长江公铁大桥施工技术总结 / 中铁大桥局集团有限公司编著. —成都：西南交通大学出版社，2022.7
ISBN 978-7-5643-8777-8

Ⅰ. ①荆… Ⅱ. ①中… Ⅲ. ①长江－铁路公路两用桥－斜拉桥－桥梁工程－荆州 Ⅳ. ①U448.12

中国版本图书馆 CIP 数据核字（2022）第 122436 号

Jingzhou Chang Jiang Gong-Tie Daqiao Shigong Jishu Zongjie
荆州长江公铁大桥施工技术总结

中铁大桥局集团有限公司 / 编 著　　　　责任编辑 / 王同晓
　　　　　　　　　　　　　　　　　　　封面设计 / 曹天擎

西南交通大学出版社出版发行
（四川省成都市金牛区二环路北一段 111 号西南交通大学创新大厦 21 楼　610031）
发行部电话：028-87600564
网址：http://www.xnjdcbs.com
印刷：成都市金雅迪彩色印刷有限公司

成品尺寸　210 mm×285 mm
印张　30.5　字数　751 千　插页　16
版次　2022 年 10 月第 1 版
印次　2022 年 10 月第 1 次

书号　ISBN 978-7-5643-8777-8
定价　190.00 元

图书如有印装质量问题　本社负责退换
版权所有　盗版必究　举报电话：028-87600562

荆州长江公铁大桥施工技术总结
编委会

主任委员：刘杰文

副主任委员：张春新　　潘东发　　徐　进　　农代培　　杨齐海　　叶庆旱

编　　委：李　睿　　郭　宇　　邓桂春　　谢　研　　赵成贵　　徐林桥
　　　　　欧阳大喜　郭应红　　和　乐　　贾　珍　　罗　威　　吴兴红
　　　　　黄红林　　崔　巍　　史瑞斌　　邬　静　　曹忠义　　李　龙
　　　　　吴华斌　　刘汉清　　张金杯　　刘　俊　　王晓敬　　赵顺涛
　　　　　徐　瑜　　王崇艾　　陈成炫　　季　军　　陈开利　　王明智
　　　　　刘亚星　　李泽华　　雷　勇　　王亚斌　　向龙会　　汤忠国
　　　　　宁朝新　　牟　翔　　李　卫　　董继红　　高俊模　　孟庆虎
　　　　　李新华　　何　峰　　王剑峰　　钱云龙　　邓集舟　　阮中革
　　　　　涂满明　　田继开　　刘润泽　　何加江　　刘玲晶　　冯健翔
　　　　　汪建超　　周　伟　　孙传洲　　严友建　　左道兵　　王文江
　　　　　曹　伟　　曾祥员　　曾长栋　　季　强　　付建宏　　徐国亮

1. 4号墩围堰及钻孔施工全景
2. 主墩钻孔施工

基础施工

1. 主桥墩身外观
2. 主塔墩承台施工
3. 2号墩墩身施工

1. 铁路引桥墩身钢筋绑扎
2. 铁路引桥墩身外观
3. 公安岸铁路引桥墩身

1. 合建段双层墩身施工
2. 江陵岸铁路引桥墩身
3. 合建段下层墩柱施工

2 塔柱施工

1. 劲性骨架及索导管初定位
2. 3号墩塔柱下横梁施工
3. 3号墩中塔柱施工

1. 4号墩下塔柱及下横梁施工
2. 4号塔中塔柱施工

1. 上横梁支架吊装
2. 塔柱防裂网片
3. 上塔柱及上横梁施工

③ 钢梁架设

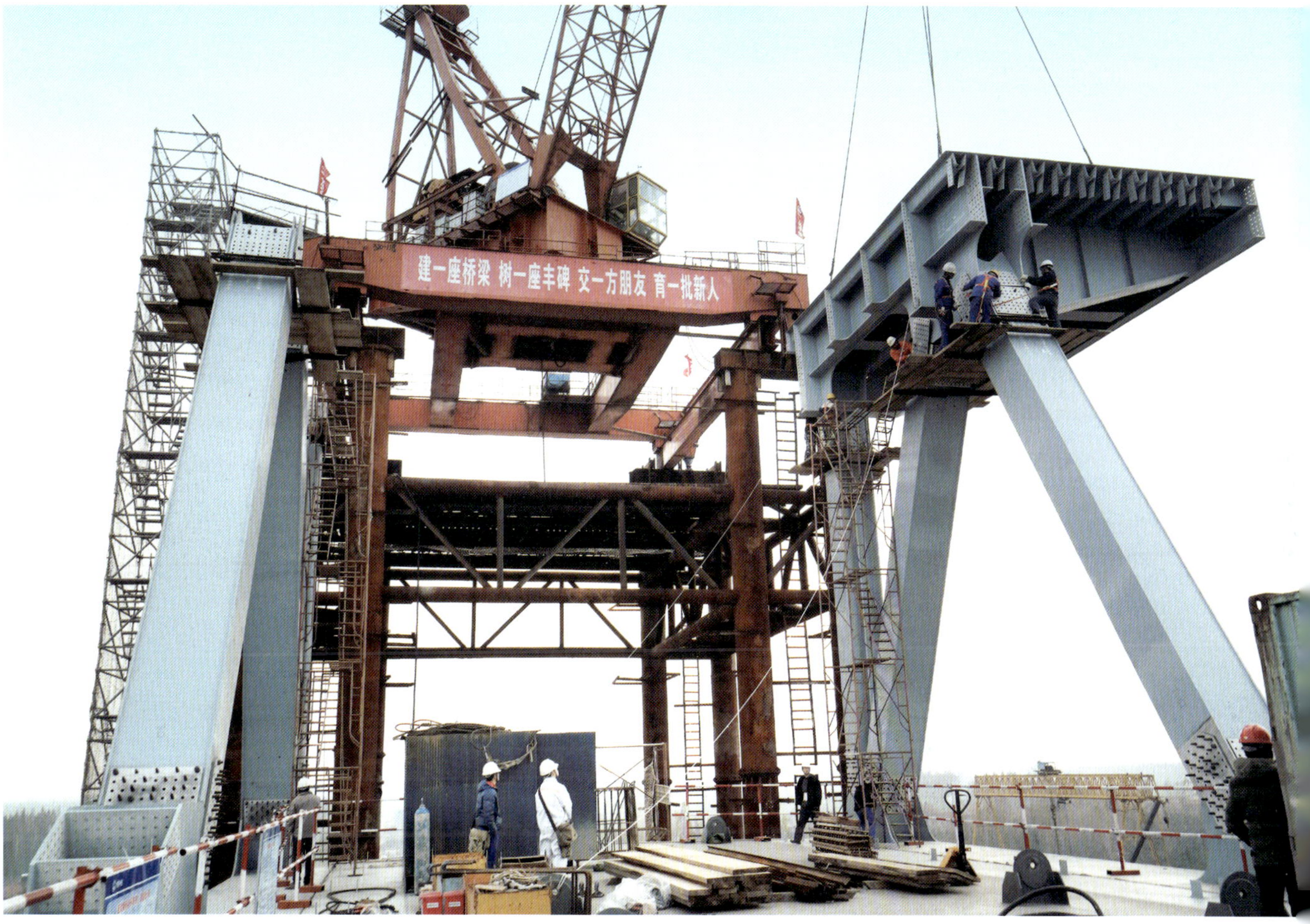

1. 4号墩顶节间钢梁架设
2. 3号墩起始节间钢梁斜拉索挂设完成
3. 4×94.5m 连续钢桁梁首孔鹰架法架设
4. 4×94.5m 连续钢桁梁首节间公路桥面板吊装

1. 4×94.5m 连续钢桁梁运输
2. 4×94.5m 连续钢桁梁首节间架设

1. 斜拉桥钢梁工厂试拼装
2. 斜拉桥伸臂架梁

跨中合龙

1	4	5
2	6	
3		

1. 斜拉桥伸臂架梁
2. 主跨大伸臂架梁
3. 主桥钢梁架设全景
4. 合龙节间公路桥面板吊装
5. 架梁完成
6. 4×94.5m 连续钢桁梁伸臂架设

钢梁桥面浇筑式 CA 沥青摊铺

4 桥面附属

1. 钢梁桥面 SMA 沥青摊铺
2. 钢梁桥面 SMA 沥青摊铺
3. 铁路钢桥面除锈

1. 公路钢桥面除锈
2. 合建段引桥沥青面层摊铺
3. 铁路桥面铺轨完成

1. 主桥公路桥面防腐涂装
2. 主桥公路桥面铺装完成

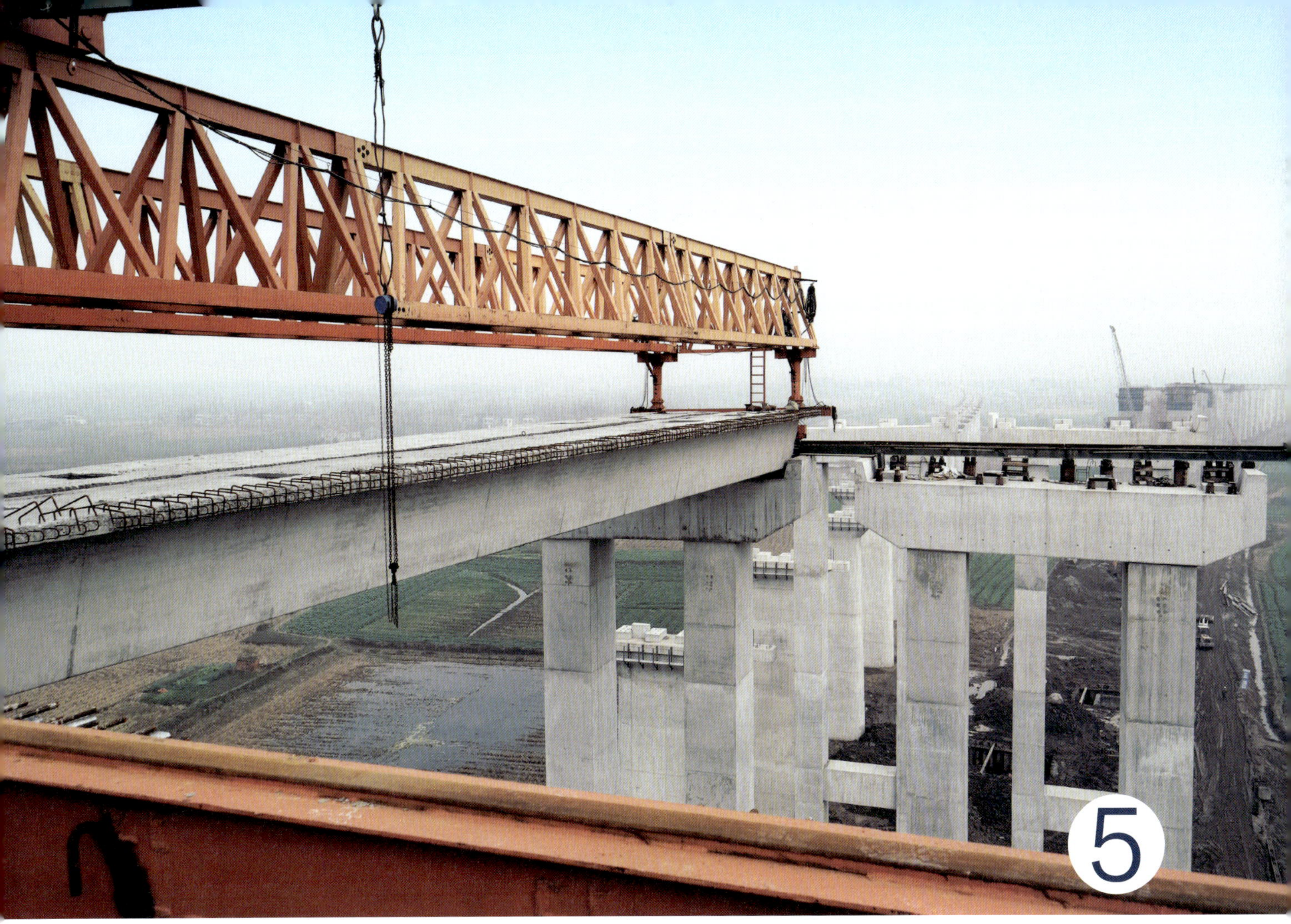

5 引桥架梁

1	1．合建段引桥公路小箱梁架设
2	2．合建段引桥公路小箱梁架设

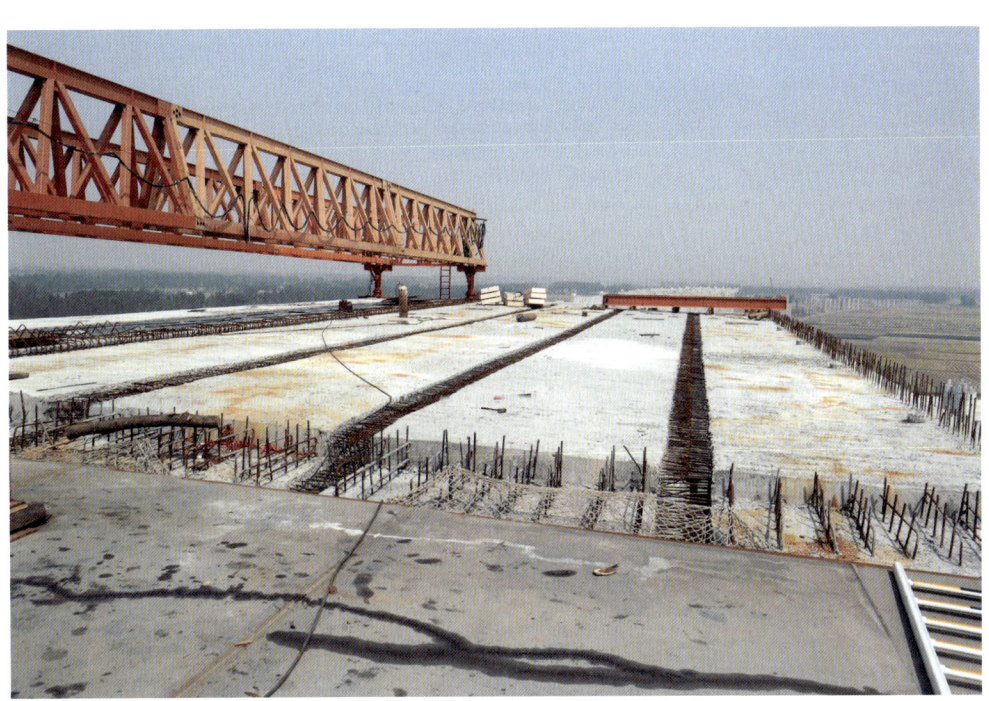

4×94.5m 连续钢桁梁桥基础施工全景

6 引桥全景

7 复耕

| 1 |
| 2 |

1. 江陵岸滩地复耕绿化
2. 公安岸临时用地复耕

前言 Preface

荆州长江公铁大桥位于湖北省荆州市，由江陵县向南跨越长江连接公安县，是国内首条跨越长江的重载铁路——浩吉铁路的关键控制性工程。大桥全长 6 317.822 m，其中公铁合建段长 2 244.8，铁路分建段长 4 073.022 m。合建段公路与铁路采用上下层布置，上层为 100 km/h 双向四车道高速公路，下层为 120 km/h 双线 I 级铁路。公铁合建段主桥长 1 459.6 m，其中通航孔桥为（98+182+518+182+98）m 双塔双索面钢桁斜拉桥，非通航孔为 4×94.5m 连续钢桁梁桥；南北岸引桥公铁合建段均采用 12 孔 32m 预应力混凝土简支梁桥跨布置，铁路为 T 梁，公路为小箱梁。分建段铁路引桥除南岸跨柳子河处采用 70m 跨和 80m 跨预应力混凝土连续箱梁外，其余均采用 32m 跨简支 T 梁的布置形式，北岸共 19 孔，南岸共 93 孔。全桥混凝土总量约 33.9 万立方米，钢筋 2.96 万吨，钢梁 4.2 万吨。

荆州长江公铁大桥于 2013 年 6 月 5 日开工建设，2015 年 12 月 3 日主跨钢梁合龙，2019 年 10 月 1 日全线通车运营（其中公路桥 2019 年 8 月 1 日通车运营）。

本书主要介绍荆州长江公铁大桥施工方面的内容，共分为 6 章，其中第 1 章介绍大桥建设的目的、意义及大桥工程概况；第 2 章简要介绍项目管理组织模式、组织机构及全桥实施性施工组织设计安排；第 3 章简要介绍大桥的设计情况，包括大桥总体设计及桥式方案介绍、主桥部分的通航孔桥和非通航孔桥设计、两岸引桥设计、桥面及附属结构设施设计、河岸防护工程设计等；第 4 章为本书主要技术内容，分别介绍桥梁下部结构施工、桥梁上部结构施工、引桥施工、河岸防护工程施工、桥墩防撞工程施工、施工测量、工程试验、信息化等技术；第 5 章介绍了本项目的科技创新；第 6 章介绍了本项目的静态验收过程。

虽然近 10 年来，我国跨江公铁桥梁有朝着采用大跨、整节段制造和吊装的方向发展的趋势，沉井这一承载力高、抗震性能优异的基础结构也正被广泛应用于千米级跨度桥梁基础中；但是钻孔桩基础、钢桁梁桥散拼架设等传统施工方法依然是国内桥梁施工的主流技术，仍有广阔的应用市场。荆州长江公铁大桥地处荆江河段，桥址处河床覆盖层地质复杂，桩基穿过的卵石土持力层填充物少、易漏浆，堤内外地下水连通，因此，该桥的基础施工和大堤安全防护成了施工中面临的重大难题。又由于桥位河段航运繁忙、长江大堤安全保护极为重要，本桥主桥钢梁施工仍然采取散拼法进行架设。荆州长江公铁大桥于 2013 年 6 月 5 日开工建设的，主墩桩基采用旋转钻机气举反循环工艺钻孔，每墩上 6 台钻机，每墩 36 根 2.8m 桩径的 3 号、4 号墩仅各用 92 天和 110 天就优质快速完成，主跨钢梁于 2016 年 1 月 3 日合龙。通过总结荆州长江公铁大桥的施工经验，本桥的施工工艺在以下几个方面还是值得同行借鉴学习的：

大堤防护及少填充物透水卵石土层环境下大直径桩基成孔技术。主塔墩基础施工采用先围堰后平台方案，避免先平台方案的数量众多、尺寸庞大的临时平台桩群压缩河槽过水断面，可以减小河岸冲刷，保护堤岸安全。钻孔施工中，采取刮刀钻头钻进圆砾土层，楔齿滚刀钻头钻进卵石土层的成孔工艺，配制掺加锯末的泥浆堵漏护壁，解决了透水土层漏浆的难题。

高空不落地简支钢桁梁支模法分层施工塔柱上横梁技术。主塔上横梁为预应力钢筋混凝土结构，高 6.5 m，宽 7 m，长 20.04 m，其顶面距下横梁顶面高达 90.25 m，重达 1 100 t。横梁与塔柱异步施工（上塔柱超前上横梁 2 个节段），上横梁采用不落地的焊接简支钢桁梁支模法施工，长度方向不分段、高度上分层（2 次）浇筑。钢桁梁事先在地面进行模拟预压以获取其弹性变形值，为准确立模提供依据。高空不落地简支钢桁梁支架模拟预压技术及上横梁异步施工方法，既确保了施工质量、有效加快了施工速度，又解决了高空现浇支架预压的难题，避免了高空压重物装卸作业和爬模来回装、拆作业，大大降低了施工安全风险，效果十分显著。

带副桁双层桥面钢桁梁桥散拼法架设施工技术。带副桁及主跨合龙节间双斜杆结构是本桥钢梁结构的特色，虽属 500 m 级桥跨规模，但难度不小。首先，公路桥面板两侧拉索锚箱与副桁连接处的节点结构板件众多，斜副桁、公路横梁、拉索锚箱的系统线空间交汇，投点定位复杂、难度大，锚箱连接处的熔透焊缝引起的节点不规则收缩变形，使得节点制孔困难、精度不易控制，架梁线形控制难度大。其次，非通航孔桥连续钢桁梁桁外悬挑公路桥面板与上弦为一体结构，形状不规则，运输不便，其外倾的重心也使桁间桥面板不易对位、安装难度大。墩顶钢梁短托架法拼装、整节间大块桥面板吊装、钢梁快速架设及合龙创造的速度指标，皆是散拼法架梁工艺上的新突破。

铁路钢桥面新型铺装体系。由于铁路运行的特点，铁路桥面防水的问题历来为大家所关注。本桥铁路桥面铺装最终采用的 UHPC 组合桥面体系，在铁路钢桥上尚属首次使用，故本书对此作了详细介绍。此外，本书也对本桥铁路钢桥面原设计采用的 3 mm 厚弹性环氧聚氨酯 + 石英砂防水层和 6 cm 厚纤维混凝土耐磨层组合的铺装体系试验段施工进行了介绍，以期读者对两种铺装体系的施工特点都能进行了解。

荆州长江公铁大桥的附属工程和验收等内容也是本书的一个特色。附属工程施工是保障铁路正常运营和维养人员开展工作的必要设施，但往往因其

"附属"地位而被疏忽，近年来因桥梁竣工交验时附属工程在设计、施工方面存在的一些短板而受到关注，甚至发生了有的附属工程即使已全部完工仍被要求拆除返工的情况。为此，本书新增加了铁路员工走道和栏杆、铁路声屏障、护轮轨、跨公路（道路）防护、防抛网、桥涵标（灯）、公跨铁区段公路面排水等以往不曾或不怎么编写的附属工程内容，简要介绍了附属工程的施工时机、方法以及竣工交验过程中遇到的问题和改进方法。同时，本书还在关于大桥验收的章节中纳入环境保护、水土保持验收和职业卫生健康验收的相关内容。在当前工程交工验收越来越严格的背景下，希望对类似工程施工和设计人员有所帮助。

由于中国桥梁建设发展日新月异，新材料、新技术、新工艺会不断涌现、推陈出新，鉴于我们水平所限，书中难免有疏漏和不妥之处，如有不当，敬请广大工程技术人员等读者提出指正。

《荆州长江公铁大桥总结》编写组

2022 年 5 月

目录 Contents

1 概述

1.1 大桥建设的目的和意义 ⋯⋯⋯⋯⋯⋯⋯⋯⋯⋯⋯ 002
1.2 大桥概况 ⋯⋯⋯⋯⋯⋯⋯⋯⋯⋯⋯⋯⋯⋯⋯⋯⋯ 002
 1.2.1 桥位及自然条件 ⋯⋯⋯⋯⋯⋯⋯⋯⋯⋯ 002
 1.2.2 主要技术标准 ⋯⋯⋯⋯⋯⋯⋯⋯⋯⋯⋯ 006
 1.2.3 桥梁实施方案 ⋯⋯⋯⋯⋯⋯⋯⋯⋯⋯⋯ 007

2 全桥实施性施工组织设计

2.1 施工组织概述 ⋯⋯⋯⋯⋯⋯⋯⋯⋯⋯⋯⋯⋯⋯ 014
 2.1.1 施工组织机构 ⋯⋯⋯⋯⋯⋯⋯⋯⋯⋯⋯ 014
 2.1.2 总体施工方案 ⋯⋯⋯⋯⋯⋯⋯⋯⋯⋯⋯ 015
 2.1.3 场地布置及大临设施 ⋯⋯⋯⋯⋯⋯⋯⋯ 017
2.2 江陵岸施工组织 ⋯⋯⋯⋯⋯⋯⋯⋯⋯⋯⋯⋯⋯ 018
 2.2.1 施工组织机构 ⋯⋯⋯⋯⋯⋯⋯⋯⋯⋯⋯ 018
 2.2.2 场地布置 ⋯⋯⋯⋯⋯⋯⋯⋯⋯⋯⋯⋯⋯ 019
 2.2.3 施工方法及施工技术措施 ⋯⋯⋯⋯⋯⋯ 022
 2.2.4 主要施工机具设备 ⋯⋯⋯⋯⋯⋯⋯⋯⋯ 024
 2.2.5 电力供应 ⋯⋯⋯⋯⋯⋯⋯⋯⋯⋯⋯⋯⋯ 027
2.3 公安岸施工组织 ⋯⋯⋯⋯⋯⋯⋯⋯⋯⋯⋯⋯⋯ 027
 2.3.1 施工组织机构 ⋯⋯⋯⋯⋯⋯⋯⋯⋯⋯⋯ 027

		2.3.2 场地布置	028
		2.3.3 施工方法及施工技术措施	029
		2.3.4 主要施工机具设备	036
		2.3.5 电力供应	040
	2.4	**关键节点工期**	**040**
		2.4.1 主桥节点工期	040
		2.4.2 公安岸引桥节点工期	042
		2.4.3 江陵岸引桥节点工期	042

3 大桥设计

	3.1	**大桥总体设计及桥式方案**	**044**
		3.1.1 大桥总体设计	044
		3.1.2 主桥桥式方案	047
		3.1.3 建桥条件	052
	3.2	**通航孔桥设计**	**054**
		3.2.1 主梁	054
		3.2.2 主塔及斜拉索	059
		3.2.3 下部结构设计	062
	3.3	**4×94.5 m 非通航孔桥设计**	**065**
	3.4	**引桥设计**	**066**
		3.4.1 合建段引桥设计	066
		3.4.2 分建段江陵岸铁路引桥设计	070
		3.4.3 分建段公安岸铁路引桥设计	072
	3.5	**桥面系及附属结构设计**	**080**
		3.5.1 主桥钢梁桥面防水铺装层	080
		3.5.2 主桥铁路桥面系结构设计	080

  3.5.3 铁路引桥桥面系结构设计 ················· 084
  3.5.4 公路桥面系设计 ····················· 086
  3.5.5 护轮轨和声屏障 ····················· 087
  3.5.6 健康监测系统 ······················ 088
 3.6 堤岸防护工程 ························· 090
  3.6.1 江陵岸大堤防护工程 ··················· 090
  3.6.2 公安岸大堤防护工程 ··················· 092

4 大桥施工

 4.1 主桥下部结构施工 ······················· 096
  4.1.1 3号主塔墩基础施工 ··················· 096
  4.1.2 4号主塔墩基础施工 ··················· 150
  4.1.3 1号、2号主墩下部结构施工 ··············· 176
  4.1.4 5～10号主墩下部结构施工 ················ 193
  4.1.5 大堤施工防护及强透水卵砾石地层钻孔漏浆处置 ······ 210
 4.2 主桥上部结构施工 ······················· 210
  4.2.1 3号、4号主塔施工 ··················· 210
  4.2.2 钢梁制造 ························ 256
  4.2.3 钢桁梁安装 ······················· 276
  4.2.4 斜拉索挂设施工 ····················· 316
  4.2.5 桥面系 ························· 326
  4.2.6 附属结构 ························ 343
  4.2.7 塔柱预防护 ······················· 348
 4.3 引桥施工 ··························· 356
  4.3.1 公铁合建段引桥施工 ··················· 356
  4.3.2 分建段铁路引桥施工 ··················· 379

  4.3.3 引桥钻孔桩施工所遇问题及处理 ………………… 396
  4.3.4 桥面附属结构 ………………………………………… 397
4.4 其他工程 …………………………………………………… 405
  4.4.1 护岸工程 ……………………………………………… 405
  4.4.2 防撞设施安装 ………………………………………… 409
4.5 施工测量 …………………………………………………… 414
  4.5.1 控制网复测 …………………………………………… 414
  4.5.2 施工测量 ……………………………………………… 424
  4.5.3 沉降观测 ……………………………………………… 438
4.6 工程试验 …………………………………………………… 441
  4.6.1 试验室设置模式及分工安排 ………………………… 441
  4.6.2 试验工作内容 ………………………………………… 442
  4.6.3 试验所依据的规范和标准 …………………………… 442
  4.6.4 试验所用仪器设备 …………………………………… 446
  4.6.5 主要仪器设备的期间核查 …………………………… 447
  4.6.6 原材料检测 …………………………………………… 448
  4.6.7 混凝土配合比设计、试验及质量控制 ……………… 449
  4.6.8 钢筋连接接头 ………………………………………… 451
  4.6.9 支座灌浆料及孔道压浆材料 ………………………… 451
  4.6.10 高强度螺栓试验及施拧质量控制 ………………… 452
  4.6.11 铁路钢桥桥面防水层 ………………………………… 455
4.7 信息化 ……………………………………………………… 456
  4.7.1 试验室信息化管理工作情况 ………………………… 456
  4.7.2 工地混凝土拌和站信息化建设要求 ………………… 459

5 科技创新

5.1 工程特点及科研 …………………………… 462
5.1.1 工程特点 …………………………… 462
5.1.2 科研 …………………………… 462

5.2 施工技术研究及创新 …………………………… 463
5.2.1 主塔墩基础施工技术研究 …………………………… 463
5.2.2 主桥上部结构施工技术研究 …………………………… 465
5.2.3 施工技术创新 …………………………… 468

6 大桥验收

6.1 桥梁工程验收 …………………………… 472
6.1.1 公路工程验收 …………………………… 472
6.1.2 铁路工程验收 …………………………… 472

6.2 环水保和职业健康 …………………………… 474
6.2.1 水土保持验收 …………………………… 474
6.2.2 环境保护工程验收 …………………………… 475
6.2.3 职业健康验收 …………………………… 476

概述

1

1.1 大桥建设的目的和意义

荆州长江公铁大桥（工程名：蒙西华中铁路公安长江公铁两用特大桥）位于国家历史文化名城湖北省荆州市境内，是浩吉铁路（原称"蒙西至华中铁路"，于2019年9月更名为"浩吉铁路"）的重点控制性工程，为我国第一座跨越长江的重载铁路大桥。大桥北接湖北荆州江陵县，南接湖北公安县，是我国长江干流上修建的第七座长江公铁两用大桥，也是荆州市境内470 km长江干流岸线上的第三座大桥。

荆州长江公铁大桥建成后，上可达内蒙古，下可至福建东南沿海，将极大改善荆州市南北向对外交通，远期还可能作为武汉至西南地区铁路的过江通道，对于推进湖北"壮腰"工程，缓解荆州长江大桥过江通道交通压力，优化江汉平原腹地公路网布局，完善鄂西生态文化旅游圈交通主骨架，加强荆江两岸的交通联系，促进荆州市区东向拓展，加快区域社会经济发展，满足荆江分蓄洪区群众及物资的快速转移，增强区域公路网应急保障能力等均具有十分重要的意义。

1.2 大桥概况

1.2.1 桥位及自然条件

1.2.1.1 桥位及河流特征

荆州长江公铁大桥位于湖北省荆州市，距上游已建的荆州长江公路大桥约50 km；大桥在江陵县马家寨乡荆干村附近过江，向南跨越长江后连接公安县。大桥立面布置如图1-1。

高清图片查看与下载

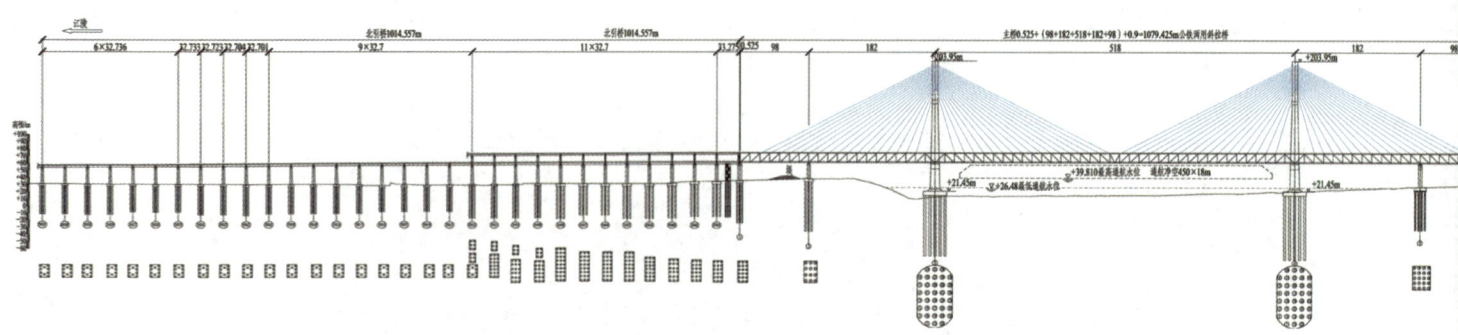

图1-1 荆州长江公铁大桥立面布置图

桥位河段属上荆江河段，由公安河湾和郝穴河湾两个反向河湾组成。荆江河段位于长江中游，上起枝城下迄洞庭湖口的城陵矶，全长约347.2 km，以藕池口为界分上、下荆江。上荆江为微弯分汊河型，全长约171.5 km，由江口、沙市、郝穴三个北向河湾和洋溪、涴市、公安三个南向河湾以及湾道间的顺直过渡段组成。下荆江上起藕池口，下迄城陵矶，全长约175.7 km，为蜿蜒型河道，由10个弯曲段组成。

荆江河段江陵段位于上荆江，自上而下经过的河湾为沙市河湾尾段、公安河湾、郝穴河湾、石首河湾首段，主要有金城洲、突起洲二处大的江心洲滩。江陵县辖荆江大堤全长69.5 km，其中直接挡水堤段长36.695 km。

近年来，荆江河段江陵段河势变化总体趋势较为稳定，但受长江三峡工程蓄水后清水下泄、航道整治工程等方面影响，郝穴河湾左岸近岸河床受主流冲刷而导致水下坡度逐渐变陡。

1.2.1.2 桥渡水文

荆州长江公铁大桥桥位处地下水均与长江连通，桥址两岸地下水位基本一致，仅局部受地形和地层影响，稍有变化。地下水埋深，于洪水期时一般在0.5～2.0 m，于枯水期时最深达8.5 m。

桥址区地下水主要接受长江侧向水补给和大气降水渗入补给，地下水与表层水关系密切，其水位受长江水位影响大，主要靠长江水位变化交替排泄，水位及水量随长江水位季节性波动。

桥位处设计洪水位见表1-1。

表1-1 设计洪水位表

频　率	设计水位/m	设计流量/（m³/s）
20%		
10%	39.77	52 100
5%		
1%		
0.33%	40.77	60 000

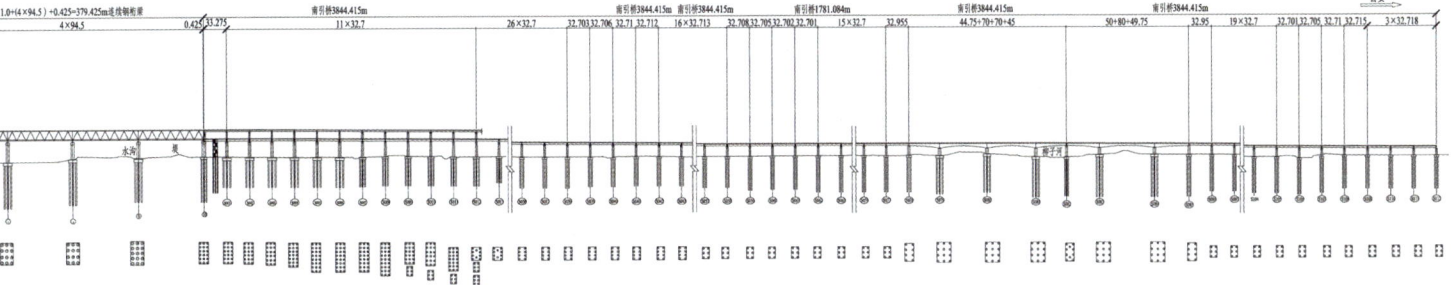

1.2.1.3 地形地貌

荆州长江公铁大桥 桥址区地处江汉平原西南部，地貌上属长江冲积平原，两岸地形平坦、地势开阔，主要为长江高漫滩和一级阶地，植被茂密，堤内多为农田。地面高程一般为 30～36 m；村庄地带一般稍高。两岸沟、塘较为发育，水深一般小于 2 m。

桥区长江水面宽约 1 000 m，河床呈不对称 U 形，北深南浅，深槽靠近北岸，水深大于 5 m 的航道宽约 800 m，最深处约 22 m。北岸为冲刷岸，南岸为淤积岸。南侧岸边发育有宽约 200 m 的沙洲。

桥位处两岸长江干堤相距约 4.2 km，江陵岸堤顶宽约 13 m，堤顶高程为 42.74 m（DK28+381.00）；公安岸堤顶宽约 5.4 m，堤顶高程为 42.39 m（DK32+641.80）。其中，公安岸沿江村临江侧和清水河北侧新洲村后均筑有子堤，堤顶宽 3～5 m，堤顶高程 40.78～41.48 m，桥位中心处子堤里程分别为 DK29+736.0 和 DK32+401.5。桥位处长江两岸均植有防护林，宽 100～150 m。江陵岸高漫滩宽约 100 m，岸边采用块石护坡，但中线处护岸块石多被冲垮，岸坡稳定性较差；公安岸高漫滩宽约 150 m，为土质边坡，现为高 3～5 m 的陡坎，在冲刷作用下易垮塌。另外，公安岸长江干堤北临清水河，该河道枯水时一般干涸，仅局部有少量积水，洪水时由于长江水倒灌则形成河流。

1.2.1.4 工程地质

除长江两岸陆地分布有 7.05～18.85 m 的黏性土外，地层以粉、细砂和细圆砾土为主，主要为河

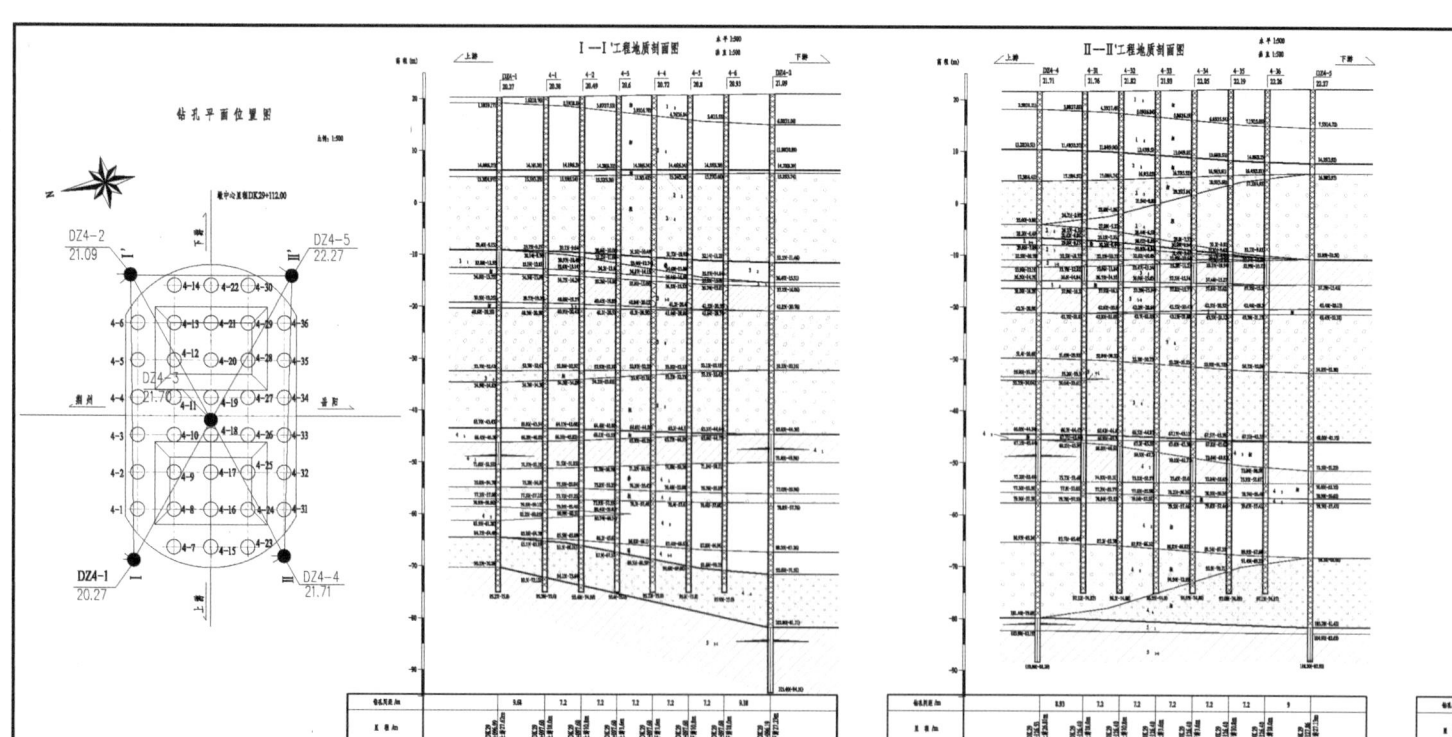

图 1-2 主桥 4 号墩地质剖面图

流相冲洪积物，桥址区地层大致可分为5大层。①②层为第四系全新统沉积物；③、④、⑤层主要为上更新统冲洪积物，具有典型的韵律沉积的特点，各大层内黏性土、粉细砂及碎石类土层形成上软下硬的二元结构。地质情况如表1-2所示。

表1-2　地质情况统计表

地层编号	分布	岩土特性
①层	6.25～29.6 m	粉质黏土和松散—稍密桩的粉、细砂
②层	14.1～36.7 m	中密状的粉、细砂和细圆砾土
③层	20.5～44.5 m	上—黏性土、粉细砂、下—细圆砾土
④层	26.8～42.85 m	上—黏性土、粉细砂、下—细圆砾土
⑤层	大于21.7 m	上—黏性土、粉细砂、下—细圆砾土

区域地处长江流域，区内水系均与长江有直接或间接的联系，桥址区地下水主要为第四系覆盖层孔隙式潜水，主要含水层为粉、细砂和卵砾石土层，黏土、粉质黏土及淤泥质土为相对隔水层，隔水层分布不连续，各层地下水水力联系紧密，连通性较好，场区内地下水不具承压性。主桥4号墩地质剖面图如图1-2所示。

高清图片查看与下载

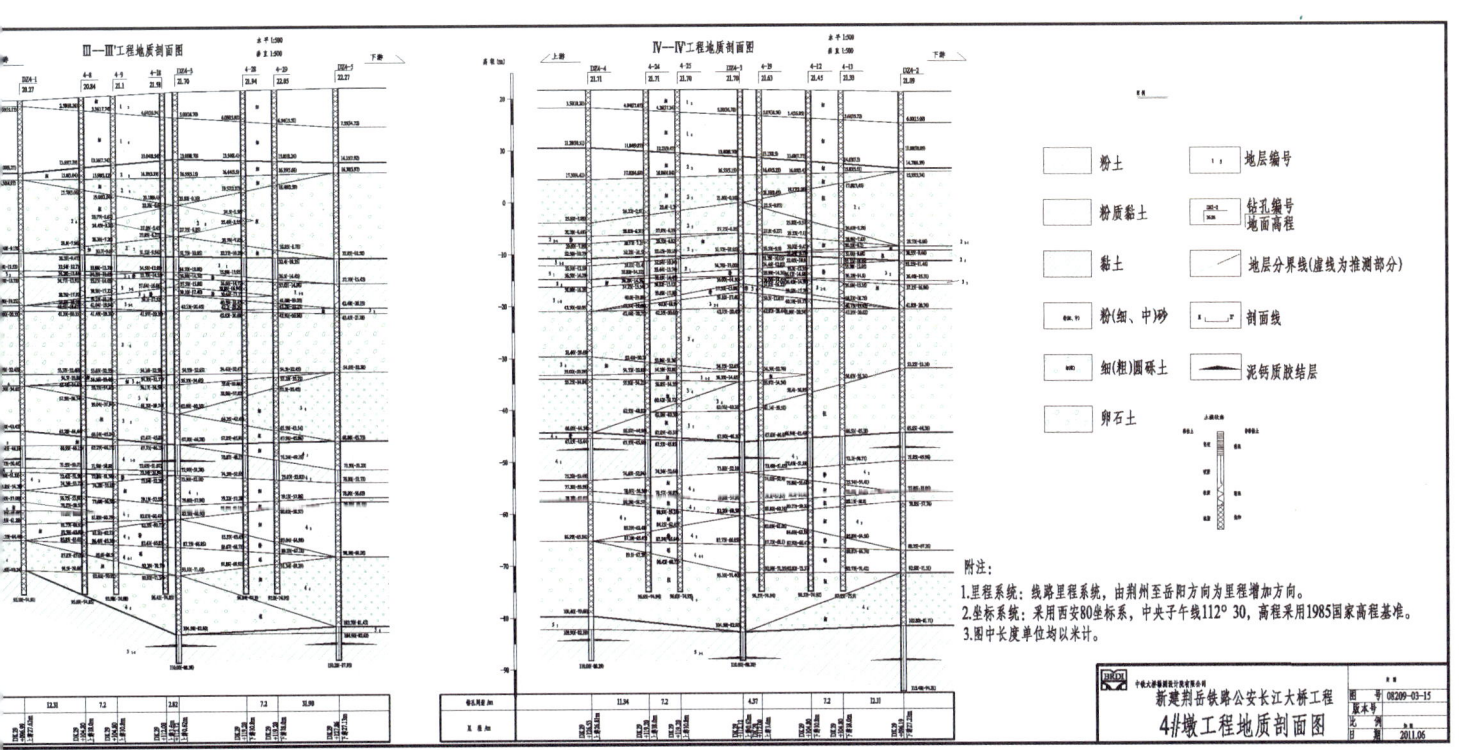

1.2.1.5　气象

公安县、江陵县属北亚热带季风湿润气候区，具有四季分明、热量丰富、光照适宜、雨水充沛、雨热同季、无霜期长等特点。全年日照时数 1 827 ~ 1 897 h，全年太阳总辐射量为 103 ~ 110 kcal/cm²。全年平均气温 16 ~ 16.4℃，极端值最热 39.2℃，最冷 -19℃；无霜期 246 ~ 262 天。全年平均降雨量 900 ~ 1 100 mm。据江陵县郝穴水文站气象资料 1964—1982 年雨量统计，郝穴镇年平均降雨量为 1 184.3 mm，降水最高年份为 1980 年的 1 658.7 mm，降水日数 133 天；降水量最低年份为 1971 年的 639.5 mm，降水日数为 96 天；月降水以 6 月为最多，平均 152 mm；月最高降水量 399.3 mm（1980 年 8 月），日最大降水量 251 mm（2001 年 6 月 8 日）；平均降水日数为 120 天，6、7、8 三月降水量占全年降水量的 50%。1998 年，长江流域及以南地区形成二度梅雨，1 月至 8 月，荆州市平均降水量即达 1 178.2 mm，仅次于 1954 年，据江陵县水利局资料，当年 6 月 12 日至 7 月 5 日平均降雨 168.6 mm，7 月 16 日至 8 月 5 日平均降雨 265 mm。

1.2.1.6　地震

根据湖北省地震局《对新建铁路荆州至岳阳线公安长江大桥工程场地地震安全性评价报告的批复》，本桥场地 50 年超越概率 63.2%、50 年超越概率 10%、50 年超越概率 2%、100 年超越概率 63.2%、100 年超越概率 10%、100 年超越概率 3% 等。6 种概率水平的地震参数如表 1-3。

表 1-3　不同概率水平下基岩的峰值加速度　　　　单位：cm/s²

PA	50 年			100 年		
	63.2%	10%	2%	63.2%	10%	3%
水平向	20.4	57.2	115.9	30.9	73.3	137.5
垂直	17.7	45.3	82.1	26.6	56.0	98.2

1.2.1.7　航运

桥位河段河势、河床岸线基本稳定，航道条件较好，穿越桥区的航道较为顺直，有利于船舶安全过桥。

桥址河段航道等级为Ⅰ-（2）级航道，主通航孔、南侧副通航孔净宽分别为 480 m 和 160 m，满足 9×3 000 t 级内河船队通航要求。航道通航净高不小于 18 m。

1.2.2　主要技术标准

1.2.2.1　线路主要技术标准

（1）铁路主要技术标准：

铁路等级：Ⅰ级。

正线数目：双线。

设计速度：120 km/h。

线间距：4.2 m。

最小曲线半径：一般1 200 m，困难条件下800 m。

限制坡度：6‰。

桥梁设计活载：1.2倍中－活载。

建筑限界：执行电气化铁路国家标准限界"建限-1"及"桥限-2"。

（2）公路主要技术标准：

公路等级：高速公路，双向四车道。

设计速度：100 km/h。

公路纵坡：最大纵坡5%，桥上纵坡不大于4%。

行车道宽度：2×（2×3.75）m。

桥涵设计荷载：公路－Ⅰ级。

公路桥梁主桥总宽：26 m。

1.2.2.2 通航尺度

根据交通运输部长江航务管理局文件《关于荆岳铁路公安长江大桥通航净空尺度和技术要求的函》，本桥通航标准如下：

（1）航道等级。

桥址河段航道等级为Ⅰ－（2）级航道，选用9×3 000 t级内河船队（316.0 m×48.6 m×3.5 m）和5 000 t级海轮作为代表性船型、船队。

（2）通航水位。

设计最高通航水位39.81 m，最低通航水位26.48 m。

（3）通航净空尺度。

本桥的通航净高在设计最高通航水位以上不小于18 m。

主通航孔按单孔双向通航净宽不小于320 m，辅助通航孔按单孔单向通航净宽不小于148 m。优化调整后主通航孔、南侧辅助通航孔设计净宽分别为480 m、160 m。

1.2.3 桥梁实施方案

1.2.3.1 桥梁概况

荆州长江公铁大桥设计里程DK27+298.918～DK33+616.746，全长6 317.822 m。其中公铁合建段长度2 244.8 m（钢桁梁桥及其两侧各12孔32 m跨公路小箱梁区段），上层为荆州市沙市区至公安县高速公路，下层为双线电气化铁路；铁路分建段长 4 073.022 m。

如图 1-3 所示，铁路桥梁从江陵岸至公安岸桥跨布置为：31×32 m 简支 T 梁（江陵岸引桥）+（98+182+518+182+98）m 双塔钢桁梁斜拉桥（通航孔桥）+4×94.5 m 连续钢桁梁（非通航孔桥）+78×32 m 简支 T 梁（公安岸南五洲滩地引桥）+（45+70+70+45）m 预应力混凝土连续箱梁（跨公安岸第二道子堤）+（50+80+50）m 预应力混凝土连续箱梁（跨荆南干堤）+27×32 m 简支 T 梁。

本标段桥梁由中铁大桥勘测设计院设计（大桥两端的部分引桥由其他单位进行设计和施工，本书不作介绍），中国中铁股份有限公司中标承建（中铁大桥局集团第二、四工程有限公司施工）。

1.2.3.2 桥梁结构

1. 通航孔斜拉桥

通航孔桥采用（98+182+518+182+98）m 双塔钢桁斜拉桥方案，全长 1 078 m，位于 1～6 号墩间，立面位于线路平坡上。桥面分两层布置，上层桥面为 4 车道公路，桥面宽 26 m，公路桥面采用正交异性板整体钢桥面板；下层桥面为双线铁路，线间距 4.2 m，铁路桥面采用钢正交异性板整体道砟桥面结构。

主塔采用 H 形桥塔，钢筋混凝土结构。塔顶高程 +204.0 m，承台顶高程 +21.45 m，塔座（厚 3 m）顶高程 24.5 m。斜拉索采用双索面扇形布置，立面上每塔两侧共 17 对索，全桥 136 根斜拉索。

主梁为 N 形桁式，桁高 13 m，节间距 14 m，主桁横向中心距为 14 m，主桁节点处两侧设倾斜副桁，上端连接横梁端部，下端连接下弦节点。斜拉索布置在上层桥面外侧，横向中心距为 25.2 m。

3、4 号主塔基础均采用 ϕ2.8 m 大直径钻孔桩基础，每墩各 36 根桩，行列式布置，3 号墩桩长 85 m，4 号墩桩长 90 m。承台尺寸 58.4×35.6 m，厚度 6 m。

1 号墩为主桥和北引桥的交接墩，基础采用 18ϕ1.2 m 钻孔桩，承台尺寸 20.2×9.2 m，承台厚度 3 m，桩长 56 m。桥墩采用上下层框架结构，上层公路墩墩柱采用矩形截面，公路墩柱尺寸 1.8 m×1.5 m，盖梁高 2 m；下层铁路墩采用门式墩，横桥向总宽 17.5 m，每根铁路立柱横桥向宽 6 m，顺桥向宽 5 m，立柱外侧倒 100 cm 圆角，墩帽高 5.5 m。

2、5、6 号铁路墩均采用门式墩，单支铁路立柱横桥向宽 6 m，顺桥向宽 5 m，墩帽高 5.5 m。2 号、6 号墩基础均采用 12ϕ1.8 m 钻孔桩，5 号墩基础均采用 20ϕ1.8 m 钻孔桩。2 号墩桩长 70 m，5、6 号墩桩长 56 m；承台尺寸均为 20.2 m×12.8 m，厚度 4 m。

通航孔桥式立面布置图如图 1-4 所示。

2. 非通航孔连续钢桁梁桥

荆州长江公铁大桥非通航孔采用 4×94.5 m 连续钢桁梁桥方案，全长 379.9 m。主梁为钢桁架结构，主桁中心距 14.0 m，桁高 13.0 m，节间距 13.5 m。桥面分上下层布置，上层为双向 4 车道公路桥面，桥面宽 26 m；下层为铁路桥面，双线铁路，线间距 4.2 m。

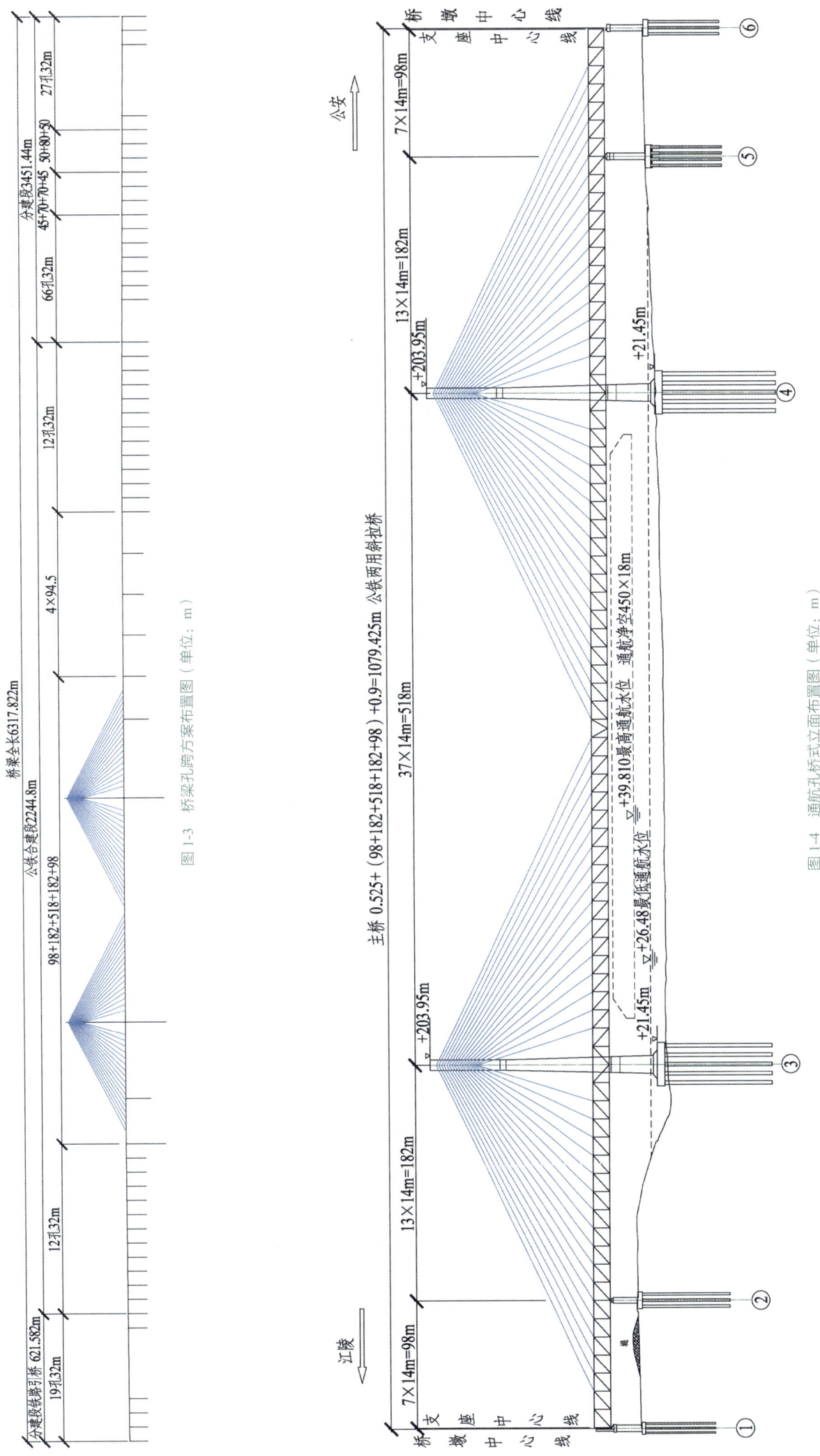

图 1-3 桥梁孔跨方案布置图（单位：m）

图 1-4 通航孔桥式立面布置图（单位：m）

7、8、9号墩均采用门式墩，矩形承台。7、8号桥墩基础采用12根ϕ1.8 m钻孔桩，桩长60 m；9号桥墩基础采用15根ϕ1.8 m钻孔桩，桩长56 m。

10号墩上层公路墩采用框架式桥墩，公路框架立于铁路墩帽之上，下层铁路墩采用门式墩，矩形承台，基础采用18根ϕ1.2 m钻孔桩，桩长60 m。

非通航孔连续钢桁梁桥式立面如图1-5所示。

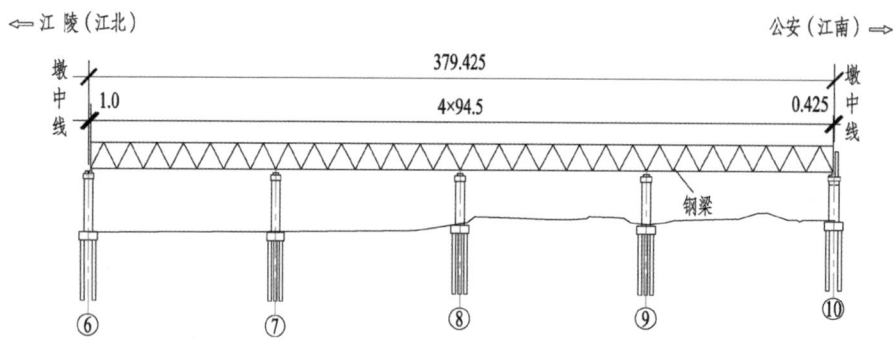

图1-5 非通航孔连续钢桁梁桥式立面布置图（单位：m）

3. 公铁合建段引桥

公铁合建段引桥铁路采用32 m简支T梁（《通桥〔2005〕2101》系列通用梁图），江陵岸和公安岸各12孔，每孔横向布置四片T梁。

公铁合建段引桥公路梁采用32 m的先简支后连续的预应力混凝土小箱梁，江陵岸（1号墩～N012号墩）和公安岸（10号墩～S012号墩）各12孔共3联，公路引桥平面上与铁路桥分岔，走向呈曲线布置，横桥向每孔8片小箱梁，分两幅布置。

公铁合建段铁路墩均为框架结构，公路框架立于铁路墩帽之上，矩形承台，基础均采用ϕ1.2 m钻孔桩，桩长40～45 m。

公铁合建段引桥桥式立面如图1-6所示。

4. 铁路分建段引桥

（1）跨柳子河铁路引桥。

跨柳子河铁路引桥S079～S085号墩上部结构采用（45+70+70+45）m+（50+80+50）m两联预应力钢筋混凝土连续箱梁桥跨结构。梁体均为单箱单室、变高度、直腹板变截面结构，其中70 m连续梁箱梁顶宽12.30 m，箱梁底宽6.60 m，80 m连续梁箱梁顶宽12.0 m，箱梁底宽6.60 m。

墩身采用圆端型板式实体墩，矩形承台。S078号、S085号墩基础采用8根ϕ1.2 m钻孔桩，桩长59 m、

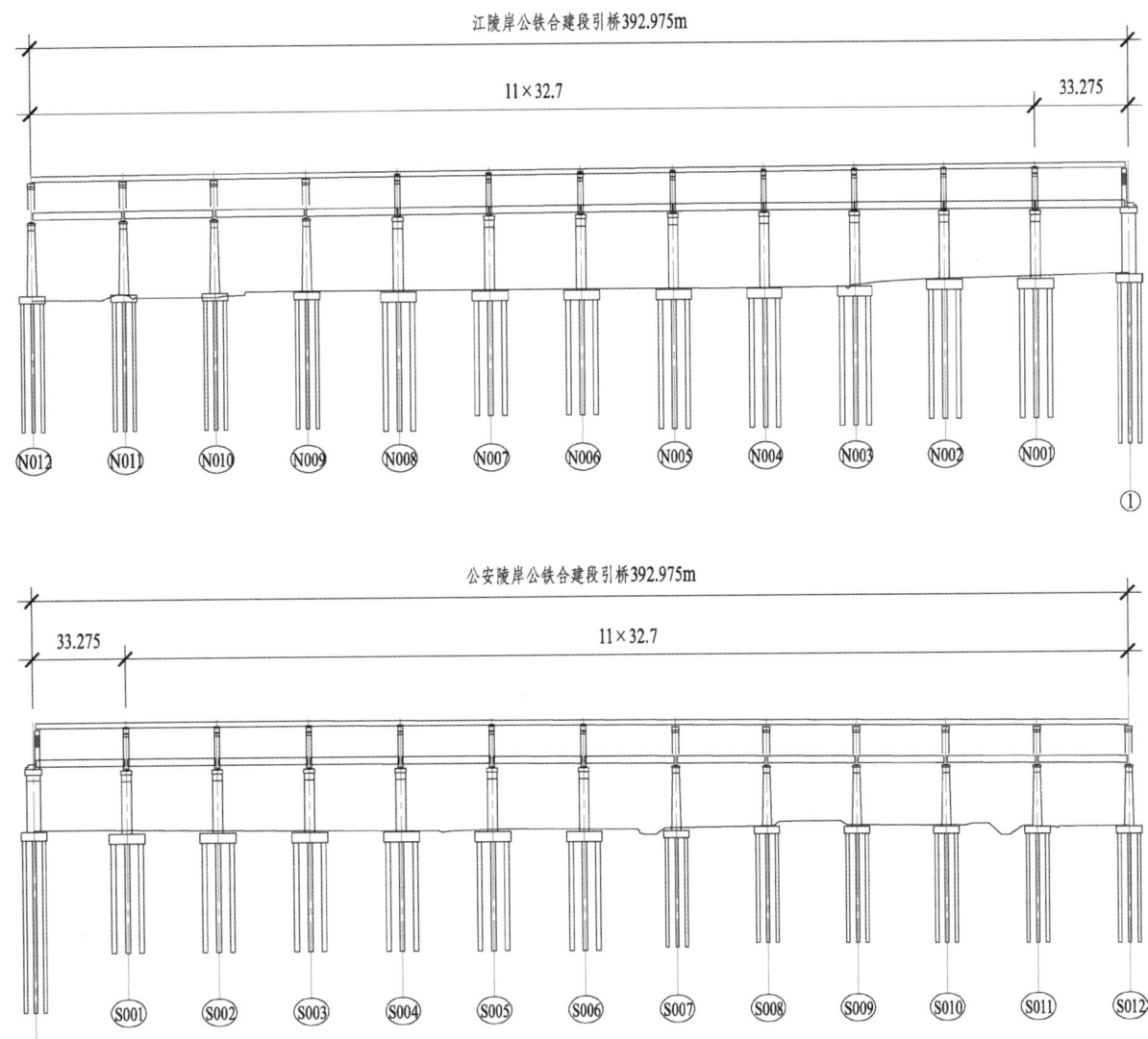

图 1-6 公铁合建段引桥桥式立面（单位：m）

57 m；S82 号边墩基础采用 10 根 ϕ1.2 m 钻孔桩，桩长 53 m；S079 号、S080 号、S081 号、S083 号、S084 号墩采用 12 根 ϕ1.5 m 钻孔桩，桩长 54～59 m。

跨柳了河铁路引桥桥式立面图如图 1-7、图 1-8 所示。

（2）分建段 32 m 简支 T 梁铁路引桥。

铁路分建段引桥 32 m 简支 T 梁和公铁合建段引桥铁路 T 梁结构相同，其中公安岸 93 孔（S012～S075，S082～S112），江陵岸 19 孔（N012～N031），每孔 4 片 T 梁。

墩身采用带托盘的圆端型板式实体墩，矩形承台，基础均采用 ϕ1.2 钻孔桩，桩长 34～56 m。分建段 32 m 简支 T 梁桥式立面图如图 1-9 所示。

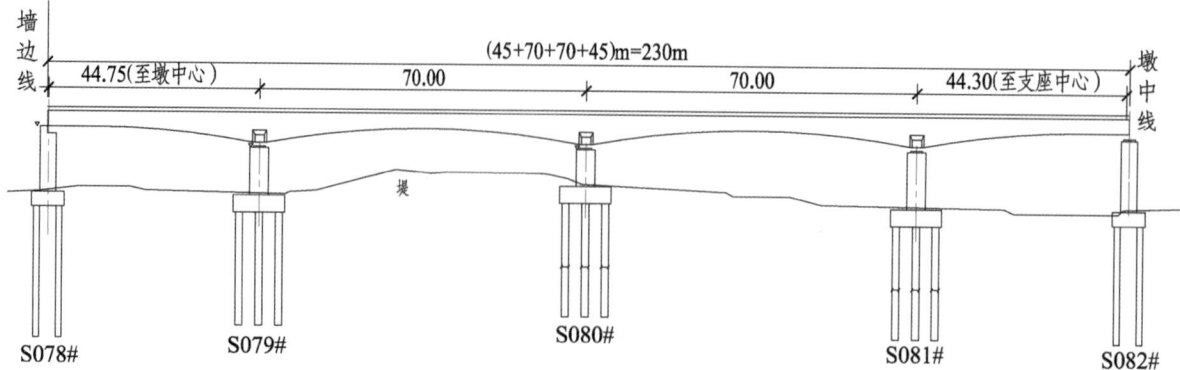

图1-7 (45+70+70+45)m连续梁桥式立面图

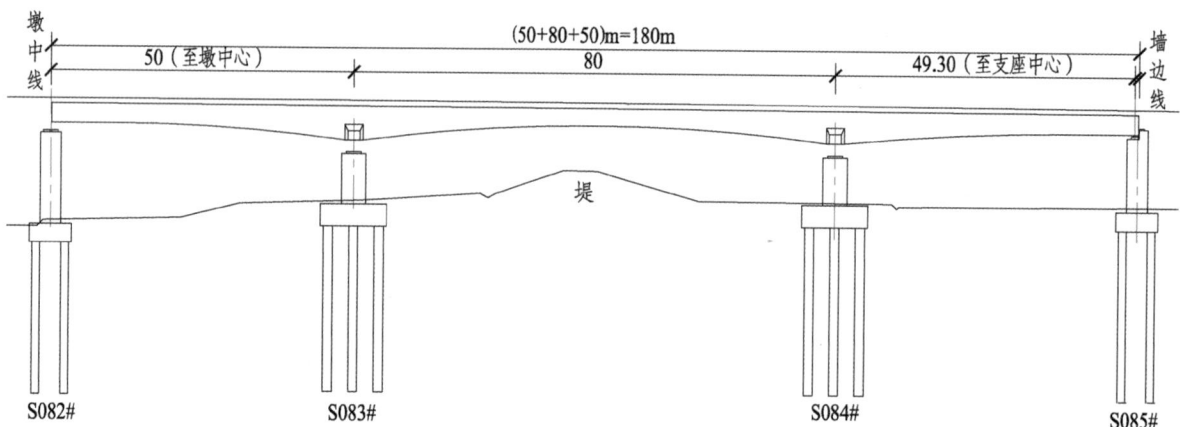

图1-8 (50+80+50)m连续梁桥式立面图

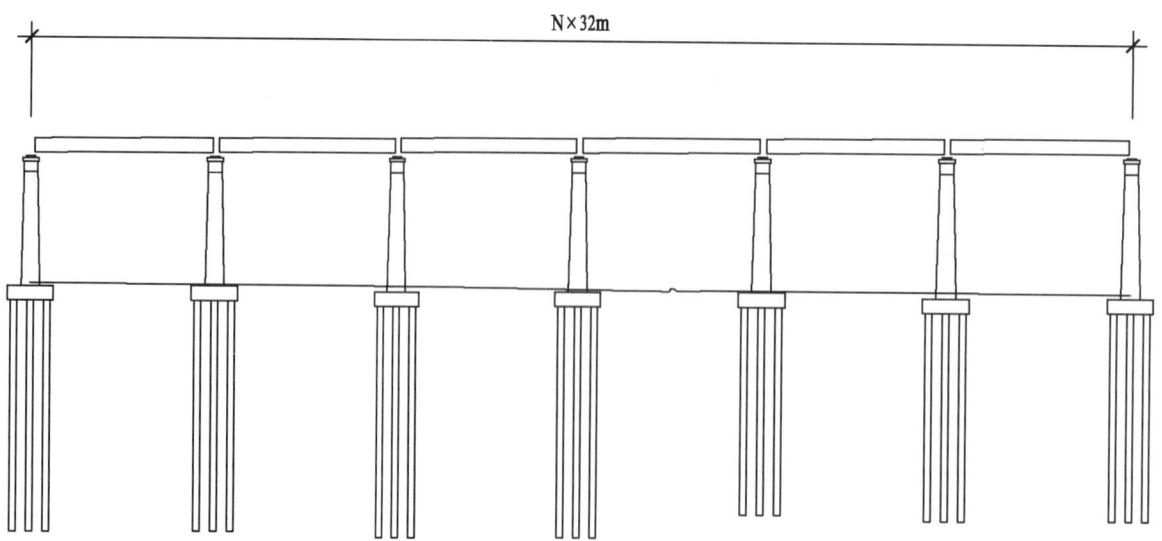

图1-9 分建段铁路引桥32 m简支T梁桥式立面

2

全桥实施性施工组织设计

2.1 施工组织概述

2.1.1 施工组织机构

浩吉铁路由蒙西华中铁路股份有限公司负责建设管理。蒙西华中铁路股份有限公司下设蒙陕、晋豫、湖北、湘赣四个分指挥部，分别对所属辖区各标段工程建设进行直接管理。荆州长江公铁大桥和洞庭湖大桥工程前期属荆岳铁路一部分，作为一个合同段先期开工建设，2013年5月—2014年9月由湘赣指挥部统一负责建设管理。浩吉铁路全线开工后，蒙西华中铁路股份有限公司决定公安长江公铁大桥和洞庭湖大桥分开管理，公安长江公铁大桥地处湖北管段，2014年10月起划归湖北指挥部管辖。

湖北指挥部下设综合管理部、对外协调部、工程管理部、安全质量部、计划财务部、物资设备部、运输部等职能部门，对辖区各标段实施对口管理。

按照蒙西华中铁路股份有限公司要求，工程项目开工伊始，中国中铁股份有限公司在江陵岸组建了"中国中铁股份有限公司蒙西华中铁路公安长江及洞庭湖特大桥项目经理部"（2014年7月调整为"中国中铁股份有限公司蒙西华中铁路公安长江特大桥项目经理部"），负责本工程的生产指挥、技术指导和对外协调。项目部设领导层、管理层和作业层。

项目部领导层包括：项目经理1人，执行经理1人，总工程师1人，安全生产总监1人，质量总监1人，党工委书记1人。

项目部下设"六部两室"管理层，即工程管理部、安全环保部、质量管理部、物资机械管理部、计划合约部、财务部、综合办公室和中心试验室。工程管理部负责施工技术管理；安全环保部负责安全环水保管理；质量管理部负责施工质量管理；物资机械管理部负责物资与机械的采购、调配、维护等；计划合约部负责成本控制、验工计价、合同管理等；财务部负责财务管理工作等；综合办公室负责文件的起草、管理，员工培训、对外协调与后勤服务等；中心试验室负责本项目各项试验检测及管理。

作业层划分为公安岸工区（南岸）、江陵岸工区（北岸）两个工区。

公安岸工区负责主桥主跨跨中以南部分的工程，即4~10号墩、铁路南引桥S001~S112号墩范围的桩基础、承台、墩身、主塔、钢桁梁架设、桥面系及附属工程施工、声屏障、护轮轨等线下工程（道砟和铁路引桥T梁制架由其他标段完成）；公铁合建段10号墩~S012号墩范围公路框架墩和南北岸合建段公路小箱梁预制及南岸小箱梁架设，南岸合建段范围公路桥面栏杆、伸缩缝、防水层铺装层，南、北岸合建段范围公路桥面沥青铺装；4号、5号墩防撞设施；南岸铁路上桥梯道及其围墙工程。

江陵岸工区位负责主桥跨中以北部分的工程，即主桥1~3号墩和铁路引桥N001~N031号墩的桩基础、基础、承台、墩身、主塔、钢桁梁架设、桥面系附属工程等线下工程（道砟和铁路引桥T梁制架由其他标段完成）；公铁合建段1号墩~N012号墩范围公路框架墩、小箱梁架设和南北岸合建段公路桥面系（栏杆、伸缩缝、防水铺装层），南、北岸合建段范围公路桥面栏杆和桥面沥青铺装；3 号墩防撞设施；北岸铁路上桥梯道及其围墙工程。

2.1.2 总体施工方案

2.1.2.1 总体布局

中国中铁股份有限公司于 2012 年 11 月 26 日中标本项目，从 2012 年 12 月底开始，施工人员陆续进场，开始进行场地布置和四通一平等施工准备工作。该标段工程主要工程量集中在长江河道附近，生产和生活场地考虑集中布置，且尽量靠近现场，便于管理。

根据桥址两岸地形、地貌特征及周边环境，南岸办公区租用上游侧距 S012 号墩约 500 m 的原杨厂镇沿江村委会办公楼，村委剩余空地建四栋活动板房作为生活区；生产区布置在南岸大堤南侧的桥轴线上下游两侧，桥轴线上游侧生产区内设钢结构车间、钢梁预拼存放场、钢筋加工车间、小箱梁预制场，下游侧设混凝土工厂和中心试验室、生产调度室。北岸生活办公区设置在北岸大堤内的 N005 号墩至 N010 号墩之间的桥轴线上游侧，下游侧距桥轴线约 50 m 处布置混凝土工厂；生产区布置在北岸大堤外侧，桥轴线上游侧为生产区，内设钢结构加工车间、钢梁预拼存放场，下游侧为钢筋加工车间、中心料库及砂石料转运码头。项目部设在距桥位下游约 10 km 的郝穴镇，租用原江陵县长江河道管理局楼院作生活办公区。

在江陵岸桥位下游，由滩地边缘向 3 号墩设一座栈桥，负责 3 号墩基础施工时材料与机械设备的运输，紧挨栈桥前端的下游侧前期设一座起 25t 重码头与栈桥相连，后期架梁时该 25t 起重码头改造成 120t 用于钢梁上岸。工程完工后码头、栈桥全部拆除。

在公安岸桥位下游滩地上，从大堤（9 号墩位置）到 4 号墩之间设一座栈桥，栈桥前端下游侧设一座起重码头与栈桥相连，用于 4～8 号墩基础施工和材料、钢梁杆件上岸、机械设备的运输及施工人员过江往来；在公安岸引桥 S080～S083 号墩下游侧跨柳子河设一座栈桥，连通河两岸便道，一是用于河中桥墩基础及梁部施工时材料转运和吊机站位，二是拉通河通两侧引桥临时便道。

2.1.2.2 下部结构总体施工方案

主桥 3 号、4 号主塔墩基础采用双壁钢围堰施工方案（3 号墩基础采用吊箱围堰，4 号墩基础采用套箱围堰），先围堰后平台。先围堰下河浮运，浮运到位后，抛锚定位，再安装护筒导向支架插打钢护筒。钢护筒插打（用两台 APE400B 并联震动打桩锤）至设计位置，再将双壁钢围堰吊挂支承于钢护筒上形成钻孔平台。采用旋转钻机钻孔，导管法浇筑桩基水下混凝土。钻孔桩完成后接高双壁钢吊（套）箱围堰并下沉，直至下沉至设计标高，将双壁钢吊箱围堰吊挂支承于钢护筒上固定（钢套箱围堰不需二次挂桩），然后在围堰内清基，灌注水下封底混凝土。待封底混凝土强度满足设计要求后围堰抽水清淤，切割钢护筒，凿除桩头，绑扎承台钢筋，最后浇筑主墩承台混凝土。

主桥 5 号墩钻孔桩采用水上钻孔平台法进行施工，承台采用双壁钢套箱施工方案。

6～9号墩钻孔桩采用筑岛平台法施工，6～7号墩承台施工采用双壁钢套箱围堰方案，8～9号墩承台施工采用钢板桩防护开挖方案。

主桥1号、2号、10号墩钻孔桩采用陆地法钻孔施工，承台施工采用钢板桩支护开挖。由于1号、2号、10号墩靠近大堤，在基础施工时，进行边坡防护处理。

2.1.2.3　上部结构主要施工方案

1. 塔柱施工

下塔柱、中塔柱及上塔杜均采用液压爬模施工，液压爬模施工基本节段高度为6 m，余下为调整节。

下横梁与两侧塔柱采取同步施工，采用支于承台顶面上的落地支架施工方案，横梁高度上分两次浇筑完成，第一次浇筑高度4 m，第二次浇筑3 m。

上横梁和塔柱采取异步施工方案，先施工塔柱，后施工塔柱间横梁。上横梁采用支承于塔柱预设牛腿上的桁梁式支架施工方案，高度上分两次浇筑完成，第一次浇筑高度4 m，第二次浇筑2.5 m。

为保证主塔施工安全、主塔线形符合设计要求、索导管定位准确，方便主塔钢筋定位和爬模施工需要，主塔内设置劲性骨架，使用塔吊配合进行材料、设备的垂直运输，使用电梯进行人员垂直运输。中塔柱施工时设置三道主动横撑，增加主塔施工状态下的整体刚度。

2. 斜拉桥钢梁架设

主梁为钢桁架结构，主桁中心距14.0 m，桁高13.0 m，节间距14 m，共77个节间。钢梁采用高强度螺栓连接方式，弦杆为整体节点的箱形结构，节点外拼装，最大杆件质量为57.9 t。铁路和公路桥面均采用整体钢正交异性桥面板结构，桥面板纵向分块长度14 m，横向分为三块，下弦杆宽1.78 m，上弦杆宽5.6 m，两桁间桥面板宽11.4 m；普通桥面板重58.2 t，压重区桥面板重69.1 t。

钢梁采用散拼法安装。先架墩顶四节间，然后在公路梁面拼装架梁吊机，之后再用架梁吊机分别从3号、4号墩向两侧悬臂架设，直至合龙完成。采用WD80全回转架梁吊机架梁，先架设下弦杆，然后架设斜杆和竖杆，接着安装铁路桥面板，然后安装斜副桁，斜副桁安装完毕后安装上弦杆，之后安装公路桥面板，最后安装斜拉索。

3. 4×94.5 m连续钢桁梁架设

连续钢桁梁采用三角桁结构，主桁中心距14.0 m，桁高13.0 m，节间距13.5 m，共28个节间。桥面分上下层布置，上层为公路桥面，下层为铁路桥面。

连续桁钢梁也采用散拼法安装，从10号墩向6号墩方向进行架设。其中首孔采用膺架法架设，第二孔采用半悬臂法架设，其余采用全悬臂法架设。采用WD70全回转架梁吊机架梁，先架起始2个节间钢梁（架梁顺序：首节间下弦杆→铁路桥面板→第二个节间下弦杆→首节间竖腹杆、斜腹杆→首节间上弦杆→首节间桁间公路桥面板→第二节间斜腹杆→第二节间上弦杆和桁间公路桥面板），之后开始进行标准节间钢梁架设（架设顺序：朝上斜腹杆→上弦杆→朝下斜腹杆→铁路桥面板→桁间公路桥面板），直至架到6号墩。

2.1.3 场地布置及大临设施

2.1.3.1 场地布置

施工场地布置包括公安侧与江陵侧两岸项目部驻地、混凝土工厂、钢结构车间、钢梁预拼存放场、钢筋加工车间及存放场等。

1. 南岸施工场地

公安岸主要生产区布置在大堤内侧，设置钢结构加工车间、钢梁预拼存放场、钢筋加工车间、中心料库及砂石料转运码头等。工区办公生活区、混凝土工厂、试验室设置在堤内沿江道路旁。

公安岸生活区分两处布置，工区管理人员集中在杨厂镇沿江村委会办公楼院内（S10~S13墩之间的桥轴线上游，距桥轴线约500 m），面积约10 455 m^2；协力队伍生活区设置在桥轴线上游的靠江侧生产区，采用双层及单层活动板房结构，面积约4 320 m^2。

2. 江陵岸施工场地

江陵岸设置生活区、混凝土工厂、钢结构车间、钢梁存放场、钢筋存放区等。

生活区集中统一设置，地点在江陵侧引桥N006~N010号墩之间桥轴线上游临江公路旁的菜地内（管理人员生活区靠前，协办队伍生活区靠后），采用双层（办公）及单层（宿舍）活动板房，面积约14 000 m^2。

2.1.3.2 大临设施

1. 公安岸大临设施

（1）施工便道和进场道路。

施工便道设置在桥轴线下游侧，宽度为6 m。施工便道从引桥S112号墩至10号墩江边生产区，与公安侧主桥栈桥连接，在S085号墩与柳子河栈桥连接，在S007号墩附近与地方沿江道路相交。

（2）供电。

公安侧用电总负荷和变压器布置综合考虑了高峰期（钻孔桩施工时）施工用电以及低峰期施工用电（钻孔桩施工完成后）。其中在DK29+392右侧（4~5号墩间栈桥上）布置2台1 000 kV·A变压器和1台800 kV·A变压器，供应4号墩基础和塔柱、码头及5~10号墩施工用电。在DK29+810左侧（岸上混凝土工厂附近）布置1台500 kV·A变压器，用于岸上混凝土工厂施工用电。在DK29+770右侧（10号墩附近）布置1台500 kV·A变压器，用于钢结构及钢筋加工区用电。在DK32+680右侧（荆南干堤附近）布置 1 台 315 kV·A 变压器，用于混凝土连续梁施工用电。在办公生活区布置 1 台 500 kV·A 变压器，用于办公、生活用电。为防止电网临时停电时施工能正常进行，施工现场还配设 5 台发电机组（350 kW 两台，300 kW 两台，250 kW 一台）作为备用电源。

（3）栈桥、码头。

公安岸在南五洲围堤至 4 号墩之间的桥位下游设置施工栈桥一座，栈桥宽 9 m、长 514 m，与桥轴线平行，距桥梁轴线 20.5 m；起重码头尺寸为 90×18 m，位于栈桥前端的下游侧。南五洲第二道围堤及荆南干堤间也设宽 8 m、长 210 m 过河栈桥一座，栈桥在桥梁的下游侧，栈桥桥台两端通过设置下堤坡道与两端施工便道相连。

2. 江陵岸大临设施

（1）栈桥码头。

在桥位的下游侧，自河滩岸坡顶至 3 号主墩之间设施工栈桥一座，栈桥长 96 m，桥宽 8 m，顶标高 +40.0 m，距桥梁中心线 21 m，栈桥主要作为码头上、下岸材料运输、3 号墩施工通道及架梁运输通道。前期在 3 号墩的岸侧设一座 120 t 桅杆起重作业吊机，与布置在 3 号墩主跨侧的 160 t 浮吊共同负责 3 号墩基础及下塔柱、下横梁等施工；后期架梁时，桅杆吊机改移至栈桥的下游侧作后期架梁时钢梁上岸起重码头。

（2）施工便道和进场道路。

施工便道设置在桥梁下游侧，从铁路引桥 N031 号墩至 2 号墩江边生产区，与江陵侧栈桥连接，宽度为 6 m，为施工机械、材料进出通道。便道在 N005 号墩附近与地方沿江公路相交。

（3）供电。

江凌侧在主桥 3 ～ N031 号墩间共布置 4 台变压器，总功率为 3 230 kV·A。其中在 3 号墩旁栈桥平台处布置 2 台 800 kV·A 变压器，供应 3 号墩基础、塔柱、钢结构等施工用电。栈桥头处布置 1 台 1 000 kV·A 变压器，主要供应引桥墩和钢筋加工场施工用电。在 N006 号墩附近布置 1 台 630 kV·A 变压器，供应拌和楼和生活区以及部分引桥墩用电。为确保外电停电时现场施工仍能正常进行，施工现场还配设 2 台发电机组（400 kW 两台）作为备用电源。

2.2 江陵岸施工组织

2.2.1 施工组织机构

江陵岸工区负责斜拉桥主跨跨中以北范围工程施工任务，其中公铁合建段为斜拉桥主跨跨中至 N012 号墩范围工程（不含铁路引桥部分的 T 梁制、架），铁路分建段至 N031 号墩范围的下部桥墩基础及其上部桥面系附属工程（不含 T 梁制架），还有 1 号墩处铁路上桥梯道及其围墙、3 号墩防撞设施、护轮轨安装等。工区下设工程技术部、物资管理部、机电管理部、安全环保部、质量管理部、计划合约部、人事部、财务部、综合办公室、测量组及两个专业架子队。

2.2.2 场地布置

江陵岸桥址区域的大堤内、外侧地势平坦，堤内 N005 号和 N006 号墩间有公路通过，周边村镇居民建筑距离较远，也无适合的闲置厂房租用。考虑靠近现场施工需要，经研究决定生产、生活区设在桥位处。

办公生活区、混凝土工厂、试验室设置在堤内沿江道路 N006 号墩一侧，总占地面积约为 30 000 m^2。办公生活区面积 18 000 m^2，位于桥轴线上游；混凝土工厂、试验室在下游。

堤外滩地宽 80 m，高程 39 ~ 40 m，地势平坦。经权属管理单位许可同意，租用该地块作为生产区，总面积约 32 000 m^2。其中桥位上游生产区长 220 m，宽 80 m，布置有钢结构加工场、钢筋笼制造和存放场（后期作钢梁存放、预拼场）；桥位下游生产区长 190 m，宽 80 m，布置钢筋存放及钢筋加工车间、设备存放、料库及砂石料转运码头等。沿桥轴线下游侧生产区和公路之间修筑进场便道，翻越大堤后进入生产区。

引桥施工便道设在桥位下游。起点自公路开始，先挨拌和站围墙的上游侧顺桥向通至 N012 号墩，然后拐向上游至 N013 号墩（距桥轴线 13 m），最后再沿引桥通至 N031 号墩，全长 1 200 m。

3 号墩下游距桥轴线 25 m 位置设有一座栈桥，长 120 m，用于水上施工人员上下班通道及江陵岸砂石上岸码头；在桥轴线上游距 3 号墩中心线 33 m 的靠岸侧前期设一座 120 t 桅杆吊机，另配置 1 台 160 t 浮吊共同负责 3 号墩基础施工。后期待 3 号墩下塔柱下横梁及墩顶节间钢梁施工完成后，120 桅杆吊机转移至下游用作码头吊机，负责钢梁和其他构件上、下河。

1. 生活区布置

江陵岸生活区集中统一设置在引桥上游 N006 ~ N009 号墩之间的公路旁地块内，面积约 14 000 m^2。生活区内布置工区管理人员的生活、办公设施及一个员工培训（会议）中心等，办公区位于前面，采用双层活动板房；生活区布置在办公区后面，采用单层活动板房。

2. 混凝土供应和试验室

江陵岸 1 ~ 2 号墩、3 号主塔墩及引桥公铁合建段、铁路分建段共计 134 000 m^3 混凝土，由 2 座生产能力 120 m^3/h 的混凝土拌和站供应。拌和站设在桥轴线下游，紧挨公路边的北侧，占地面积 14 400 m^2，生产的混凝土采用搅拌车通过栈桥或施工便道运输至各浇筑点。试验室布置在拌和站下游公路边，共设有办公室、资料室、化学室、混凝土力学室、养护室、力学室、集料室、胶材室、样品室、库房、值班室等 14 间，面积 1 000 m^2。

拌和站水泥、粉煤灰材料通过公路汽车运送，砂、石料先由水路船运至3号墩处的砂石料转运码头，后起驳上岸，再用汽车倒运至拌和站料场存放。

3. 钢结构车间

钢结构车间设在桥位上游的生产区内，其中加工制造区靠江侧布置，靠大堤一侧前期用作钢结构及钢筋笼存放场，后期改作钢梁存放及预拼场地。制造区和存放区中间设置一条4 m宽道路，钢结构存放场和钢筋笼存放场中间设置一条6 m宽道路；场内前期设起吊重量为80 t龙门吊机2台，钢结构加工厂和存放场各一台；后期设置100 t龙门吊机1台，跨钢结构存放场和钢筋笼存放场；卷板机及自动焊机各2台，其主要生产任务为3号墩及引桥墩钢护筒加工制造、承台模板、墩身及主塔施工支架及临时钢结构的加工及整修。

桥位下游的生产区内靠大堤由上游向下游依次布置钢筋存放区、钢筋加工区、旧料存放区，场地内布置一台50 t龙门吊、钢筋笼一体成型机、自动钢筋弯曲机2台、套丝机4台，其主要生产任务为3号墩钢筋笼加工制造及主塔、墩身钢筋加工。靠江侧依次布置停车区和现场办公区、中心料库，现场办公区设置有办公室、技术室、会议室、调度室等。钢筋加工区与中心料库之间铺设一条6 m宽的施工便道。

4. 钢梁存放、预拼场

钢梁存放、预拼场地顺大堤布置，由前期桥位上游生产区的钢结构、钢筋笼存放场地改造而成，按存放6个节间钢梁杆件（预拼2个节间钢梁杆件）考虑，对应设置下弦杆、上弦杆、桥面板存放台座。因本桥上弦杆件与部分公路桥面板设计为一体，构件宽达6.51 m，桥面板也按节间制造不分块。铁路桥面板宽11.6 m，公路桥面板宽12.4 m，结构尺寸较大。因此钢梁上、下弦杆和桥面板等构件采取正位装船（车）运输，预拼场内不设上弦翻身台座。沿存放、预拼场长度方向，跨场内道路和台座布置2台80 t龙门吊机作为起重设备装卸钢梁。

5. 钢筋加工车间及存放区

钢筋加工车间分两处设置：一处设在桥位下游生产区靠近大堤一侧，顺大堤布置，面积2 800 m^2，前期负责主桥墩钢筋笼制造（含钢筋下料、碰焊对接、丝扣轧制及笼体成型）和存放，后期作为引桥承台、墩身、主塔塔柱钢筋加工车间。另一处设在主桥1号墩和大堤之间的桥位处，负责引桥墩的桩基钢筋笼加工及存放，面积约1 300 m^2。

江陵侧施工场地布置如图2-1所示。

6. 供水

生产用水使用长江水，先抽至水塔中蓄存，然后再输送至各使用地点（含岸上拌和站）。生活区用水接引自来水公司管线，安装水表后使用。

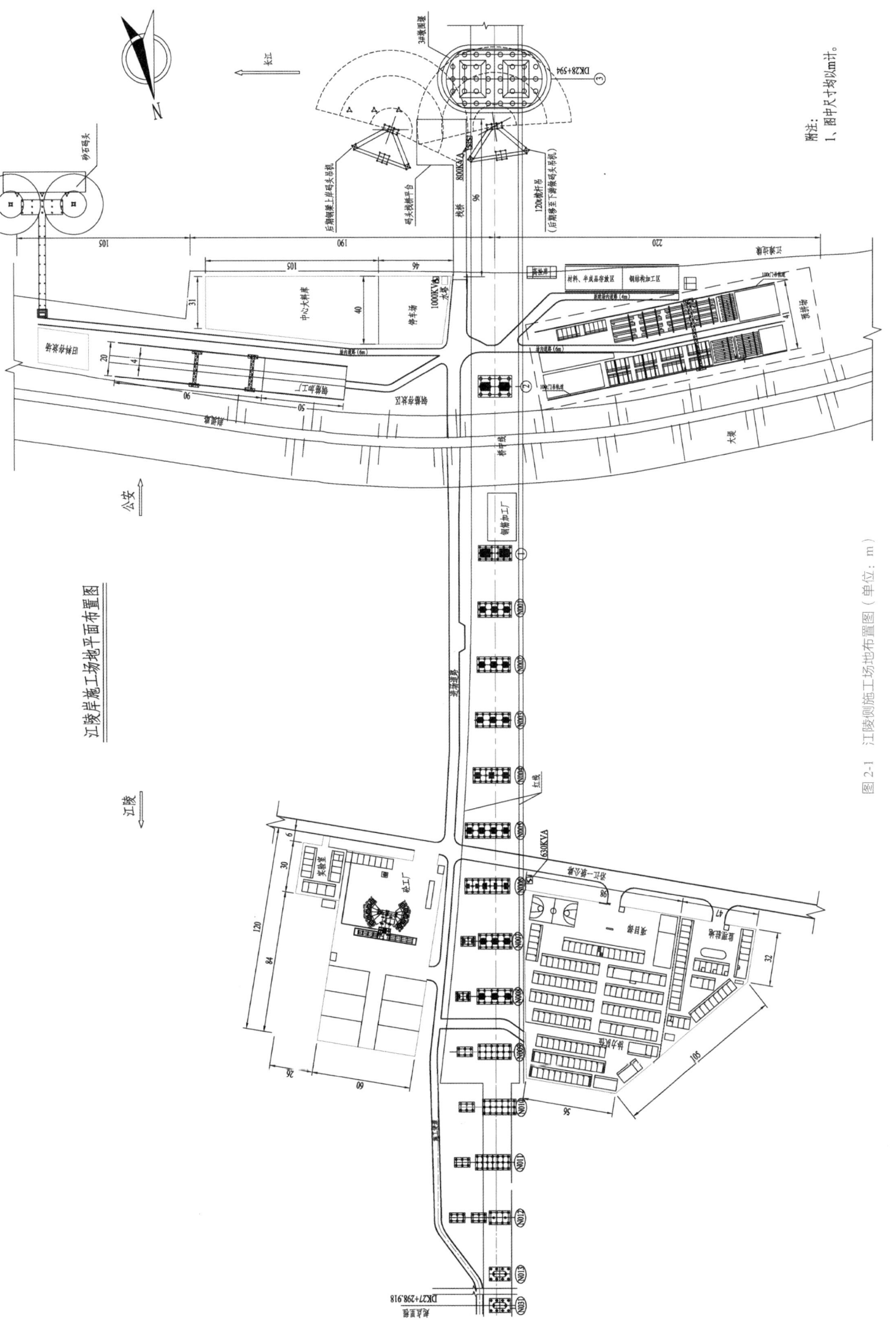

图 2-1 江陵侧施工场地布置图（单位：m）

7. 钢围堰制造拼装和下河场地

3 号墩底节围堰（高 18 m）在位于桥位上游约 35 km 处的汉沙船厂内制造，气囊断缆法整体下河后拖轮拖带浮运至桥位处就位，顶节 6 m 围堰加高段钢结构在船厂加工完成后运至墩位用浮吊组拼接高。

2.2.3 施工方法及施工技术措施

1. 深水区 3 号主塔墩下部结构施工

3 号主墩位于长江左岸主河槽中，墩中心距北侧高漫滩边缘约 115.6 m，江底高程 +11.56 ~ +15.56 m，南高北低，低水位（+25.41 m）时水深约 14 m，河床覆盖层为粉细砂和细圆砾土。承台长 58.4 m，宽 33.6 m，厚 6 m，底标高为 +15.5 m。墩位北侧靠近河槽最深处，该处水深流急，冲刷较强烈（一般冲刷线 +4.3 m，局部冲刷线 +2.74 m），采用双壁钢吊箱围堰施工方案，先围堰后平台，先钻孔后封底。围堰高度为 24 m，（分 2 节施工，底节 18 m），底节围堰在桥位上游 35 km 处的汉沙船厂内制造，气囊法下河后拖轮拖带浮运至桥位处锚碇定位，插打钢护筒，挂桩，进行体系转换，然后进行钻孔桩施工，钻孔桩施工期间围堰顶标高 +39.5 m。钻孔设备为 6 台 3 000 型动力头钻机，采用气举反循环泥浆护壁钻孔工艺成孔。

钻孔桩完成后，进行围堰第二节接高，然后下放围堰至设计标高，待完成吊挂体系转换后围堰封底，进行承台施工。承台分两次浇筑，第一次浇筑高度 3.5 m，第二次浇筑高度 2.5 m。承台施工期间围堰顶标高 +34.5 m，抽水水位 +34.00 m。

2. 主桥 1 号、2 号墩下部结构施工

2 号墩位于长江大堤内河滩上，采取陆地法施工方案，枯水期进行，桩基均选用旋挖钻机成孔。因 2 号墩紧靠荆江大堤，承台埋置地面以下，基坑开挖深度近 5 m，为确保荆江大堤绝对安全，承台施工除采用钢板桩支护方案外，在承台靠大堤一侧还设置了一排 $\phi 1.0$ m 钻孔围护桩，该围护桩完成后才能进行基坑开挖。

主桥 1 号墩位于堤内，距堤脚 35 m，也采取陆地法施工方案，枯水期进行，旋挖钻机成孔。承台基坑开挖采用钢板桩支护，汛期前完成。

3. 引桥 N001 ~ N031 墩基础施工

N001 ~ N031 墩位于大堤内，其中 N001 ~ N012 墩为公铁合建段，N013 ~ N031 为铁路分建段。引桥沿线主要为农田区，地面标高在 +28 ~ +32 m，南侧靠近干堤防护林处地势稍高，采用陆地钻孔桩施工方案，旋挖钻机成孔。

由于桥梁穿越农田区域，墩位地面土质承载能力差，桩基施工前墩位作业范围地表土先进行换

填压实处理，然后埋设桩位护筒，再进行钻孔施工，泥浆护壁成孔。长江干堤内侧地势呈南高北低，N005～N031地面高程较低，基本与长江常水位持平，引桥钻孔桩于2014年5月初正式开钻，正值汛期，长江水位平均高于堤内地面低洼处3～5 m，存在管涌的风险。按河道管理部门规定，5月～10月期间只允许大堤500 m以外的N017～N031号墩钻孔桩施工，先从引桥N031号墩开始，逐步往N017号墩方向推进。汛期结束后再进行N001～N016号墩钻孔桩施工。

引桥承台埋置地面以下，基坑开挖深度3～4 m，地表土主要由①层粉土、软塑状粉质黏土及淤泥质土等软弱和中软地层组成，地下水与长江水连通。受流沙土影响和征地范围及上游红线用地限制，引桥承台采用钢板桩支护开挖施工方案。

4. 墩身施工

（1）铁路墩身施工。

江陵岸合建段N001～N012号铁路墩均为框架结构，铁路立柱尺寸3.0 m×3.5 m（横向×纵向），铁路墩帽纵向尺寸3.9 m，横桥向尺寸18.0～25.8 m。铁路引桥分建段N013～N031号墩身均采用带托盘的圆端型板式实体墩，托盘平面尺寸2.9 m×11.6 m，高2.5 m，桥墩断面为变截面，坡率45∶1，墩顶处横桥向墩宽7.4 m，顺桥向宽2.5 m。

N001～N010号墩铁路墩身分三次进行浇筑，模板采用整体钢模；墩顶横梁采用支承于承台上的钢管支架模板进行浇筑，一次完成。

N011～N031号铁路墩身高度上分两次浇筑，其中顶帽及托盘与第二次墩身一起浇筑，模板采用整体钢模。

（2）公路墩身施工。

江陵岸合建段N001～N012号公路墩有两种不同结构形式，即立于铁路墩帽之上的框架结构墩与公路单建的双柱结构墩。其中N001～N007号墩只有框架墩；N008～N010号墩既有框架墩又有单建墩；N011～N012号墩只有单建墩。

框架墩立柱尺寸1.8 m×1.8 m（横向×纵向），盖梁中间高度2 m，宽度2.1 m。公路框架墩分三次进行浇筑。其中墩顶盖梁单独浇筑，盖梁采用铁路墩顶安装钢管桩支架进行施工，墩柱采用翻模施工，分两次进行混凝土浇筑，每次施工高度不大于6 m，模板采用整体钢模。

单建墩立柱尺寸1.8 m×2.4 m（横向×纵向），系梁高2 m，宽1.8 m，盖梁高度2 m，宽度2.6 m，公路单建墩均分为8次进行浇筑，每节高度6 m左右，其中系梁与同高度墩身立柱一起浇筑，墩顶盖梁单独浇筑。盖梁采用预埋牛腿搭设平台进行施工，模板采用整体钢模。

5. 主塔施工

下塔柱高38.5 m，塔座高3 m（一次性浇筑完成），塔座顶至下横梁倒角底高度为25.5 m，分5个节段进行浇筑，其中第1节为1.5 m调节段，其余浇筑高度均为6 m。第1～2节段在塔座施工完成后采用支架法施工，其余节段采用三面液压爬模施工。

下横梁采用支架法施工，与下塔柱同步进行，高度上分两次浇筑完成，第一次浇筑高度为 4 m，第二次为 3 m。横梁底模、内模采用竹胶板做面板的木模，侧模采用钢模。

中塔柱上、下游塔肢均采用四面爬模施工，节段高度均为 6 m。施工时塔肢内侧在 +67.4 m、+84.5 m、+101.6 m、+124.4 m 标高处设置四道横撑，确保塔柱施工时线形正确。每层横撑由两根 $\phi 1\,200 \times 20$ 钢管组成，钢管支顶在横桥向的塔柱壁位置。

上横梁位于第 21、22 节段之间，其施工与塔柱异步进行，即用四面爬模先将塔柱施工至超过上横梁的第 24 节段后，再进行上横梁施工。上横梁采用不落地的桁架式支架施工，也分两次进行，第一次浇筑高度为 4 m，第二次浇筑 2.5 m。桁架支承于塔柱内侧壁预设牛腿顶面的支承分配梁上，每侧塔柱牛腿各 2 个，牛腿设置在塔柱横桥向塔壁处。横梁钢筋通过塔柱预埋的钢筋连接套筒进行连接，接头质量需满足 I 级接头标准。

上塔柱分为 9 节，同样采用四面爬模施工，其中底节高度 5.15 m，顶节高度 5.6 m，其余标准节段高度 6 m。上塔柱为斜拉索锚固区，塔壁环向设有 $\phi 32$ mm 预应力精轧螺纹钢筋，每施工完一个节段，待混凝土强度达到要求后，张拉预应力精轧螺纹钢筋，并压浆封锚。

塔柱施工起重设备采用 2 台 384 t·m 塔吊，塔吊沿对角线分别布置在塔柱的下游侧江陵角和上游侧公安角。下游侧塔吊最大起重能力 20 t，上游侧塔吊最大起重能力 12 t。中塔柱施工电梯设在上、下游侧塔肢的外侧面，倾角和塔柱相同。

6. 主桥钢梁架设

江陵岸钢梁架设范围为主桥 1 号墩至合龙口共计 39 个节间，架梁长度 546 m。墩顶四个节间钢梁采用 120 t 桅杆吊在墩旁托架上进行安装，其余节间钢梁采用 WD70 型 70 t 全回转架梁吊机散拼法双悬臂对称架设。边跨钢梁架设完成后（江陵侧至 1 号墩，公安侧至 6 号墩），再进行跨中合龙。

2.2.4　主要施工机具设备

主要施工机械设备包括钻孔机械、起重机械（汽车吊机、龙门吊机、码头吊机、架梁吊机、塔吊等）、钢梁运输设备、混凝土拌和设备、钢筋加工设备、钢结构加工设备及测量试验设备等。江陵侧所用主要施工机具见表 2-1。

表 2-1　江陵侧所用主要施工机械设备

机械名称	规格型号	额定功率或容量或吨位	数量/台（套）	备注
一、工程船舶				
拖轮		2 640 马力	3	围堰浮运

续表

机械名称	规格型号	额定功率或容量或吨位	数量/台（套）	备 注
机驳		200 t	2	
工程铁驳		800 t	1	前定位船
		400 t	1	后定位船
运输船		400 t	2	
钻渣运输船		800 t	2	3号墩钻渣运输
二、起重设备				
浮吊		160 t	1	3号墩基础施工
龙门吊机		80 t	2	钢筋加工，钢结构加工厂
龙门吊机		100 t	1	箱梁预制场、预拼场
桅杆吊机		120 t	1	3号墩基础施工及后期架梁起重码头吊机
塔吊		384 t·m	2	主塔施工及挂索时用
履带吊		120 t	1	基础施工
汽车吊	QY250	25 t	1	
	QY160	16 t	1	
架梁吊机	WD70	70 t	2	钢梁架设
三、运输机械				
运梁平板车		100 t	2	
载重汽车		10 t	1	
四、动力机械				
变压器		800 kV·A	2	
		1 000 kV·A	1	
		630 kV·A	1	
发电机		400 kW	2	
油泵		ZB4-500	4	
水泵	GDL	扬程 60～120 m	10	
空压机	V6/8	20 m³/h	8	
电动油泵	ZB4-5W	12 kW	8	

续表

机械名称	规格型号	额定功率或容量或吨位	数量/台（套）	备注
千斤顶	YC、YCW	100~500 t	16	
五、混凝土机械				
混凝土搅拌站		120 m³/h	2	
混凝土输送泵	HBT60D	64 m³/h	2	
混凝土搅拌车		7 m³	8	
压浆机	D144	151 kW	2	
混凝土输送泵	BP2000RE-20	80 m³/h	2	
六、桩基机械				
振动打桩机	APE400B	320 t	2	主墩钢护筒插打
振动打桩机	DZ120		2	栈桥钢管桩插打
旋转钻机	KTY3000B	30 t·m	6	主塔墩钻孔
旋转钻机	GPS2000		6	陆地桩钻孔
旋挖钻机	SR220		2	陆地墩及引桥墩钻孔
泥浆分离器	ZX-250	250 m³/h	2	主墩桩基施工
泥浆分离器	ZX-500	500 m³/h	4	主墩桩基施工
泥浆泵		22 kW	10	
空压机	L-22/8		5	
空压机	5L40-10	40 m³/min	4	
泥浆泵	4PNL	55 kW	6	
七、其他				
交流电焊机	BX3-500		40	
张拉设备			8	
压浆设备			2	
钢结构加工设备			2	
钢筋加工设备			3	
木工加工设备			2	

续表

机械名称	规格型号	额定功率或容量或吨位	数量/台（套）	备　注
电梯			2	3 号墩主塔施工
液压爬模			2	3 号墩主塔施工
潜水泵			30	
挖掘机	WY100	1.2 m³	2	
装载机	ZL-50	3 m³	4	
强力震动夯			1	
冬期混凝土养护设备			2	
二级井点降水设备		10 m³/s	2	引桥承台施工

2.2.5　电力供应

江陵侧用电总负荷和变压器布置综合考虑了高峰期（钻孔桩施工时）施工用电以及低峰期施工用电（钻孔桩施工完成后）。

江陵侧在主桥 3～N031 号墩间共布置 4 台变压器，总功率为 3 230 kV·A，基本满足各墩施工用电。其中在 3 号墩旁栈桥平台布置 2 台 800 kV·A 变压器，供应 3 号墩基础和塔柱及钢结构施工用电。栈桥头布置 1 台 1 000 kV·A 变压器，主要供应引桥墩和钢筋加工场施工用电。在 N006 号墩桥位附近布置 1 台 630 kV·A 变压器，供应拌和楼和生活区以及部分引桥墩用电。

为保证电网停电时施工能正常进行，施工现场还配设 2 台发电机组（400 kW 两台）作为备用电源。

2.3　公安岸施工组织

2.3.1　施工组织机构

公安岸工区（南岸工区公司）承担斜拉桥主跨跨中以南范围工程施工任务，其中公铁合建段为斜拉桥主跨跨中至 S012 号墩范围工程（不含铁路引桥部分的 T 梁制、架），铁路分建段至 S112 号墩范围的下部桥墩基础及其上部桥面系附属工程（不含 T 梁制、架）、S078 号～S085 号墩两联预应力混凝土连续梁其上部桥面系附属工程，还有 10 号墩处铁路上桥梯道及其围墙、4 号墩和 5 号墩防撞设施、南引桥声屏障、护轮轨安装等［本标段的引桥上部 32 m T 梁的制、架施工由中铁三局（MHTJ24 标）完成］。下设工程部（含测量组）、质量管理部、工程经济部、物资部、机械部、安全环保部、财务部、综合办公室、中心试验室及主、引桥作业队。

2.3.2　场地布置

1. 办公、生活区布置

南岸工区生活区分两处布置，工区管理人员集中在村委会办公楼院内（引桥 S010～S011 号墩之间的上游侧，距桥轴线约 500 m），协力队伍生活区设置在江边生产区。工区办公区设在村委办公楼内，该楼为 3 层楼房；生活区布置在办公区后面，采用新建两层活动板房结构，共 4 栋；工区办公生活区共占地约 10 455 m^2。协力队伍生活区设在江边生产区边上，采用双层及单层活动板房结构，占地约 4 320 m^2。

2. 混凝土供应

南岸工区混凝土均采用岸上混凝土工厂集中拌制、搅拌车通过栈桥或施工便道运输至各浇筑点的方式供应。岸上混凝土工厂位于 10～S004 号墩下游侧（南五洲围堤内的岸边），混凝土生产能力 2×180 m^3/h。混凝土生产所用原材料如水泥、粉煤灰、外加剂等采用陆路汽车运送，砂、石料由水路运输至盛埠建材码头，再用汽车倒运至料场存放。

3. 钢结构车间

南岸工区钢结构车间位于南五洲岸边 10～S004 号墩之间的上游侧，场内设起吊重量为 20 t 的龙门吊机 2 台。钢结构车间主要生产任务为：公安岸临建钢结构、基础施工钢结构、承台模板、墩身模板、墩身及主塔施工支架、跨大堤连续梁支架、模板及其他临时钢结构的加工及整修。

4. 钢梁预拼存放场

南岸工区钢梁在九江中铁九桥厂制造，完成后用船舶运输至桥址进行安装。

南岸工区钢梁预拼存放场设在 S004～S007 号墩上游侧，横桥向布置，由前期主桥钢筋笼加工场改造而成。钢梁预拼存放场长 95 m，宽 40 m，占地 3 800 m^2，场地范围地面铺浇 20 cm 厚的混凝土地坪，场地四周设置排水沟。场内设置一条宽 6 m 的混凝土道路作为运输通道，同时跨存梁台座设置 1 台跨度 38 m、起重能力 65 t 的龙门吊机用于较重钢梁构件装卸，另配置一台 25 t 汽车吊用作小杆件及节点板等构件装卸。

5. 钢筋加工车间及存放区

南岸工区钢筋加工车间共设 3 处，一处位于 S004～S007 号墩上游侧生产区，主要负责加工主桥钢筋笼、承台、墩身、主塔钢筋以及引桥 S001～S021 号墩钢筋笼、承台、墩身、公路小箱梁钢筋，后期钢筋场地改作钢梁预拼存放场；一处位于南岸工区混凝土料仓边，负责引桥 S022～S077 号墩钢筋笼、承台、墩身钢筋加工；另一处位于荆南干堤与桥梁交叉处上游侧，负责引桥 S078～S0112 号墩钢筋笼、承台、墩身以及连续梁钢筋加工。

6. 供水

生产用水均取自长江水（直接江边抽水、经沉淀池沉淀），水质经检测满足要求。江水先抽至水池中蓄存，然后再输送至各使用地点（含岸上拌和站）。生活用水则铺设专用管路接取杨家厂镇水厂自来水。

7. 钢围堰制造拼装和下河场地

4 号墩围堰在位于桥位上游约 35 km 处的汉沙船厂制造，底节围堰采用整体气囊断缆法下河，拖轮拖带浮运至桥位处锚泊定位，其余节块围堰由现场钢结构加工车间完成后运至墩位组拼接高。

公安侧生活区场地布置如图 2-2 所示。

公安侧生产场地布置如图 2-3 所示。

2.3.3 施工方法及施工技术措施

2.3.3.1 深水区 4 号主塔墩基础施工

4 号墩是主桥靠近公安侧主塔墩，采用 36 根 ϕ2.8 m 桩径钻孔桩群桩基础。承台采用圆端形矩形结构，平面尺寸 33.6 m×58.4 m，承台厚度 6.0 m。

4 号墩基础采用钢套箱围堰施工方案，先围堰后平台。围堰总高 23.7 m，分三节，底节高 16 m，中节高 5 m，顶节高 2.7 m。底节在荆州汉沙船厂内整体制造，采用气囊法下水，通过拖轮浮运至墩位处，依靠锚碇系统精确定位，之后采用两台并联 DZJ315 液压振动锤插打护筒，吊挂底节围堰，形成钻孔平台，安装钻机，最后进行钻孔桩施工。

4 号墩钻孔桩泥浆采用膨润土配制成的优质泥浆，制浆池设在岸上，栈桥上布置一套泥浆管路负责输运泥浆，平台上由 ZX-250 泥浆分离器和沉渣箱组成泥浆循环系统。另外，围堰边配备 1 艘泥浆船负责储存桩身混凝土灌注时排出的多余泥浆；4 号墩配备 6 台 KTY 型动力头钻机钻孔，分 6 轮次进行施工。钢筋笼在后场钢筋车间加工成型，运至墩位后，采用 1 艘 165 t 或 150 t 浮吊起吊下放就位；桩身混凝土采用垂直导管法水下灌注，混凝土由岸上混凝土工厂供应，10 台混凝土运输车运至栈桥码头，再通过地泵泵送入孔。

在最后一轮钻孔桩施工开始后，先进行圆弧段的围堰接高，待钻孔桩全部施工完成，直线段底节围堰上的沉渣筒平台移除后，分块接高直线段顶节围堰，安装 4 套吊放系统下放围堰。围堰下放到位后先进行围堰底隔舱封底，再进行围堰封底。封底施工完成并达到强度后，先用潜水泵将围堰内的水

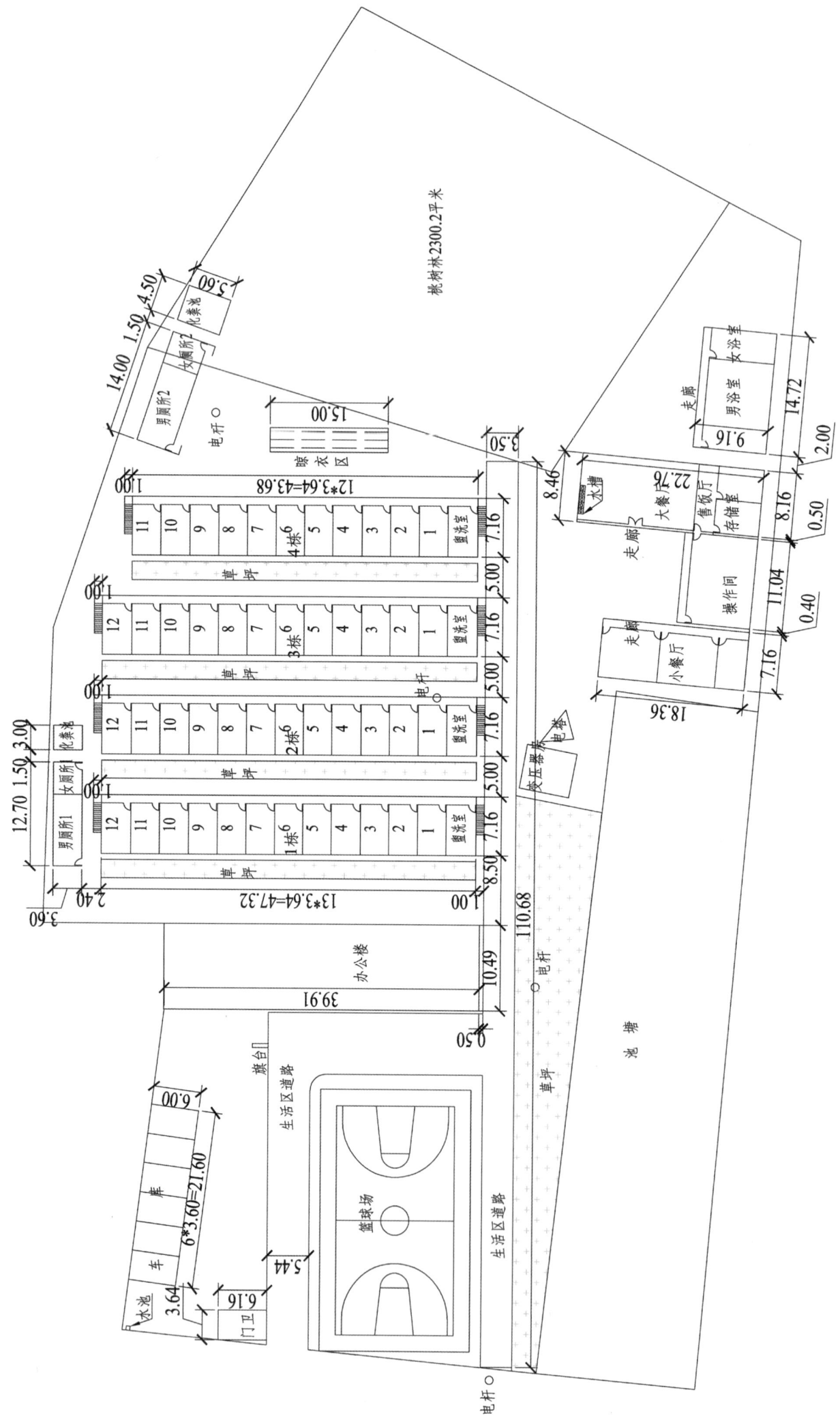

图 2-2　公安侧生活区场地布置（单位：m）

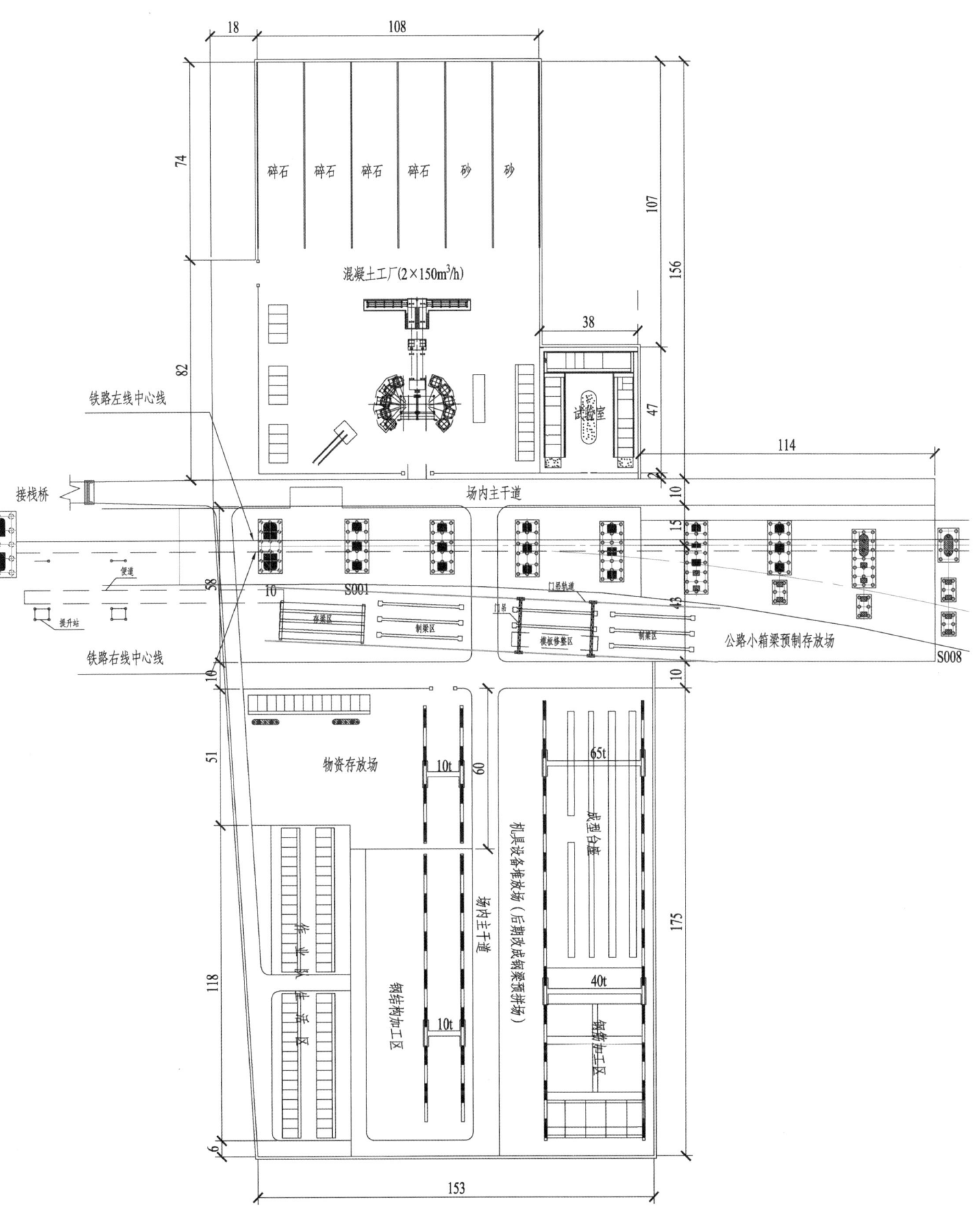

图 2-3 公安侧主生产区施工场地布置

抽干，再清理围堰内的杂物及围堰内封底混凝土面沉积的淤泥最后桩头凿除，进行承台施工。

承台钢筋在钢筋加工车间加工成半成品后，运输到4号墩处绑扎成型。承台分2次浇筑完成，第1次浇筑厚度3.5 m，第2次浇筑厚度2.5 m，两次混凝土界面采用施工缝处理。混凝土由岸上混凝土工厂供应。

2.3.3.2　5～10号主墩下部结构施工

5号墩是主桥斜拉桥公安侧次边墩，6～10号墩为4×94.5 m连续钢桁梁桥墩，其中6号墩是主桥斜拉桥与4×94.5 m连续钢桁梁交接墩，10号墩是4×94.5 m连续钢桁梁和引桥的交接墩。5～9号墩采用ϕ1.8 m群桩基础，10号墩采用ϕ1.2 m群桩基础，均为低桩承台。5～9号墩采用门式墩，10号墩下层铁路采用门式墩，上层公路采用框架式桥墩。

1. 钻孔桩施工

5号墩常年位于水中，钻孔桩采用水上钻孔平台法进行施工。钻孔平台采用钢管桩+贝雷梁形式，利用250 t浮吊进行平台钢管桩插打及平台梁安装。钻孔平台形成后在平台顶安装钢护筒导向架，利用250 t浮吊插打钢护筒，钢护筒插打完成后，进行钻孔桩施工。

6～10号墩位于南岸滩地处，墩位处地面标高分别为+29.91 m、+29.5 m、+34.69 m、+34.8 m、+36.9 m，采用筑岛平台法施工。筑岛面基本形成后，配备泥浆循环系统，布置泥浆循环管路，进行钻孔桩施工。

钻孔桩均采用旋挖钻机成孔，泥浆制备系统设在9号墩与大堤之间，泥浆池总容量约为2 000 m³，设置2 m³搅拌机2台。浆池尺寸为33.5 m×24.5 m×2.5 m，分为三个隔舱，分别作为造浆池、储浆池、回浆池。泥浆搅拌好后，储存于泥浆池中待用。泥浆池设置3PN泥浆泵一台，由泥浆泵通过栈桥侧泥浆管路直接泵送至孔位处。钢筋笼采用长线法施工，混凝土采用垂直导管拔球法灌注。

2. 承台施工

5～7号墩承台施工采取双壁钢套箱围堰方案，钢套箱在公安侧生产区钢结构车间分节分块制造，并在工厂内预拼，验收合格的钢套箱单元件用汽车通过栈桥运输至墩位组拼。5号墩承台施工采取先平台后围堰方案，待钻孔桩施工完毕后，将钻孔平台改造为围堰拼装平台，利用水上浮吊在平台上逐块对称组拼钢围堰，钢围堰拼装完成后下放围堰。6号、7号墩围堰采取就地拼装，吸泥下沉，围堰下沉至设计标高后，清基封底。8～10号墩承台施工采用钢板桩围堰方案。钢筋在钢筋加工车间加工成型，平板车运至墩位绑扎，模板采用钢模。承台均采用一次性浇筑完成，混凝土在混凝土工厂集中生产，搅拌车运输到墩位，混凝土输送泵直接输送入模。

3. 墩身施工

5～10号铁路墩墩身采用翻模法施工，模板采用整体钢模，标准节每节长3 m，共投入3节，另根据墩柱高度设置相应的调节段模板。墩身底节浇筑段高度7.35~9.95 m不等，其他标准节段每次浇筑高度6 m；墩顶帽梁通过钢管及型钢支架作为模板支撑系统进行施工。

墩身主筋标准节段长6 m，采用滚轧直螺纹套筒连接，其余钢筋采用绑扎或闪光对焊连接。墩身钢筋以模板上层三角支架平台作为施工平台进行安装，50 t履带吊配合钢筋、模板安装。

混凝土由生产区混凝土工厂生产，搅拌车运输至工点，采用汽车泵泵送入模，并通过顶部施工平台及串筒将混凝土分送至浇筑点。

2.3.3.3 主塔施工

4号墩主塔与3号塔相同，施工设备同样布置2台塔吊和2台电梯负责起重作业及人员上下运输，塔吊横桥向布置在塔身两侧，顺桥向距承台中心线7.0 m，电梯沿承台中心线上、下游对称布置，塔吊与电梯高度随塔柱施工高度进行接长并附墙。

塔柱混凝土由岸上混凝土工厂供应，通过搅拌车运输至设置在栈桥端的混凝土输送泵泵送。

塔座一次整体浇筑，按大体积混凝土进行施工，内部设置有冷却水管。

下塔柱高35.5 m，划分为7个节段浇筑，节段长度分别为3×6.0 m+1.5 m+6.0 m+5.5 m+4.5 m，标准节段高度6.0 m，采用液压爬模施工。主塔钢筋采取劲性骨架进行定位安装，第1节下塔柱施工时利用液压爬模的模板系统配合塔吊翻模法施工，其余节段待爬模爬升体系完善后由爬模爬升逐段浇筑。下塔柱内腔设计填充C20混凝土（自塔座顶向上浇筑填充至+39.95位置），浇筑前须先在该区段下塔柱内壁涂刷一层沥青。

下横梁施工与3号塔基本相同，和塔柱采用同步施工，支架为落地支架，支承在承台顶面，高度上分两次浇筑完成，第一次浇筑高度4 m，第二次浇筑3 m。下横梁两端的第6、7节段塔柱模板采用爬模系统，下横梁外侧模采用大块钢模，底模、内模采用木模，根据浇筑高度分上、下两次立模。

中塔柱、上塔柱采用液压爬模施工，中塔柱分16个节段完成，上塔柱分9个节段完成。中塔柱节段长度依次为12×6.0 m+3.75 m+2×6.0 m+3.5 m，上塔柱节段长度依次是5.15 m+7×6.0 m+5.6 m。

上横梁采取和塔柱异步施工方案，先施工塔柱，后施工塔柱间横梁。即先施工上塔柱第22、23节段，在施工第22、23节段时预埋横梁钢筋套筒接头（塔柱内侧面）、锚具及对应波纹管孔道，待爬模施工至第24节段时，再搭设横梁支架进行上横梁施工。上横梁采用支承于塔柱预设牛腿上的桁梁式支架施工方案，高度上分两次浇筑完成，第一次浇筑高度4 m，第二次浇筑高度2.5 m。上横梁外侧模采用大块钢模，底模、内模采用木模，根据浇筑高度分上、下两次立模。

2.3.3.4 斜拉桥钢梁架设

公安侧斜拉桥钢桁梁共38个节间（不含合龙段），采用桥面WD70型全回转架梁吊机散拼法安装。4号墩墩顶四个节间钢梁采用架梁吊机安装：先用浮吊拼装江陵侧托架，然后在托架顶面上拼装第一台架梁吊机，用其架设第一个节间钢梁（A19A20E19E20），然后架梁吊机（江陵侧）移至已架节间钢梁上，再自行逐节间安装其余三个节间钢梁。墩顶四节间钢梁架设后，江陵侧移动架梁吊机至

A21A22E21E22节间锚固，拼装公安侧架梁吊机，之后利用架梁吊机对称双悬臂架设其余节间钢梁。先架设完边跨2个节间，再进行中跨合龙。

悬臂架设时，边跨侧钢梁杆件通过栈桥和便道运输至待安装工作面，由架梁吊机直接起吊安装；中跨侧钢梁杆件利用边跨侧的架梁吊机作为提升站先提升至公路面，然后由公路桥面运梁车运输至主跨侧待安装工作面后方，最后再由主跨侧架梁吊机进行起吊安装。

4号墩支座在钢梁架设前安装先就位，待拼装完A18A19E18E19节间和A21A22E21E22节间钢梁的下弦杆、斜杆和铁路桥面板，即起顶调整钢梁线型，灌浆锚固；5号、6号墩支座在钢梁安装之前摆放到位，仅作为架梁时支承垫块用，待中跨钢梁合龙后，再灌浆锚固。

2.3.3.5　4×94.5 m连续钢桁梁架设

4×94.5 m连续钢桁梁共4孔28个节间，采用桥面WD70型全回转架梁吊机散拼法安装，自10号墩向6号墩方向架设，逐节间逐孔进行。其中10~9号墩跨在满布膺架上拼装，9~8号墩跨为部分膺架法伸臂安装，剩余8~6号墩跨钢梁均为全伸臂法安装。

伸臂架梁时钢梁依靠安放于墩顶支座上摆顶面的钢垫块支承，9号、10号墩支座在第一孔钢梁架设完成（超过9号墩2个节间）后正式安放支座，并灌浆固定，其余6~8号墩支座先摆放就位，在架梁过程中仅起支承钢梁作用，暂不灌浆，待钢梁架设完成、位置调整符合要求后再正式灌浆固定。

架设6~8号墩跨钢梁时，7号墩和8号墩支座处需设横向抗风挡块装置，以抵抗伸臂段钢梁承受的外部水平力作用和控制线形。

2.3.3.6　引桥下部结构施工

1. 钻孔桩施工

公安岸引桥所有钻孔桩均按摩擦桩设计，持力层主要为圆砾土层、卵砾石层。钻孔桩有直径1.2 m和1.5 m两种。公安岸除S080~S083号墩处于柳子河内外，其余均处于陆地上（部分有水塘或水沟）。陆地墩直接在墩位处换填表土、平整场地、埋设钢护筒后进行钻孔桩作业；S080~S083号墩及水塘、水沟内墩位采取换填土筑岛方案设置钻孔平台，然后再按陆地施工方法进行钻孔桩施工。

引桥钻孔桩采用旋挖钻机成孔，旋挖钻机型有TR360D、TR280D、SR220等，共计12台；护筒采用直接埋设的方式；桩基钢筋笼在后场采用长线法制作，接头采用直螺纹套筒连接方式，孔内分节吊装对接；混凝土采用垂直导管法灌注。

2. 承台施工

引桥承台为矩形结构，按厚度有三种类型：2.5 m、3.0 m、3.5 m。各承台顶面基本在原始地面以下0.5 m位置，承台基坑开挖深度3~4.5 m。根据基坑开挖深度和周围地形地貌情况，采取钢板桩支护，承台一次性浇筑完成。

3. 墩身施工

公安岸引桥 S001～S010 号墩铁路墩身施工共投入 2 套模板，S011～S021 号墩墩身（斜坡面）投入 1 套模板，S078～S085 号墩墩身投入 1 套模板，其余墩身投入 5 套模板，模板由专业化钢结构作业队制造。

S001～S010 号铁路墩墩身分三次进行浇筑，模板采用整体钢模；墩顶横梁通过钢管支架及型钢支架系统作为模板支撑。模板标准节每节长 3 m，共投入 4 节，每次最大浇筑高度 9 m，即顶节模板不动，拆除下面 3 节模板安装在顶节模板上，如此循环翻转。

S011～S112 号铁路墩墩身高度大于等于 15 m（不含墩帽高度）的分两次浇筑，墩身高度小于 15 m（不含墩帽高度）的一次性浇筑，顶帽及托盘单独一次浇筑。墩身混凝土均由主生产区混凝土工厂生产，搅拌车运输至工点，采用汽车泵泵送入模，并通过顶部施工平台及串筒将混凝土输送至浇筑点。

S001～S012 号公路墩单建墩分节高度 6 m 左右，其中系梁与同高度墩身立柱一起浇筑，墩顶盖梁单独浇筑。系梁采用钢管支架施工，盖梁均采用预埋爬锥＋牛腿法施工，并搭设标准节段钢管桩支架作为人员上下通道。公路框架墩分三次进行浇筑，其中墩顶盖梁单独浇筑，盖梁采用钢管柱结合型钢支架作为模板支撑，采用标准节段钢管桩支架作为人员上下通道。

S001～S010 号合建墩公路框架墩墩柱一次立模浇筑，墩柱模板采用钢模，墩顶盖梁通过钢管支架及型钢支架作为模板支撑系统浇筑混凝土，框架墩盖梁内布置有预应力束，待一期预应力束张拉、压浆完成后，拆除盖梁支架。框架墩主筋采用滚轧直螺纹套筒连接，其余钢筋连接采用绑扎接头或闪光对焊。施工时利用 50 t 履带吊或塔吊配合安装模板、钢筋。框架墩混凝土通过汽车泵泵送布料，墩柱内挂设混凝土串筒，保证自由落料高度不大于 2 m，插入式振动棒振捣。

2.3.3.7 公安岸 70 m、80 m 跨预应力钢筋混凝土连续梁施工

公安岸引桥在跨越南五洲围堤及荆南干堤采用（45+70+70+45）m+（50+80+50）m 两联预应力钢筋混凝土连续箱梁结构。

墩顶现浇段（0 号、1 号段）采用支承在承台上的临时墩旁托架法施工，墩旁托架由汽车吊或履带式吊机拼装，外侧模为钢模，内模为竹胶板配方木、槽钢背楞模板，内顶板采用碗扣式支架支撑。悬浇节段采用菱形挂篮悬臂施工，中跨、边跨合龙段采用吊架施工。边跨现浇段采用落地钢支架法施工。在连续梁 0 号块位置均设置 1 台 8 t 塔吊，共计 5 台，用于设备和材料吊装，钢筋由工厂集中加工制作，运至现场由塔吊提升全桥面，现场绑扎成型。混凝土由搅拌站集中供应，搅拌输送车运输，混凝土输送泵泵送入模，插入式振捣器捣固。混凝土采用覆盖土工布保湿养护。

合龙时，为保证施工阶段的稳定和合理的支承体系，采用先边跨合龙，后中跨合龙方案。中跨合龙段临时钢支撑锁定后，解除中墩墩梁固结和活动支座锁定装置，进行中跨合龙，形成连续梁成桥状态。

2.3.3.8 合建段跨径 32.7 m 预应力混凝土小箱梁施工

合建段公路上部结构采用跨径 32.7 m 预应力混凝土小箱梁,均为 4×32.7 m 连续梁,共 3 联 12 跨,双幅分离式布置,单幅桥面宽为 12.75 m,每幅 4 片小箱梁。

公路小箱梁在预制场内预制。在制梁台座上绑扎钢筋、安装模板及浇筑混凝土,当养护时间不少于 5 天,并在强度满足要求的前提下进行初张拉,然后由龙门吊提至存梁台座上继续养护,待强度及弹模满足要求后,在存梁台座上完成张拉、压浆,最后由运梁台车转运至提升站,提升至钢梁桥面,用桥面运梁车运至架桥机后方,由架桥机起吊、架设。第 1 联(主桥 10 号墩~S004 号墩箱梁)、第 2 联(S004 号墩~S008 号墩箱梁)采取逐孔全幅(共 8 片梁)架设方案,第 3 联(S008 号墩~S012 号墩箱梁)采取先架设完左幅,架桥机退回后再架设右幅方案。运梁时,两片中梁作为运梁通道。

箱梁架设过程中先用内灌混凝土的钢筒临时支承,每片梁每端支点处布设 2 个钢筒。箱梁架设就位后,先连接纵向湿接缝及横隔板之间钢筋,以保证梁片之间稳定,然后安装盆式钢支座,按设计顺序进行横、纵湿接缝施工,再安装反弯矩区预应力束,张拉、压浆后拆除临时安装的千斤顶,完成体系转换。

2.3.4 主要施工机具设备

主要施工机械设备包括钻孔机械、起重机械(汽车吊机、龙门吊机、码头吊机、架梁吊机、塔吊等)、混凝土拌和设备、钢筋加工设备、钢结构加工设备及测量试验设备等。

公安侧所用主要施工机具见表 2-2。

表 2-2 公安侧所用主要施工机械设备

序号	设备名称	规格型号	数量	厂家/厂地	额定功率	生产能力	用于施工部位	备注
1	钻机	KTY3000	6	武桥重工			4号墩基础	
2	旋挖钻机	TR360D	1	中车			基础	
3	旋挖钻机	SR280R	1	三一			基础	
4	旋挖钻机	NR2206DR	1	北方重汽			基础	
5	旋挖钻机	ZR220A	1	中联			基础	
6	旋挖钻机	TR280D	1	南车			基础	
7	旋挖钻机	SWDM25	1	山河智能			基础	
8	旋挖钻机	YTR300	1	中国宇通			基础	

续表

序号	设备名称	规格型号	数量	厂家/厂地	额定功率	生产能力	用于施工部位	备注
9	旋挖钻机	YTR260	1	中国宇通			基础	
10	旋挖钻机	SR220C	1	三一			基础	
11	旋挖钻机	XR280D	1	徐工			基础	
12	旋挖钻机	XR220D	2	徐工			基础	
13	旋挖钻机	XR360	1	徐工			基础	
14	汽车钻	QKZ-2000	3	河北			基础	
15	振动打桩锤	DZJ-90	1	永安			基础	
16	振动打桩锤	DZJ-120	2	永安			基础	
17	振动打桩锤	DZJ-150	1	永安			基础	
18	振动打桩锤	DZJ-200	1	永安			基础	
19	振动打桩锤	DZJ-600	1	永安			基础	
20	振动打桩锤	APE400B	2	美国			基础	
21	液压打桩机		3	徐州			基础	
22	泥浆分离器	ZX-500	6	武汉			基础	
23	泥浆分离器	ZX-250	6	武汉			基础	
24	吸泥机	$\phi 273$	12	上海			基础	
25	泥浆泵	3PNL	33	山东			基础	
26	砂石泵		20	山东			基础	
27	混凝土搅拌站	HZS180	2	山东			全桥	
28	混凝土运输车	8 m³	10	三一			全桥	
29	混凝土输送泵	HBT90	1	三一			全桥	
30	混凝土输送泵	HBT90	1	中联			全桥	
31	混凝土泵车	43 m	1	中联			全桥	
32	混凝土泵车	46 m	1	三一			全桥	
33	箱式变电站	YB-12/0.4 1000 kV·A	2	合肥			全桥	
34	箱式变电站	YB-12/0.4 800 kV·A	1	合肥			全桥	
35	箱式变电站	XWB X500 kW	3	合肥			全桥	

续表

序号	设备名称	规格型号	数量	厂家/厂地	额定功率	生产能力	用于施工部位	备注
36	箱式变电站	XWB 315 kV·A	2	合肥			全桥	
37	柴油发电机	350 kW	2	康明斯			全桥	
38	柴油发电机	300 kW	2	康明斯			全桥	
39	柴油发电机	250 kW	1	康明斯			全桥	
40	抛锚船	锚工 301	1				水上施工	
41	起重船	大桥起 14 号（30 t）	1				水上施工	
42	起重船	苏连海起重 21（150 t）	1				水上施工	
43	起重船	桥船 2 号（165 t）	1				水上施工	
44	起重船	赣九江捞 0021（250 t）	1				水上施工	
45	机驳	鄂阳新货 230（250 t）	1				水上施工	
46	机驳	鄂阳新货 252（250 t）	1				水上施工	
47	机驳	湘张家界 0578（400 t）	1				水上施工	
48	机驳	鄂阳新货 552	1				水上施工	
49	铁驳	大桥 426 号（400 t）	1				水上施工	
50	机驳	孝感宏达 1128 号	1				水上施工	
51	铁驳	大桥 807 号（800 t）	1				水上施工	
52	铁驳	大桥 809 号（800 t）	1				水上施工	
53	泥浆船	金圆 368（1450 t）	1				水上施工	
54	交通船	东运 1 号	1				水上施工	
55	交通船	一帆 205	1				水上施工	
56	平板货车	20 t	4				全桥	
57	履带起重机	CCH500	1	日本石川岛			全桥	
58	履带起重机	QUY55	1	徐工			全桥	
59	履带起重机	QUY50A	1	抚挖			全桥	
60	履带起重机	QUY120	1	抚挖			全桥	
61	履带起重机	SCC500B	1	三一			全桥	
62	履带起重机	QUY160	1	中联			全桥	

续表

序号	设备名称	规格型号	数量	厂家/厂地	额定功率	生产能力	用于施工部位	备注
63	履带起重机	QUY50	1	徐工			全桥	
64	汽车起重机	QY25 K-I	1	徐工			全桥	
65	汽车起重机	JQZ25k	1	徐工			全桥	
66	汽车起重机	25 t	6	徐工			全桥	
67	汽车起重机	QY20G	2	徐工			全桥	
68	汽车起重机	JQZLT1025/2	2	长起			全桥	
69	汽车起重机	中联 25 t	4	中联			全桥	
70	门式起重机	MH10-18	1	河南重业			全桥	
71	门式起重机	MG65/10-38	1	河南中原			全桥	
72	门式起重机	MH20-20	1	南京中铁桥机			全桥	
73	门式起重机	MH10-15A3	1	南京中铁桥机			全桥	
74	门式起重机	MHBH10-15	2	河南重业			全桥	
75	桅杆起重机	WD70C	3	武桥重工			钢梁	
76	桅杆起重机	WD120	1	武桥重工			码头吊机	
77	塔式起重机	TC5610-6	2	中联			引桥	
78	塔式起重机	TC6517B-10	2	中联			引桥	
79	塔式起重机	TC7030B	1	中联			主塔	
80	塔式起重机	ST420	1	永茂			主塔	
81	施工升降机	SC200B/200B	2	江汉建机			主塔	
82	千斤顶	1000 t	6	柳州			斜拉索	
83	千斤顶	500 t	10	柳州			全桥	
84	装载机	ZL40	5	厦工			全桥	
85	挖掘机	EX300-5	4	日立			全桥	
86	自卸汽车	EQ3092	8	东风			全桥	
87	自卸汽车	EQ1141G1	8	东风			全桥	
88	自卸汽车	EQ1242G2	10	东风			全桥	
89	张拉设备	YC25-400	30	柳工			全桥	

续表

序号	设备名称	规格型号	数量	厂家/厂地	额定功率	生产能力	用于施工部位	备注
90	液压爬模	ZL-ZPM100	2	卓良			主塔	
91	挂篮		10	南京			连续梁	
92	钢筋加工设备		6	南京			全桥	
93	木工加工设备		2	南京			全桥	
94	全站仪		1	徕卡			全桥	
95	水准仪		2	徕卡			全桥	
96	GPS		1				全桥	

2.3.5 电力供应

公安侧用电总负荷和变压器布置综合考虑了高峰期（钻孔桩施工时）施工用电以及低峰期施工用电（钻孔桩施工完成后）。

如图2-4所示，DK29+392右侧（4～5号墩间栈桥上）布置2台1 000 kV·A变压器和1台800 kV·A变压器，供应4号墩基础和塔柱、码头及5～10号墩施工用电；DK29+810左侧（岸上混凝土工厂附近）布置1台500 kV·A变压器，用于岸上混凝土工厂施工用电；DK29+770右侧（10号墩附近）布置1台500 kV·A变压器，用于钢结构及钢筋加工区用电；DK32+680右侧（荆南干堤附近）布置1台315 kV·A变压器，用于混凝土连续梁施工用电；办公生活区布置1台500 kV·A变压器，用于办公、生活用电。

为保证电网停电时能正常施工，施工现场还配备5台发电机组（350 kW两台，300 kW两台，250 kW一台）作为备用电源。

2.4 关键节点工期

2.4.1 主桥节点工期

（1）3号墩桩基：2013年6月28日至2013年9月28日。

（2）4号墩桩基：2013年6月5日至2013年9月23日。

（3）3号墩承台：2013年9月29日至2014年2月23日。

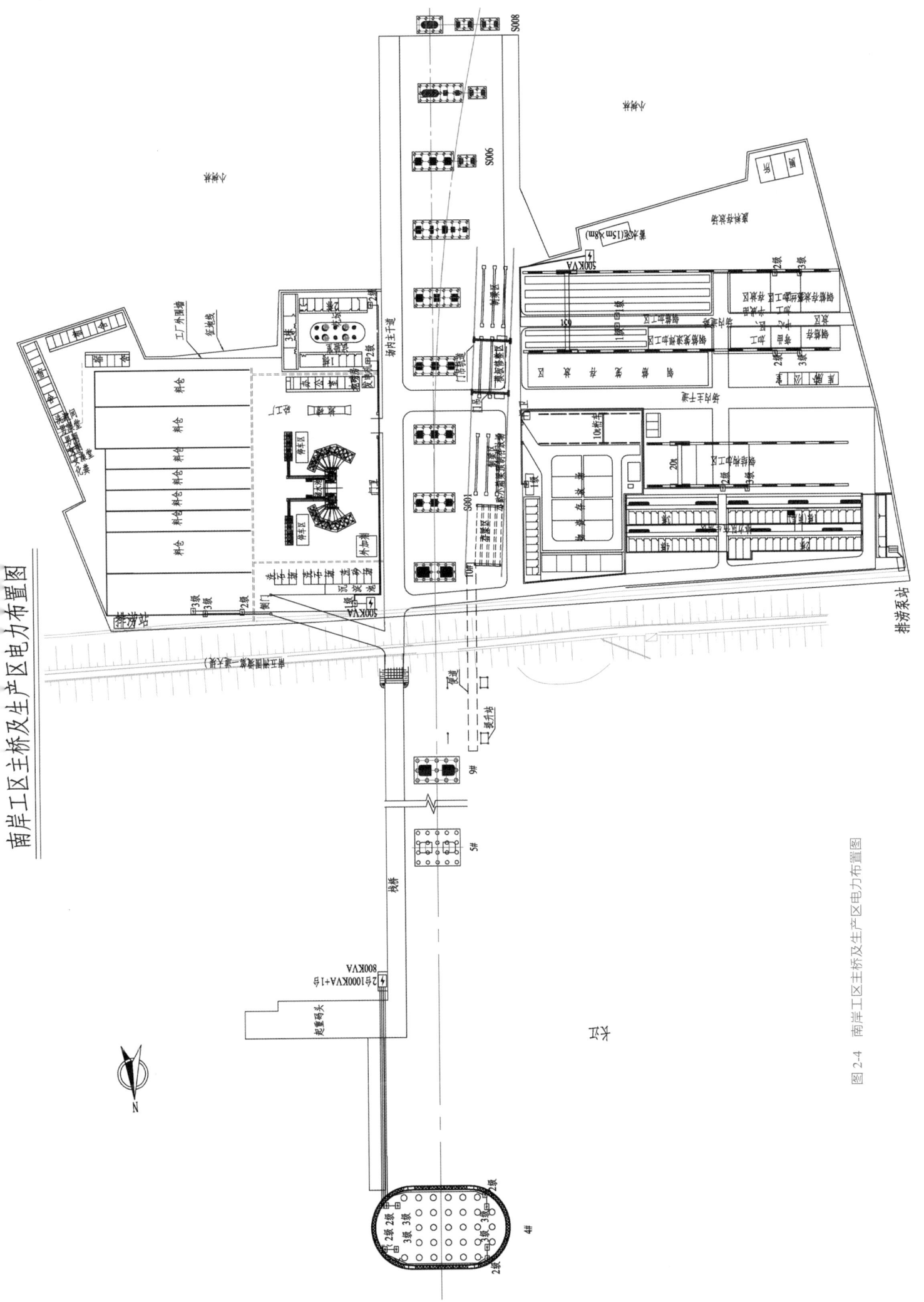

图 2-4 南岸工区主桥及生产区电力布置图

(4）4号墩承台：2013年9月24日至2014年3月1日。

(5）3号墩主塔：2014年2月24日至2015年7月6日。

(6）4号墩主塔：2014年3月2日至2015年4月27日。

(7）1号、2号、5~10号墩桩基、承台、墩身：2013年7月20日至2015年4月29日。

(8）斜拉桥钢桁梁架设：2014年4月16日至2015年12月24日。

(9）主桥钢梁合龙：2015年12月3日。

(10）非通航孔钢桁梁架设：2014年11月20日至2015年9月7日。

(11）公路桥面系及附属：2017年7月15日至2018年1月2日。

(12）铁路桥面系及附属：2016年2月1日至2018年6月11日。

(13）斜拉桥斜拉索调索完成：2019年1月13日。

(14）3~5号墩防撞设施安装：2019年5月20日至2019年11月15日。

2.4.2 公安岸引桥节点工期

(1）桩基础：2014年5月5日至2015年6月9日。

(2）承台：2014年8月10日至2015年11月2日。

(3）墩身：2014年9月25日至2016年1月11日。

(4）公路小箱梁架设：2016年3月15日至2016年8月31日。

(5）70 m、80 m连续梁：2015年7月15日至2016年7月13日。

(6）公路桥面系及附属：2017年7月15日至2018年1月2日。

(7）铁路桥面附属：2016年7月10日至2018年10月20日。

(8）护轮轨安装（含江陵岸）：2019年5月25日至2019年7月15日。

(9）声屏障安装：2019年6月20日至2019年10月5日。

2.4.3 江陵岸引桥节点工期

(1）桩基础：2014年5月5日至2015年3月31日。

(2）承台：2014年8月23日至2015年5月6日。

(3）墩身：2014年9月25日至2016年1月27日。

(4）公路小箱梁架设：2016年9月16日至2017年1月18日。

(5）公路桥面系及附属：2017年7月15日至2018年1月2日。

(6）铁路桥面附属：2016年7月10日至2018年10月20日。

大桥设计

3

3.1 大桥总体设计及桥式方案

3.1.1 大桥总体设计

3.1.1.1 高程、里程、坐标系统

1. 高程

高程采用 1985 年国家高程基准。

2. 里程

线路以左线为基准，里程采用全线里程基准。

3. 坐标

坐标采用西安 80（中央子午线经度 112°30′）坐标。

3.1.1.2 航道

1. 航道等级

桥址河段航道等级为 Ⅰ-（2）级航道，选用 9×3 000 t 级内河船队（316.0 m×48.6 m×3.5 m）和 5 000 t 级海轮作为代表性船型、船队。

2. 通航水位

设计最高通航水位 39.81 m，最低通航水位 26.48 m。

3. 通航净空尺度

本桥的通航净高在设计最高通航水位以上不小于 18 m。

主通航孔按单孔双向通航净宽不小于 320 m，辅助通航孔按单孔单向通航净宽不小于 148 m。

3.1.1.3 线路平面设计

桥位线路在湖北省中南部，江汉平原腹地、荆江河段北岸，即江陵岸侧。大桥工程范围为新建荆州至岳阳铁路公安长江公铁两用特大桥设计里程 DK27+298.918 ~ DK33+616.746，全长 6 317.822 m。

1. 线间距

直线段线间距 4.2 m，曲线段按规范加宽。

2. 线路平面布置

本桥设计行车速度 120 km/h，根据《铁路线路设计规范》，最小曲线半径一般 1 200 m，困难 800 m，本桥线路曲线参数如表 3-1 和 3-2 所示。

表 3-1　公安长江公铁两用特大桥左线曲线参数

交点号 JD	交点坐标（西安 80 坐标系，中央子午线 112°30′00″）		曲线里程		偏角		曲线半径 R/m	缓和曲线长度 l/m	切线长度 T/m	曲线长度 /m
	X 坐标	Y 坐标	ZH 或 ZY	HZ 或 YZ	$α_z$	$α_y$				
DK26+000	3 330 785.425 5	483 617.304 4	—		—	—	—	—	—	—
JD7	3 329 752.282 1	483 596.241 3	DK26+462.38	DK27+601.64	—	10°01′11″	6 000	90	570.98	1 139.26
JD8	3 325 472.171 5	482 749.714 6	DK31+018.43	DK31+768.3	6°12′21″	—	6 000	100	375.26	749.87
JD9	3 322 889.453	482 521.872	DK33+403.57	DK34+571.8	13°20′47″	—	4 500	120	586.51	1 168.22

表 3-2　公安长江公铁两用特大桥右线曲线参数表

交点号 YJD	交点坐标（西安 80 坐标系，中央子午线 112°30′00″）		曲线里程		偏角		曲线半径 R/m	缓和曲线长度 l/m	切线长度 T/m	曲线长度 /m
	X 坐标	Y 坐标	ZH 或 ZY	HZ 或 YZ	$α_z$	$α_y$				
YJD7	3 329 752.714 2	483 592.249 2	DK26+442.38	DK27+621.64	—	10°01′11″	5 995.94	130	590.63	1 178.55
YJD8	3 325 472.734 9	482 745.748 6	DK31+043.43	DK31+743.3	6°12′21″	—	600 052	50	350.47	700.31
YJD9	3 322 880.510 8	482 519.785 5	DK33+422.79	DK34+561.12	13°20′47″	—	4 505	90	572.09	1 139.39

3. 断链

公安长江公铁两用特大桥桥上设断链一处,详见表3-3。

表3-3 公安长江公铁两用特大桥断链

序号	断链处里程及关系	断链/m 长	断链/m 短	备注
1	DK31+799.994 = DK31+800	—	0.006	桥上断链

3.1.1.4 线路纵断面设计

1. 桥梁控制点高程计算

桥梁立面主要受设计洪水位、通航水位、堤顶防汛公路净空及既有道路净空要求等因素控制,桥梁控制点高程计算如下:

(1)主桥区段。

主桥设计控制点高程主要受设计洪水位与通航水位限制,其中设计洪水位为41.48 m,通航水位为39.81 m,通航净空为18 m,因此主桥主要受通航水位控制,按通航要求,桥梁梁底面标高 H_L 按下式计算:

$$H_L = H_t + h + \Delta h_0$$

式中:H_t——为最高通航设计洪水位;

h——为通航净空,Ⅰ-(2)级通航标准,净空高度为18 m。

Δh_0——为桥下安全净空,取2.0 m。

可得 $H_L = 39.81 + 18 + 2 = 59.82$ m

(2)引桥区段。

引桥设计控制点高程主要受长江干堤净空要求限制,铁路桥跨越长江干堤梁底控制标高按下式计算:

$$H_L = H_p + H_k + H_i + \Delta h_0$$

式中:H_p——为桥位处长江干堤的堤顶高程,约42.44 m;

H_k——堤顶防汛公路净空要求:5 m;

Δh_0——为桥下安全净空,取0.50 m。

可得 $H_L = 42.44 + 5 + 0.5 = 47.44$ m

2. 线路纵断面设计

根据《铁路线路设计规范》的规定,本桥限制纵坡6‰,相邻坡度的最大坡差:一般情况为10‰,困难情况下为12‰,线路纵断面设计如图3-1所示。

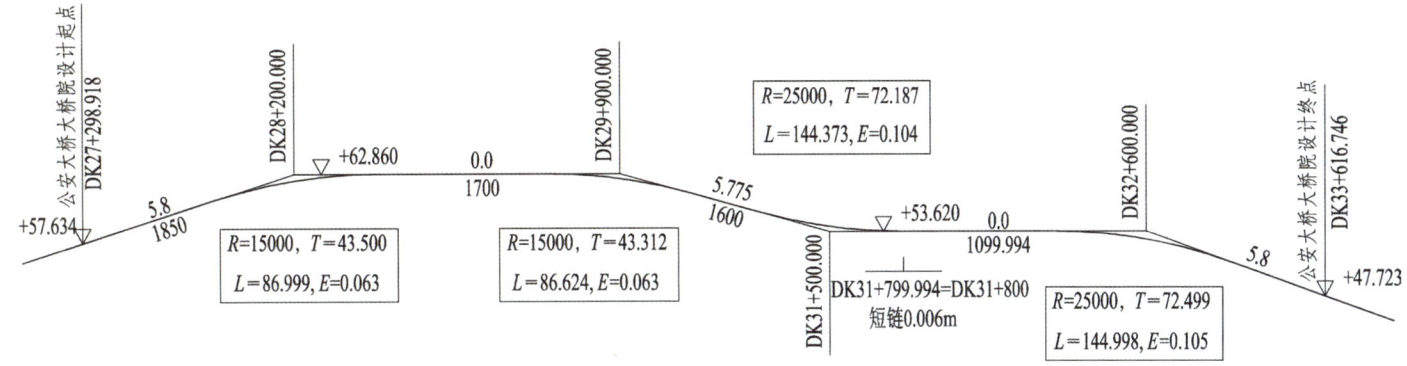

图 3-1　线路纵断面布置图（轨顶高程）（单位：m）

3.1.2　主桥桥式方案

3.1.2.1　通航孔桥

1. 桥跨布置及结构体系

公安长江公铁两用特大桥主桥的通航孔桥采用 98 m+182 m+518 m+182 m+98 m 双塔钢桁斜拉桥方案，全长 1 078 m，位于 1~6 号墩间，立面位于线路平坡上。桥式立面如图 3-2 所示。

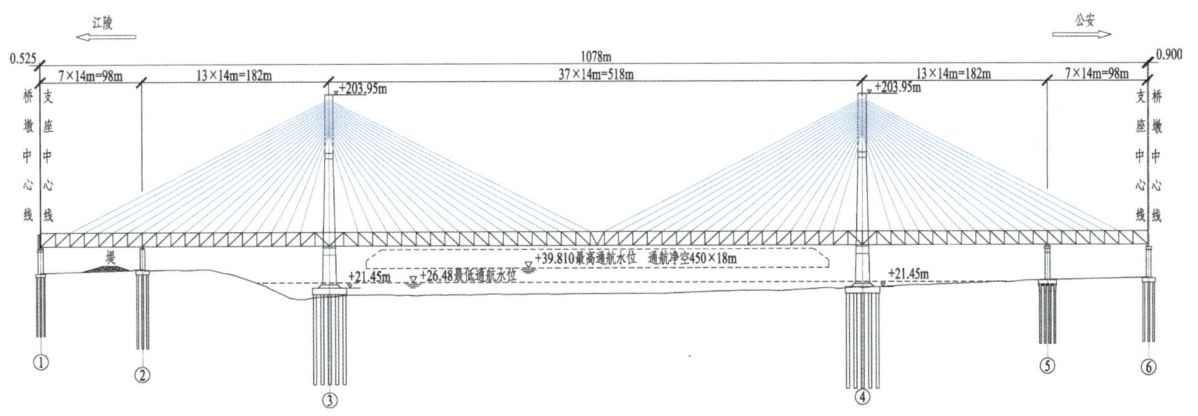

图 3-2　通航孔桥式立面布置图（单位：m）

塔、梁间在下弦设置竖向约束，在上弦外侧设置横向抗风支座。4 号主塔与钢桁梁间顺桥向设置固定支座，限制主梁顺桥向位移。3 号主塔与钢桁梁间顺桥向使用带限位功能的黏滞阻尼器，塔身两侧各两套。边墩及辅助墩顶处钢桁梁下游侧设置纵向活动支座提供竖向和横向约束，上游侧设置多向活动支座提供竖向约束。

2. 钢梁

主梁为 N 形桁式，桁高 13 m，节间距 14 m，主桁横向中心距为 14 m，主桁节点处两侧设倾斜副桁，上端连接横梁端部，下端连接下弦节点。桥面分两层布置，上层桥面为 4 车道公路，桥面宽 26 m。下层桥面为双线铁路，线间距 4.2 m。斜拉索布置在上层桥面外侧，中心距为 25.2 m，主梁横断面布置如图 3-3 所示。

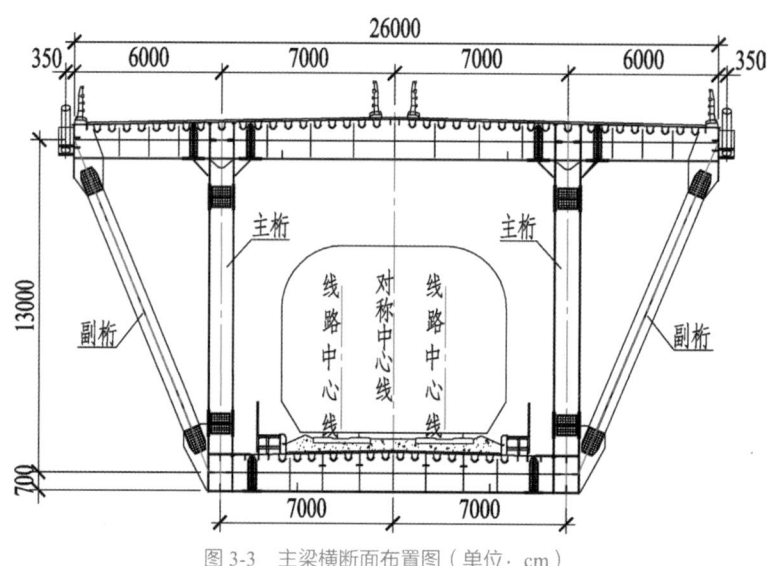

图 3-3　主梁横断面布置图（单位：cm）

3 号塔位置纵向阻尼器共 4 个，单个阻尼器的阻尼取值 $c_d = 3\,000$ kN/(s/m)$^\alpha$，阻尼指数 α 取为 0.4。

阻尼器的参数如下：

非线性指数：$\alpha = 0.4$。

阻尼系数：$c_\alpha = 3\,000$ kN·(s/m)$^{-0.4}$。

最大阻尼力：1 800 kN。

最大冲程：500 mm。

3. 主塔

（1）结构主要尺寸。

主塔采用 H 形桥塔，钢筋混凝土结构。塔顶高程 +203.95 m，塔根（承台顶）高程 +21.45 m，承台以上塔高 182.5 m。塔柱顺桥向尺寸 8～14 m，上塔柱横桥向尺寸为 4.5 m，中塔柱横桥向尺寸为 5.5 m，下塔柱横向尺寸为 5.5～8.0 m。

下塔柱采用双室空心矩形截面,壁厚 1.5 m,中隔板厚 0.8 m。底部设基座,下塔柱与中塔柱交界处设下横梁。

下横梁为预应力混凝土结构,采用双室空心矩形结构,高 7.0 m,宽 10.0 m,顶、底板厚 1.0 m,腹板厚 0.8～1.0 m,支座处设有横隔板,横隔板厚 2.0 m。

中塔柱采用空心矩形截面,顺桥向边壁厚 1.2 m,横桥向壁厚 1.0 m。中塔柱顶设置上横梁。

上横梁为预应力混凝土结构,采用单室空心矩形结构,高 6.5 m,宽 7.0 m,顶、底板厚 0.8 m,腹板厚 1.0 m。

上塔柱采用空心矩形截面,顺桥向壁厚 1.5 m,横桥壁厚 0.8 m,塔柱内壁设外凸的锯齿块锚固斜拉索。

（2）配筋设计。

塔柱均按照普通钢筋混凝土构件设计,竖向主筋采用直径 32 mm 钢筋,中、上塔柱基本间距为 15 cm,下塔柱基本间距为 10 cm,横向钢筋采用直径 20 mm 钢筋,间距为 10～15 cm,拉筋采用直径 16 mm 钢筋。上、下横梁按全预应力混凝土构件设计,下横梁布置 84 束 $19\phi^s15.2$ 预应力钢绞线,上横梁布置 56 束 $19\phi^s15.2$ mm 预应力钢绞线。上塔柱斜拉索锚固区按预应力混凝土构件设计,锚固区塔壁内采用井字型布置 $\phi32$ mm 预应力精轧螺纹钢筋。

4. 斜拉索

斜拉索采用双索面扇形布置,立面上每塔两侧共 17 对索,全桥 136 根斜拉索。斜拉索采用 $\phi7$ mm 平行钢丝索,$\sigma_b = 1\,670$ MPa,外包双层 PE 护套,两层 PE 护套间设置隔离层,分 $199\phi7$、$283\phi7$、$313\phi7$、$349\phi7$、$367\phi7$ 五种规格。锚具为冷铸锚。

斜拉索表面采取双螺纹凸线措施,以减小发生风雨振可能。本桥斜拉索除在预埋钢管内设置体内减振器外,还参照抗风研究结果设置体外液压减振装置。

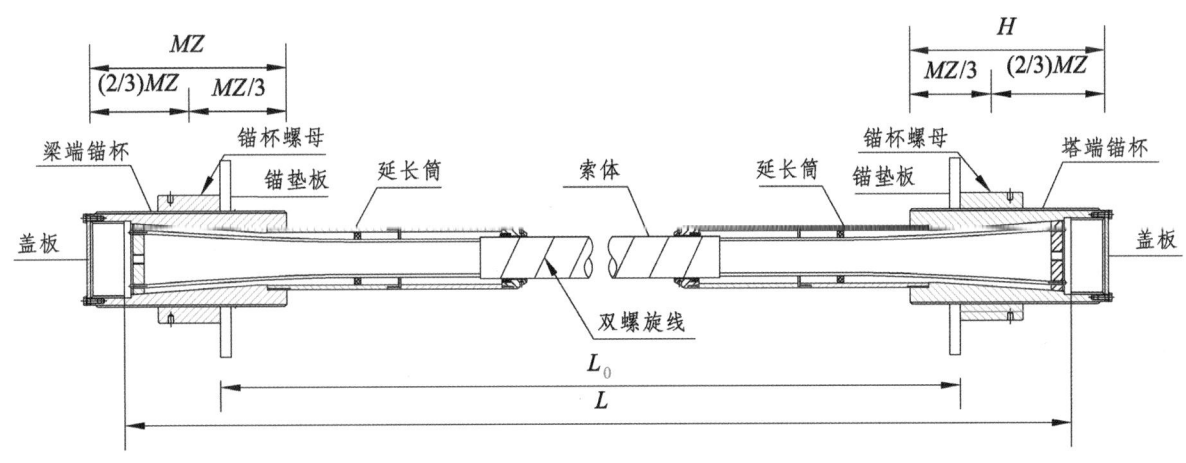

图 3-4 斜拉索结构

5. 桥墩与基础

主塔基础采用ϕ2.8 m大直径钻孔桩基础，每墩36根桩，承台尺寸58.4 m×35.6 m，承台厚度6 m。3号墩桩长85 m，4号墩桩长90 m。

1号墩为主桥和江陵侧引桥的交接墩，基础采用18ϕ1.2 m钻孔桩，桩长56 m；承台尺寸20.2 m×9.2 m，厚度3 m。桥墩采用上下层框架结构，上层公路墩墩柱采用矩形截面，公路框架墩柱1.8 m×1.5 m，盖梁高2 m；下层铁路墩采用门式墩，横桥向总宽17.5 m，每根铁路立柱横桥向宽6 m，顺桥向宽5 m，立柱外侧倒100 cm圆角，墩帽高5.5 m。

2号、5号、6号铁路墩采用门式墩，横桥向总宽17.5 m，每根铁路立柱横桥向宽6 m，顺桥向宽5 m，墩帽高5.5 m。2号墩基础采用12ϕ1.8 m钻孔桩，桩长70 m；承台平面尺寸20.2 m×12.8 m，厚度4 m。5号墩基础采用20ϕ1.8 m钻孔桩，桩长56 m；承台尺寸22.2 m×17.5 m，厚度4 m。6号墩基础采用12ϕ1.8 m钻孔桩，桩长56 m；承台尺寸20.2 m×12.8 m，承台厚度4 m。

6. 主桥支座

主桥墩（塔）处钢梁的支座采用球形铸钢支座，各墩（塔横梁）顶支座规格如表3-4：

表3-4 支座规格表 （单位：kN）

墩号	1号	2号	3号	4号	5号	6号
下游桁	12 500DX	40 000DX	30 000DX	30 000HX	40 000DX	12 500DX
上游桁	12 500ZX	40 000ZX	30 000ZX	30 000GD	40 000ZX	12 500ZX

注：DX表示多向活动支座，HX表示横向活动支座，ZX表示纵向活动支座，GD表示固定支座。

在主塔的钢梁上弦外侧与主塔柱之间还设横向抗风支座，抗风支座承载力6 000 kN。

3.1.2.2 非通航孔（4×94.5）m连续钢桁梁桥

1. 桥跨布置及结构体系

非通航孔主桥6～10号墩之间采用4×94.5 m连续钢桁梁桥方案，全长379.9 m。立面位于线路平坡上。桥式立面如图3-5所示。

非通航孔桥钢桁梁在9号墩设置固定支座限制钢梁顺桥向位移（上游侧为多向固定，下游侧纵向固定、横向活动），其余各墩处钢桁梁设置活动支座（下游侧单向活动，上游侧多向活动）。

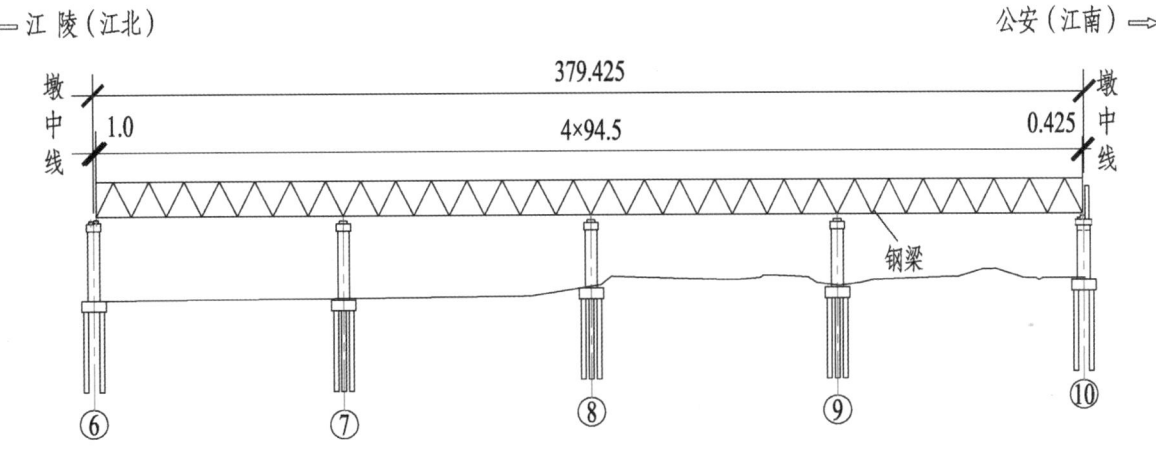

图 3-5 非通航孔桥桥式立面布置图（单位：m）

2. 上部结构

主梁为三角桁架结构，主桁中心距 14.0 m，桁高 13.0 m，节间距 13.5 m。桥面分上下层布置，上层为公路桥面，下层为铁路桥面。上层桥面为 4 车道公路，桥面宽 26 m；下层桥面为双线铁路，线间距 4.2 m。钢梁横断面布置如图 3-6 所示。

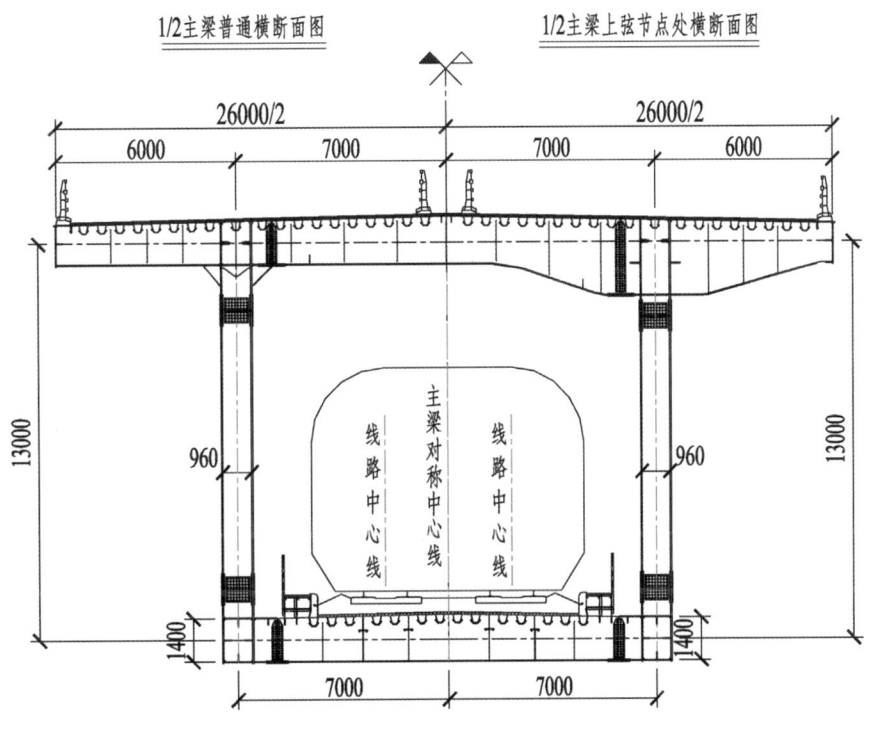

图 3-6 钢梁横断面布置图（单位：cm）

主桁采用焊接的整体节点，在工厂内将杆件和节点板、各连接件的接头板焊成一体，运到工地架设时，在节点之外用高强度螺栓拼接。主桁结构和桥面系构件均采用Q370qE材质的钢板，最大板厚48 mm。

铁路桥面采用整体性好、刚度大的正交异性板整体道砟桥面结构。正交异性板整体桥面结构由纵肋（梁）、横肋（梁）及其加劲的钢桥面板组成。桥面结构的横肋（梁）与桥面板，和主桁的下弦杆焊接在一起组成板桁组合结构。桥面板厚16 mm，板顶设2.0%的双向排水坡，下部设置间距600 mm的U形纵肋，U形纵肋板厚8 mm，顶宽300 mm、底宽184 mm、高度260 mm。在每条线路的轨道之下设置高500 mm的倒T形纵梁。U形肋和纵梁的跨距都是3.375 m，并且全桥连续，遇横梁、横肋的腹板时开孔穿越。顺桥向每隔3.375 m设一道倒T形横肋（梁），横肋（梁）的下翼板与主桁下弦杆的下翼板顶面齐平，翼、腹板均和弦杆焊连。

公路桥面采用整体性好、刚度大的正交异性整体钢桥面。正交异性板整体桥面结构由纵肋（梁）、横肋（梁）及其加劲的钢桥面板组成。桥面结构的横肋（梁）与桥面板，和主桁的上弦杆焊接在一起组成板桁组合的新型结构。桥面板厚16 mm，板顶设2.0%的双向排水坡，下部设置间距600 mm的U形纵肋。U形纵肋板厚8 mm，顶宽300 mm、底宽184 mm、高度280 mm。U形肋的跨距在梁端部是2.25 m，其余都是2.7 m，并且全桥连续，遇横梁、横肋的腹板时开孔穿越。顺桥向端部节间每隔2.25 m，其余节间每隔2.7 m设一道倒T形横肋（梁），横肋（梁）的下翼板与主桁上弦杆的下翼板顶面齐平，横肋（梁）的翼、腹板均和弦杆焊连。

3. 桥墩与基础

连续钢桁梁桥基础均采用钻孔桩，其中9号墩为制动墩，其余均为活动墩。

9号桥墩基础采用15ϕ1.8 m钻孔桩，桩长56 m，承台尺寸22.2 m×12.8 m，厚度4 m；墩身采用门式墩，横桥向总宽17.5 m，每根铁路立柱横桥向宽6 m，顺桥向宽5 m，立柱外侧倒100 cm圆角；墩帽横桥向宽18.1 m，顺桥向宽5.6 m，高2 m。

7、8号桥墩基础采用12ϕ1.8 m钻孔桩，桩长60 m，承台尺寸20.2 m×12.8 m，厚度4 m；墩身采用门式墩，横桥向总宽17.5 m，每根铁路立柱横桥向宽6 m，顺桥向宽5 m，立柱外侧倒100 cm圆角；墩帽横桥向宽18.1 m，顺桥向宽5.6 m，高2 m。

10号墩为主桥与公安侧引桥的交接墩，基础采用18ϕ1.2 m钻孔桩，桩长60 m，承台尺寸20.2 m×9.2 m，厚度3 m；下层铁路墩身采用门式墩，横桥向总宽17.5 m，每根铁路立柱横桥向宽6 m，顺桥向宽5 m，立柱外侧倒100 cm圆角；墩帽横桥向宽18.1 m，顺桥向宽5.6 m，高2 m。上层公路墩采用框架式桥墩，每根立柱横桥向宽1.8 m，顺桥向宽1.5 m，盖梁高2 m。

3.1.3 建桥条件

1. 水文情况

在水文、地形等基本资料收集、整理的基础上，分析三峡工程建成后对长江中下游的防洪作用和影响，建立三峡水库防洪调度数学模型和整个长江中下游的水流演进数学模型，分析计算三峡工程建成后长江中游主要控制点不同频率设计洪水位及流量，依据沙市、新厂两控制站几个大水年实测点相关数据及分析以往洪水水面比降，计算得荆州长江公铁大桥不同频率的设计洪水位，见表 3-5。

表 3-5 桥址不同频率设计水位及设计流量

频率 / %	设计水位 / m	设计流量 / （m³/s）
20	39.77	52 100
10		
5		
1		
0.33	40.77	60 000

桥位处地下水均与长江连通，桥址两岸地下水位基本一致，仅局部受地形和地层影响，稍有变化。地下水埋深洪水期一般在 0.5 ~ 2.0 m，枯水期最深达 8.5 m。

桥址区地下水主要接受长江侧向补给和大气降水入渗补给，地下水与地表水关系密切，其水位受长江水位影响大，主要靠长江水位变化交替排泄，水位及水量随长江水位季节性波动。

2. 地质情况

大桥两岸地形平坦开阔，地层岩性两岸地层基本一致，河床部分层底标高为 −35 m 左右，地下水发育，第四系软弱土结构松散、孔隙率大、基本承载力低、高压缩性，工程性质极差，基坑开挖易产生变形、坍塌、震陷等危害。

根据钻孔揭示情况，结合区域地质资料，桥址区地层可分为 5 个大层。

①②层为第四系全新统沉积物；其中，①层厚 6.25 ~ 27.50 m，河床处较薄，两岸区域较厚，主要由黏性土、粉土和松散 ~ 稍密状的粉、细砂组成；②层厚 14.1 ~ 40.6 m，主要由中密状的粉、细砂和细 ~ 粗圆砾土组成，局部夹透镜体状的卵石土，其中卵砾石土层厚 7 ~ 30 m。

③、④、⑤层主要为上更新统冲洪积物，具有典型的韵律沉积的特点，各大层内黏性土、粉细砂及碎石类土层形成上软下硬的二元结构。各层上部黏性土层主要为硬塑 ~ 坚硬状粉质黏土，局部软塑，该层易被剥蚀，中部为粉细砂层，下部由细 ~ 粗圆砾土构成，局部夹卵石土，其中江陵岸引桥段③层上部黏性土、粉细砂大部分缺失，②层圆砾土层③层卵砾石土层直接接触，两套地层界限不明显；③层厚 26.15 m ~ 44.5 m，其中卵砾石土层厚 21 ~ 24 m，卵砾石土层中局部夹粉细砂透镜体；④层仅揭露于部分深孔，层厚 26.8 m ~ 42.85 m，其中卵砾石土层厚 17 ~ 30 m，卵砾石土层中局部夹粉细砂透镜体；⑤层未揭穿，其厚度大于 21.7 m，揭示土层主要为黏性土及粉细砂层。

3. 通航

（1）航道等级。

桥址河段航道等级为Ⅰ-（2）级航道，选用 9×3 000 t 级内河船队（316.0 m×48.6 m×3.5 m）和 5 000 t 级海轮作为代表性船型、船队。

（2）通航水位。

设计最高通航水位 39.81 m，最低通航水位 26.48 m。

（3）通航净空尺度。

本桥的通航净高在设计最高通航水位以上不小于 18 m。主通航孔按单孔双向通航净宽不小于 320 m，辅助通航孔按单孔单向通航净宽不小于 148 m。

3.2 通航孔桥设计

荆州长江公铁大桥通航孔桥主梁为 N 形桁式，桁高 13 m，节间距 14 m，主桁横向中心距为 14 m，主桁节点处两侧设倾斜副桁，上端连接横梁端部，下端连接下弦节点。主塔为钢筋混凝土结构，塔顶高程 +203.95 m，塔底高程 +21.45 m，斜拉索采用双索面扇形布置，立面上每塔两侧共 17 对斜拉索，全桥共 136 根斜拉索。

3.2.1 主梁

1. 主桁构件

主桁采用焊接的整体节点，在工厂内将杆件和节点板、各连接件的接头板焊成一体，运到工地架设时，在节点之外用高强度螺栓拼接。主桁结构和桥面系构件均采用 Q370qE 材质的钢板，杆件最大板厚 44 mm，节点板最大厚度 56 mm。

主桁杆件内宽均为 960 mm。如图 3-7 所示，下弦杆为箱形带 4 条加劲肋截面，下弦杆件内高 1 400 mm，顶板厚 24 mm，底板厚 32～44 mm，腹板厚 28～44 mm。为了便于和整体桥面板焊接，下弦杆顶板向桁内侧加宽 700 mm。下弦杆均采用高强度螺栓四面等强的对拼连接方式。

如图 3-8 所示，主桁上弦杆采用 π 形开口截面，布置在上层钢桥面板内部，与上层桥面融为一体，兼作上层桥面板系统的纵梁，而顶板同时是公路桥面板的组成部分。上弦杆主桁中心线处理论内高 1 400 mm，内宽 960 mm。顶板宽 2 360 mm，厚 24 mm，顺桥面 2% 的横坡设置，纵向全长与桥面板熔透焊接，杆件内侧带一条 U 形加劲肋；主桁中心上弦系统线到顶板底面距离为 700 mm，到下翼板的顶面距离为 700 mm，竖板厚度为 28 mm，在杆件内侧上弦系统线处设纵向加劲肋，下翼板厚 32 mm。

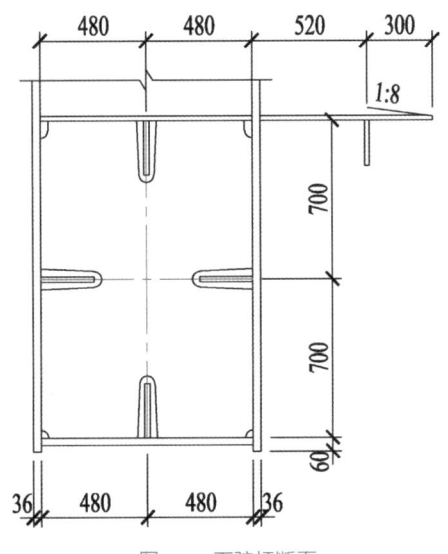

图 3-7　下弦杆断面

腹杆有箱形和 H 形两种截面形式。在支点附近和压重区段，采用箱形腹杆带肋截面，板厚 24～44 mm。与节点板及节点内的接头板四面对拼连接，杆件控制内宽 960 mm，与节点一致；杆力较小的腹杆为 H 形腹板带肋截面，高 700 mm，板厚 20～44 mm。杆件控制翼板内宽 960 mm，与节点板及节点内的隔板对拼连接。

副桁杆件均为 H 形截面形式，杆件中部高 700 mm，两端加高至 1 000 mm，厚 20～24 mm，翼板宽 700、800 mm，厚 28 mm。副桁与两端节点板采用插入式连接。

铁路桥面采用整体性好、刚度大的正交异性板整体道砟桥面结构。正交异性板整体桥面结构由纵肋（梁）、横肋（梁）及其加劲的钢桥面板组成。桥面结构的横肋（梁）与桥面板和主桁的下弦杆焊接在一起组成板桁组合结构。

公路桥面采用整体性好、刚度大的正交异性板整体钢桥面。正交异性板整体桥面结构由纵肋（梁）、横肋（梁）及其加劲的钢桥面板组成。桥面结构的横肋（梁）与桥面板和主桁的上弦杆焊接在一起组成板桁组合的新型结构。主桁钢材采用 Q370qE，填板钢材采用 Q345C。

2. 索梁锚固结构

索梁锚固结构设计在公路桥面板外侧上弦节点横梁端部，为钢锚箱结构。锚点到公路桥面边纵梁内侧的横向距离为 350 mm，钢锚箱水平和竖向承压板之间及其与锚垫板和边纵梁节点板之间的连接均采用熔透焊缝。锚箱上端与公路桥面板底面采用角焊缝连接，锚箱内部形成密闭空间，从而使锚箱内部实现气密防腐。

3. 铁路桥面结构

铁路桥面采用整体性好、刚度大的正交异性板整体道砟桥面结构。

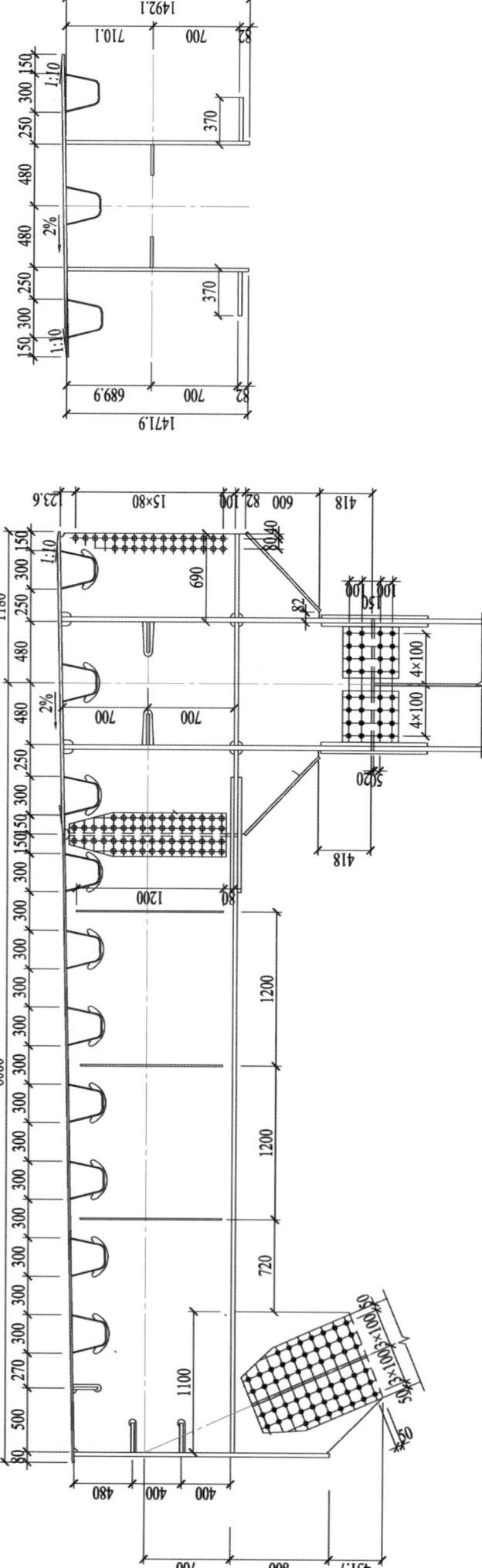

图 3-8 上弦杆结构

正交异性板整体桥面结构，由纵肋（梁）、横肋（梁）及其加劲的钢桥面板组成。桥面结构的横肋（梁）与桥面板，和主桁的下弦杆焊接在一起组成板桁组合结构。

桥面板厚 16 mm，板顶设 2.0% 的双向排水坡，为承载道砟等桥面设施恒载，其下部设置间距 600 mm 的 U 形纵肋。U 形纵肋板厚 8 mm，顶宽 300 mm、底宽 184 mm、高度 280 mm。在每条线路的轨道之下设置高 600 mm 的倒 T 形纵梁，以增强轨下的线路刚度。U 形肋和纵梁的跨距都是 3.5 m，并且全桥连续，遇横梁、横肋的腹板时开孔穿越。

顺桥向每隔 3.5 m 设一道倒 T 形横肋（梁），横肋（梁）的下翼板与主桁下弦杆的下翼板顶面齐平。横梁（肋）腹板上缘与桥面板焊连，下缘与底板焊连；桥面板横梁底板和腹板均与弦杆焊连。

桥面板分块制造和安装。每节间的桥面板横桥向分为三块，由主桁下弦杆焊连桥面板端头，以及中间桥面板组成，采用 Q370qE 材质的钢材。

下弦杆宽 1.78 m，普通弦杆长 14 m。两桁间的桥面板块宽 11.4 m。各块件在工厂制造时均为焊接连接。施工现场安装时，除桥面板的纵横向连接都为熔透焊缝外，其余采用高强度螺栓连接。

4. 公路桥面结构

公路桥面采用整体性好、刚度大的正交异性板整体钢桥面。

正交异性板整体桥面结构，由纵肋（梁）、横肋（梁）及其加劲的钢桥面板组成。桥面结构的横肋（梁）与桥面板，和主桁的上弦杆焊接在一起组成板桁组合的新型结构。

桥面板厚 16 mm，板顶横向设 2.0% 的双向排水坡，其下部设置间距 600 mm 的 U 形纵肋。U 形纵肋板厚 8 mm，顶宽 300 mm、底宽 184 mm、高度 280 mm。U 形肋的跨距是 2.8 m，并且全桥连续，遇横梁、横肋的腹板时开孔穿越。

桥面板分块制造和安装。每节间的桥面板横桥向分为三块，由两侧边缘至主桁上弦杆焊连桥面板端头，以及中间桥面板组成，采用 Q370qE 材质的钢材。

中间桥面板宽 11.64 m，两侧桥面板（含上弦杆）7.26 m 宽，普通板块长 14 m。各块件在工厂制造时均为焊接连接。工地安装时，除桥面板的纵横向连接都为熔透焊缝外，其余采用高强度螺栓连接。

5. 斜拉桥压重段钢箱

在钢梁 E0 ~ E2、E4 ~ E10 节间范围设压重段，E0 ~ E2 节间范围压重荷载为 162 kN/m，E4 ~ E10 节间范围压重荷载为 374 kN/m。压重的方法是用钢板封闭桥面底板，并加设纵向侧板使其成为开口的钢箱。压重区段横梁和横肋的腹板作了相应加强，其中 E4 ~ E10 节间压重区段的横梁和横肋还向下做了加高约 800 mm 的设计。钢箱的底板和侧板通过纵向和横向加劲肋进行加固。

压重采用在钢箱内灌注高容重混凝土的方法。从钢箱侧板顶边与钢桥面板之间的空隙灌注混凝土，高容重混凝土的容重应控制在 40 kN/m³，E4 ~ E10 节间范围压重混凝土分两次灌注，第一次灌注 50 cm 高，待第一次灌注的混凝土 5 天后，再灌注剩余混凝土。

6. 预拱度

主桥线路的设计为平坡。主桥钢桁梁设置了拱度，拱度是由调整斜拉索的索力和桁梁起拱两部分共同实现的。

钢桁梁结构的起拱，采用下弦节间长度不变，加长或缩短上弦节间长度的传统方法。杆件的伸长值有：+12、+6、+4 mm 三种；缩短值有：−7 mm，−10 mm，−12 mm，−20 mm，−26 mm 五种。

7. 铁路道砟槽

铁路道砟槽置于桥梁中心线两侧，净宽 8.7 m。两侧和端部道砟槽板为钢挡砟板，底部为厚 6 cm、掺加聚丙烯纤维提高抗裂性能的混凝土防水耐磨层。

两侧钢挡砟板高 767 mm，厚 16 mm，挡砟板节段间设 6 mm 宽的缝隙。

挡砟板分节段制造，待钢梁架设完成后现场焊接道砟槽挡砟板节段，最后施工道砟槽底 6 cm 厚的防水耐磨层。

8. 连接及其他说明

钢梁在工厂制造时各构件间全部为焊接；工地拼装时除桥面板采用焊接外其余为高强度螺栓连接。

9. 钢梁的防腐及涂装

钢梁涂装按照《铁路钢桥保护涂装》要求的第 7 体系进行。

主桥钢梁杆件外表面、桥面板底面和顶面外露部分的最后一道面漆以及接头高栓涂装在现场完成，且在钢梁架设完成后进行。其涂装涂层配套体系分别见表 3-6。

表 3-6　钢梁杆件外表面及桥面板底面和顶面外露部分

部　位	涂装用料	道　数	厚　度
构件外表面、未密封的内表面及桥面板顶底面	氟碳面漆（工地）	1 道	35 μm
下层桥面板道砟槽部位	环氧富锌防锈底漆（工地）	1 道	
上层桥面板铺装层部位	环氧富锌防锈底漆（工地）	1 道	50 μm
高强螺栓连接部位外露面	环氧磷酸锌封闭底漆（工地）	1 道	20 μm
	环氧云铁中间漆（厚浆型）（工地）	1 道	80 μm
	氟碳面漆（工地）	2 道	2×35 μm

注：
① 环氧富锌底漆中不挥发成分中的锌含量 ≥ 75%；
② 氟碳面漆中氟含量 ≥ 22%。

10. 需与钢梁架设同步安装的附属结构

在铁路、公路桥面板下层横梁（肋）底板底面各设置有由工 25a 型钢制成的检查车轨道，下弦轨道顺桥向用高强螺栓与铁路桥面板横梁连接，上弦轨道顺桥向用高强螺栓与公路桥面板横梁连接，轨道端头设轮挡。斜拉桥共设 6 台自行式检修车（铁路和公路各 3 台），供检修桥面板底面接头及弦杆底面和侧面接头连接情况用。

3.2.2 主塔及斜拉索

3.2.2.1 主塔

主塔采用 H 形桥塔，钢筋混凝土结构。下塔柱为内收钻石型，塔顶高程 +203.95 m，塔根（承台顶）高程 +21.45 m，承台以上塔高 182.5 m。塔柱顺桥向尺寸 8～14 m，上塔柱横桥向尺寸为 4.5 m，中塔柱横桥向尺寸为 5.5 m，下塔柱横向尺寸为 5.5～8.0 m。

3 号墩共 2 个塔座，单个塔座高 3.0 m，实心结构，塔座底口平面尺寸为 22 m×16 m，塔座顶口平面尺寸为 16 m×10 m，四面均呈 45° 斜面。

下塔柱高 28.5 m，其中塔座高 3 m，采用双室空心矩形截面，顺桥向边长 14～12.2 m，壁厚 1.5 m，横桥向边长 8～5.5 m，壁厚 1.5 m；中隔板厚 0.8 m。塔柱竖向主筋采用 ϕ32 mm 钢筋，间距 15 cm，水平分布筋采用 ϕ20 mm 钢筋，间距 10 cm。塔柱壁外层主筋为双排布置，排距 15 cm，其余部位主筋为单排布置。下塔柱与中塔柱交界处设下横梁，交界处为实心段设 10.0 m×1.5 m×1.5 m 进入孔。塔座顶至标高 +39.95 m 范围需在塔柱内填充 C20 混凝土。

主塔下横梁位于中、下塔柱交接位置处，包括中间部分的空腔段和两端与塔柱结合部的实体段。空腔段顺桥向宽 10 m，横桥向 23.5 m 长范围高 7 m，其余高 7～10 m（顶面、底面与塔柱设倒角连接），共对称布置 6 个箱室，箱室的顶、底板厚 1 m，腹板厚 0.8～1.2 m，支座处设有横隔板，横隔板厚 2.0 m，箱室间开设 1 m×1 m 过人洞。横梁为预应力钢筋混凝土结构，共布置 98 束 19ϕ^s15.2 预应力钢绞线。

表 3-7　3 号主墩塔座、下塔柱、下横梁结构主要技术参数

部　位	顶面标高 /m	混凝土强度等级	混凝土方量 /m³	钢筋 /t
塔座	+24.45	C50	1 500	86
下塔柱	+49.95	C50	3 119.4	384.7
填充混凝土	+39.95	C20	1 130	—
横梁	+59.95	C50	2 676.5	153.24

塔座、下塔柱、下横梁结构示意如图 3-9。

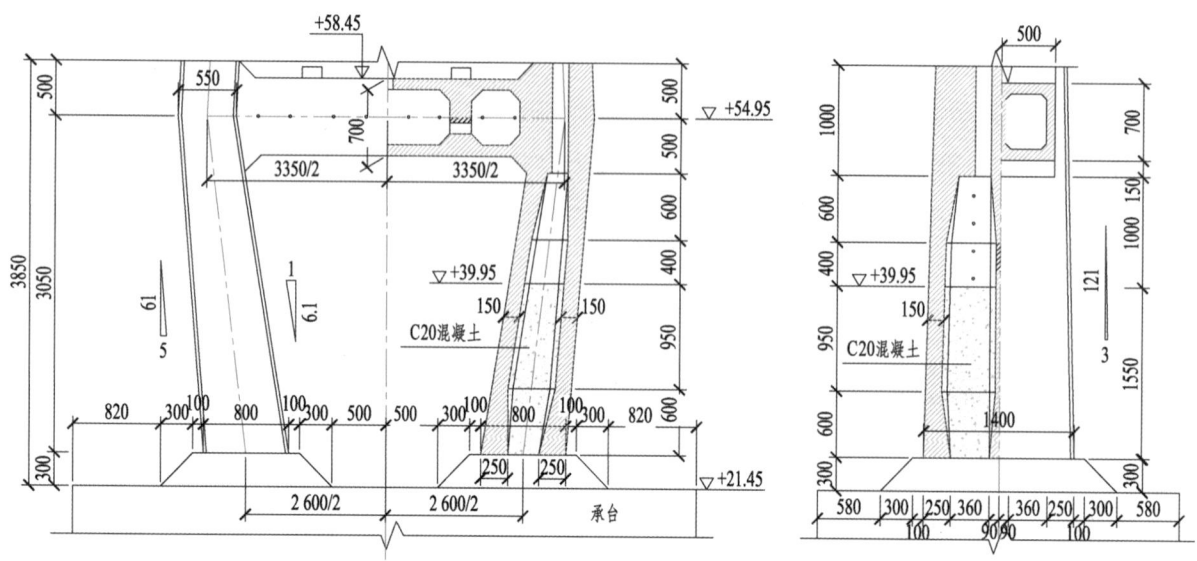

图 3-9 主墩塔座、下塔柱、横梁结构

中塔柱高 81.75 m,横桥向尺寸为 5.5 m,采用空心矩形截面,顺桥向边壁厚 1.2 m,横向桥壁厚 1 m,中塔柱顶设置上横梁。上横梁为预应力混凝土结构,纵向(横桥向)布置 56 束 19ϕ^s15.2 预应力钢绞线。采用单箱单室空心矩形结构,高 6.5 m,宽 7.0 m,顶、底板厚 0.8 m,腹板厚 1 m,顶、底板与腹板倒角 0.5 m。

上塔柱高度为 52.75 m,为单箱单室结构,除起始 5.15 m 段顺桥向外侧塔桩面以 1∶21.81,斜率(倾角 2.63°)向上延伸外,其余部位均为竖直结构。等截面段截面尺寸为 8.0 m×4.5 m,等截面段高度为 47.60 m,高程为 +156.35 m～+203.95 m,上塔柱截面最大尺寸为 8.0 m×4.736 m,高程为 +151.20 m,上塔柱横桥向壁厚为 0.8 m,顺桥向壁厚为 1.5 m,塔顶设置塔冠。上塔柱为斜拉索锚固区,在南北侧塔柱内壁设外凸的混凝土齿块作为斜拉索的锚固装置,并在锚固区塔壁内设置井字形的 ϕ32 mm 预应力粗钢筋。主塔结构如图 3-10 所示,3、4 号主墩中塔柱及上塔柱有关主要技术参数见表 3-8。

表 3-8　3、4 号主墩中、上塔柱结构主要技术参数

部　位	底标高 /m	混凝土强度等级	混凝土方量 /m³
中塔柱	59.25	C50	5 632
上横梁	141.7	C50	527
上塔柱	+151.2	C50	2 425

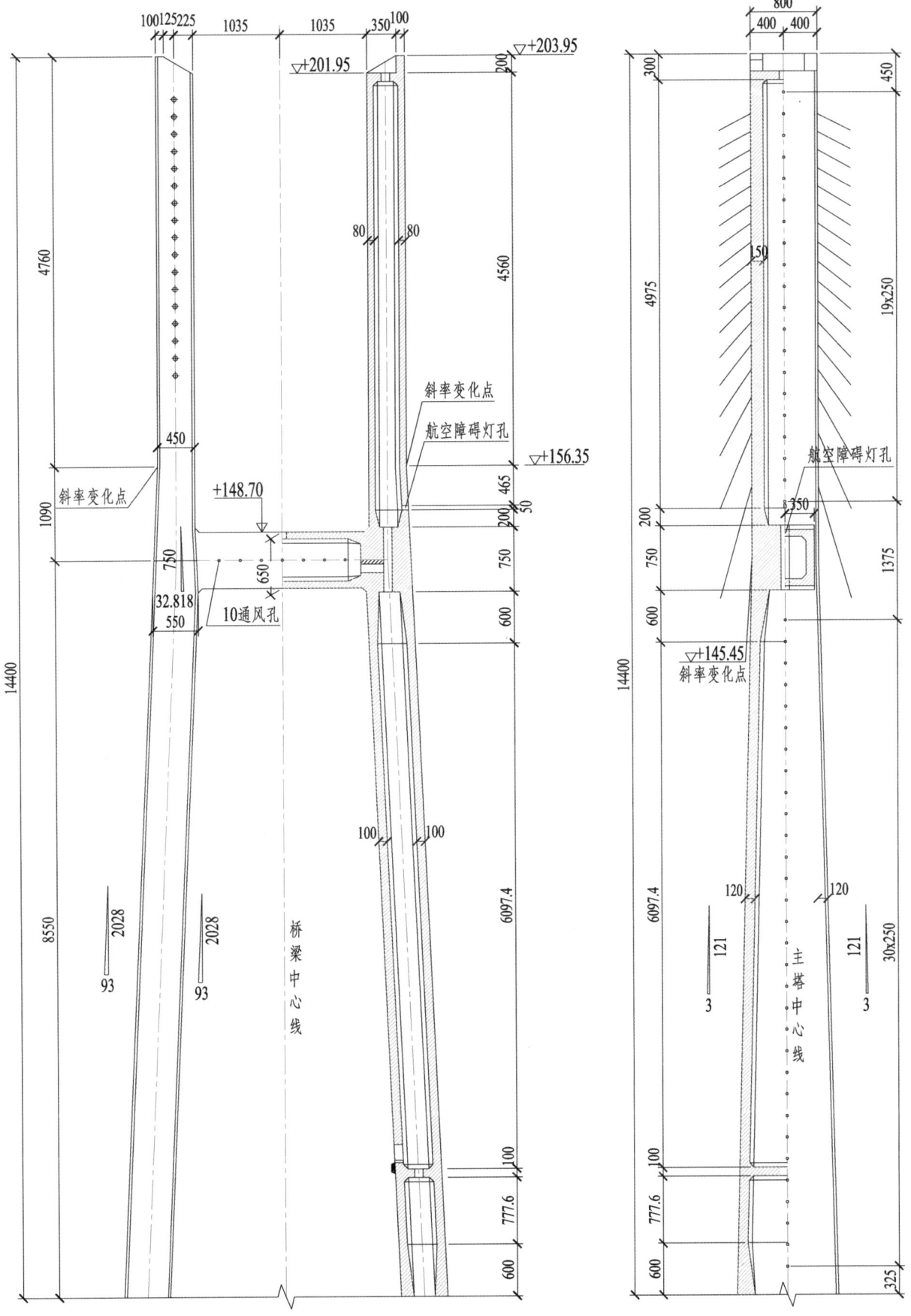

图 3-10 主塔中、上塔柱结构

3.2.2.2 斜拉索

斜拉索采用双索面扇形布置，立面上每塔两侧共 17 对索，全桥 136 根斜拉索。斜拉索采用 $\phi 7$ mm 平行钢丝索，外包双层 PE 护套，两层 PE 护套间设置隔离层，σ_b = 1 670 MPa，分 199ϕ7、283ϕ7、313ϕ7、349ϕ7、367ϕ7 五种规格。锚具为冷铸锚，采用塔端张拉的方式。

3.2.3 下部结构设计

主塔基础采用 ϕ2.8 m 大直径钻孔桩基础。3 号主塔基础采用 36ϕ2.8 m 钻孔灌注桩，承台尺寸 58.4 m × 33.6 m，承台厚度 6 m，桩长 85 m。4 号主塔基础采用 36ϕ2.8 m 钻孔桩，承台尺寸 58.4 m × 33.6 m，承台厚度 6 m，桩长 90 m。

1 号墩为交接墩，基础采用 18ϕ1.2 m 钻孔桩，承台尺寸 20.2 m × 9.2 m，承台厚度 3 m，桩长 56 m。桥墩采用上下层框架结构，上层公路墩墩柱采用矩形截面，公路框架墩柱 1.8 m × 1.5 m，盖梁高 2 m；下层铁路墩采用门式墩，横桥向总宽 17.5 m，每根铁路立柱横桥向宽 6 m，顺桥向宽 5 m，立柱外侧倒 100 cm 圆角，墩帽高 5.5 m。

2、5、6 号铁路墩采用门式墩，横桥向总宽 17.5 m，每根铁路立柱横桥向宽 6 m，顺桥向宽 5 m，墩帽高 5.5 m。2 号墩基础采用 12ϕ1.8 m 钻孔桩，承台尺寸 20.2 m × 12.8 m，承台厚度 4 m，桩长 70 m。5 号墩基础采用 20ϕ1.8 m 钻孔桩，承台尺寸 22.2 m × 17.5 m，承台厚度 4 m，桩长 56 m。6 号墩基础采用 12ϕ1.8 m 钻孔桩，承台尺寸 20.2 m × 12.8 m，承台厚度 4 m，桩长 56 m。

1 号、2 号墩位于江陵岸，5 号、6 号墩位于公安岸，3 号、4 号墩为主塔墩，各墩结构和高程详见表 3-9。

表 3-9 通航孔斜拉桥基础参数

墩号	桩径 /m	桩数 /根	桩长 /m	承台平面尺寸 /(m×m)	承台厚度 /m	承台底高程 /m	承台顶高程 /m	河床高程 /m
1	ϕ1.2	18	56	20.2×9.2	3.0	+32.6	+35.6	+35.0
2	ϕ1.8	12	70	20.2×12.8	4.0	+34.7	+38.7	+39.1
3	ϕ2.8	36	85	58.4×33.6	6.0	+15.5	+21.5	+13.2
4	ϕ2.8	36	90	58.4×33.6	6.0	+15.5	+21.5	+20.6
5	ϕ1.8	20	56	22.2×17.5	4.0	+23.8	+27.8	+27.8
6	ϕ1.8	12	56	20.2×12.8	4.0	+25.5	+29.5	+29.9

3 号、4 号墩基础布置详如图 3-11 和 3-12。

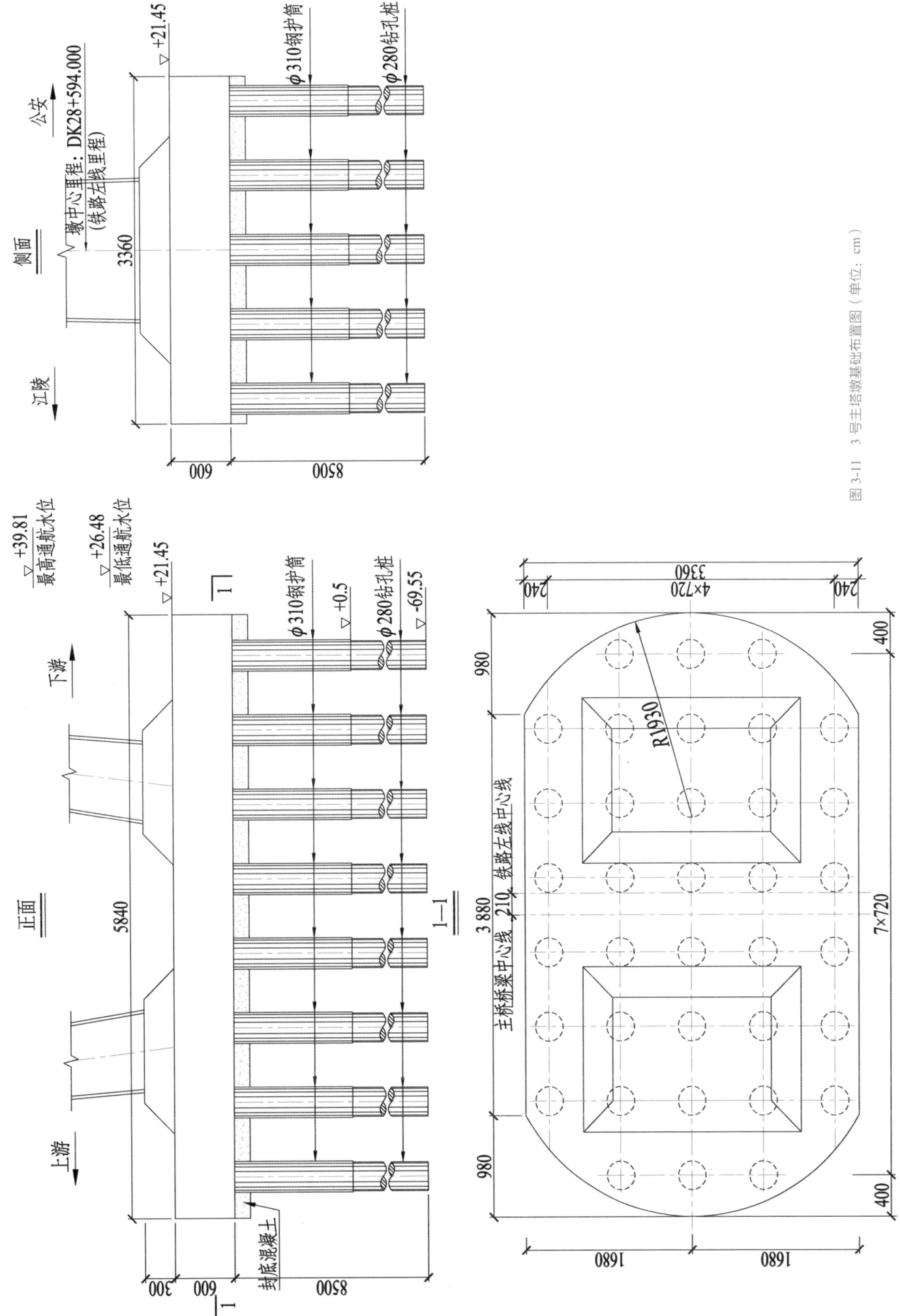

图 3-11 3 号主塔墩基础布置图（单位：cm）

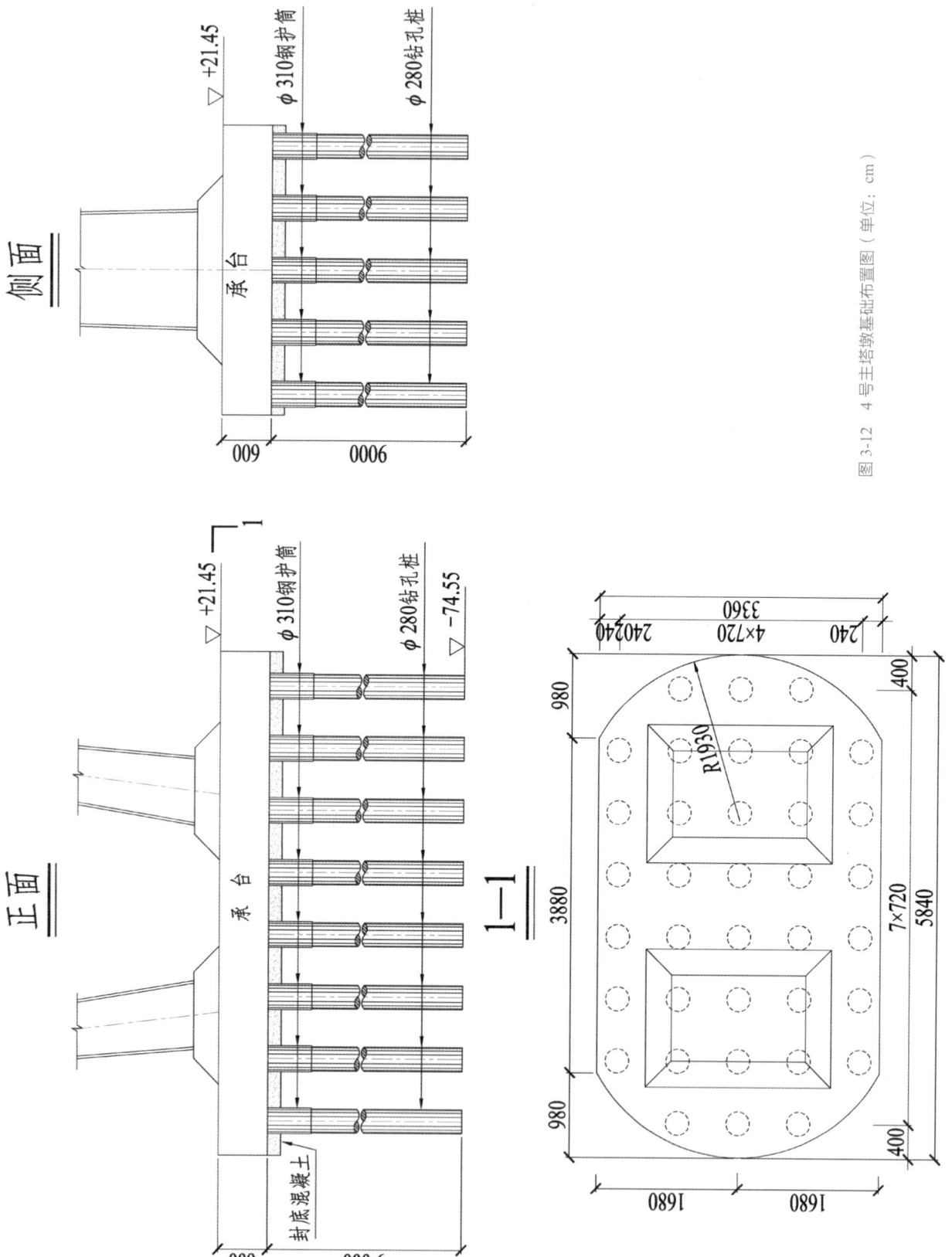

图 3-12 4号主塔墩基础布置图（单位：cm）

3.3 4×94.5 m 非通航孔桥设计

荆州长江公铁大桥非通航孔 6～10 号墩墩跨采用 4×94.5 m 连续钢桁梁桥跨布置形式，桥式布置如图 3-13 所示。

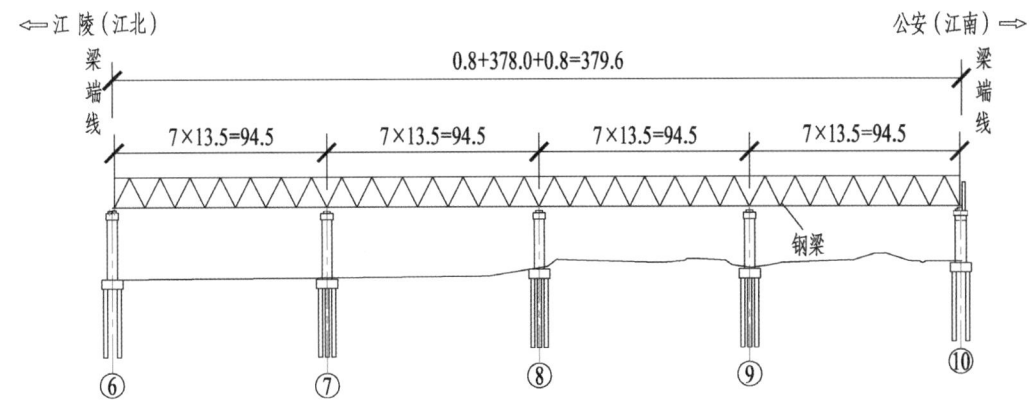

图 3-13 非通航孔连续钢桁梁桥式布置图

6～9 号墩墩身为门式墩，10 号墩为钢梁与合建段南引桥的交接墩（下层铁路墩身为门式墩，上层公路墩为框架式桥墩）。连续钢桁梁桥桥墩支座采用球形铸钢支座，其中 9 号墩为制动墩，其余均为活动墩。各墩支座规格及布置见表 3-10。

表 3-10 支座规格　　　　　　　　　　单位：kN

墩号	6号	7号	8号	9号	10号
上游桁	17 500 ZX	45 000 ZX	40 000 ZX	45 000 GD	17 500 ZX
下游桁	17 500 DX	45 000 DX	40 000 DX	45 000 HX	17 500 DX

连续钢桁架为双片主桁结构，主桁中心距 14.0 m，桁高 13.0 m，节间距 13.5 m。桥面分上下层布置：上层为公路桥面，总宽 26 m，双向 4 车道布置（车道宽 24.5 m）；下层为铁路桥面，双线铁路，线路中心间距 4.2m。钢梁横断面布置如图 3-14 所示。

主桁采用平弦三角形桁架，斜杆倾角 62.560 3°，共 28 个节间，总质量约 10 165 t。主桁弦杆采用焊接整体节点，上、下弦杆在节点外采用高强度螺栓拼接。主桁结构和桥面系构件均采用 Q370qE 材质的钢板，最大板厚 48 mm。杆件理论最大质量 69 t（净重）。其中下弦杆为箱形带 4 条加劲肋截面，上弦杆采用 π 形开口截面，腹杆有箱形和 H 形两种截面形式。

铁路桥面采用正交异性板整体道砟桥面结构（钢挡砟板后焊）。铁路桥面板宽 11.4 m，长度分 3 种：标准节段长 13.5 m；6 号、10 号墩端头处桥面板分别长 11.77 m 和 16.83 m。铁路桥面板之间、桥面板与下弦杆间均采用栓焊连接，其中横梁（肋）接头和 U 形肋接头为栓接，桥面板为焊接。公路桥面采用正交异性整体钢桥面结构，每节间的桥面板横桥向分为 3 块，其中，边桥面板与上弦杆组焊成一体，宽 7.26 m，长度和上弦杆一致；中间桥面板宽 11.64 m，长度分 4 种：标准节段长 13.5 m；6 号墩处长 4.58 m 和 14.498 m；10 号墩处长 9.53 m。公路桥面板的连接形式与铁路桥面板相同。

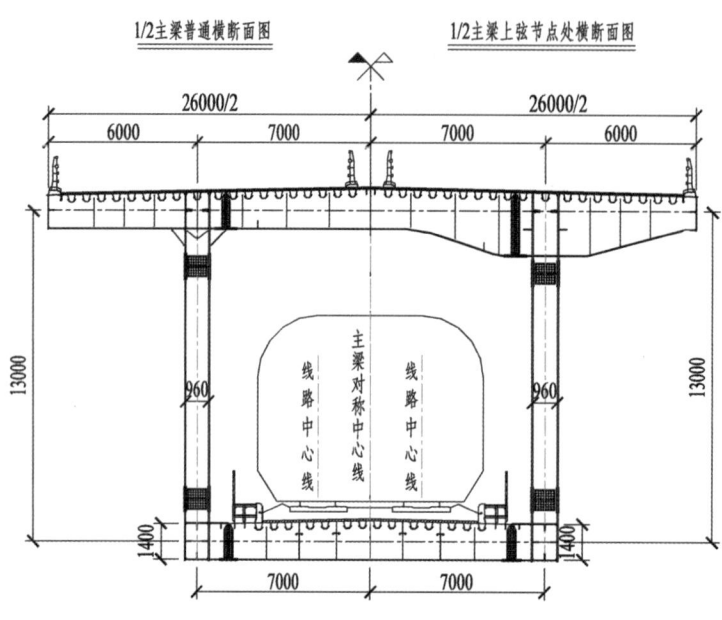

图 3-14　钢梁横断面布置图

3.4 引桥设计

3.4.1 合建段引桥设计

3.4.1.1 合建段引桥下部结构

1. 钻孔灌注桩

基础均采用钻孔桩基础。

N001～N003 号墩采用 18 根 ϕ1.2 m 钻孔桩，纵向 3 排，横向 6 排；N004 号墩采用 21 根 ϕ1.2 m 钻孔桩，纵向 3 排，横向 7 排；N005～N007 号墩采用 24 根 ϕ1.2 m 钻孔桩，纵向 3 排，横向 8 排；N008 号墩采用 27 根 ϕ1.2 m 钻孔桩，纵向 3 排，横向 9 排；N009～N010 号墩采用 24 根 ϕ1.2 m 钻孔桩，其中合建墩 18 根（纵向 3 排，横向 6 排），分建墩 6 根（纵向 2 排，横向 3 排）；

N011 号墩采用 27 根 ϕ1.2 m 钻孔桩，其中合建墩 21 根（纵向 3 排，横向 7 排），1 个分建公路墩 6 根（纵向 2 排，横向 3 排）；N012 号墩采用 22 根 ϕ1.2 m 钻孔桩，其中铁路墩 10 根（纵向 4 根的 2 排，2 根的 1 排），2 个分建公路墩各 6 根（纵向 2 排，横向 3 排）。

S001～S003 号墩采用 18 根 ϕ1.2 m 钻孔桩，纵向 3 排，横向 6 排；S004 号墩采用 21 根 ϕ1.2 m 钻孔桩，纵向 3 排，横向 7 排；S005～S007 号墩采用 24 根 ϕ1.2 m 钻孔桩，纵向 3 排，横向 8 排；S008 号墩采用 27 根 ϕ1.2 m 钻孔桩，纵向 3 排，横向 9 排；S009～S010 号墩采用 24 根 ϕ1.2 m 钻孔桩，其中合建墩 18 根（纵向 3 排，横向 6 排），分建墩 6 根（纵向 2 排，横向 3 排）；S011 号墩采用 27 根 ϕ1.2 m 钻孔桩，其中合建墩 21 根（纵向 3 排，横向 7 排），1 个分建公路墩 6 根（纵向 2 排，横向 3 排）；S012 号墩采用 22 根 ϕ1.2 m 钻孔桩，其中铁路墩 10 根（纵向 4 根的 2 排，2 根的 1 排），2 个分建公路墩各 6 根（纵向 2 排，横向 3 排）。

2. 承台

公铁合建承台厚度为 2.5 m，横桥向长 20.2～30.2 m，顺桥向宽 9.2 m。

分建铁路承台厚度为 2.5 m，横桥向长 12.7 m，顺桥向宽 8.2 m。

分建公路承台厚度为 2.5 m，横桥向长 9.4 m，顺桥向宽 5.8 m。

3. 墩身

合建段的铁路、公路合建桥墩为框架结构。其中 S001～S004、N001～N004 桥墩和 S008～S010、N008～N010 桥墩的铁路墩身为 3 柱式，公路墩身为 2 柱式。S005～S007 桥墩的铁路墩身为 4 柱式，公路墩身为 3 柱式。铁路立柱尺寸 3 m×3.5 m（横向×纵向），铁路墩帽尺纵向尺寸 3.9 m，横桥向尺寸 15.85～25.8 m；公路框架立于铁路墩帽之上，公路立柱尺寸 1.8 m×1.8 m（横向×纵向），公路帽梁高度 2 m，宽度 1.8 m。

合建段的公路、铁路分建的桥墩为 S011、S012 墩，其铁路墩身形状采用托盘板式墩（与铁路分建段相同）。公路墩身形状采用双柱式框架墩，立柱尺寸 1.8 m×2.4 m（横向×纵向），帽梁高度 2 m，宽度 2.4 m。

墩身结构详见图 3-15 和图 3-16。

3.4.1.2 合建段引桥上部结构

1. 铁路梁

公铁合建段引桥铁路均采用 32 m 简支 T 梁，简支 T 梁采用《通桥〔2005〕2101》系列通用梁图，横向布置四片梁，人行道按照 80 cm 的宽度设计。T 梁采用梁场预制，架桥机自 S112 号墩向 N031 号墩方向架设，其他标段负责。

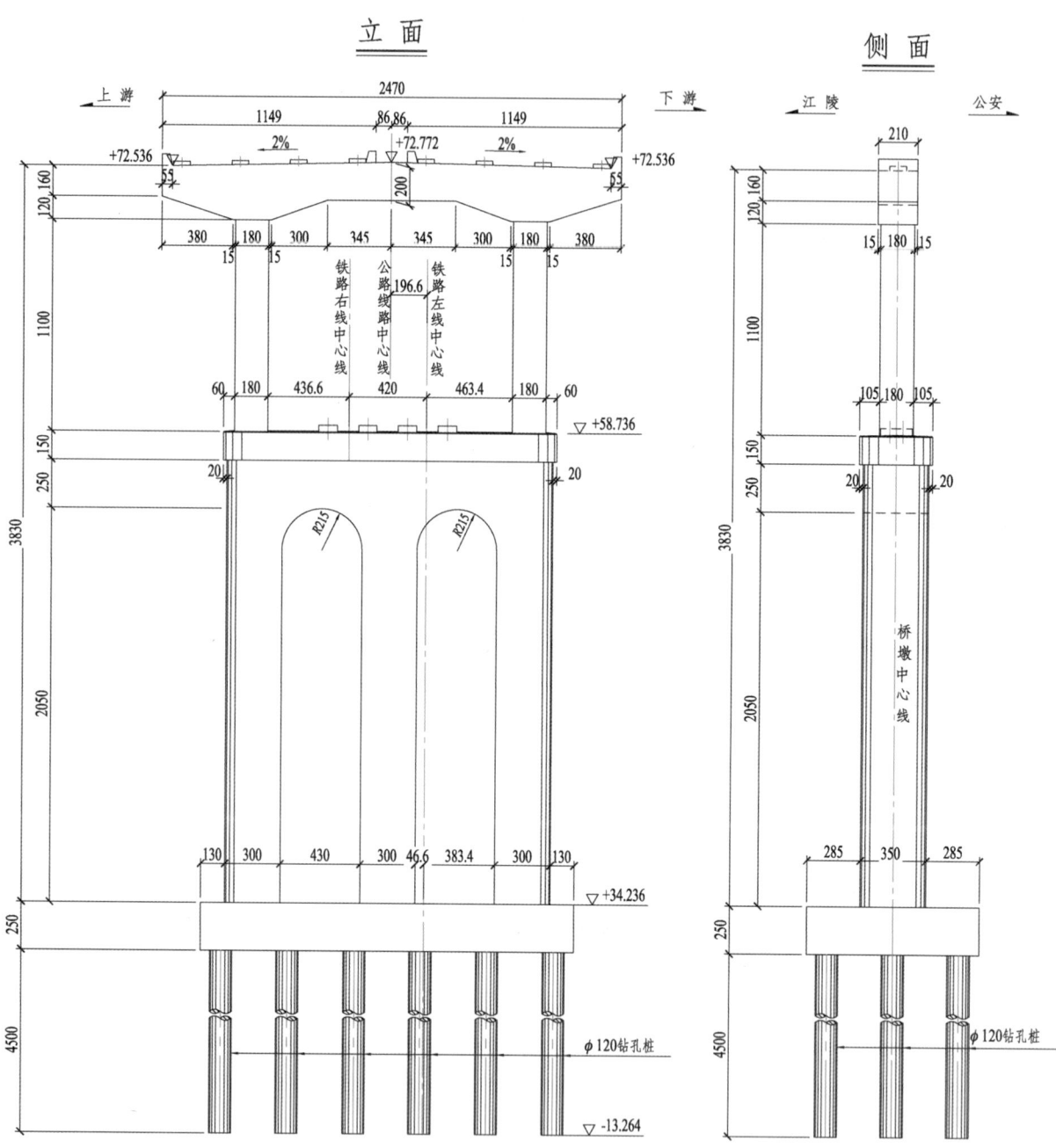

图 3-15　合建段合建墩结构

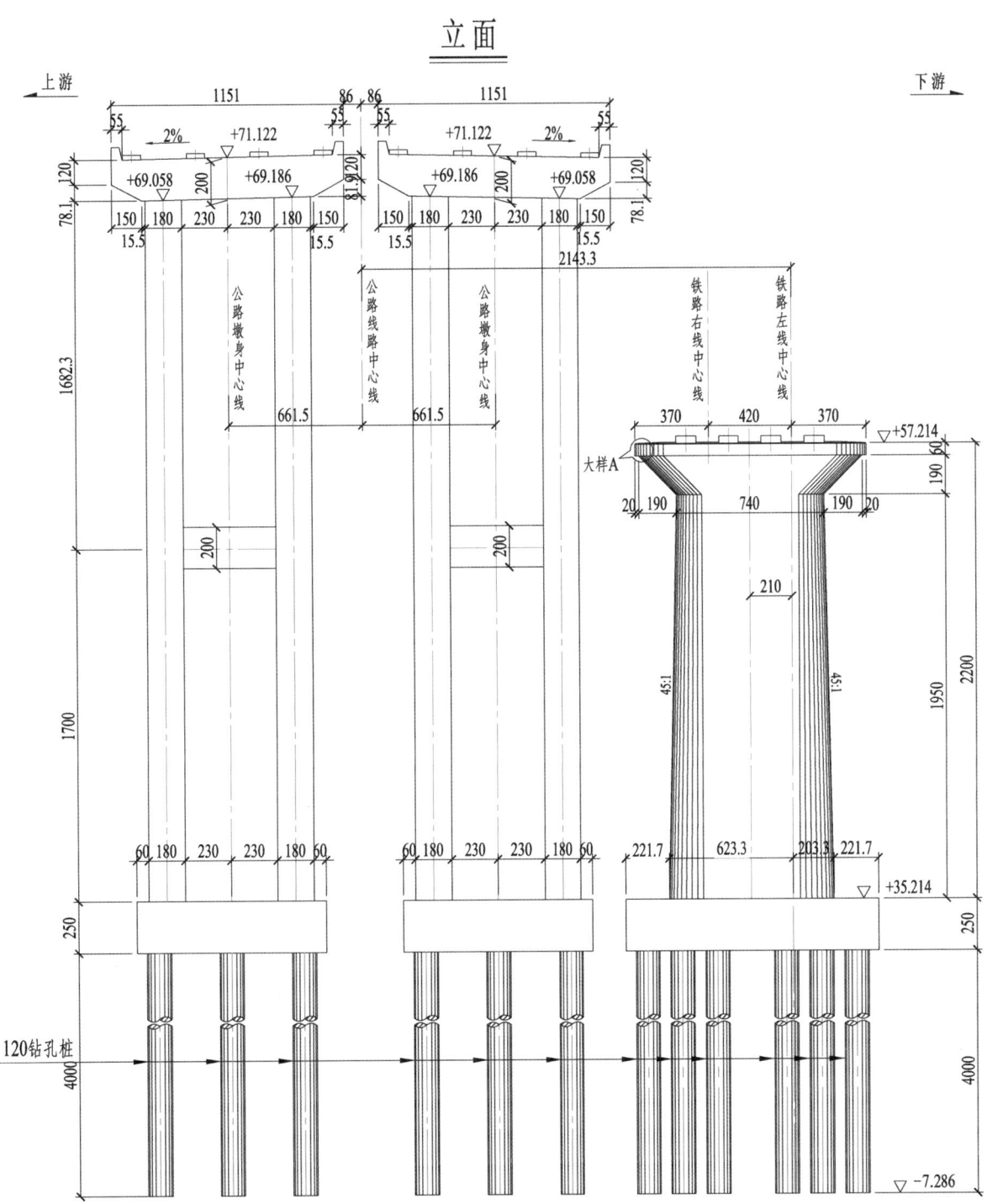

图 3-16 合建段分建墩结构

2. 公路梁

公铁合建段公路引桥采用跨径 32.7 m 的先简支后连续的预应力混凝土小箱梁，横向分两幅布置，如图 3-17 所示。单幅桥面宽为 12 m，布置 4 片小箱梁，每片小箱梁间距 2.9 m。预制小箱梁梁高 1.8 m，梁宽 2.4 m，小箱梁顶板厚 18 cm，跨中截面底板厚 18 cm，腹板厚 18 cm，支点截面底板厚 32 cm，腹板厚 32 cm。小箱梁采用梁场预制架桥机或龙门吊施工，小箱梁架设就位后浇筑箱梁翼缘之间 50 cm 现浇湿接缝和墩顶梁端之间湿接头，形成连续体系。

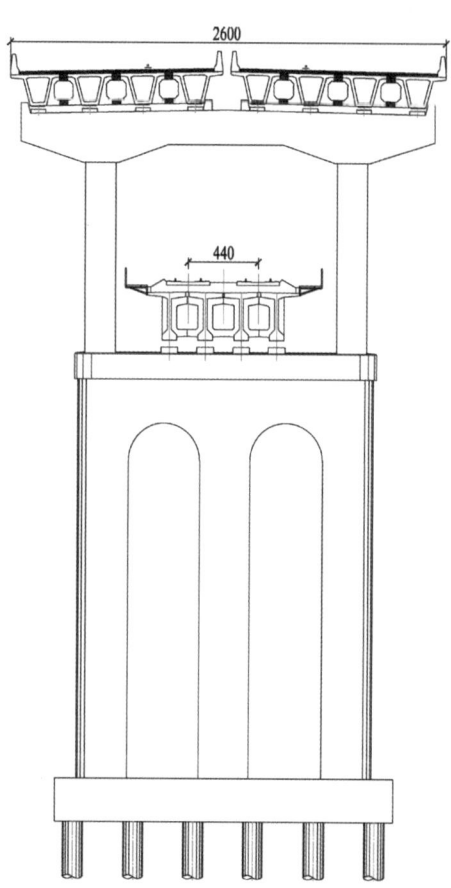

图 3-17　公铁合建段引桥 T 梁和小箱梁横断面布置图　（单位：cm）

3.4.2　分建段江陵岸铁路引桥设计

1. 分建段江陵岸铁路引桥下部结构

江陵岸分建段引桥范围 N012～N031 号墩，采用 19 孔 32 m 简支 T 梁；各墩桩基础均为 10 根 ϕ1.2 m 钻孔桩，桩长为 34～42 m。

分建段引桥承台均为矩形结构，承台厚度为 2.5 m，横桥向长 9.4 m，顺桥向宽 5.8 m。墩身采用带托盘的圆端型板式实体墩，托盘平面尺寸 2.9 m×11.6 m，高 2.5 m，桥墩断面为变截面，坡率 45：1，墩顶处横桥向墩宽 7.4 m，顺桥向宽 2.5 m，如图 3-18 所示。

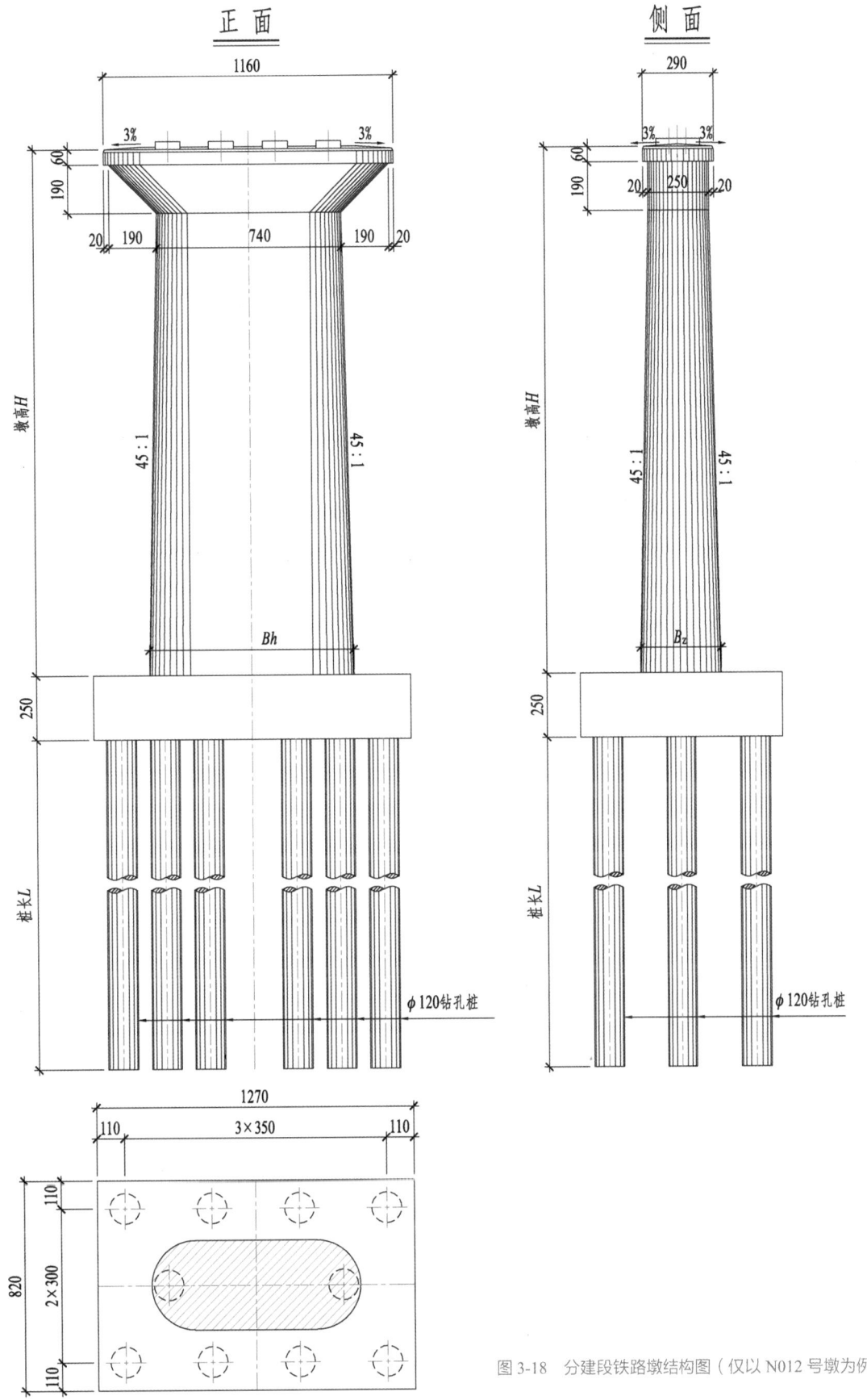

图 3-18 分建段铁路墩结构图（仅以 N012 号墩为例）

2. 分建段江陵岸铁路引桥上部结构

铁路引桥上部结构为19孔32 m简支T梁，简支T梁采用《通桥〔2005〕2101》系列通用梁图，每孔横向布置四片梁。

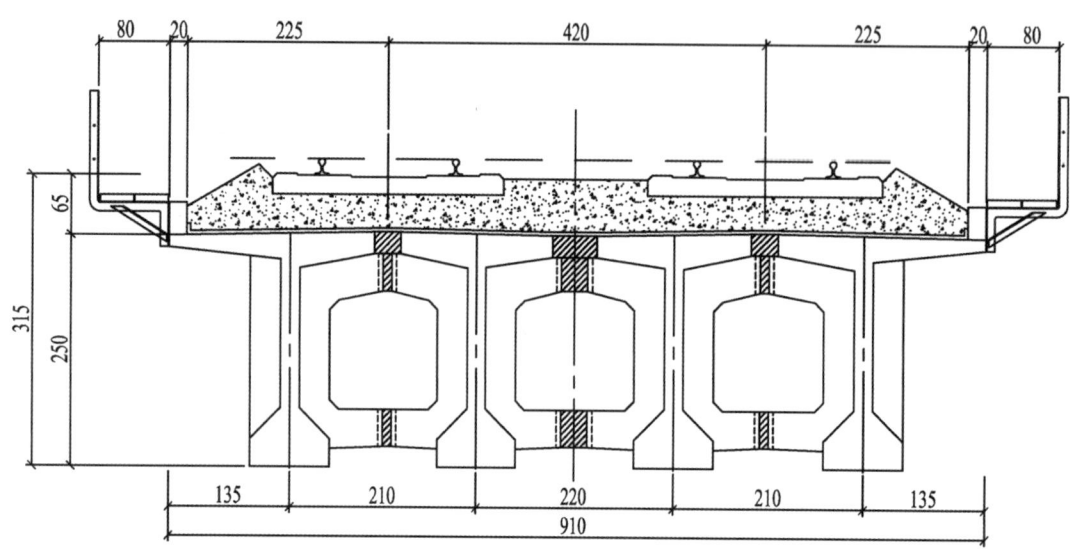

图 3-19　简支T梁断面结构图

3.4.3 分建段公安岸铁路引桥设计

3.4.3.1 分建段公安岸铁路引桥下部结构

公安岸分建段引桥S012~S078号墩，采用66孔32 m简支T梁，跨公安岸第二道子堤铁路采用（45+70+70+45）m预应力混凝土连续箱梁（S078~S082号墩），跨荆南干堤铁路采用（50+80+50）m预应力混凝土连续箱梁（S082~S085号墩），其余S085~S112号墩铁路引桥采用27孔32 m简支T梁。

公安岸分建段铁路引桥桥墩基础均采用钻孔桩基础，均按摩擦桩设计，持力层主要为圆砾土层、卵砾石层。

连续梁桥S079号、S080号、S081号、S083号、S084号墩采用12根直径1.5 m钻孔桩，桩长54~59 m，承台平面尺寸10.9 m×14.5 m，厚3.5 m，墩身采用圆端型板式实体墩，横桥向墩宽10.0 m，顺桥向宽4.0 m，如图3-20所示。S078号、S085号边墩基础采用8根直径1.2 m钻孔桩，桩长59 m、57 m；S82号边墩基础采用10根直径1.2 m钻孔桩，桩长53 m。边墩承台平面尺寸均为7 m×13 m，厚3 m，墩身采用圆端型板式实体墩，横桥向墩宽10 m，顺桥向宽3.5 m。

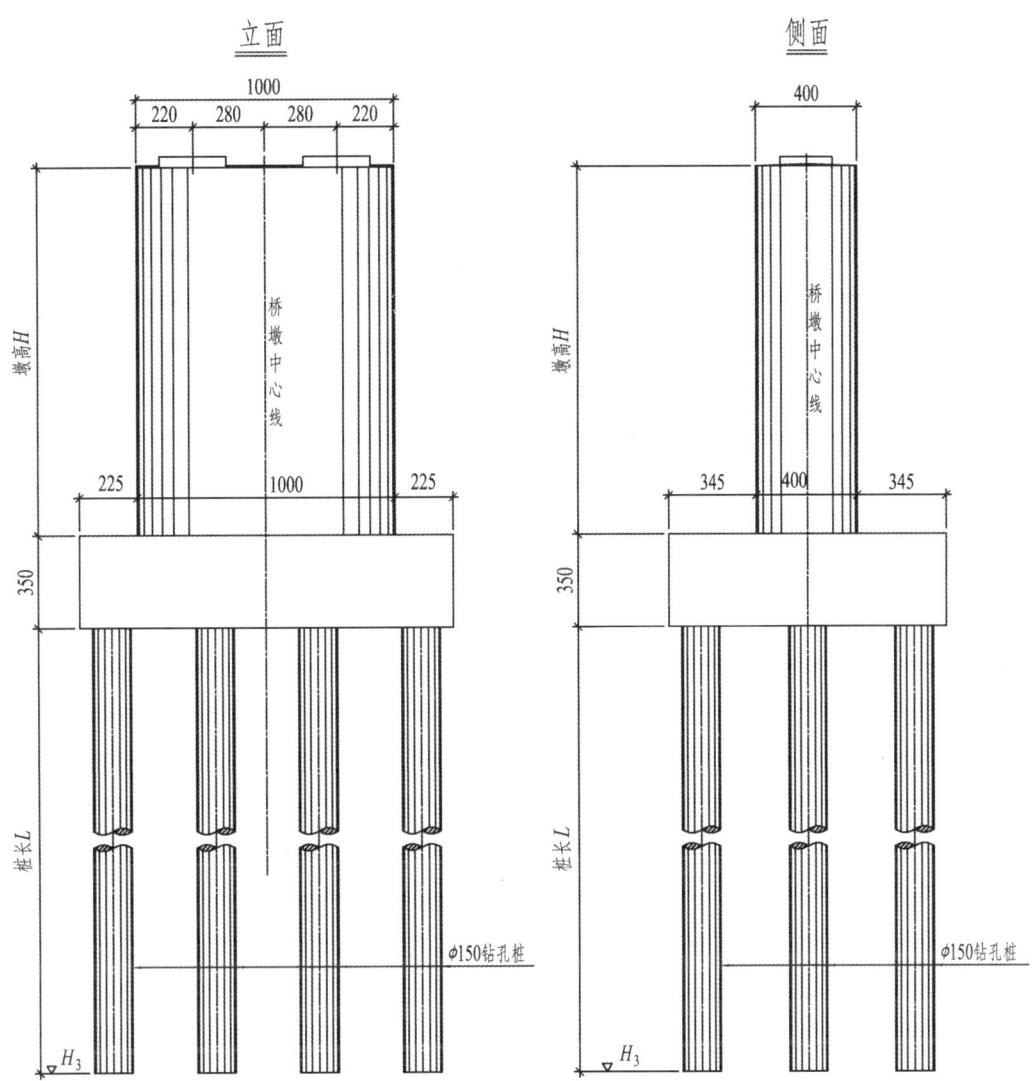

图 3-20 分建段铁路连续梁桥墩结构图（仅以 S079 号墩为例）

S013～S021 号桥墩基础采用 10 根直径 1.2 m 钻孔桩，桩长 36 m，承台平面尺寸 8.2 m×12.7 m，厚 2.5 m，墩身采用带托盘的圆端型板式实体墩，托盘平面尺寸 2.9 m×11.6 m，高 2.5 m，桥墩断面为变截面，坡率 45∶1，墩顶处横桥向墩宽 7.4 m，顺桥向宽 2.5 m。

S022～S048 号桥墩基础采用 8 根直径 1.2 m 钻孔桩，桩长 38～42 m，承台平面尺寸 6.7 m×11.8 m，厚 2.5 m，墩身采用带托盘的圆端型板式实体墩，托盘平面尺寸 2.9 m×11.6 m，高 2.5 m，桥墩墩身横桥向墩宽 7.4 m，顺桥向宽 2.5 m。

S049～S077 号桥墩、S086～S112 号桥墩基础采用 6 根直径 1.2 m 钻孔桩，桩长 42～56 m，承台平面尺寸 6.2 m×10.2 m，厚 2.5 m，墩身采用带托盘的圆端型板式实体墩，托盘平面尺寸 2.9 m×11.6 m，高 2.5 m，桥墩墩身横桥向墩宽 7.4 m，顺桥向宽 2.5 m，如图 3-21 所示。

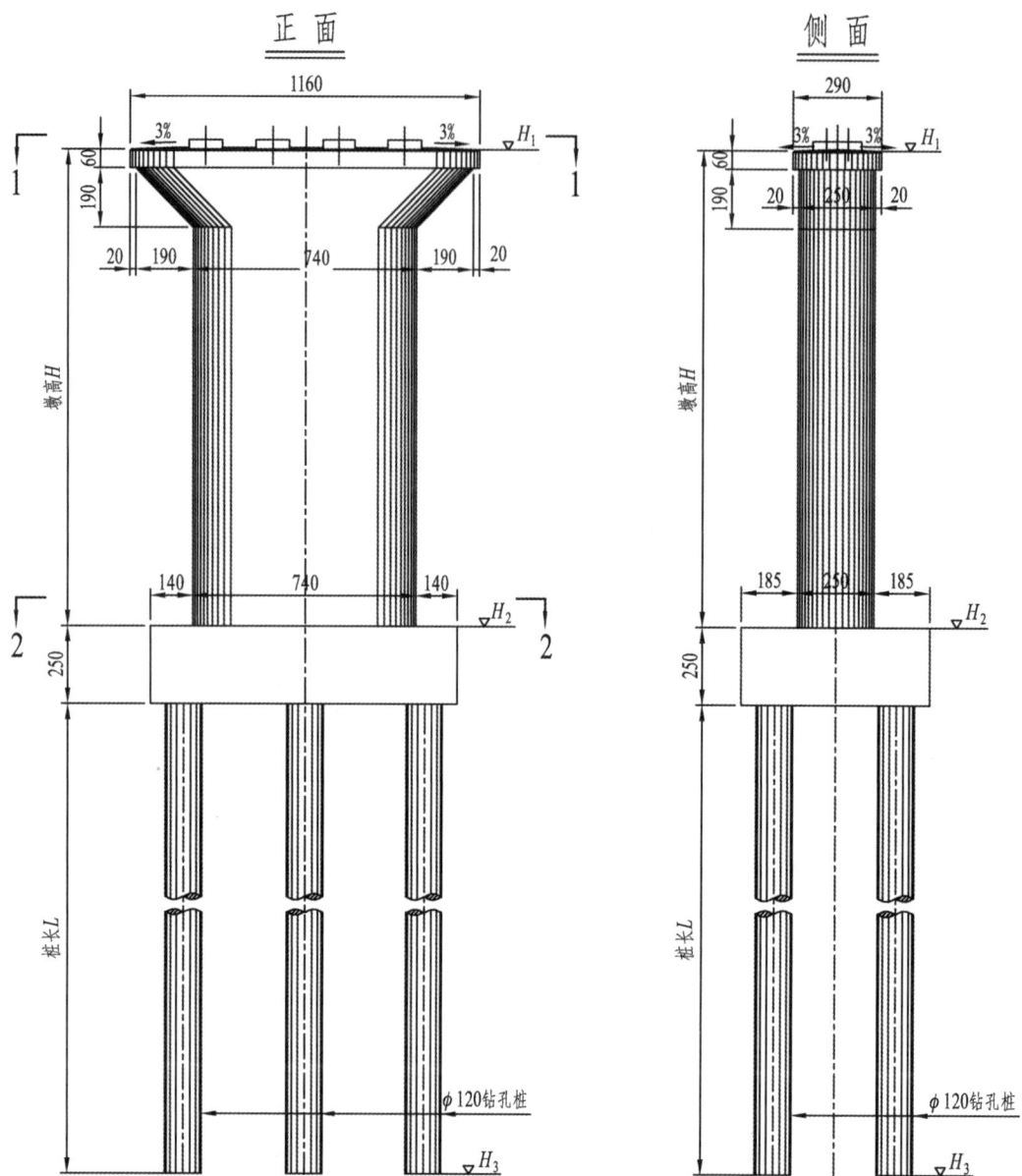

图 3-21 分建段铁路桥墩结构图（仅以 S049 号墩为例）

3.4.3.2 分建段公安岸铁路引桥上部结构

1. 32 m 简支 T 梁

公安岸分建段引桥范围 S012～S078 号墩、S085～S112 号墩铁路上部结构与合建段铁路上部结构相同，均采用 32 m 简支 T 梁，简支 T 梁采用《通桥〔2005〕2101》系列通用梁图，每孔横向布置四片梁。

2. 70 m、80 m 预应力钢筋混凝土连续梁

S078～S085 号墩为跨柳子河铁路引桥,其上部结构采用(45+70+70+45)m+(50+80+50)m 两联预应力钢筋混凝土连续箱梁桥跨结构。具体立面布置详见图 3-22 和图 3-23。

(1)(45+2×70+45)m 连续梁。

梁体为单箱单室、变高度、直腹板变截面结构,如图 3-24 所示。箱梁顶宽 12.30 m,箱梁底宽 6.60 m。顶板厚度 48.5 cm;腹板厚有 55 cm(中跨段)、85 cm(墩顶 0 号块段)及 55 cm 至 85 cm 按折线变化的变厚段;底板厚度 50 cm 至 75 cm,按曲线线形变化。全联在端支点、中跨跨中及中支点处共设 7 个横隔板,横隔板中间设有过人孔洞,供检查人员通过。

桥面全宽 12.30 m,挡砟墙内侧净宽 8.7 m,接触网支柱中心距对应侧线路中心为 3.45 m,轨底距箱梁翼缘端部(平坡段)顶面高度为 71 cm。

梁全长为 229.8 m,计算跨度为(44.3+2×70+44.3)m,中支点处梁高 6.585 m,跨中截面梁高 4.085 m,梁底下缘按圆曲线变化,圆曲线半径为 $R = 212.5$ m,箱梁底板上缘圆曲线半径为 $R = 239.475$ m,边支座中心线至梁端 0.60 m,桥梁纵坡为 0%。

(2)(50+80+50)m 连续梁。

梁体为单箱单室、变高度、直腹板变截面结构,如图 3-25 所示。箱梁顶宽 12.0 m,箱梁底宽 6.60 m。顶板厚度 48.5 cm;腹板厚有 55 cm(中跨段)、85 cm(墩顶 0 号块段)及 55 cm 至 85 cm 按折线变化的变厚段;底板厚度 50 cm 至 80 cm,按曲线线形变化。全联在端支点、中跨跨中及中支点处共设 5 个横隔板,横隔板中间设有过人孔洞,供检查人员通过。

桥面全宽 12.0 m,挡砟墙内侧净宽 8.7 m,接触网支柱中心距对应侧线路中心为 3.45 m,轨底距箱梁翼缘端部(平坡段)顶面高度为 71 cm。

梁全长为 179.8 m,计算跨度为(49.3+80+49.3)m,中支点处梁高 6.885 m,跨中截面梁高 4.085 m,梁底下缘按圆曲线变化,圆曲线半径为 $R = 252.516$ m,箱梁底板上缘圆曲线半径为 $R = 286.507$ m,边支座中心线至梁端 0.60 m,桥梁从 S082 梁端至 DK32+600 m 段纵坡为 0%,DK32+600 m 至 S085 段为 5.8‰ 降坡。

3. 预应力体系

箱梁采用纵向、竖向两向预应力体系。

箱梁纵向预应力钢束采用 $19\phi^s15.2$、$17\phi^s15.2$ 和 $15\phi^s15.2$ 钢绞线,$f_{pk} = 1\,860$ MPa,$E_p = 1.95 \times 10^5$ MPa,悬臂阶段顶板束锚下张拉控制应力为 $\sigma_{con} = 1\,230$ MPa,其他钢束锚下张拉控制应力均为 $\sigma_{con} = 1\,310$ MPa。所有纵向预应力钢绞线均采用金属波纹管成孔,波纹管内径为 100 mm 和 90 mm。

竖向预应力采用 $\phi25$ mm 高强精轧螺纹粗钢筋,$f_{pk} = 830$ MPa,$Es = 2.0 \times 10^5$ MPa,锚下张拉控制应力为 $\sigma_{con} = 705$ MPa。竖向预应力均采用壁厚 3 mm 的铁皮管成孔,钢管内径为 35 mm。

预应力钢绞线保护层厚度应满足《铁路桥涵钢筋混凝土及预应力混凝土结构设计规范》规定。

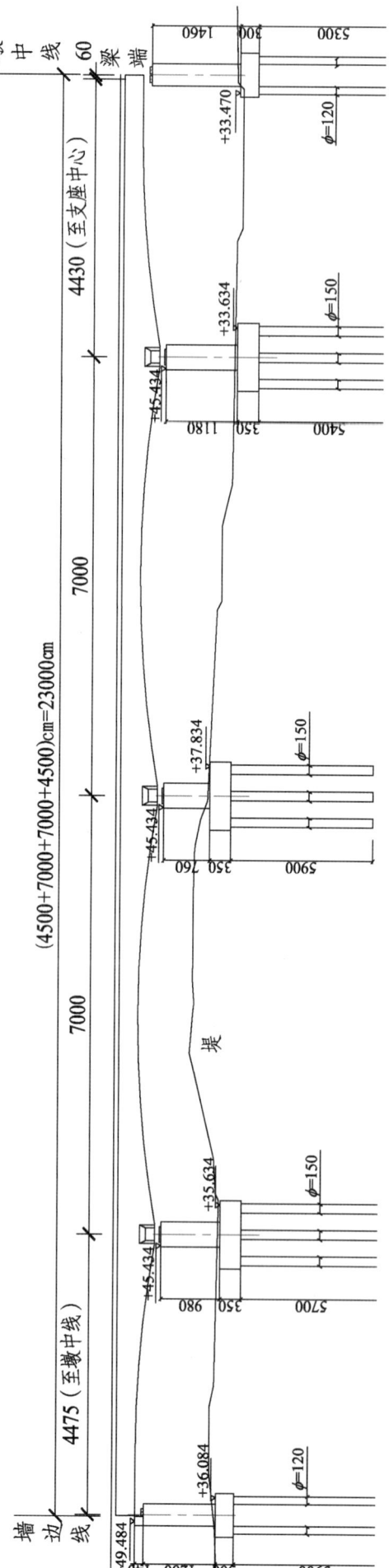

图 3-22 （45+70+70+45）m 连续梁立面图

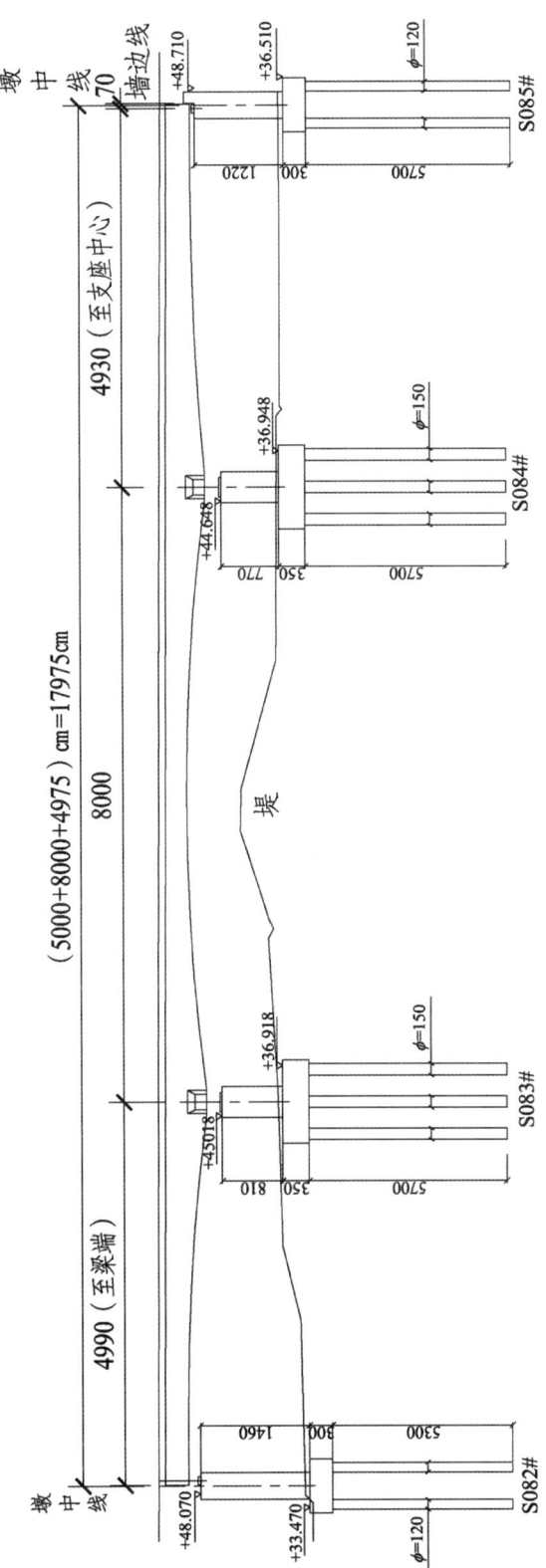

图 3-23 (50+80+50) m 连续梁立面图

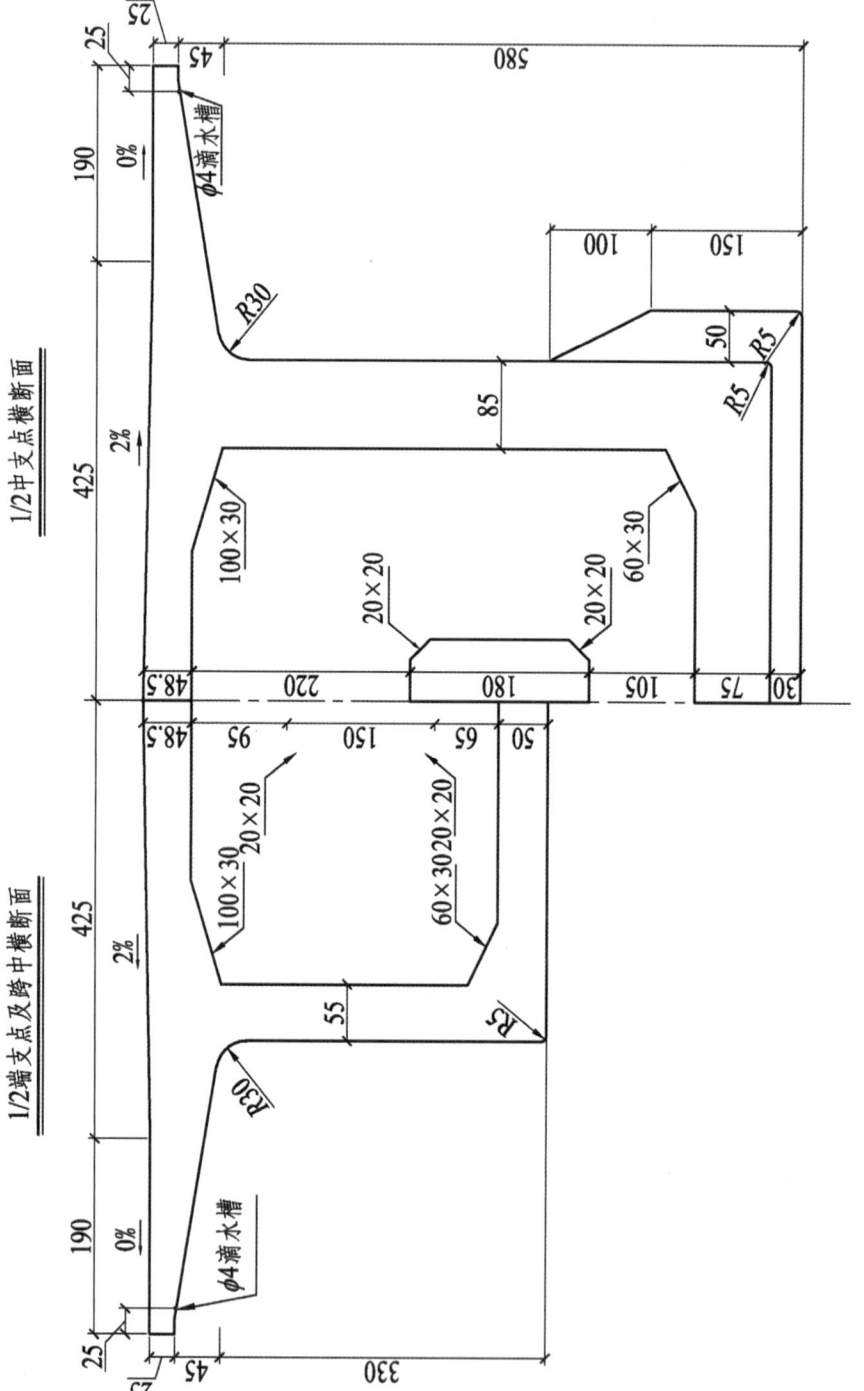

图 3-24 （45+2×70+45）m 连续梁箱梁横断面图

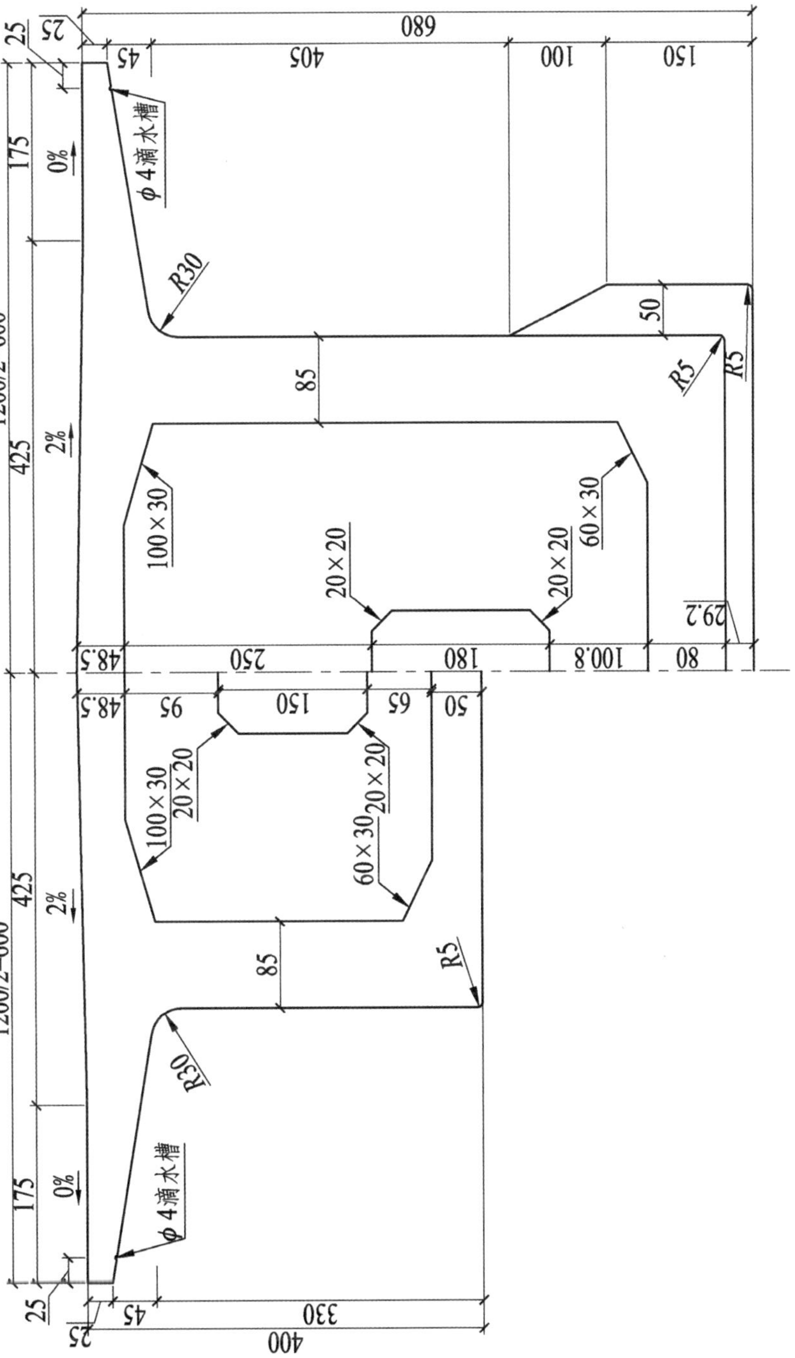

图 3-25 （50+80+50）m 连续箱梁横断面图

3.5 桥面系及附属结构设计

3.5.1 主桥钢梁桥面防水铺装层

桥面铺装范围为 1 080 m（斜拉桥）和 378 m（非通航孔桥）铁路钢桥面，主桥钢桁梁铁路面两侧焊接钢挡砟板形成道砟槽，道砟槽宽度为 8.7 m，道砟槽宽度范围最初设计采用弹性环氧聚氨酯防水耐磨层，后调整为超高性能混凝土防水耐磨层。调整后的防水耐磨层结构为：在道砟槽内的钢梁表面先喷砂除锈后焊接剪力钉，剪力钉间距为 300 mm，之后立即涂 2 道各 50 μm 的富锌环氧防锈底漆，再绑扎 100 mm×100 mm 的钢筋网，最后浇筑 50 mm 厚超高性能混凝土，桥面铺装结构详见图 3-26。

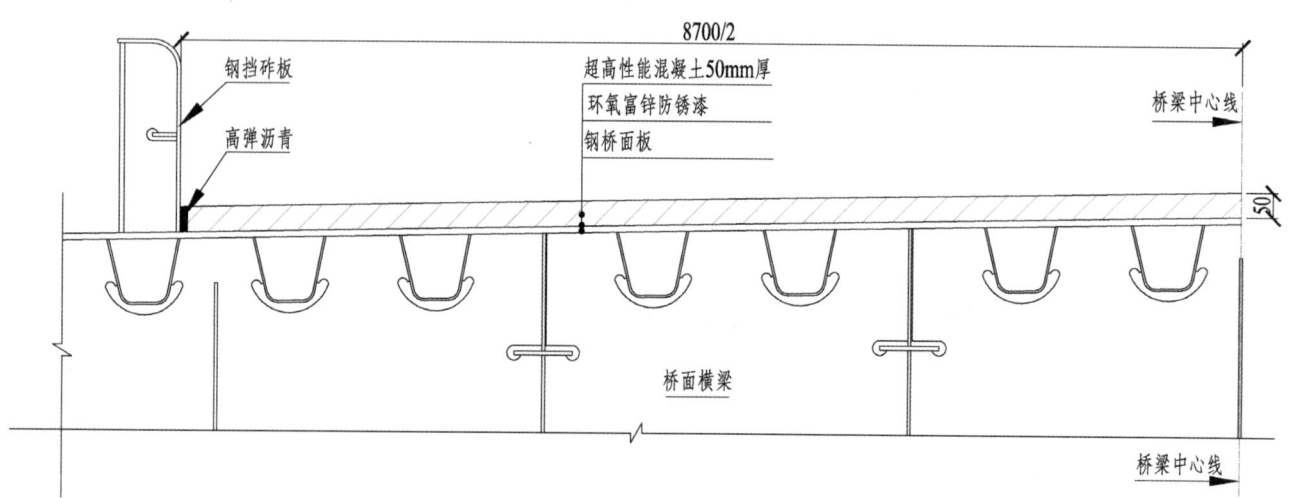

图 3-26 斜拉桥铁路面铺装层横断面图

3.5.2 主桥铁路桥面系结构设计

3.5.2.1 风水管路

根据钢梁维修养护的需要，斜拉桥和 4×94.5 m 连续梁桥面布置了风、水管路。风管和水管分别布置在铁路桥面两侧的员工走道外侧，风管在下游，水管在上游。风管和水管采用法兰盘连接，且在对应梁端伸缩缝处采用伸缩装置。桥上共设 3 个风包，分别位于 3 号塔、4 号塔和 8 号墩附近，风包容积 3.0 m³。

3.5.2.2 员工走道及电缆槽道

铁路员工走道布置在钢挡砟板外侧，全桥共 2 条，每条走道宽 0.85 m，走道结构由型钢焊接而成。

走道顶面离钢桥面板约 700 mm，为两层结构，上层走道顶面铺 3.2 cm 高的镀锌钢格栅板，用卡具与型钢结构栓连，供员工及养护设备通行，可承受 10 kN 的集中荷载；下层为架空的电缆槽道，每条走道下各设两个隔舱，隔舱宽为 30~50 cm。走道外侧设焊接井字形网格钢筋的扶手栏杆。

斜拉桥走道标准节长约 7 m，4×94.5 m 连续梁走道标准节长约 6.75 m，由工厂加工制作运至现场后上桥安装。走道架体内侧用螺栓固定在钢挡板外侧，底部用螺栓与焊接在桥面板顶的耳板连接。耳板须在工厂内与桥面板焊接，以保证焊接质量，耳板上的栓孔可现场钻制，方便调整走道顶面平顺度。走道与栏杆均可逐节拆卸，以利今后钢梁维修需要。

钢梁段铁路面过桥通信信号、高压贯通线及桥用高压电缆沿两侧检修走道下敷设。混凝土梁段铁路面过桥通信信号、高压贯通线敷设于两侧检修走道外侧槽道内，每侧考虑两条 400 mm × 200 mm 专用电缆槽道。铁路面桥用低压电缆沿两侧检修走道栏杆外侧槽道敷设。

3.5.2.3 爬梯、检查车

竖直检查梯供维修养护人员到达上弦检修钢梁用，斜拉桥竖直检查梯分别设置在 1 号墩、3 号塔、4 号塔和 6 号墩处钢梁竖杆上；4×94.5 m 连续梁竖直检查梯设置在 6 号墩及 10 号墩顶的端竖杆上。竖梯设置在主桁内侧面。

每个墩顶处均在两侧下弦杆件外侧设置下墩顶检查梯，供员工从桥面下达墩顶。全桥共 20 副墩顶检查梯。

为方便检修人员上、下主塔，3 号、4 号主塔的上下游两个塔柱内腔在塔高范围均设有斜步梯和休息平台，每塔的上游侧塔柱还设置一部垂直电梯（自公路面以上第一层平台至中塔柱顶部范围）。上、下横梁内设有爬梯到达横梁顶面，供检修人员到达相关区域作业。

每个塔柱内共设置 50 层步梯休息平台（不包括塔柱内隔墙处及塔顶混凝土平台），间距 2.0~3.0 m，公路桥面以下（含桥面处）7 层、桥面以上 43 层。平台类型共 16 种：P1~P16。梯道类型共 34 种：T1~T23、ZT1~ZT4。上、下横梁内分别设有直爬梯 ZT6、ZT5。

塔内检修通道：检修人员经公路桥面处人孔进入塔柱内，往下可通过步梯下至塔柱底，往上可登上 P8 层平台后通过电梯或沿步梯到达平台 P10 处，再通过步（爬）梯可上至塔柱顶。塔柱在上横梁底板处开有过人孔，人员可通过此人孔到达上横梁顶或进入另一侧塔柱内。

斜拉桥和 4×94.5 m 连续梁共设 5 台下弦检查车和 5 台上弦检查车，其中斜拉桥 3 台，4×94.5 m 连续梁 2 台。

下弦检查车技术要求如下：

（1）每台下弦检查车横桥向长度 11 m，纵桥向宽度 1.6 m，车体重量不超过 8.0 t，载重 ≥ 0.6 t，下弦检查车要求能检查主桥下弦杆、节点板外侧及铁路桥面以下的结构。

（2）下弦检查车须通过桥墩顶，保证通过墩顶时横桥宽度不大于 11 m，检查车底部至轨道梁底的高度不超过 1.7 m。

（3）下弦检查车具备电动走行和手动走行功能，并且能爬坡度在 7% 以内的斜坡。

上弦检查车技术要求如下：

（1）纵桥向宽度 1.6 m，车体重量不超过 10.0 t，载重≥0.6 t，能水平伸缩，保证伸长时能检查到上弦桁内、桁外节点杆件及边纵梁等，缩短时横向长度不大于 12.4 m，检查车底部至其轨道梁底的高度不超过 2.0 m。

（2）检查车靠近主桁侧须设置可开合伸缩平台，以方便维修人员经竖直梯上下检查车。

（3）上弦检查车具备电动走行和手动走行功能，同时还要求具有防电功能。

铁路桥面横梁（肋）梁底悬吊两根下弦检查车轨道，其中斜拉桥轨道中心距为 7 800 mm，4×94.5 m 连续梁轨道中心距为 8 400 mm。轨道梁采用工 25a 型钢，通过螺栓连接于横梁梁底。在斜拉桥辅助墩附近压重区段，轨道设置纵坡适应横梁高度变化。在横梁底开设的连接栓孔，须在工厂内完成。

公路桥面节点横梁梁底悬吊两根上弦检查车轨道，轨道中心距为 9 100 mm。轨道梁采用工 25a 型钢，轨道梁通过吊架与横梁连接。

上弦检查车配备升降式平台，以便检修超高位置的钢梁各构件。检查车伸缩梁外端附有折叠式平台，用于检查桁外侧的锚箱及上弦节点。

3.5.2.4　航空障碍灯及助航标识

1. 航空障碍灯

航空障碍灯按照《民用机场飞行区技术标准》进行布设。在两座主塔塔顶及塔身处安装航空障碍灯。

2. 桥涵标（灯）设置

在距 3 号墩右侧约 150 m 处大桥下层桥梁的上游迎船面，设置 1 块红色正方形的通航桥涵标牌，配红色单面定光桥涵标灯 1 盏；并在该里程下游迎船面设置 1 套桥涵标悬挂装置。在距 4 号墩左侧约 145 m 处大桥下层桥梁的上游迎船面，设置 1 套桥涵标悬挂装置；并在该里程下游迎船面设置 1 块红色正方形的通航桥涵标牌，配红色单面定光桥涵标灯 1 盏。在距 4 号墩右侧约 92 m 处大桥下层桥梁的上游迎船面设置桥涵标悬挂装置 1 套；并在该里程下游迎船面设置 1 块红色正方形的通航桥涵标牌，配红色单面定光桥涵标灯 1 盏。

3. 桥柱灯设置

在 3 号、4 号墩桥柱上、下游面分别设置 4 盏桥柱灯，在 5 号墩的下游面设置 4 盏桥柱灯，桥柱灯的灯质为绿色定光灯，共计 20 盏。灯距为 2 m，最低一盏灯距最高通航水位 6.0 m。

4. 桥涵标灯、桥柱灯供电布置

桥涵标灯和桥柱灯由 3 号、4 号墩下横梁位置的航标灯专门供电系统提供，在 3 号、4 号墩分别设置 1 台 UPS 不间断电源。3 号墩的 UPS 不间断电源为 3 号墩的桥柱灯、主通航孔下行航路桥涵标灯供电；4号墩的UPS不间断电源为4号墩的桥柱灯、主通航孔下游面的桥涵标灯、南侧辅助通航孔桥涵标灯和5号墩下游面桥柱灯供电。航标灯器主电缆采用YJV-3×16，支电缆采用YJV-3×6，主电缆布设于铁路面员工走道外侧现有电缆槽道。

3.5.2.5 其他

1. 主桥钢梁梁端伸缩装置与轨道温度调节器

通航孔主桥与江陵岸引桥之间每线各设置位移量720 mm的梁端伸缩装置与轨道温度调节器；非通航孔桥连续钢桁梁与通航孔主桥之间每线设置位移量640 mm的梁端伸缩装置与轨道温度调节器。梁端伸缩装置与轨道温度调节器由线上铺架标段实施，工程内容不在大桥标段范围。

2. 主桥公路桥面伸缩缝

通航孔主桥与江陵岸引桥之间设置位移量720 mm的模数式伸缩缝一道（1号墩处）；非通航孔连续钢桁梁与通航孔主桥之间设置位移量640 mm的模数式伸缩缝一道（6号墩处）。1号墩和6号墩公路伸缩缝下方设置有检修防护平台，用于伸缩缝检修和防止公路伸缩缝连接件掉落至铁路面危及铁路行车安全。

3. 防雷接地

全桥在每个桥墩处均设有接地装置，在梁上预埋有接地端子，便于与贯通全线接地电缆连接。每个桥墩处接地电阻值要求小于4 Ω，所有桥墩接地装置通过接地电缆并接后，综合接地电阻要求小于1 Ω。

在每座主塔顶安装避雷针和避雷带，通过接地引下线与全桥接地系统可靠连接。沿公路桥面道路中央分隔带内及铁路桥面两侧均设有贯通全桥的接地带。在铁路桥面，所有接地装置用接地线上引至通信信号电缆沟槽，采用接地端子与贯通全桥的接地带连接。

全桥所有灯杆、航标灯架、航标牌、钢制栏杆扶手、支架、配电柜、开关箱、电缆槽道、斜拉索钢套筒及所有电气设备金属外壳可靠接地。

4. 桥上照明及供配电系统

（1）道路照明。

铁路桥面照明选用节能减震型50W LED灯，上下游对称布置，3.5 m高灯杆顺桥向间隔28 m或27 m安装于检修走道栏杆扶手上。照明均采用微电脑时钟自动控制系统。

（2）主塔塔内照明。

主塔塔内安装有工作照明灯和插座。

（3）桥梁维修小动力电源开关箱。

铁路桥动力开关箱在 1～10 号墩间上下游员工走道栏杆上交错布置。单侧间距约 100 m。每回路远端同时使用的最大容量为 10 kW。

（4）供、配电系统。

全桥低压按三相四线制另加 PE 线方式供电。公路面照明自成系统，在 3、4 号主塔附近公路面每处设置 10/0.4 kV 100 kV·A 埋地式变压器一座，高压进线接自机电工程配电系统。

除公路照明负荷外，其余桥用负荷均归入铁路面供配电系统，在 10 号墩地面设置 10/0.4 kV 500 kV·A 变电站一座，变压器容量按常规钢梁养护设备用电考虑。在 3、4 号主塔附近铁路面每处设置 10/0.4 kV 100 kV·A 埋地式变压器一座，高压进线由地面 500 kV·A 变电站配出。

公路、铁路用电高压 10 kV 电缆均由 10 号墩上桥。

航标灯及航空障碍灯按一级负荷供电。

（5）公铁防撞栏杆及分叉段防抛网。

公铁合建段公路引桥防撞护栏采用钢筋混凝土护栏，防撞等级 SS 级，护栏高 1.1 m；分叉段为避免公路面过往车辆外抛异物落至铁路桥面，给行驶的列车带来安全隐患，分叉段在靠铁路一侧设置防抛网，防抛网立柱采用工字形断面（高 150 mm，宽 150 mm，板厚 16 mm），立柱间距 1 m，防护网采用直径 3 mm，间距 3 cm×3 cm 的镀锌金属网，立柱间竖向用 3 根角钢将立柱连成整体，金属网与 3 根角钢通过螺栓连接固定。

3.5.3 铁路引桥桥面系结构设计

铁路引桥桥面系及附属结构主要包括引桥墩顶围栏及防落梁挡块、引桥 T 梁人行道及下墩梯道、声屏障、跨柳子河混凝土连续梁桥面系等。

1. 人行道

（1）引桥 T 梁人行道及下墩梯道。

引桥 T 梁下行（重车）侧不设检查梯，人行道宽 0.85 m；上行（轻车）侧每墩处设检查梯，人行道宽 1 m。人行道采用钢横梁结构上铺设预制混凝土电缆槽+RPC 盖板形式，T 梁挡墙上预埋套筒，钢横梁焊接成整体，采用螺栓与预埋套筒连接，横梁上焊接栏杆立柱。检查梯采用型钢制作，作为人行道与墩顶的通道。

（2）混凝土连续梁人行道。

现浇梁（70 m 连续梁、80 m 连续梁）主梁宽度包括了人行道宽度以及设计接触网支柱的位置。人行道由竖墙和盖板及钢栏杆组成，根据通信、信号、电力等专业需要，在挡砟墙外侧设置信号、通信电缆合槽及电力电缆槽。

竖墙在梁体现浇完成后在桥面上进行现场浇筑。在竖墙相应部位预埋钢筋，使竖墙与梁体连接成一体。各竖墙顶面的高度保持一致，保证盖板受力均匀。内侧槽道为电缆槽，为了便于电缆的检修，内侧槽道设计了活动盖板，布置间距为 10 m 左右。

电缆槽盖板表面设置横向波纹或凹槽，一方面起到防滑作用，另一方面对盖板方向进行标识，避免放错。在盖板四个角处设置 8 mm 的截角，以避免盖板的损坏。

连续梁人行道在有声屏障处设置声屏障（距离村庄小于 800 m 位置），其余均为钢栏杆。栏杆立柱及扶手为角钢，护栏为 HPB300 等级的 $\phi 16$ mm 钢筋，其中立柱角钢与竖墙预埋钢板焊接，扶手角钢与立柱角钢采用 M16 螺栓及螺帽栓接，护栏经过立柱角钢处在角钢上开 $\phi 20$ mm 圆孔，穿入 $\phi 16$ mm 钢筋。

2. 避车台

现浇梁在人行道外原设置有避车台（采用角钢支架固定在人行道外侧竖墙上，并已施工完成），后取消不用。

3. 桥面铺装

引桥梁部挡砟墙内均铺设防水层和保护层，厚 4 cm。现浇梁挡砟墙和外竖墙间也铺设防水层和保护层，并做成向内 2% 的横坡。

桥面排水及铺装层采用铺设防水层（防水涂料 + 防水卷材）+6 cm 厚混凝土保护层形式，其中挡砟槽内采用高聚物改性沥青防水卷材铺设，防水涂料采用聚氨酯防水涂料。在铺卷材前梁体表面要用高聚物改性沥青基层处理剂进行处理，卷材上面现浇 6 cm 厚 C40 细石纤维混凝土；人行道电缆槽内采用聚氨酯防水涂料涂刷，上面现浇 6 cm 厚 C40 细石纤维混凝土。

高聚物改性沥青防水卷材、聚氨酯防水涂料、高聚物改性沥青基层处理剂的物理力学性能指标应满足《客运专线桥梁混凝土桥面防水层暂行技术条件（修订版）》（科技基〔2007〕56 号）的要求。

4. 伸缩装置

在 S082 号墩顶梁缝间铺设三元乙丙橡胶止水带，并用钢盖板覆盖。其他梁缝用带限位钢筋的钢盖板直接覆盖。

5. 防落梁措施

32 m T 梁防震落梁挡块设于简支 T 梁的端隔板外侧，可以限制纵、横向位移以达到防震落梁效果。防落梁挡块为近似长方体混凝土结构，截面 120 cm × 54 cm，高于墩顶 85 cm，内置 4 根 P43 旧钢轨，与支座垫石一同浇筑。

现浇连续梁支点处设置防落梁结构（栓接于梁底的工字钢），工字钢挡块设在垫石内侧，与垫石之间的空隙为 3 cm。防落梁挡块外露部分采用达可乐技术防腐。

6. 墩顶围栏、吊篮及梁面下墩顶检查梯

墩外检查设施中墩顶围栏、吊篮设计是利用角钢与钢筋沿墩帽顶面周边设置，检修人员利用检查梯下至墩顶。另外在 N001 号墩的墩帽南侧、S001 号墩的墩帽北侧各设置有 2 个混凝土结构箱式变压器平台。

墩顶附属设施在主体工程全完工后再安装，以避免施工主体工程时造成检修设施的损坏。

围栏、吊篮的钢构件表面防腐涂装详见《铁路钢桥保护涂装》第 V 体系。

7. 接触网支柱及拉线基础

32 m T 梁在墩帽上设有接触网支柱基础，基础形式有两种，分别为 137 cm×114 cm×70 cm（适用于中间柱、转换柱基础）及 199 cm×200 cm×120 cm（适用于下锚柱基础），桥上接触网支柱与支柱基础的预埋螺栓连接。

施工中应注意桥墩接触网支柱基础地脚螺栓的预埋应符合《铁路电力牵引供电工程施工质量验收标准》和《铁路电力牵引供电施工规范》中相关规定。支柱预埋螺栓顺线路方向中心线应与线路中心线平行，垂直线路方向中心线应与线路中心线垂直，两个方向的允许偏差均不得大于 3°。螺栓应呈竖直状态，螺栓埋深允许偏差 +20 mm，螺栓预埋顶部向下 300 mm 应采用 1 级热浸镀锌，预埋好的地脚螺栓外露部分均要求涂油防腐并用塑料套包住并绑扎。

现浇梁在梁面上设计接触网支柱及拉线基础。在相应位置预埋接触网锚固螺栓及加强钢筋，基础由预埋钢板和预埋螺栓构成，长宽为 107.5 cm×100 cm，支柱基础采用 60 cm×60 cm 钢板和 M39 螺栓，拉线基础采用 36 cm×36 cm 钢板和 M24 螺栓。支柱（拉线）基础混凝土在附属结构施工时一同浇筑。

8. 电缆槽

根据通信、信号、电力等专业需要，在面向大里程方向右侧设置通信、信号电缆合槽，深 300，宽 450；左侧设置电力电缆槽，深 200，宽 250，为两个槽。

（1）32 mT 梁电缆槽设置在人行道支架栏杆外侧，由伸出的角钢支承。

（2）现浇梁电缆槽为挡砟墙外的第一个槽道。

3.5.4 公路桥面系设计

1. 主桥钢梁公路桥面系

公路行车道板采用正交异性钢桥面板，为使桥面铺装与钢桥面之间具有良好的粘结性能，使铺装具有良好的耐久性，延长铺装层的更换周期，降低铺装的养护成本，桥面铺装采用厚 35 mm 的浇筑式沥青混凝土和 35 mm 厚改性沥青混凝土。

公路桥面共设 4 道防撞护栏，护栏高 1 580 mm，下设 400 mm×500 mm 的钢结构基座，钢结构基座与钢桥面板焊接。防撞护栏立柱采用变截面的焊接工字形钢柱，斜拉桥部分立柱标准间距 1.4 m，4×94.5 m 连续梁桥部分立柱标准间距 1.35 m。护栏横梁采用四根边长 100 mm 的方钢管，竖向间距 350 mm。

公路桥面铺装底层铺防水层，中间层为 3.5 cm 的 AG10 浇筑式沥青混凝土，最上层采用 3.5 cm

的 SMA10 改性沥青混凝土。沥青铺装层与钢桥面板之间防水处理。防水粘结层与沥青下面层间具有较高的粘结强度，使桥面板和铺装层具有较强的整体性。边防撞护栏内侧设挡水板，泄水管布置在两侧挡水板内侧，纵向间距 13.5 ~ 14 m，泄水管直径 100 mm。

2. 合建段公路小箱梁桥面系

合建段公路采用组合箱梁，桥面设 9 cm 厚钢筋混凝土找平层，其上设置 9 cm 沥青铺装层，分两层设置，上层采用 4 cm SMA 改性沥青，下层为 5 cm AC-16 沥青混凝土，如图 3-27 所示。

防水卷材采用高聚物改性沥青防水卷材，防水涂料采用聚氨酯防水涂料。在铺卷材前梁表面采用高聚物改性沥青基层处理剂进行处理。

保护层采用 C40 细石聚丙烯纤维网或聚丙烯腈纤维混凝土，质量满足《纤维混凝土结构技术规程》的有关规定。

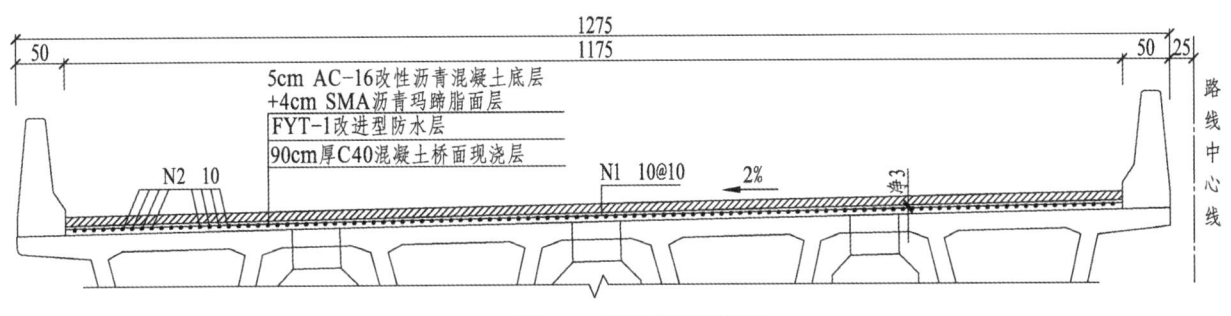

图 3-27　桥面铺装层构造图

3.5.5 护轮轨和声屏障

3.5.5.1 护轮轨

为防止列车脱轨在桥上倾覆，适应大型捣固机桥上作业要求，荆州长江公铁大桥铺设护轮轨。

护轮轨设计采用 60 kg/m 的旧钢轨，护轮轨单根长度 12.5 m，质量 750 kg。每线各 2 根，全桥护轮轨总长度 25 132 m（扣除轨道伸缩调节器长度各 17.5 m），总质量 1 507.92 t。

护轨扣件采用《新Ⅲ型混凝土桥枕及护轨扣件铺设图（专线 3 448-Ⅲ）》中 60 kg 护轨扣件。护轨扣件中扣铁分为中间和接头二种，分别为 60A 型和 60B 型，其中，A 型用于中间护轨上，B 型用于接头处的护轨上。扣件扭矩为 30 ~ 50N·m。

3.5.5.2 声屏障

铁路引桥在经过村庄范围内设置声屏障（均在公安岸侧），声屏障长度 2 311.7 延米，总面积 5 779 m²。主要结构包括钢立柱、声屏障单元板、高强螺栓组和橡胶条。

声屏障垂直高度 2.5 m，声屏障单元板采用承插方式安装；立柱采用热轧 HW150×150 型钢，立柱标准间距 2 m，路与桥连接处及梁与梁连接处设置非标准长度单元板。柳子河连续梁处有下墩通道，为设置可开闭的门洞需要，该处声屏障为全钢结构。

1. 声屏障单元板

声屏障单元板采用钢筋混凝土非金属吸声板，其声学及力学性能符合《铁路声屏障声学构件技术要求及测试方法》的要求。

声屏障材料通过耐久性验证检验材料的疲劳度。声屏障单元板需能抵抗 6.0 MPa 的表面压力和不小于 400 万次的疲劳影响。

声屏障构件通过标准化和工厂化生产，便于施工安装和养护维修。声屏障板先运至桥下，然后通过汽车吊机运送上桥，在桥上用小型挖机起吊插放就位。

正常使用条件下声屏障主体结构设计使用寿命 50 年，单元板的使用寿命不低于 25 年。

材料与材料、单元板与单元板、单元板与立柱、单元板与桥面、单元板与基础之间的连接设有抵抗伸缩变形、避免噪声泄漏和二次结构噪声的结构措施。

2. H 型钢立柱及附属钢构件

钢材采用材质为 Q235-C 级，钢材质量符合现行国家标准《碳素结构钢》《低合金高强度结构钢》和《建筑结构用钢板》的规定。所有外露及隐蔽的钢构件、连接件、角钢等采用热浸镀锌防腐处理，热镀锌厚度不小于 100 μm；防腐标准使用《铁路钢桥保护涂装》中第六套标准；防腐年限满足 25 年的使用寿命。

3. 螺栓、螺母及垫圈

预埋螺栓采用高强螺栓，简支 T 梁立柱安装采用 8.8 级高强螺栓组（双螺母 + 防松垫片）。材质为 45 号钢并进行调质热处理加工；螺母及平垫圈材质为 45 号钢。

安装螺母有防松止退功能。防腐采用多元合金共渗 + 锌铬涂层 + 封闭层，防腐年限不小于 25 年。

橡胶采用具有抗老化能力的三元乙丙橡胶条，使用期内保持减振特性，保证位置稳定、功能完好，三元乙丙橡胶条与 H 型钢、角钢有效牢固粘贴。

3.5.6 健康监测系统

1. 系统总体构架

结合荆州长江公铁大桥结构自身特点及大桥预警、评估和管养决策方面的要求，健康监测系统由下列五大子系统构成：

（1）自动化传感测试子系统；

（2）电子化人工巡检养护管理子系统；

（3）数据存储与管理子系统；

（4）综合预警与结构安全评估子系统；

（4）用户界面子系统。

以上5个子系统构成桥梁结构监测管理系统的基本体系，完成桥梁结构监测养护管理的基本功能。

2. 监测内容

荆州长江公铁大桥监测内容如下：

（1）桥址环境监测。

环境监测包括自然风荷载监测、空气温度与相对湿度监测等内容。

（2）结构温度监测。

温度对结构的作用模式可分为均匀升降温、梯度温差两种类型。不同的温度荷载类型对结构的影响不同，结构构造对温度的分布也有明显影响，需要对主梁及塔的代表性断面进行温度分布的监测。

（3）应变监测。

根据结构总体受力分析，选择跨中、索塔等截面进行应力应变监测，在监测截面内，重点监测各构件的受力状况。

（4）主梁挠度（线形）监测。

主梁挠度的变化是反映行车安全、行车舒适性和进行桥梁适用性评价的直接指标。对主梁各特征截面挠度进行监测，进而可拟合主梁线形。挠度传感器布置根据主梁运营期设计荷载下挠度包络计算值，选择具有代表性截面进行布设。

（5）支座位移监测。

主梁在车辆、地震、温度及风等荷载作用下，发生纵向位移变化，监测支座位移，分析支座随温度、风及列车等各种荷载作用下的位移状况，评估支座的使用状态，是直观评估大桥内力状态的重要参数，也是运营期安全性预警的重要信息。

（6）梁端变形监测。

主梁在梁体、车辆、温度等荷载长时间作用下，会发生扭转翘曲变形，在铁路桥梁中会影响梁端轨道衔接的平顺，对该位置扭转翘曲情况进行监测，分析梁端倾角变化，间接判断钢轨伸缩调节装置的工作状况和工作性能，分析钢轨倾角与列车、风等荷载作用变化关系，导出钢轨倾角随时间的时程变化曲线。

（7）空间变位监测。

桥梁运营阶段的主梁空间变位是反应桥梁结构的安全性、稳定性和适用性的重要指标之一。空间几何变形包括梁体的下挠、纵向位移、横向偏位，塔柱纵、横向位移，以及由于桥墩的沉降而引起的竖向位移。监测桥梁结构的空间变位，重点掌握桥梁的空间变化幅度和趋势，用于评估桥梁结构的安全性、稳定性以及线路运行的安全性、舒适性。

主梁主跨跨中位置的位移变化采用GPS仪器连续监测，塔顶位移采用GPS仪器进行监测。

（8）斜拉索索力监测。

运营期的斜拉索索力的变化直接影响到斜拉索的疲劳状态及桥梁结构受力状态的变化，关系到斜拉索的使用寿命和整座大桥的安全，通过监测斜拉索的振动并实时换算成索力，在监测斜拉索索力的同时，能够实时监测到阻尼器的工作状态并为运营期的桥梁的安全性提供直接的力学指标预警信息。

（9）动力响应监测。

结构动力响应监测主要监测列车通过时的桥梁振动加速度和振幅，是评估结构、行车安全状况的重要指标。

结构一旦出现损伤或其他异常，其结构动力特征（振型、频率、阻尼等）也将发生改变。因此，在监测动力响应的同时分析桥梁的动力特性，利用其变化对结构进行诊断，其改变可视为桥梁结构状态发生变化的重要识别参数。

（10）地震/船撞监测。

地震对大桥结构而言属突发灾害性外荷载输入，虽然发生概率小，但其产生能量和作用力巨大，往往可对结构造成较大破坏，危及结构安全运营。因此有必要对其进行有效监测，为事后结构状态评估提供荷载输入和响应依据。

（11）行车状态监测。

铁路桥梁，车速、车辆荷载直接影响的桥梁的响应状况。对经过监测部位的每一列货车进行识别以便统计记录通过大桥的货车车辆的荷载信息，同时对应记录每列列车的行驶速度，为桥梁的荷载响应提供真实的荷载源数据。

（12）交通荷载监测。

为监测桥梁结构在交通荷载作用下的静动力响应，获得评价结构或构件疲劳特性的荷载数据，为桥梁的维修养护决策、疲劳寿命评估提供重要的荷载依据，需要对公路交通荷载进行监测；同时也可为管理超重车辆提供数据。

3.6 堤岸防护工程

3.6.1 江陵岸大堤防护工程

桥位江陵岸河岸防护以守护近岸岸线为主，其加固方式为：对护岸范围内28.3 m高程以下进行抛石固脚，高程以上采用干砌石护坡。

3.6.1.1 水下抛石固脚

1. 防护范围

纵向（顺流向）：左岸防护范围自桥轴线上游 200 m 至下游 800 m，全长共 1 000 m。

横向（垂直流向）：该处深泓线离河岸距离较远，根据最近一次测图（2008 年 11 月），深泓线离河岸线在 1 000 m 左右。另外根据公安河道地形图（1∶2 000）显示，该防护范围内岸坡坡度为 1∶2.5 ~ 1∶4.5。根据《长江中下游护岸工程技术要求》，枯水位以下坡度较陡，应抛至河床横向坡度 1∶3 ~ 1∶4 或一定深槽高程处。因此水下抛石范围从设计枯水位 28.3 m 处抛护至河床横向坡度 1∶3 ~ 1∶4 处，局部抛护至一定深槽高程处；在抛石前沿设置防冲备填石，备填石方量不少于 15 m³/m。

2. 抛石坡度

设计图要求水下按原边坡等厚抛石防护，对于局部凹凸不平处，进行补充抛石，使其平顺连接，以利水下岸坡稳定。

3. 抛石厚度

一般地段采用块石直径的 3 倍（厚约 0.75 m）；在水深流急部位，其抛石厚度一般采用块石直径的 3 ~ 4 倍（厚约 0.75 ~ 1 m）。大桥附近水域流速较急，为重点防护工程，为保证岸坡的安全，抛石总厚度按不小于 1 m 进行设计。

4. 抛石粒径

根据《堤防工程设计规范》的规定，抛石粒径应考虑抗冲、动水落距、多层抛护、良好级配及石源条件等因素，抗冲粒径为 0.153 m。护岸抛石粒径为 20 ~ 30 cm。

5. 抛石挡位

顺水流向每隔 20 m 设一档，依次编号为 1、2、3…20、50，共计 50 档；垂直水流向每隔 10 m 设一环，由岸线向深泓侧依次编号为 A、B、C、D 环，共计 4 环。抛石挡环尺寸为 20 m × 10 m。

6. 枯水平台

根据《堤防工程设计规范》的规定，堤岸防护护脚工程的顶部应高于枯水位 0.5 ~ 1 m，枯水平台按设计枯水位加 0.5 m 确定，高程为 28.8 m，枯水平台宽度为 2 m。

3.6.1.2 水上护坡

1. 防护范围及形式

纵向（顺流向）：左岸防护范围自桥轴线上游 200 m 至下游 800 m，全长共 1 000 m。采用干砌石护坡，厚度 30 cm，下设 15 cm 厚砂卵石混合垫层。

横向（垂直流向）：水上护坡范围从设计枯水位 28.3 m 处防护到岸坡顶部，防护范围总宽约 25～35 m。

2. 砌石坡度

对水上砌石按原边坡等厚砌筑，对于局部凹凸不平处，采用砂卵石进行平整后再进行砌筑。

3. 块石厚度

根据《堤防工程设计规范》的规定计算得出块石护坡厚 0.187 m，根据护岸工程的守护效果，护坡厚度取 0.3 m，块石下设 0.15 m 厚的砂卵石混合垫层。

4. 块石防冲粒径

计算所得防冲粒径为 0.096 m。结合长江平顺抛石护岸工程实践经验，综合考虑防冲要求以及石料场开采条件等多方面因素，实际护坡块石粒径为 15～25 cm。

5. 细部结构设计

脚槽：位于护坡底部，枯水平台内侧，采用 M7.5 浆砌石砌筑。槽顶高程与枯水平台齐平，断面为 1.0 m×1.0 m。

封顶：位于护坡顶部，采用 M7.5 浆砌石砌筑，断面为 0.75 m×0.75 m。

3.6.2 公安岸大堤防护工程

桥位公安岸岸坡平缓，主要为滩地，且近岸处于小幅淤积状态，垂直水流方向 300 多米宽滩地均位于枯水位线以上，因此右岸主要采用干砌块石对直接挡水的南五洲围堤的临水面堤身进行防护。

1. 防护范围及形式

纵向（顺流向）：右岸防护范围自桥轴线上游 200 m 至下游 300 m，全长共 500 m。

横向（垂直流向）：护坡范围从堤脚处防护到大堤顶部。

防护形式：右岸临水侧堤坡采用干砌石护坡，厚度 30 cm，下设 15 cm 厚砂卵石混合垫层。

2. 砌石坡度

按大堤现状坡比进行防护，对于局部凹凸不平处，采用砂卵石进行平整后再进行砌筑。

3. 块石防冲粒径

护坡块石粒径为 15 ~ 25 cm。

4. 细部结构设计

脚槽：位于大堤坡脚，采用 M7.5 浆砌石砌筑，断面为 0.75 m × 0.75 m。

4

大桥施工

4.1 主桥下部结构施工

4.1.1 3号主塔墩基础施工

4.1.1.1 工程概况

1. 基础结构

3号墩为江陵侧主塔墩，采用钻孔桩基础。承台为圆端形，平面尺寸为长×宽=58.4 m×33.6 m，圆弧半径 R = 19.3 m；承台底标高+15.45 m，顶标高+21.45 m，厚度6.0 m。桩基础采用36根 ϕ2.8 m 直钻孔桩，桩长85 m，行列式布置，纵向5排，横向8排，桩中心距7.2 m。桩顶标高为+15.55 m，桩底标高为−69.55 m，其中标高+0.5 m以上者有钢护筒段，桩径为3.1 m，标高+0.5 m以下桩径2.8 m。单桩混凝土设计方量544 m³。

3号墩基础布置详见图4-1。

2. 桥址处水文地质情况

（1）地质。

根据设计钻孔揭示情况，桥址区地层可以分为五大层：①、②层为第四系全新统沉积物，其中①层厚6.25～27.50 m，河床处较薄，两岸区域较厚，主要由黏性土，粉土和松散～稍密状的粉、细砂组成；②层厚14.1～40.6 m，主要由中密状的粉、细砂和细～粗圆砾土组成，局部夹透镜状的卵石土，其中卵砾石土层厚7～30 m。③、④、⑤层主要为上更新统冲洪积物，具有典型的韵律沉积的特点，各大层内黏性土、粉细砂及碎石类土层形成上软下硬的二元结构。各层上部黏性土层主要为硬塑～坚硬状粉质黏土，局部软塑，该层易被剥蚀，中部为细粉砂，下部由细～粗圆砾土构成，局部夹卵石土。

3号墩位处地层自上而下为：①层上部的松散～稍密状粉细砂，①层中部不均匀分布①7细圆砾土层，厚0～3.1 m，墩位南部最厚，东北部缺失；①层下部为①6中密状细砂层。由于冲刷作用，①大层总厚度相对较薄，厚约5.7～11.85 m；②层上部的粉细砂层及③层上部的粉细砂和黏性土层均缺失，②、③层下部的碎石土层直接接触，合计厚度50～60 m，中间局部夹有1～4 m厚的粉细砂透镜体；④层上部的粉细砂及黏性土层分布不均匀，厚8.35～20.0 m，中间夹有0～10 m厚的碎石土层，④层下部主要为厚18.75～21.50 m的细～粗圆砾土；⑤层上部的黏性土层分布较稳定，厚1.4～6.15 m，中部的粉土及粉细砂层厚度大于7 m，下部的碎石土层因埋深较深，所有钻孔均未揭示，⑤层因沉积年代相对久远，沉积环境相对稳定，黏性土及粉细砂层内多见泥钙质胶结层，以核状、团块状为主，局部胶结较好，呈10～30 cm厚半成岩状，质较硬。

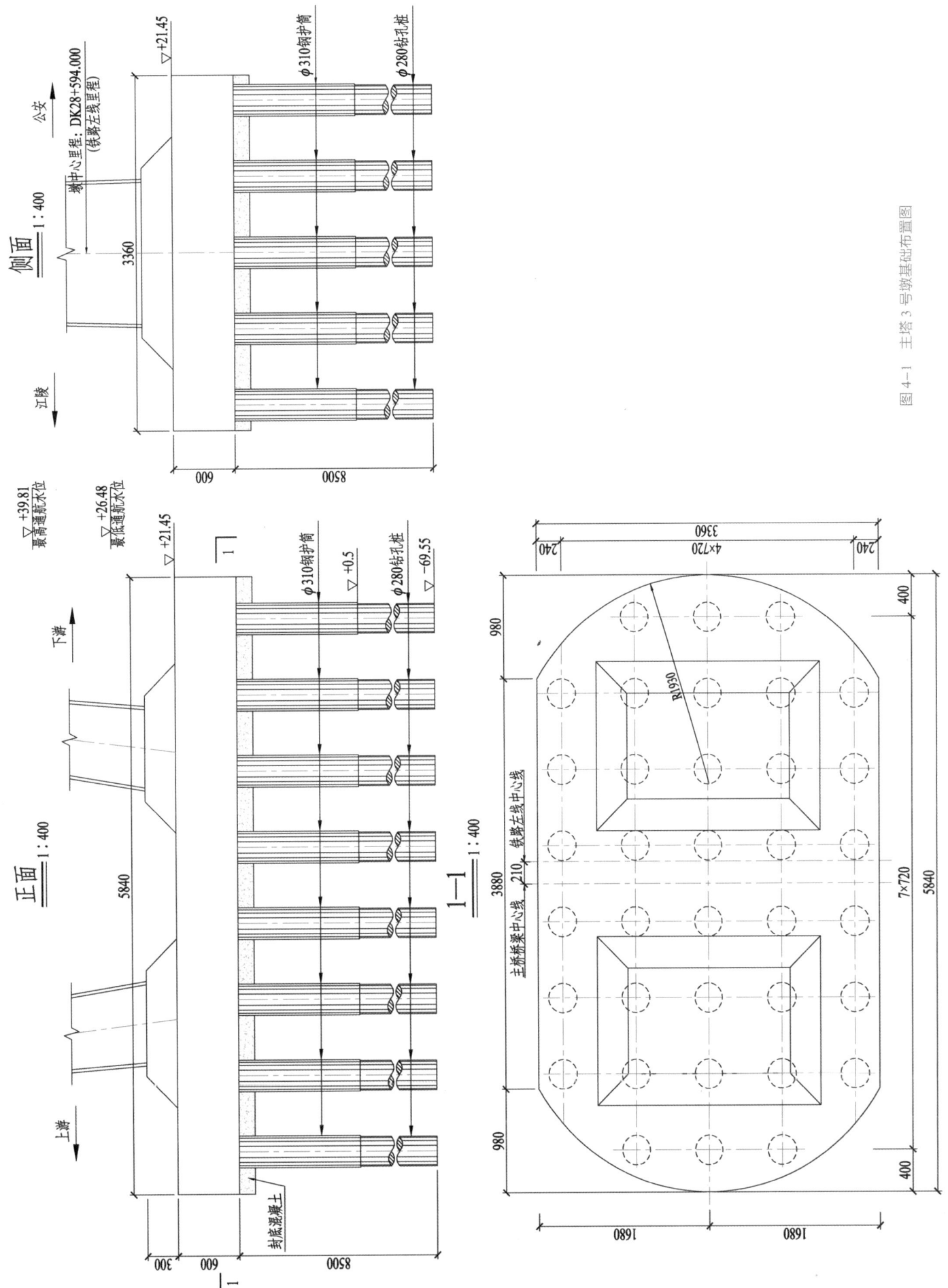

图 4-1 主塔 3 号墩基础布置图

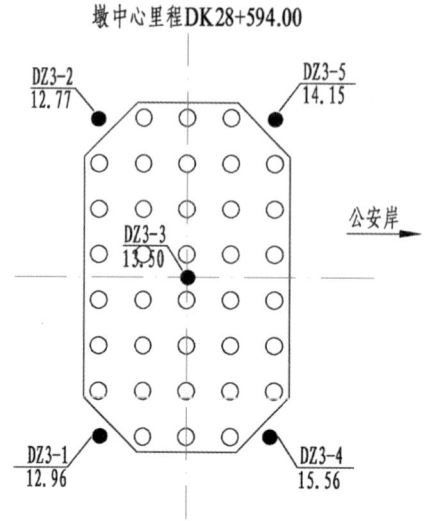

图 4-2　3 号墩地质孔平面布置图

DZ3-4 孔地质层统计详见表 4-1。

表 4-1　DZ3-4 孔地质层统计

地层编号	层底高程/m	层底深度/m	层厚/m	地层名称	岩土特征
①2	12.460	3.10	3.10	细砂	褐色；较均匀；稍密；饱和；成分以长石和石英为主
①2	9.360	6.20	3.10	细圆砾土	褐色；中密；饱和；含卵砾石褐色；中密；饱和；含卵砾石较多，其中卵石粒径 6～8 cm 为主；卵砾石磨圆好，多呈灰色，部分呈褐红色，母岩成分主要为石英岩、石英砂岩等硅质岩，少量火成岩类；充填主要为粉细砂
①6	3.710	11.85	5.65	细砂	灰色；不甚均；中密；饱和；成分以长石和石英为主，含少量云母；局部为腐木碎屑层；局部含黏粒
②3	0.710	14.85	3.00	细圆砾土	灰色；密实；饱和；含卵石约 20%，卵石粒径 6～8 cm 为主，个别达 10 cm，分布不均；卵砾石磨圆好，多呈灰色，部分呈褐红色，母岩成分主要为石英岩、石英砂岩等硅质岩，少量火成岩类；充填物主要为粉细砂
②5	-11.34	26.90	12.05	卵石土	灰色；不均匀；密实；饱和；卵砾石含量高，钻进振动大，岩芯被搅散，取芯较困难，取出多呈 6～9 cm 卵石状，个别达 14 cm；卵砾石磨圆好，多呈灰色，部分呈褐红色，母岩成分主要为石英岩、石英砂岩等硅质岩，少量火成岩类；充填物主要为粉细砂

续表

地层编号	层底高程/m	层底深度/m	层厚/m	地层名称	岩土特征
②4	-18.34	33.90	7.00	粗圆砾土	灰色；密实；饱和；含卵石约20%~30%，卵石粒径6~8 cm为主，个别达12 cm，分布不均；卵砾石磨圆好，多呈灰色，部分呈褐红色，母岩成分主要为石英岩、石英砂岩等硅质岩，少量火成岩类；充填物主要为粉细砂
②3	-24.84	40.40	6.50	细圆砾土	灰色；密实；饱和；含卵石约10%，卵石粒径6~8 cm为主，个别达10 cm，分布不均；卵砾石磨圆好，多呈灰色，部分呈褐红色，母岩成分主要为石英岩、石英砂岩等硅质岩，少量火成岩类；充填物主要为粉细
③5	-35.04	50.60	0.35	粗圆砾土	灰色；密实；饱和；含卵石约20%~30%，卵石粒径6~8 cm为主，个别达12 cm，分布不均；卵砾石磨圆好，多呈灰色，部分呈褐红色，母岩成分主要为石英岩、石英砂岩等硅质岩，少量火成岩类；充填物主要为粉细砂
③4-1	-35.59	51.15	2.60	细砂	灰色；较均匀；密实；饱和；成分以长石和石英为主
③3	-46.74	62.30	11.15	粗圆砾土	灰色；密实；含卵石约20%~30%，卵石粒径6~9 cm为主，个别达12 cm，分布不均；卵砾石磨圆好，多呈灰色，部分呈褐红色，母岩成分主要为石英岩、石英砂岩等硅质岩，少量火成岩类；充填物主要为粉细砂
④3	-50.74	66.30	4.00	细砂	灰色；较均匀；密实；饱和；成分以长石和白石英为主；局部含腐木碎屑
④5	-52.84	68.40	2.10	粗圆砾土	灰色；密实；饱和；含卵石约20%~30%，卵石粒径6~10 cm为主，个别达12 cm，分布不均；卵砾石磨圆好，多呈灰色，部分呈褐红色，母岩成分主要为石英岩、石英砂岩等硅质岩，少量火成岩类；充填物主要为粉细砂
④3	-55.44	71.00	2.60	细砂	灰色；不甚均；密实；饱和；成分以长石和石英为主；局部夹粉土
④4	-61.14	76.70	6.70	细圆砾土	灰色；密实；饱和；含卵石约5%~10%，卵石粒径6~8 cm为主，个别达12 cm，分布不均；卵砾石磨圆好，多呈灰色，部分呈褐红色，母岩成分主要为石英岩、石英砂岩等硅质岩，少量火成岩类；充填物主要为粉细砂；其中74.8~74.9 m为青灰色硬塑状粉质黏土夹层
④1	-64.290	79.85	3.15	粉质黏土	灰色~青灰色；硬塑~坚硬；微胶结，含较多结核状、团块状姜石，局部形成饼状、短柱状泥钙质胶结层
④4	-75.44	91.00	11.15	细圆砾土	灰色；密实；饱和；含卵石约20%，卵石粒径6~9 cm为主，个别达10 cm，分布不均；卵砾石磨圆好，多呈灰色，部分呈褐红色，母岩成分主要为石英岩、石英砂岩等硅质岩，少量火成岩类；充填物主要为粉细砂

续表

地层编号	层底高程/m	层底深度/m	层厚/m	地层名称	岩土特征
④4	-85.54	101.10	10.10	细圆砾土	灰色；密实；饱和；含卵石约10%，卵石粒径6~9 cm为主，个别达15 cm，卵砾石磨圆好，多呈灰色，部分呈褐红色，母岩成分主要为石英岩、石英砂岩等硅质岩，少量火成岩类；充填物主要为粉细砂及黏粒
⑤1	-86.94	102.50	1.40	粉质黏土	青灰色；不均匀；硬塑~坚硬；微胶结，含较多结核状、团块状姜石，局部夹砂层
⑤2	-93.04	108.60	6.10	粉砂	青灰色；不甚均；密实；饱和；微胶结，含黏粒，局部形成饼状、短柱状泥钙质胶结层
⑤2	-95.84	114.40	2.80	粉砂	灰色；较均匀；密实；饱和；微胶结

（2）水文。

3号主墩位于河道深槽区，墩中心距北侧高漫滩边缘约115.6 m，江底河床面高程+11.56~+15.56 m，南高北低，墩位北侧靠近河槽最深处，该处水流急，冲刷较强烈。

根据长江河段多年汛期涨水时间调查，该区域内长江具有峰高量大，持续时间长的特点，汛期为5—10月份，因三峡水库蓄水和发电，致长江中下游具体涨水时间和水位无规律，桥位处设计二十年一遇洪水位为+35.5 m，最低通航水位为+26.48 m，高差达9.02 m。汛期水流最大流速达2.65 m/s，且随着水位和流量的变化，主河槽冲刷较大，常水位时主河槽靠近江陵岸3号墩，汛期高水位时，主河槽向南偏移。

4.1.1.2 施工方案

3号墩基础施工同时存在工程规模大、覆盖层厚、河床坡度大、冲刷严重、护堤复杂、水位落差大等诸多不利条件，最低水位时承台面位于水下5 m，承台底距河床面高度近4 m。经深入对比研究分析，决定采用浮式钢吊箱围堰施工方案，先围堰后平台。围堰平面尺寸为68.2 m×40 m的圆端形结构，井壁厚度2.0 m，高度上分2节，底节围堰高18 m，顶节高6 m。围堰底节采取气囊法整体下河，顶节散拼法在墩位处接高。钢护筒内径3.1 m，壁厚22 mm。护筒底标高为0.5 m，护筒顶标高为+39.5 m，单根护筒总长为46 m，重78.2 t。3号墩基础施工方案见图4-3。施工步骤如下：

步骤一：底节围堰下河浮运至墩位后通过锚碇系统精确定位。

步骤二：定位插打钢护筒，然后将围堰灌水下沉到合适标高后挂桩支承在定位钢护筒上完成体系转换，形成钻孔施工平台。

步骤三：进行剩余钢护筒插打与钻孔桩施工。

步骤四：首批钻孔桩完成后进行二次挂桩体系转换，将围堰支承在已成桩钢护筒上，再进行余下钻孔桩施工。全部桩基完成后，再将围堰下放到设计标高，围堰清基、堵漏、封底，最后抽水、承台施工。

该方案在定位护筒插打后围堰即与河床地基结合构成稳固施工平台，护筒既起到维护钻孔桩孔壁又兼作钻孔平台的承重支承结构，一物多用，有以下优点：①定位准确。围堰通过上、下游定位船精准定位后实现钢管桩精准插打，最后依钢管桩导向下放后围堰位置也精准。②调整灵活性好。吊挂式围堰支承方式，围堰平台高度可据水位情况灵活调整。③形象进度快。在桩基施工后期，可同步拼装余下节围堰，工序衔接好，减少等待时间。④能据现场桩基进度和二次挂桩体系转换时的水位准确判定围堰接高与否，省工节材。

4.1.1.3 钢围堰设计、制造、下水、浮运

1. 钢围堰设计

（1）围堰设防水位确定。

承台安排在枯水期施工。根据设计提供资料，桥位二十年一遇枯水期最高水位为 +35.5 m（黄海高程，下同）。经安全、经济、合理性综合比较，3 号墩围堰设防水位取 +35.5 m。

（2）围堰高度确定。

围堰总高度 h：

$$h = h_0 + (\nabla_1 - \nabla_2 + \nabla_3),$$

式中：h_0——围堰顶至设防水位的防波浪安全高度，取 0.5 m；

∇_1——设防水位标高，+35.5 m；

∇_2——承台底标高，+15.45 m；

∇_3——封底厚度，依抽水水位和桩距尺寸，计算得封底厚度 3.45 m；

故 $h = h_0 + (\nabla_1 - \nabla_2 + \nabla_3) = 0.5 + (35.5 - 15.45 + 3.45) = 24$ m

即围堰的总高度设计值为 24 m。综合考虑下河方案及结构标准设计因素，围堰分两节制造安装，其中底节 18 m 高，顶节高 6 m。

2. 围堰制造、下水

（1）围堰加工制造。

①围堰结构。

钢吊箱围堰结构上分为主体结构和附属结构两部分，主体结构包括侧板、底隔舱、底板、内支撑、吊杆五部分。附属结构为滑移下水、浮运、定位时的部分设施，包括支撑钢凳、托板、托架、地锚及断缆器、围堰浮运顶推架、围堰靠船防撞设施等。底节围堰在位于桥位上游约 35 km 处的汉沙船厂内制造。围堰结构见图 4-4 和图 4-5。

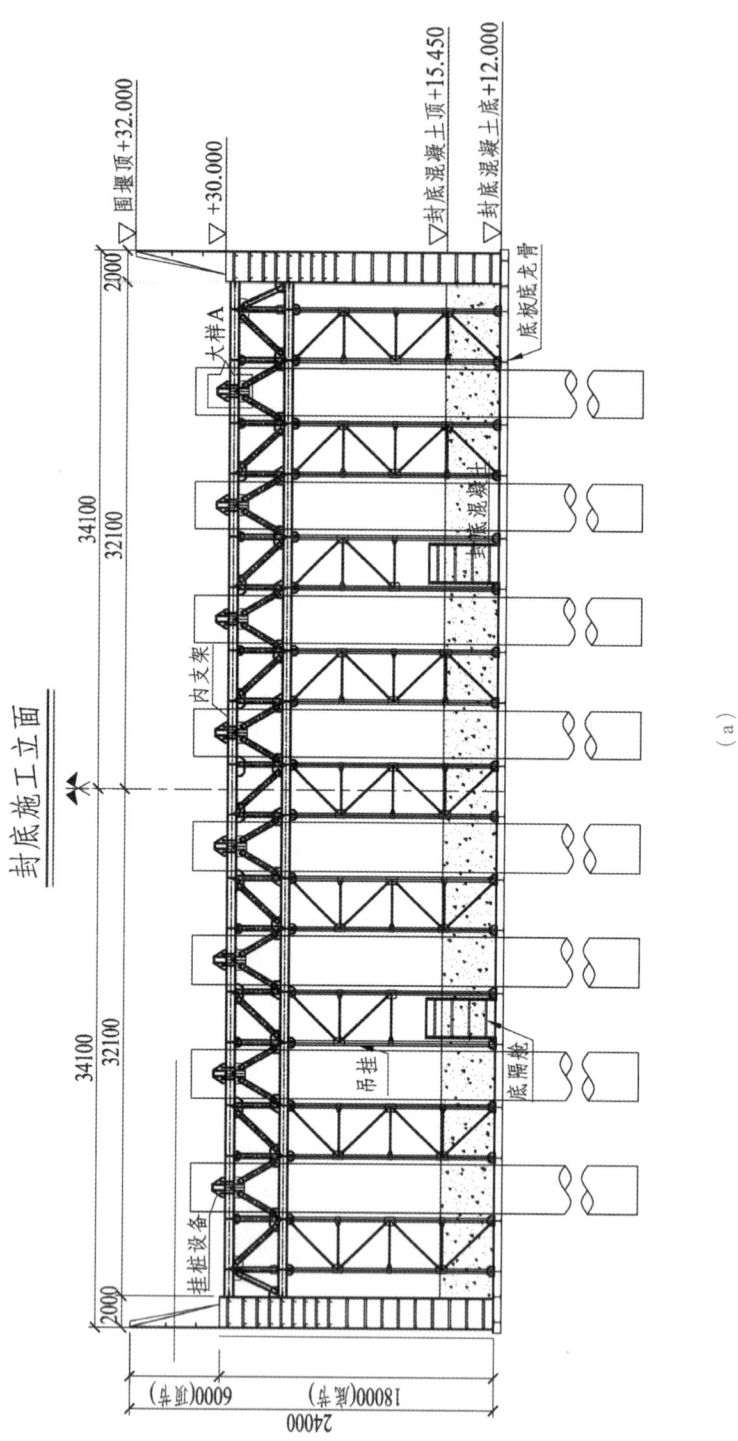

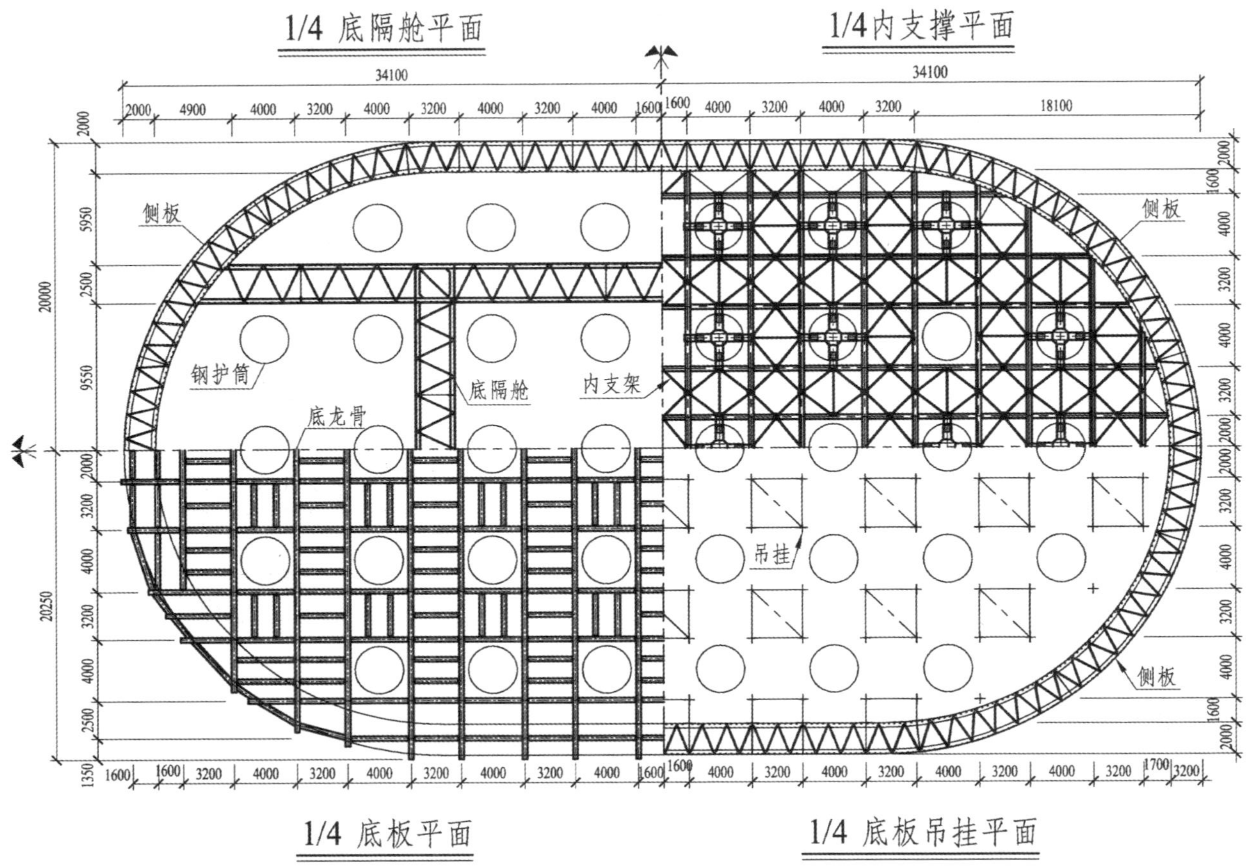

图 4-3 3 号墩基础施工方案图（单位：mm）

(b)

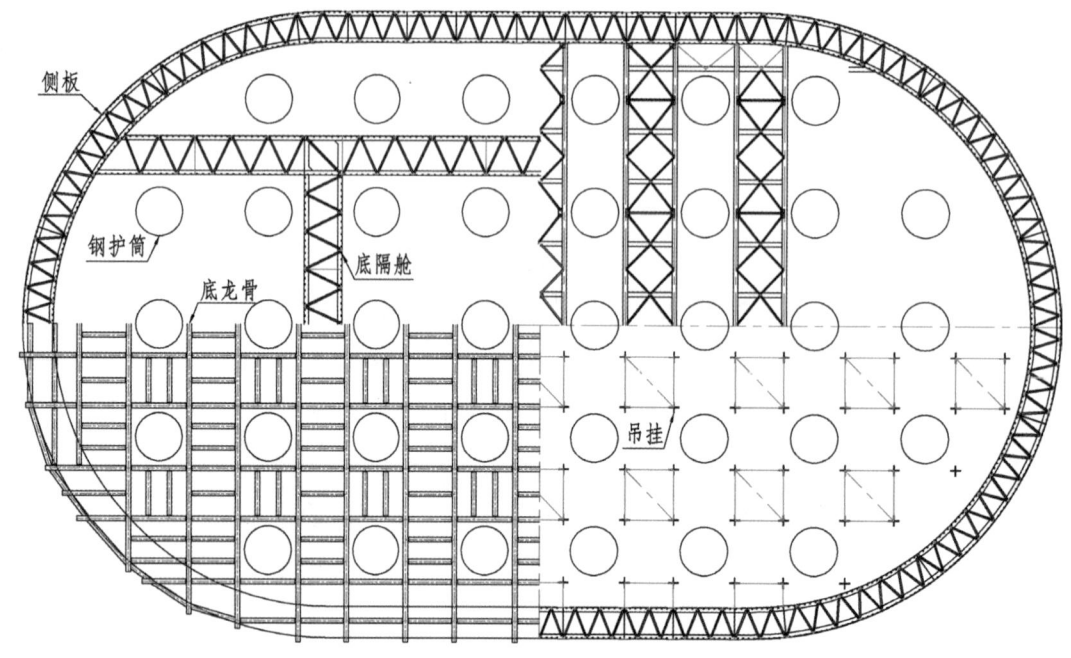

图 4-4 3号墩吊箱围堰结构平面图

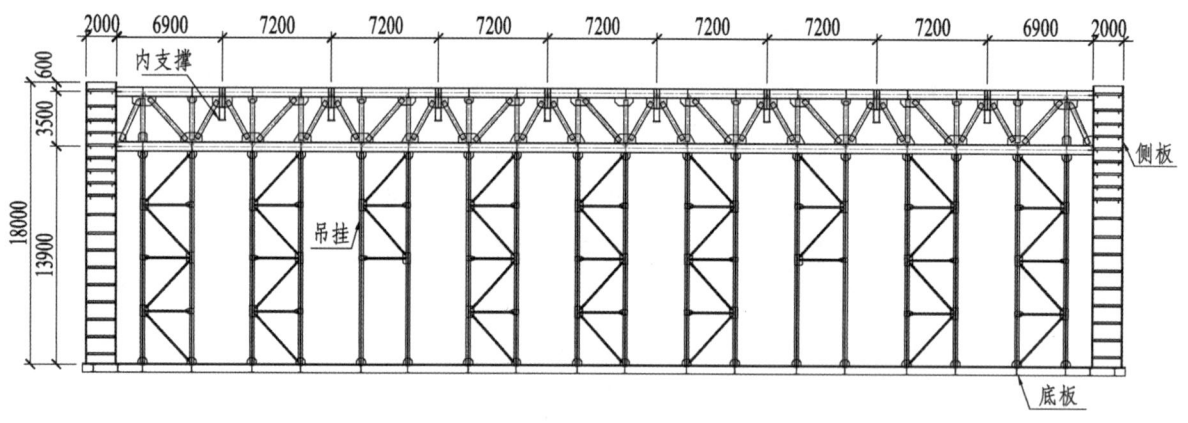

图 4-5 3号墩吊箱底节围堰结构立面图

②总体制造方案。

底龙骨在车间内按横向方向分成9块单元,其中桩位部分在现场散拼。围堰底龙骨结构图见图4-6,龙骨分块拼装图见图4-7。

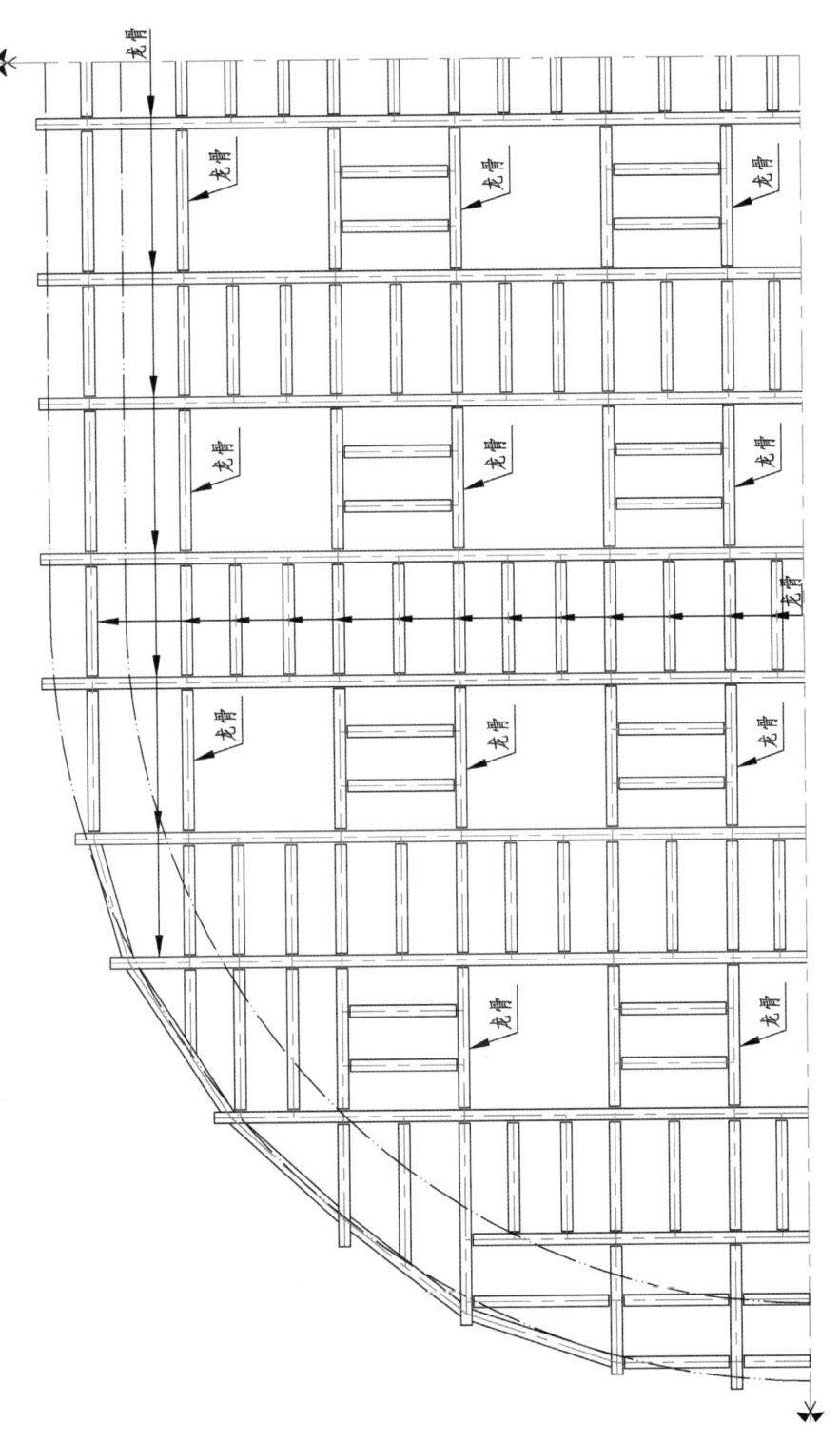

图 4-6 1/4 围堰底龙骨结构图

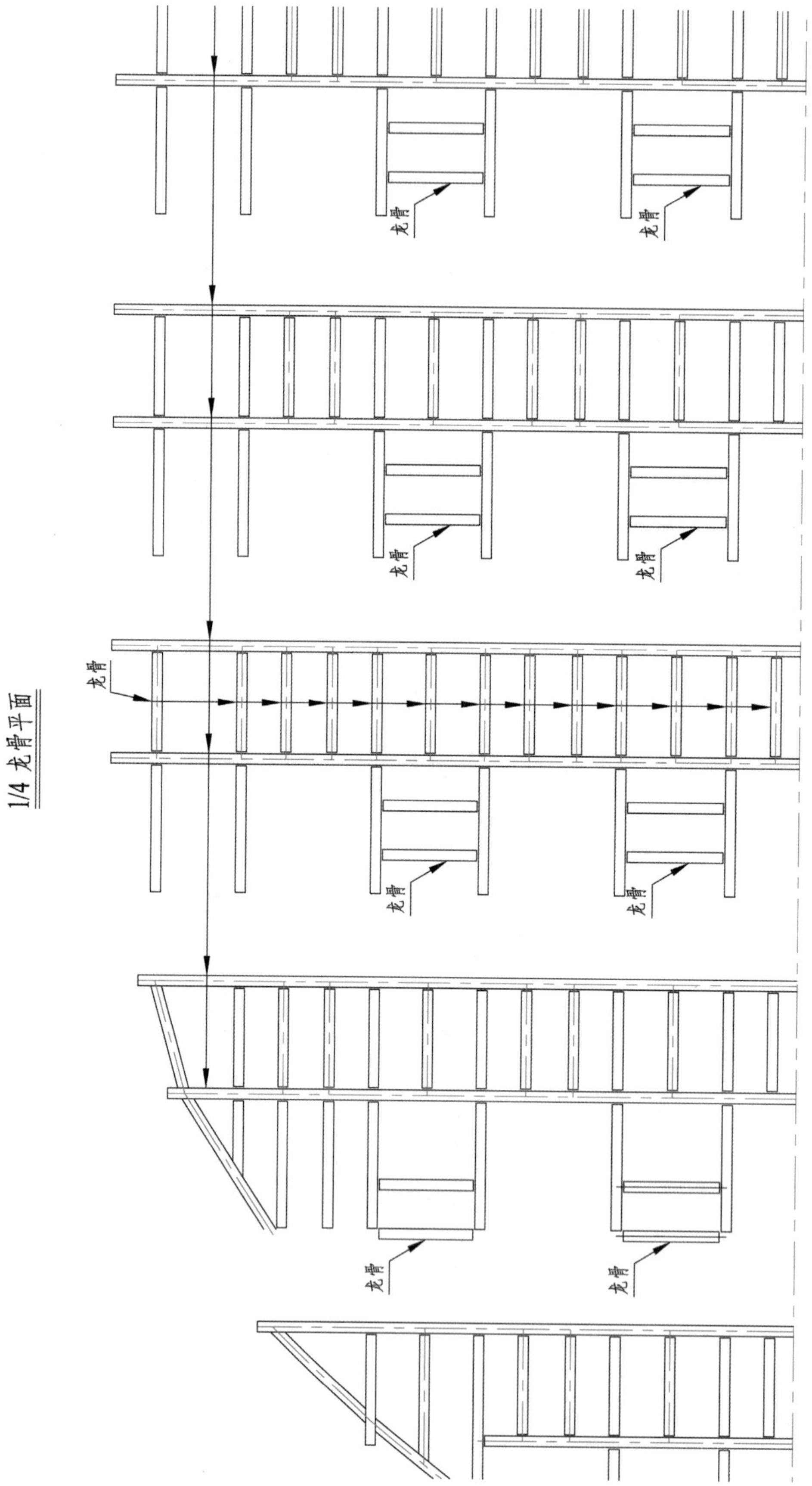

图 4-7 围堰底龙骨分块拼装图

底隔舱为单壁，做成6单元件运送到现场拼装，其中1号底隔舱（长边方向）分成2个单元件，共制造4个1号单元件；2号底隔舱（短边方向）直接做成单块件，共制造2个2号单元件，安装图见图4-8。

图4-8　1/2底隔舱安装图（2个1号单元和1个2号单元）

吊杆为桁架结构，整桁制造拼装，共44套，每套吊杆分为一个单元块。吊杆采用部分单桁、部分散件的方法制造，如图4-9所示。吊杆在3.5 m宽度方向做成单桁，在3 m方向的杆件为单件。现场直接与底板底龙骨进行拼装焊接；其他附属结构在车间内分别制造好后，在现场拼焊，如图4-10所示。

图4-9　围堰吊杆

图4-10　围堰吊杆安装

围堰内支架为桁架结构，在钢结构车间内形成桁架单元，考虑到吊装和运输原因，单榀桁架再分成两块，单块最大重量约为 25 t，运到拼装现场后，在现场对接成一榀桁架，由两台履带吊抬吊并拼装焊接，如图 4-11 和图 4-12 所示。

图 4-11　围堰内支架现场拼装　　　　　图 4-12　围堰内支架安装

侧板沿圆周长方向分成 44 块（圆弧段 34 块，直线段 10 块），高度方向不分块，单块最大质量约为 35 t，在钢结构车间制造成壁板单元，用汽车运到拼装场地后，由 150 t 履带吊进行拼装焊接，如图 4-13 所示。所有结构完成后，采用气囊法下水，再由拖轮浮运到墩位。

图 4-13　围堰侧板安装

③ 钢围堰制造工艺流程。

钢围堰制造流程，见图 4-14。

④ 围堰分块加工方法。

a. 龙骨底板的制造。

龙骨材料全部为 HM488×300×11×18 型钢，加工车间制造主要是按照图纸尺寸将短边方向的底龙骨作为一个单元桁，长边方向的做成散件或小单元进行焊接拼装。

底板部分根据龙骨拼装单元尺寸在厂房分块制造，底板为角钢和钢板采用 150 mm 间断焊连接，现场和龙骨焊接成为整体。

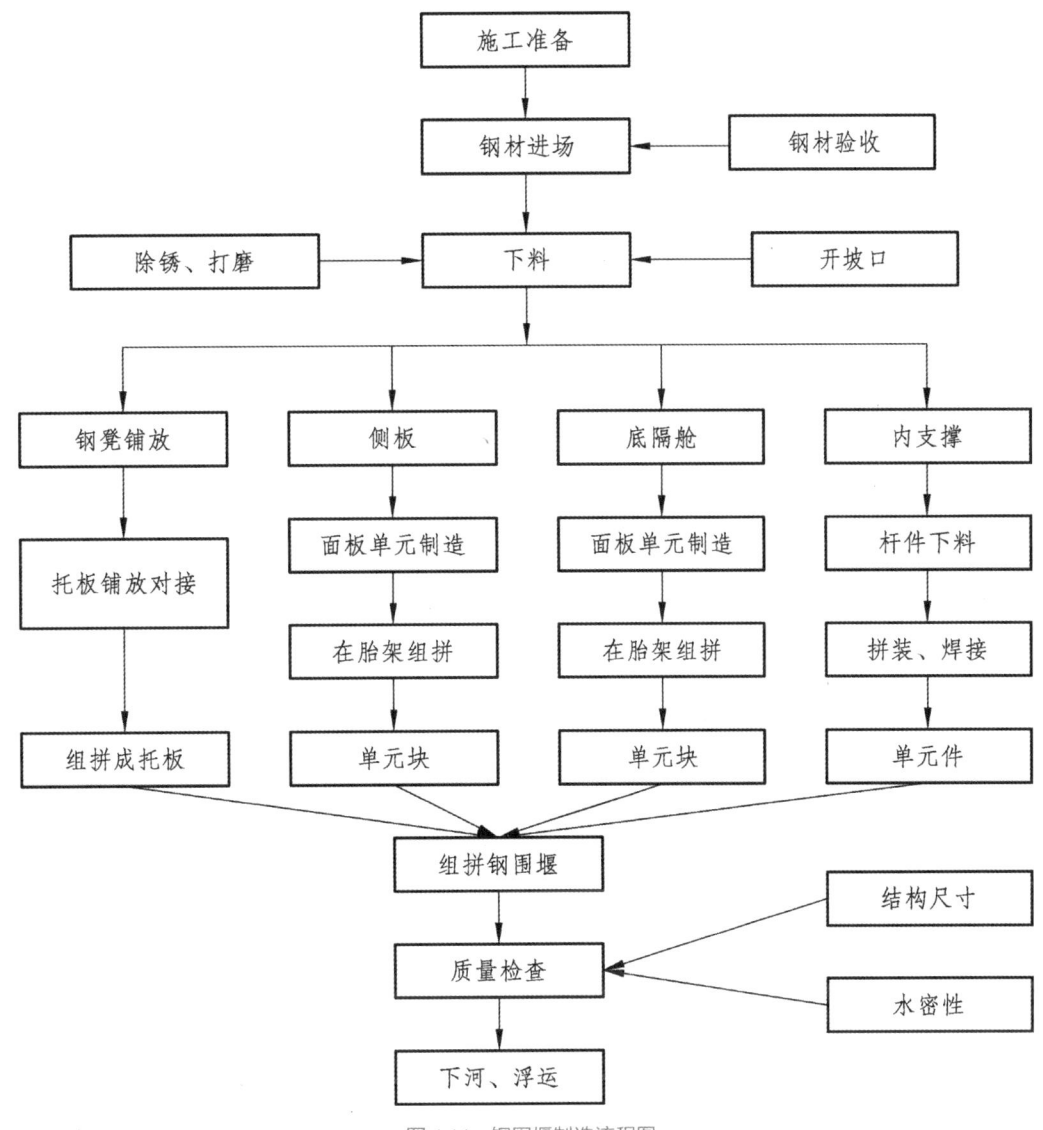

图 4-14 钢围堰制造流程图

b. 吊杆的制造。

3 号墩钢吊箱共需吊杆 44 套,每套吊杆分为一个单元块。单桁吊杆在制造完成后,必须检查其结构尺寸和对角线尺寸误差,符合要求后方可进行拼装。所有吊杆的下节点板在拼装吊杆前先与底龙骨或底隔舱焊接好,节点板按图纸的要求开好坡口与龙骨上翼缘焊接。与内支架连接的上节点板的制作方法与下节点板相同,先焊好后插入吊杆角钢内,待内支架拼装定位完毕后与内支架下缘焊接好。

⑤壁板制造。

a. 根据面板的实际重量,考虑到拼装时的工作量和吊机的起重能力,可将 2~3 块面板拼成整体后(相邻对接焊缝必须错开)再吊装拼装,这样既可减少拼装的时间,又可以减少在高空进行立焊的工作量,方便施工。壁板的制造采用分块制造的方法,以面板的尺寸为分块线。

b. 单元件组装顺序:胎架平台制作→拼板及框架制作→铺设外围壁板→安装外围壁纵龙骨→安

装水平结构→安装内隔舱板→安装内围壁纵龙骨及结构→焊接内部构件。

c. 单元件焊接顺序：内外围壁正反面焊缝焊接→内结构焊接→内结构与外围壁焊接→内结构与内壁焊接。

⑥围堰侧板曲线段各单元块制造。

侧板曲线段中心为 $\phi 19$ m 的圆形结构，分为 30 块制造。为保证在拼装时的尺寸误差控制在标准范围之内，铺设了专门的焊接平台。在平台上焊接侧板单元，能够保证焊接时的变形和弧度。焊接胎架采用刚性的固定结构用以减少尺寸的误差。

侧板曲线段各单元块制造步骤：围堰块件水平环放样→水平环架上翼缘板的焊接→水平环板与水平角钢支撑组合骨架制造→壁板的拼焊→单片围堰的拼焊胎型→单片围堰的组拼。

⑦围堰直线段侧板单元制造。

围堰侧板直线段单元水平环架、纵向角钢等制造与围堰侧板曲线段单元一致。

单侧侧板三块面板整体制造，然后再分块脱胎。组拼制造时，要保证面板侧边与底边互相垂直，并同时在底边内外侧的外面划出中心线，三片侧板面板脱胎前，在内侧的面板上划出内支撑的位置线，并打样冲。

⑧钢吊箱内支撑的制造。

考虑运输和吊装能力，把内支撑分成 12 片整桁和 4 片单桁，根据图纸尺寸加一定的收缩余量下料。为保证外形尺寸的准确性及控制焊接质量和变形，借助胎架组拼及施焊，胎架应具有足够刚度，以防止单元构件在组焊过程中变形。

⑨底隔舱的制造。

底隔舱在制造场地上按图纸分成 6 块制造，直接拼装在底隔舱支架上（详见底隔舱分块图）。底隔舱在制造时必须控制其正方度，测量其四个方向的对角线误差，保证拼装时其与底板的垂直和吊杆柱脚板的空间位置正确。底隔舱面板对接和不同单元块对接时应保证所有焊缝全部焊透，不漏水。

⑩上下导环的制造。

上导环固定部分在工厂内仅进行下料工序，在现场根据测量放点进行拼装，活动部分由工厂制造成整体，现场安装。下导环的制造同上导环的固定部分做法，根据实际测量放出的中心线进行拼装。上、下导环在安装时应严格按照测量放样点进行拼装，保证上、下导环同心，顺利插打钢护筒。

（2）底节围堰下水。

底节围堰在汉沙船厂岸边的坡道上组拼，组拼顺序为：布设钢凳→钢凳上铺装底托板→托板上拼装底龙骨及其底板→依次拼装底隔舱、吊杆、内支架→侧板拼装。

围堰拼装完成、检查合格后，采取断缆气囊法下河，下河后拖轮拖带浮运至桥位锚碇。围堰下河重量约为 3 200 t，拼装和下滑坡道为 1∶10，围堰最大下滑力为 320 t。围堰下滑前控制系统布置为：靠岸侧两个 200 t 地龙、两个 200 t 滑车组，围堰在底龙骨上共设置 4 个后拉耳，每个拉耳受力按 100 t 设计。

围堰侧板和底隔舱作为围堰下河的承重结构，底托板设在围堰侧板和底隔舱的底龙骨下方，作为围堰下滑时的上滑道并起荷载均匀分布作用。托板宽 15 m，长 69 m，厚 18 mm，通过钢丝绳与围堰吊挂固定。每侧底托板下各布置24个φ1.2 m×15 m气囊。具体布置如图4-15所示。

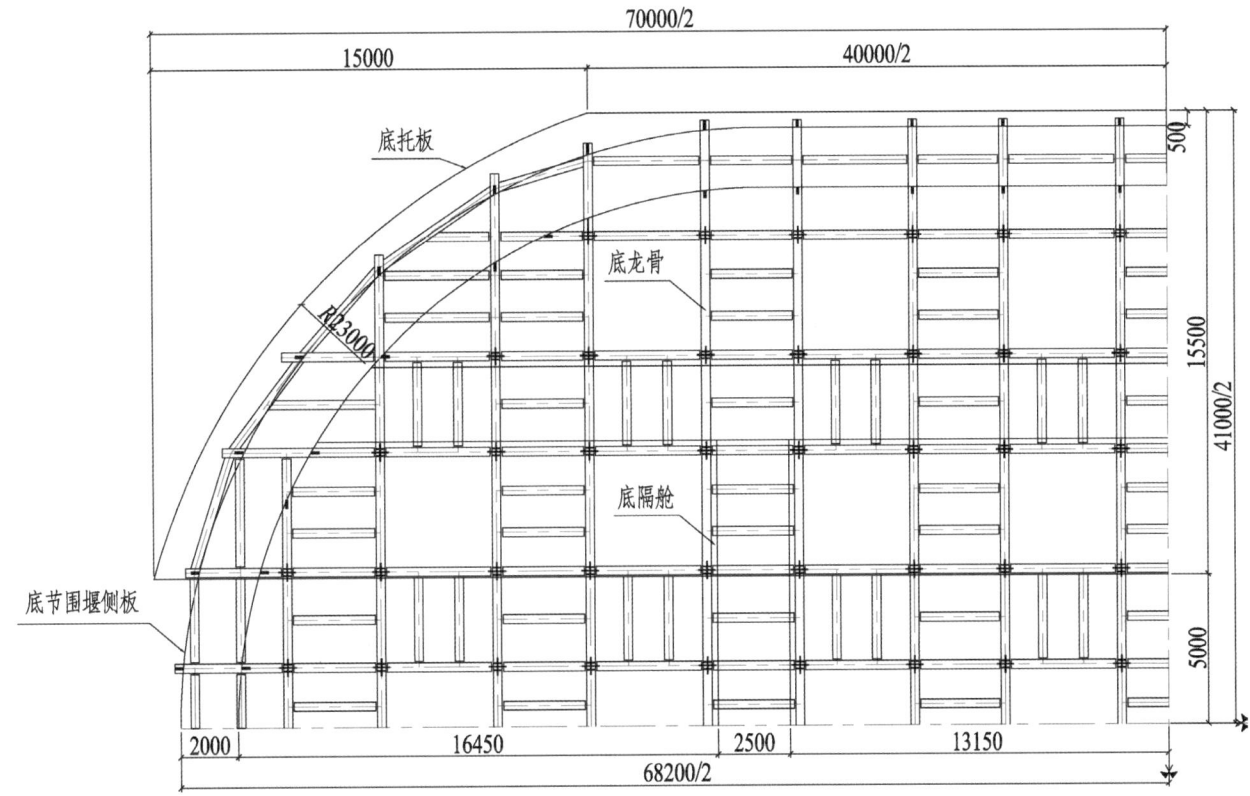

图4-15 3号墩围堰底托板布置图（单位：mm）

围堰下河并自浮稳定后，移至水深够、河滩平坦的岸边，割除钢丝绳，使底托板（底托架）与围堰分离，再将其打捞上岸。

围堰下河阶段涉及的工序要求有：

①围堰检查。

一是围堰结构制造质量，焊缝不得存在漏焊、少焊、气孔、夹渣等问题，关键部位需进行煤油渗透检测；二是控制围堰的辅助设施拉缆、地垄、脱钩器等控制系统检查，地垄必须牢靠；三是托板和围堰之间的连接检查和托板外边缘情况检查，防止有尖锐物扎破气囊；四是围堰侧板外壁吃水深度刻度标记。各项工作确认无误后方可进行围堰下水。

②布置气囊。

在围堰检查合格后、围堰与地垄通过后缆绳连接固定（后缆绳间设好断缆器）后才能穿放气囊。先在每条滑道下的钢凳间（高度0.6 m）布置24条气囊，然后充气顶起围堰0.72 m，移除2.8 m间距气囊间的钢凳，再按照设计间距分批移除剩余钢凳、穿放气囊并充气，使48条气囊均匀受力，如图4-16。

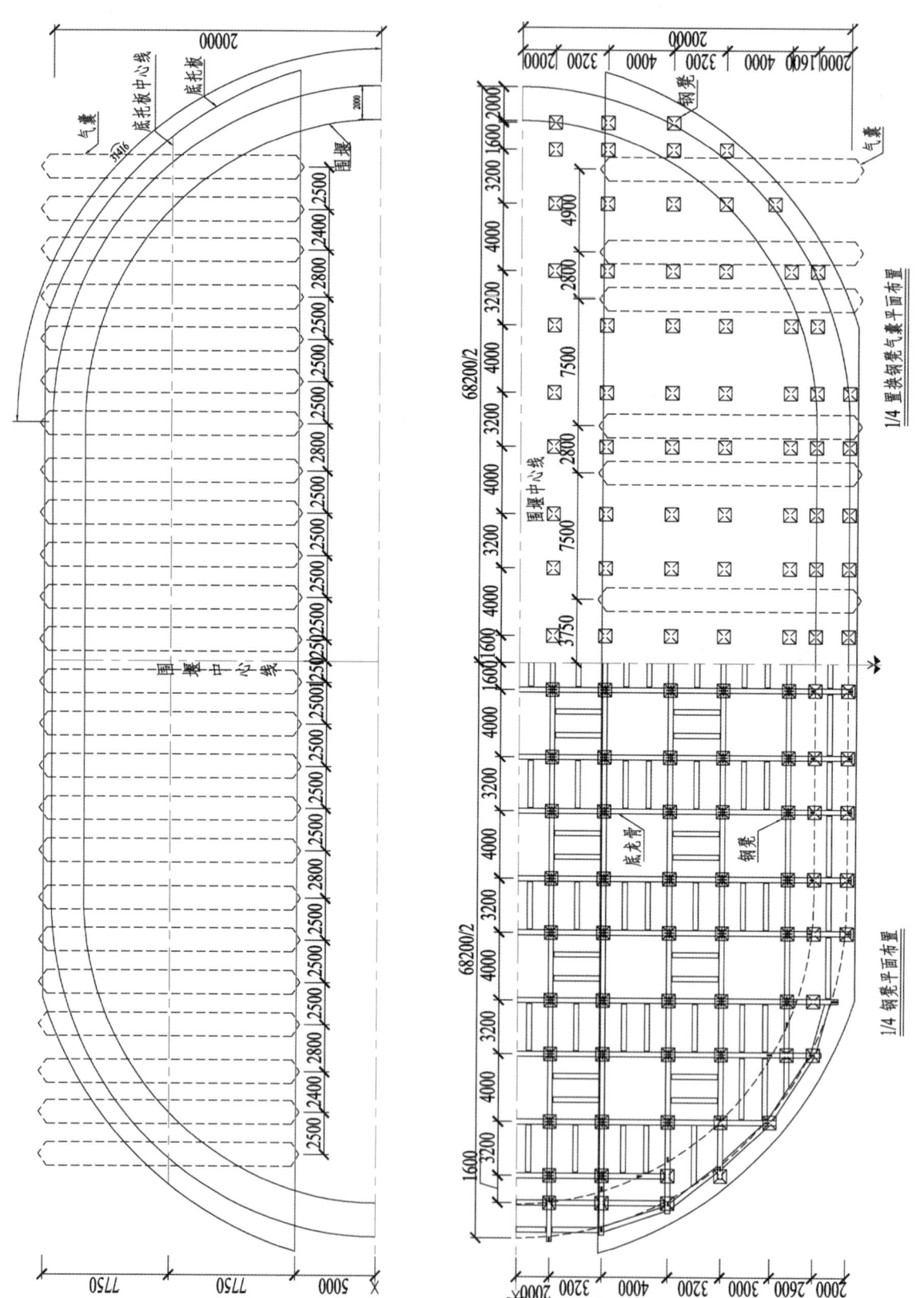

图 4-16 气囊布置图（单位：cm）

③气囊充气。

采用 15 m³ 的空压机对气囊进行充气,如图 4-17 所示。气囊在充气前,先布置好地锚及卷扬机等装置,将钢围堰锚固牢靠,使其在被顶起后不向前滚动。气囊充气的顺序对称、分散,相邻的气囊分成两批次充气,充气压力为 0.17 MPa,由压力表控制。

图 4-17　气囊充气及布置

④钢凳抽取。

钢围堰托板下共布置有 236 个钢凳。除滑道下方气囊间 2 列共 40 个钢凳在 24 条支承气囊充气期间先抽出外,余下钢凳须在 24 条支承气囊充气完成后抽出(此时气囊工作高度为 0.72 m)。抽取钢凳时应谨慎,不得刮坏气囊。钢凳移除后,将其支承点清理干净,回填平整地面,以免影响后续的气囊滚动。

⑤围堰起滑。

围堰起滑前,需再一次认真检查坡道是否清理干净,不得存有可能刮破气囊的尖锐物和突起的硬物,保证坡道干净平整且具有一定的承载力。此外,需对近滩水深进行一次复测,保证围堰入水处上下游各 10 m 范围的水深均满足设计要求方可下滑气囊,否则需进行河床清淤处理。

围堰下河选择在风小、无雨、江面比较平静的天气下进行。当气囊完全托起围堰,下滑道清理完成后,放松后拉缆,利用围堰自重的分力使围堰随气囊滚动向水边移动,如图 4-18 所示。拉缆应缓慢且匀速放松,围堰前移过程中在前端不断补充放置气囊。

图 4-18　围堰后拉揽

⑥断缆入水。

在距水边 15 m 的坡道处作石灰标记线，并在标记线和水边区间范围事先摆放数个同间距的气囊。气囊前端到达标记线时，指挥员发出断缆指令，断缆人员迅速同时打掉脱钩器松开拉缆，围堰在自重作用下由气囊承托沿坡道快速下滑冲入水中，之后在惯性作用下继续滑行至深水区自浮，围堰下河完成，如图 4-19 所示。

图 4-19　围堰断缆下滑入水

为稳住下水后的围堰以及在岸边水域进行围堰浮运拖带工作，事先在距离岸边约 70 m 处的上游设置 1 艘临时定位船，用于临时锚泊下水后的围堰（围堰首部与定位锚船尾部用钢缆连接，钢缆直径

40 mm、长 400 m）。在下水点下游附近，还需准备三条拖轮待命，密切关注围堰动向，作好应急抢险准备。用新长江号货轮为定位锚船，该船长 101 m，宽 17 m，锚重 800 kg×2，可承载 16 000 t 船队。

围堰下滑入水的同时，牵引拖轮后退拖拽控制围堰，在围堰自浮稳定后将围堰拖带至临时定位船旁锚泊。当围堰趋稳时，由左边拖轮迅速靠上围堰编队，控制围堰处于正常状态。然后后拖轮和右边拖轮编队。编队完成后，调整锚链、缆绳，检查围堰水密情况，卸落底托架。后轮抛下左锚一节，原地锚泊宿夜。

在宿夜过程中，围堰锚船按章显示灯号、信号，三条拖轮备车待用，驾机人员加强值班，确保锚泊安全。

⑦围堰渗漏封堵。

围堰下水自浮稳定后，需安排专人查看围堰隔舱是否存在破损及漏水现象。若发现破损和漏水，立即采用水泵抽水，同时进行围堰堵漏，及时补焊破损及渗漏部位，直至不再漏水。

⑧底托板打捞及围堰浮运编组。

钢围堰整体入水后，利用拖轮拉缆临时稳定围堰，然后将定位船上的临时拉缆与围堰连接，利用临时定位船上的卷扬机慢慢收紧临时拉缆，先将围堰移至下河水口上游约 80 m、水深不小于 8 m 的河床平坦水域，切断悬挂底托板（底托架）的钢丝绳，使底托板（底托架）与围堰分离沉入水底。底托板脱离围堰后，再将围堰移至临时定位船附近锚泊，同时附近水域待命的拖轮迅速靠梆围堰，进行围堰浮运编组。

底板脱落后，将拴挂于浮筒上的打捞绳头与岸上卷扬机打捞绳连接，拖拉打捞上岸回收。

⑨围堰下水过程中的其他注意事项：

a. 下水滑道前端地基务必进行换填并夯实，使地基承载力不小于 250 kPa。

b. 打磨底托板焊缝，清理滑道区，采用钢管对托板边缘进行包边处理，避免尖锐物划破气囊。

c. 在入水口的前沿及其上、下游各 10 m 范围内，按设计要求对河床进行清理，务必保证水深满足设计要求。围堰下水前，清除下水地点上游 100 m、下游 300 m，有碍下河安全的船障。

d. 密切关注气囊受力。在气囊充气过程中，应密切关注气囊的漏气情况，防止局部气囊受力过大，造成围堰局部受力集中而引起局部破坏。

e. 地龙结构、卷扬机以及滑车组等后拉缆结构，须保证足够的安全系数，以确保围堰在下河前不致失去控制。

3. 围堰浮运

（1）拖轮配置。

根据浮运时水位、流压影响、围堰阻力和操纵性能以及此前浮运围堰的经验等因素，决定配置三条拖轮负责围堰浮运（长江 22033 轮、长江 22032 轮、宜港拖 1001 轮），拖轮具体参数如表 4-2 ~ 表 4-4 所示。

表 4-2　长江 22033 轮参数

船长	46 m	船宽	10 m	最大高度	19.50 m	型深	3.70 m
航区	A 级	满载排水量	636.840 t	结构形式	横骨架式	主机功率	1 944 kW（2 台内燃机）

表 4-3　22032 轮参数

船长	46 m	船宽	10 m	最大高度	19.50 m	型深	3.70 m
航区	A 级	满载排水量	636.840 t	结构形式	横骨架式	主机功率	1 944 kW（2 台内燃机）

表 4-4　宜港拖 1001 轮参数

船长	40.60 m	船宽	8.60 m	最大高度	18.10 m	型深	3.10 m
航区	A 级	满载排水量	364 t	结构形式	横骨架式	主机功率	1 060 kW（2 台内燃机）

（2）编队形式。

编队形式如图 4-20 所示。

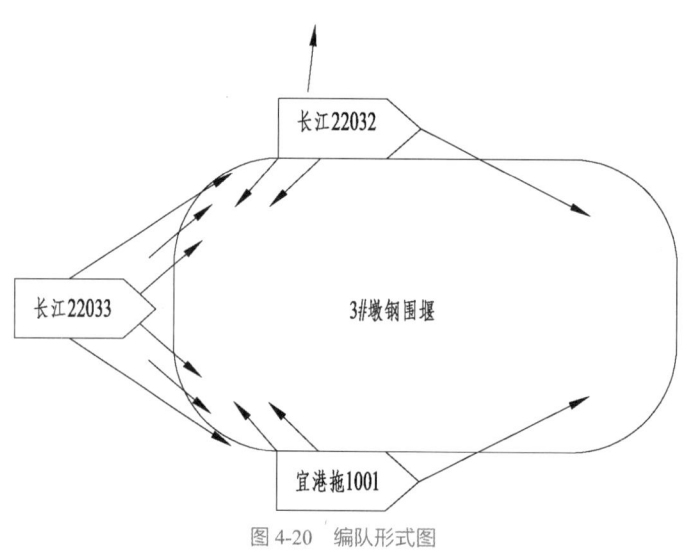

图 4-20　编队形式图

长江 22033 轮为主拖船，在围堰正后部采取硬顶形式编队，其船首分别向左右各出操纵缆、连接缆、交叉缆。长江 22032 轮在围堰左舷，宜港拖 1001 轮在围堰右舷，采取旁拖形式编队，各出拖缆、八字缆、尾缆。编队均用直径 28 mm 钢缆。

船队总尺度：长 115 m、宽 60 m。

（3）围堰浮运操作措施。

①围堰下水后，首部受锚船钢缆牵引朝向上游，尾部顺水流向下，原地锚地宿夜。

②围堰下水的第二天开始浮运。调整好围堰姿态后按长江中游分道航行规定正常航行,航速每小时 10 km。

③从汉沙船厂到 3 号墩施工区约 35 km,此航段中,多处航道弯曲狭窄、水流稍弯,存在部分浅点,会船比较困难。在通过上述航段前,提请海事部门控制上水船停船等候,避免会船。在航行过程中加强瞭望,谨慎操作,通过弯曲段挂高船位防落弯,通过狭窄段摆好船位,克服水流推压,通过浅区及早减速防搁浅。

④到达施工水域,控制航速,与前定位船齐平时向左原地掉头,掉头摆顺后将宜港 1001 轮解缆离队,围堰在长江 22033 轮和长江 22032 轮的控制下,慢慢驶近前定位船。待围堰首部四根固定钢缆挂上前定位船后,慢慢后退,调整钢缆到相应长度,使前拉缆均匀受力。长江 22033 轮解缆离队。围堰尾部四根固定钢缆与后定位船连接后,调整首尾钢缆,使其受力均匀,整个浮运过程结束。

4.1.1.4 围堰锚碇定位

3 号墩钢吊箱围堰锚碇系统采用前、后定位船加重锚体系,如图 4-21 所示。根据施工方案,底节围堰挂桩后进行钻孔桩施工期间,围堰顶高程为 +39.0 m,此时围堰底高程为 +21 m。围堰按定位时最高水位 +34.0 m、最大流速 2.0 m/s、最大入水深度 13 m 进行锚碇系统设计。前定位船采用 1 艘 800 t 铁驳,后定位船采用 1 艘 400 t 铁驳;主锚靠江侧采用 3 个 8 t 霍尔锚、靠岸侧采用 3 个 50 t 地垄;尾锚靠江侧采用 2 个 8 t 霍尔锚,靠岸侧采用 2 个 50 t 地垄;前、后定位船边锚靠江中心侧采用 2 个 3 t 霍尔铁锚,靠江滩侧前、后定位船各设置 2 个地垄,其中一个为 10 t 地垄,另外一个与围堰边锚共用,为 30 t 地垄。

围堰和前、后定位船间采用拉缆连接,前拉缆共 4 根 ϕ66 mm 钢丝绳,后拉缆共 4 根 ϕ48 mm 钢丝绳,围堰靠江中心侧设置 4 个 5 t 霍尔铁锚作为边锚,靠江滩侧在江滩上设置 4 个 30 t 地垄。

4.1.1.5 桩基施工

1. 总体施工方案

3 号墩底节围堰精确定位完成后,先插打 14 根定位钢护筒,然后通过吊挂装置将围堰吊挂在 14 根定位钢护筒上形成钻孔平台(第一次挂桩体系转换,锚碇系统参与受力),之后进行定位钢护筒以外的钢护筒插打和钻孔桩施工,如图 4-22 所示。非定位钢护筒钻孔桩施工完毕,进行围堰吊挂支承体系转换,将围堰由原 14 根定位钢护筒吊挂支承转换为已完正式桩基支承(第二次挂桩体系转换),解除锚碇系统,进行原 14 根定位钢护筒桩基施工。全部桩基完成,接高围堰,然后灌水下放围堰至设计标高后再吊挂围堰,最后进行围堰内清淤、堵漏、封底,抽水施工承台。

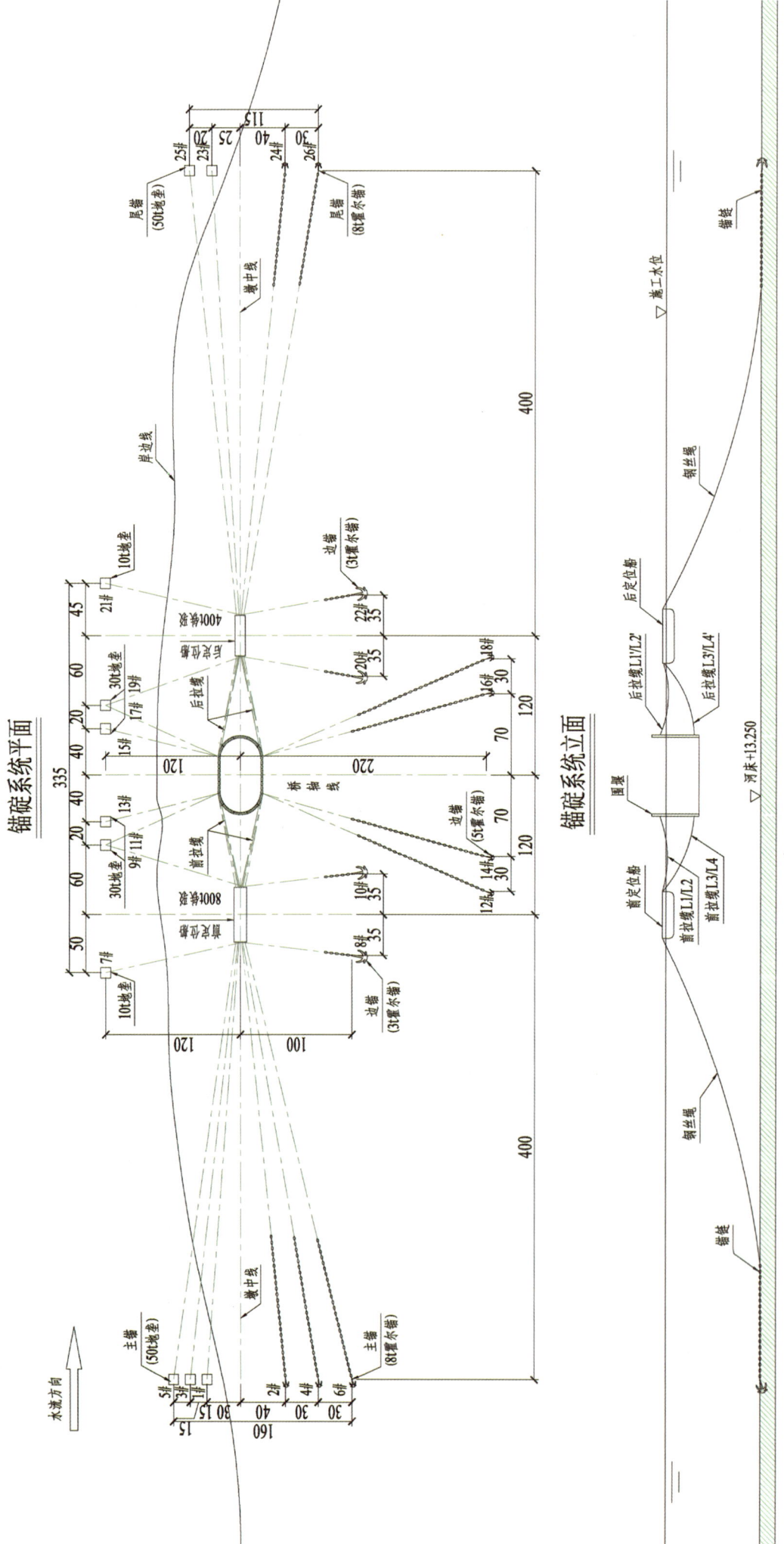

图 4-21 3号墩围堰锚碇系统布置图（单位：m）

3号墩钻孔桩施工期间需要经历汛期,依靠14根定位钢护筒支承围堰渡洪。施工时墩位处水位为+29.0 m,河床高程为+15.0 m,底节围堰高18 m,重约3 000 t,围堰顶高程为+39.0 m(围堰吃水深8.0 m),单根钢护筒最大受力为320 t,入土深度约为12 m。

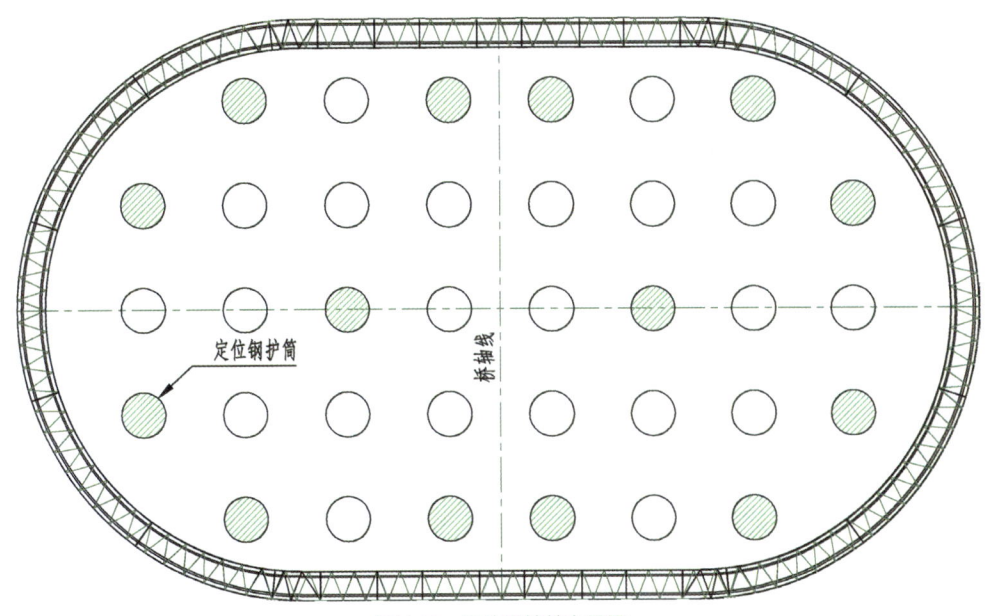

图 4-22　定位钢护筒布置图

2. 钢护筒插打

钢护筒插打施工于2013年4月30日开始,5月23日插打结束,平均每天插打2根,具体工期见表4-5。

表 4-5　钢护筒插打工期

序 号	内　容	开始日期	完成日期	天 /d
1	14根定位钢护筒插打	2013.4.30	2013.5.7	7
2	钢围堰挂桩施工	2013.5.8	2013.5.12	5
3	其余钢护筒插打	2013.5.13	2013.5.23	11

3. 机械设备及主要参数

(1)钢护筒插打机械设备及主要参数见表4-6。

表4-6 钢护筒插打机械设备及主要参数

序号	设备名称	型号	单位	数量	备注
1	浮吊	150 t	艘	1	护筒吊装、插打
2	桅杆吊	WD120 t	台	1	护筒吊装、插打
3	履带吊	55 t	台	1	护筒吊装
4	交通船		艘	1	
5	平板车		辆	1	护筒运输
6	打桩锤	APE400B 并联	台	1	护筒插打
7	发电机		台	1	
8	电焊机		台	4	
9	气割设备		台	4	
10	护筒导向设备		套	6	
11	GPS 仪器		套	1	
12	全站仪		台	1	
13	水准仪		台	1	
14	测深仪		台	1	

（2）主要机械设备参数。

3号墩钢护筒采用APE400B液压振动锤插打，起重设备主要为1艘150 t浮吊、1台120 t桅杆吊，1台55 t履带吊配合，护筒插打时吊机站位如图4-23所示。

①150 t全回转浮吊参数：船长45 m，船宽21 m；主钩臂长50 m，吊重为150 t，作业幅度为8.3~43.2 m，最大起升高度为42 m；副钩臂长58 m，吊重为30 t，作业幅度为9.7~50.5 m，最大起升高度为50.1 m。浮吊吊重曲线如图4-24所示。

②120 t桅杆吊参数：主钩最大起重量为120 t，最大起升高度为安装平台以上49 m，工作幅度为12.9~47 m，变幅角度为35°~78.6°，吊臂长度为55 m，起重量×幅度=80 t×32 m。桅杆吊吊重曲线如图4-25所示。

副钩起重性能：15 t×（13.4~48 m）。

工作速度：主钩起升速度为4.2 m/min（额定起重量80 t时），6.3 m/min（起重量≤30 t时），副钩提升速度为12 m/min；变幅速度为2 m/min；回转速度为0.2 r/min；转盘回转范围为±95°。

③APE400B并联型液压振动锤参数：振动锤重约50 t，最大激振力为640 t。

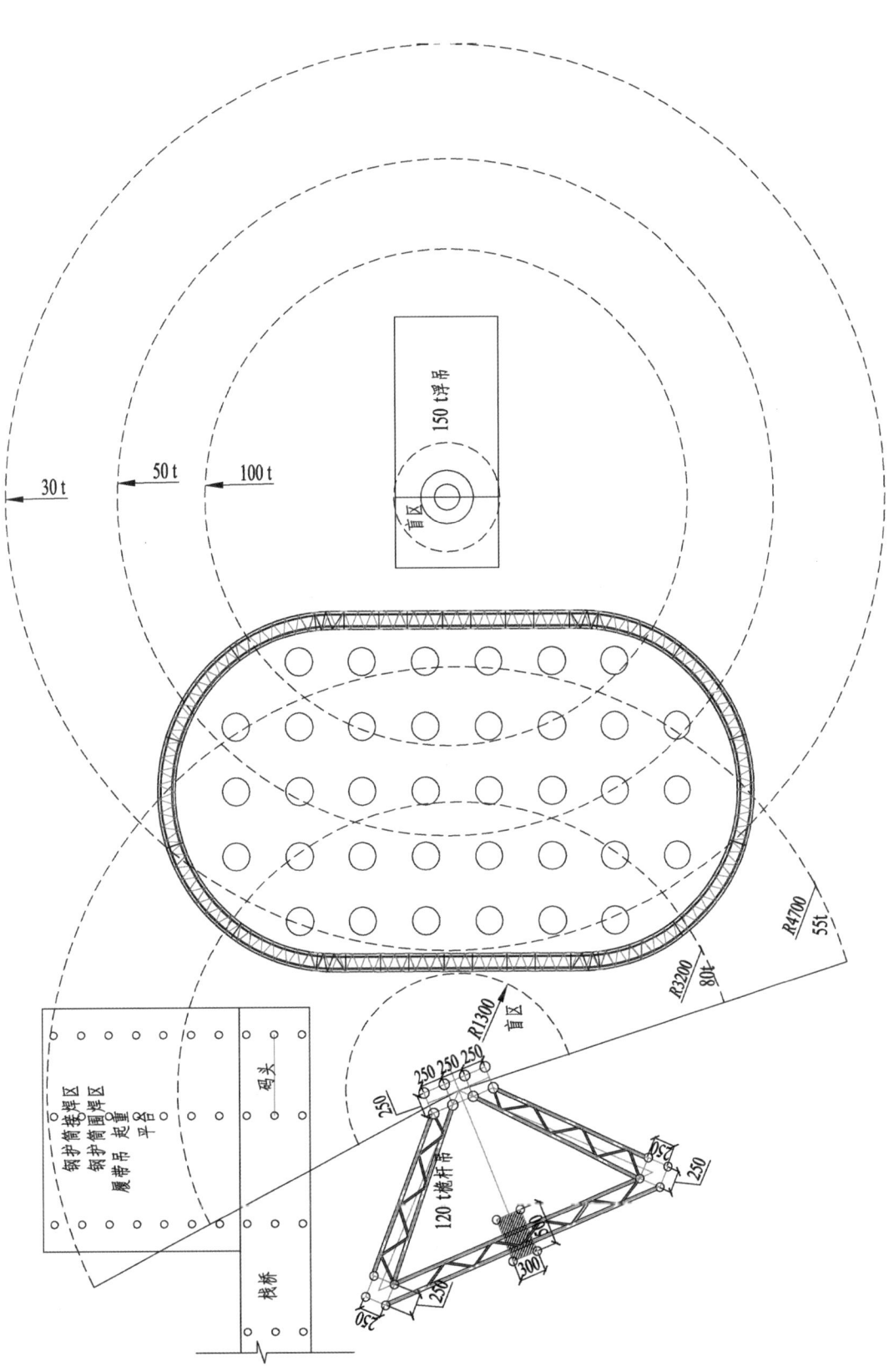

图 4-23 桩位护筒插打吊机站位示意图

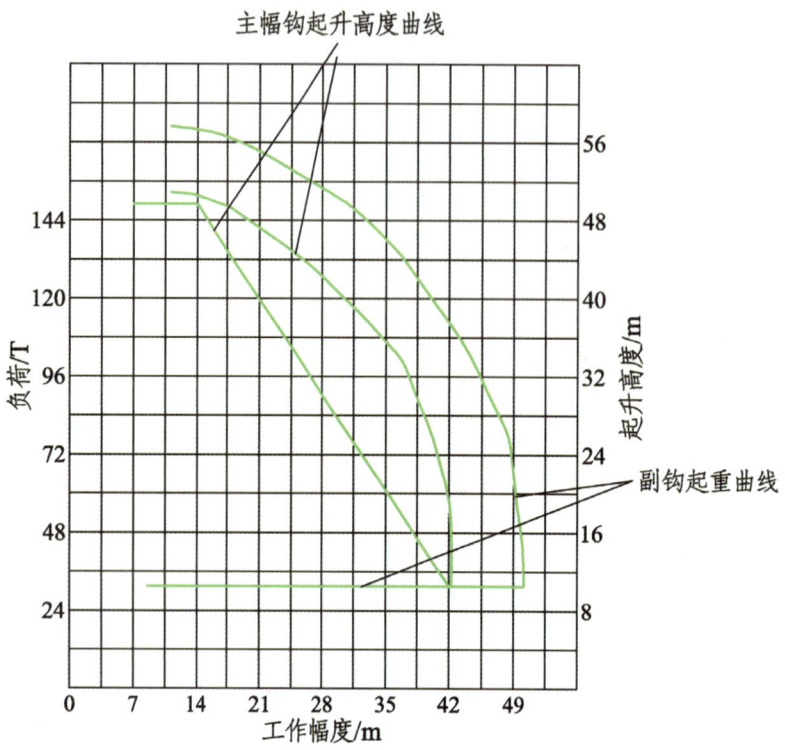

图 4-24　150 t 浮吊吊重曲线

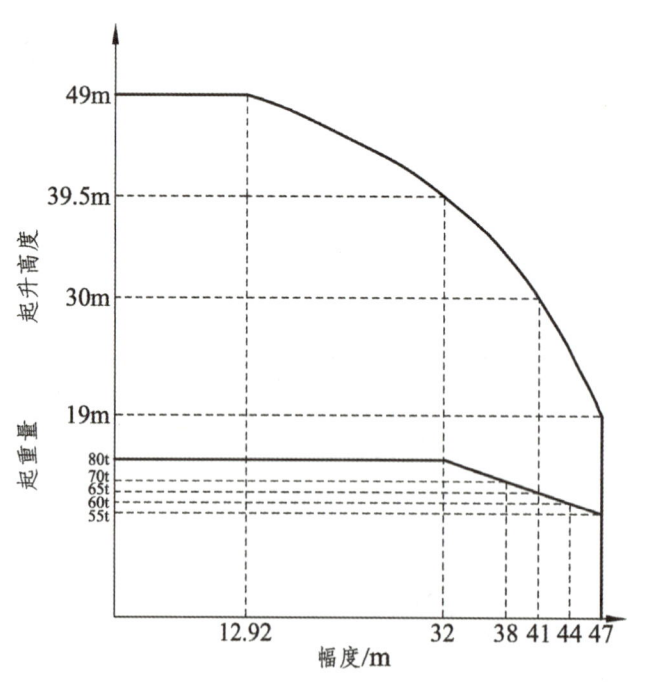

图 4-25　120 t 桅杆吊吊重曲线

4. 工艺流程

桩基施工工艺流程见图 4-26。

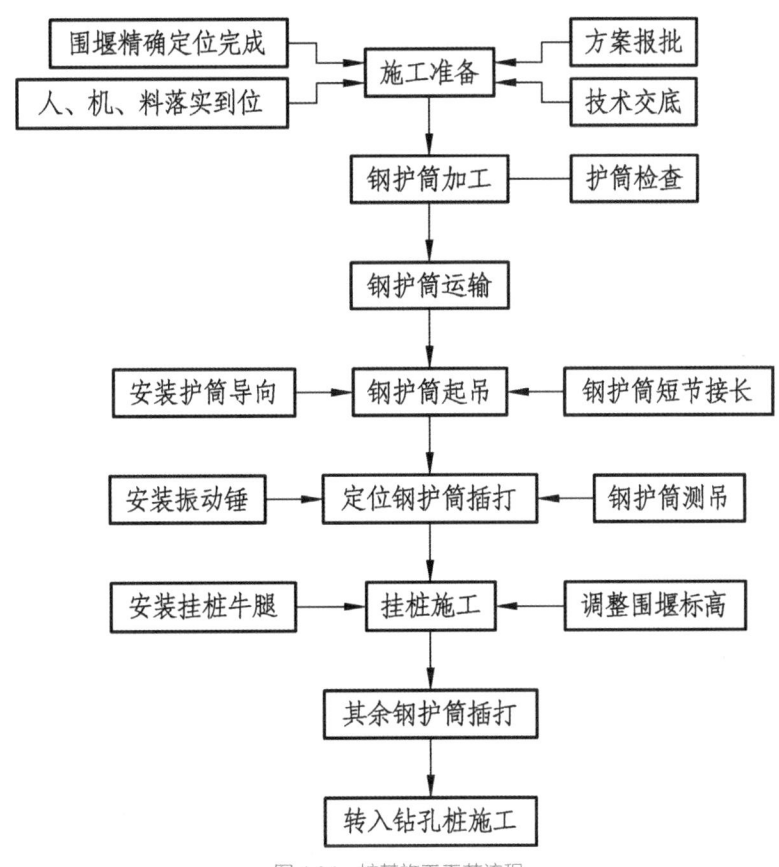

图 4-26　桩基施工工艺流程

5. 钢护筒插打施工

（1）插打方案。

采用 APE400B 振动锤插打，先插打 14 根定位钢护筒，围堰挂桩支承转换后再插打其余钢护筒。单根钢护筒分节插打到位。

（2）钢护筒制造。

钢护筒总长 46 m，在工厂制作成 2 节，底节长 30 m（重约 50 t），顶节长 16 m（重约 26.7 t）。护筒底口焊有 1 道厚度为 16 mm、高度为 200 mm 的加强箍，增加护筒底口的刚度，防止插打时变形。

护筒翻身采取底部一个吊点、顶端四个吊点的吊装方式，竖起后顶端四点起吊对位。吊点处护筒壁上开 $\phi 65$ mm 孔（孔壁周边贴直径 $\phi 150$ mm、δ 为 10 mm 的钢板补强），上、下吊点位置焊接十字形支撑，防止钢护筒起吊时变形。

（3）钢护筒插打导向。

围堰内支架上弦顶面设置固定上导环，底龙骨位置设置固定下导环，上导环直径 ϕ3 270 mm，下导环直径为 ϕ3 274 mm，如图 4-27 所示。

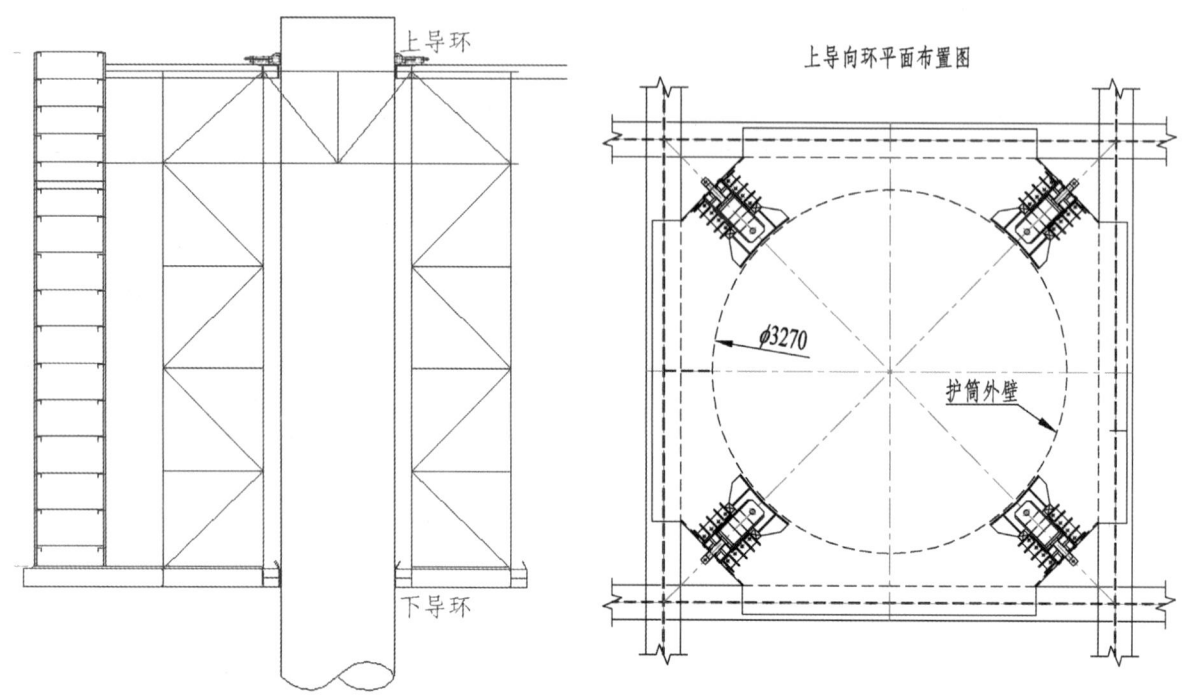

图 4-27 护筒插打导向和上导环示意图

（4）钢护筒插打、接长。

120 t 桅杆吊和 55 t 履带吊同时起吊护筒顶部吊点和底部吊点，使钢护筒离开起重码头约 2 m，然后起升顶部吊点，底部吊点不动，使钢护筒由平卧变为斜吊，慢慢起吊到 90°后，拆除底部吊点，割除护筒底部十字支撑（紧贴护筒内壁切割干净），然后摆臂垂直起吊护筒放入桩孔的导向框中。

通过导向框撑杆调整好底节平面位置和垂直度符合要求后松钩下落，当护筒在河床土层中不再下沉后松钩，解除上部吊点及顶部十字撑；起吊打桩锤和液压夹持器及油管使夹持器与护筒壁夹紧连接，准备施打下沉护筒。先检查护筒平面位置和倾斜度，若满足平面位置偏差 < 50 mm，倾斜度 < 1/200 的要求，开动打桩锤，采取先点振后连续施振方法下沉钢护筒。若护筒平面位置和倾斜度超标，则提起桩锤和护筒脱离河床面，重新调整护筒平面位置和倾斜度，满足要求后再施振下沉。当底节护筒上口快至距平台顶约 1 m 位置时停止施打，护筒接长。

按底节起吊方法吊起顶节护筒对位。上节护筒对位时需来回转动使上、下节护筒出露段调节到同一铅垂线上，然后用小楔块将上下护筒对接口抄紧，吊机带劲松钩（使护筒垂吊接触支承），再次测量、调整，直至上下护筒位于同一铅垂线上锁定。接头焊接时从对接比较圆顺的位置开始焊接钢护筒，不圆顺的位置则采用锤击、顶夹等措施调整，使上下护筒对接平顺再进焊接，逐步将接头焊接完毕。最后吊机松钩，起吊桩锤插打钢护筒至设计高程。

（5）钢护筒插打和挂桩。

定位钢护筒插打时，原则上遵循"先插打角点护筒，再对称插打其余护筒"顺序进行，部分护筒受吊机吊重、吊距的影响，插打顺序未完全对称进行。

角点护筒插打顺序：22号→15号→1号→6号。

对称插打护筒的顺序：3号→4号→31号→33号→34号→36号→23号→30号→34号→4号。

钢护筒插打注意事项：

①插打前对围堰范围内河床进行详细测量，保留河床冲刷的原始数据。

②护筒插打期间，严禁抄垫护筒与导环间空隙，待定位钢护筒全部插打完成后，对称抄垫护筒与导环间空隙。

全部定位钢护筒插打完毕后才能挂桩。挂桩步骤：先测量放线，作好挂桩牛腿位置标记，然后根据标记线在定位钢护筒上开洞；焊接加强板→吊装支撑牛腿，全部定位钢护筒支撑牛腿安装完毕并检查合格后，进行围堰挂桩。

围堰挂桩定位后，插打余下钢护筒，安装钻机钻孔成桩。

4.1.1.6 钻孔桩施工

1. 工程量

3号墩基础钻孔桩工程数量如表4-7。

表4-7 3号墩钻孔桩参数

设计桩径 /m	桩身混凝土 （水下）	桩底标高 /m	单桩长 /m	单桩混凝土量 /m³	数量 /根	总桩长 /m	混凝土总量 /m³
2.8	C30	−69.55	85	544	36	3 060	19 584

2. 钻孔平台及布置

3号墩钻孔平台由围堰及其内支撑型钢桁梁形成，钻机直接摆放在平台上进行钻孔。人行通道在内支撑上直接铺设钢脚手板，泥浆分离器安放在围堰南北侧焊接的悬挑平台上。钻孔平台布置详见图4-28。

3. 泥浆供给和排放

钻孔泥浆采用集中拌制、集中供应、集中净化的方式进行。

泥浆制备在距墩位约100 m的北侧岸边泥浆池进行，泥浆池总容量为1 800 m³。泥浆池设置2 m³搅拌机2台，泥浆搅拌好后，储存于泥浆池中待用。使用时通过1台3PN泥浆泵顺管路抽送至墩位的施工桩孔中。围堰旁还设容量1 000 m³泥浆船一艘作为钻孔过程中泥浆补充站和灌桩时桩孔泥浆回收。

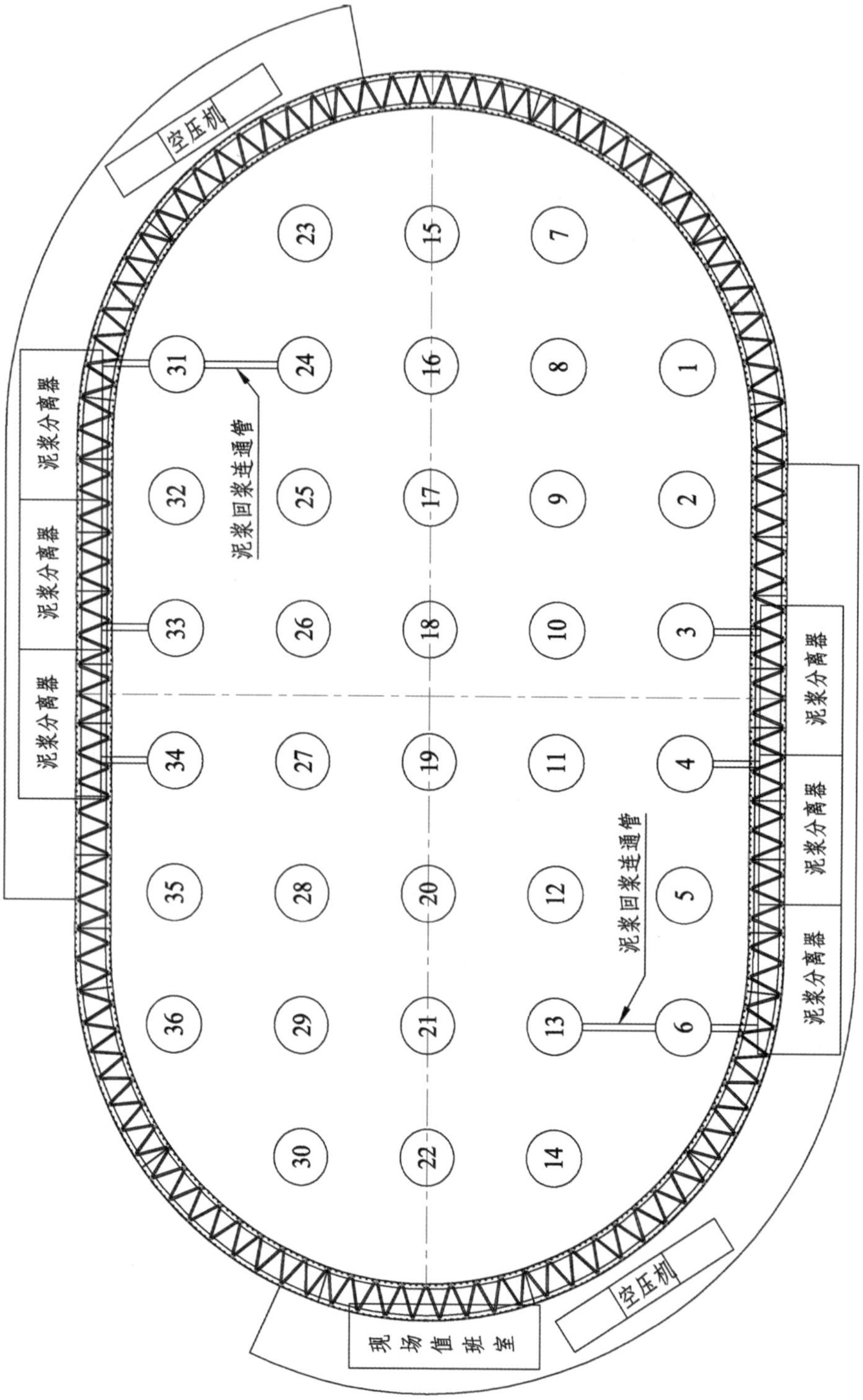

图 4-28 钻孔平台布置图

每台钻机配 1 个 4 m×5 m×2 m 沉渣箱和 1 台泥浆分离器。钻机排出的带渣泥浆先通过过滤网，过滤粒径大于 10 mm 的钻渣后进入沉渣箱，然后再由沉渣箱送入泥浆分离器进行浆、渣分离处理，经泥浆分离器处理后的泥浆可重新循环送入孔内，不需要泥浆池沉淀。分离出的钻渣通过溜槽排放到指定的船舶上存放，最后运至指定弃渣点堆放。

每个沉渣箱有 2 个出浆口，一个出浆口与回浆管路相连，另外一个出浆口连接泥浆分离器。经泥浆分离器净化处理后的泥浆经回浆管路流回孔内。若需补浆，用泥浆泵从泥浆船上向回浆管内打入泥浆。灌注桩身水下混凝土时，护筒内多余泥浆通过管路回流至泥浆船上。

泥浆循环系统布置详见图 4-29。

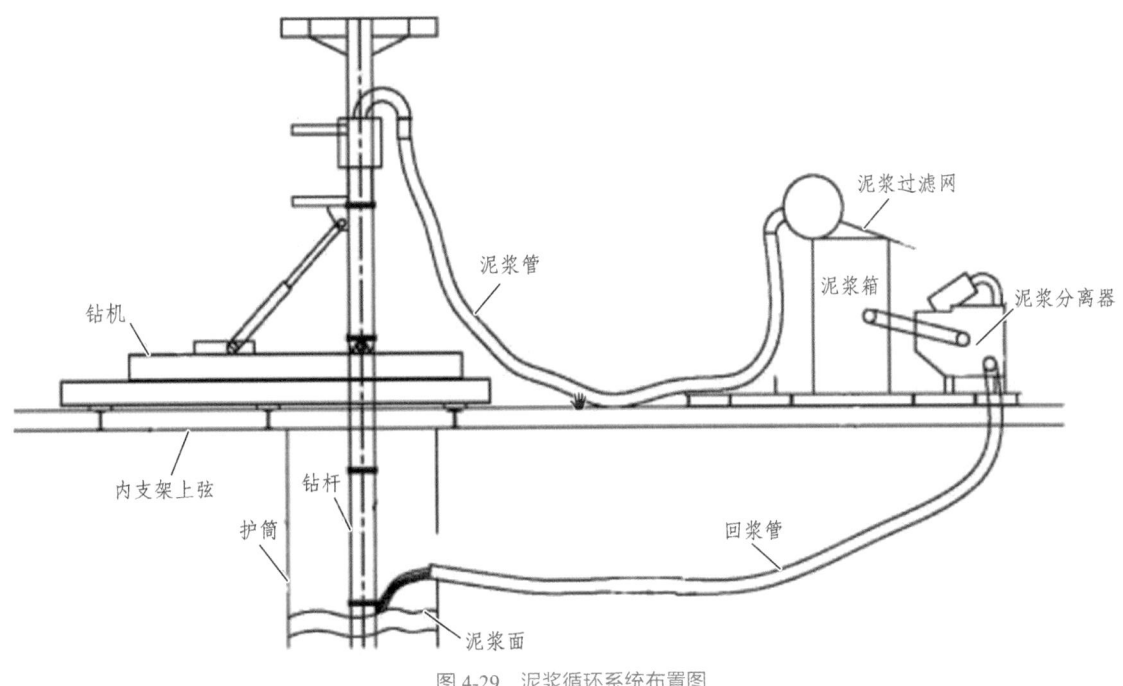

图 4-29　泥浆循环系统布置图

ZX-500 型泥浆分离器清孔 1 h 可将孔内 500 m³ 泥浆的含砂率降低到 0.2% ~ 0.5%，ZX-500 型泥浆分离器主要技术参数详见表 4-8。

表 4-8　ZX-500 型泥浆分离器技术参数

型　号	ZX-500
处理能力 /（m³/h）	500
分离程度 /μm	≤ 74
总功率 /kW	99
经处理后泥浆含砂率	≤ 0.5%
重量 /kg	12 500

4. 钻孔设备

3 号墩安排 6 台气举反循环大功率旋转钻机成孔，其中 3 台 KTY3000 型重型钻机，1 台 KPG3000 型钻机，2 台 ZSD-3000 液压钻机，各自配备相应的空压机和泥浆分离器。粉质黏土、细砂、中粗砂、圆砾土、卵石土层等覆盖层，均采用双腰带六翼刮刀钻头钻孔，配备 1 个 ϕ2.8 m 刮刀钻头。

钻机移位和钢筋笼下放采用 150 t 浮吊及 120 t 桅杆吊配合进行。

各钻机主要技术参数详见表 4-9 ~ 表 4-11。

表 4-9　KTY3000 型钻机技术参数

主要项目		单位	参　数		
钻孔直径	一般土层	m	ϕ1.5 ~ ϕ6.0		
	岩层（$\sigma_c \leqslant$ 200 MPa）	m	ϕ1.5 ~ ϕ3.0		
钻孔深度		m	$\leqslant$ 130		
排渣方式		—	空气反循环		
动力头转速及相应扭矩		r/min	0 ~ 3.5	0 ~ 7.0	0 ~ 14
		kN·m	200	200	80 ~ 100
水龙头提升能力		kN	1 800		
钻杆规格（全主动钻杆、法兰盘连接）		mm	ϕ351×ϕ301×3 000		
钻架后倾角度		°	0 ~ 30		
钻机总功率		kW	238		
主机外形尺寸（长×宽×高）		mm×mm×mm	7 380×6 000×8 160		
主机质量（不含钻具）		t	46		

表 4-10　KPG3000 型钻机技术参数

项　目		单　位	数　据		
钻孔直径	一般土层	m	ϕ1.5 ~ ϕ6.0		
	硬土层	m	ϕ1.5 ~ ϕ4.0		
	岩层（$\sigma_c \leqslant$ 200 MPa）	m	ϕ1.5 ~ ϕ3.0		
钻孔深度		m	130		
转盘	驱动方式	—	两台低速大扭矩液压马达		
	转速	r/min	0 ~ 3.5	0 ~ 7.0	0 ~ 14
	相应扭矩	kN·m	200	200	80 ~ 100

续表

项　目		单　位	数　据			
	通孔直径	mm	750			
	前后移动距离	m	2.65			
水龙头	提升能力	kN	1 200			
	提升速度	m/min	3.5/7.0			
卷扬机牵引力		kN	112			
钻架	形　式	—	龙门斜撑			
	后倾角	°	0～15			
钻杆	连接方式		全主动钻杆、法兰盘螺栓连接			
	规　格	mm	$\phi 351 \times 25 \times 5\,000$			
	质　量	t	1.81			
排渣	方　式		空气反循环			
	最大排渣量	m³/h	600			
	排渣管型号	mm	12″胶管　6 000×61×61			
	风机要求		40 m³/min，$p = 0.7$ MPa 或 20 m³/min，$p = 1.2$ MPa			
钻杆起吊回转最大负荷		kN	20			
封口平车最大承载负荷		kN	800			
液压系统	油箱容积	m³	2.1			
	液压油牌号		冬季	N46号	夏季	N68号
	使用环境温度	℃	−20～45			
	液压系统油温	℃	≤70℃，当到50℃时需用冷却器			
	主泵功率	kW	110×2			
	主泵最高压力	MPa	25			
	主泵最大排量	L/min	280			
冷却器	水管通径	mm	76			
	最大通水量	m³/h	16			
控制方式		—	手控/液控/电控（ZK-2型钻机控制仪）后两种为自动控制恒压钻进			
钻机总功率		kW	238			
主机外形尺寸（长×宽×高）		mm×mm×mm	9 700×4 450×13 892			
主机质量（不含钻具）		t	60			

表4-11 ZSD-3000型钻机技术参数

主要项目		单 位	参 数
钻孔直径	岩层（$\sigma_c \leq 200$ MPa）	m	$\phi 1.5 \sim \phi 3.0$
钻孔深度		m	150
排渣方式		—	气举反循环
动力头转速及扭矩	转速	m/min	$0 \sim 8$
	扭矩	kN·m	210
	转速	m/min	$0 \sim 14$
	扭矩	kN·m	120
动力头提升能力		kN	1 500
最大提升速度		m/min	3
钻架倾斜角度		°	$0 \sim 25$
钻杆		mm	$\phi 500 \times 3 000$
总功率		kW	210
外形尺寸		mm×mm×mm	$6.3 \times 5.8 \times 10$
主机质量（不含钻具）		t	45

5. 钻孔次序

钻机编号依次为 A# ~ F#，其中 A#、B#、C# 对应 KTY3000 型钻机，D# 对应 KPG3000 型钻机，E#、F# 对应 ZSD-3000 型钻机。钻孔桩总计 36 根编号依次为 1 ~ 36，按照平行流水、互不干扰作业方法，相邻两孔不能同时进行钻孔作业或浇筑混凝土作业的原则和桩身混凝土达到规定强度前须避免相邻钻孔作业扰动原则，3 号墩钻机安排钻孔桩号及施钻顺序见图 4-30。

6. 钻进成孔

桩基分 2 次钻进完成：先钻 $\phi 3.1$ m 钢护筒段桩径，后钻 $\phi 2.8$ m 桩径。护筒内钻进时，先用钻头护圈上加焊翼板和钢丝绳刷的 3.1 m 钻头扫钻至护筒底口，使护筒壁上附着物彻底清除。护筒内土层钻完后，提出钻头，取下翼板和钢丝绳刷，重新下放 $\phi 2.8$ m 钻头钻进护筒底口以下 $\phi 2.8$ m 桩径。护筒口以下 3 m 段时要先慢速钻进，以防对护筒口附近土层扰动过大，之后再正常钻进。

防掉钻、埋钻事故和确保桩基质量措施：

（1）桩孔钻至一半深度时强制提钻检查钻具磨损及钻具连接情况。

（2）钻头及钻杆中部配置 2 ~ 3 个钻头稳定器，防止斜钻。

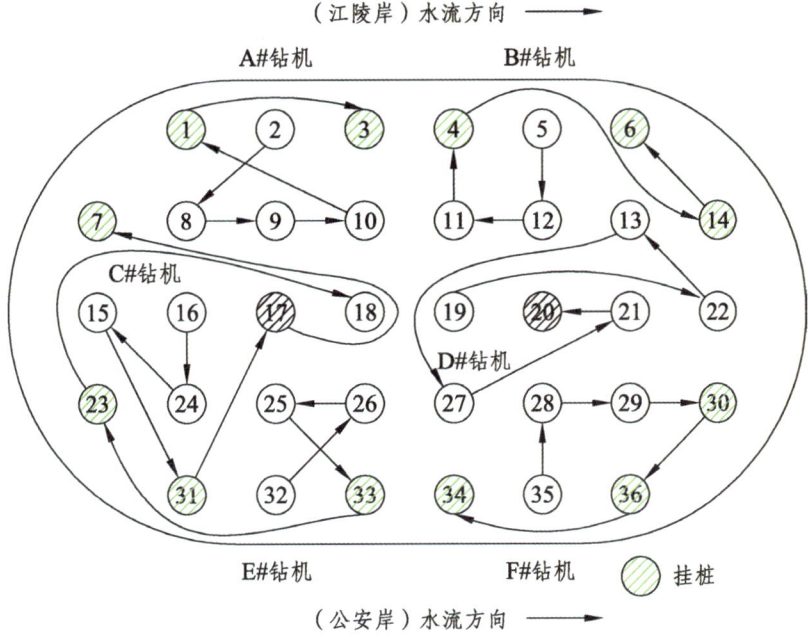

图 4-30　3 号墩钻孔次序布置图

（3）采用超声波检测仪进行孔型检测，合格后方能移开钻机。如孔型异常，重新下钻修孔。

施工效果：由于措施、工艺方案得当，钻孔施工快速顺利完成，未发生埋钻或串孔、掉钻等事故，桩基检测均为Ⅰ类桩，为后续工程按期施工打下了坚实基础。

施工亮点：一是利用平台结构特点，平台排渣管路统一规划，管路布置在平台面以下；二是利用桩孔旁空闲钢护筒垂直存挂灌注导管，避免管路和导管占用平台空间，减少导管接、拆时间，实现快速安装，现场施工环境整洁、干净，文明形象好。

7. 钢筋笼施工

（1）钢筋笼制作。

3 号墩钻孔桩钢筋笼主筋为 ϕ28 mm 的 HRB335 级钢筋，沿直径方向上段为双层布置，钢筋笼下段变为单层；钢筋笼箍筋为 ϕ10 mm 的Ⅰ级钢筋，内加劲采用∠63 mm×63 mm×6 mm 角钢，每 2 m 布置一道；钢筋笼设置 4 根 ϕ60×3.5 mm 声测管。单桩钢筋笼总重约 41.22 t。

钢筋笼采用长线法分节加工制造，按 12 m 定尺钢筋长度进行分节，各节之间用直螺纹接头连接，台座间距 3.0 m。声测管在钢筋笼制造时同步安装，用 U 形卡箍同钢筋笼固定，接头位置和钢筋笼分节位置一致。钢筋笼保护层采用轮饼式 C30 细石混凝土垫块。总共布置 3 条钢筋笼生产线。钢筋笼在台座上制作完成后，逐节编号拆开（将各节接头处套筒旋至一侧即可），然后按顺序摆放在生产区的存放场以便待用。解体后的钢筋笼接头丝扣套人塑料保护套保护，以防锈蚀、碰伤。钢筋笼制作及胎架布置见图 4-31。

图 4-31　钢筋笼制作及胎架

（2）钢筋笼起吊及安装。

钢筋笼在生产场地内加工完毕后，分节吊装、运输至码头栈桥靠近围堰旁，最后利用浮吊配合进行钢筋笼的现场安装。为避免长笼起吊时弯曲变形，钢筋笼起吊时使用翻转架装置。起吊时浮吊吊起笼体顶端，下端则随翻转架同步转动，当笼体竖直后自动与翻转架脱离，完成由水平状态变至吊装时的竖直状态。翻身架与笼体组装见图 4-32 和图 4-33。

图 4-32　钢筋笼翻身架

图 4-33　钢筋笼现场起吊安装

钢筋笼主筋直径粗、数量多，钢筋笼节段在桩孔现场对接时用钢筋笼打梢环来解决钢筋笼的支撑及悬挂定位问题。钢筋笼打梢环由卡板和支撑圆环两部分组成，支撑圆环由两个半圆环通过螺栓连接成一个完整的圆环，卡板可在支撑圆环内前后抽动。先将钢筋笼打梢环安装在孔口钻孔平台顶面，下放孔内的钢筋笼通过加强后的加劲箍支撑在钢筋笼打梢环上临时吊挂，然后在打梢环上进行下一笼段钢筋笼接长。接长时待连接笼段上端由浮吊起吊，下端呈自由状态与挂在打梢环上的前一笼段进行连接（先对位连接主筋，然后连接声测管，最后恢复连接箍筋）。当接长工作完成浮吊稍许起钩，待笼体加劲箍稍许脱离吊挂卡板，抽出吊挂卡板，松钩下放钢筋笼，直至加强加劲箍快接近打梢环时再插进吊挂卡板完成钢筋笼吊挂支承转换，解除吊具，进行下一节段笼体接长。依法接长钢筋笼，直至整根钢筋笼接长完成。

钢筋笼全部接长至最终下放到位时用4根吊筋吊挂在打梢盘上，防止笼底承重受力。吊挂打梢盘在桩身混凝土灌注完成并终凝后拆除，吊筋在围堰抽水后承台施工时与护筒一并割除。钢筋笼在桩孔中下放时依靠笼体四周间隔设置的能转动的轮饼导向定位，同时起保护垫块作用，使钢筋笼在孔中保持竖直并有足够的保护层厚度。钢筋笼悬挂系统结构见图4-34。混凝土垫块及声测管布置见图4-35。

8. 桩身混凝土灌注

钢筋笼安装完成下放灌注导管，进行二次清孔，孔底沉渣和孔内泥浆指标符合要求后灌注桩身混凝土。钻孔桩设计采用C30水下混凝土，单根桩混凝土方量为544 m³，采用垂直导管法灌注。混凝土由北岸混凝土拌和站供应，搅拌车（5辆）运至码头栈桥头，再经设置在栈桥头上的两台HBT100C地泵输送到灌注点料斗处进行灌注，混凝土坍落度为18～22 cm，初凝时间不少于15 h。灌注时导管底口距离孔底约40 cm，首批混凝土方量不少于18 m³。

灌注导管直径ϕ360 mm，壁厚δ为8 mm，管节间采用螺旋式快装卡口接头。导管使用前需进行水密试验和接头抗拉试验，试验压力为孔底静水压力的1.5倍，导管试压持荷时间不少于5 min，试压时无渗漏为合格。导管现场压力试验见图4-36。

导管拔球、首批混凝土入灌后应用探照灯检查导管内部有无渗漏和混凝土"洗澡"等异常情况，确认无误后才能继续灌注。水下混凝土灌注连续进行，灌注过程中导管埋深控制在3～6 m，拆管不超过10 min，每根桩灌注用时均在8～10 h内完成。

3号墩钻孔桩于2013年1月26日开始钻孔，2010年6月5日施工完成，总用时136天，最快钻进速度10 m/d，最慢1 m/d，平均成孔速度25d/桩。经第三方检测，桩基全部判定为Ⅰ类桩，质量优良。

4.1.1.7 围堰下放及挂桩施工

钻孔桩施工完成，接高1号、6号、31号、36号钢护筒作为围堰提升、下放支承吊挂点，接高护筒高出内支架顶面2 m安装提升系统。3号墩围堰结构重量约为2 650 t，平台顶施工荷载按350 t计，围堰下放总重按3 000 t考虑。围堰侧板箱壁排水面积为351 m²，自浮状态时吃水8.5 m。围堰下放的过程中，随着吃水深度的增加，双壁舱提供的浮力逐步加大，此时要向围堰双壁舱内补水，保持箱壁内水位比施工水位低 6 m（提升装置受力 900 t），以便围堰顺利下放并确保提升系统安全。围堰共设八个吊点（每根钢护筒采用 8 根 930 级 ϕ32 精轧螺纹钢筋做吊杆）吊放围堰，单个吊点最大受力按 160 t 设计。围堰吊挂、提升系统的千斤顶油路并联，以保证围堰同步下放，吊杆受力均匀。围堰提升、下放系统布置如图 4-37。

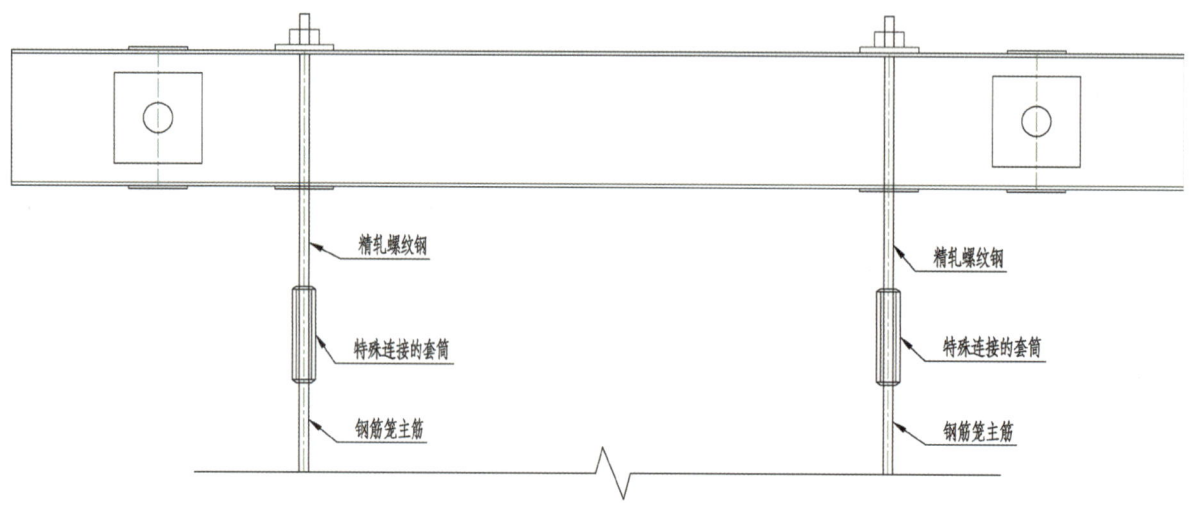

图 4-34　3 号墩钢筋笼吊挂系统结构示意图（单位：mm）

图 4-35　混凝土垫块及声测管现场安装

图 4-36　导管水密试验现场操作

拆除挂桩牛腿，围堰井壁抽水将围堰提升到适当位置，使围堰与最后 4 个挂桩牛腿脱空，拆除挂桩牛腿，然后根据千斤顶的行程，每次按下放 0.15 m 均匀下放钢围堰。围堰下放的过程中，应向围堰侧板井壁内对称、均匀注水，使围堰缓慢、均匀下放，并同步松动提升系统的精轧螺纹钢筋，以对围堰的平整度进行控制，保持井壁内水位比施工水位低 8 m。如此逐步注水，让围堰缓慢下沉并确保提升系统安全，直至将围堰下放至设计标高。围堰下放步骤如图 4-38 所示。

4.1.1.8　围堰封底

围堰长时间在江水中浸泡，围堰底板、侧壁、底隔舱侧壁及钢护筒表面会黏附大量泥砂。这些泥砂在封底前必须进行彻底清除，以保证封底混凝土与围堰和钢护筒的良好粘结。清理完后采用填塞棉絮和水泥肠袋封堵的方法进行钢护筒和下导环之间间隙堵漏。

围堰分成 9 个浇筑区域进行封底，先封隔舱区，后封隔舱与围堰间区域，分区（块）对称进行。封底厚度 3.45 m，封底顺序为：1、2→3、4→5→6、7→8、9。封底采用 2 台半径 18 m 的布料机进行。布料机及分区布置见图 4-39，各区封底面积及方量见表 4-12。

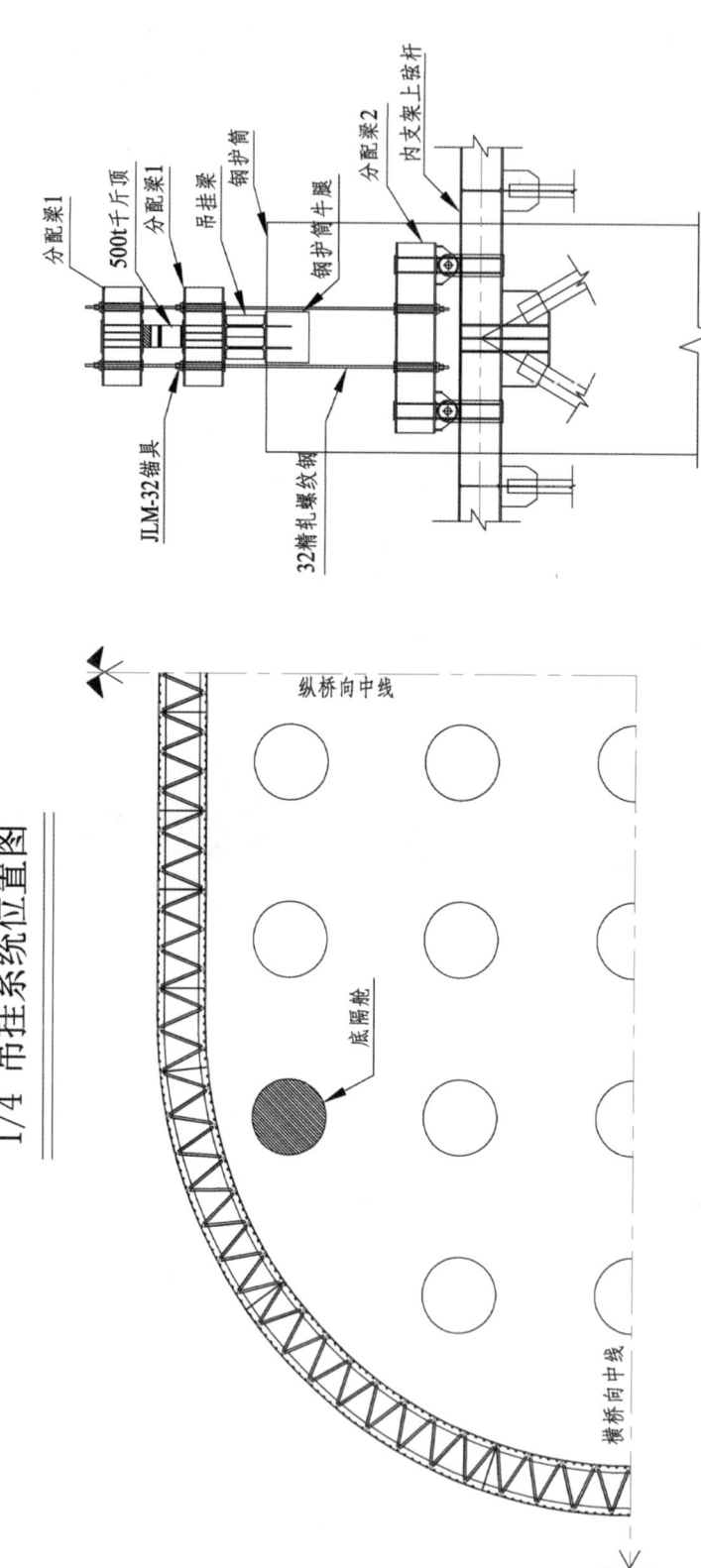

图 4-37 围堰提升系统布置图

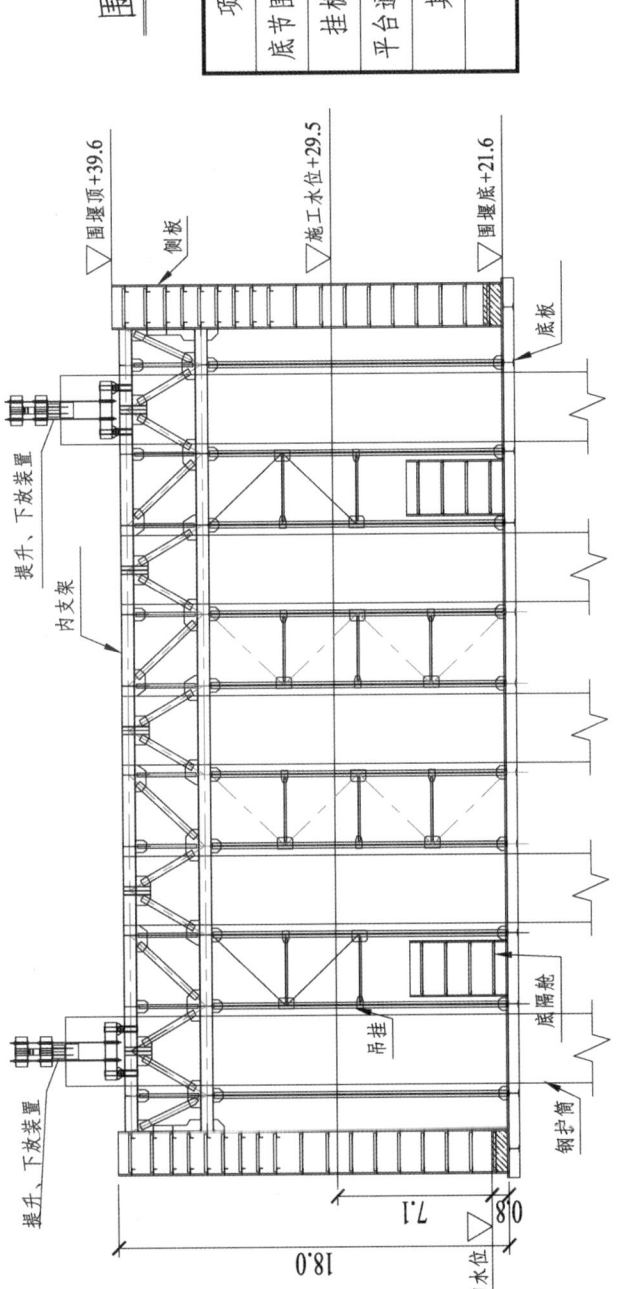

(a) 状态一

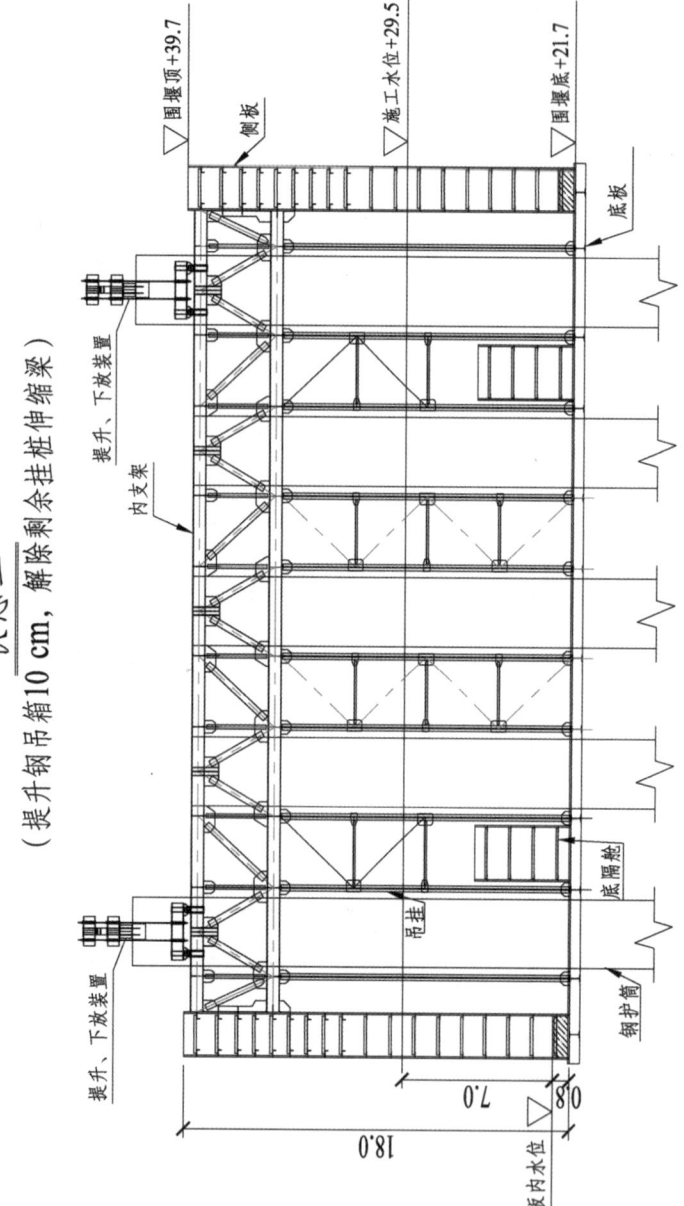

(b) 状态二

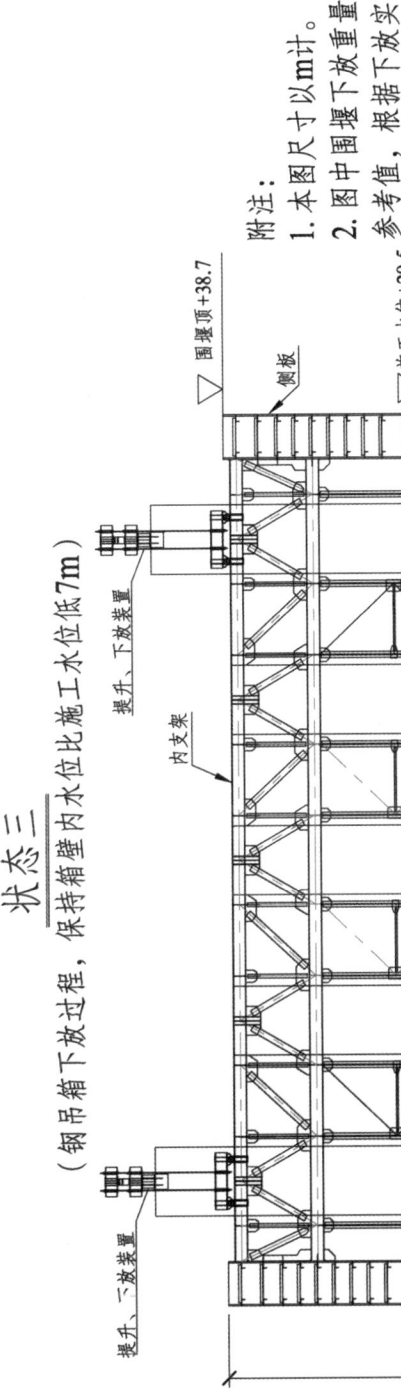

(c) 状态三

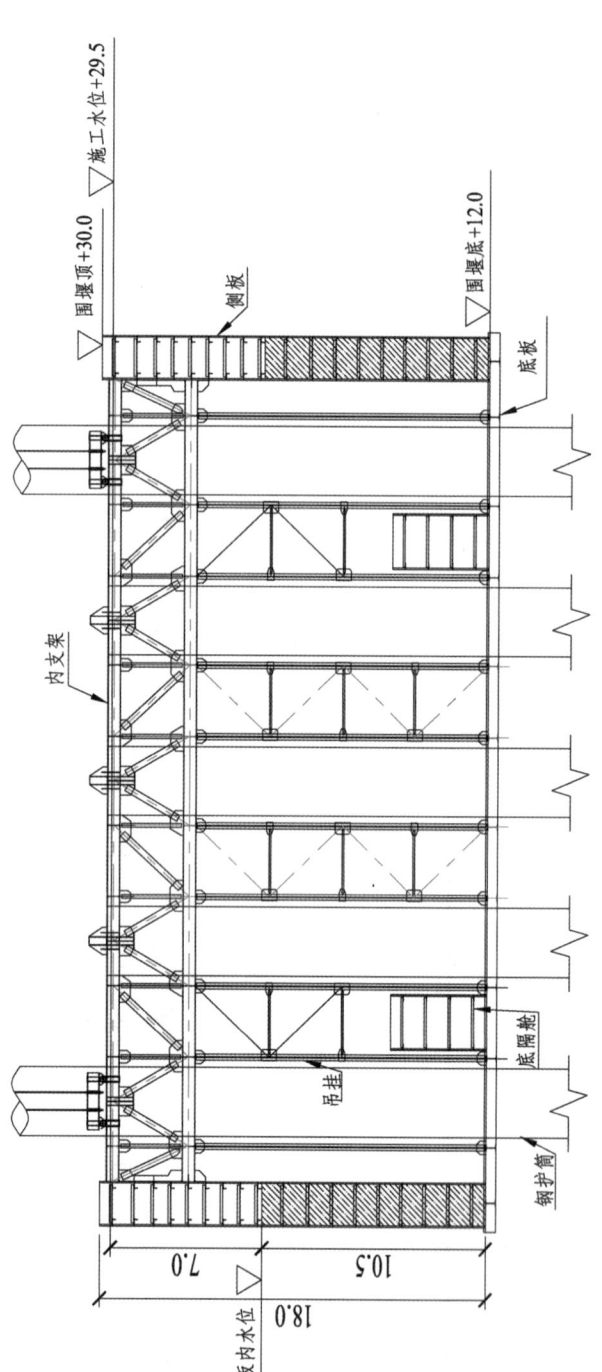

施工步骤四：
1. 重复步骤三，围堰至底标高+12.0 m,围堰每下放1 m,向双壁内灌1 m深的水。逐步下沉钢吊箱，调整钢吊箱位置，按设计标高割除钢护筒，安装剩余的挂桩伸缩梁。
2. 检查、调整钢吊箱位置，安装提升装置处的4个挂桩伸缩梁,提升装置承受力543 t。
3. 提升装置卸载、拆除，安装提升装置处桩伸缩梁，体系转换完成。
4. 将提升装置处换挂桩伸缩梁、钢吊箱与钢护筒间限位，确保钢吊箱稳定。焊接钢吊箱齐平台顶割除钢护筒至平台顶割除，

水位/m	+29.5
围堰下放质量/t	3000
排水面积/m²	351
吃水/m	17.5
箱壁内水头/m	10.5
箱壁内外水头差/m	7
钢吊箱浮力/t	2457
提升装置承受力/t	543

(d) 状态四

图4-38　3号墩钢吊箱下放施工步骤

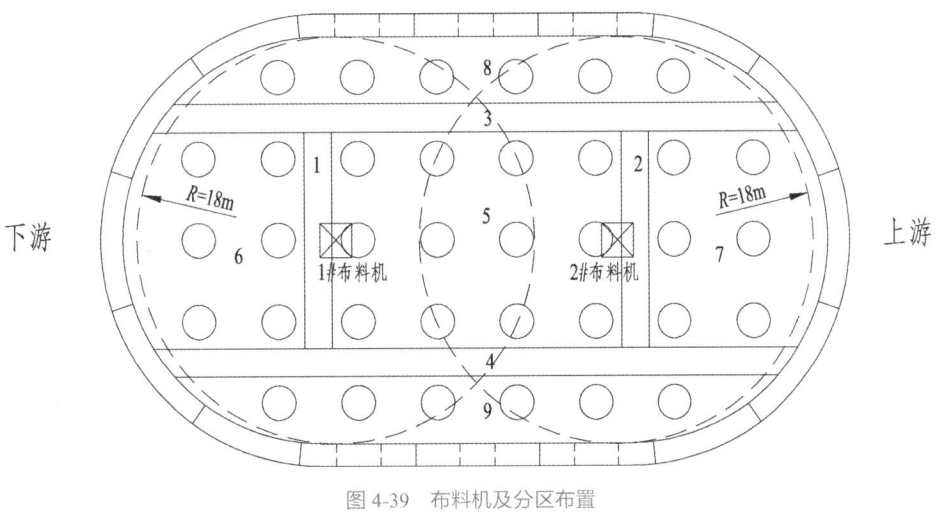

图 4-39 布料机及分区布置

表 4-12 各区封底面积方量

区域	面积 /m²	混凝土厚度 /m	混凝土方量 /m³
1	47.8		164.9
2	47.8		164.9
3	142.4		491.3
4	142.4		491.3
5	411.8	3.45	1 420.7
6	252.0		869.4
7	252.0		869.4
8	232.7		802.8
9	232.7		802.8
合计	1 762	—	6 078

封底混凝土浇筑采用垂直导管多点水下浇筑，在围堰内布置 $\phi 377$ mm，长度 18.5 m 的导管，具体布置如图 4-40。混凝土的流动半径按 3.0 m 考虑，浇筑速度平均为 0.2 m/h，要求每小时混凝土产量约 80 m³。导管数量按照 5 区施工、6 区准备考虑，共 41 套。导管使用前组装编号后进行水密性承压试验，导管在平面上的布置，应使各导管的有效浇筑半径互相搭接，不留盲区，覆盖基底全范围。为确保封底效果，减少封底时的劳动强度，围堰分区封底，要求每个区导管按要求一次性布置完毕，封底导管及测点布置详见图 4-40。

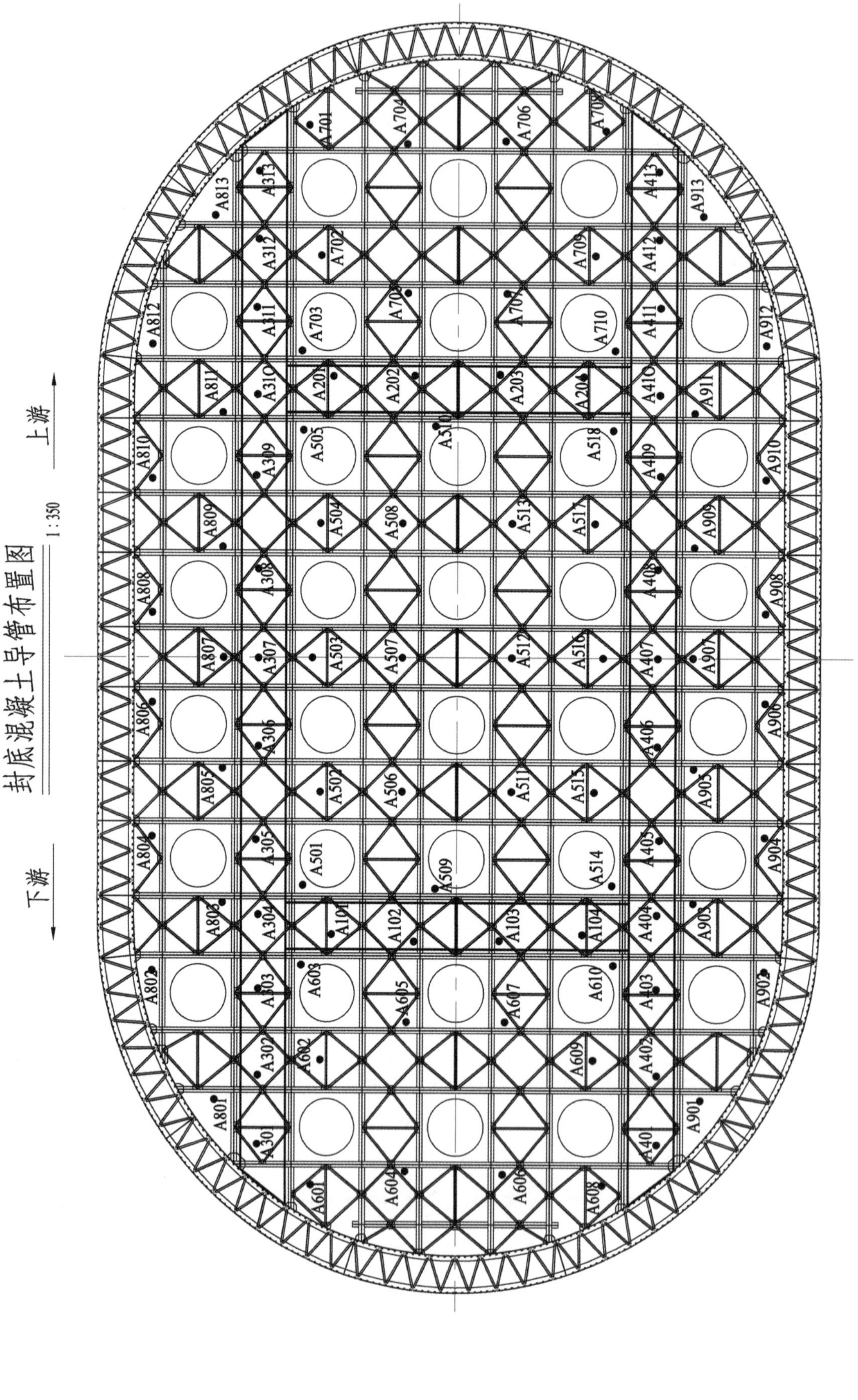

图 4-40 3 号墩封底混凝土导管及测点布置图

混凝土由岸上混凝土工厂生产供应，搅拌车先运至栈桥地泵处，再由地泵经管路输送到围堰上的布料机进行灌注。封底导管首灌混凝土方量不少于 10.2 m³，采用 12 m³ 料斗和导管顶部 3 m³ 料斗进行首批混凝土灌注。先用布料机将 12 m³ 料斗注满，然后打开斗门放出 3 m³ 至小料斗中，继续加满大料斗，待大料斗装满后，浮吊起钩拔球开始灌注，小料斗混凝土下降的同时 21 m³ 料斗向其供料，连续灌注，直至料斗内全部混凝土放完。确认导管无漏水说明拔球成功，之后布料机直接往导管泵送直至符合要求为止，大料斗和小料斗则移至下个灌注点进行拔球。当所有导管拔球完毕，各布料机根据各导管下料的时间先后交替补料，直至灌注到达规定标高。封底混凝土参数：混凝土级别为 C25；初凝时间 ≥ 20 h；坍落度为 18 ~ 20 cm。

4.1.1.9 承台施工

承台混凝土厚 6 m，总方量 10 627.8 m³（C40），ϕ28 钢筋 715.96 t，ϕ16 钢筋 83.33 t。承台混凝土分两次浇筑，第一次浇筑高度 3.5 m 计 6 199.6 m³，第二次浇筑 2.5 m 计 4 428.3 m³。两次混凝土间施工缝凿毛处理。混凝土由岸上混凝土工厂供应，罐车运输至栈桥头，再由地泵输送至承台顶平台上的 2 台布料机进行灌注。承台按大体积混凝土施工工艺进行，设置降温冷却水管和温度监测装置。承台施工布置见图 4-41。

承台施工顺序：钻孔平台清理、拆除→抽水→围堰内清淤→围堰内吊杆支架拆除→吊筋及钢护筒割除→桩头凿除→承台垫层及排水沟设置→承台模板安装→承台第一层钢筋和降温水管安装、混凝土浇筑→承台第二层钢筋和降温水管安装、混凝土浇筑→承台养护。

1. 准备工作

（1）围堰抽水。

围堰抽水在封底混凝土和井壁内混凝土达到设计强度后进行。采用 4 台 160 m³/h 和 2 台 250 m³/h、扬程不小于 25 m 的潜水泵进行抽水作业。围堰渗漏水部位封堵或引流。

（2）围堰内支撑、吊架等拆除。

除中间五道水平内支撑架外，其余支撑架、所有吊架、承台底垫层面以上围堰隔舱全部切除回收。临时钢结构拆除前，测量人员需准确测放切割部位，做好标记。

（3）基底处理。

抽水完毕，先将封底混凝土面的泥浆、遗留杂物清除干净，然后凿除高出承台底高程部分的多余混凝土，低于承台底高程的部位用碎石填垫并用砂浆抹平，设置渗漏水汇集沟槽及汇水井排水。沟槽内用大粒径碎石填垫，沟顶铺盖钢板隔离，钢板周边用水泥砂浆封堵，防止承台浇筑时砂浆流入堵塞排水沟槽。排水沟设置时顶面不得高于承台底垫层顶面。

（4）桩头凿除。

桩头采用人工凿除，桩头凿除标高 +15.55 m（桩头嵌入承台 0.1 m）。先沿 +15.45 m 标高切割钢护筒，然后在 +15.75 m 标高面剥出桩头钢筋，截断桩头并吊离破碎，最后将 +15.55 m 以上的 25 cm 段桩头

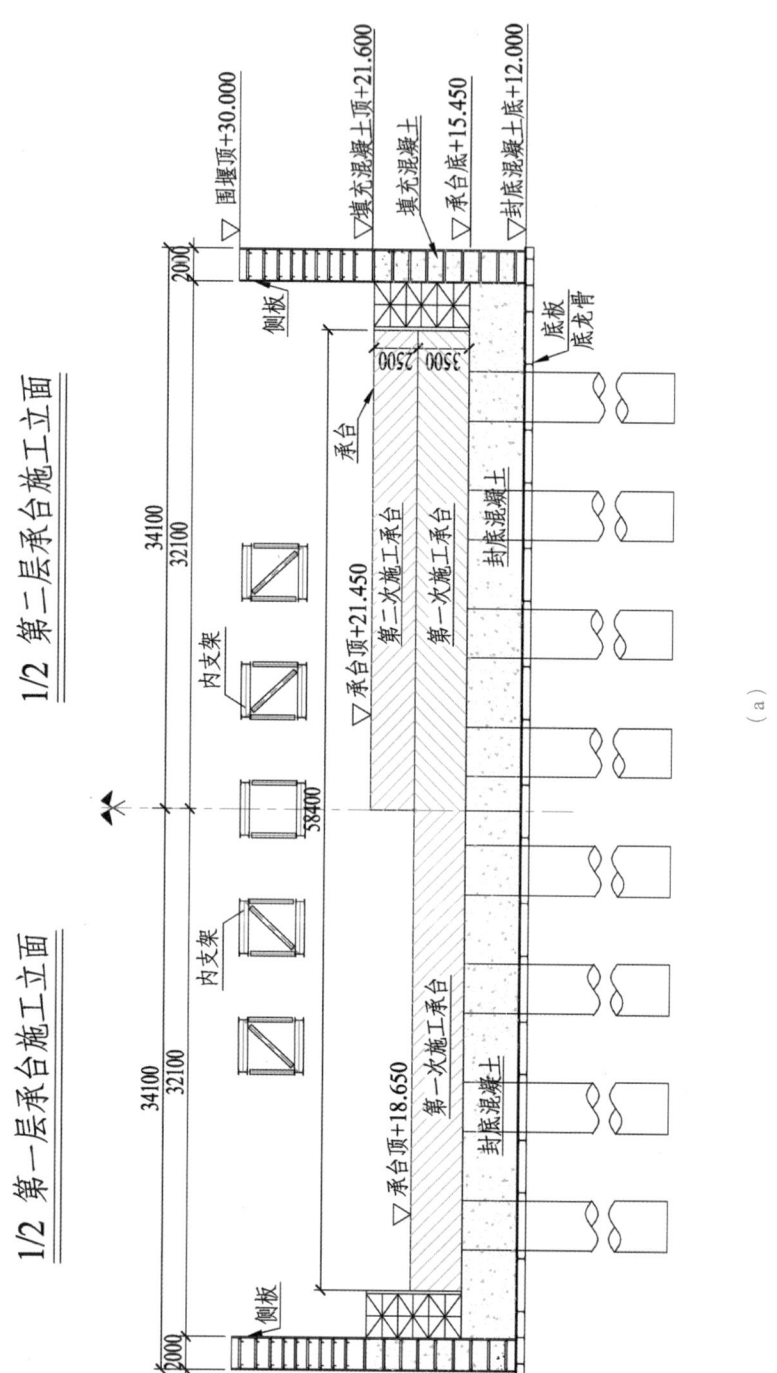

(a)

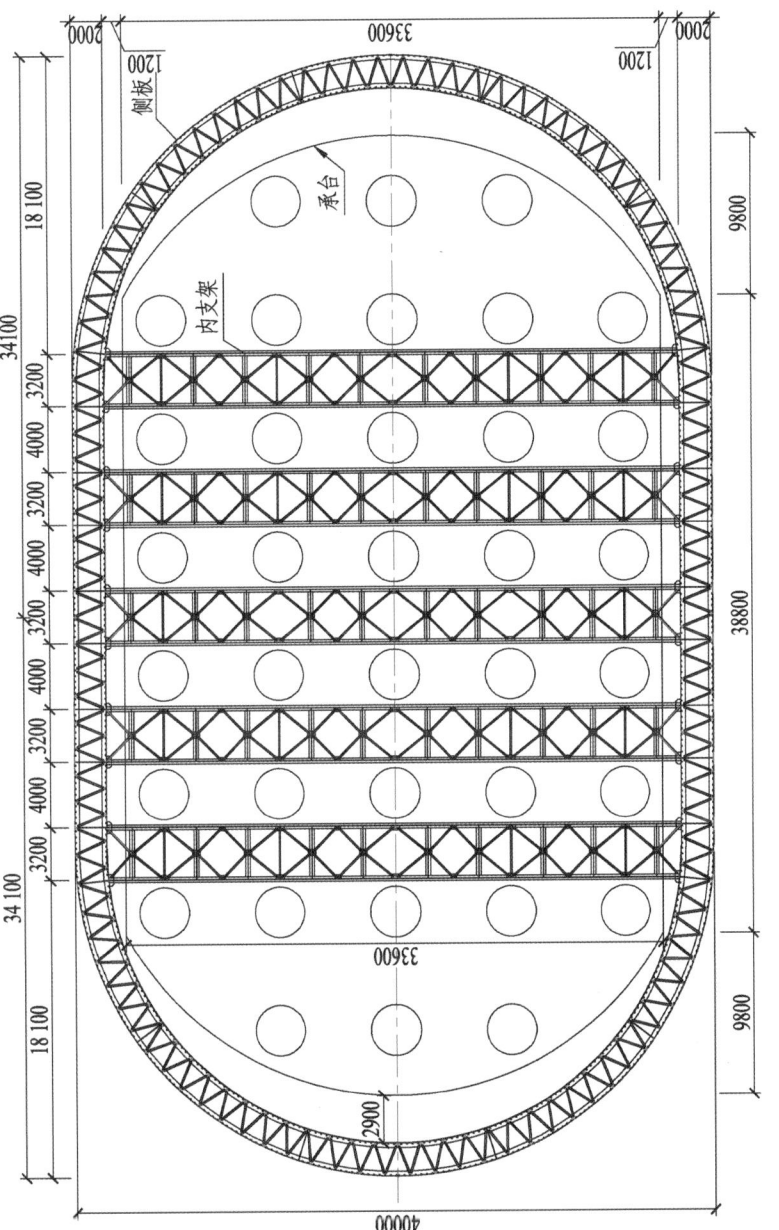

图 4-41 3 号墩承台施工布置图（单位：mm）

采取人工风镐凿除、凿平，凿除完后的桩头顶面无松散裂块，形状完整。

（5）钻孔桩竣工验收、承台测量放样。

桩头凿除完成，测放各桩中心位置，桩头钢筋成型，进行竣工验收。测放承台十字轴线及高程线，依据十字轴线用墨线弹划承台轮廓尺寸线。

2. 钢筋安装

承台平面尺寸为 33.6 m×58.4 m，厚度 6 m，属大体积混凝土施工。承台工程量（不含塔座、下塔柱预埋钢筋及支架预埋件）见表 4-13。

表 4-13　3 号墩承台工程量

项目名称	承台混凝土 C40/m³	Ⅱ级钢筋 /t	连接套筒 /个	冷却水管 /t	钢筋支架 /t
数量	16 342.6	1 683.66	23 538	54.35	156.3

钢筋在生产区钢筋加工车间加工，平板车运输至码头栈桥，再利用 120 t 桅杆吊吊至围堰内进行安装。

承台高度范围共有 5 层纵横交叉布置的水平钢筋网，侧面为全封闭钢筋网，承台范围有 1 m 见方的竖向拉筋，在 1.5 m 和 4.5 m 高度处有 1 m 见方的水平钢筋网。其中承台底部 2 层钢筋网均为双肢一束，层间间距 15 cm，中层、顶层钢筋网均为单根一束，其余顶面下层钢筋网横桥向钢筋间距 30 cm，其余 4 层钢筋网间距均为 15 cm。

承台底部 2 层钢筋网采用倒扣角钢做支撑骨架，承台中部和顶部 3 层钢筋网用承台自身拉筋做支撑。浇筑第 1 次承台时绑扎完成底部 2 层水平钢筋网、中层水平钢筋网、下 3 层冷却水管及下层架立钢筋网；浇筑第 2 次承台时安装顶层钢筋网片、上 3 层冷却水管、上层架立钢筋网，还有塔座和下塔柱预埋钢筋及塔座、塔柱劲性骨架。

由于桩头钢筋为双层主筋，顺桥向或横桥向中线两侧靠圆弧边缘的钢筋间距密集，且钢筋直径为 ϕ32 mm，刚度大，也无法扳动或调整，造成承台底部 2 层水平钢筋网安装时极为困难，靠桩边的水平网钢筋无法穿过桩头，最后这部分水平网钢筋以 4 根一束的 ϕ16 mm 钢筋替代。

3. 冷却水管、测温元件安装

（1）冷却水管布置。

承台内设冷却水管通水降温。冷却水管网按照冷却水由热中心区域流向边缘区的原则分层分区布置，每层冷却管的进、出水口相互错开。根据承台混凝土浇筑顺序，冷却管沿承台纵横轴线分为 4 个区域，每区域内布置 2 套独立的冷却水管。冷却水管通过承台架立钢筋固定牢固。

冷却水管采用壁厚 1.8 mm、直径 ϕ32 mm 的圆钢管，接头采用橡胶管。沿承台高度布置 6 层水平冷却水管网，层间距为 1 m，顶层和底层管网距承台面均为 0.5 m；同一管网水管间的水平间距为 1 m，最外层水管距离混凝土最近边缘 0.5 m 左右。管网的进水口设有调节流量的阀门和测流量装置。布管时冷却水管与承台主筋错开布置，温控完成后，冷却水管压注水泥浆封闭。冷却水管布置如图 4-42 所示。

（2）测温元件布置。

采用热电偶作温度传感器，元件绑扎在承台水平钢筋上，用电缆和多点数字显示巡检仪相连。混凝土覆盖某测温点后该点即开始测温，在温度上升阶段每 2 h 测一次，温度下降阶段每 4 h 测一次，温度稳定阶段每 4 h 测一次；大气温度同时测量，直至混凝土内部温度与大气环境平均温度之差小于 20℃时止。承台测温点布置见图 4-43。

4. 模板安装

承台与围堰间留有 1.2~2.9 m 空隙，需要安装侧模，模板采用钢模，单块高 2 m。侧模支撑在围堰内壁上，采用角钢或钢管支撑，第一次承台施工时安装至 4 m 高，第二次施工时接高至 6 m。承台施工完毕，模板和支撑予以拆除。

5. 混凝土浇筑

承台混凝土采用水平分层法浇筑，由围堰边向中间进行，分层厚度为 30 cm。灌注时采用 2 台布料机进行布料。

（1）接缝处理。

承台第一次混凝土灌注完毕，表面基本整平后，在表面均匀涂刷一层缓凝剂（约 0.15 kg/m²），待表层混凝土砂浆层强度达到 0.5 MPa 时，用水冲洗掉表层浮浆，露出粗骨料，达到大面积范围快速凿毛目的。

施工接缝面冲洗掉的浮浆、松散骨料需彻底清吸干净，保持湿润。接缝处浇筑第二次新混凝土时，前层混凝土强度不得小于 1.2 MPa。

（2）混凝土养护。

①混凝土采取以下措施进行养护：

第一次混凝土初凝后，表面用麻袋覆盖洒水，保温保湿养护。内部通循环水冷却，控制内外温差，防止出现裂纹。通水养护时间不得少于 7 天。

第二次混凝土初凝后，表面洒水养护，内部通循环水冷却。终凝后表面蓄水养护，养护时间不得少于 7 天。

②通水冷却：主墩平台上安装蓄水箱，用水泵向水箱内抽水，再通过分流阀向循环水管内供水。冷却水控制在 1.2~1.5 m³/h。冷却管出水排出围堰。

（3）混凝土温度监控

测温时间：混凝土覆盖某测温点后该点即开始测温，直至混凝土内部温度与大气环境平均温度之差小于 20℃时止。

测温频率：温度上升阶段每 2 h 测一次，温度下降阶段每 4 h 测一次，温度稳定阶段每 4 h 测一次，大气温度应同时测量。

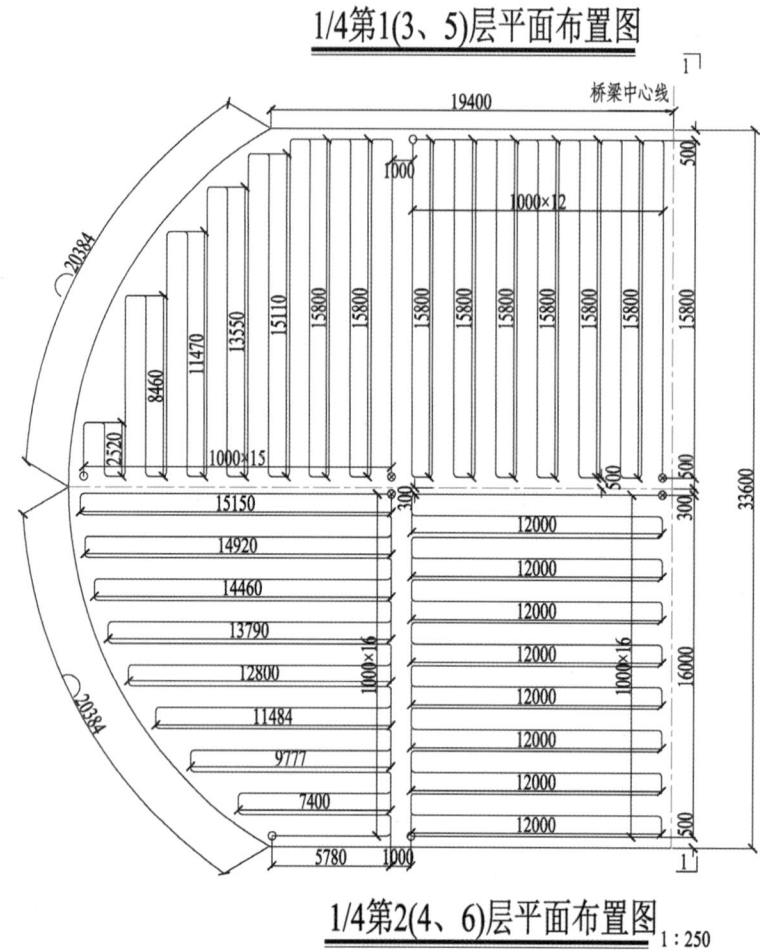

(a)

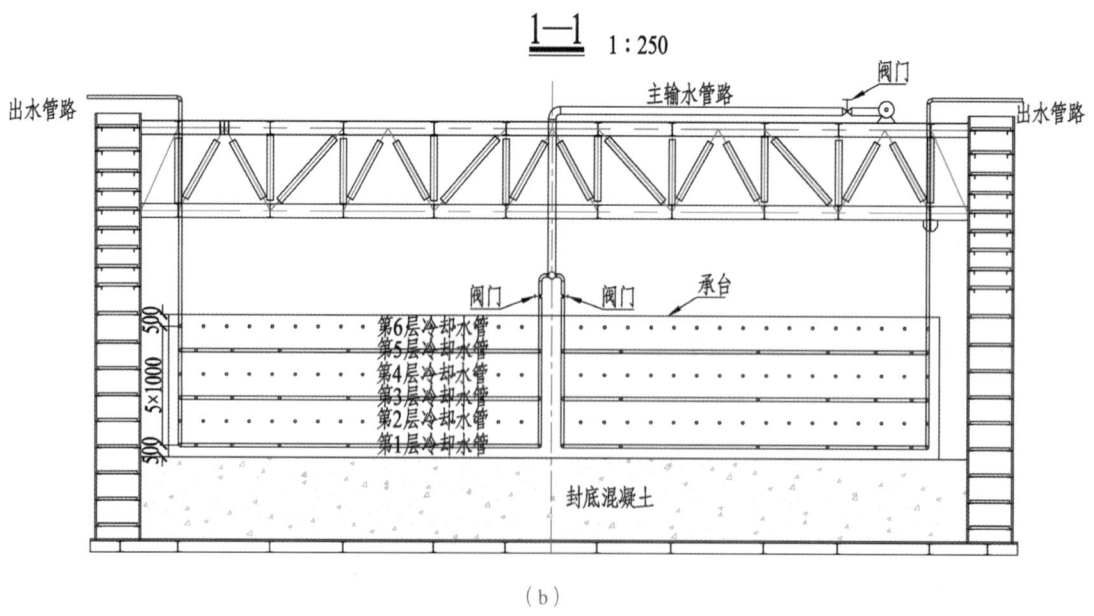

(b)

图 4-42 冷却水管平面布置示意图

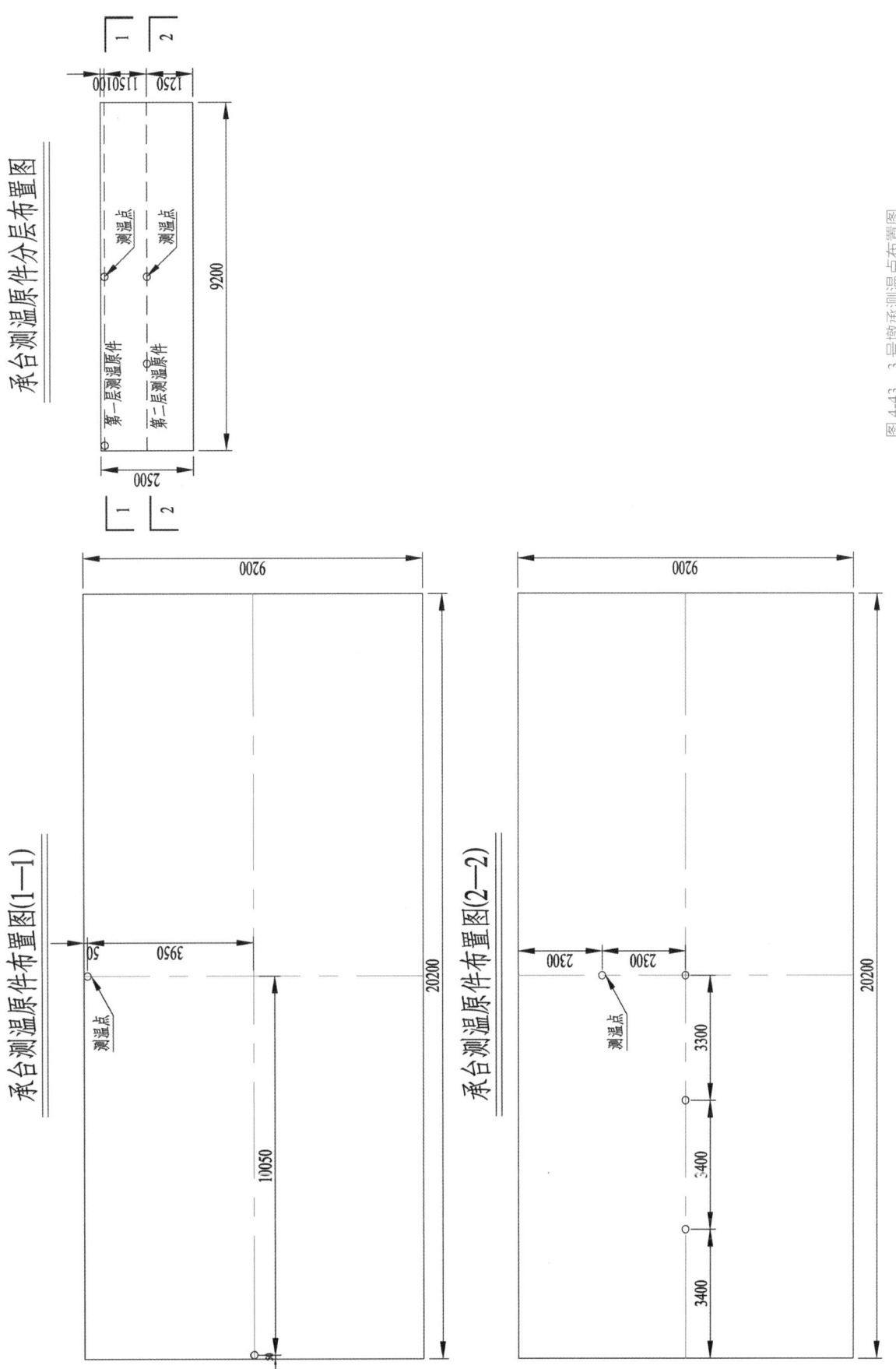

图 4-43 3 号墩承测温点布置图

通过调节冷却水流量、进出水口温差等方法调控混凝土内部温度，通过改变混凝土表面养生方法来调控混凝土表层温度。

测定混凝土温度上升的峰值及其达到的时间，定期记录冷却水管进、出水口的水温，绘制混凝土内部温度变化曲线，根据观测结果确定冷却水管通水量、通水时间和蓄热养护时间。

4.1.1.10　施工用电

3号墩承台施工使用外网电，从岸上高压接口通过栈桥铺设10 000 V高压电缆至变压器平台，平台上设置2台800 kV·A变压器，并配置一台400 kW发电机作为备用电源。

4.1.2　4号主塔墩基础施工

4.1.2.1　工程概况

1. 基础结构

4号墩是主桥靠近公安侧主塔墩，采用36根ϕ2.8 m钻孔桩群桩基础，钻孔桩成纵向5排，横向8排行列式布置。桩顶标高为+15.45 m，桩底标高为−74.55 m，桩长90 m，其中+15.45 ~ +0.5 m区段为ϕ3.1 m（钢护筒桩径），+0.5 ~ −74.55 m桩径为ϕ2.8 m，桩身混凝土575.0 m³；钢护筒内径为3.1 m，壁厚24 mm，护筒底标高为+0.5 m，护筒顶标高为+39.5 m，总长为39 m，单根护筒重量为72.08 t，平均入土深度约21 m。

承台采用两头圆端形形式，平面尺寸为33.6 m×58.4 m，底面标高+15.45 m，顶面标高+21.45 m，承台厚度为6.0 m，采用C40混凝土。承台混凝土设计方量10 627.8 m³，ϕ28钢筋715.954 t，ϕ16钢筋83.327 t。4号墩基础布置详见图4-44。

2. 墩位地质水文条件

4号墩桥址所在河段属上荆江河段，由公安河湾和郝穴河湾两个反向河弯组成，桥址处两岸大堤间距为1.4 ~ 1.8 km，主河槽偏靠左岸。

4号墩河床面高程+20.82 ~ +21.67 m，由上至下分为四大层：第①大层为松散~稍密状的细砂，厚11 ~ 12 m；第②大层为上部为中密，饱和细砂，下部为细圆砾土~卵石土，厚约19.0 m；第③大层为粉质黏土、卵石土，细圆砾土~粗圆砾土，厚约35 m；第④大层为坚硬、密实的粉质黏土，细、粉、砾砂，粗圆砾土，中夹细圆砾土，桩端位于粗圆砾土内。

根据长江段多年汛期涨水时间调查，该区域内长江具有峰高量大，持续时间长的特点，汛期为5 ~ 10月份，具体涨水时间和水位变化无规律。桥位处设计二十年一遇洪水位为+39.77 m，最低通航水位为+26.48 m，高差达13.29 m。4号墩处汛期最大水深约26 m，水流流速达3.38 m/s，且随着水位和流量的变化，主河槽冲刷较大，常水位时主河槽靠近江陵岸3号墩，汛期高水位时，主河槽向南偏移靠近4号墩。

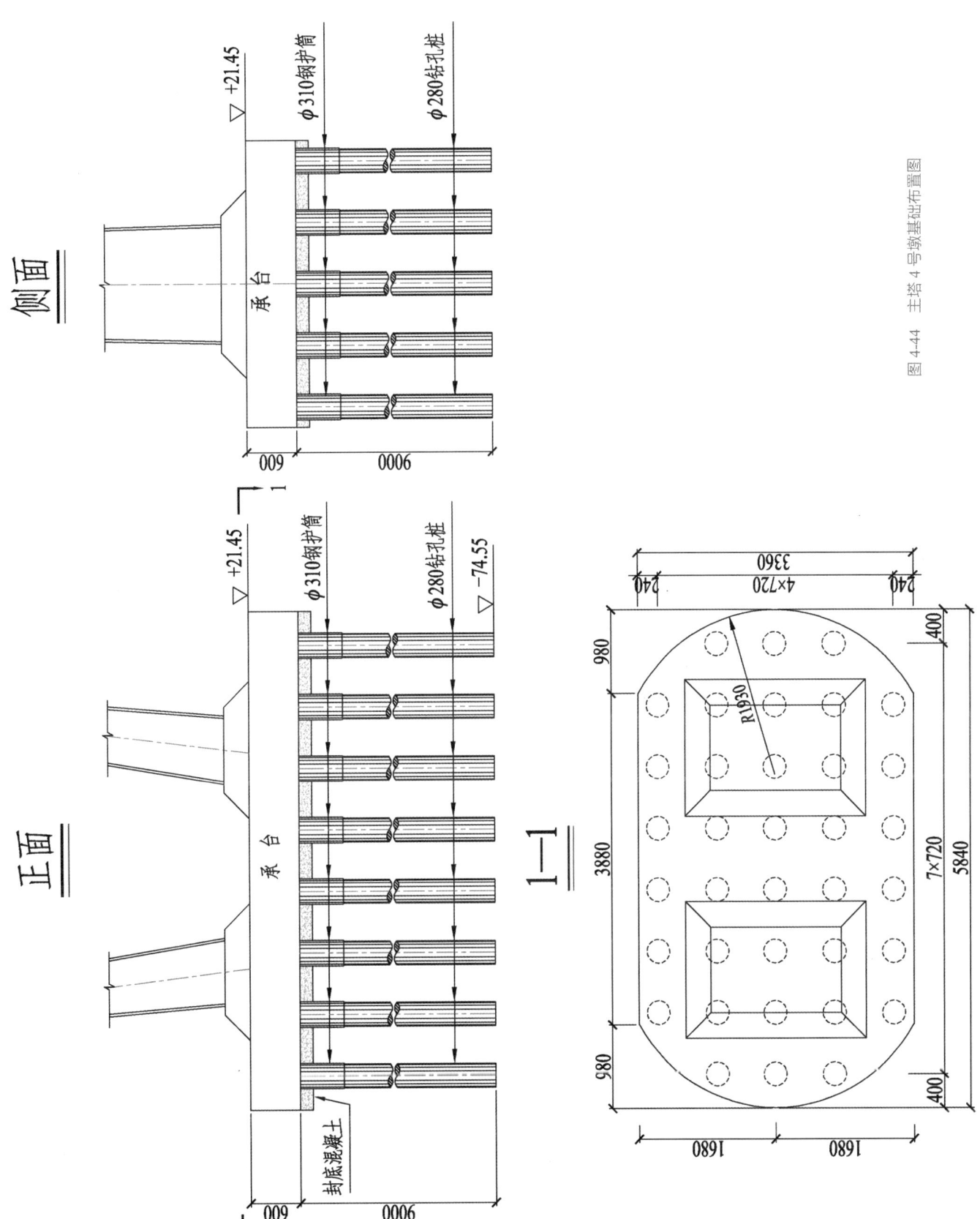

图 4-44 主塔 4 号墩基础布置图

4.1.2.2 总体施工方案

4号墩基础采用先围堰后平台的双壁钢围堰施工方案。与3号墩不同,4号墩河床面较高,承台埋至河床以下约6 m,围堰无底板结构,考虑封底厚度,围堰需在河床中下沉10 m左右。该墩施工流程为:底节围堰制造→下河浮运→定位→定位钢护筒插打→围堰挂桩→剩余钢护筒插打→钻孔桩施工→围堰接高、吸泥下沉→清基封底→抽水施工承台。

围堰为双壁钢套箱结构,分三节,底节高16 m,中节高5 m,顶节高2.7 m。底节在荆州汉沙船厂内整体制造,采用断缆气囊法下水,然后浮运至墩位处,依靠锚碇系统精确定位。采用两台并联DZJ315液压振动锤插打护筒,形成钻孔平台,安装钻机,最后进行钻孔桩施工。中节围堰为双壁结构,顶节为单壁结构,在桥位钢结构加工车间分块制造,待钻孔桩完成再运输至墩位用150 t全回转浮吊拼装。

4号墩桩基采用6台气举反循环旋转钻机成孔,钻孔桩分6个轮次完成。钻孔桩泥浆采用膨润土配制成的优质泥浆,由ZX-250泥浆分离器和沉渣箱组成泥浆循环系统,在围堰边配备1艘泥浆船负责输运泥浆。钢筋笼在后场钢筋车间加工成型,采用1艘165 t或150 t浮吊起吊下放就位;桩身混凝土采用垂直导管水下灌注,混凝土由岸上混凝土工厂供应,10台混凝土运输车将混凝土运至栈桥码头,再通过地泵将混凝土泵送入孔。

承台钢筋在钢筋加工车间加工成半成品,汽车运输到4号墩处绑扎成型。承台混凝土分2次浇筑完成,第1次浇筑厚度3 m,第2次浇筑厚度3 m,两次混凝土间采用施工缝处理。混凝土由岸上混凝土工厂供应。

基础施工用电考虑采用网电,从岸上高压接口接入,通过栈桥铺设10 000 V高压电缆至变压器平台,平台上设置2台1 000 kV·A和1台800 kV·A变压器,并配置一台500 kW发电机作为备用电源。

在最后一轮钻孔桩施工开始后,先进行圆弧段的围堰接高,待钻孔桩全部施工完成,直线段底节围堰上的沉渣筒平台移除后,分块接高直线段顶节围堰。围堰接高完成后,安排在水位相对稳定时进行围堰下沉施工。先对围堰内壁进行抽水,同时4套吊放系统作用下施加预升力,将围堰提升,使围堰整体升高约5 cm,将原有部分桩位挂桩牛腿(伸缩吊挂梁)拆除。挂桩牛腿拆除后,逐步注水及围堰内吸泥,在吊放系统作用下,使得围堰可控下沉。围堰下沉到位后,钢套箱围堰内在浇筑封底混凝土之前要进行围堰内清基和河床面整平等工作,清基后应由潜水工检查基坑底平整度和坑底标高,满足要求后方可进行封底施工。

首先进行围堰底隔舱混凝土灌注,再进行围堰封底。底隔舱混凝土采用垂直导管法进行水下混凝土分层灌注,围堰封底混凝土采用垂直导管法进行水下混凝土分仓灌注。封底施工完成并达到强度后,将围堰内的水抽干,割除部分内支撑,清理围堰内的杂物及围堰内封底混凝土面沉积的淤泥,然后进行桩头处理。

4号墩承台钢筋在钢筋加工车间加工成半成品,采用汽车运输到4号墩处绑扎成型。承台混凝土分2次浇筑完成,第1次浇筑厚度3 m,第2次浇筑厚度3 m,两次混凝土间采用施工缝处理。混凝土由岸上混凝土工厂供应。

4号墩基础施工用电考虑采用网电，从岸上高压接口接入，通过栈桥铺设10 000 V高压电缆至变压器平台，平台上设置2台1 000 kV·A和1台800 kV·A变压器，并配置一台500 kW发电机作为备用电源。

4.1.2.3 钢围堰制造

1. 围堰结构

4号墩围堰从结构上分为主体结构和附属结构两部分。主体结构包括侧板、底隔舱、内支撑三部分，附属结构为滑移下水、浮运、定位时的部分设施，围堰无底板。围堰形状为两端半圆的圆端形结构，平面尺寸为68.2 m×40 m。围堰内设纵横向底隔舱各两条，纵向底隔舱宽度为2.8 m，长度58.9 m，高6 m；横向底隔舱宽度为3.2 m，长度36 m，高6 m，纵横向底隔舱交叉位置设置隔舱板。底节围堰主体结构总重为2 069.9 t，中节和顶节总重量为1 535 t。围堰结构详见图4-45。

围堰附属及下河辅助设计有支撑钢凳、托板、托架、地锚及断缆器等，共计钢材用量约725.1 t。

2. 围堰制造总体方案

围堰底节（包括井壁、底隔舱、水平支撑桁架）在荆州汉沙船厂分为若干块件制造，然后在江边的下水场地进行拼装。井壁平面上分成44块（圆弧段30块，直线段14块），围堰高为16.0 m不分节，平面分块尺寸为2.25 m、2.85 m、3.5 m、4.5 m共4种，单块最大重量约为30 t，在钢结构车间分块制造，用平板车运到拼装场地后，由100 t履带吊进行拼装焊接；内支架在钢结构车间内形成桁架单元，考虑到吊装和运输原因，单榀桁架再分成3块，单块最大重量约为40 t，运到拼装现场后，在现场对接成一榀桁架，由两台履带吊抬吊并拼装焊接；底隔舱也是在车间内分段制造，运输到现场组拼、焊接成整体。其他附属结构在车间内分别制造好后，在现场拼焊。

3. 围堰制造工艺流程

钢围堰主要制造工艺流程如图4-46。

4. 底节围堰制造

（1）单元块件制造。

单元件组装顺序：胎架平台制作→拼板及框架制作→铺设外侧井壁面板→安装外侧井壁纵骨→安装水平环桁架结构→安装内隔舱板→安装内侧井壁纵骨及面板→焊接内侧井壁构件。

单元件焊接顺序：内外井壁正反面焊缝焊接→水平环桁架焊接→水平环桁架与外侧井壁焊接→水平环桁架与内侧井壁焊接。

曲线段侧板中心为ϕ19 m的圆形结构，分为30块制造，铺设专门的焊接胎架平台。

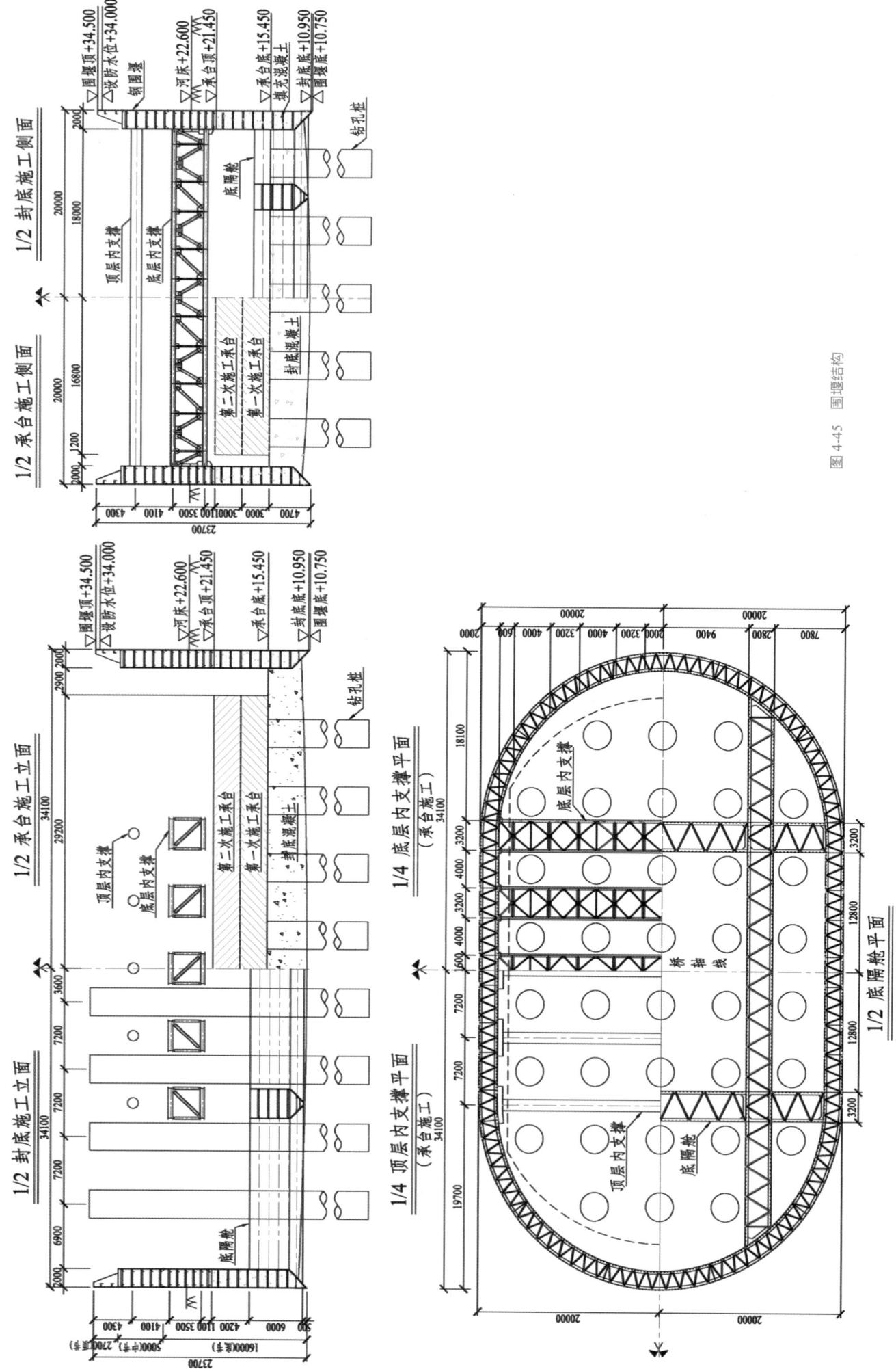

图 4-45 围堰结构

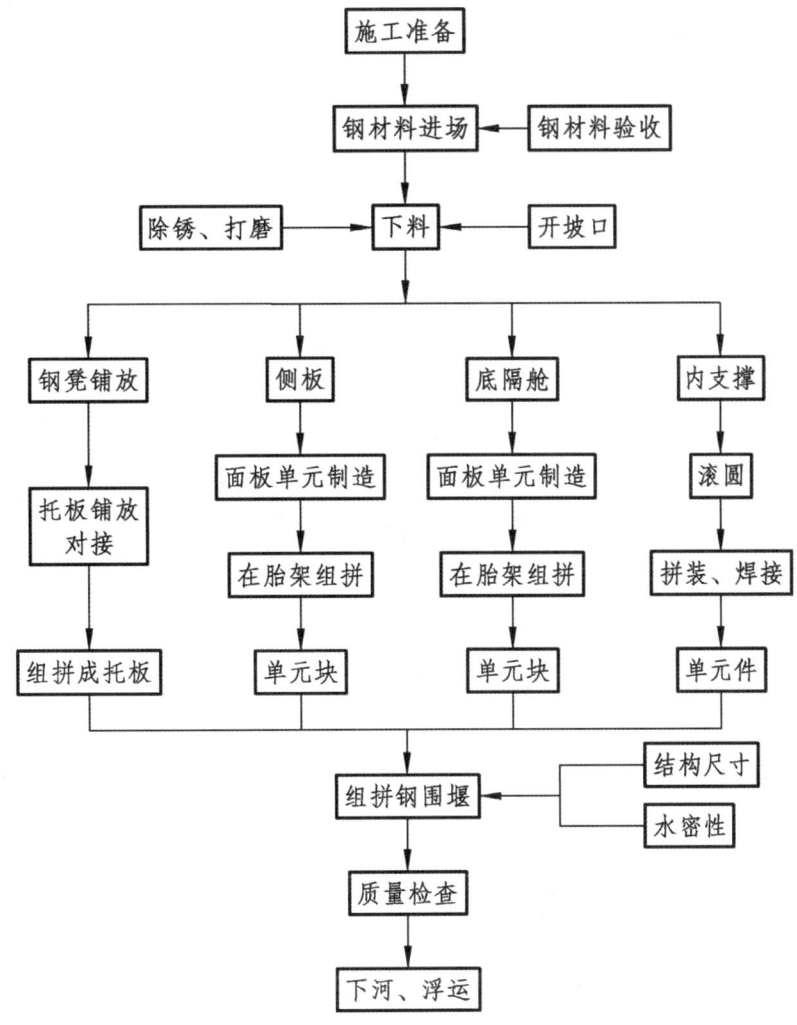

图 4-46 钢围堰制造流程

（2）底节围堰组拼。

围堰拼装在荆州汉沙船厂车间外的岸坡上进行。拼装前软土地基区域用鹅卵石填埋压实，表面铺设河沙进行平整压实处理，如图4-47所示。钢围堰组拼顺序为：底隔舱→侧板→内支撑→其他附属设施。

4.1.2.4 钢围堰下水及浮运

1. 围堰下水

（1）围堰下河滑道。

围堰呈圆端形，内部顺长度方向设有两道纵向隔舱，井壁底部和隔舱底为V形刃脚结构。长边井壁直段长度小于围堰全长，不能用作下河滑道。纵向隔舱与围堰全长接近，决定利用纵隔舱作为围堰下河滑道，采用断缆气囊法下水。由于隔舱底部呈V形尖底，采取设置与隔舱尖底形状匹配的V形

图 4-47　钢围堰现场拼装（侧板、内支撑）

支承架 + 厚钢板衬垫组合的托架结构作为气囊支承上滑道，托架宽 8 m，钢板厚 18 mm（作为底隔舱支承架与气囊间的衬垫，与托架等宽），V 形支承架间距 3.2 m。

底节围堰托板、托架及顶推架等附属结构总重约 685.1 t，围堰顶应急发电机、抽水泵及预先挂设于围堰上的拉缆、围堰边锚绳等重量约 40 t，底节围堰下河总重 = 2 069.9+685.1+40 = 2 795 t。

（2）下水坡道布置。

围堰拼装场地的坡度为 1∶10，起点位置距场地上端 43 m，终点距场地端部 111 m，1∶10 坡道前端至江边 15 m 长度整修成 1∶7 的下水快冲坡道。围堰下河坡道见图 4-48。

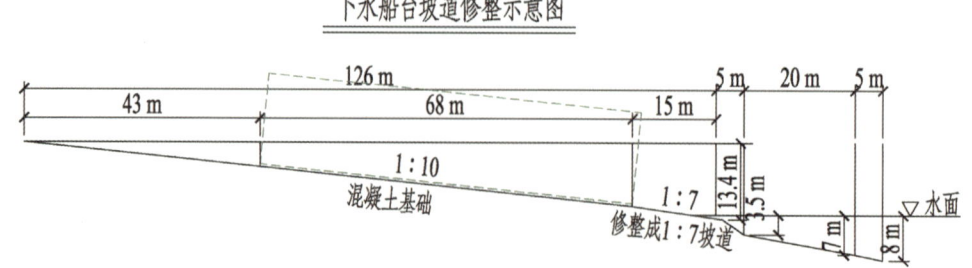

图 4-48　围堰组拼及下河坡道示意

（3）地锚布置。

控制围堰下滑的地锚布置于距组拼围堰位置后端 50 m，地锚用拉缆与对应隔舱板位置布置的 4 个围堰拉耳连接。地锚为钢筋混凝土结构，长 8 m，宽 8 m，深 3.5 m，顶部与地面平齐，允许承受 200 t 拉力荷载。

（4）气囊布置。

围堰下河采用 $\phi 1.2 \text{ m} \times 8.5 \text{ m}$（有效长度）的气囊，气囊工作高度 0.6 m，对应的单个气囊承载力为 136.2 t，围堰质量 $G = 2\,422.6$ t，取气囊个数 $N = 48$，则气囊的安全系数 $k = 136.2\,N/G = 136.2 \times 48/2\,422.6 = 2.7 > K_0 = 1.2 \sim 1.4$（常规情况），选用 48 个气囊安全。

现场钢凳共布置 118 个。先在钢凳间左右对称设置 24 个气囊，24 个气囊均匀充气受力托起钢围堰，然后抽除钢凳。钢凳撤除后，再把剩余的 24 个气囊补充进去，充气后再把先前布置的气囊放气调整位置，最后全部气囊按图 4-49 所示位置布置。围堰底部气囊充气如图 4-50 所示。

（5）围堰下水。

围堰本体与采用地锚滑轮组间采用快速脱钩器连接。围堰后方设置 4 个拉耳，每侧 2 个拉耳通过钢丝绳与 1 个脱钩器、拉缆相连，下水断缆时同时启动 2 个快速脱钩器机构，解除围堰控制拉缆，钢围堰依靠自身重力下滑冲入水中，快速完成自岸上转移至水上。

2. 围堰浮运

围堰浮运前需对浮运航道的水位及流速进行全面的测量，浮运线路满足 5.0 m 吃水深度要求，掌握沿线转弯处等水流条件，要求浮运时天气晴或多云，气象稳定，且江上风力不大于 5 级，如图 4-52 所示。

汉沙船厂水域至荆州长江公铁大桥桥址 4 号墩（临近公安县杨家厂镇南五洲沿江村江段），航程约 35 km。围堰浮运采用 3 艘拖轮同时顶推顺江而行，拖轮均为 2 640 马力。3 艘拖轮采用 2 帮一顶呈品字形布置方式。浮运正值长江中游枯水期，浮运航段内重点浅险航段有两处：一是沙市钢管厂下游的瓦口子航段，二是马家咀航段。在围堰拖带前，拖轮将对整个浮运航段进行全程测深，并对上述两段重点航段进行往返测深，记录有关数据，做到心中有数。过浅区时，提前减速，摆好船位，沿深水航行，浅槽内应提早并小角度转向，避免船位偏出深水航路。在通过浅窄航段前，及时与来船取得联系，及早统一会让意图，并通过海巡艇现场维护，避免在槽内会船。

围堰浮运过程中，需严格遵守《中华人民共和国内河避碰规则（1991）》（2003 年修订版）、《长江中游分道航行规则》等相关法规，保持正规瞭望，认真收听高频无线电话，及早、及时通报船舶动态，加强与现场海巡艇的有效联系。

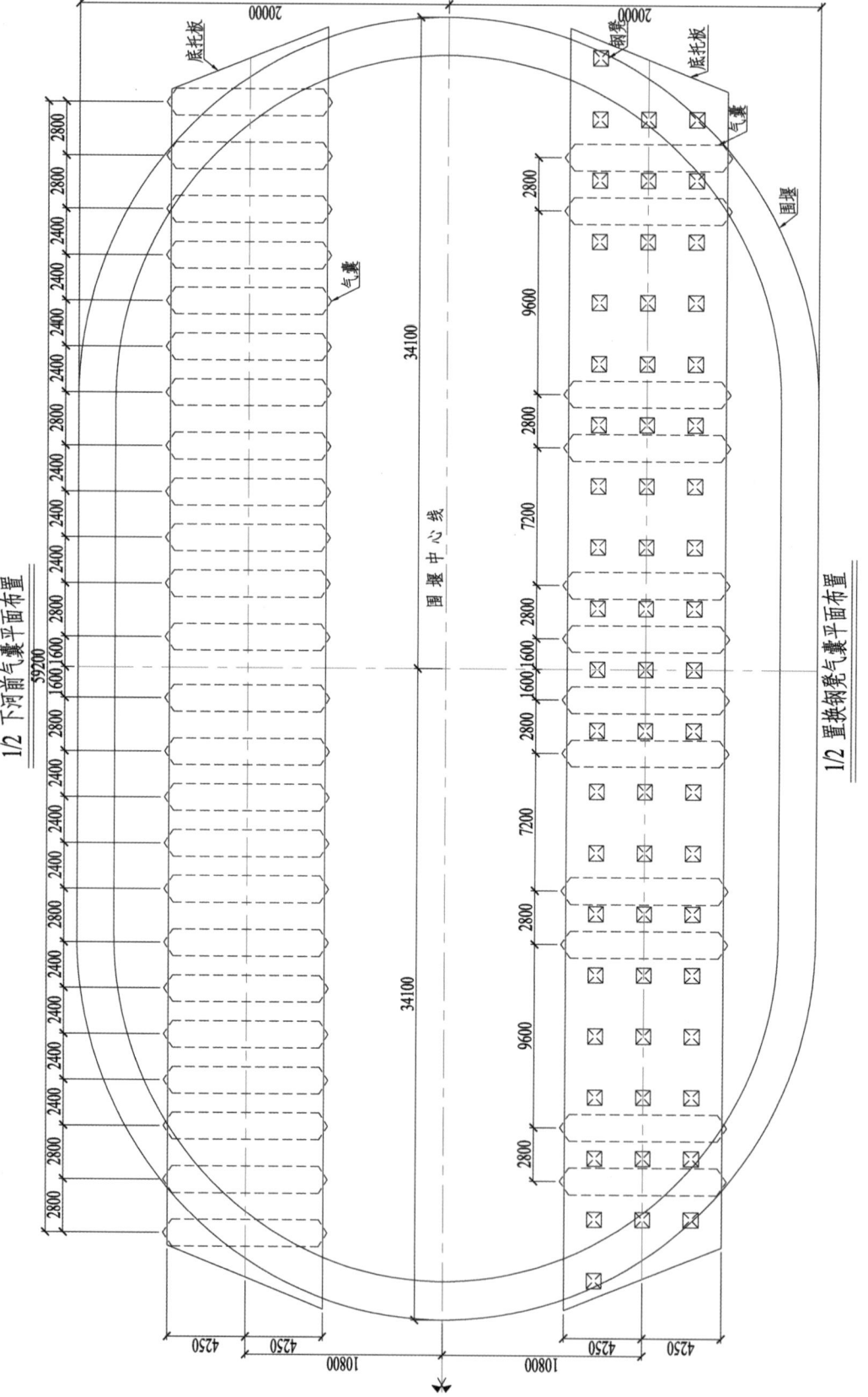

图 4-49 围堰底部气囊布置图

图 4-50 围堰底部气囊充气

图 4-51 围堰下水用后拉缆图片

图 4-52 围堰浮运

4.1.2.5 钢围堰锚碇定位

1. 围堰锚碇系统

4号墩围堰采用无导向船的前、后定位船锚碇方式。主锚为6个10 t霍尔锚,布置在桥轴线上游650 m附近水域,通过6根ϕ66 mm钢丝绳和6根ϕ76 mm锚链连接前定位船;尾锚为4个8 t霍尔锚,布置在桥轴线下游侧650 m附近水域,通过4根ϕ56 mm钢丝绳ϕ58 mm锚链连接后定位船;前、后定位船边锚江侧各为2个3 t霍尔锚,用ϕ32 mm钢丝绳ϕ30 mm锚链连接,岸侧各为2个3 t霍尔锚,用ϕ32 mm钢丝绳ϕ30 mm锚链连接;前定位船与围堰间设4根ϕ66 mm钢丝绳拉缆连接,后定位船与围堰间设4根ϕ48 mm钢丝绳拉缆连接;围堰的江侧边锚为4个5 t霍尔锚,用4根ϕ48 mm钢丝绳和4根ϕ58 mm锚链连接。岸侧边锚为4个5 t霍尔锚,用4根ϕ48 mm钢丝绳和4根ϕ58 mm锚链连接。锚碇系统布置如图4-53所示。

2. 围堰初定位

(1)在拖轮及现场浮吊辅助下,围堰先带上4根前拉缆及4根后拉缆,最后带围堰两侧边锚。

(2)前、后定位船的卷扬机收放拉缆调整围堰上下游方向位置,围堰顶的卷扬机收放边锚绳调整顺桥向位置,初步确定围堰位置。

(3)底节围堰定位精度控制在10 cm以内。

4.1.2.6 钢护筒施工

4号墩钢护筒$\phi_内$3.1 m,壁厚24 mm,长度为39.0 m,单根护筒重量为72.08 t。护筒在工厂制作成2节,现场设一个接头,底节长度为26 m,顶节长度13 m。围堰精确定位后,利用165 t浮吊吊起DZJ315液压振动锤,分节插打钢护筒。

如图4-54,先插打1号→6号→17号→20号→3号→4号→7号→14号→31号→36号→23号→30号→33号→34号共14根定位钢护筒,待14根钢护筒顶部安装挂桩设备完成挂桩后,再插打其余钢护筒。

护筒吊装、插打、接高及挂桩施工方法与3号主墩相同,此处不再叙述。

4.1.2.7 钻孔桩施工

4号墩采用3台5L-40/10型压风机配合6台KPG-3 000A型全液压旋转钻机,气举反循环成孔,分6个轮次进行,刮刀钻头。钢筋笼在现场车间采用长线法分节制作成型,墩位处吊装利用165 t浮吊下放钢。桩身混凝土采用垂直导管水下灌注,混凝土由生产区混凝土工厂供应,凝土运输车将混凝土运至栈桥码头,再通过地泵将混凝土泵送入孔。成孔后采用超声波检测仪验孔。

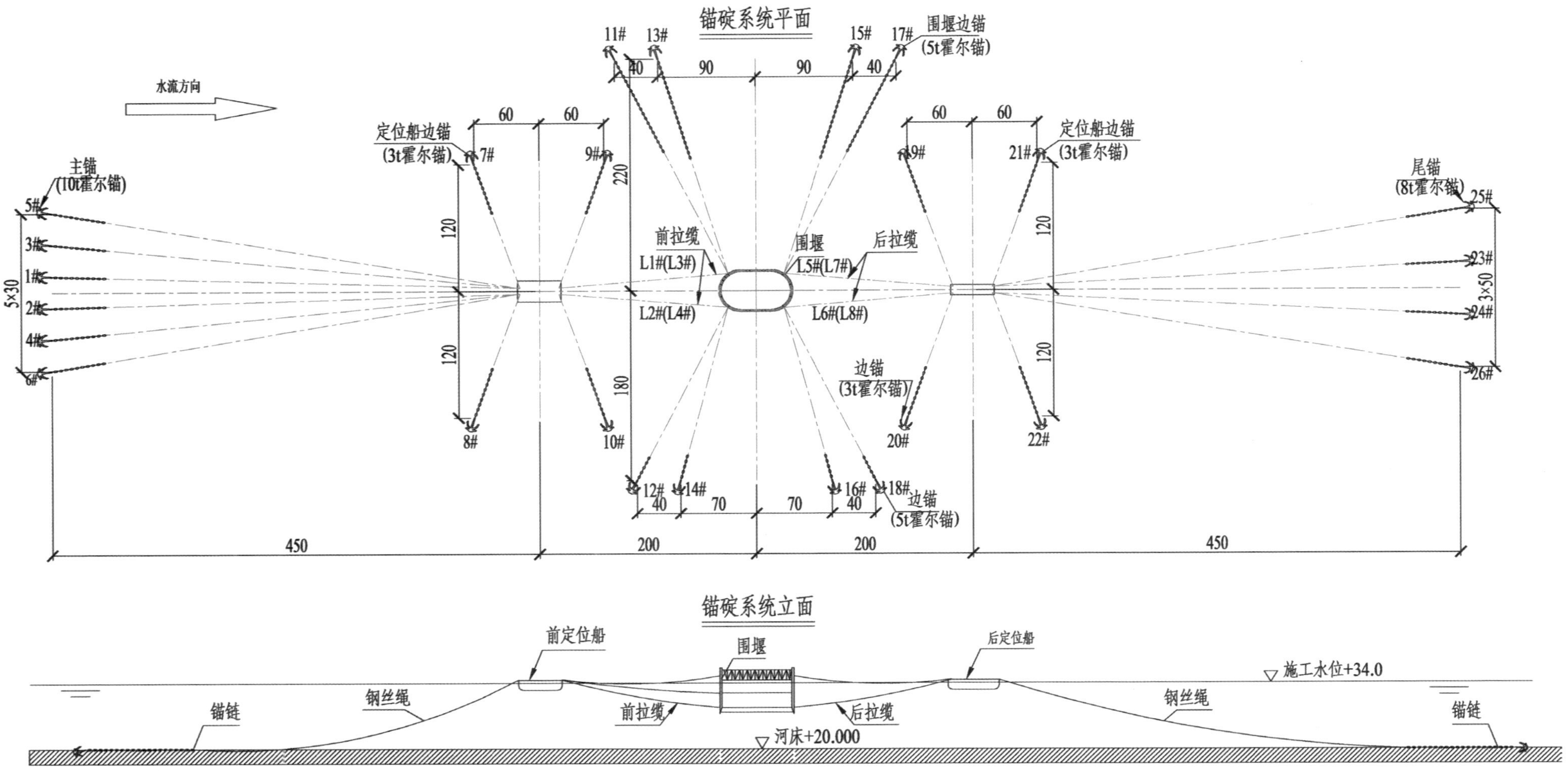

图 4-53 锚碇系统布置图

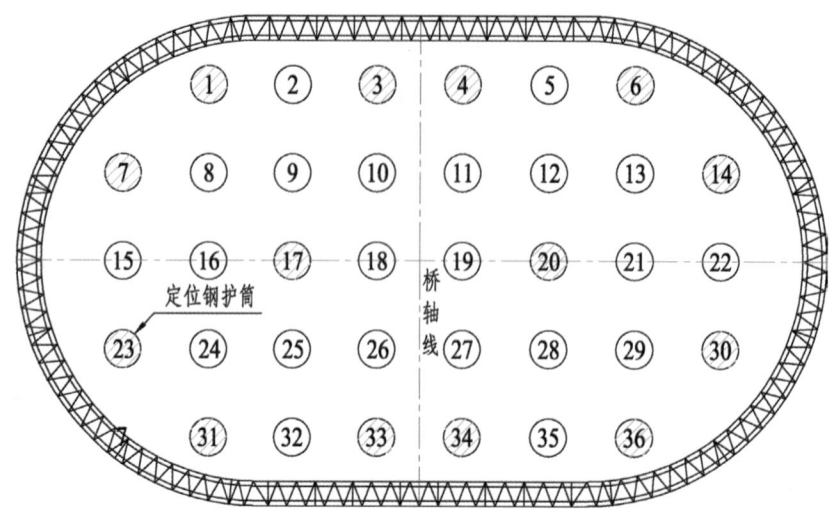

图 4-54 定位钢护筒布置图

1. 成孔方法

主墩为直径 2.8 m 钻孔灌注摩擦桩，地层主要为砂层、卵石层，考虑扭矩、桩长和桩径，选用 KPG-3000A 型钻机及 2.8 m 刮刀钻头，气举反循环钻孔。当钻进至护筒底口以上 2 m 时停止钻进，开始调整泥浆指标，待护筒内泥浆指标满足要求后方可向下钻进成孔，钻进到护筒底口部位时（底口上下各 2 m 左右）小气量、轻钻压、慢转速钻进成孔，防止钻头碰挂护筒底口。如钻进过程中发现钻头摩擦护筒，不得强行钻进，可根据护筒倾斜情况适当调整钻机位置。待钻头整体钻出护筒 2 m 左右后，才允许正常钻进，然后一直钻至设计标高。

2. 泥浆配备、循环及净化

（1）基浆拌制。

先将一定量的水加入制浆机中，再按比例加入膨润土和纯碱，膨润土泥粉、纯碱和水在制浆机中充分搅拌，使膨润土颗粒充分分散，制成基浆。然后在储浆池中存放 24 h，使膨润土颗粒都充分膨胀再投入使用。

（2）pHP 鲜浆的拌制。

①将 PAM（100）置于清水（6 000）中浸泡 1 天；

②同时加入 NaOH 在搅拌筒中搅拌以促溶，NaOH 用量约为 PAM 的 10%；

③停置 2～3 天，使 PAM 分子有效地分散于水中，形成 PHP 浓液；

④将 PHP（60%～70%）的浓液加入浓基浆中，经高压反复喷射混合，形成 PHP 新鲜浓泥浆。

（3）泥浆配比。

水：膨润土：羟甲纤维素：聚丙烯酰胺絮状剂：碳酸钠 = 1：0.08：0.001：0.000 012：0.002 4

（4）泥浆指标如表 4-14 所示。

表 4-14 泥浆指标

指　标	①膨润土基浆		② PHP 鲜浆	
	浓	淡	浓	淡
比重 $V/(g/cm^3)$	＜1.04	＜1.03	1.05	1.04
黏度 $T/(Pa·S)$	20～22	17～19	27～35	22～26
含砂率 π	0～0.3%	0.3%～0.5%	0～0.2%	0.3%～0.4%
胶体率 G	98%	96%	100%	98%
失水量 $B/(mL/30\ min)$	＜20	＜15	＜12	≤10
泥皮度 $K/(mm/30\ min)$	≤2.0	≤1.5	≤1.5	≤1
酸碱度（pH）	8～9	7～8	10～12	9～10
适用地层	砂性土层	黏性土层	砂性土层	黏性土层
说明	膨润土+碱+CMC		膨润土基浆①+pHP	

（5）泥浆循环及净化。

泥浆采用集中拌制、集中供应、集中净化的方式进行。浆池设在岸边临近大堤的滩地上，通过布置在栈桥上的循环系统管路输送至墩位钻孔平台上的泥浆循环管路。

钻孔施工过程中泥浆的净化采取机械强制净化方法。平台上共布置 6 台 ZX-500 型泥浆分离器，每 1 台钻机配 1 台 ZX-500 型泥浆分离器。钻机排渣管与钻孔平台的出浆管接口相连，出浆管将钻机排出的带钻渣的泥浆打入泥浆预筛设施上，先过滤粒径大于 1.5 mm 的钻渣颗粒，然后再经 ZX-500 型泥浆净化器进行浆、砂分离处理，分离出的钻渣通过溜槽排放到靠在围堰边的储渣船上。经泥浆分离器净化处理后的泥浆通过回浆管路流回孔内，若需补浆，用泥浆泵从泥浆池向回浆管内打入新鲜泥浆进行补浆。灌注钻孔桩水下混凝土时，开启泥浆泵将护筒内溢出泥浆通过栈桥泥浆管路泵送到泥浆池。

3. 钻孔顺序

6 台钻机依次编号为 A# ～ F#，钻孔次序详如图 4-55。

4. 钻孔过程

（1）安装钻机使其底座平稳、水平、钻架竖直，且保持钻机顶部的水龙头、钻头、桩位中心在同一铅垂线上，孔口处钻杆中心与桩位中心水平对齐，偏差控制在 2 cm 以内。

（2）钻头在即将钻出护筒时以低档慢速空气反循环钻进，进尺速度为 0.5～1 m/h、钻压为 ＜100 t、转速为 4～6 r/min。钻孔过程中坚持减压钻进，保持重锤导向作用，保证成孔垂直度。

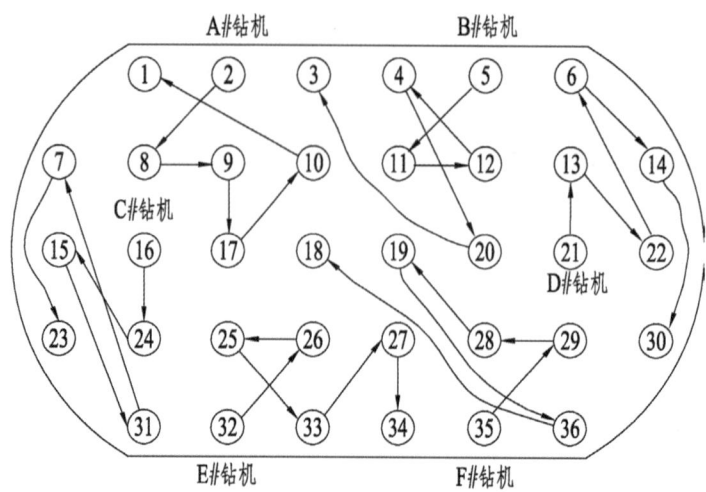

图 4-55 钻孔次序布置图

（3）正常钻进时参照地质资料掌握土层的变化情况，及时捞取钻渣取样，判断土层，记入钻孔记录表，并据变化情况及时调整钻机的转速、钻压及进尺速度。钻机在不同地层的钻进参数如表 4-15 所示。

表 4-15 钻机钻进参数表

地 层	钻压 /kN	转数 /（r/min）	进尺速度 /（m/h）	采用的钻头
护筒底口地层	<100	4~6	0.5~1.0	刮刀钻头
黏土层	150~200	4~6	1.5~2.0	刮刀钻头
粉（细、中、砾）砂层	150~200	4~6	1.5~2.5	刮刀钻头
卵石层	200~300	5~10	0.1~0.5	刮刀钻头

（4）拌浆时每拌制 400 m³ 检测一次，正常钻进时每 2 h 检测一次出浆口和进浆口泥浆的比重、黏度、含砂率及 pH 值。

（5）孔内水头始终保持在长江水位以上 2.5~3.5 m，并据水位的变化进行调整，加强护壁，防止坍孔。

5. 清孔及检测

利用钻机泥浆循环系统反循环进行换浆，即将钻头提离孔底 10~15 cm，向孔内一边注入新鲜泥浆，钻头一边低速空转持续吸出桩底渣浆，直至排出泥浆的含砂率与换入泥浆的含砂率接近为止。泥浆指标为：相对密度 1.06~1.10，黏度 20~24 s，含砂率 <0.5%。

当泥浆的各项指标均达到要求（一次清孔结束）并报经监理同意，拆除钻具，移开钻机。随后用超声波检测仪对孔径、垂直度、孔深等指标进行检测，满足要求时准备下笼灌注水下桩身混凝土。

图 4-56　钻孔施工现场

6. 钢筋笼制作及安装

（1）钢筋笼制作。

钢筋笼制造采用长线法分节加工制作，胎架底座间距 2.5 m，分节长度 12 m，共布置 3 条生产线。钢筋笼长线法胎具制作如图 4-57 所示。

(a)

(b)

图 4-57 钢筋笼长线法制作

（2）钢筋笼运输。

节段钢筋笼用平板车运输至起重码头下河，如图 4-58 所示。在平板驳船上按原加工顺序对号依次吊装进行接长后运至墩位。

图 4-58 钢筋笼水上运输

（3）钢筋笼下放。

钢筋笼节段先两两在驳船上对接，为防止钢筋笼起吊变形，钢筋笼采用翻转架辅助翻身起竖。翻身时，150 t 浮吊起吊钢筋笼上端，翻转架支撑钢筋笼下端，吊机提起钢筋笼上端时翻转架托起钢筋笼底部一起转动快速竖起，最后脱离翻转架吊至孔位下放。对接胎架及翻转架如图 4-59 所示。

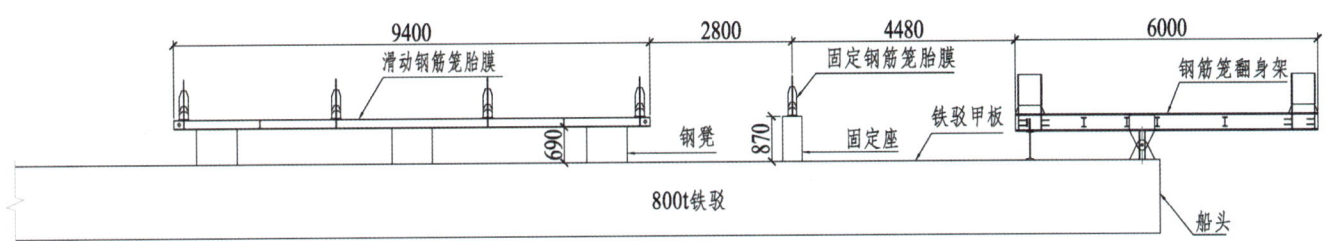

图 4-59　钢筋笼对接胎膜及翻身架

钢筋笼桩孔中下放节段对接时采用钢筋笼打梢环装置悬挂定位。该装置由卡板和支撑环两部分组成，支撑环由两个半圆环通过螺栓连接成整体，卡板可在支撑圆环内前后抽动。打梢环安装在孔口钻孔平台顶面，下面节段钢筋笼的加劲箍支承在钢筋笼打梢环卡板上和待对接节段钢筋笼连接，连接好后提起笼体抽出卡板，继续下放钢筋笼。钢筋笼下放到位后利用 4 根吊筋吊挂在孔口打梢环上，完成下笼工作，如图 4-60 所示。

图 4-60　钢筋笼下放及对接现场

7. 二次清孔和混凝土灌注

桩身混凝土灌注采用垂直导管法水下灌注。导管为内径 350 mm、壁厚 8 mm 的快装螺旋卡口导管。导管底节长度 6 m，中间节长度 3 m，调整节长度 1 m、0.5 m，总长度 250 m（另有一套备用）。导管使用前做拼接、水密、承压和接头抗拉试验，水密试验时的水压比不小于 2 MPa，持荷时间不小于 5 min。

二次清孔在下完钢筋笼及灌注导管后进行，利用导管进行清孔（在导管顶部安装带有风管的弯管吸泥头）。清孔时同步补充孔内泥浆，维持孔内水头高度。二次清孔后合格后，立即拆除清孔弯头和高压风管，进行桩身水下混凝土灌注。

8. 混凝土灌注

桩身混凝土由生产区的HZS180混凝土工厂拌制，搅拌车送至平台后通过地泵泵送入储料斗内进行灌注。

导管下口距孔底约20～40 cm，根据计算，导管埋深2 m左右需灌混凝土12 m^3（首灌拔球量），采用18 m^3和2 m^3储料斗进行灌注。拔球前在2 m^3储料斗下方导管口安设泡沫隔水栓（泡沫隔水栓事先需做导管通过试验），当18 m^3和2 m^3储料斗均储满料后快速"拔球"灌注桩身水下混凝土。首灌拔球后检测导管内有无漏水，确认无异常后方能继续灌注。

灌注过程中控制导管埋深2～6 m，根据导管配节长度确定灌注方量和拆除管节。记录混凝土灌注量及相对应的混凝土面标高，以便绘制灌注曲线，分析扩孔率。终灌标高按高出设计标高1.5～2 m进行控制。

图4-61　钻孔桩混凝土灌注现场

9. 桩基检测

在桩身混凝土龄期达 14 天后，由业主委托的第三方桩基检测公司进行桩身超声波检测，每根桩检测 6 个面。经检测，36 根桩均为 I 类桩。

10. 总结

（1）钻孔桩施工从 2013 年 06 月 05 日开始到 2013 年 09 月 19 日结束，共历时 107 天。平均每根桩纯钻进时间 108 h，钻机、泥浆分离器机械设备故障处理 12 h，总计用时 120 h。各土层钻进情况为：黏土层进尺 2.0 m/h 左右，砂层进尺 1.5～2.5 m/h，卵石层进尺 0.1～0.5 m/h。钻进时泥浆指标：密度 1.3 g/cm³ 左右，黏度在 18～22 s，含砂率小于 3%，pH 值为 8～10。终孔时通过换浆，泥浆指标调整为：密度 1.07 g/cm³，黏度 21 s，含砂率 1.5%，pH 值为 8，胶体率 96%。

（2）钢筋笼下放最短用时 10 h，最长 18 h，平均用时约 12 h。混凝土灌注平均 8 h。

（3）钻孔穿过卵石层时易发生漏浆，采取向孔内投放锯末和黄泥、钻机转动但不送风排渣钻进，护筒内泥浆面高于江水 1.5～2.0 m 等措施控制漏浆。

（4）加装稳定器，尽量采用双护圈钻头钻孔，适当增加配重的数量，防止出现弯孔、斜孔。

4.1.2.8 围堰接高下沉

1. 围堰接高

中、顶节围堰在现场钢结构加工车间分块制造，然后汽车运至围堰旁用 150 t 全回转浮吊接高。接高在最后一轮钻孔桩施工开始时进行，先接高圆弧段井壁，待钻孔桩全部施工完成，再接高直线段中、顶节围堰，如图 4-62 所示。

图 4-62 中、顶节围堰接高

2. 围堰下放

围堰采用4套吊挂下放系统进行下放，吊挂下放系统分别设置在2号、5号、32号、35号钢护筒位置，吊放系统由分配梁、千斤顶和 $\phi 32$ mm精轧螺纹钢筋（PSB930）等部分组成，每根钢护筒布置2个吊点共4根 $\phi 32$ mm精轧螺纹钢筋（PSB930）吊杆，围堰上对应护筒吊点设有8个吊点，单个吊点最大受力按160 t设计。

围堰接高完成后，安装2号、5号、32号、35号钢护筒位置的围堰提升、下放吊挂系统，先将围堰整体升约5 cm，然后拆除桩位挂桩牛腿（伸缩吊挂梁），最后同步下放围堰至河床面。吊放装置如图4-63所示。

图4-63　围堰吊放装置

3. 围堰在覆盖层中下沉

围堰下沉前，测得围堰周边50 m范围河床上游低下游高，为防止围堰下沉时河床高差过大造成偏移，事先将围堰下游河床利用吸泥船清理至+12.0 m标高，上游侧河床回填至+10.5 m标高。下沉过程中如河床高差过大，需再次进行抛填、清吸处理。

为防止围堰下放时受水流作用造成偏移、倾斜，围堰下放采取了两个措施：一是吊挂平衡系统控制围堰垂直度措施，二是平面导向装置控制围堰平面位置偏差措施。导向装置设在1号、6号、31号、

36号四根钢护筒位置,导向装置由平面导轮和竖向导轨组成,导轮安装在四根护筒周边的内支架上弦杆四个角点处,导轨对应导轮位置安装固定在护筒上,使围堰下放时能紧贴护筒下滑,不产生偏移。河床高低不平产生的围堰基底不平衡反力由吊挂系统平衡,一是井壁内注水,使围堰整体重量大于浮力,不平衡重量由吊挂系统承受保持平衡(每根护筒承受250 t);二是围堰局部区段先着床后,着床区段井壁注水,抵消刃脚河床阻力,保持吊杆受力一致维持围堰水平。

当围堰上、下游刃脚进入土层稳定深度后,解除吊挂,围堰采取吸泥机吸泥除土下沉,直至围堰下到设计位置。

4.1.2.9 围堰封底

围堰底隔舱内及封底混凝土均采用C25水下自密实混凝土,围堰封底厚度为4.5 m,考虑到吸泥下沉后中间形成锅底,计算封底混凝土理论方量11 181.5 m³。围堰封底分区分隔舱进行,如图4-64所示,底隔舱分为8个舱(①~⑧),围堰井壁和底隔舱隔成的区域分为9个隔舱区(1~9),封底方量最多的为5区,达2 166 m³。

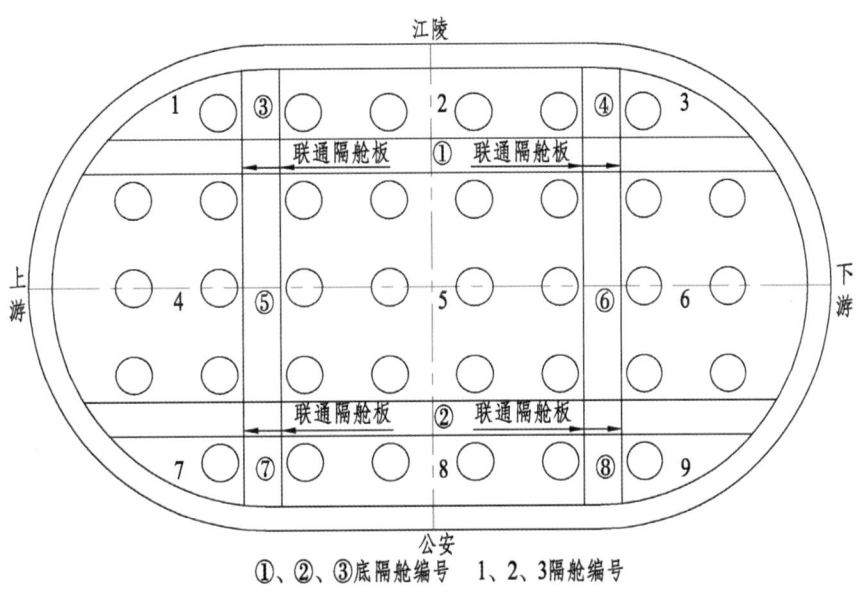

图4-64 围堰隔舱和底隔舱编号

1. 围堰封底准备工作

(1)基坑锅底回填。

围堰吸泥下沉到位时在围堰内部形成较大吸泥锅底坑,锅底坑面低于底隔舱底面标高,需回填处理。

锅底坑采用河砂回填。运砂船将砂运至围堰旁,利用抓斗和皮带运输机将砂送入围堰各隔舱内。回填顺序为先上游区后下游区,先外侧区后中间区,回填顶面标高控制在+10.3 m ~ +10.8 m。回填至设计标高后,由潜水工下水用高压射水进行表面找平,找平后表面高差控制在 0.3 m 以内,防止超高影响封底厚度。

找平工作完成后,潜水工对底隔舱、井壁刃脚斜面清理情况进行触摸检查,如相邻隔舱存在互通情况,需由潜水工用砂袋堆码封堵缺口,防止封底混凝土串舱。

图 4-65　潜水员下水清理钢护筒表面泥沙

图 4-66　围堰封底平台搭设

(2)围堰底隔舱、内井壁板及钢护筒表面清理。

受江水长时间浸泡和钻孔作业影响,围堰井壁、底隔舱壁及钢护筒表面会有淤泥浮浆、浮游水生物等沉积物,在封底前必须彻底清除,使封底混凝土与其良好结合,确保封底混凝土结构安全和防止渗漏水。沉积物采用吸泥机辅以高压射水方法清除,防止遗漏。清理完毕后,由潜水员下水检查,重点检查吊杆周边表面、隔舱与井壁连接处拐角、钢护筒表面等部位,吸泥机不能到达部位须由潜水员下水用钢丝刷或高压射水清除。

(3)围堰封底平台及导管布置。

围堰封底作业平台在原钻孔平台基础上铺设。封底导管采用 ϕ360 mm 快装卡口管,共 2 套,每套基本节长度为 3 m,另均配 2 m、1.5 m、1 m 长度的调整节,调整节装于顶部。每套导管使用前逐套进行水密和拉力试验,试验压力取水压的 1.5 倍。

2. 围堰封底

围堰封底采用水下垂直导管灌注法,拔球方式与桩基水下混凝土灌注相同。

(1)底隔舱封底。

按水下混凝土方式灌注,起始端安装导管、料斗拔球后灌注,灌注到一定高度时,按图 44-67 设计位置依次安装后续导管、料斗并拔球灌注,全断面由一端向另一端推进。同一隔舱内由一端灌向另一端,单根导管的灌注间隔时间控制在 1 h 以内。先灌注横桥向长隔舱,后灌短纵桥向短隔舱。采用 2 台布料机和 10 套导管进行底隔舱灌注。

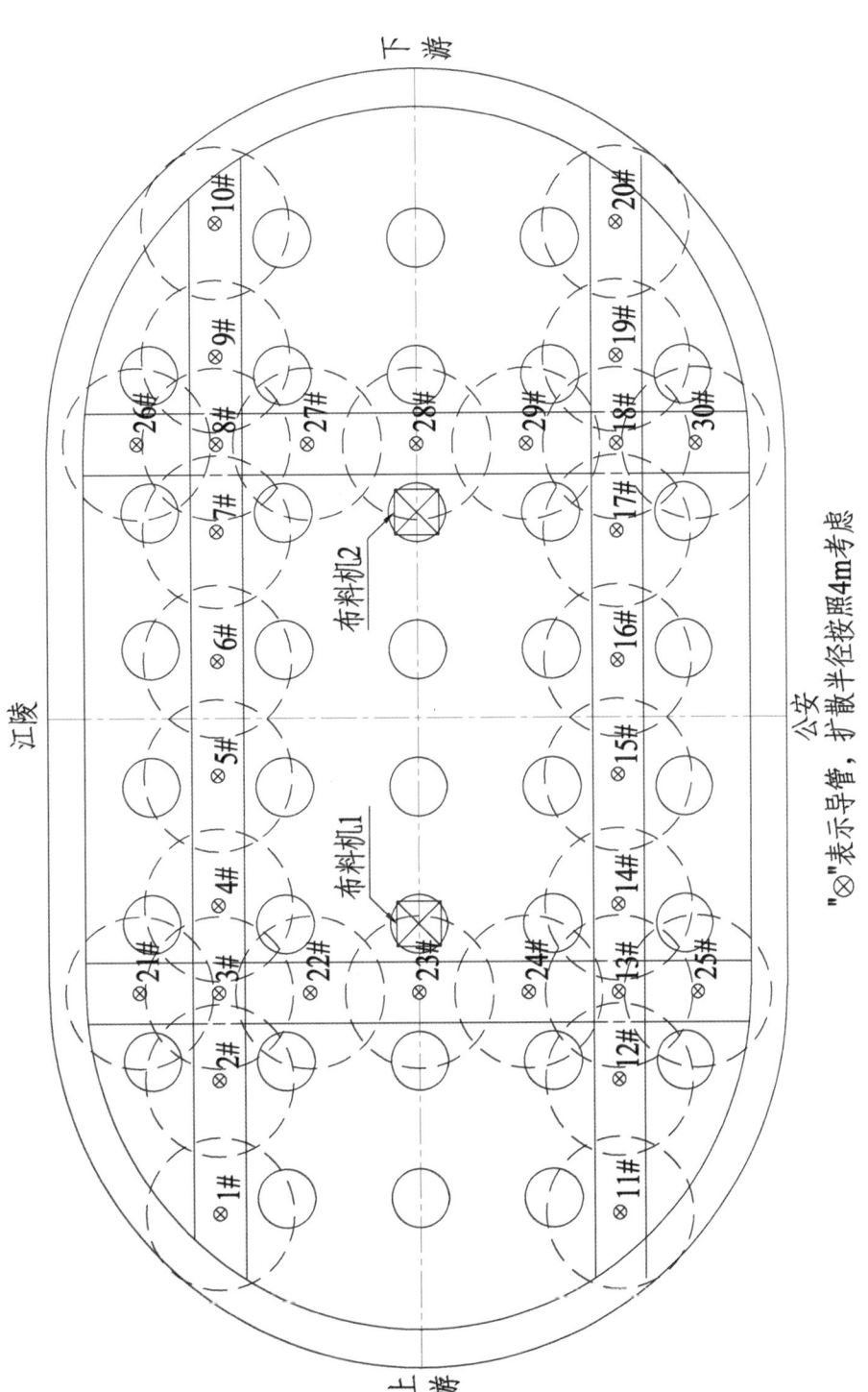

图 4-67 底隔舱混凝土灌注施工布置图

（2）围堰封底。

围堰封底在底隔舱混凝土强度达到设计要求后开始。如图4-68所示，先封1号、3号、7号、9号共4个角舱，再封2号、4号、6号、8号共4个边舱，最后封5号舱。

封底混凝土通过输送管路直接由岸上混凝土工厂泵送至围堰顶布料机（2台，作业半径24 m），再由布料机进行灌注。利用导管进行水下混凝土灌筑。封底导管按照4 m扩散作业半径布置，单套导管长度为22 m。单一隔舱区内封底采取从一端或一角向另一端推进的方式。

各舱终封混凝土面标高控制在+15.3～+15.5 m。某舱灌筑完毕时，如局部点混凝土面低于30 cm以上，应进行补灌。方法是：先将导管插入该点位置已灌筑混凝土内约0.5 m，然后用水泵将导管内的水抽出，再在该点补灌混凝土并监测混凝土面上升情况。

3. 总　结

（1）水下混凝土扩散半径取4 m，实际可达到8～10 m。水下混凝土扩散半径取用值多少会影响到首批混凝土方量需求值得计算可靠性，甚至导致首封失败，也会影响封底布管及其数量准备。因此有条件时宜先做模拟试验，以试验结果指导施工最为可靠。

（2）围堰内井壁、护筒壁务须彻底清理干净，封桩时泥浆指标也必须达标，否则在这些地方易形成渗水通道。

4.1.2.10　承台施工

4号墩承台混凝土分2次浇筑完成，每次浇筑厚度均为3 m。因4号墩为无底套箱围堰，承台施工和3号墩稍有不同，步骤如下：平台拆除，围堰抽水→清淤→钢护筒及底隔舱割除→凿桩头→立模→钢筋绑扎及冷却水管安装→第1次承台浇筑→绑扎中顶层钢筋及塔座、下塔柱预埋筋→承台第2次浇筑。围堰抽水、桩头凿除、承台钢筋绑扎和混凝土浇筑与3号墩基本一样，不再叙述。不同之处如下：

1. 底隔舱割除

底隔舱高出封底混凝土面约2 m，抽水后，高出封底混凝土顶面的底隔舱钢结构先割除，然后再清理整平底隔舱范围，将高出的封底混凝土凿除凿平，低洼处回填碎石或混凝土碎块砂浆抹平，如图6-69所示。

2. 模板制作与安装

4号墩承台模板采用3.5 m高钢模，第一次浇筑完成后，分段拆除模板，在围堰内壁焊第二次承台浇筑高度的模板支承牛腿（间距1.0～1.5 m），将拆下来的模板支于牛腿上，模板下口包住第一层承台约20～30 cm，上部高出承台20～30 cm作为混凝土浇筑后的蓄水养护挡水结构。

4 大桥施工 | 175

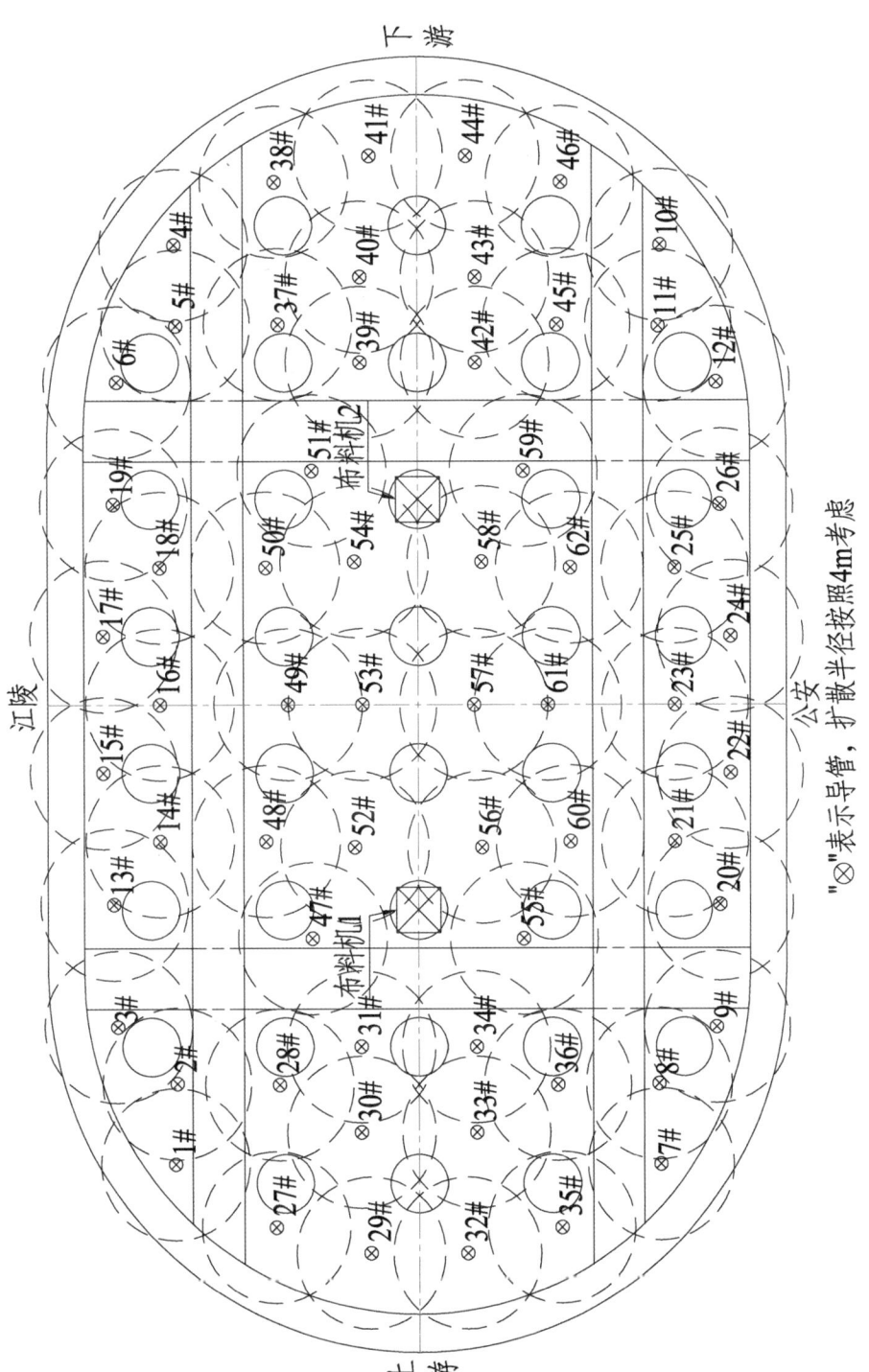

图 4-68 隔舱混凝土灌注施工布置图

图 4-69 桩头凿除及清理

3. 钢筋绑扎及冷却水管安装

4号墩承台钢筋除部分面层钢筋外，其余钢筋一次安装成型。承台第一次混凝土灌注后，再绑扎剩余面层钢筋，并安装塔座钢筋，预埋下塔柱钢筋。

承台冷却水管采用 $\phi 32$ mm 钢管，共布置六层，底层、顶层水管距混凝土表面为 0.5 m，其余竖向间距为 1.0 m；水平间距为 1.0 m，上下层冷却管横纵交错布设。每一层冷却水管均采用单独一套进水及出水系统，共设置三套。冷却水管的布置如图 4-70。

4. 混凝土施工

承台混凝土采用围堰顶的 2 台布料机进行浇筑，水平分层厚度控制在 30 cm 左右。承台混凝土由岸上混凝土工厂供应，由搅拌车通过栈桥输送到墩位栈桥 2 上地泵处，由地泵向布料机输送进行布料。混凝土输送到围堰上后，布料机前端设置软管，通过软管输送到已经布置好的导管内，混凝土灌注分别由承台上下游两端开始向中间浇筑，分层混凝土灌注间隔时间不超过 6 h。4号墩承台灌注平面布置图见 4-72。

4.1.3 1号、2号主墩下部结构施工

4.1.3.1 钻孔桩施工

1号墩为主桥和引桥的交界墩，位于荆江大堤北侧，距堤脚约 35 m，基础设 18 根 $\phi 1.2$ m 钻孔桩，纵向 3 排，横向 6 排，桩长 56 m。2号墩为主桥北边跨辅助墩，位于荆江大堤南侧坡脚，基础设 12 根 $\phi 1.8$ m 钻孔桩，纵向 3 排，横向 4 排，桩长 70 m。

4#墩承台冷却水管立面布置图

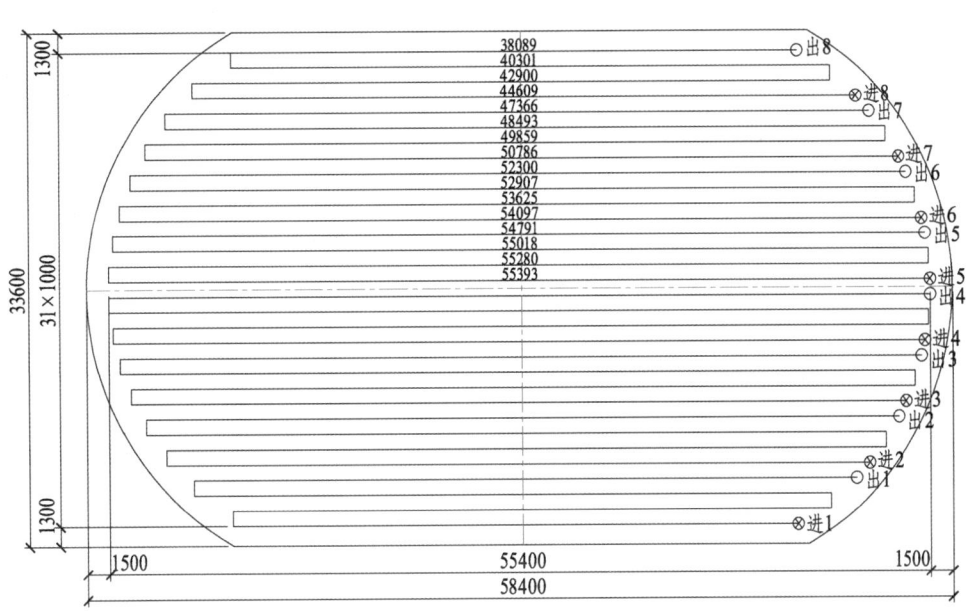

第一、三、五层冷却水管平面图

第二、四、六层冷却水管平面图

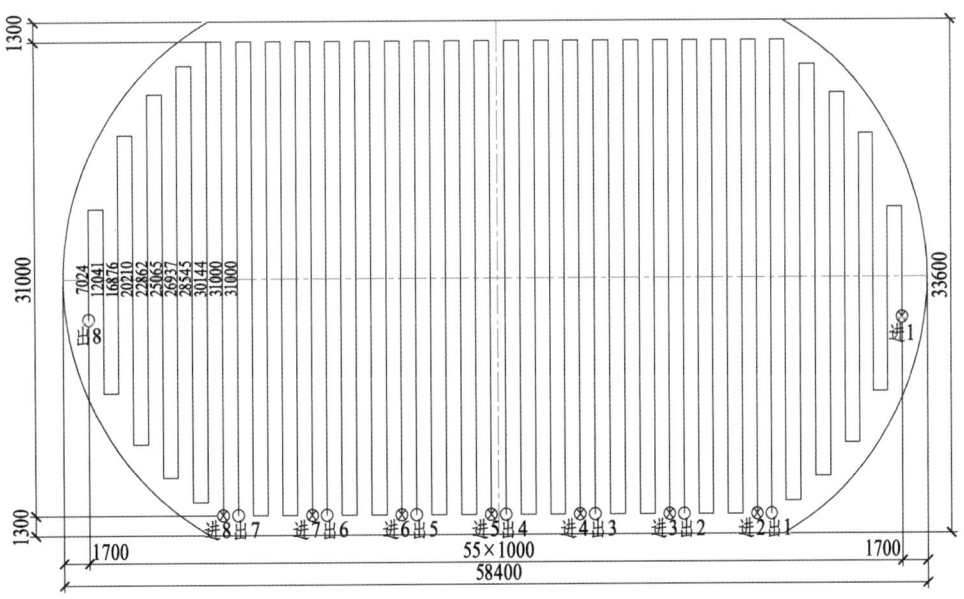

图 4-70 冷却水管布置图

图 4-71　承台钢筋绑扎及冷却水管安装现场

两墩紧挨荆江大堤，堤防安全问题至关重要。根据河道防洪护堤要求，一是桥墩在长江水位下降后的 9 月开始钻孔施工，二是 2 号墩离荆江大堤距离不到 10 m，钻孔前对墩位段大堤采取锥探灌浆的保护措施，三是钻孔桩施工过程中对大堤进行测量监控。

两墩桩基均选用 1 台 XR360 型旋挖钻机成孔，先施工 2 号墩，后施工 1 号墩，使用斗齿挖斗。2 号墩埋设 ϕ2.1 m 直径钢护筒，1 号墩埋设 ϕ1.5 m 直径钢护筒。钻孔桩施工工艺流程图如图 4-73 所示。

1. 泥　浆

钻孔泥浆选用不分散、低固相、高黏度的 PHP 优质膨润土化学泥浆，由优质膨润土、纯碱（Na_2CO_3）、羟甲纤维素（CMC）和聚丙烯酰胺（PHP）等原料拌制成。相关指标如下：密度为 1.05 ~ 1.15；黏度为 16 ~ 22 s；pH 值为 8 ~ 10；含砂率小于 4%；胶体率大于 95%。泥浆在墩位附近的造浆池中拌制，然后通过抽浆机送入桩孔中，随钻孔深度增加不断补充泥浆，维持孔壁稳定。

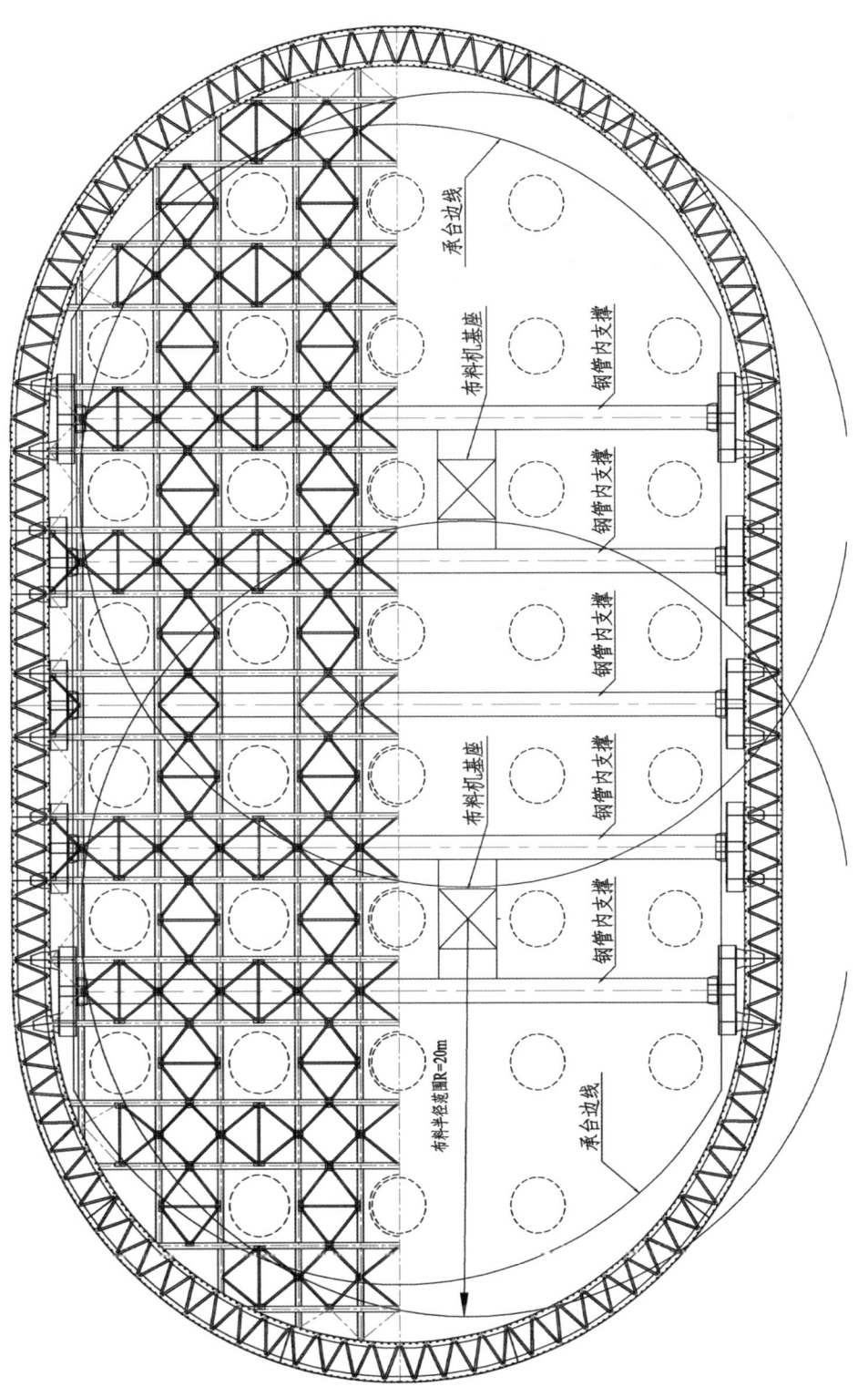

图 4-72 承台灌注平面布置图

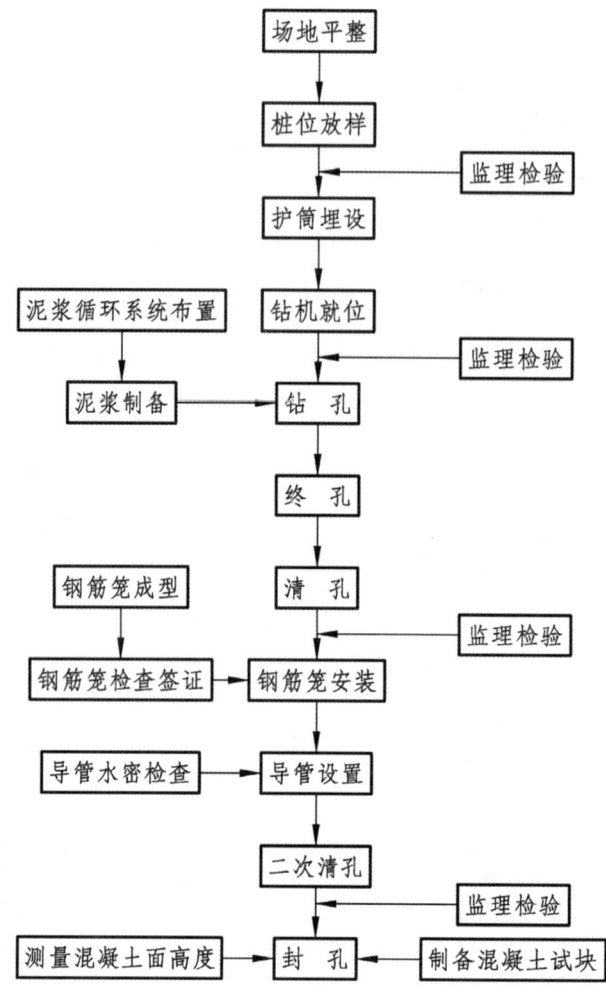

图 4-73 1号、2号墩钻孔桩施工工艺流程

2. 清 孔

清孔分两次进行，桩孔钻至设计标高进行第一次清孔，合格后吊装下放钢筋笼，进行第2次清孔。第二次清孔后静置 2 h，测量孔底沉渣厚度不超过 10 cm 时准备灌注桩身混凝土。

清孔标准：孔内排出或抽出泥浆手摸无 2 ~ 3 mm 颗粒，泥浆密度不大于 1.1，含砂率小于 2%，黏度为 17 ~ 20 s，孔底沉渣厚度不大于 10 cm。

3. 钢筋笼制作及安装

1号、2号墩钢筋笼长分别为 57.1 m 和 71.3 m，重 4.58 t 和 22.46 t。1号墩钢筋笼分 5 节制造，2号墩钢筋笼分 6 节制造，标准节段长度为 12 m，接头采用滚轧直螺纹套筒连接。钢筋笼在钢筋加工车间定型胎模上长线法制作，25 t 履带吊机逐节安装下放到位。单根钢筋笼安装时间 3 ~ 7 h。

4. 水下混凝土灌注

桩身采用高性能水下 C30 混凝土。混凝土由岸上混凝土工厂供应，4 台搅拌车运输至墩位处灌注。混凝土坍落度为 18～22 cm，初凝时间不少于 12 h。1 号墩钻孔桩首灌混凝土方量 4 m³，2 号墩钻孔桩首灌混凝土方量 6 m³。2 号墩单桩混凝土灌注量 178 m³，平均用时 8 h。

1 号、2 号主墩钻孔桩从 2009 年 9 月 20 日开始至 2009 年 10 月 13 日结束，历时 23 天，平均 0.8 天 / 根。钻孔桩施工完毕，经超声波检测，30 根桩全部为 I 类桩。

4.1.3.2 承台施工

1 号墩承台尺寸为 20.2 m×9.2 m×3 m，顶面标高 +35.55 m，底标高 +32.55 m；2 号墩承台尺寸为 20.2 m×12.8 m×4 m，顶面标高 +38.65 m，底标高 +34.65 m。承台均为 C40 混凝土。

1 号墩距离堤脚 35 m，基坑开挖深度 5 m，采用钢板桩支护的基坑开挖施工方案。2 号墩紧挨荆江大堤堤角，基坑开挖深度 4 m，采取堤侧钻孔防护桩支护、其余三面基坑采用锁口钢管桩和钢板桩支护的基坑开挖施工方案。2 号墩承台基坑支护布置如图 4-74 和图 4-75。

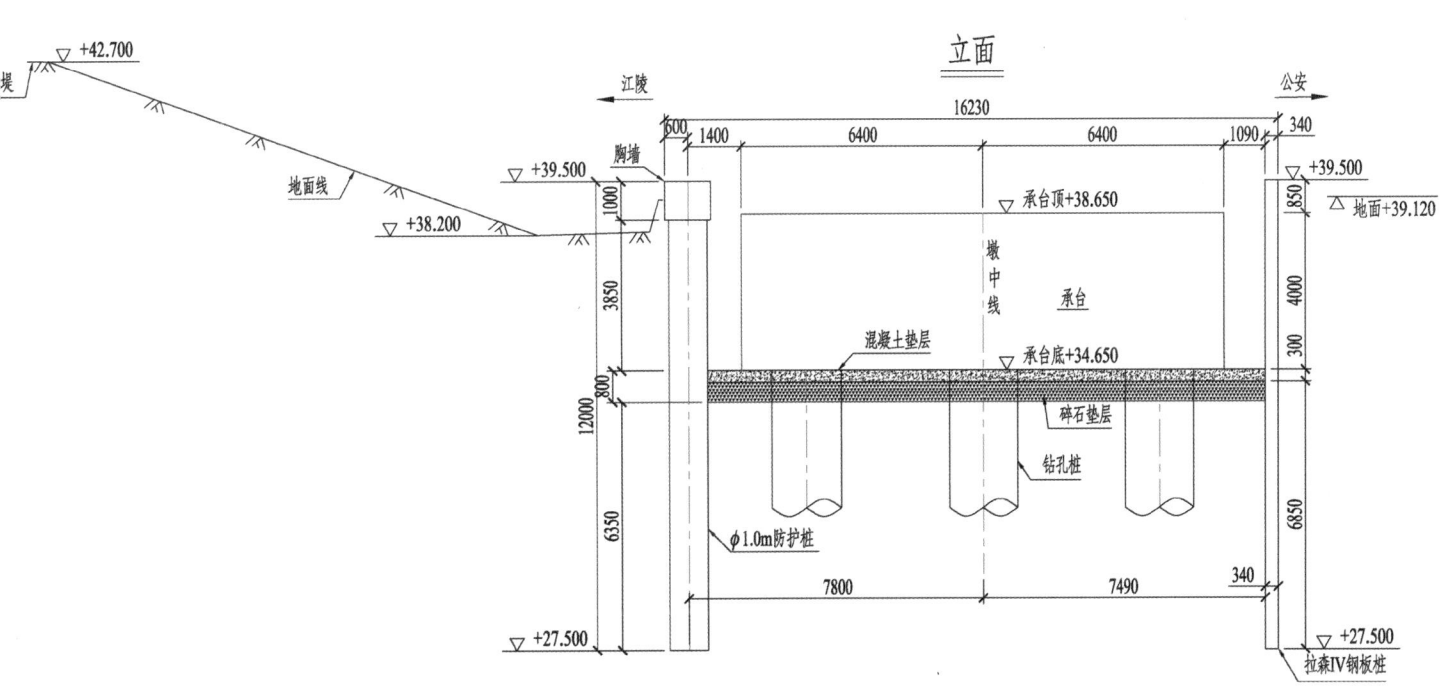

图 4-74　2 号墩承台施工基坑立面布置图

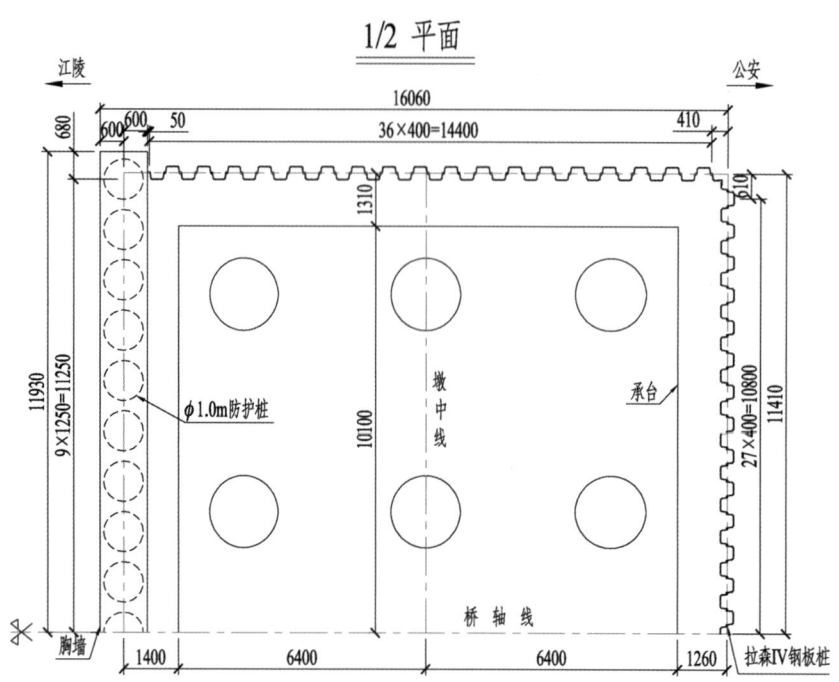

图 4-75　2 号墩承台施工基坑平面布置图

承台基坑开挖到位，先凿除桩头，进行桩基检测，然后设置垫层，绑扎承台钢筋和墩身预埋钢筋，立模浇筑承台。1 号和 2 号墩基底均为软弱土层，垫层混凝土（C25）厚 30 cm，混凝土垫层下铺设 50 cm 厚碎石垫层。

桩头采用环切法凿除工艺。即基坑开挖到位后，清理桩周泥土，先测放桩顶标高线和截桩缓冲断缝位置线（距桩顶 100 ~ 150 mm），然后沿缓冲断缝线切割 V 形槽口，之后再在 V 形槽口上方先将桩头钢筋剥出，再将桩头于 V 形槽口上方截断吊离，最后环切桩头并将环切缝上方剩余桩头混凝土人工凿除，形成规则完整的桩头。环切法桩头凿除工艺步骤如下：

（1）测放桩头标高线，如图 4-76 所示。

（2）人工用风枪剥除桩身主筋，判明钢筋笼主筋保护层厚度，如图 4-77 所示。

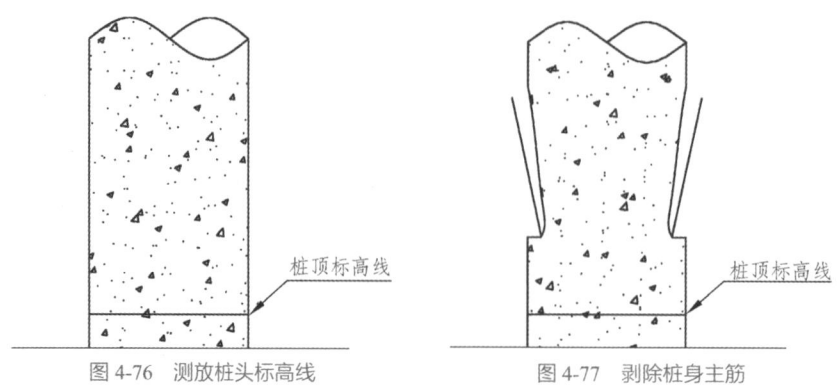

图 4-76　测放桩头标高线　　　　图 4-77　剥除桩身主筋

（3）在桩头以上100 mm位置环切V形槽口缓冲缝，缝深控制在保护层厚度范围，不得伤及主筋，如图4-78所示。

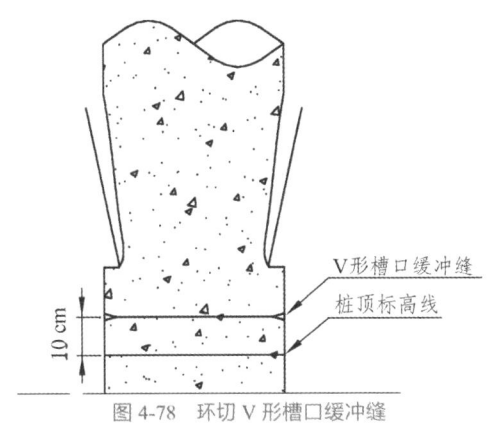

图4-78 环切V形槽口缓冲缝

（4）在缓冲缝上方水平钻设截断桩头用钢钎孔（对称设置：4个、6个或8个），在钢钎孔中对称打入钢钎，通过钢钎挤压力截断桩头，如图4-79所示。截断后的桩头应用吊机吊走，禁止采取拉倒的方式移除桩头，以免压弯折断主筋。

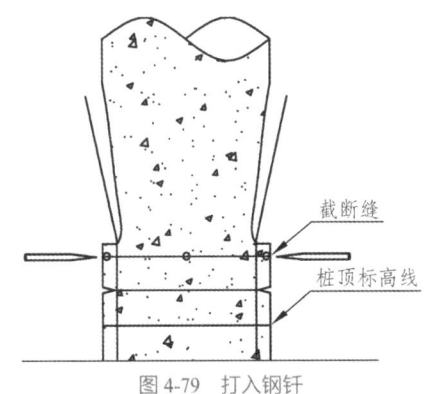

图4-79 打入钢钎

（5）环切桩顶标高线，用电钻小心凿除桩顶和桩头截断缝之间余留桩身混凝土，彻底清除干净桩头侧面泥土或松散浮浆，修整成型桩头，如图4-80所示。

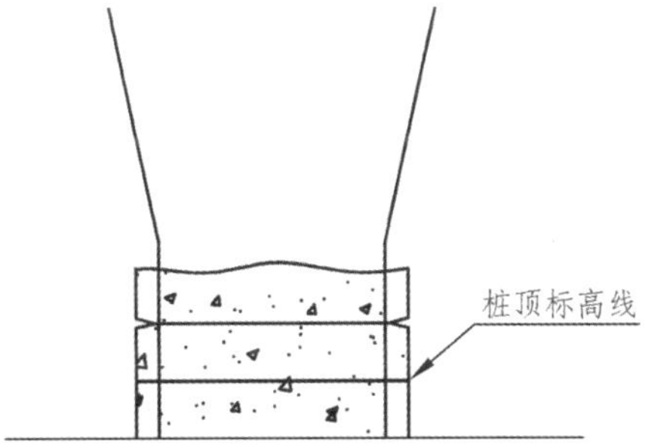

（6）桩头凿除工序验收，填写验收内容及验收结果。

（7）桩头验收合格并签认后施工承台垫层混凝土，准备进行承台施工，如图4-81所示。

承台按大体积混凝土进行施工，内部设置冷却水管进行降温。

承台模板采用大块钢模，模板顶部设置型钢拉杆并兼做灌注平台。模板使用前除锈，并涂专用脱模剂。1号墩承台施工步骤如图4-82，承台冷却循环水管布置如图4-83。

图4-80 修整成型桩头

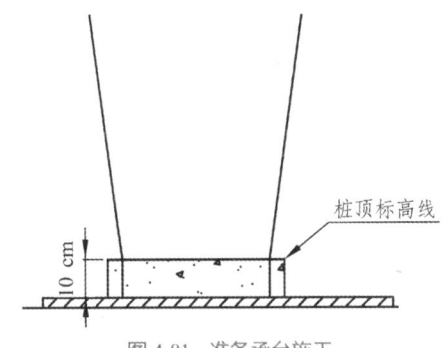

图4-81 准备承台施工

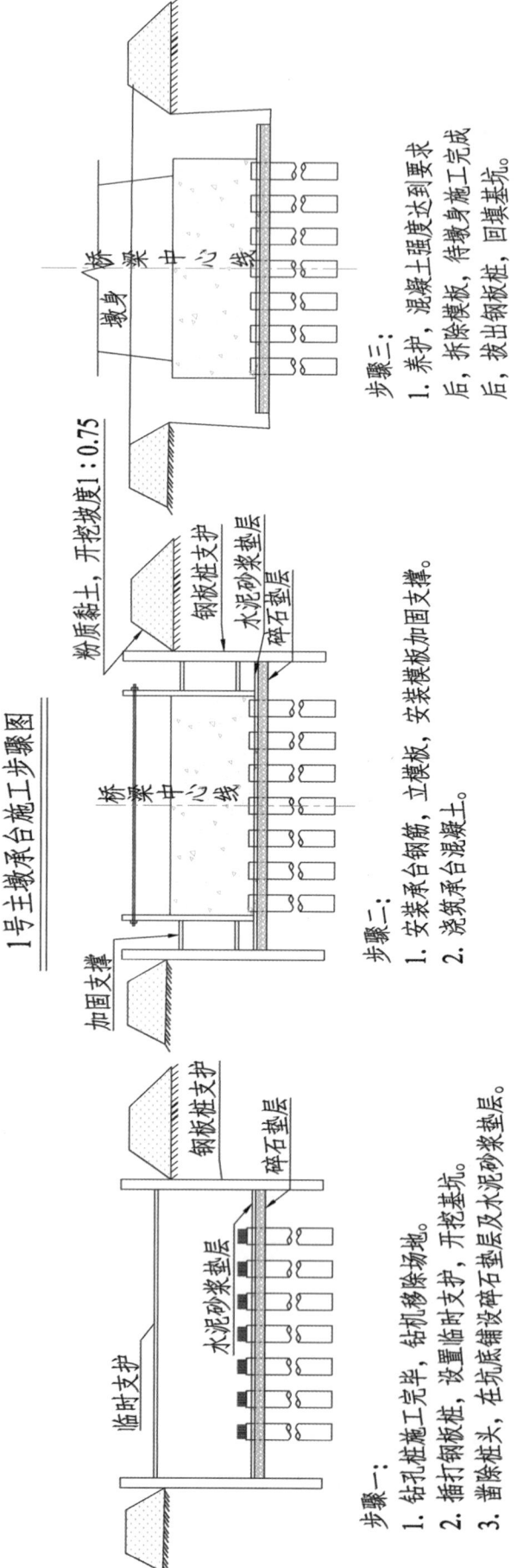

图 4-82 1 号主墩承台施工步骤

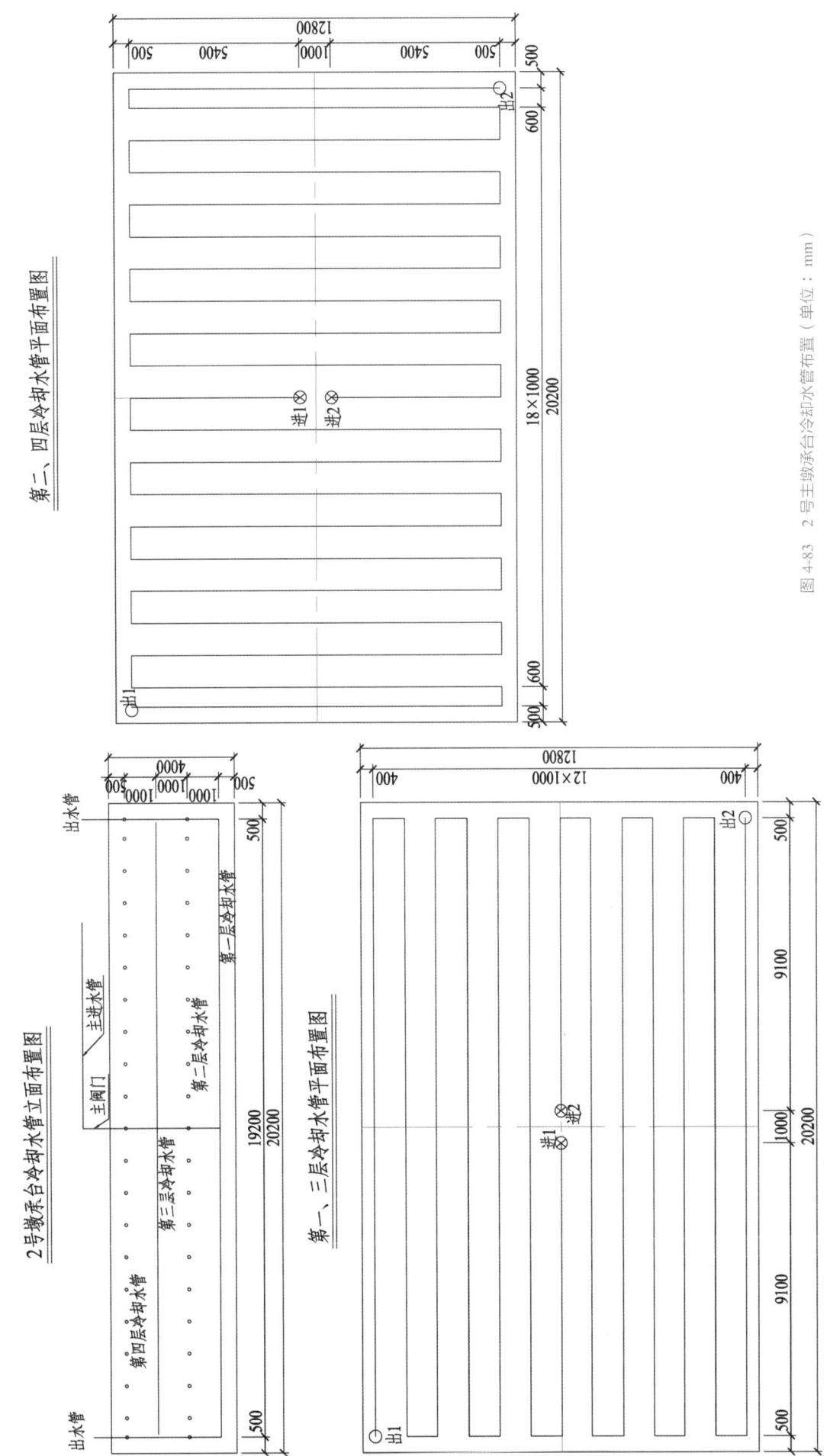

图 4-83　2 号主墩承台冷却水管布置（单位：mm）

4.1.3.3　1号、2号墩墩身（帽）施工

1号、2号铁路墩身均为双柱式拱形门式框架墩结构，铁路立柱尺寸6.0 m×5 m（横向×纵向），实体结构，墩身高度分别为22.9 m和30 m（含2 m高墩帽部分），墩身外倒角半径0.5 m。1号墩帽尺寸（纵向×横向）：6.12 m×18.62 m，2号墩帽尺寸（纵向×横向）5.6 m×18.1 m，墩帽外倒角半径0.62 m。

1号墩铁路墩帽以上部分的上层公路引桥桥墩采用双柱式框架墩，墩高14.068 m，墩柱为矩形，截面尺寸1.8 m×1.5 m。1号墩公路墩部分与引桥公路墩施工相同，不另做介绍。

1号、2号墩基础结构布置如图4-84和图4-85所示。

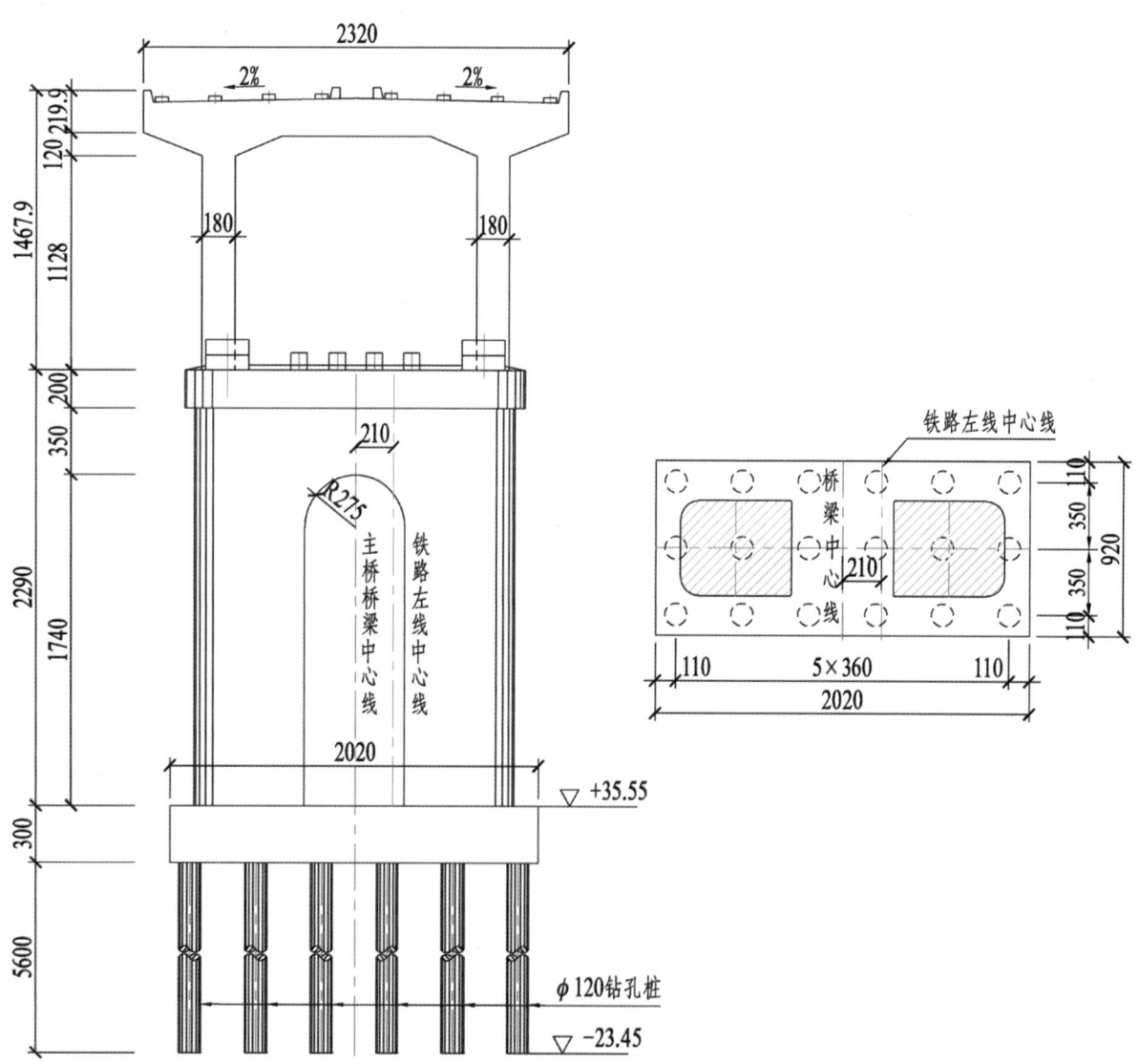

图4-84　1号墩基础结构布置图（单位：高程以m计，其余以cm计）

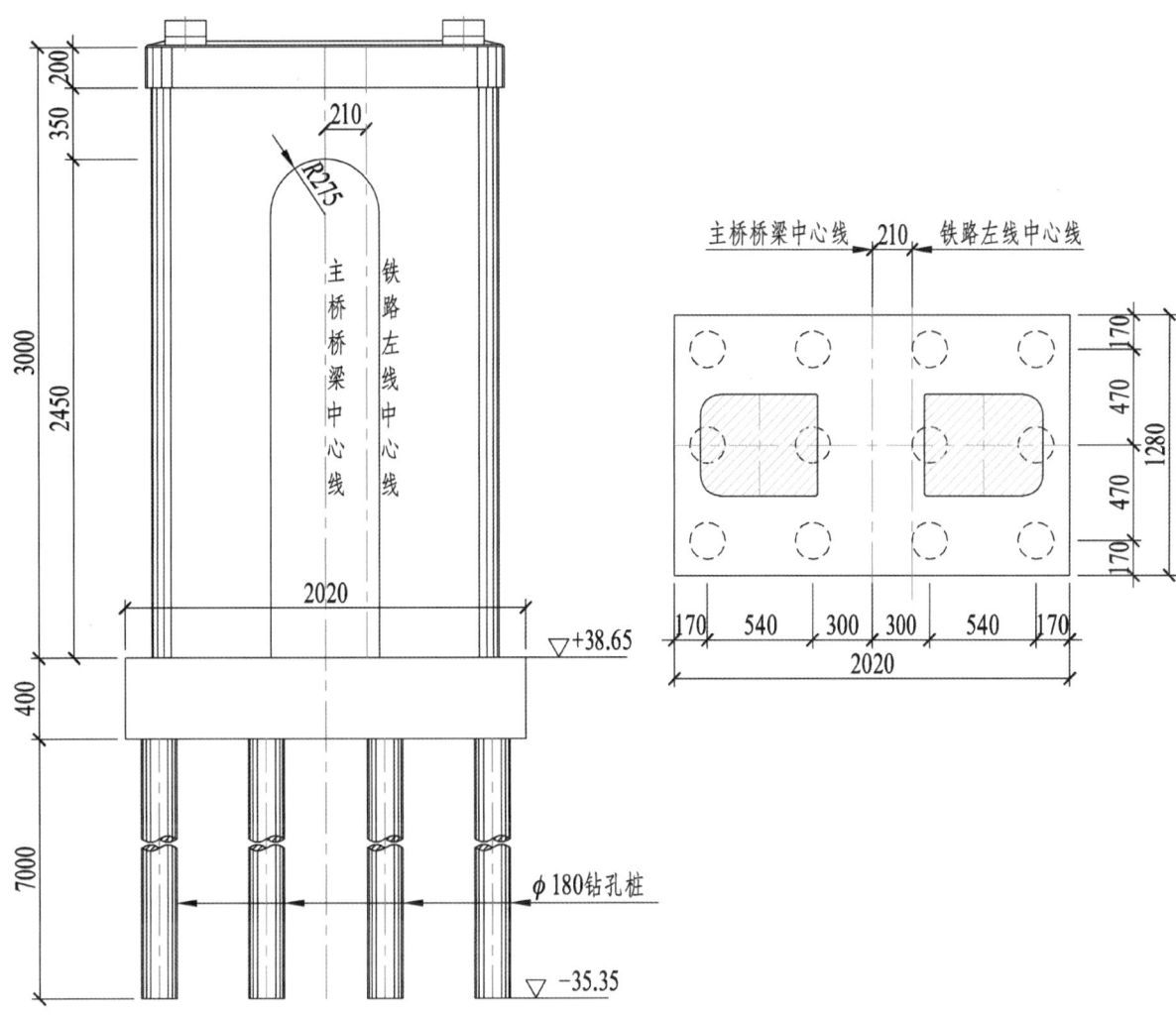

图 4-85 2 号墩基础结构布置图（单位：高程以 m 计，其余以 cm 计）

铁路墩身分节浇筑，采用翻模法施工，标准节段浇筑高度 6 m。1 号墩身分 3 节浇筑，底节浇筑段高度为 2.65 m；2 号墩身分 3 节浇筑，底节浇筑段高度为 1.80 m。墩帽单独一次浇筑完成。墩帽通过钢管支架及型钢支架作为模板支撑系统浇筑混凝土，墩顶盖梁及墩帽模板由外单位专业厂家制造。

1. 墩身（帽）模板

1号、2号铁路墩身模板采用整体钢模，两墩共加工1套。模板标准节每节长3 m，共投入3节（1节作为导向模），两墩底节调节段模板各1套，长度2.65 m和1.8 m。墩帽模板为异形结构，且尺寸不同，不能倒用，每墩配置1套。模板在工厂制作，刨边处理。模板接头采用M16螺栓连接，法兰接头处设置定位销，确保相邻接头对位重合，防止错台。模板制作完成，先进行试拼装，经验收合格后再运至现场使用。

模板拉杆采用ϕ25 mm精轧螺纹钢，外套PVC管。拉杆布置做到横平竖直，并避开钢筋位置。拉杆在模板安装完成后穿设。

模板首次使用前先在平放的板面上浇筑一层砂浆混凝土进行除锈，然后再用手持式钢丝砂轮机打磨板面，最后涂刷脱模剂防锈。上、下节墩身模板利用导向模进行定位，即墩身某个节段施工完成拆除模板进行下一节段模板安装时，留下顶节一圈3 m高模板不予拆除（模板的拉杆也不能松退），以便用其作为下一节段模板安装时的导向固定用，使墩身接头处模板能紧贴墩身轮廓不漏浆，确保接头平齐。

模板采用履带吊整体安装，每节模板上层布置带有收放功能的脚手平台，以便人员进行模板安装、钢筋绑扎及检查验收。

2. 拱形墩帽施工支架

拱形段墩帽底模支撑采用钢管柱+碗扣式钢管架组合的支承方式。拱底以下为钢管柱支架，支架柱顶设纵横向型钢梁平台，用于支承碗扣式钢管架；柱底支承在承台顶面的预埋板上。拱顶至拱底的弧形曲面段高度为碗扣式钢管架。钢管柱高度范围设有步梯，用于作业人员上下通道。

铁路墩帽施工支架见图4-86，墩身模板布置见图4-87，模板脚手支架平台见图4-88；模板三角支架见图4-89；1号墩施工见图4-90。

3. 钢筋安装

墩身主筋直径ϕ25 mm，采用滚轧直螺纹套筒连接，其他钢筋采用搭接焊连接。先安装主筋，后装水平筋及拉筋。主筋上端设有定位架固定（定位架与施工平台一起同下端导模固定）确保定位准确。水平筋及拉筋从下往上安装，各节模板依水平筋和拉筋安装高度进展随后安装。

4. 墩身（帽）浇筑

1~2号墩墩身帽混凝土配合比见表4-16。

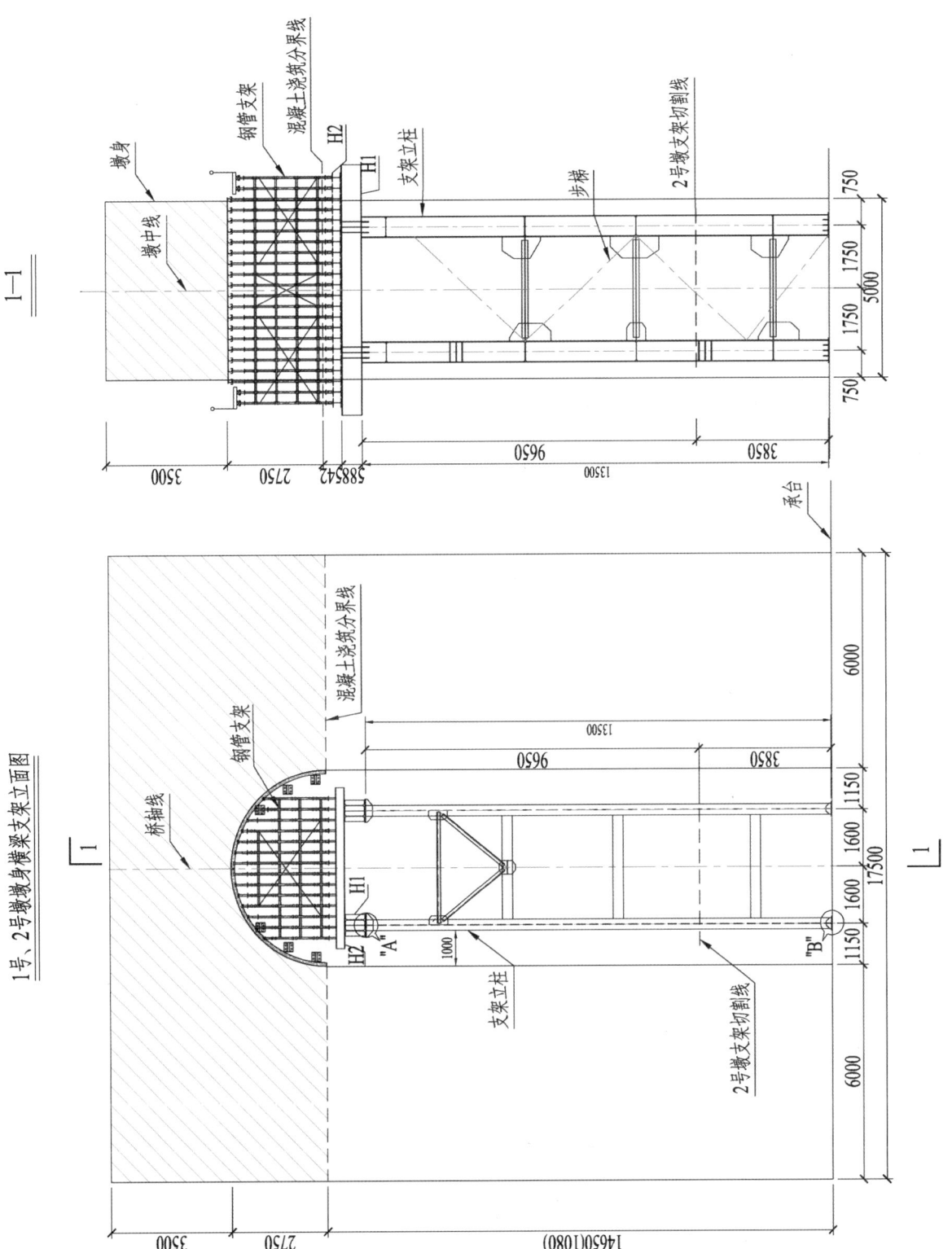

图 4-86 铁路墩帽支架结构图（单位：mm）

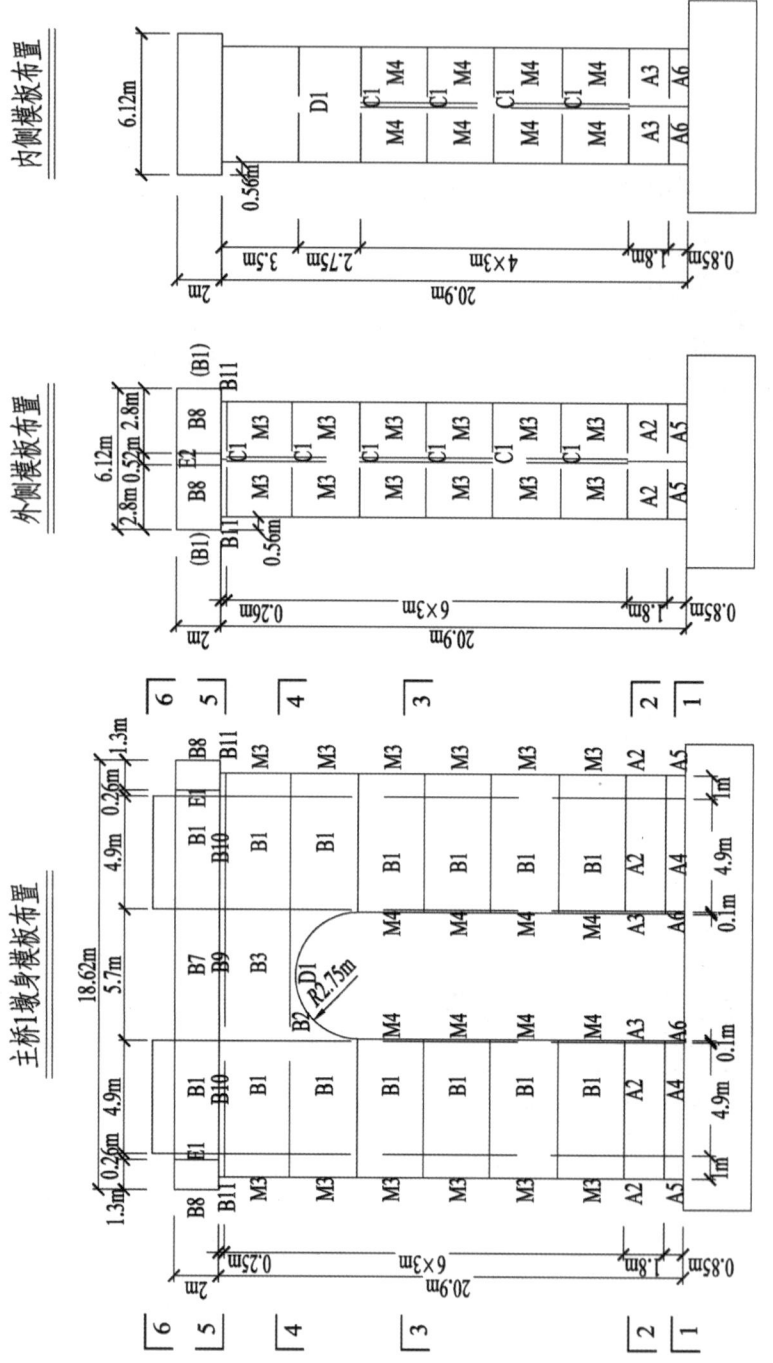

图 4-87 1 号墩身模板布置图（单位：m）

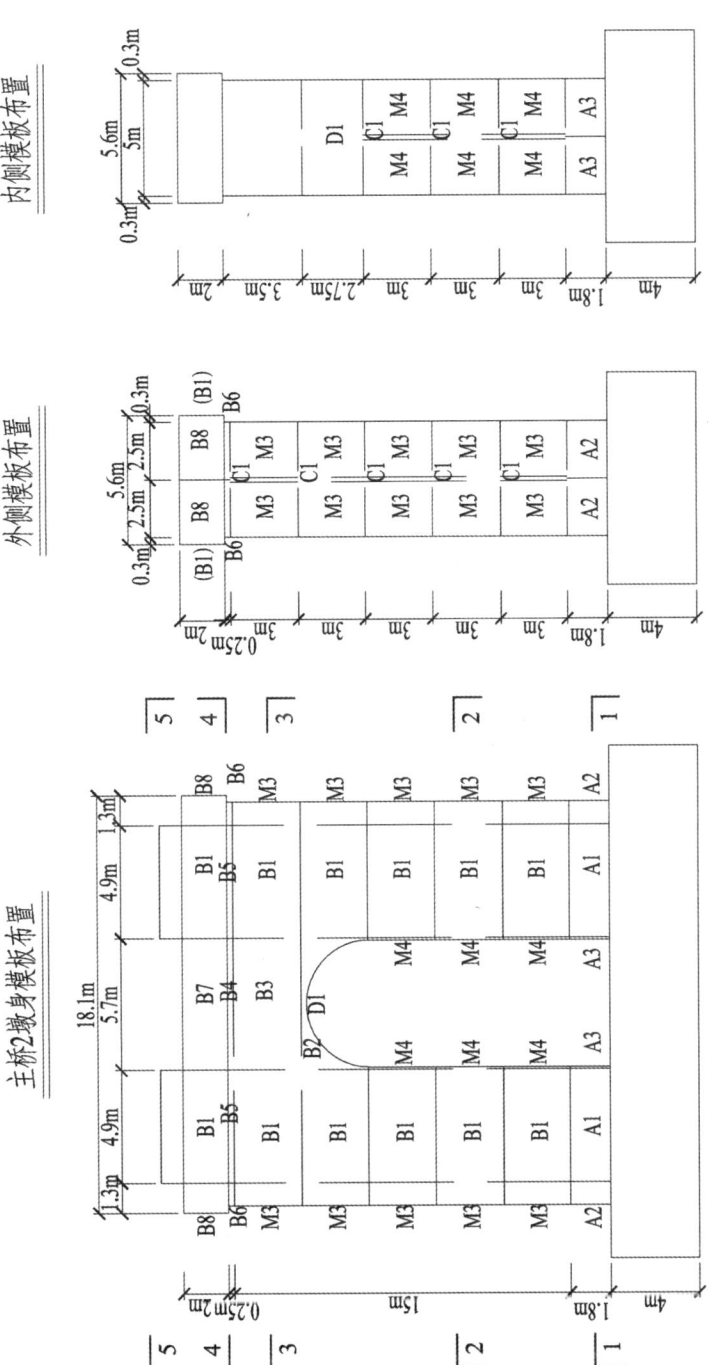

图 4-88 2 号墩身模板布置图（单位：m）

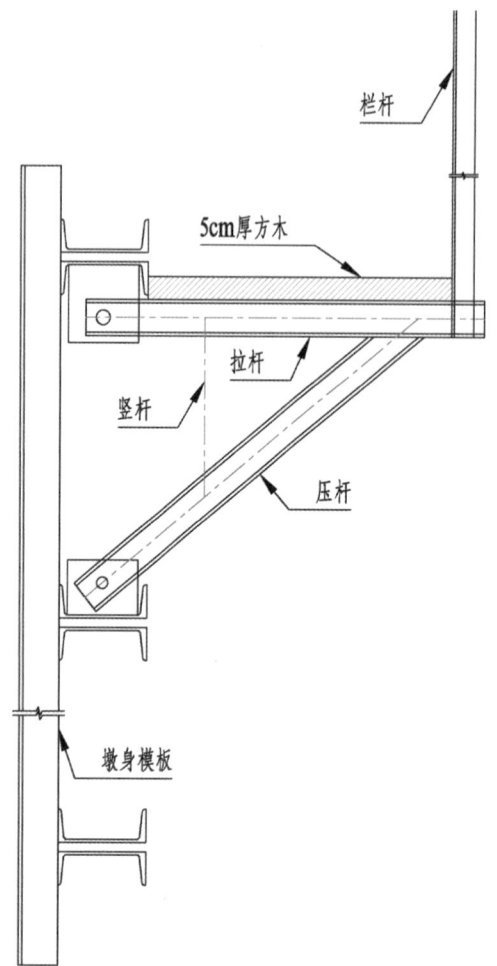

图 4-89　模板三角支架平台

图 4-90　1 号墩施工

表 4-16　1号、2号主墩墩身帽混凝土配合比

序号	结构部位	强度等级	每方混凝土用料量 /kg					
			水泥	粉煤灰	水	砂	石子	外加剂
1	墩身	C40	249	166	166	722	1 083	4.15
2	墩帽	C40	249	166	166	722	1 083	4.43

混凝土灌注、养护 [参见 5～10 号墩身（帽）施工内容]

墩身帽混凝土采用汽车泵多点布料灌注，分层进行，层厚 0.3～0.5 m。立柱设置 4 个下料点（长边、短边各 2 个），墩帽设置 10 个下料点（长边 5 个，短边 2 个），下料点处挂设串筒。灌注时泵管前端的软管伸入模板中串筒下料，一个点下完料后收臂移至下一个灌注点，串筒随灌注高度上升逐步拆除。

混凝土灌注完成，接近初凝时顶面收浆 2～3 次，防止表面出现干裂。收浆完成后表面覆盖麻袋或草袋并洒水养护。当混凝土初凝，松开模板拉杆，顶面蓄水进行墩身养护 1 周。墩身（帽）模板拆除后洒水保温保湿养护 28 天。

4.1.4　5～10 号主墩下部结构施工

4.1.4.1　钻孔桩施工

5 号墩是斜拉桥公安侧边墩基础，6～10 号墩为 4×94.5 m 连续钢桁梁桥墩基础，其中 6 号墩是斜拉桥与 4×94.5 m 连续钢桁梁桥交接墩，10 号墩是 4×94.5 m 连续钢桁梁与南引桥交接墩。5～9 号墩采用 ϕ1.8 m 群桩基础，10 号墩采用 ϕ1.2 m 群桩基础，均为低桩承台。5～10 号墩钻孔桩基础主要参数见表 4-17。

表 4-17　5～10 号墩钻孔桩基础主要参数

项　目	5	6 号	7 号	8 号	9 号	10 号
桩底高程 /m	−32.25	−30.55	−33.95	−29.75	−25.65	−26.15
桩顶高程 /m	+23.75	+25.45	+26.05	+30.25	+30.35	+33.85
桩径 /m	1.8	1.8	1.8	1.8	1.8	1.2
桩长 /m	56	56	60	60	56	60

结合区域地质资料分析，桥址区地层可分为 5 大层。

①②层为第四系全新统沉积物；其中，①层厚 6.25～27.5 m，河床处较薄，两岸区域较厚，主要由黏性土、粉土和松散～稍密状的粉、细砂组成；②层厚 14.1～40.6 m，主要由中密状的粉、细砂和细～粗圆砾土组成，局部夹透镜状的卵石土，其中卵砾石土厚度 7～30 m。

③、④、⑤层主要为上更新统冲洪积物，具有典型的韵律沉积的特点，各大层内黏性土、粉细砂及碎石土层形成上软下硬的二元结构。各层上部黏性土层主要为硬塑～坚硬状粉质黏土，局部软塑，该层易被剥蚀，中层为粉细砂层，下部由细～圆砾土构成，局部夹卵石土。③层厚26.15～44.5 m，其中卵砾石土层21～24 m，卵砾石土层中局部夹粉细砂透镜体；④层仅揭露于部分孔深，厚度26.8～42.85 m，其中卵砾石土层厚17～30 m，卵砾石土层中局部夹粉细砂透镜体；⑤层未揭穿，仅CZⅠ-2～DZ4-3钻孔揭示，其厚度大于21.7 m，揭示土层主要为黏性土及粉细砂层。

1. 施工方案

5号墩常年位于水中，钻孔桩搭设水上钻孔平台进行施工。平台采用钢管桩+贝雷梁形式，由250 t浮吊插打平台钢管桩及平台梁安装，受浮吊吊距、已有栈桥位置限制，钻孔平台分2区块施工，每区块先插打支撑桩，利用支撑桩安装分配梁等形成作业平台，再在作业平台面安装导向架插打钢护筒。第一个区块完成后，浮吊后退再按同样步骤完成剩余支撑桩和钢护筒的插打，并拔除作业平台支撑钢管桩。钢护筒完成后，在钢护筒上焊接牛腿，安装贝雷梁、桥面板等形成旋挖钻孔平台，最后在平台上进行钻孔桩施工。

6～9号墩位于南岸河滩内，10号墩位于河滩外的南大堤内，各墩位处地面标高分别为+29.91 m、+29.5 m、+34.69 m、+34.8 m、+36.9 m。汛期6～9号墩被水淹没，采用筑岛平台法施工，10号墩采取岸上陆地法施工。

钻孔桩均采用旋挖钻机成孔，泥浆制备系统设在9号墩与大堤之间，泥浆池总容量约为2 000 m³，设置2台2 m³搅拌机。池体尺寸33.5 m×24.5 m×2.5 m，分为3个隔舱，分别作为造浆池、储浆池、回浆池。泥浆搅拌好后，储存于泥浆池中待用。泥浆池设置3PN泥浆泵一台，由泥浆泵通过栈桥侧泥浆管路直接泵送至孔位处。钢筋笼采用长线法制作，桩身混凝土采用垂直导管拔球法灌注。

2. 钻孔平台施工

5号墩钻孔桩平台顶标高为+41.00 m，钢护筒插打作业平台支撑桩采用ϕ1 000 mm×10 mm钢管桩，顺桥向布置3排，每排间距12 m；横桥向布置7排，排间距4.7 m+5.7 m×2+4.7 m+5.7 m×2。作业平台区钢管桩21根，辅助平台区12根桩，共计33根，单根桩长36.0 m，桩顶分配梁采用2 HW588×300，桩顶标高为36.684 m，桩底标高为0.684 m，入土深度约为27 m。钻孔平台主梁采用贝雷梁，贝雷梁顶按@300 mm布置I18分配梁，平台面板采用8 mm花纹钢板。辅助平台设置在钻孔平台北侧，顶标高为+41.00 m，一端同施工栈桥相连。钻孔平台如图4-90。

平台钢管桩采用250 t浮吊配合DZJ120型振动锤插打，钢护筒由浮吊配合APE400B并联型液压振动锤插打。插打钢护筒之前由测量人员利用经纬仪、全站仪按照设计要求准确测放桩位。

钢管桩对位由250 t浮吊利用紧、松吊杆完成，斜度吊机自行调节。钢管桩对位完成后，吊机慢速松钩使桩在自重作用下插入土中。自重下沉完成后，测量偏位情况，若超标，应起吊钢管桩重新对位。桩位满足要求且垂直度偏差小于0.5%时，开始振动下沉，以标高和贯入度两项指标双控。若高程相差较大，更换大激振力桩锤并辅以钢管桩内吸砂等方式插打，直至设计标高。

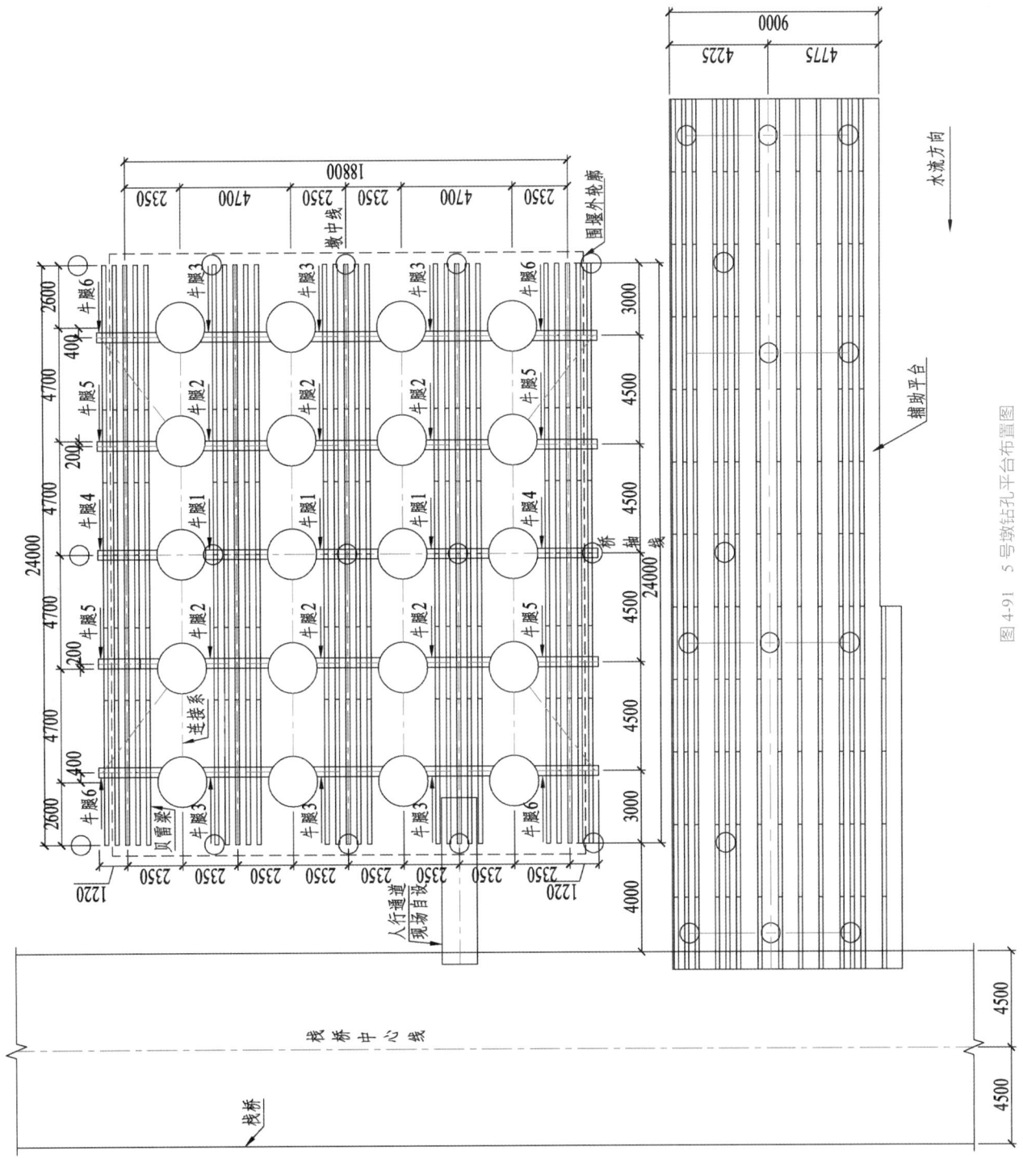

图 4-91 5 号墩钻孔平台布置图

钢桩插打完成,铺设桩顶分配梁、贝雷梁、平台面板、栏杆、通道等。铺设平台面板时预留钢护筒位置。钻孔平台施工如图4-92。

图4-92 5号墩钻孔平台施工

3. 筑岛平台施工

6~9号墩采用筑岛平台法施工。利用枯水期长江水位下退过程,结合施组各墩施工工期及周期,6号墩筑岛标高+30.5 m,填土方量约688.6 m³;7号墩筑岛标高+30.5 m,填土方量约1 032.9 m³;8号墩筑岛标高+38.236 m,填土方量约1 612 m³;9号墩筑岛标高+36.9 m,填土方量约394 m³。筑岛平台四周采用编织袋装填河砂围护防冲刷。

滩地各墩筑岛平台和岸上修筑便道相连,便道宽6 m,顶标高和筑岛顶标高大致相同,墩和墩之间便道采用坡道顺接。便道采用现场河砂铺筑,顶面铺设预先制作的钢跑板。

岛体和便道修建就近采用江滩河砂,采砂深度0.5~1.5 m,采砂区不能影响河道安全和边滩稳定。

4. 钢护筒施工

5号墩钻孔桩在10月份开始施工,根据2006—2012年的10月份墩位处的水位资料,10月份最高水位有两年超过+33 m(2008年和2012年,其中2008年最高水位+33.5 m),10月份最低水位有3年超过+30 m(2007年、2008年和2012年),而墩位处河床标高+28.5 m,施工期间最大水深达5.0 m。考虑钻孔施工时泥浆面水头需高于江水2.0 m及泥浆循环管路布置需要,护筒顶标高需按高于施工期洪水位考虑,实际2013年汛期施工时洪水位达36.0 m,护筒顶口标高设为+41.0 m(与平台齐平)。

5号墩钢护筒外径为2.1 m，壁厚22 mm，底标高−1.25 m，护筒长度42.2 m，单根护筒质量47.55 t。护筒分2节施工，底节长度25.0 m，顶节长17.2 m。钢护筒采用250 t浮吊及150 t浮吊抬吊方式起吊钢护筒，竖直后由250 t浮吊吊至平台导向架内下放插入河床中，之后浮吊起吊APE400B并联型液压振动打桩锤和液压夹持器及油管进行钢护筒插打。如图4-93所示。

按照起吊底节护筒同样的方法起吊顶节护筒，将顶护筒下口对准已插打的底节护筒顶4个卡位角钢中间缓缓下放，对接好后打码板、贴衬垫并开始焊接，焊接完成检测合格后，浮吊起吊APE400B液压打桩锤，插打至夹持器接近导向架上平面，停止插打移开打桩锤，将导向架吊开，再吊打桩锤就位继续插打钢护筒至设计标高。

图4-93　5号墩钢护筒插打

6～8号墩钢护筒采用50 t履带吊配合DZJ120电动振动锤插打，钢护筒直规格为：$\phi210$ cm×1.8 cm，要求底口进入稳定的黏土层深度不小于1 m。

9～10号墩钢护筒采用预埋法施工，钢护筒直规格分别为：$\phi210$ cm×1.8 cm、$\phi150$ cm×1.2 cm，护筒长度分别7.0 m、6.0 m，长度以满足护筒底进入黏土层不少于1 m、护筒顶端高出地面0.5 m的要求为准。护筒埋设的倾斜度控制在1%以内，护筒埋设偏差不超过30 mm，护筒四周用黏土回填，分层夯实。

5. 钻孔施工

5~9号墩桩基钻孔采用TR360D型旋挖钻机成孔，10号墩钻孔采用TR280D型旋挖钻机成孔，均一次旋挖成孔。TR360D旋挖成孔最大钻孔直径2.5 m，最大钻孔深度95 m，动力头输出扭矩为360 kN·m。如图4-94所示。

旋挖钻机钻进时孔壁泥浆面高于水头2 m左右。泥浆由9号墩附近泥浆池通过栈桥侧泥浆管路直接泵送至孔位中，随钻深加大不断补充，直至钻孔完成。钻孔完成下笼灌注桩身混凝土前需进行第1次清孔，采用泥浆置换法清孔。

图4-94　5号墩旋挖钻施工

前期钻孔桩施工过程中发现在粗圆砾土及卵石土中钻进时有漏浆现象，后抛投一定数量的黏土及锯末，漏浆现象得到改善。

成孔孔型检测采用笼式检孔器，5~9号墩钻孔桩笼式检孔器制作长度7.2 m，外径为1.8 m。10号墩钻孔桩笼式检孔器制作长度6 m，外径为1.2 m。检孔器主筋采用ϕ20 mm螺纹钢筋焊接制作。

6. 钢筋笼制造、安装

钢筋笼在生产区的钢筋车间采用长线法分节加工制造，标准节段长度12 m，接头采用套筒直螺纹连接方式。笼体制作完成拆解吊离前逐一编号，各接头处做对接标记，以便孔位安装下放时快速对位和顺利连接。钢筋笼接长下放均由50 t履带吊完成。5~9号桩设置4根ϕ60 mm×3.5 mm声测管，10号桩设置3根ϕ60 mm×3.5 mm声测管。

7. 桩身混凝土灌注

采用垂直导管拔球法灌注，导管直径377 mm，快装螺旋丝扣接头，导管使用前须经试压合格。桩基混凝土由岸上混凝土工厂拌制，搅拌车通过栈桥或便道运输至墩位，然后采用汽车泵输送至储料总槽中进行灌注。

4.1.4.2 承台施工

5～10号墩承台参数见表4-18。

表4-18　5～10号墩承台主要参数

墩号	承台底高程/m	承台顶高程/m	河床高程/m	承台结构尺寸/m	C40混凝土/m³
5号	+23.75	+27.75	+28.30	22.2×17.5×4	1 554
6号	+25.45	+29.45	+29.91	20.2×12.8×4	1 034.2
7号	+26.05	+30.05	+30.52	20.2×12.8×4	1 034.2
8号	+30.25	+34.25	+36.1	20.2×12.8×4	1 034.2
9号	+30.35	+34.35	+37.0	22.2×12.8×4	1 136.6
10号	+33.85	+36.85	+37.25	20.2×9.2×3	557.5

1. 施工方案

根据各墩承台埋置深度，5～7号墩承台施工均采用双壁钢套箱围堰方案，8～10号墩采用钢板桩支护开挖基坑方案。

5号墩为先平台后围堰的双壁钢套箱围堰方案，承台施工流程：桩基检测→钻孔平台拆除→改造平台逐块对称组拼钢围堰及水密试验→吊挂系统安装→围堰起吊→拼装平台拆除→导向装置安装→下放围堰并着床→井壁混凝土填充、吸泥下沉到位→清基封底→抽水→凿桩头→承台边线测量放样→安装模板→绑扎承台钢筋→安装墩身预埋钢筋及其他预埋件→浇筑承台混凝土（一次性浇筑）→混凝土养护→拆模、竣工验收→围堰拆除。

6、7号墩承台施工流程：桩基检测→墩位筑岛围堰清理、整平夯实→围堰边线测量放样→围堰刃脚下铺设垫木→履带吊机组拼钢围堰及水密试验→井壁灌注混凝土→抽垫，围堰入土吸泥下沉→清基、封底、抽水→凿桩头→测量放样承台边线→安装模板、绑扎承台钢筋→安装墩身预埋钢筋及其他预埋件→浇筑承台混凝土（一次性浇筑）→混凝土养护→拆模、竣工验收→围堰拆除→基坑回填。

8～10号墩承台施工流程：桩基检测→测量放样围堰边线→插打钢板桩围堰→围堰内基坑开挖（内支撑随深度加设）→灌注封底混凝土→抽水、凿桩头→测量放样承台边线→安装模板→绑扎承台钢筋→安装墩身预埋钢筋及其他预埋件→浇筑承台混凝土（一次性浇筑）→混凝土养护→拆模、竣工验收→基坑回填。

（1）5～7号墩围堰结构。

5～7号墩双壁钢套箱围堰在公安侧生产区钢结构车间分节分块制造，并在工厂内预拼，验收合格的钢套箱单元件用汽车通过栈桥运输至墩位进行拼装。

5号墩钢套箱围堰长26.2 m，宽21.5 m，高18.2 m。考虑施工条件和运输等因素，侧板沿周长分16块制造，高度方向不分节。长边沿桥轴线往两侧各分为2×5.8 m，单元块质量约30.4 t。短边方向沿墩中心线往两侧各分为2×5.375 m，单元块质量约28.2 t。

6号墩钢套箱围堰长24.2 m，宽16.8 m，高度为16.5 m。侧板沿周长分14块制造，高度方向不分节。长边沿桥轴线往两侧各分为2×5.3 m，单元块质量约25.4 t。短边方向沿墩中心线往两侧各分为（5.6/2+5.6）m，单元块质量约26.8 t。

7号墩钢套箱围堰长24.2 m，宽16.8 m，高度为15.9 m。侧板沿周长分14块制造，高度方向不分块。长边沿桥轴线往两侧各分为2×5.3 m，单元块重约20.3 t。短边方向沿墩中心线往两侧各分为（5.6/2+5.6）m，单元块质量约21.4 t。

5～7号墩围堰封底厚度均为3.5 m，C25水下混凝土。5号墩围堰底标高+20.3 m，围堰需下沉16.9 m，内部设2层内支撑。6号墩围堰拼装时刃脚底标高+30.2 m，围堰下沉到位时刃脚底标高为+22.0 m，围堰需下沉8.2 m，围堰内部设1层内支撑。7号墩围堰拼装时刃脚底标高+30.7 m，围堰下沉到位时刃脚底标高为+22.6 m，围堰需下沉8.1 m，内部设1层内支撑。

5号墩围堰布置如图4-95，6～7号围堰布置如图4-96。

（2）8～10号墩钢板桩围堰。

钢板桩围堰由锁口钢板桩及其内支撑等部分组成。钢板桩采用拉森Ⅳ钢板桩，内支撑由圈梁和圈梁之间的支撑组成，围堰高度上共设置1道内支撑。8号墩采用18 m长钢板桩，9号墩采用15 m长钢板桩，10号墩采用12 m长钢板桩。

钢板桩围堰插打在钻孔桩完成后进行，采用DZ90振动锤插打。钢板桩分两次插打完成，即第一次先把钢板桩打下4～5 m并闭合，第二次再复打至设计标高。插打按照先顺桥向东侧边线，从大里程往小里程方向，接着插打北侧边线，最后南侧边线会合。插打完成后安装圈梁及内支撑。

以8号墩为例，钢板桩围堰布置图如图4-97和图4-98。

（3）围堰封底。

5～7号围堰封底为C25混凝土，厚度3.5 m，8～10号墩围堰封底混凝土厚分别为1 m、1 m、0.6 m。封底混凝土采用垂直导管多点水下灌注，灌注顺序按先中间锅底后四周、对称均衡的原则进行，封底方法同4号墩围堰。

灌注导管采用螺旋丝扣连接垂直导管，数量按灌注半径4.5 m重叠覆盖原则布置。导管安装前先组拼试压，试压强度取水头压力的1.5倍。每根导管的首批混凝土灌注应连续、不间断，导管底口有不少于1.0 m的埋深。封底过程中，围堰内外水头一致，围堰外水头不能高于围堰内，围堰内外通过设联通管保持水压平衡。

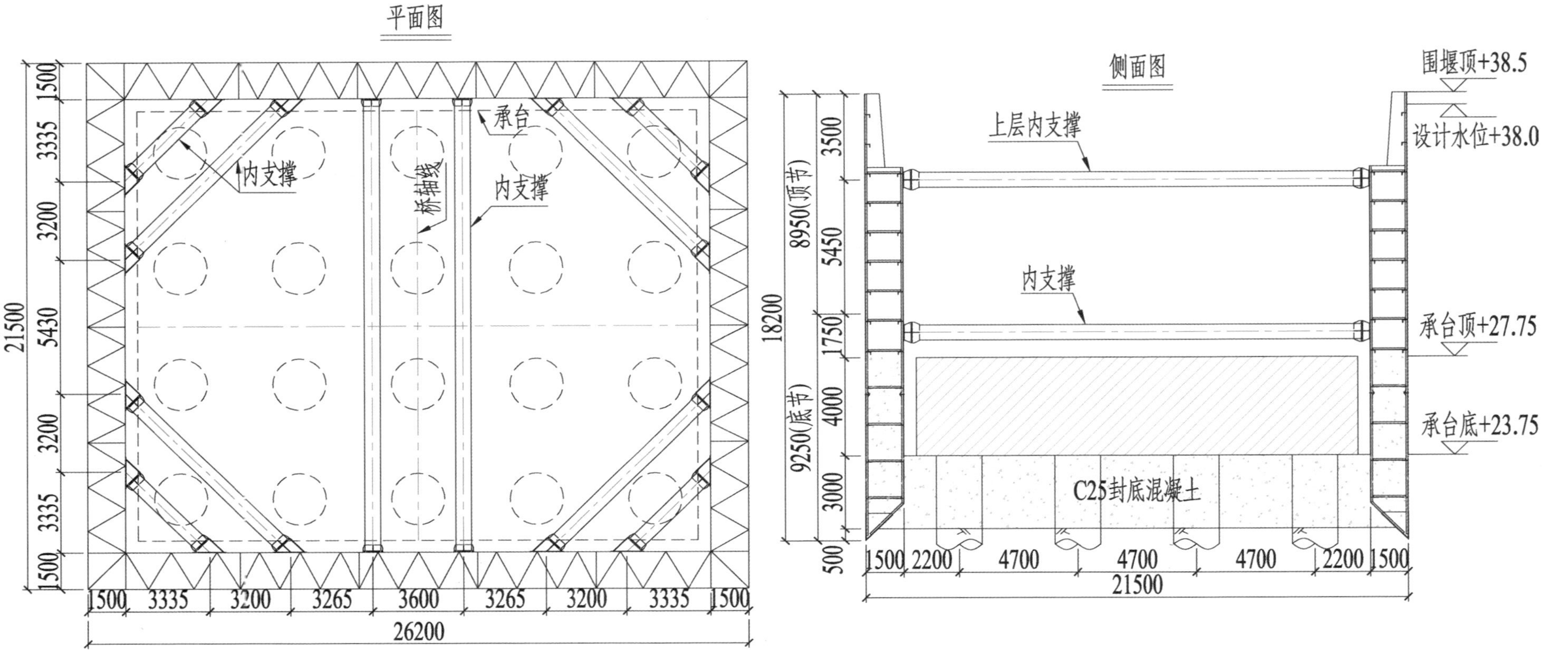

图4-95 5号墩双壁钢围堰布置图

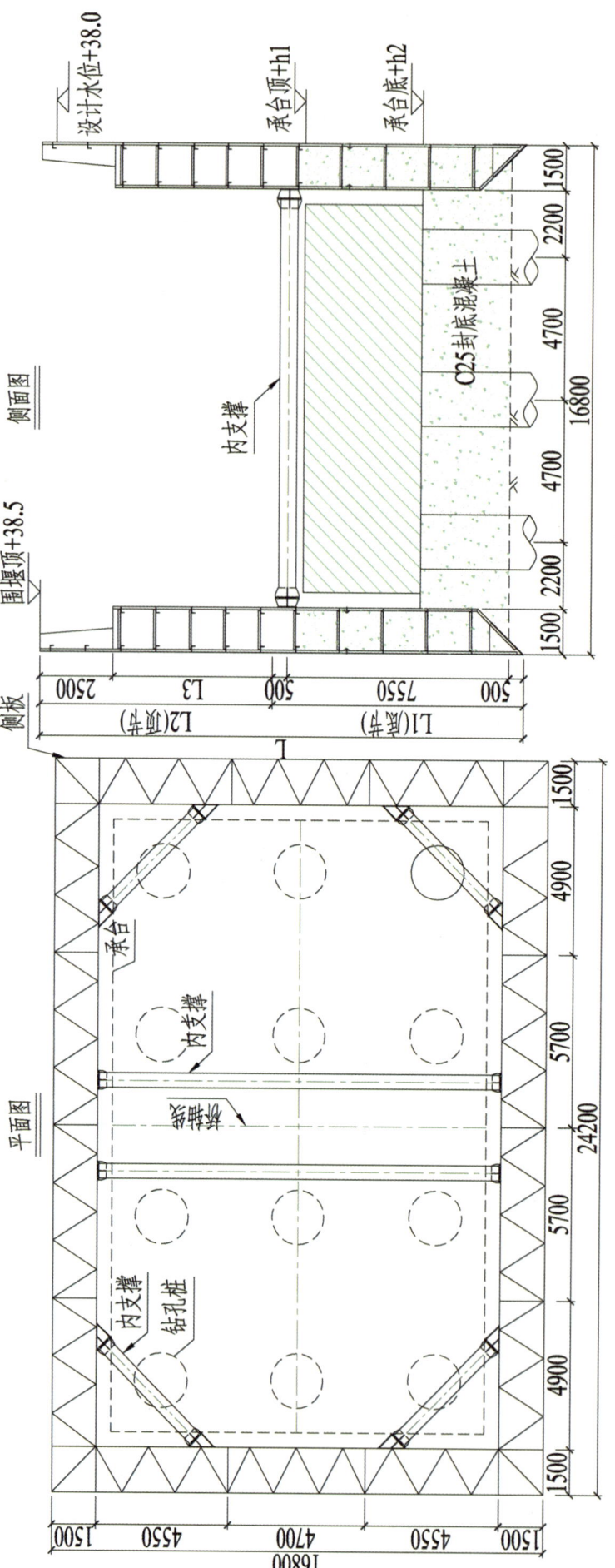

图 4-96　6号、7号墩双壁钢围堰布置图

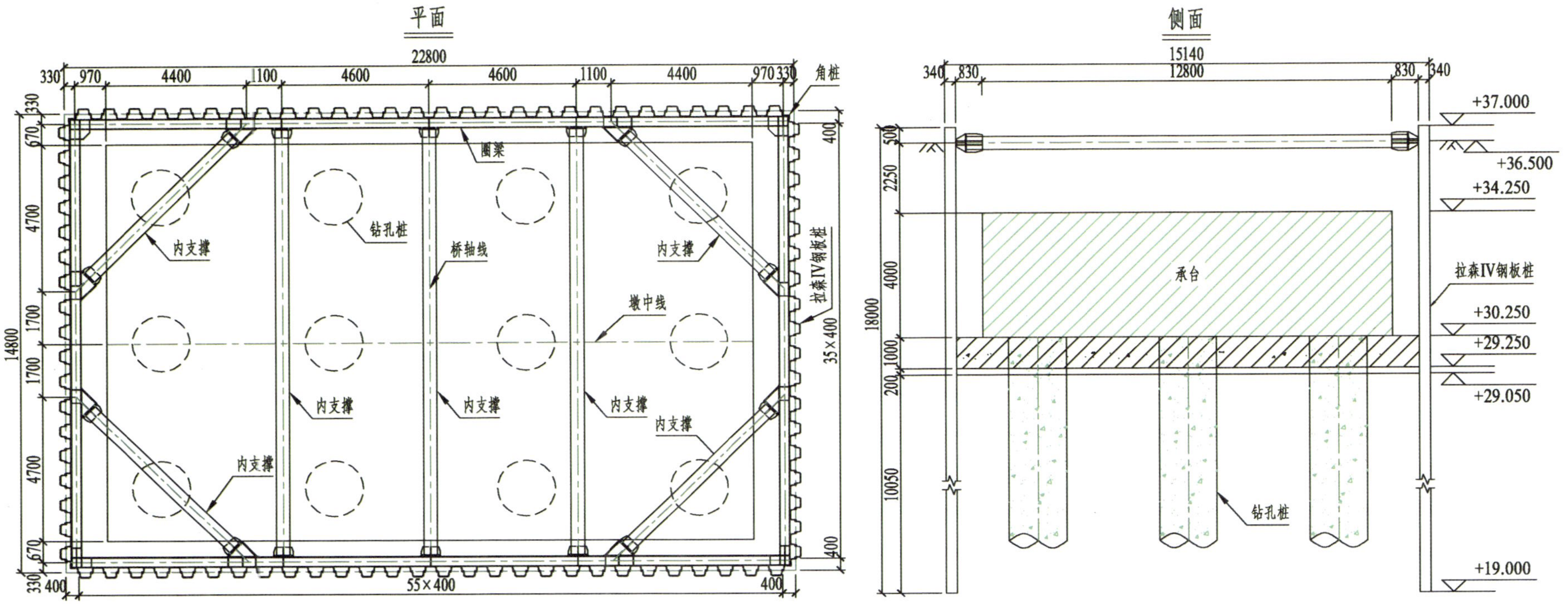

图 4-97 8 号墩钢板桩围堰布置图

图 4-98 钢板桩围堰安装圈梁及内支撑

2. 基坑开挖及桩头凿除

5~7号墩承台施工系双壁钢围堰方案,其抽水清基、护筒切割、桩头凿除等工序与主墩施工类似,不予介绍。

8~10号墩钢板桩围堰完成后,先用长臂挖机将基坑开挖到位,然后浇筑封底混凝土,抽水平、凿除桩头,进行承台施工。

3. 承台施工

5~10号墩承台浇筑均采用一次性浇筑完成工艺,混凝土由岸上拌和站供应,搅拌车输送至墩位浇筑,汽车泵泵送入模,汽车泵停在邻近承台边,保证能全部覆盖承台区域。浇筑时采用水平分层浇筑,每层厚度不超过 30 cm,插入式振捣器振捣。承台浇筑完成后人工适时收浆不少于 3 遍。承台属大体积混凝土,内部埋设冷却水管通水降温,当混凝土初凝达到约 2.5 MPa 强度后,顶部覆盖土工布或草垫洒水养护。

承台浇筑时设置侧模,模板的面板采用钢模,模板顶撑支承固定在围堰上,不设拉杆。

钢筋绑扎如图 4-99 所示,顺序:底层→架立筋→中层→面层→侧面箍筋→墩身预埋钢筋。

图 4-99 承台钢筋绑扎

4.1.4.3 墩身（帽）施工

主桥 5～9 号墩采用门式墩，10 号墩下层铁路采用门式墩，上层公路采用框架式桥墩。铁路墩身横桥向总宽 17.5 m，每根铁路立柱横桥向宽 6 m，顺桥向宽 5 m，外侧倒角为半径为 100 cm 的圆弧；墩帽横桥向总宽 18.1 m（6 墩宽为 18.62 m），高 2 m，顺桥向为 5.6 m（6 号为 6.12 m），实心结构。

5～10 号铁路墩墩身高度从 21.6～29.95 m 不等，5 号墩墩顶标高为 +57.70 m，6～10 号墩墩顶标高均为 +58.45 m。各墩具体参数及工程量见表 4-19。

表 4-19 5～10 号墩墩身（帽）主要参数

墩 号	墩高 /m	盖梁及墩帽高 /m	截面尺寸 /m		钢筋 /t		C40 混凝土 /m³	
			墩柱	墩帽	墩身	墩帽	墩身	墩帽
5 号	21.70	8.25	6.0×5.0	18.1×5.6	150.5	64.0	1 283.3	683.3
6 号	20.75	8.25	6.0×5.0	18.62×6.12	145.5	65.2	1 227.1	708.4
7 号	20.15	8.25	6.0×5.0	18.1×5.6	123.5	64.0	1 191.6	683.3
8 号	15.95	8.25	6.0×5.0	18.1×5.6	103.8	64.0	943.3	683.3
9 号	15.85	8.25	6.0×5.0	18.1×5.6	103.2	64.0	937.3	683.3
10 号	13.35	8.25	6.0×5.0	18.1×5.6	85.4	65.2	789.5	708.4

1. 施工方案

5～10号铁路墩墩身采用翻模法施工，模板采用整体钢模，标准节长3 m，共投入3节，根据墩柱高度设置相应的调节段。

5～10号铁路墩墩身底节浇筑段高度7.35～9.95 m不等，其他标准节段每次浇筑高度6 m。墩顶盖梁通过钢管桩支架及型钢支架作为模板支撑系统浇筑混凝土。

墩身主筋标准节段长6 m，以模板上层三角支架平台作为施工平台进行绑扎。主筋采用滚轧直螺纹套筒连接，其余钢筋连接采用绑扎接头或闪光对焊。施工时利用50 t履带吊配合绑扎钢筋、安装模板。

混凝土由生产区混凝土工厂生产，搅拌车运输至工点，汽车泵泵送入模，并通过顶部施工平台及串筒将混凝土输送至浇筑点。

2. 施工步骤

墩身中轴线及边线测量定线→墩身底节钢筋绑扎，预埋件埋设→安装墩身底节外模→浇筑墩身底节混凝土，养护→施工缝处理，接长墩身钢筋，安装预埋件→拆除墩身底节下部3.0 m标准节模板及调节段模板，翻模安装墩身第二节外模→浇筑第二节混凝土，养护→接长墩身钢筋→拆除墩身底节上部3.0 m标准节模板及第二节下半部3.0 m标准节模板，安装墩身第三节外模→浇筑第三节混凝土，养护→依此循环，直至完成墩身施工→搭设模板支撑结构，安装墩帽模板→浇筑墩帽混凝土，养护→拆模→进行墩顶支承垫石流水坡施工。

3. 模板

墩身模板采用厂制大块钢模板，标准块模板高3 m。面板厚度8 mm；面板后方的竖肋为［10，间距300 mm；模板背棱为双根］［20a，均焊于［10上。模板接头采用螺栓连接，接头板法兰板厚14 mm。模板加工完成，对接头面作刨边处理，以使接头缝平整不错台。为安装方便，模板接头处设置定位销。

4. 脚手平台及墩帽支架

墩身施工脚手支架采用标准步梯，兼作墩帽落地支架。步梯立柱采用4根φ600 mm钢管，平面尺寸为3.6 m×2.5 m，立柱间通过I10连接，立柱中间位置设置上下步梯供人员上下，如图4-100所示。步梯标准节长4 m，节与节之间采用法兰连接，设置调节段用以调节高度。每层模板周围设置悬挑牛腿、走道板及栏杆，随模板一体化安装，作为施工操作平台。

墩身顶节拱形墩帽施工分两节段进行。墩顶两柱间内圆弧段拱形底模支撑系统采用步梯钢管支架＋碗扣式脚手架形式，如图4-101所示。碗扣式钢管间距为300 mm×300 mm，采用可调式顶、底托调节以适应拱形形状。

图 4-100 墩身施工脚手平台及上下通道

图 4-101 墩帽拱形支架

5. 钢筋

墩身主筋采用直螺纹套筒连接，其他钢筋采用焊接。

6. 浇筑方法

混凝土由岸上拌和站供应，搅拌车输送至墩位浇筑，汽车泵泵送入模。浇筑时采用水平分层方法，每层厚度不超过 30 cm，插入式振捣器振捣。

墩帽支承垫石混凝土为 C50，在墩帽混凝土完成并具有一定强度后单独浇筑，如图 4-102 所示。

图 4-102 墩身（帽）混凝土灌注现场

7. 温控措施

墩帽混凝土尺寸大、方量多，按大体积混凝土施工，墩帽混凝土内设冷却水管通水降温。冷却水管采用 ϕ50 mm，δ 为 2.5 mm 的钢管，管网间垂直间距见冷却水管布置图，顶层管网至墩帽顶面距离及底层管网至墩身顶节底距离为 1.0 m；同一管网内水管间的水平间距见图 4-103，最外层水管距离混凝土边缘 0.55 m；管网的进出水口垂直引出混凝土顶面 0.5 m 以上，出水口设有调节流量的阀门。同一层管网的垂直进出水口相互错开 1.0 m，不同层管网的进出水口也相互错开至少 1.0 m，以便区分。

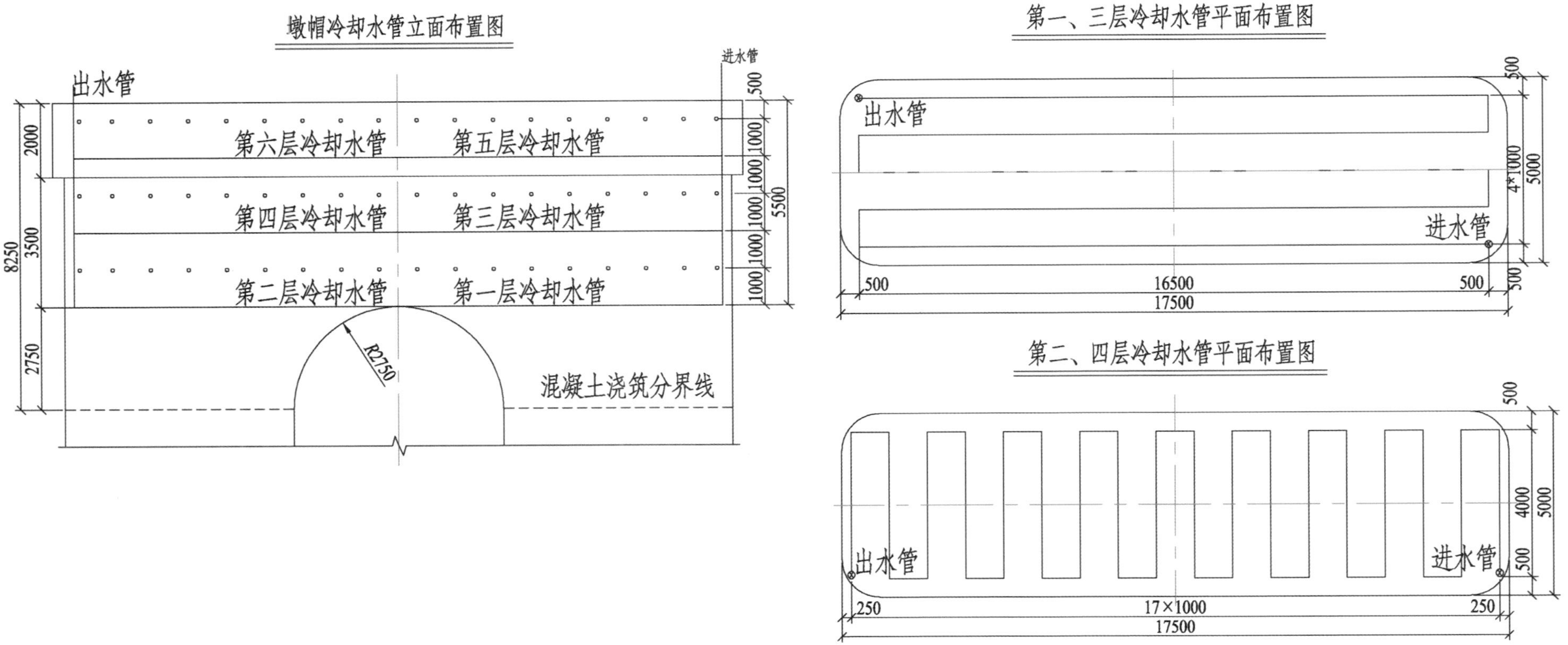

图 4-103 墩帽冷却水管布置图

4.1.5　大堤施工防护及强透水卵砾石地层钻孔漏浆处置

1. 荆江河段大堤施工期安全防护

大桥位于荆江河段，荆江大堤防护等级高，采取以下措施确保施工期间荆江大堤安全：

（1）在不影响 3 号墩围堰下沉前提下，对桥位上下游河岸边坡范围内 28.3 m 高程以下进行抛石固脚，防止施工期间岸坡冲刷，维持岸坡稳定。

（2）2 号墩位于荆江左岸大堤临水面，承台施工时，在靠近大堤堤角面采用直径 $\phi1.0$ m 的钻孔桩防护，其余三面采用锁扣钢管桩防护，在桩顶设置 1 m 高的冠梁，确保桩基和承台施工时大堤安全。

（3）制订荆江大堤监测方案，对大堤进行变位和沉降观测（汛期每半个月一次，枯水期每月一次），防止大堤出现异常。

2. 强透水卵砾石地层钻孔不顺应对

（1）钻具改进。气举反循环钻机在粒径为 15～25 cm 卵砾石土层钻孔时，滚刀钻头钻进不理想，常规小锥角三翼刮刀钻头钻进效果同样不好。后经试验，采用改进后的高腰大锥角四翼加密刮刀钻头进行钻孔，快速顺利完成钻孔施工。

（2）漏浆处置。桥址墩位卵砾石土层胶结差、填充物少，地下水与长江连通，钻孔过程中多次出现孔内泥浆突然下降流失情况。后采取在漏浆地层钻进时泥浆掺加纤维素、孔内添加锯末、钻具旋转吸排泥浆不进尺或慢进尺等措施，使锯末通过泥浆渗透封堵卵砾石间空隙，解决钻孔漏浆问题。

4.2　主桥上部结构施工

4.2.1　3 号、4 号主塔施工

4.2.1.1　主要施工设备及布置

1. 塔吊选型及位置

塔柱施工配备一台 C7050 塔吊和一台 7030B 塔吊负责起吊工作。C7050 塔吊布置在桥墩下游北侧，横向距桥中心线 25.5 m，纵向距墩中心线 7 m；7030 塔吊布置在桥墩上游南侧，横向距桥中心线 25.5 m，纵向距墩中心线 7 m。3 号墩塔吊平面布置见图 4-104。

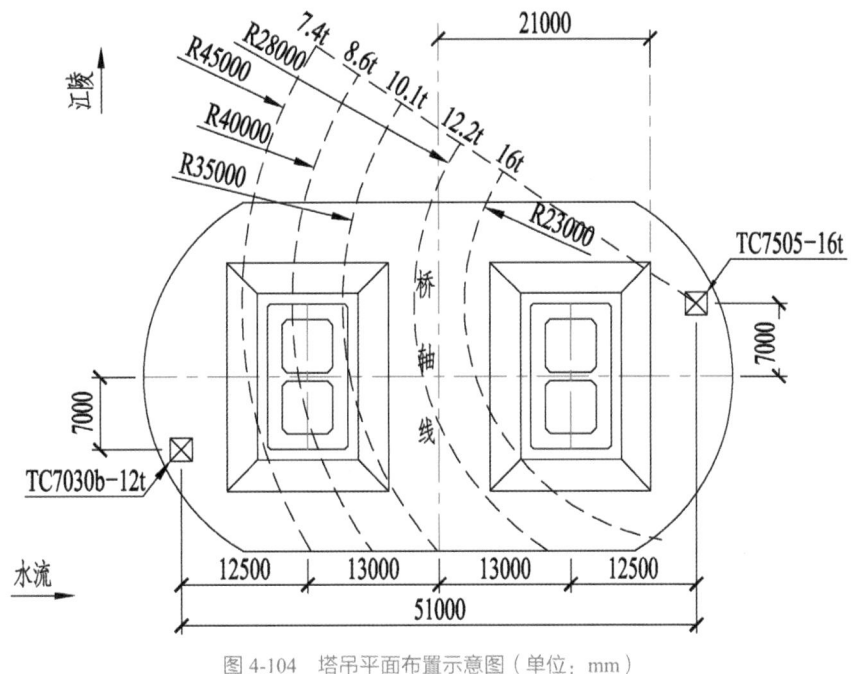

图 4-104　塔吊平面布置示意图（单位：mm）

2. 混凝土生产、输送设备

塔柱混凝土由岸上 2 座生产能力 120 m³/h 的混凝土工厂生产供应，搅拌车送至塔柱位置通过 3 台型号为 IPF-85B 的混凝土泵进行垂直泵送（1 台为备用）。

中、上塔柱施工时，在上下游塔柱外侧各配备 1 台混凝土输送泵及 1 套泵管，混凝土通过附着于塔柱的泵管输送混凝土入模，泵管由附着于塔壁的泵管挂座固定，每浇筑一节塔柱安装一道。泵管随塔柱升高逐节接长。

3. 施工电梯

中、上塔柱施工期间，上、下游塔柱外侧各布置一台垂直式双笼电梯，电梯随爬模上移时相应接长。塔柱施工升降机布置示意见图 4-105。

4.2.1.2　塔柱施工

塔柱为 H 形钢筋混凝土塔，承台顶面以上塔高 182.5 m，分下塔柱、中塔柱、上塔柱及塔肢间的上、下两道横梁等 5 大部分。总体施工方案为：

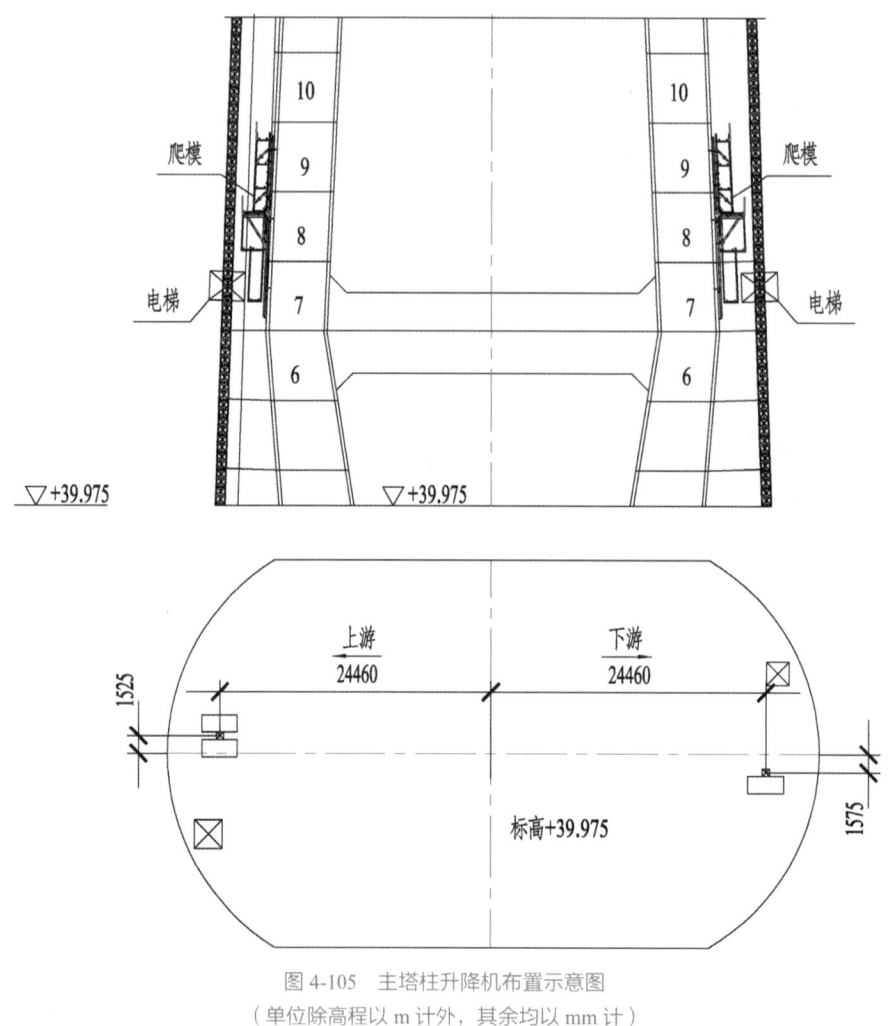

图 4-105 主塔柱升降机布置示意图
（单位除高程以 m 计外，其余均以 mm 计）

塔柱高度上共分成 31 个节段，采用四面液压爬模进行施工，标准节段高度 6 m，其中：下塔柱分为 7 节（含下横梁共用区段），节段组成为 4×6 m+1.5 m+5.5 m+4.5 m；中塔柱分 15 节段（含上横梁共用区段），节段组成为 15×6 m；上塔柱分 9 节段，节段组成为 9×6 m。下塔柱第 1 段为塔柱施工起始段，也是爬模架体的附着段，采用支架法施工，其余塔柱节段采用液压爬模施工。塔柱主筋采用滚轧直螺纹接头连接，钢筋定尺长度 6 m，水平箍筋采用搭焊连接。

下横梁采用钢管柱支架法施工，与塔柱同步进行，横桥向不分段，高度上分 2 次完成；上横梁与塔柱异步施工，滞后塔柱 2 个节段，采用桁架支承法施工，横桥向不分段，高度上分 2 次完成。

塔柱为单室空腔结构，塔壁内设有劲性骨架，骨架顶设主筋定位卡具，骨架用来定位支承竖向主筋和索导管及支撑内腔模板，同时也是爬模施工的保险栓挂结构。劲性骨架分节高度与施工节段高度匹配，其接头比节段缝高0.5 m。劲性骨架竖杆采用∟100 mm×10 mm角钢，水平横撑采用∟63 mm×6 mm角钢，连接系采用∟63 mm×6 mm角钢。各节劲性骨架竖杆上端焊有方形连接钢板，以便相邻节骨架安装时快速对位连接，每浇筑完一段塔柱，安装一节骨架。劲性骨架在岸上钢结构车间分节、分片加工制造，塔上分片吊装焊接，最后相邻各片焊连形成整体。

1. 塔座施工

下塔柱底部的上、下游两个塔座呈四棱台形状，单个塔座尺寸为3.0 m（高）×22.0 m（顺桥向）×16.0 m（横桥向），单个塔座混凝土方量为750 m³。塔座一次浇筑完成，按大体积混凝土进行施工。

塔座和下塔柱伸入承台内的预埋钢筋（塔座钢筋伸入长度1.2 m，塔柱ϕ32 mm竖向主筋伸入承台的垂直高度2 m）及其预埋钢筋定位劲性骨架在承台浇筑时已安装完成，塔座施工时进行面层钢筋、冷却水管、塔座模板、下塔柱起始段模板等安装工作。

冷却水管采用壁厚1.8 mm、直径ϕ32 mm的圆钢管，接头采用橡胶管。冷却水管网按照冷却水由热中心区域流向边缘区的原则竖向布置3层，层间距1 m，顶层管网至塔座顶面距离及底层管网至承台顶面距离均为0.5 m；同层管网内水管间的水平间距1 m，最外层水管距混凝土边缘0.5 m左右；管网的进水口设置调节流量的阀门。循环水管在温控完成后压浆封闭。冷却水管的布置如图4-106所示。

塔座侧模采用钢模板组拼而成，模板间采用螺栓连接，模板通过预埋在承台中与模板面垂直的斜拉杆和撑架支承固定。

塔座浇筑由四周向中间方向进行，采用布料机和滑槽进行浇筑。塔座四周斜面模板间隔开设下灰和振捣孔洞，通过敲击模板判断塔座斜面部位混凝土是否浇筑密实，混凝土面上升至所开孔洞时原样封堵。

2. 下塔柱施工

（1）爬模结构。

①机位布置：爬升系统主要包括预埋件、导轨及液压系统几部分。下塔柱施工时，塔柱单肢爬模共布置12个机位（爬升设备），爬模机位平面布置见图4-107。

②架体平台：液压自爬模架体间距≤4.5 m（相邻埋件点之间距离）；架体高14.02 m；模板平台宽1.50 m，主平台宽2.7 m，液压操作平台宽2.7 m，吊平台宽1.8 m。模板平台施工荷载≤3 kN/m，主平台施工荷载≤1.5 kN/m；液压操作平台施工荷载≤1.5 kN/m，吊平台施工荷载≤0.75 kN/m。爬架桁架立面布置见图4-108。

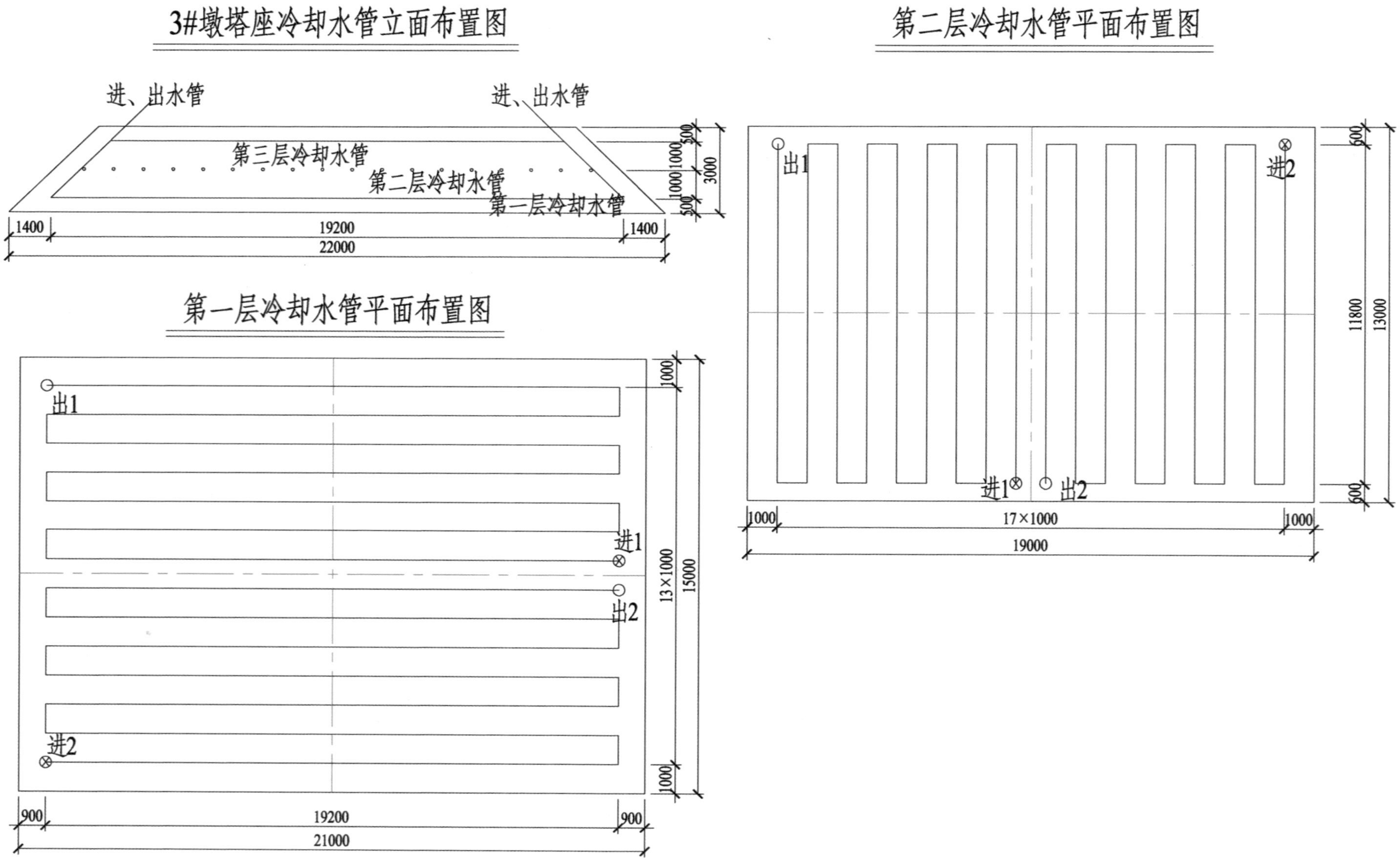

图 4-106 冷却水管布置图（单位：mm）

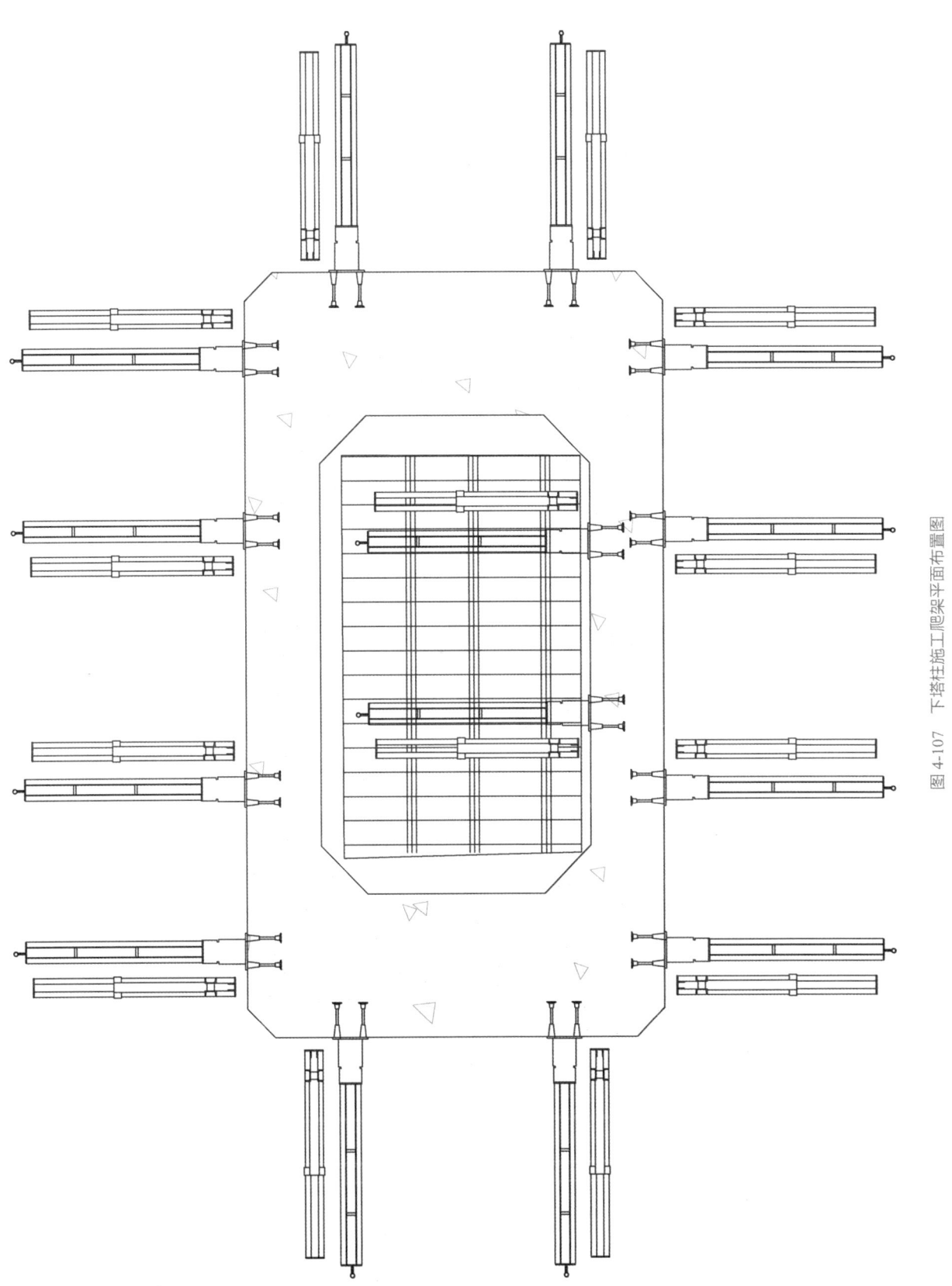

图 4-107 下塔柱施工爬架平面布置图

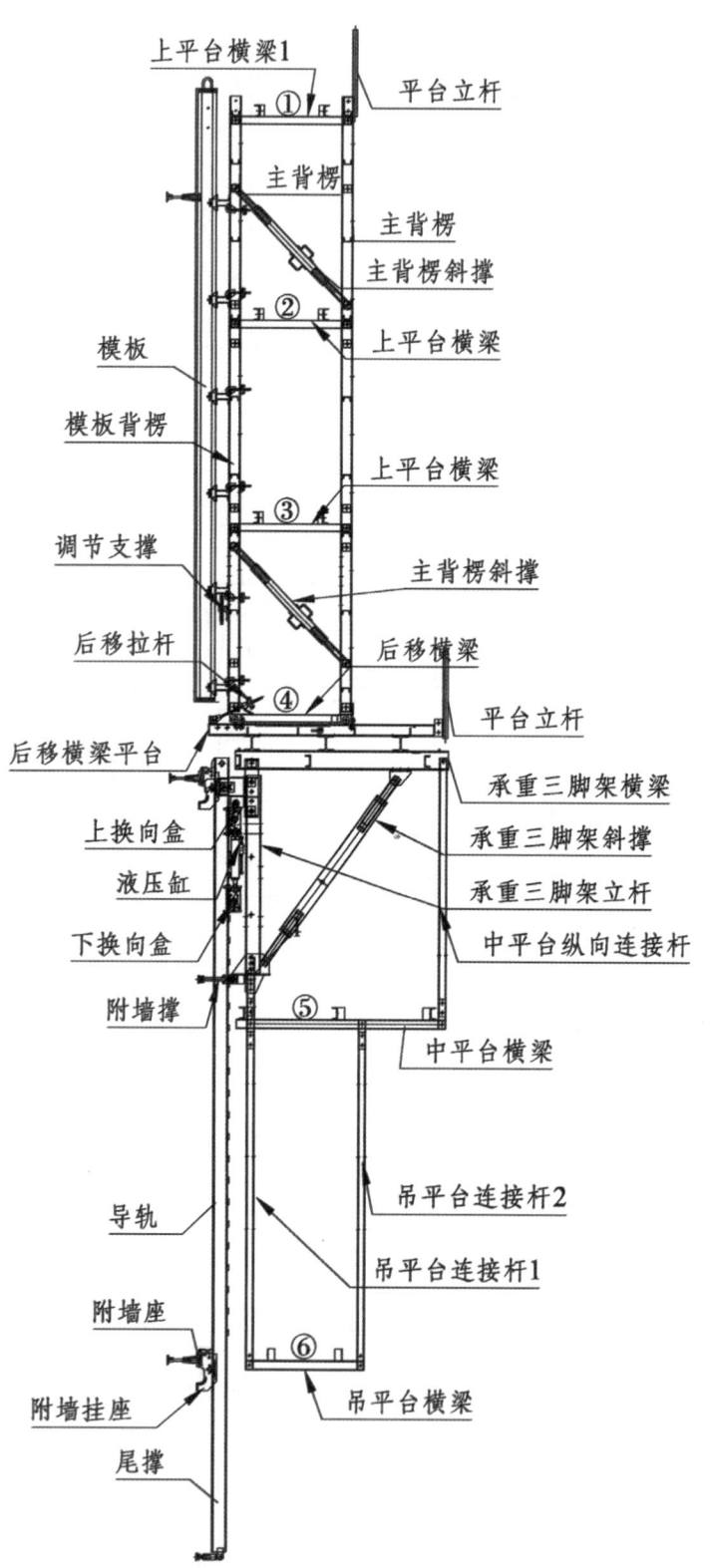

图 4-108　爬模桁架立面布置图

③模板体系：主塔 6 m 标准段模板设计高度为 6.33 m，下口与塔柱已浇节段顶搭接 10 cm。塔壁大面外模采用木模，长边方向分为两块，短边方向为一块；塔壁外模倒角处采用定型钢模。木模面板为 δ = 21 mm 进口 WISA 板；小肋采用 H20 木工字梁，竖向布置，最大间距 250 cm；大肋采用 2［12 型钢，间距 1.05 m，对拉拉杆采用 D20 高强螺杆，间距最大为 1.14 m。模板结构示意见图 4-109。

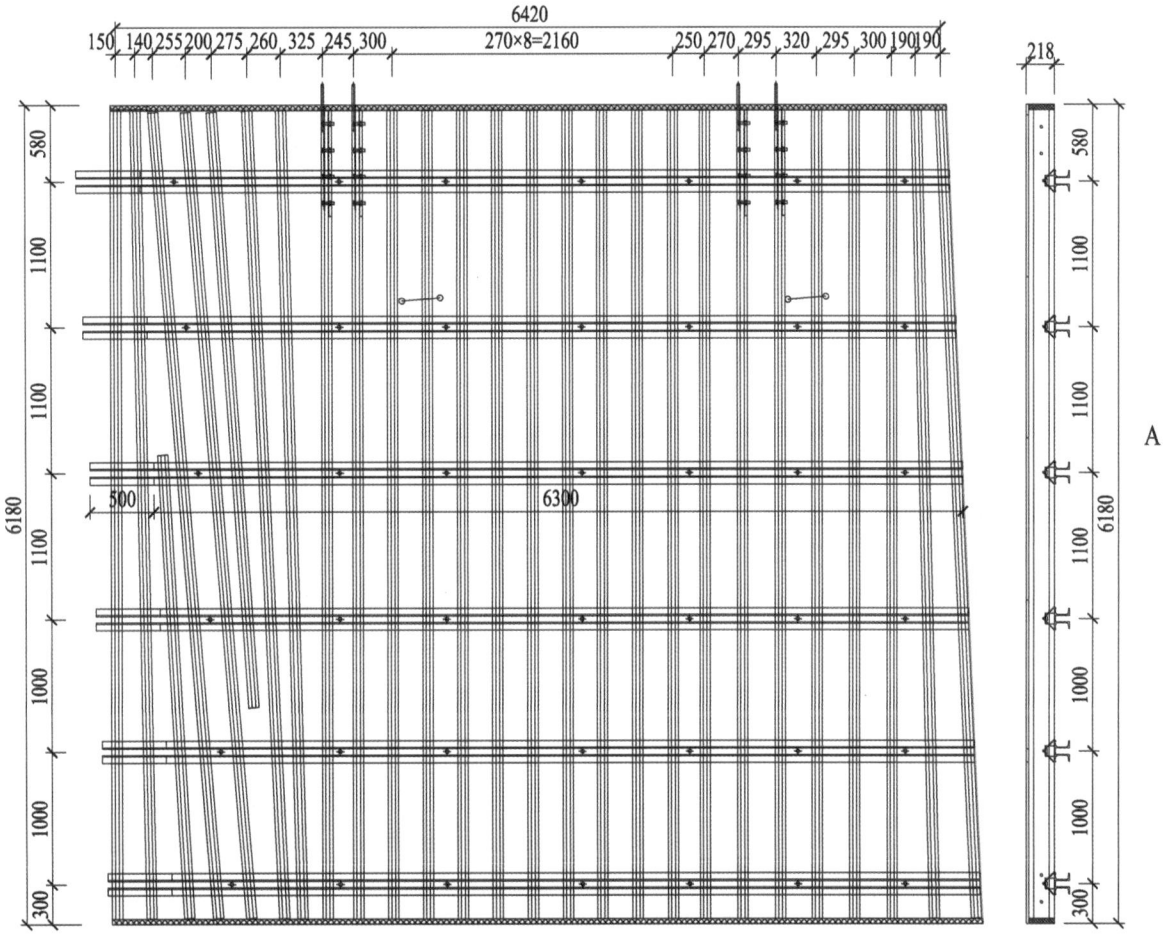

图 4-109　爬模模板结构（单位：mm）

爬模安全防护主要包括以下部分：爬模架的防坠装置、外侧全封闭 1.8 m 高的密目钢丝安全网，爬架各工作平台上满铺的脚手板，工作平台上的踢脚板，工作平台外的防护栏杆，爬架底部全封闭安全隔板及底部兜网。

爬升预埋件安装流程如图 4-110 所示。

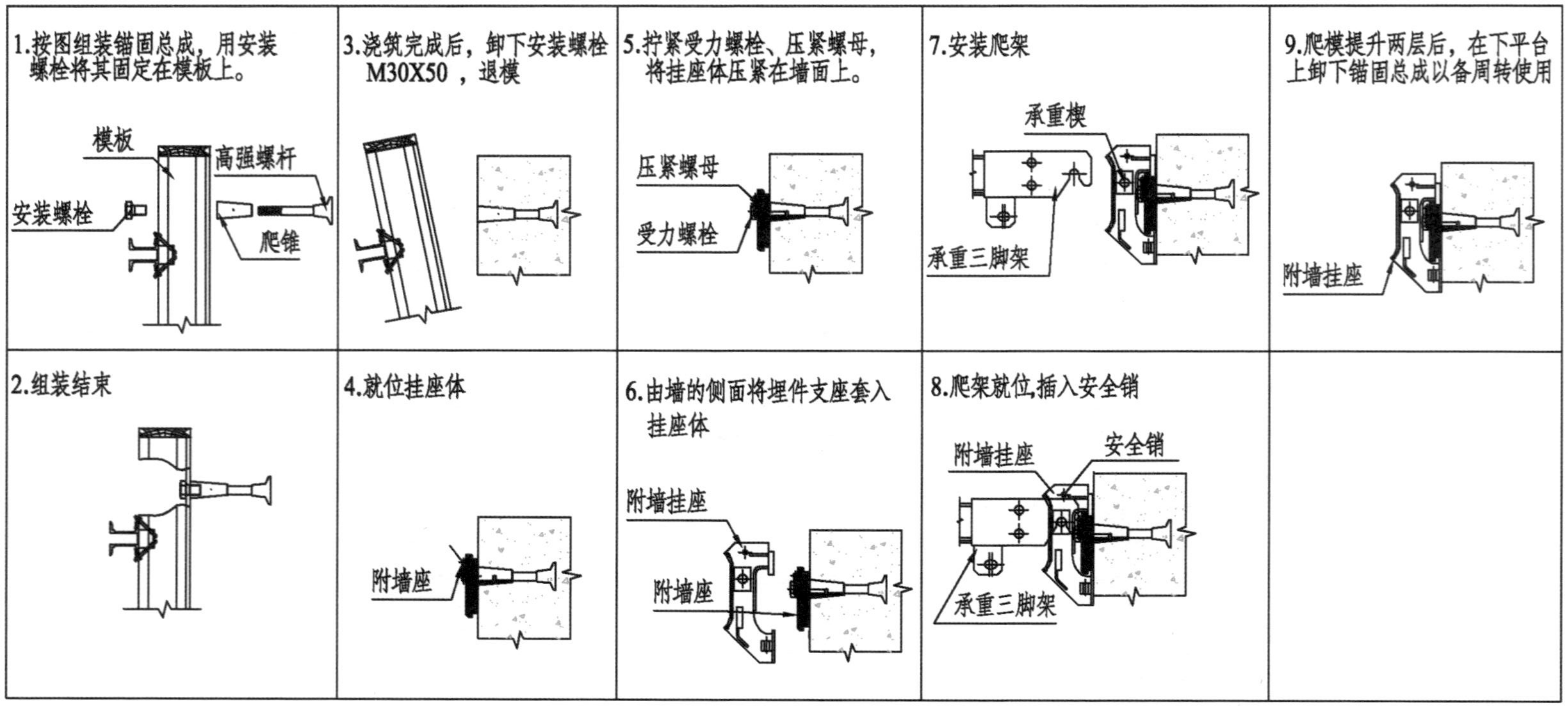

图 4-110 预埋件安装流程

（2）模板施工及爬模安装。

①第一节段模板。

下塔柱第一节钢筋绑扎完毕，安装底节自制木模。模板由起吊设备吊装就位，外模通过塔座顶预埋件定位，内模用钢管支架支撑，内外模之间设置拉杆固定。第一节段施工时，爬升系统尚未安装，需对应爬模机位埋设其预埋件。

②第二节段模板。

第一节段外模拆除后，将爬模系统的支撑架固定在塔柱底节的预埋件上，并将模架系统安装在支撑架上，待钢筋绑扎完毕后，将外模就位并利用支撑架及模架系统固定外模。塔柱内模设置钢管支架支撑，内外模之间设置拉杆；第二节段模板安装示意见图4-111。

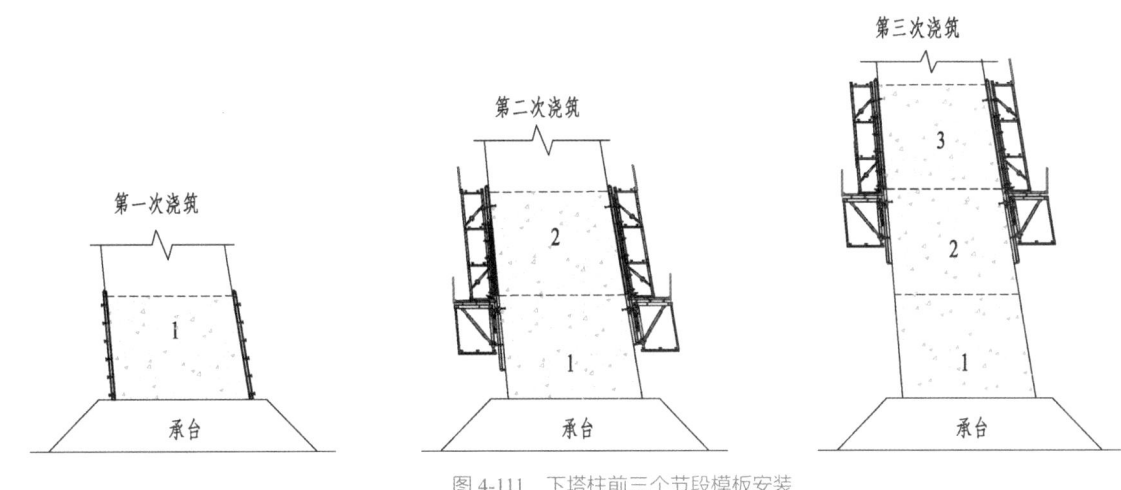

图4-111 下塔柱前三个节段模板安装

③第三、第四节段。

拆除第二节段模板，支撑架移至塔柱第二节的预埋件上安装，模架系统安装在支撑架上并安装上导轨，至此，自爬模系统完全形成，以后各节段的外模施工可由爬模系统自身完成。下塔柱内模支撑均设置钢管支架，内外模之间设置拉杆。

④标准节段爬模施工流程：节段混凝土浇筑并终凝→节段混凝土达到强度→绑扎钢筋→拆模后移→安装附墙挂座→提升导轨→爬升架体，模板清理刷脱模剂→挂座埋件安装→合模、验收签证→待浇筑混凝土。

⑤塔柱节段施工流程为：测量放样→劲性骨架安装→内排钢筋安装→外排钢筋安装→拉筋及倒角分布筋安装→爬锥安装→模板安装就位→拉杆穿设→检查签证→混凝土浇筑、养护。爬模爬升流程如图4-112。

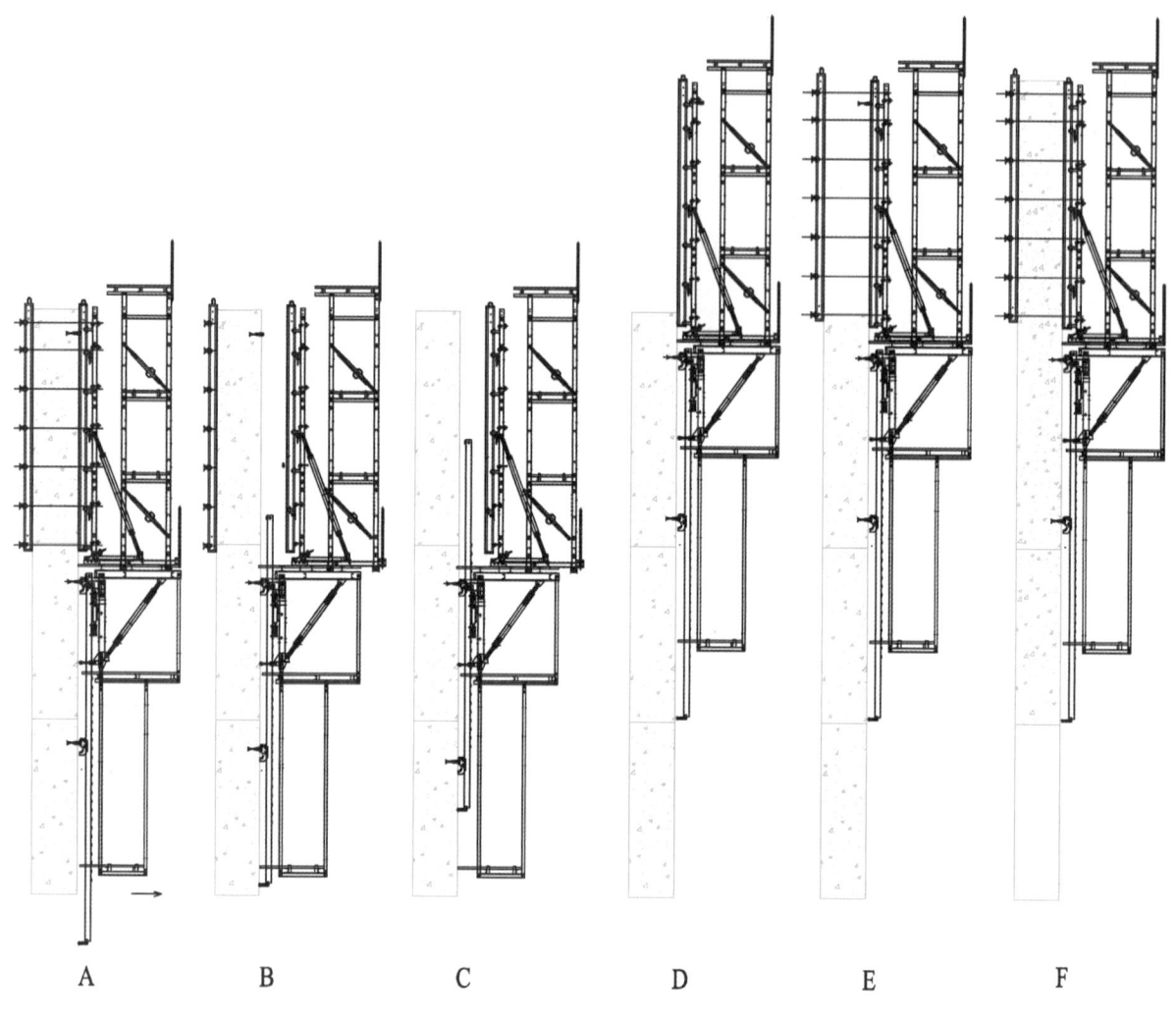

图 4-112 爬模爬升

说明：

A. 浇注混凝土，待达到要求强度后，拆除模板。

B. 安装埋件挂座，通过液压装置提升导轨。

C. 拆除下部埋件挂座，以备下一次周转。

D. 绑钢筋、裁模板、安装预埋件。通过液压装置提升支架（一面为一组）。

E. 支模、连接对拉螺杆。

F. 浇注混凝土，待混凝土达到强度，拆模板开始下一个循环

（3）混凝土浇筑。

下塔柱混凝土总方量 3 119.4 m³，分 5 次浇筑，具体方量如表 4-20 所示。搅拌车将混凝土送至栈桥平台，通过地泵采用附着于塔柱的泵管输送至塔柱上口的布料滑槽，再分到各下料点窜筒灌注。泵管规格为 ϕ125 mm，泵管通过挂座附着于塔柱内腔，挂座采用型钢制作，通过预埋件固定，每浇筑一节塔柱，泵管跟随接高一次。

表 4-20　下塔柱各节段混凝土数量

浇筑次序	浇筑高度 /m	混凝土方量 /m³	备　注
1	5.320	687×2	
2	5.120	551×2	
3	5.120	526×2	
4	5.120	504×2	
5	1.5	130.1×2	
6	4.500	2 774.3	与下横梁第一次（4.5 m）一起浇筑
7	4.300	2 334.8	与下横梁第二次（4.0 m）一起浇筑

浇筑下塔柱混凝土时，派专人进入主塔内部进行振捣，对倒角及变截面段加强振捣质量控制，避免漏振现象出现。同时通过钢筋间距调整来加大下料及振捣的施工空间。

（4）填充混凝土浇筑。

下塔柱内腔 +39.95 m 标高以下设计有后填 C20 混凝土，以防塔壁渗水，填充混凝土总方量为 1 130 m³。填充前先将内墙表面清洁干净，堵塞拉杆孔，然后均匀涂刷沥青层，在下塔柱浇筑完成后，浇筑填充混凝土。混凝土采用搅拌车运送至栈桥平台，通过地泵由附着于塔柱的泵管输送至下塔柱内腔，工人进入塔内采用振捣棒振捣。

3．中塔柱施工

中塔柱高度 90 m，分 15 个节段（即 8～22 号节段）进行浇筑，每个节段高 6 m。采用液压爬模施工，内模采用钢模。

中塔柱自由长度达 96.4 m，塔肢内倾角度 80°，为控制施工过程中的塔柱线形，根据计算，中塔柱高度上布置 3 道横撑。横撑由 ϕ1 200 mm 钢管制作，壁厚 10 mm，分别设在第 11、15 和第 19 节段位置。横撑安装时施加顶力，以调整塔柱线形、控制根部弯矩，消除塔柱因倾斜产生的拉应力。横撑滞后 2 个节段吊装（即 3 道横撑分别在塔柱施工至第 13、17、21 节段时安装），施力完毕后将塔柱与横撑锁定，如图 4-113 所示。

每道横撑顶面铺设施工平台，与施工电梯相连，最上层横撑作为上横梁安装操作平台及下方钢筋施工的安全防护平台。最上层横撑在上横梁混凝土强度达到设计要求后拆除。

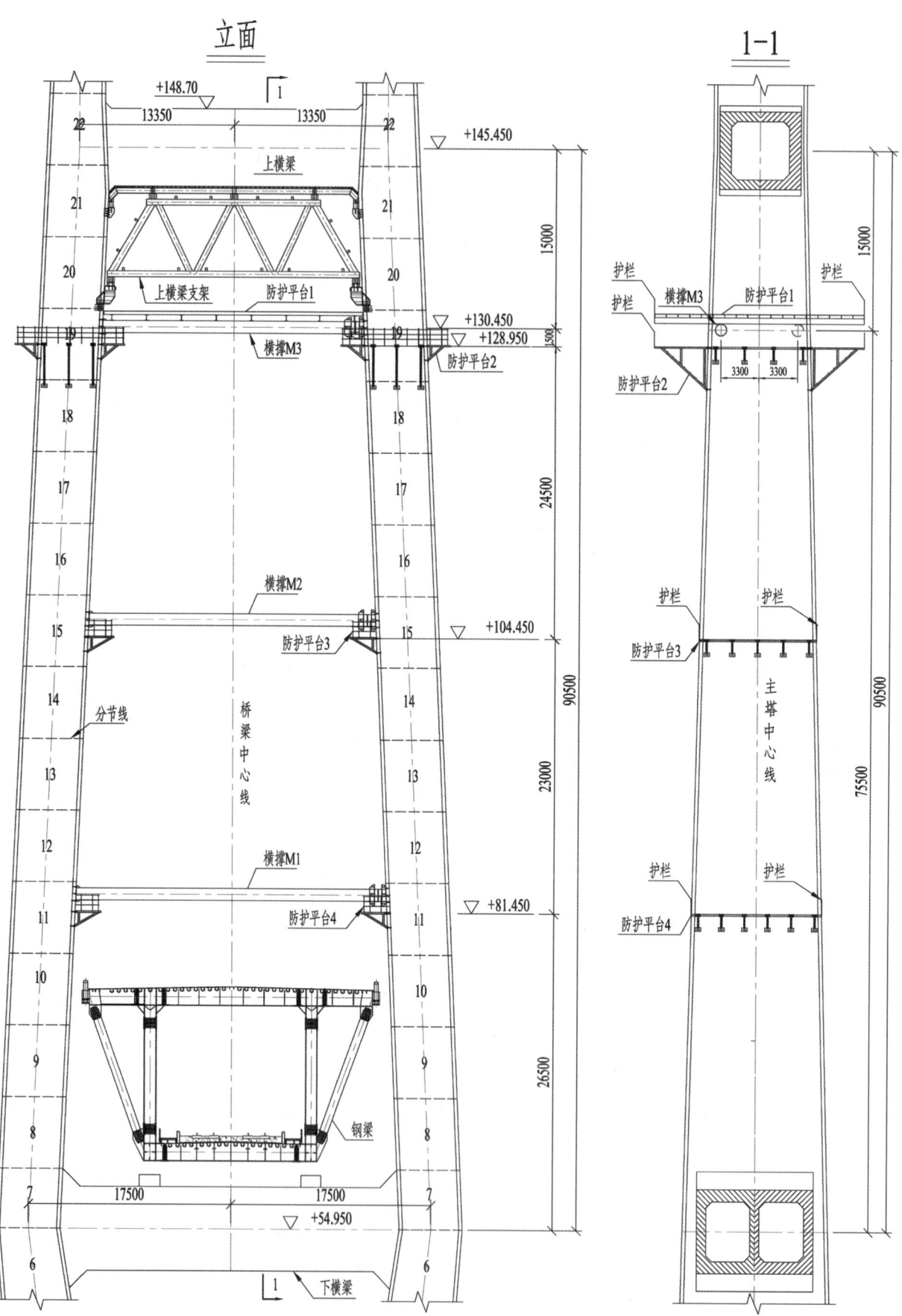

图 4-113 中塔柱分节及横撑布置图（单位除高程以 m 计外，其余均以 mm 计）

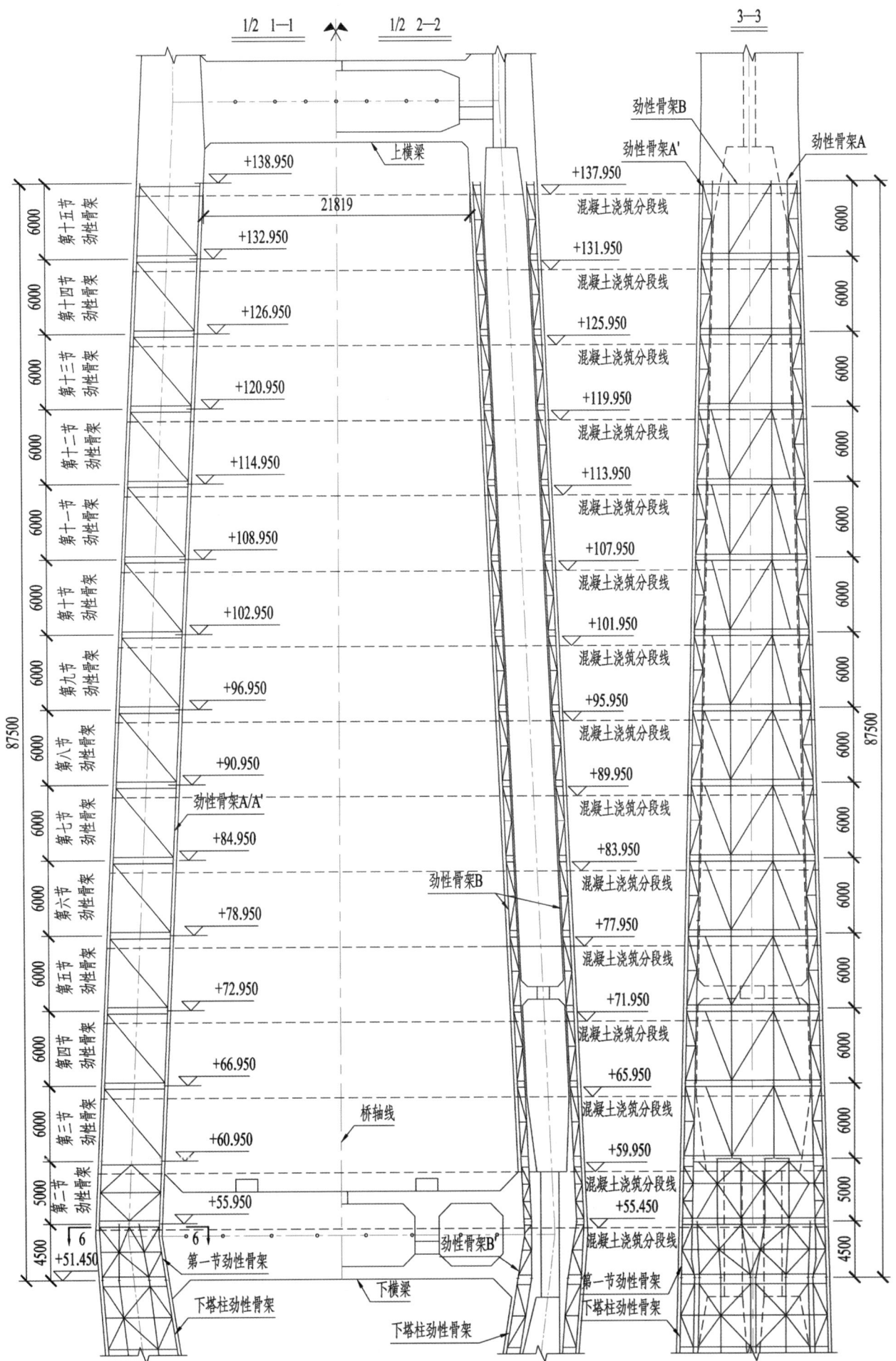

图 4-114 中塔柱劲性骨(单位除高程以 m 计外,其余均以 mm 计)

(1)劲性骨架安装。

中塔柱劲性骨架共分为 15 节,高度均为 6 m。劲性骨架主桁片采用∟100×10 角钢,连接系采用∟63 mm×6 mm 角钢。劲型骨架外侧距塔壁外表面 269 mm,距塔壁内表面 120 mm。每节劲性骨架在平面上分为若干小块在工厂制作,然后组拼成单元运输至墩位通过塔吊安装,单元最大起吊质量 2 t。中塔柱劲性骨示意图如图 4-114。

(2)钢筋施工。

劲性骨架安装完成后,在劲性骨架对应模板顶口位置的内、外侧设置主筋定位框。定位框用∟75 mm×10 mm 制作,平面上据各层主筋到模板的距离进行定位固定,角钢肢上对应主筋间距位置开设半圆槽口,用以准确定位竖向 ϕ32 mm 主筋。节段混凝土浇筑后拆除定位框,倒用至下一节段。定位框如图 4-115 所示。

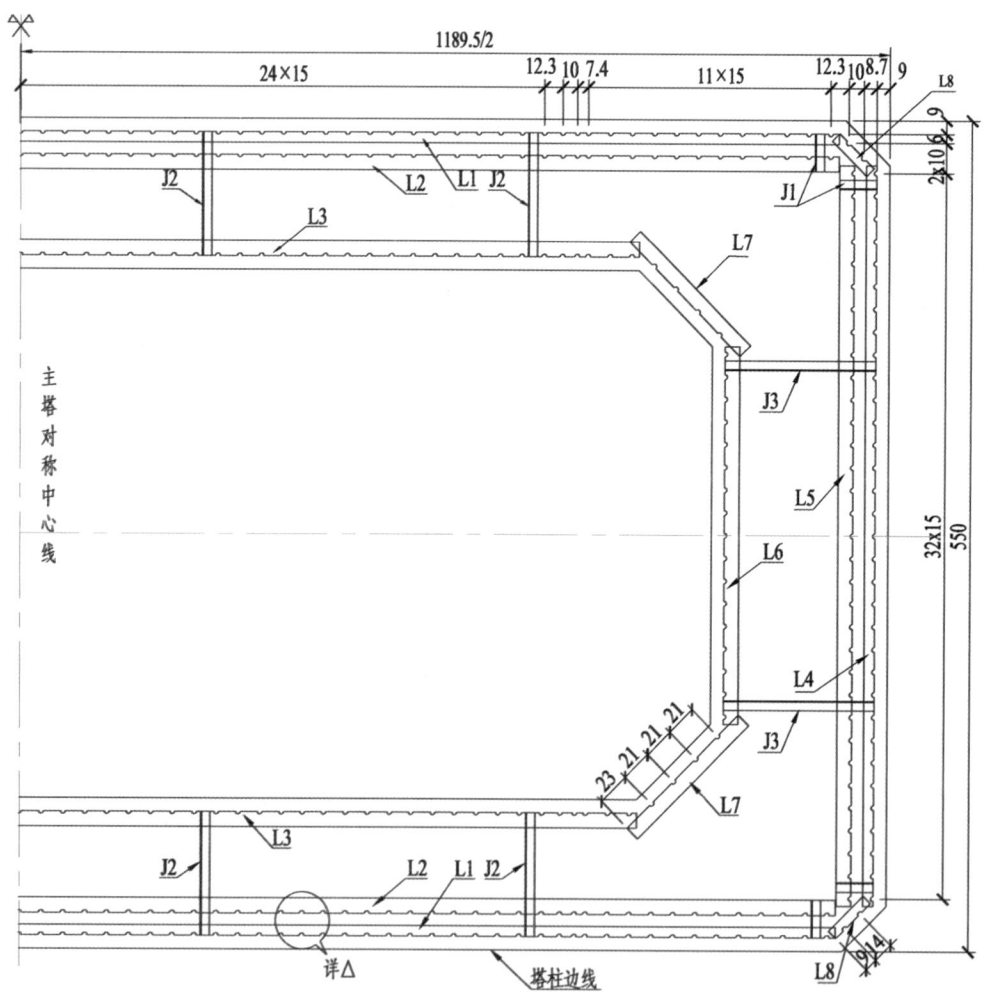

图 4-115　1/2　3 号墩塔柱钢筋定位架平面图

中塔柱竖向 ϕ32 mm 主筋采用滚轧直螺纹接头连接方式,水平筋(箍筋)采用搭接焊连接方式。主筋定尺长度 6 m,采用带底圆钢桶竖直兜吊,每次起吊数量约 12 根;水平筋则采用打捆平吊。

所有钢筋全部采用人工安装，主筋竖吊到爬架平台后靠放在劲性骨架上，然后由3~4人配合提起抽出，移至安装部位进行对位连接，逐根进行。主筋安装时下端先对位，然后转动主筋将其旋入套筒中，上端固定在定位框的卡槽内，先安装塔壁内层钢筋，后安装外层的内排钢筋，最后安装外层的外排钢筋，钢筋安装时先装主筋，后装水平筋。

钢筋安装的同时，还要安装塔吊及升降机附墙预埋件、泵管附墙预埋件、横撑预埋件、塔内爬梯及检修平台预埋件、电器、水管预埋件及爬模的爬锥等，防止遗漏。

（3）模板施工。

塔柱内模采用钢模，面板厚8 mm；小肋采用[10 mm，间距300 cm，竖向布置；大肋采用2[12.6型钢，大肋、拉杆分别与外模大肋、拉杆对应布置。内模平台采用钢吊架形式。

（4）混凝土施工。

塔柱混凝土为C50高标号高性能混凝土，所用外加剂为水剂，生产时每盘混凝土搅拌时间不少于120 s。夏季使用地下水或加冰冷水拌制混凝土，冬季使用加温热水拌制，使混凝土出机温度和入模温度均满足规范要求。混凝土配合比及节段浇筑方量见表4-21和表4-22。

表4-21 中塔柱混凝土配合比

混凝土强度等级		C50	
材料名称	产地/厂家	规格/型号	每方混凝土用量/（kg/m³）
水泥	中国葛洲坝集团股份有限公司水泥厂	P·O42.5	370
粉煤灰	荆门晟源环保科技有限公司	Ⅰ级	110
矿渣粉	—	—	—
砂	洞庭湖（汨罗）	砂	680
碎石	湖北宜昌	5~25 mm	1 063
水	长江	—	152
外加剂	江苏奥莱特新材料有限公司	ART-JR聚羧酸系高效能减水剂	5.76

表4-22 中塔柱分节段混凝土浇筑数量

分节编号	浇筑高度/m	混凝土等级	混凝土方量/m³
8	6	C50	241.6×2
9	6	C50	193.8×2
10	6	C50	223.6×2
11	6	C50	186.7×2
12	6	C50	183.1×2

续表

分节编号	浇筑高度/m	混凝土等级	混凝土方量/m³
13	6	C50	179.6×2
14	6	C50	176.0×2
15	6	C50	172.4×2
16	6	C50	168.8×2
17	6	C50	165.3×2
18	6	C50	161.7×2
19	6	C50	158.1×2
20	6	C50	159.5×2
21	6	C50	218.8×2
22	6	C50	226.5×2
合计	—	—	5 631.3

①混凝土浇筑。

采用布料机进行浇筑，均在白天进行。每节塔柱设8个浇筑点，长边各3个浇筑点，短边中间各1个浇筑点。布料机安装在劲性骨架顶面，泵管送出的混凝土经过布料机输送至所需浇筑点。各浇筑点设下料串筒将混凝土输送至浇筑面。

同一高度的上、下游塔肢节段混凝土浇筑分开进行，一个塔肢节段浇筑完成后再浇筑另一个。施工时按全断面分层连续浇筑，层厚0.3 m。混凝土振捣在顶面进行，配置长振捣棒进行振捣，振捣棒振捣间距0.5~1 m，振捣时设法将振捣棒靠近内、外排钢筋处进行振捣，使混凝土翻过密集钢筋，确保接头结合良好，无蜂窝麻面。

②混凝土养护。

每节塔柱浇筑完成，表面反复收浆，初凝后覆盖土工布洒水养护，当混凝土终凝，稍许松开拉杆，顶面蓄水带模养护。拆模后塔柱节段涂刷养护液养护，气温5℃以下涂刷养护液外包薄膜养护。

③模板拆除。

混凝土强度达到2.5 MPa后对塔柱顶面混凝土进行人工凿毛，强度达到25 MPa，且混凝土温度下降后，拆卸拉杆，外模脱离后移；内模则等到下一节段钢筋安装完成后再拆除并吊装至下一节段位置安装。

（5）横撑施工。

横撑在爬架上移、安装位置空出时进行安装，先安设塔壁处作业平台，后吊装、焊接横撑。底层横撑长、质量大，安装时由2台塔吊抬吊完成，其余横撑由1台塔吊吊装完成。横撑吊装就位后，两端先用千斤顶给钢管施加所需的顶力后再同塔柱上预留的横撑预埋件焊接固定。各层横撑每根钢管施加的顶推力分别为450 kN、700 kN、750 kN。中塔柱横撑布置见图4-116所示。

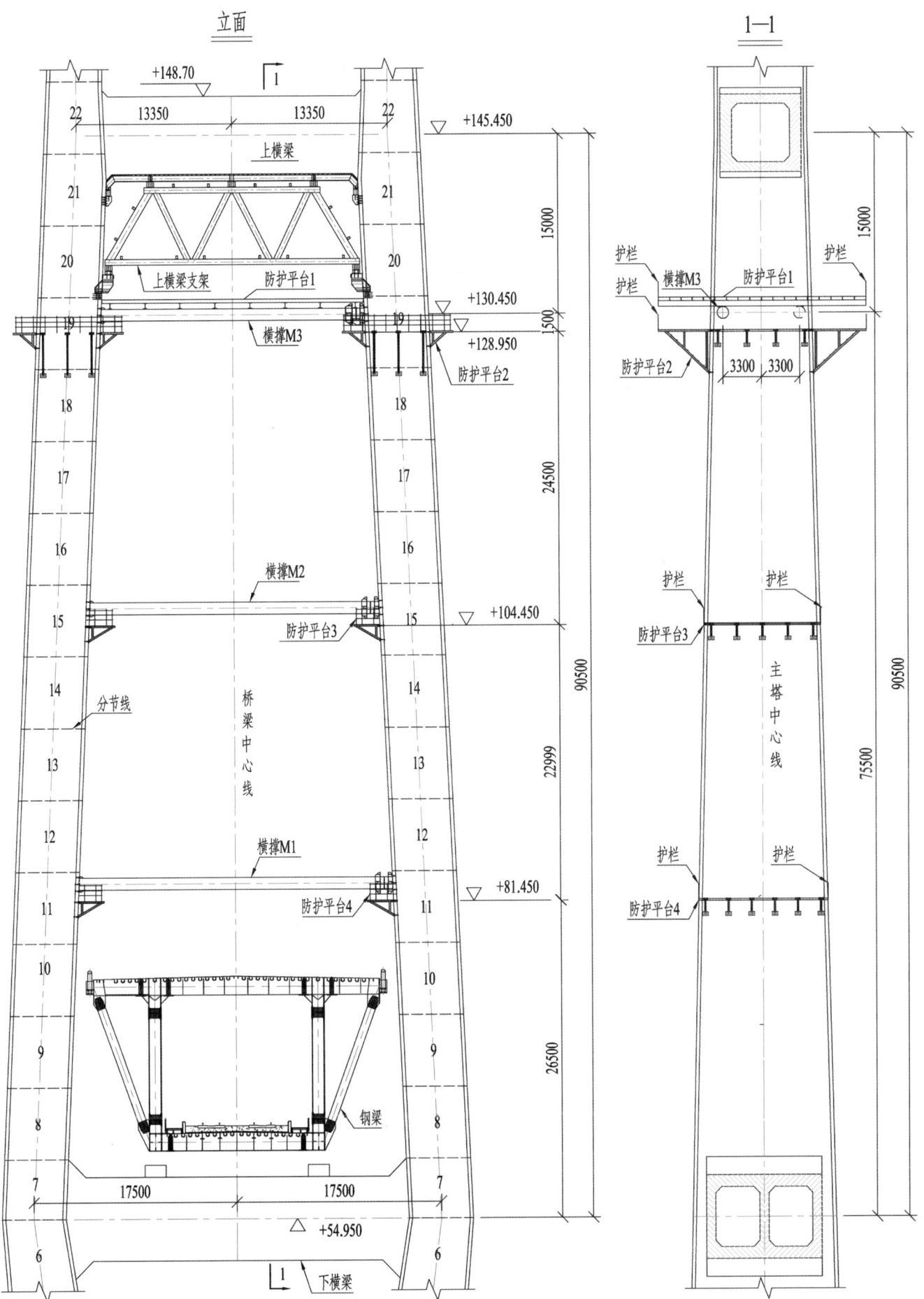

图 4-116 中塔柱横撑布置图（除标高以 m 计外，其余均以 mm 计）

4. 上塔柱施工

上塔柱高 52.75 m，共分 9 个节段（编号 24～32 号），起始节段高度 5.15 m，顶节 5.6 m，其余节段高度均为 6 m。

上塔柱为单箱单室截面，预应力钢筋混凝土结构，与中、下塔柱不同，塔壁内增加了环向水平预应力钢筋和斜拉索锚固管。预应力钢筋采用精轧螺纹钢筋，呈井字形交叉布置，上塔柱上段区域预应力筋非常密集，层间距仅 15cm，因而上塔柱节段施工工序更多，难度更大。

3 号墩上塔柱主要工程数量见表 4-23，分节情况如图 4-117。

表 4-23 上塔柱主要工程数量

项 目	材料规格	单 位	数 量	备 注
普通钢筋	HRB400	t	496.886	
预应力钢筋	JL-32 粗钢筋	m	22 310.6	$f_{pk}=1\,860$ MPa
锚具	JL-32 粗钢筋锚具	套	7976	
	斜拉索冷铸锚	套	136	
预应力管道	$\phi_\text{内}$50 mm 钢管	m	21 094.3	
索导管	Q235B 无缝钢管	t	18.9	
垫板	Q235B	t	21.45	
斜拉索钢丝	ϕ7 mm 热镀锌钢丝	t	1 237.55	$\sigma_b=1\,670$ MPa
混凝土	C50	m³	2 425.0	

（1）劲性骨架。

根据上塔柱分节浇筑高度及索导管分布，上塔柱劲性骨架分为 9 节，塔冠内不设劲性骨架。劲性骨架平面上分四个单元。劲性骨架主桁片立柱均为∟100 mm×10 mm 角钢，索导管的支撑横杆、调节装置为[8 型钢，其余杆件为∟63 mm×6 mm 角钢。劲性骨架平面布置如图 4-118。

（2）索导管定位。

索导管根据节段划分情况与横桥向塔壁劲性骨架连接在一起进行安装，其位置调整分两个阶段进行。

①初定位：在钢结构施工场地拼装预埋管定位架，在验收合格的预埋管定位架上测量放线，确定预埋管位置（相对标高、中心线）并依此焊接可调花篮螺栓，并临时固定。各鞍板与定位架横杆及导管之间临时点焊，在较高支点预埋管底部焊接阻挡角钢，直接抄垫挂靠在横杆上以防滑落，索道管平台初定位见图 4-119。

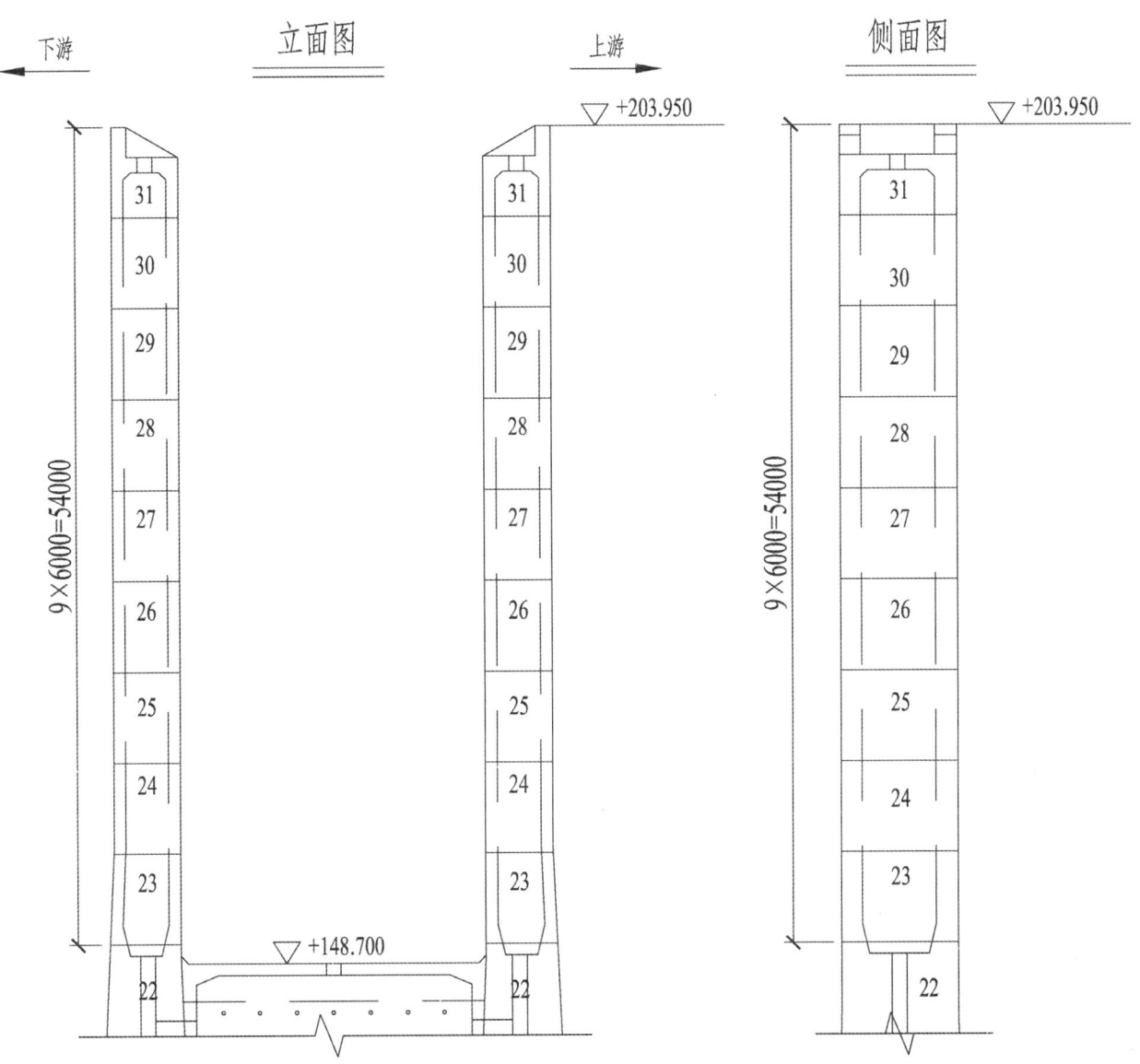

图 4-117 上塔柱分节浇筑（单位除标高以 m 计外，其余均以 mm 计）

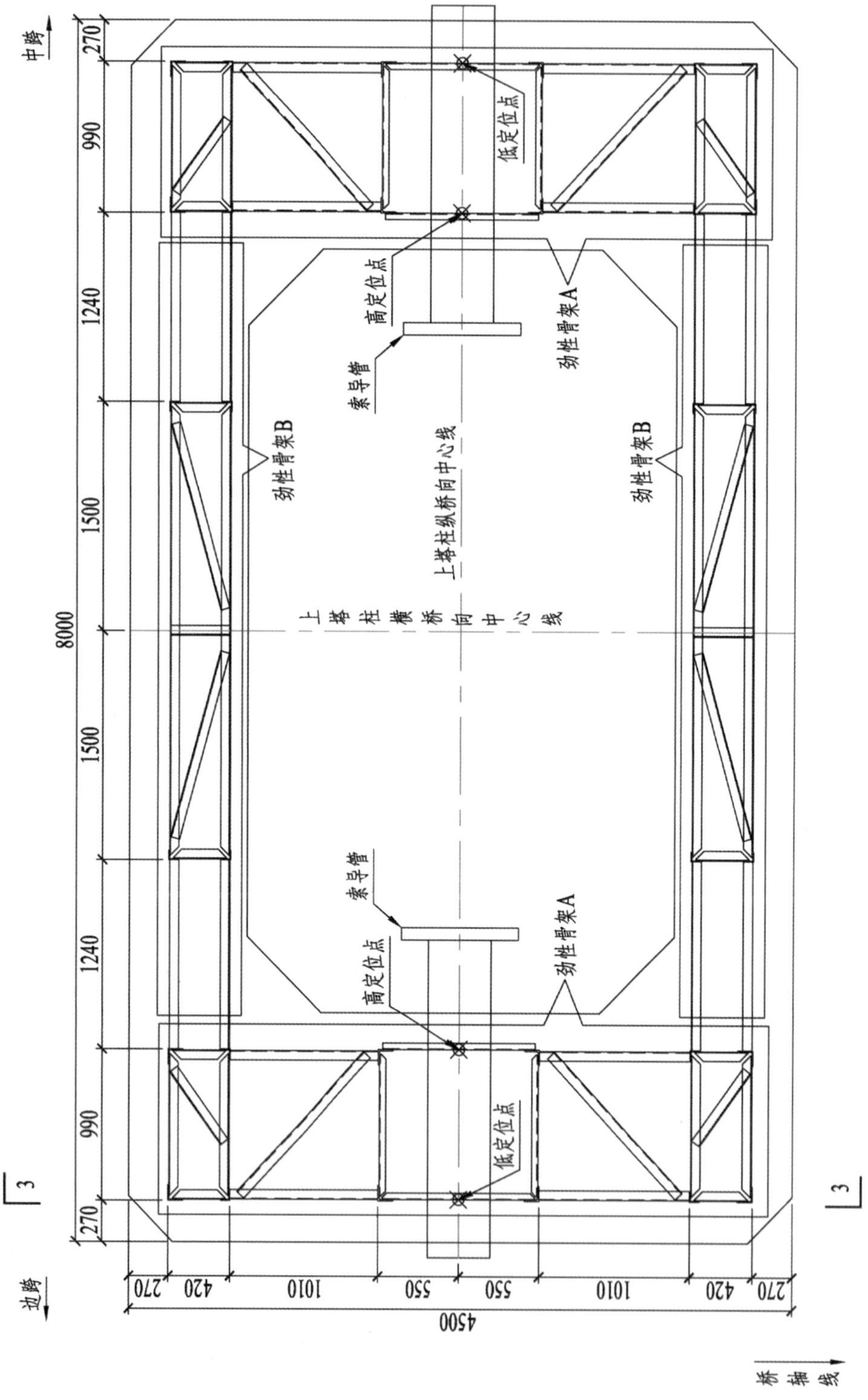

图 4-118 上塔柱劲性骨架平面布置图

图 4-119 上塔柱索导管平台初定位

②精确定位：将已初定位的索导管骨架整体起吊至塔顶安装，调整骨架水平位置、标高，满足要求后将骨架底部与前一节段骨架顶部钢板焊接连接。再测量检查索导管锚固点、出塔点三维坐标，根据测量结果利用可调螺栓微调索导管至满足坐标要求，经检查无误后索导管与定位架牢固焊接。索导管塔柱上精定位如图 4-120，索导管调节装置结构如图 4-121。

图 4-120 索导管塔柱精定位

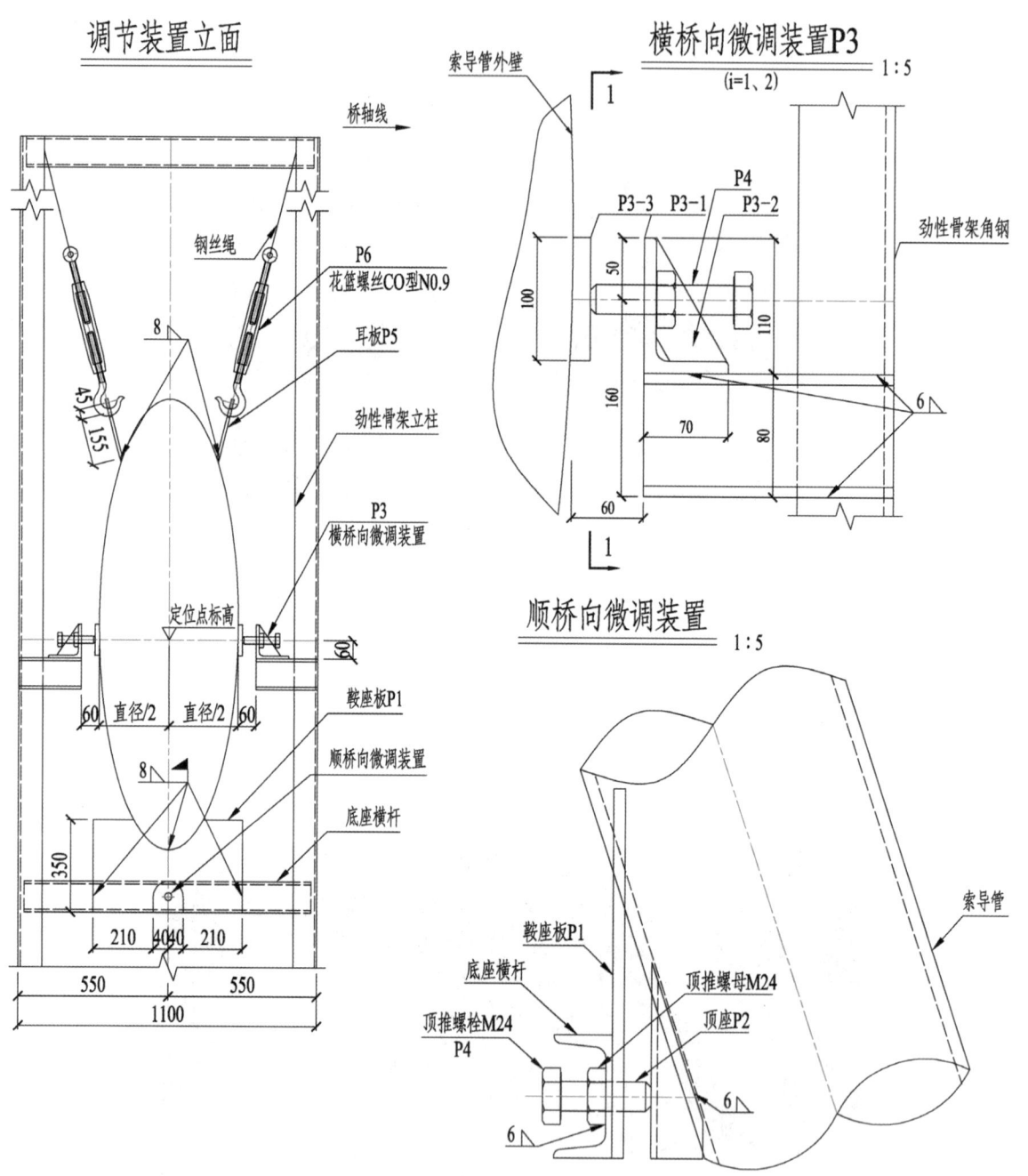

图 4-121 索导管调节装置结构

(3) 钢筋施工。

钢筋安装与中塔柱大致相同，但需注意如下几点：

①竖向主筋、箍筋与索导管相碰需截断时，主筋在管侧进行补强，水平箍筋挪动穿过不能截断；

②锯齿块钢筋在索导管顶、底口高程测量定位后并固定后才能安装，锯齿块钢筋遇预应力孔道时需适当避让；

③预应力锚槽下方水平箍筋为避让锚垫板可适当调整位置，但不得减少钢筋数量、不得截断。

(4) 模板施工。

①模板安装。

上塔柱外爬模轨迹不变，内模增加一组爬模。上、下游侧外侧每面布置4个机位、4榀模板支架；南北侧外侧每面布置2个机位、2榀模板支架；内箱单面布置2个机位、4榀模板支架。3号墩上塔柱爬模布置如图4-122所示。

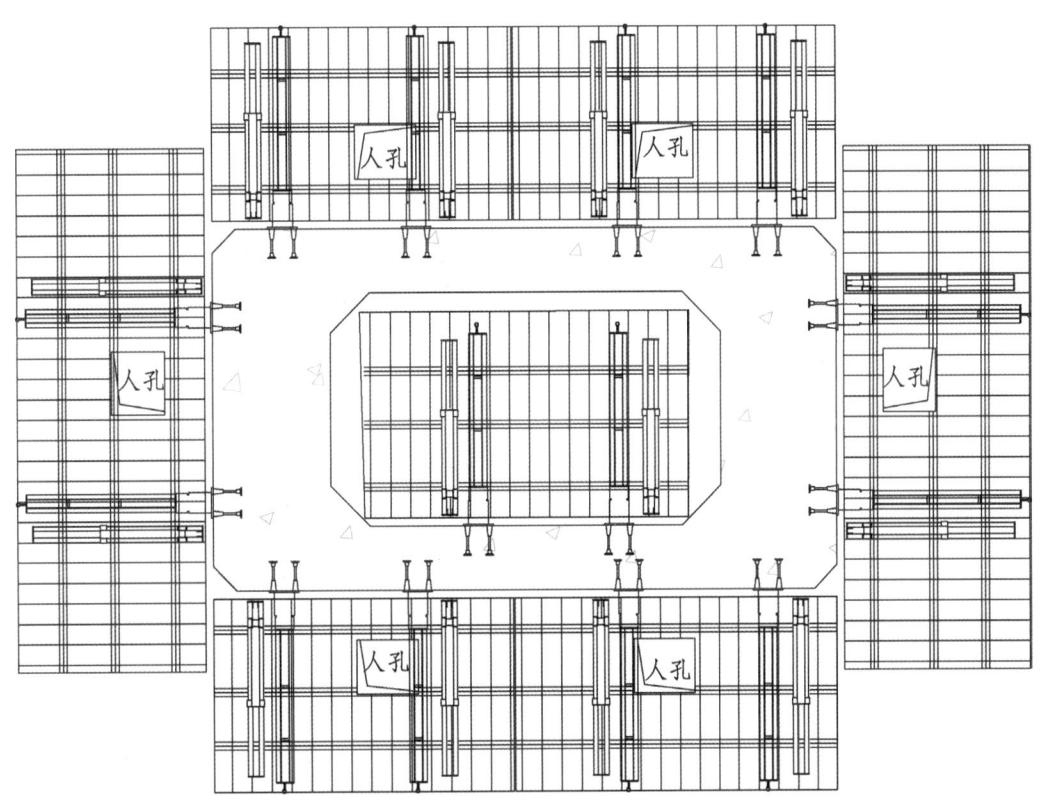

图4-122 3号墩上塔柱爬架结构布置

上塔柱施工时，外模模板MB-A需裁切模板两侧，使模板MB-A成为矩形模板，满足上塔柱结构尺寸要求。内模大面模板为爬模面板，倒角和小面采用木模。上塔柱模板尺寸详见图4-123。

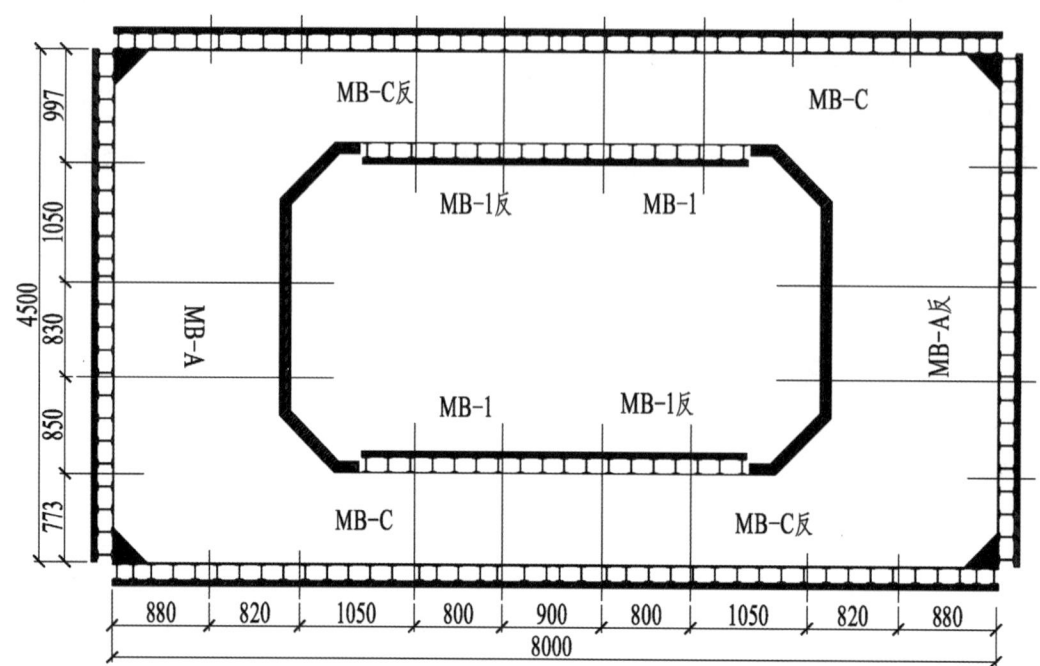

图 4-123 上塔柱爬模面板平面布置

锯齿块部位采用木模,木模板在地面分块制造,并通过背棱、双拼型钢背带连接成整体,上塔后整体安装、拆除。其与内模之间应接缝严密,背棱连接形成封闭的整体。

②塔冠底模支架。

塔冠顶隔板采用扣件式钢管支架方案施工。底模支架支承在安装于 31 号节段内壁的牛腿顶面的纵横向分配梁上,如图 4-124 所示。牛腿由 M42 预埋爬锥固定,牛腿在 31 号节段内模拆除后安装。分配梁顶面搭设钢管支架,支架顶托上铺设纵横向底模分配梁及面板,然后绑扎隔板和塔冠壁钢筋,安装内模,最后浇筑混凝土。

(5)混凝土施工。

混凝土泵送至塔顶,由布料机输送至串筒,通过串筒均匀下料。上塔柱单节段布置 6 个下料点,串筒出料口距混凝土浇筑面的高度不宜超过 1 m,且串筒底部堆料高度不大于 1 m。

(6)预应力施工。

上塔柱斜拉索锚固区共设计预应力 3 988 束,每束预应力均采用 1 根 $\phi32$ mm 高强精轧螺纹粗钢筋,$f_{pk} = 930$ MPa,$E_p = 2.0 \times 10^5$ MPa,张拉控制应力为 791 MPa,张拉吨位为 636 kN。

预应力筋均采用单端张拉,预应力筋层间距大于 15 cm 区段张拉端交替布置。层间距为 15 cm 区段,将同层预应力筋张拉端按上下游侧和南北侧同侧上下层交替布置。

横桥向侧预应力束在地面上先和对应节段劲性骨架一起安装固定,然后塔吊整体吊装。顺桥向预应力束在塔上现场散装。预应力束平面布置示意如图 4-125。

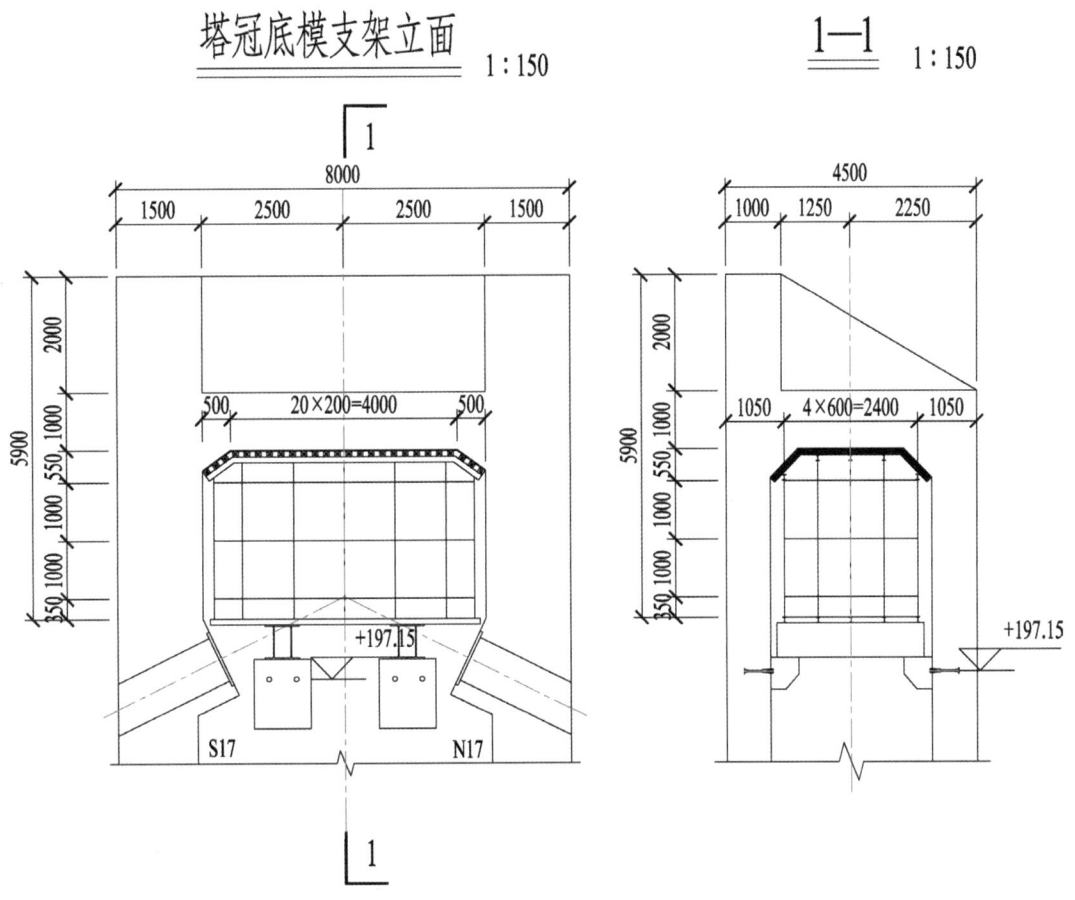

图 4-124 3 号墩主塔塔冠底模支架结构布置

①预应力粗钢筋安装。

预应力管道、预应力筋均为定尺加工制作，组装项目包括：预应力筋、管道、锚垫板、螺母、垫圈、螺旋筋六部分，其中张拉端预应力筋超出螺母面 8.5 cm，锚固端预应力筋超出螺母面 1.0 cm。验收合格后，在劲性骨架上对应预应力筋位置焊接 $\phi 20$ mm 定位横担钢筋，并在横担钢筋上标记预应力束平面位置，根据标记摆放预应力束，最后采用 $\phi 8$ mmU 形钢筋卡固定。

因预应力筋密集，为解决木盒锚槽占用空间大带来该处水平箍筋无法通过问题，张拉端锚槽采用 $\phi 132$ mm 废弃泵管加工制作，锚槽管节外端面紧贴外侧模，里端与锚垫板焊接封堵密实。

竖向同排 4 根管道采用连通管对接，在距管道两端 10 cm 位置焊接 $\phi 20$ mm 连接嘴，上下层连接嘴通过 $\phi 20$ mm 连通管连接，形成压浆通道，上下压浆嘴通过软管与外侧面紧贴，并在混凝土浇筑前采用胶布封闭管端，严禁混凝土渗入而堵塞管道。预应力钢筋束安装如图 4-126，管路压浆组连接示意如图 4-127。

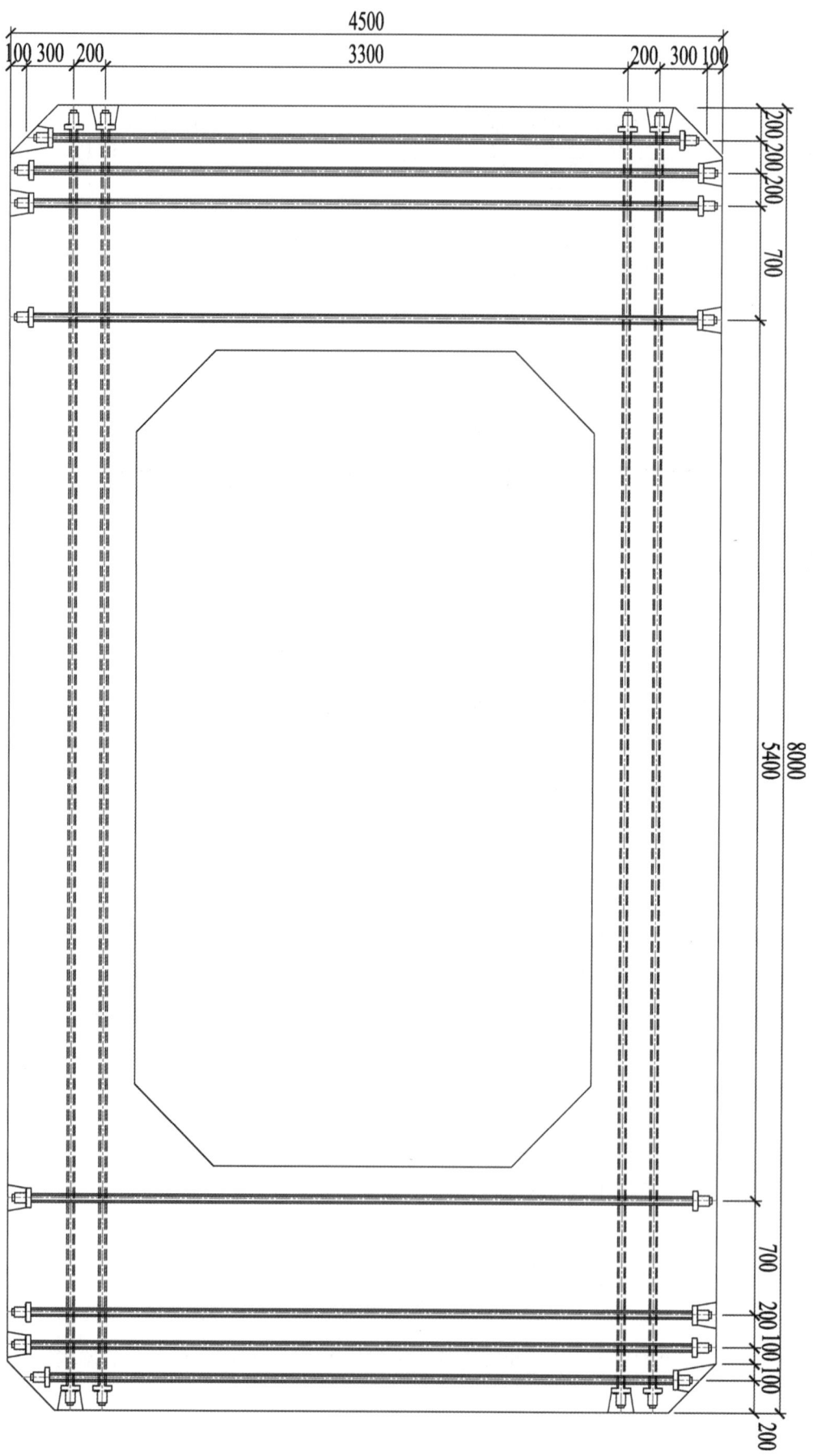

图 4-125　3 号墩上塔柱预应力束平面布置

图 4-126 预应力钢筋束定位

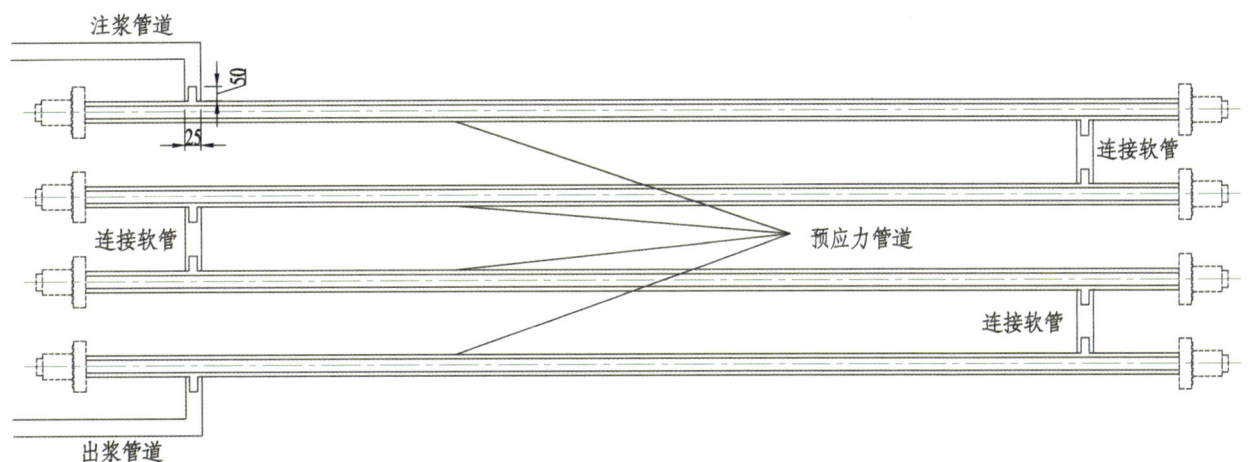

图 4-127 上塔柱锚固区预应力管道压浆组连通示意图

②预应力钢筋束张拉。

a. 张拉参数。

预应力钢筋标准强度 f_{pk} = 930 MPa，锚下控制应力 σ_k = 791 MPa，张拉力 F = 636 kN。采用两台型号为 YDC 型穿心式千斤顶（张拉力 100 t）和两台型号为 YDC 型穿心式千斤顶（张拉力 70 t）进行张拉，配套油泵为 ZB4-500 型。

b. 钢筋束张拉用异形撑脚。

塔柱四角为 300 mm × 300 mm 的倒角斜面，斜面处的预应力钢筋束采用新制异形钢撑脚进行张拉。

该撑脚一端支承在塔柱直平面上，另一端支撑于塔角斜面上，斜面一侧设有弧形挡块卡在锚槽中，防止张拉时撑脚滑移。3号塔异形撑脚结构如图4-128所示。

③预应力钢筋束张拉。

预应力钢筋束张拉在塔柱混凝土强度和弹性模量达到设计值的90%时进行，单端张拉，张拉力与伸长量双控。张拉程序为：$0 \rightarrow 0.1\sigma_{con}$（做伸长量标记）$\rightarrow \sigma_{con}$持荷2 min（测量伸长量）$\rightarrow$补拉至$\sigma_{con} \rightarrow$拧帽锚固。

上塔柱预应力钢筋束张拉难点在于锚槽内操作空间小，螺帽施拧困难，除特制异形张拉撑脚外，螺帽拧紧工具及其操作程序也有特殊要求。一是需特制拧紧扳手，使其张拉时能放入狭小的锚槽中，也不影响永久螺母和工具螺母施拧；二是拧紧扳手需和撑脚、张拉顶同时安装就位，不能后放入。

④孔道压浆及封锚。

预应力粗钢筋张拉后及时进行管道压浆，不超过24 h。采取竖向每4根一组进行压浆。压浆作业由下至上进行，即每个压浆组底部张拉端预应力管道作为进浆口，顶部预应力管道作为出浆口，进浆端与出浆端均安装截止阀门。

压浆前，将待压浆孔道用压力水冲洗干净，再使用风泵吹干。压力控制在0.3～0.4 MPa。当出浆口排出的浆液与进浆口的浆体性能指标一致时，关闭出浆口处截止阀门，持压5 min，然后再用同样压力复压1次。

压浆结束后，用砂轮切割机在距螺母1 cm位置处将多余钢筋切除，然后先将锚槽周围清洗干净，焊封锚筋，最后用C50干砸混凝土封锚。

4.2.1.3 横梁施工

1. 下横梁施工

下横梁采用钢管柱支架法施工，高度上分2次浇筑完成。第一次浇筑时塔梁结合段（第7段）高5.5 m，横梁区段高4 m，混凝土共1 484.5 m³；第二次浇筑时塔、梁结合段（第8段）高4.5 m，横梁区段高3 m，混凝土共1 192 m³。

（1）钢筋施工。

塔梁结合段钢筋规格有竖向主筋ϕ32 mm，水平箍筋和倒角钢筋ϕ20 mm，水平拉筋ϕ16 mm，共约170 t。横梁区段钢筋规格有主筋ϕ16 mm，箍筋和倒角钢筋ϕ20 mm，拉筋ϕ12 mm，共约183 t。

先安装塔梁结合段ϕ32 mm主筋，后安装水平箍筋、拉筋和倒角钢筋，分节完成。主筋接头采用滚压直螺纹机械连接，直径20 mm钢筋采用单面搭接焊，拉筋及倒角筋采用绑扎。

横梁区段钢筋分两次绑扎，第一次依次绑扎底板钢筋、腹板钢筋、隔墙钢筋及相应的倒角钢筋、拉筋等，其中腹板和隔墙水平钢筋绑扎至高度4.1 m处。待第一次混凝土浇筑完成，先绑扎剩余3 m高腹板和隔墙水平筋，然后安装内模，再绑扎顶板钢筋及相应倒角钢筋、拉筋。

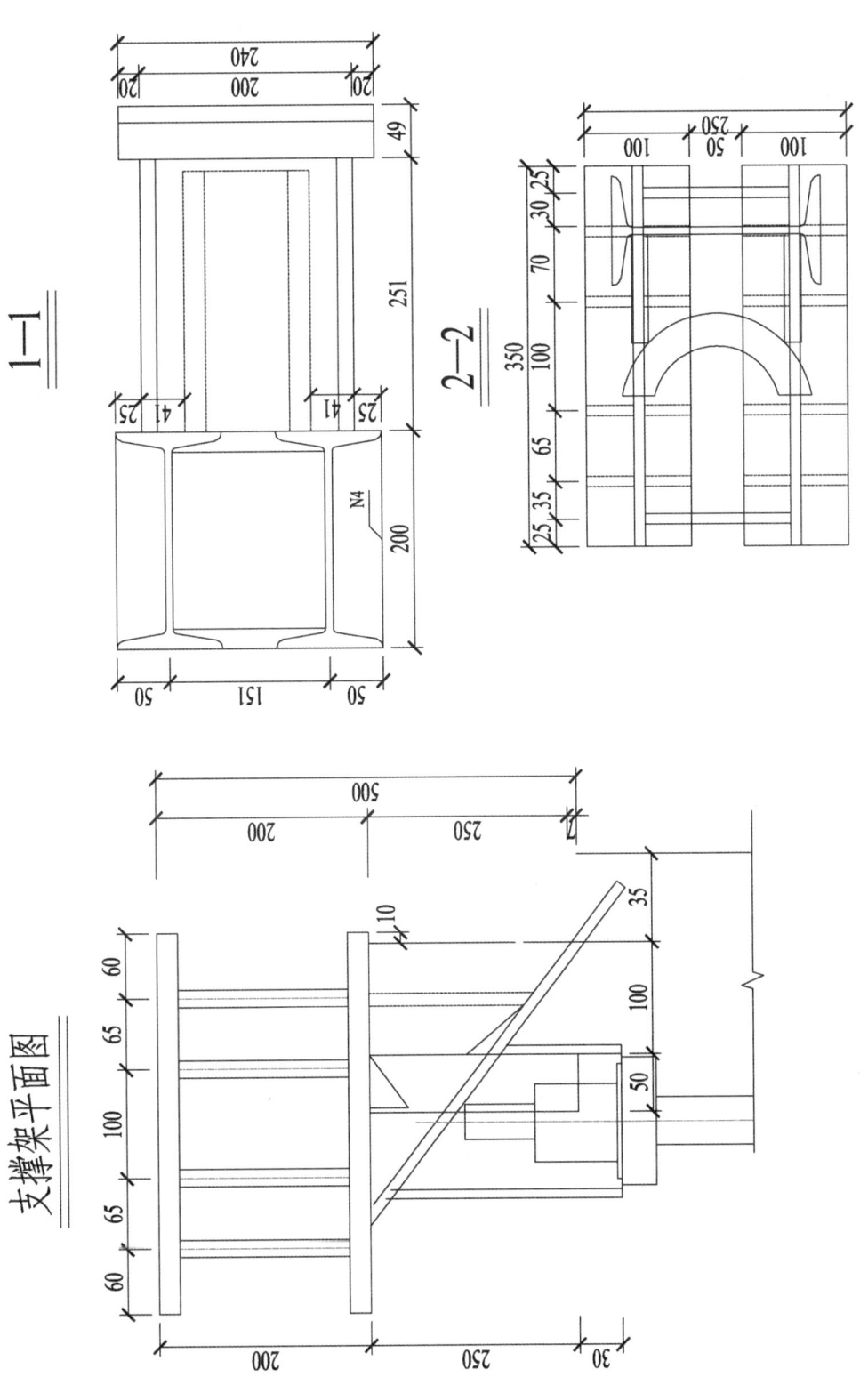

图 4-128 3 号墩主塔上塔柱倒角预应力张拉支撑架结构（单位：mm）

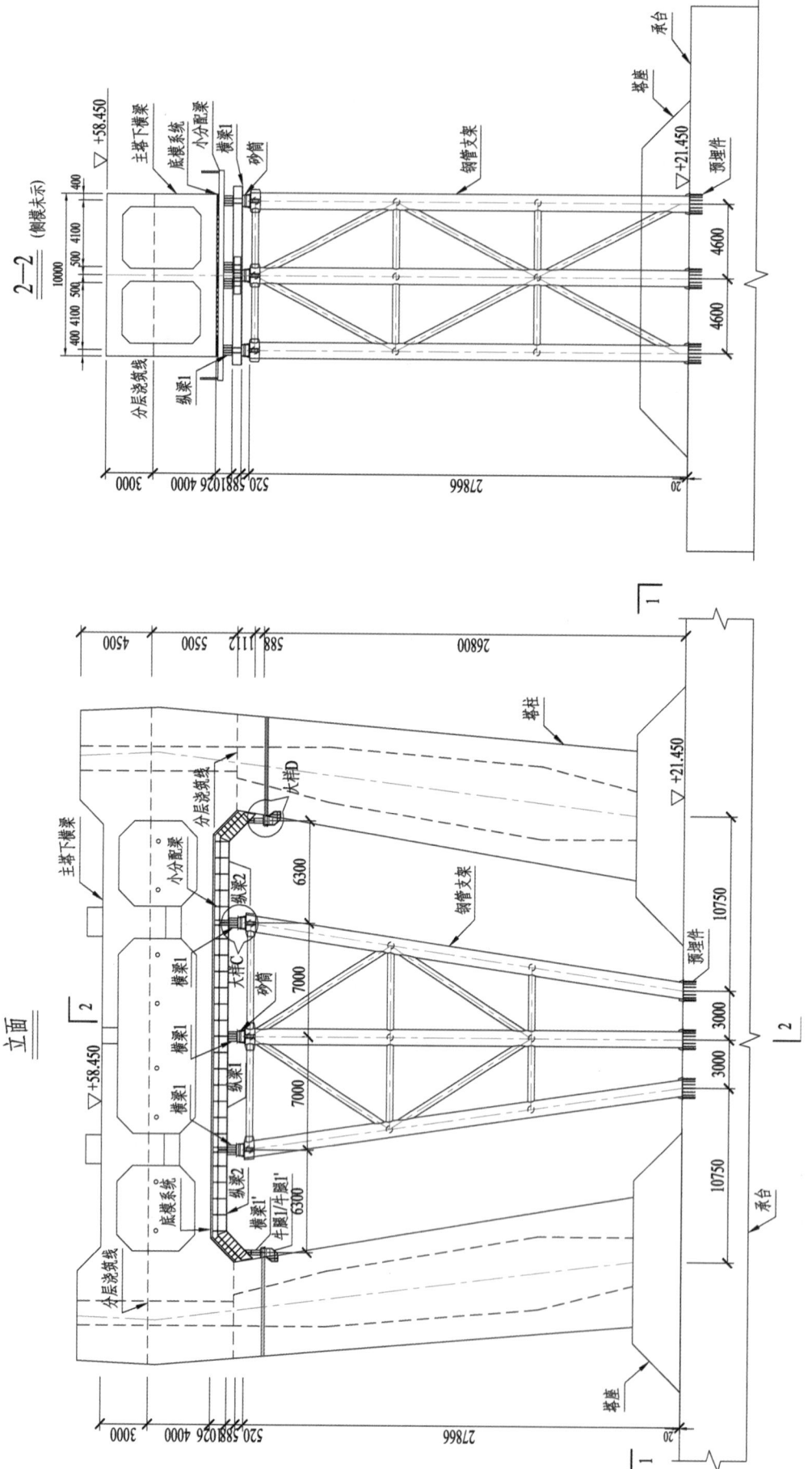

图 4-129 下横梁支架布置图（单位除标高以 m 计外，其余均以 mm 计）

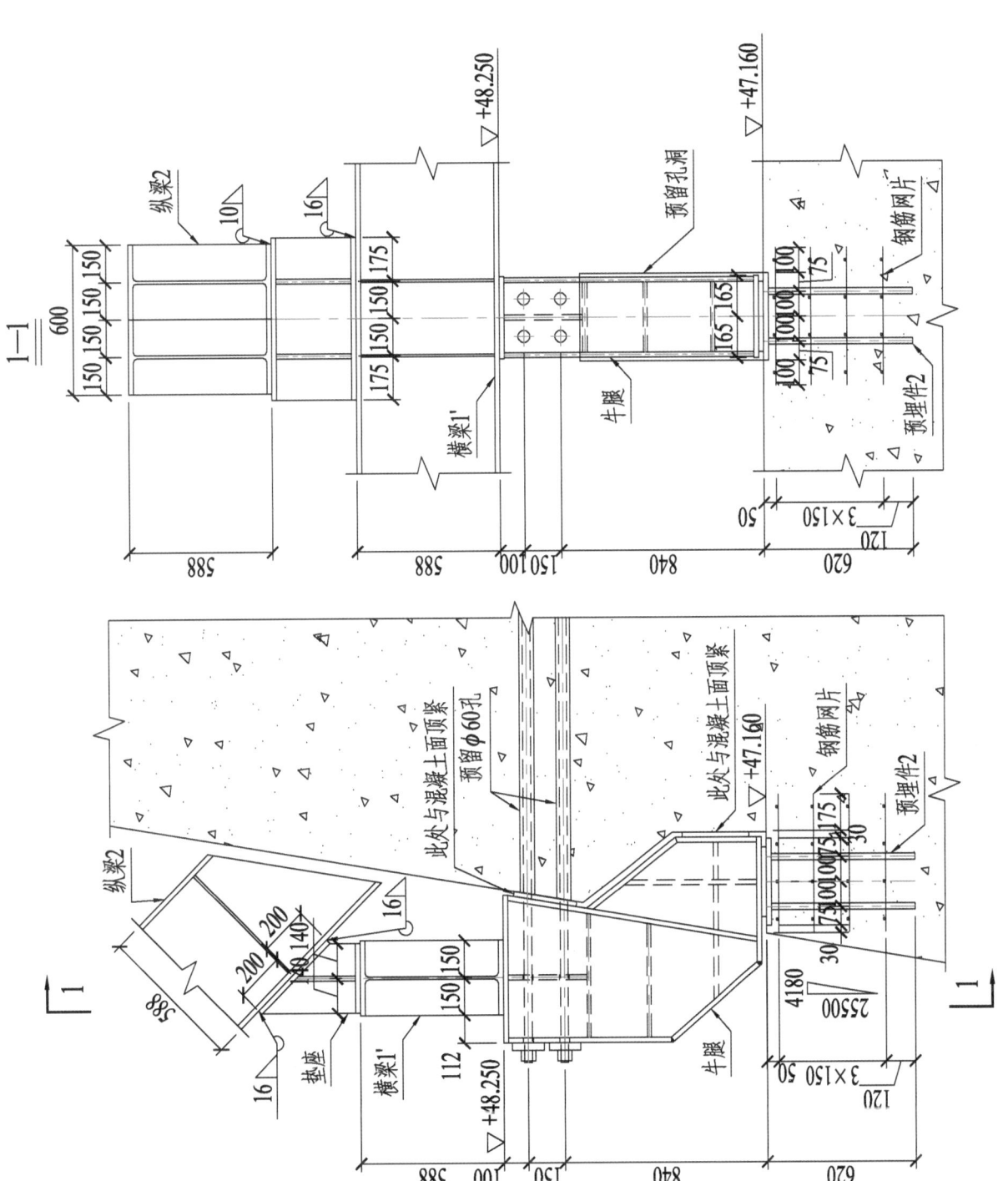

图 4-130 塔柱内预埋牛腿支撑结构图（单位除标高以 m 计外，其余均以 mm 计）

（2）模板及支架。

下横梁支架体系钢管柱支架、支承设备、承重分配梁、模板系统等部分组成。承重分配梁由两端塔壁处的支承牛腿、柱顶支承砂筒支承。钢管柱支架支承于承台顶面，按3排3列布置，顺桥向3排钢管柱竖直布置；横桥向中间列钢管柱竖直，外侧靠近塔柱的2列倾斜。钢管直径为1.2 m，壁厚12 mm；立柱之间设置连接系，连接系采用 ϕ426 mm钢管（壁厚6 mm）和2［28b型钢。下横梁支架布置如图4-129，塔壁支承牛腿如图4-130。

（3）混凝土施工。

第一次混凝土浇筑顺序：浇筑底板及腹板，先浇筑塔柱部分，待塔柱部分混凝土面与横梁底面齐平时，从横梁的中部向两侧塔柱水平分层浇筑混凝土，每层浇筑不超过30 cm。

第二次混凝土浇筑顺序：先浇筑腹板后浇筑顶板混凝土，从横梁的中部向塔柱两侧分层浇筑混凝土。

第一次、第二次分别对应塔柱第6节（5.5 m）、第7节（4.5 m），混凝土浇筑方量见表4-24。下横梁混凝土浇筑分界如图4-131所示。

表4-24 下横梁及对应塔柱混凝土方量

	横梁部分/m³	塔柱部分/m³	合计/m³
第一次浇筑	746.8	737.7	1 484.5
第二次浇筑	622.0	570.1	1 192.0

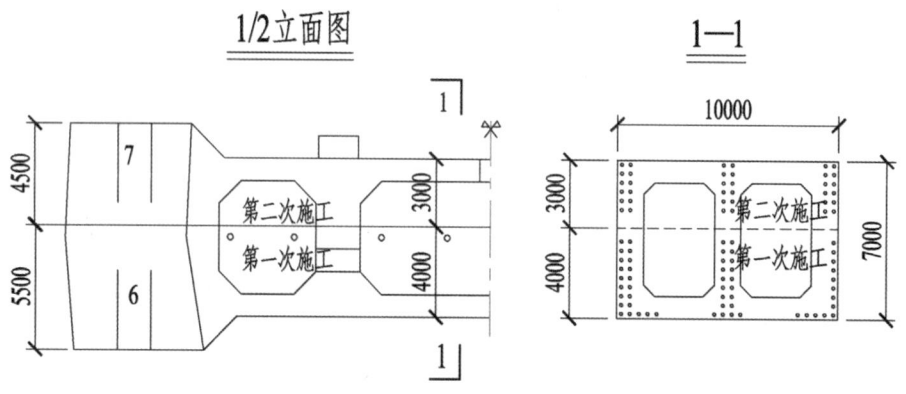

图4-131 横梁混凝土浇筑分界示意（单位：mm）

①浇筑平台布置。

塔柱区内利用劲性骨架搭设浇筑平台，横梁区在外模顶口安装贝雷梁作施工平台，内腔在侧模与中隔墙模板顶口用型钢和脚手板搭设浇筑平台。

②泵管及浇筑点布置。

横梁区域由汽车泵进行浇筑，上、下游塔柱部分由设置在劲性骨架上的布料机进行灌注，地泵供料。横梁第一次混凝土浇筑布料点及分区布置如图4-132，第二次混凝土浇筑布料点及分区布置如图4-133。下横梁第一次浇筑图片如图4-134。

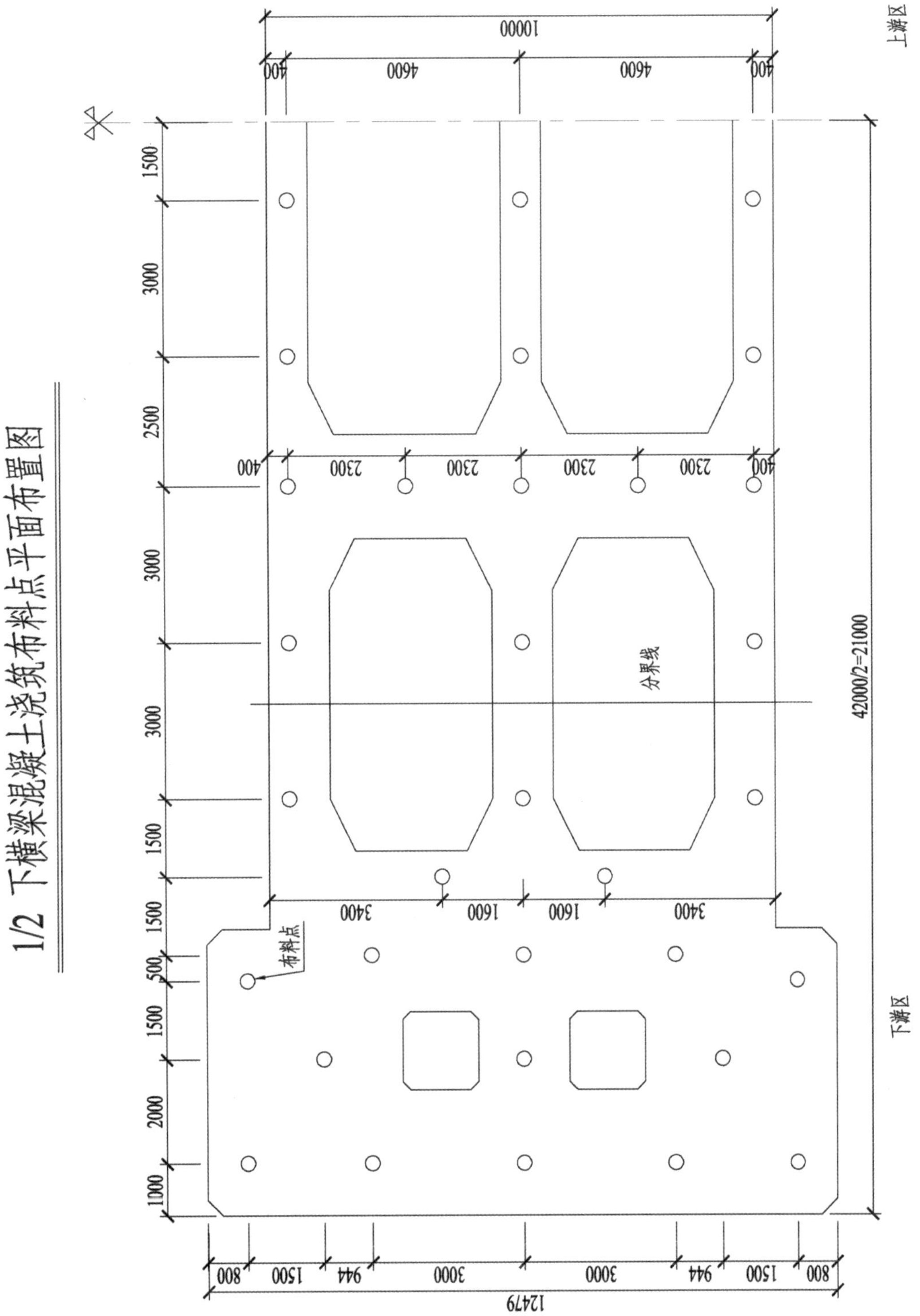

图 4-1-132　横梁第一次混凝土浇筑布料点及分区布置图

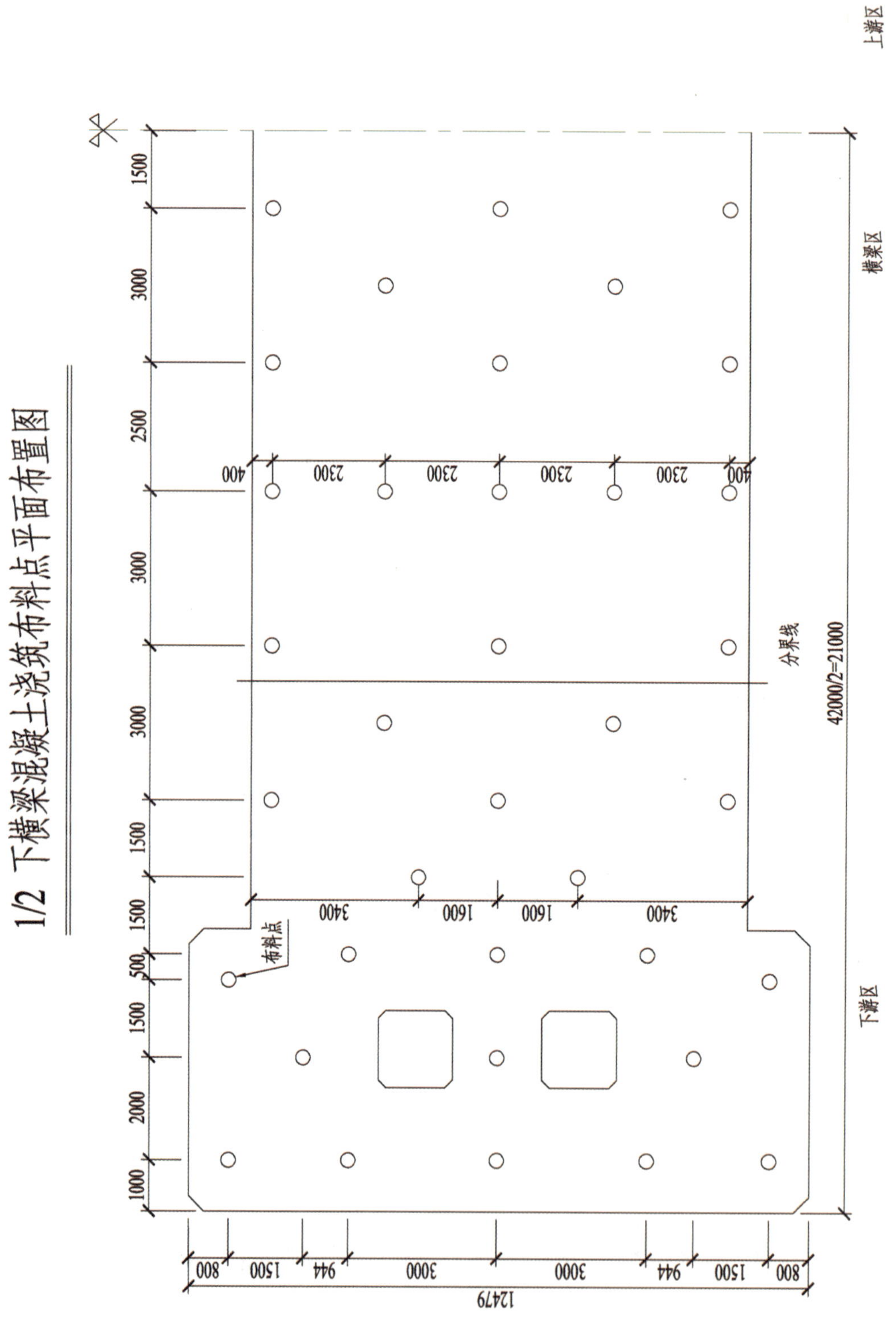

图 4-133　横梁第二次混凝土浇筑布料点及分区布置图

图 4-134 3 号墩下横梁混凝土浇筑施工

（4）实心段混凝土温控。

塔柱上、下横梁处塔梁结合部除预留的人洞外，其余为实心结构，属大体积混凝土，按照大体积混凝土要求施工。对应的节段编号是下塔柱第 6 节、第 7 节，上塔柱第 22 节、第 23 节。实体节段采取布置循环冷却水管降温、保温保湿养护、内部埋置测温元件测控等措施。冷却水管布置如图 4-135。

（5）预应力施工。

下横梁纵向预应力为 19 $\phi^s 15.2$ 钢绞线，锚具为 YM15-19，张拉控制应力 $\sigma_k = 0.70 R_{by} = 1\,302$ MPa（R_{by} 为钢绞线标准强度 1 860 MPa），总束数为 96 束，钢绞线共 71.1 t；ϕ 100 mm 波纹管 3 230.2 m；19 孔群锚锚具 192 套。

①预应力管道定位。

塑料波纹管采用井字形定位框进行定位。定位框用 ϕ12 mm 钢筋制作，间距 80 cm，曲线段加密。波纹管固定在牢靠的钢筋骨架上，先装钢筋和定位框网片，后穿波纹管。曲线段沿径向力的反向设 U 形防崩筋。

②预应力张拉。

预应力钢绞线采用后张法张拉。由于管道和钢筋密集，一旦管道漏浆无法补救处理，钢绞线在混凝土浇筑前先穿入预应力孔道。为防意外，浇筑混凝土过程中还采取来回抽动钢绞线束的方式，防止意外漏入砂浆堵塞管道。

考虑横梁尺寸较长，又有大刚度塔柱约束，为防止横梁纵向收缩开裂，采取预张拉防裂措施。第一次混凝土弹性模量和强度达到设计值的 50% 时，张拉 8 束底板预应力束 N15（如图 4-136），单束控制张拉力 1 719.3 kN（设计张拉应力的 50%），然后施工第二次下横梁混凝土。

1/2 主塔第七节塔柱冷却水管立面布置图

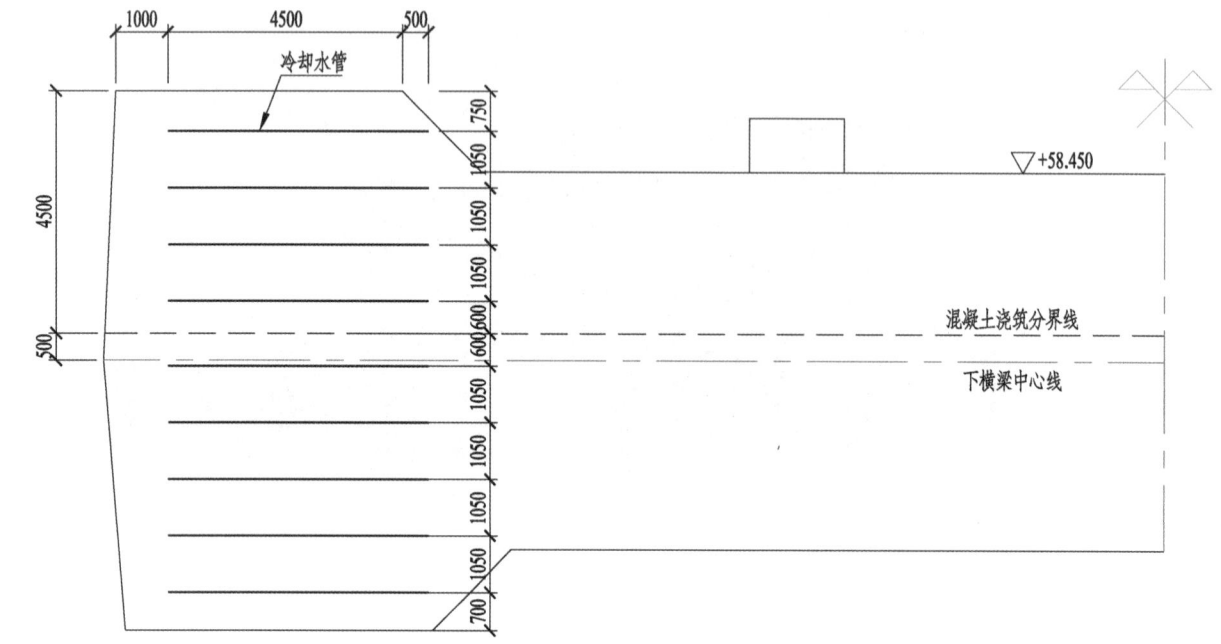

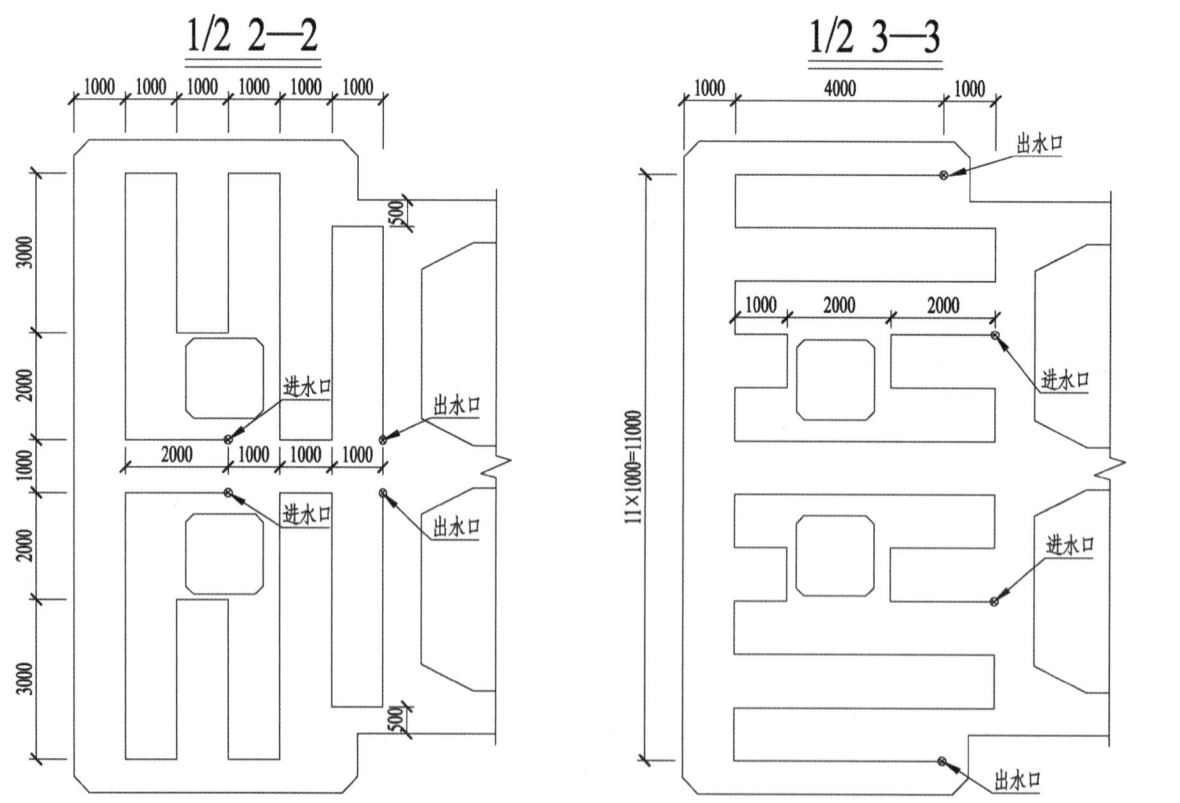

图 4-135 冷却水管布置图（单位：mm）

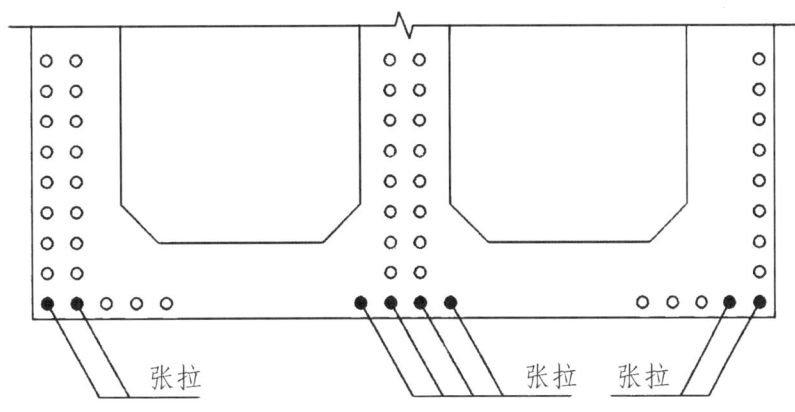

图 4-136　预张拉钢绞线束示意图

下横梁第二层混凝土强度及弹性模量达到设计值的 90% 以上，龄期达到 7 天时，进行预应力正式张拉施工。采用两端张拉工艺，张拉顺序为：先张拉底板束，后张拉腹板束（先中间腹板，后两边腹板），对称进行。

③孔道真空辅助压浆。

压浆在预应力束张拉后 48 h 进行，采用真空辅助管道压浆工艺。管道压浆采用无收缩水泥浆，并添加阻锈剂。封锚混凝土采用无收缩混凝土。

2．上横梁施工

上横梁距下横梁超过 100 m，出于对上横梁施工时爬模拆、装安全风险的考虑，上横梁采取异步施工，即四面爬模先完成塔梁结合部塔柱节段（第 21、22 节段）施工后，再进行横梁区段施工。塔肢间横梁高 6.5 m，宽 7 m，单箱单室断面，采用桁梁支架法施工，在塔柱施工完第 24 节段后进行。桁梁两端支承于塔柱内侧壁预设牛腿 2 上，模板承重梁中间支承于桁梁上弦节点顶面，承重梁两端支承于塔柱内侧壁预设牛腿 1 上。塔肢间横梁高度上分 2 次浇筑完成，浇筑高度分别为 4 m 和 2.5 m。3 号墩主塔上横梁结构如图 4-137 所示，主要工程数量见表 4-25。

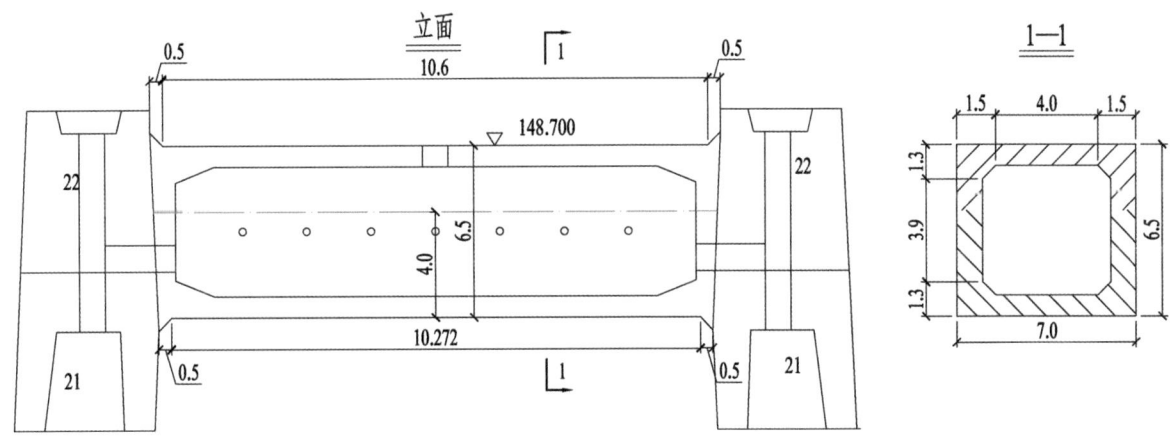

图 4-137　主桥 3 号墩上横梁结构

表 4-25　上横梁主要工程数量

部　位	混凝土 /m³	钢筋 /kg	锚具 /套	波纹管 /m	预应力筋 /kg
	C50	HRB400	群锚 15～19	$\phi_内$100 mm	ϕ^s15.2 钢绞线
22 节段	488	34 544.91	24	1 784.7	39 676.1
23 节段	219	19 445.54	32		
上横梁	524	62 840	—		

（1）横梁支承结构。

上横梁支承系统由模板系统、底模承重梁及分配梁、横梁支承桁梁及支承牛腿等四部分组成。桁梁为三角桁结构，2 片主桁，桁间距 7 m，桁高 5 m。桁梁主桁采用双根 HM588 型钢组焊制作成，两片主桁见通过平联形成整体。牛腿 1、牛腿 2 支承固定在塔柱内侧壁凹槽上，分别用于支承底模承重梁和桁梁的两端。

上横梁施工布置如图 4-138，牛腿结构如图 4-139。

牛腿 1、牛腿 2 事先在钢结构车间制作，然后运至现场安装。牛腿 1 通过预埋在塔柱第 21 节内侧壁的爬锥连接固定；牛腿 2 下端支承在第 20 节塔柱内侧壁预留槽中，上端用 ϕ32 mm 精轧螺纹筋张拉锚固，单根精轧螺纹筋张拉力 35 t。

桁梁在钢结构车间按分片制造，单片桁重 14.6 t，两片桁在牛腿上安装后现场焊接横向连接系形成稳定结构。桁片制作完成，采取在地面进行实际承载情况模拟预压试验，检验桁架节点部位焊接质量、桁架变形情况，为横梁施工提供立模依据。预压试验采用自平衡法，详见图 4-140。

桁梁由下游侧 7050 塔吊单片吊装，先装公安侧桁片，后装江陵侧桁片。单片桁片就位后，两端下弦杆节点与分配梁 3 焊接，上弦杆则先通过临时 [28b 连接杆与牛腿 1 上方分配梁 2 焊接固定，确保桁片支承稳定。待江陵侧桁片吊装就位、桁间连接系焊好后，再拆除上弦临时杆端连接。

（2）异步施工的钢筋和管道接头处置。

横梁钢筋分两次绑扎，第一次依次绑扎底板钢筋、腹板钢筋及相应的倒角钢筋、拉筋等，其中腹板水平钢筋绑扎至高度 4.1 m 处。待第一次混凝土浇筑完成，再绑扎剩余腹板水平筋，待内模顶板安装完毕后，最后绑扎顶板钢筋及相应倒角钢筋、拉筋。

因塔柱先行施工完成，原塔梁结合部通长钢筋改为预埋套筒 I 级接头连接。套筒一端和塔柱侧钢筋连接，另一端用胶带可靠密封，用定位装置定位后和模板固定，待爬模提升、横梁施工前将结合面凿毛处理，清除套筒接头密封胶带，按绑扎顺序逐根旋入连接钢筋。

（3）预应力管道、锚垫板安装。

上横梁共有预应力 56 束，每束预应力均采用 19ϕ^s15.2 高强低松弛钢绞线，其公称抗拉强度 f_{pk} = 1 860 MPa，弹性模量 E = 1.95×10⁵ MPa，锚下张拉控制应力为 1 302 MPa。预应力管道采用外径 110 mm，内径 100 mm 金属波纹管。预应力管道布置示意如图 4-141。

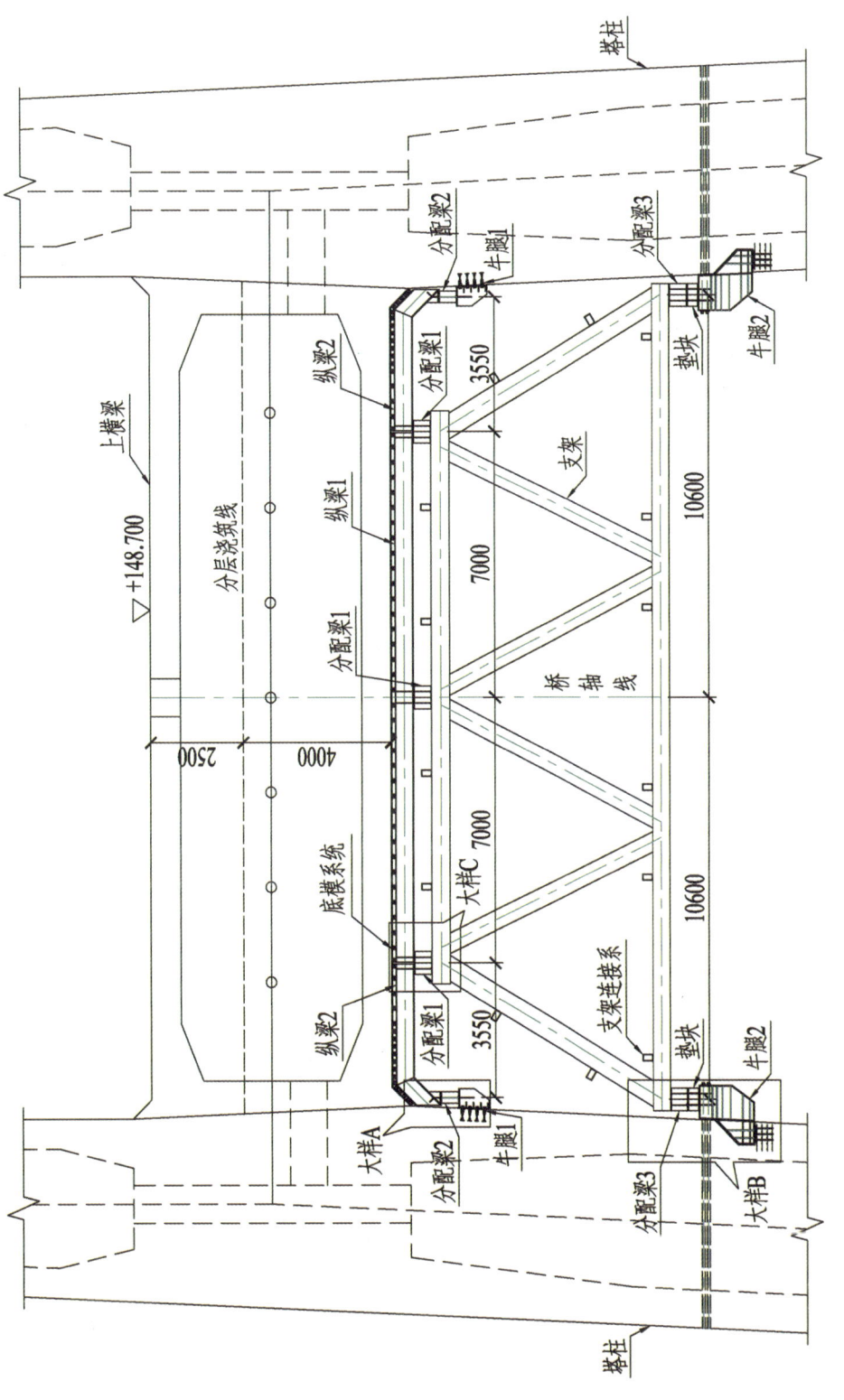

图 4-138　主塔上横梁支架布置图

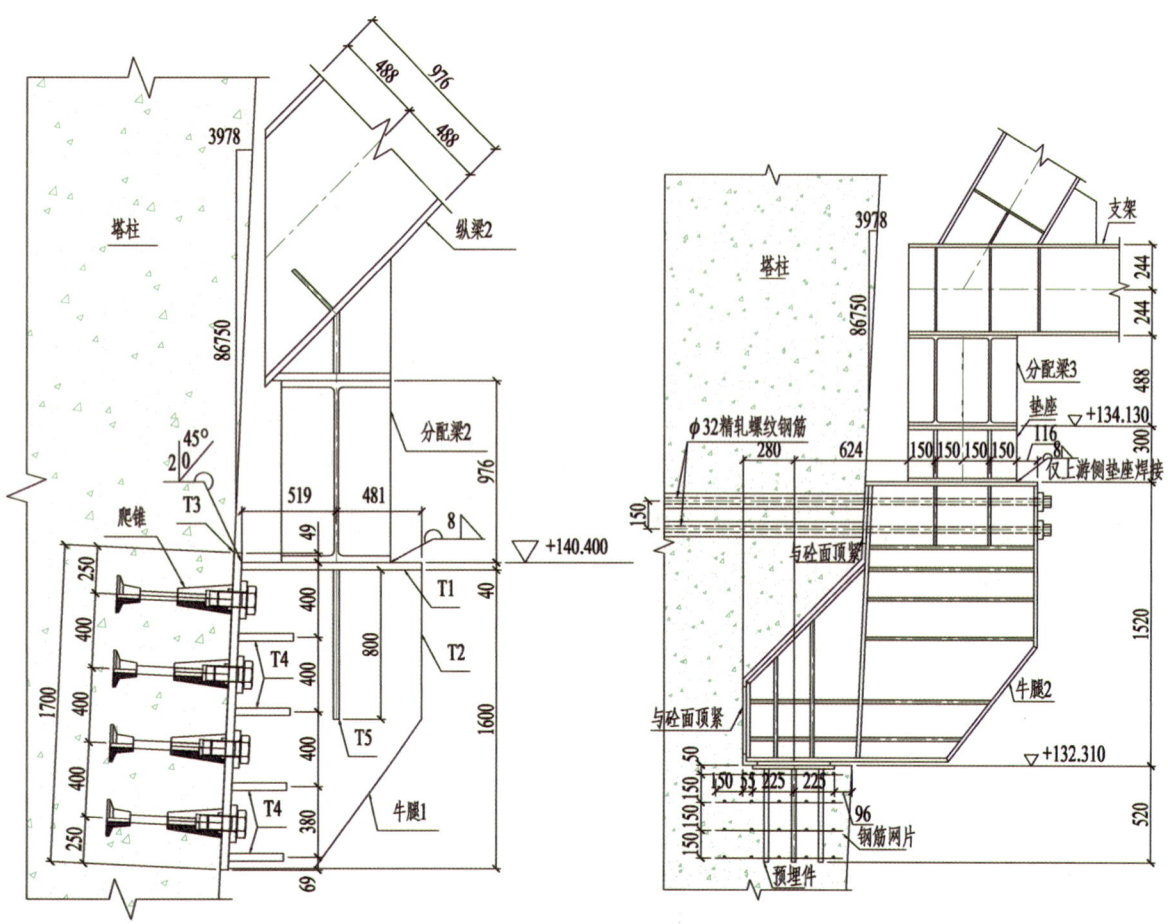

图 4-139 上横梁支架牛腿 1、牛腿 2 结构

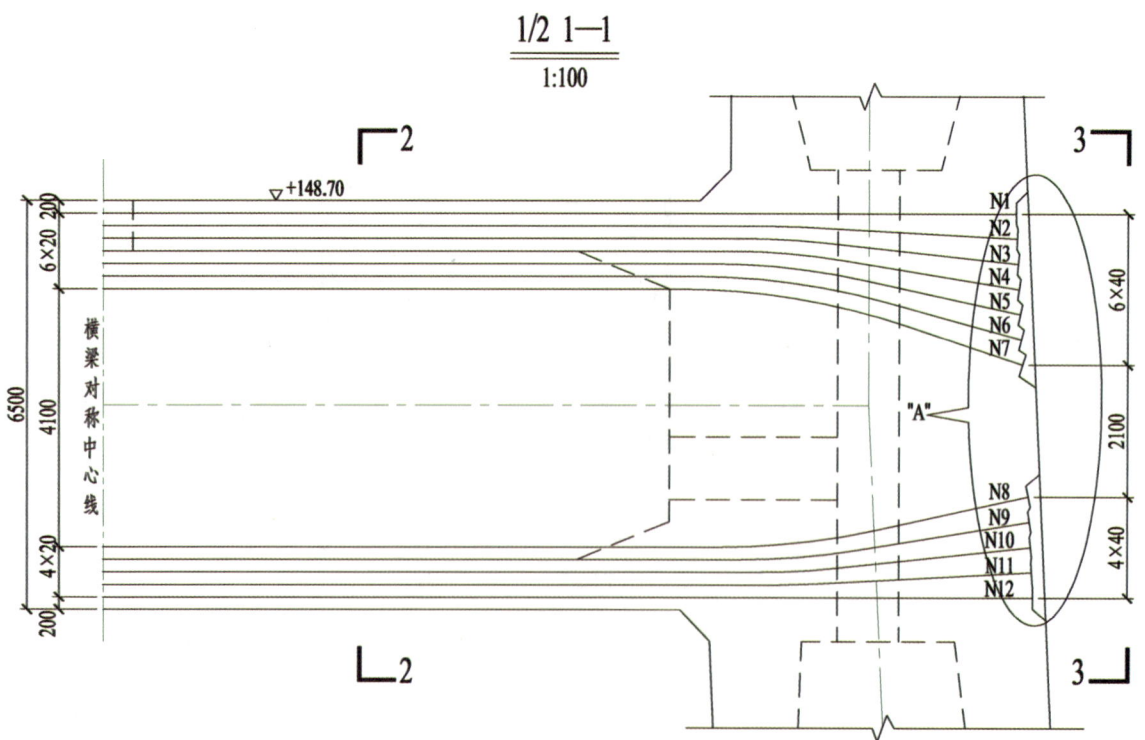

图 4-140　上横梁桁架地面模拟预压试验

预应力管道对应浇筑顺序也分两次安装。底板预应力管道随横梁底腹板钢筋绑扎过程中同步进行，顶板预应力管道在第一次混凝土浇筑完毕后绑扎顶板钢筋时进行。

①异步施工塔梁结合面管道接头处置。

上塔柱 22 号节段安装预应力合计 40 束（N8 号～N12 号），23 号节段安装预应力合计 16 束（N1 号～N7 号）。孔道定位网采用 $\phi 12$ mm 钢筋焊制，曲线部分间距 25 cm，直线间距 50 cm。塔柱内侧与横梁交接位置管道套接一截长 300 mm、$\phi_{内}$110 mm 接头管，以便后期与横梁预应力管道对接。接头管外缠裹胶布密封，该段塔柱浇筑混凝土时管道内穿入 $\phi_{内}$90 mm 芯棒防止管道变形和管内漏浆堵塞。接头管连接示意如图 4-142。

②张拉端锚垫板群安装、定位。

横梁预应力张拉端设置在塔柱主筋通过区，钢筋密集、锚槽密布，且锚垫板尺寸大、构件重、数量多，设计定位偏差控制要求严，安装调整不易，相互影响。为实现精确定位，方便安装，减少调整工作量，采取将分散的数个锚垫板群制作成不易变形移位的整体板式锚孔群架组方式进行安装，分组完成。板式锚孔群架组根据锚垫板空间位置（齿块尺寸、角度）事先在钢结构车间制作组装好，然后再分组吊运至塔上安装固定。锚垫板群定位安装如图 4-143。

（4）模板工程。

外侧模为钢模，采用侧模包底模形式，外侧模板施工脚手采用扣件式钢管支架。内模采用木模，面板采用 $\delta = 12$ mm 的竹胶板，横肋采用 100 mm×100 mm 的木方，竖肋采用 2［12.6 型钢，竖肋同时兼作拉杆背带。顶板底模面板采用 $\delta = 12$ mm 的竹胶板，纵、横均肋采用 100 mm×100 mm 的木方。

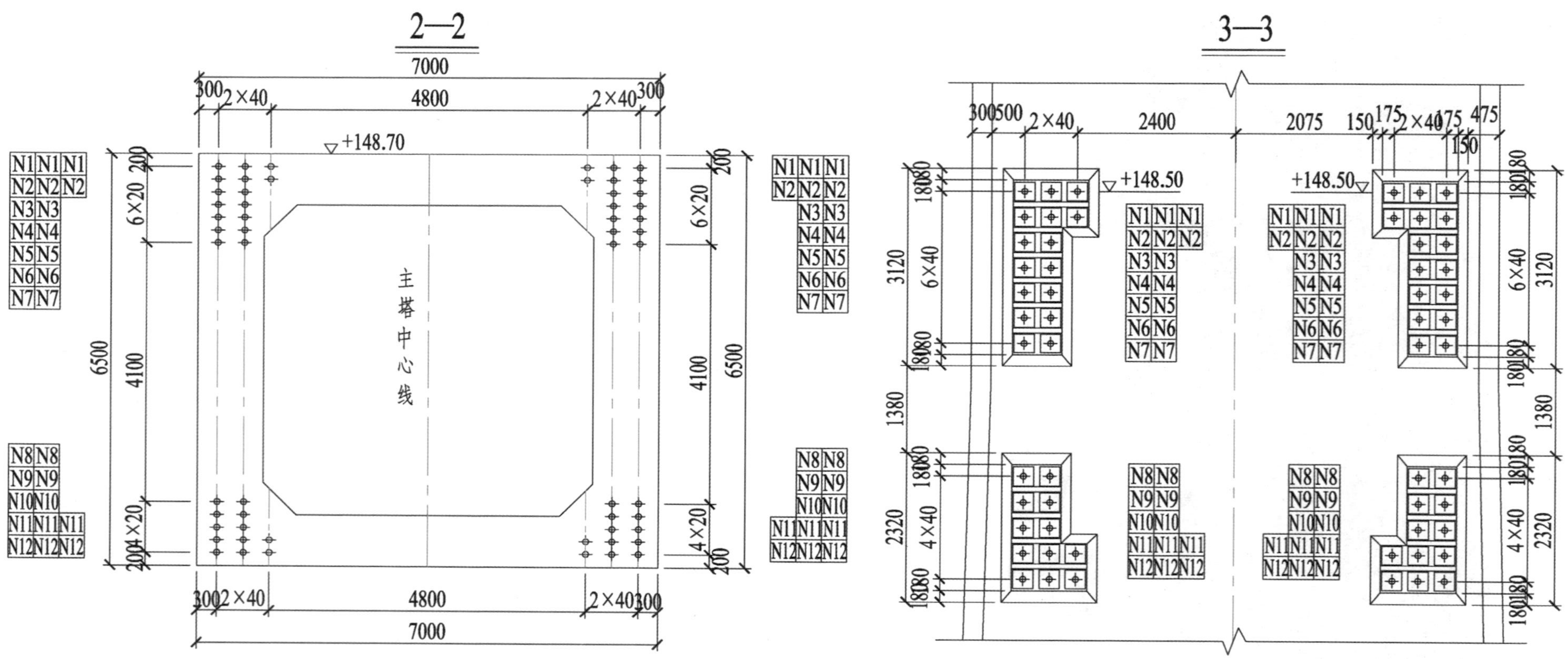

图 4-141　上横梁预应力管道布置

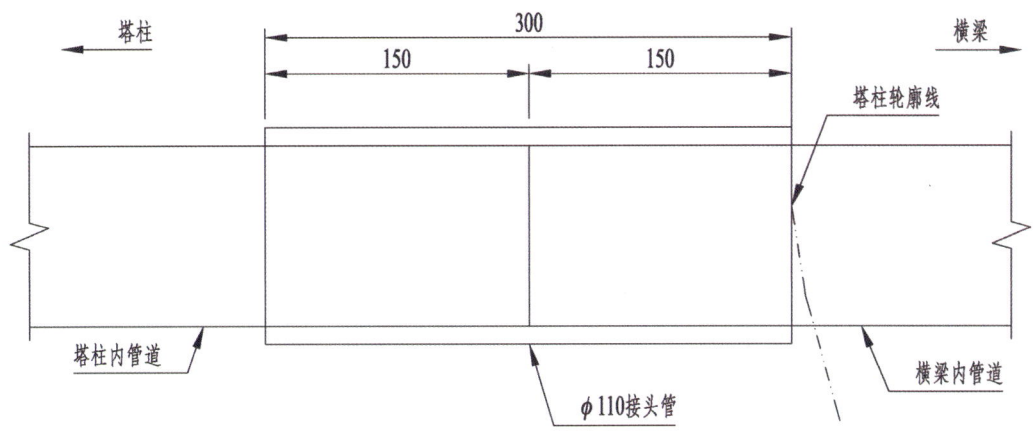

图 4-142 波纹管接头大样

图 4-143 锚垫板定位、安装

内模支架采用 ϕ 48 mm 扣件钢管,在第一层施工完后搭设。外侧脚手架自支架平台顶面开始搭设,在第一层施工完成后支架下段需和梁体拉结固定。上横梁施工模板及脚手架布置如图 4-144。

(5)混凝土施工。

上横梁混凝土由地泵自栈桥平台输送至横梁面的分料槽中,再通过分料槽滑槽进行布料。上、下游处各布置 1 套泵管,横梁面布置 2 个分料槽。

(6)预应力张拉。

和下横梁一样,第一次混凝土浇筑完毕后也进行预张拉,目的是防裂和承载,预张拉条件是横梁强度及弹性模量达到50%,龄期不少于7天,张拉应力为设计张拉控制应力的60%。待第二次混凝土达到强度和弹模达到90%,龄期不少于7天时,再将预张拉束和剩余预应力束均张拉至设计吨位。张拉顺序按先中间后上下,依次对称张拉。张拉顺序详如图4-145。

横梁张拉时爬模已提升,张拉平台在第21节外侧另外安设,用预埋爬锥固定。

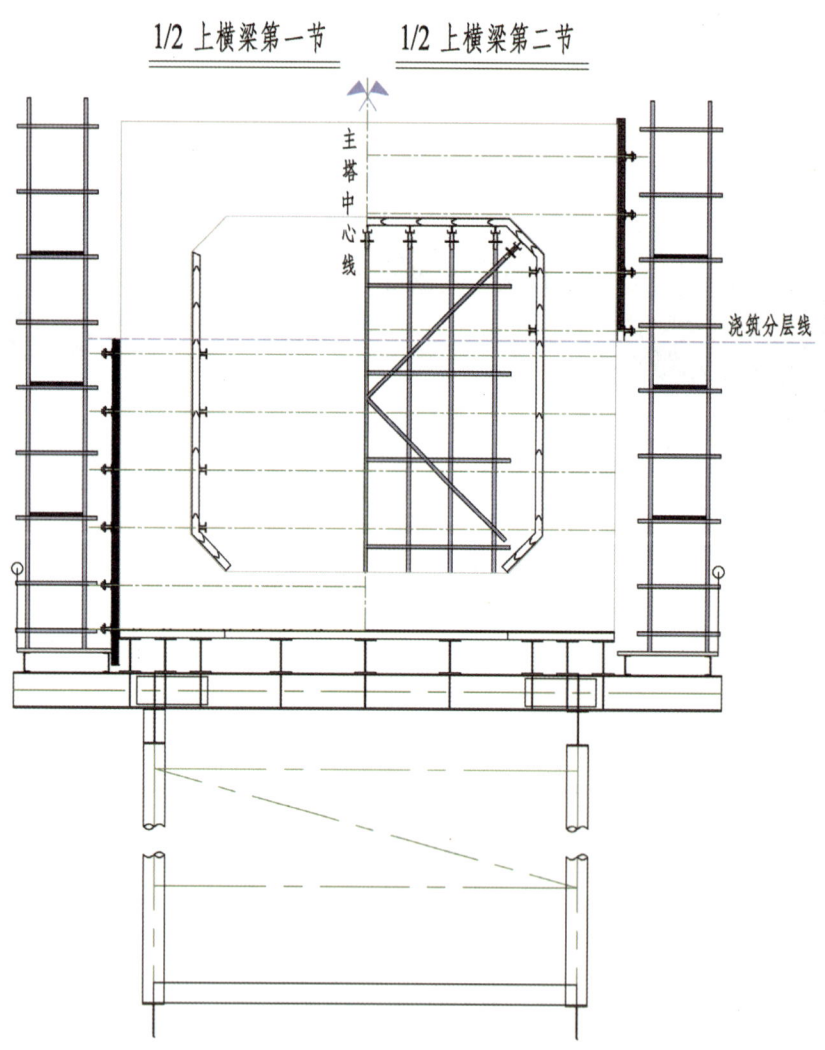

图4-144 上横梁模板示意图

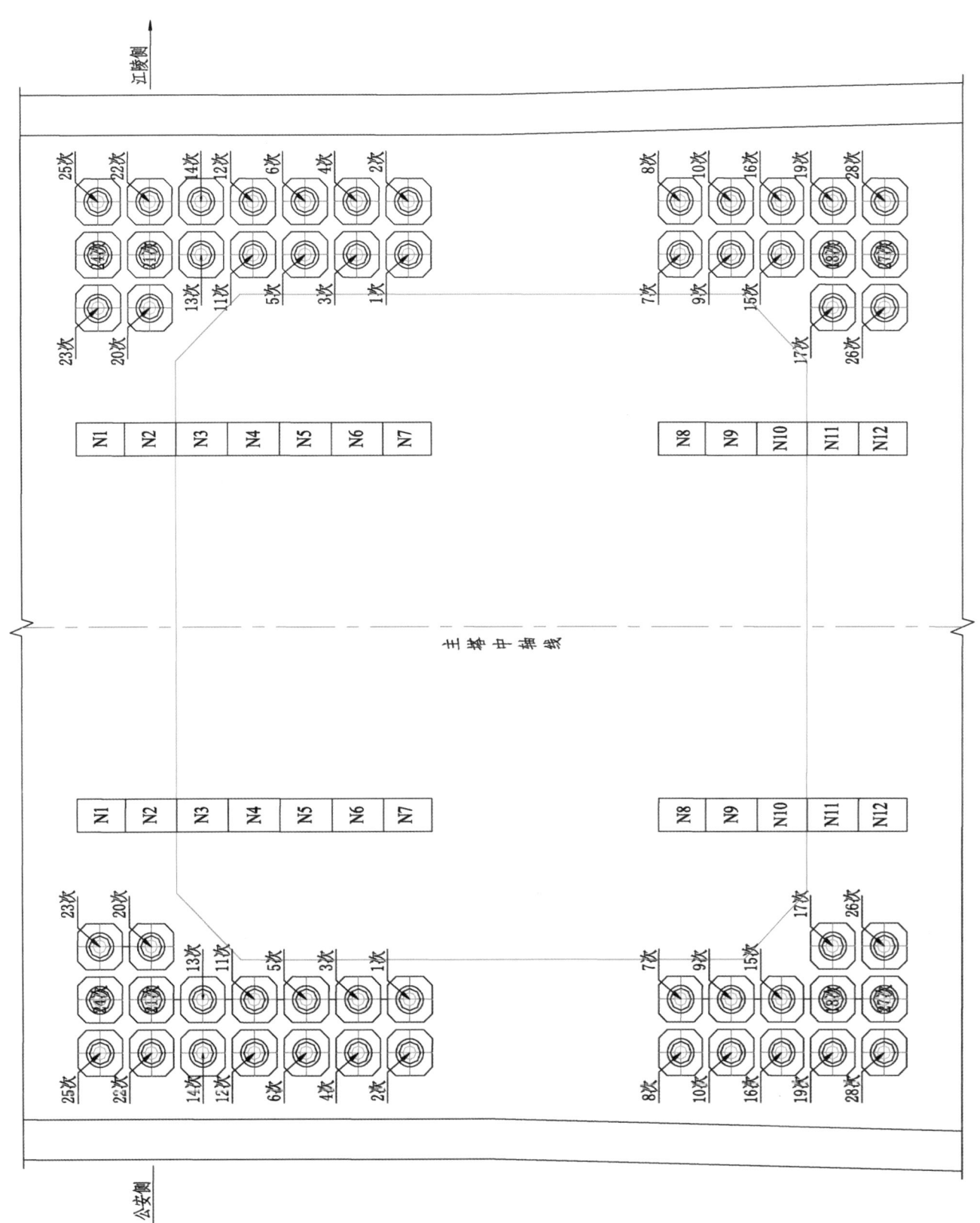

图 4-145 上横梁预应力张拉顺序图

4.2.2 钢梁制造

4.2.2.1 制造方案

主桥跨中以北钢梁由中铁山桥厂制造,跨中以南钢梁(含4×94.5 m连续钢桁梁)由中铁九桥制造。多数构件采用后孔法制孔,其中:一般箱形、工形杆件在组装、焊接、修整后,用龙门数控钻床钻孔;整体节点弦杆在组装、焊接、修整后,先用双龙门数控钻床钻制定位孔,再用样板接钻剩余栓孔;桥面板单元采用专用胎型组装、反变形焊接;拼接板、连接板等采用平板数控钻孔或卡样板钻孔。

1. 技术准备

(1)施工图转化。

施工图转化以设计图为依据。通过放样放出各个关键控制点,由专项绘图员及复核人员独立完成施工图绘制。施工图包括:安装位置图、杆件发送表、施工详图、试装图、钢桥面施工图。

(2)编制工艺文件。

为了指导和控制各类杆件制造的全过程,控制施工质量,并使杆件制造和验收有可靠的依据,按照《蒙西华中铁路公安长江公铁两用特大桥钢梁制造规则》,并以此进行分解细化,编制了各种工艺文件。

(3)焊接工艺评定试验及审查。

针对本桥Q370qE材料性能、构件结构形式、工厂既有业绩,焊接工艺评定试验共进行了26组接头焊接。其中对接焊缝7组,熔透角焊缝5组,坡口角焊缝9组,T形角焊缝5组。试件按照评定标准进行检验,力学性能、金相断面、化学成分等检验项目全部合格。试验结束后,编制了焊接工艺评定报告,试验结果于2014年05月通过专家评审。根据焊接工艺评定试验结果,编制了焊接工艺规程等焊接工艺文件,据此控制钢梁焊接质量。

2. 主要设备及工装

制造设备型号及作用见表4-26。

表4-26 制造设备型号及作用

序号	设备	作用	备注
1	数控切割机	钢板下料	保证外形尺寸准确
2	空气等离子切割机	薄板下料	减少切割热变形
3	板单元自动组装定位机床	钢桥面板的批量制造	保证单元零件的组装精度
4	板单元反变形船位焊接机器人	钢桥面板的批量制造	保证单元零件的组装精度
5	埋弧自动焊机	钢板接料和主要杆件的角焊缝	保证焊缝成形及内在质量

主要设备图片如图4-146~图4-151所示。

图 4-146 预处理生产线图

图 4-147 钢板矫平机

图 4-148 空气等离子数控切割机

图 4-149 铣边机

图 4-150 平板数控钻床图

图 4-151 双龙门数控钻床

制造工装主要包括：组装平台、组焊胎架、翻转胎具、钻孔工装等。

3. 首制件制作

（1）上弦杆 A18。

上弦杆 A18 采用 π 形开口截面，由整体节点板、竖板、顶板、底板、隔板、桥面横梁接头板、腹杆接头板组成，顶板底带一条 U 形加劲肋，如图 4-152～图 4-153 所示。主桁中心线处理论内高 1 400 mm，内宽 960 mm。顶板宽 2 360 mm，厚 24 mm，顺桥面 2% 的横坡设置，纵向全长与桥面板熔透焊接。钢板材质 Q370qE，杆件总重约 39.2 t。

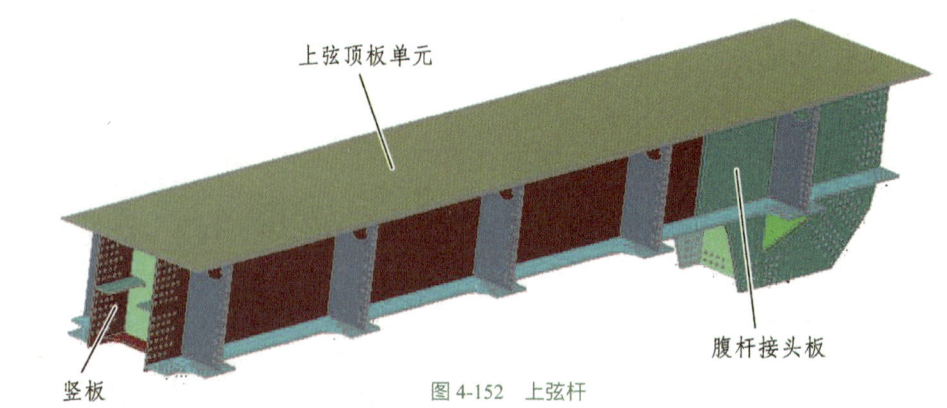

图 4-152 上弦杆

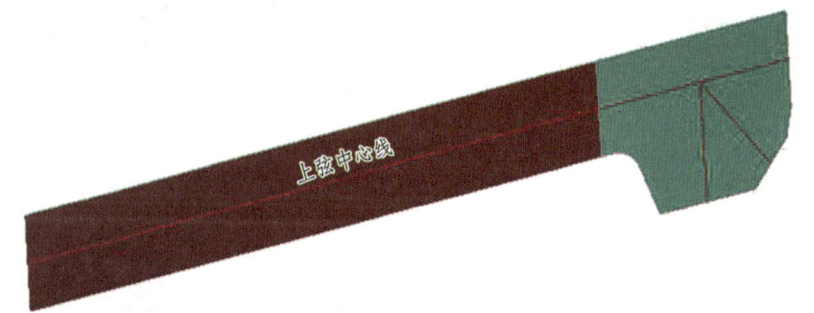

图 4-153 上弦杆（单片）

图 4-154 上弦杆加劲板

图 4-155 横梁接头板和腹板接头板

图 4-156 钢梁拼装桁吊

①主要零件、单元件加工。

a. 节点板等异形板件全部采用数控火焰切割或数控等离子切割下料，确保外形尺寸精确。

b. 隔板是控制弦杆扭曲，保证弦杆尺寸精度的重要零件，相当于弦杆组焊内胎，隔板边缘采取机加工，控制其宽度、高度以及垂直度。

c. 竖板：采用接料后机加工上边缘的工艺方法，确保直线度，避免箱型杆件组装时出现扭曲变形。

d. 对拼接板和先孔法零件，采用大型平板数控钻床制孔，保证制孔精度。

e. 顶板单元采用先进的板单元自动化生产线（包括专用U形肋加工成型设备、板单元自动化组装机床以及板单元反变形船位焊接机器人系统）制作。

图 4-157　板单元自动化组装机床

图 4-158　反变形船位焊接机器人

②组装箱体。

采用倒装法组装，在专用胎型上完成，具体步骤如下：

步骤一：顶板单元上组装隔板单元，先弦杆顶板中心线与胎型中心线找正对齐固定，然后划线组装箱内横隔板，如图4-159（a）所示。

步骤二：依次组装两侧竖板单元形成槽型，外卡夹具确保隔板与竖板单元密贴，焊接槽内横隔板焊缝，如图4-159（b）所示。

步骤三：划线组装上弦杆底板，两侧翼缘板接头板焊接箱体主焊缝，如图4-159（c）所示。

步骤四：组装附属件，如图4-159（d）所示。杆件修整合格后制孔，箱体制孔后组装附属件。组装顺序：节点内腹杆接头板→横梁的腹板接头板→其他附属件。组装附属件以孔为基准，用组装样板定位。

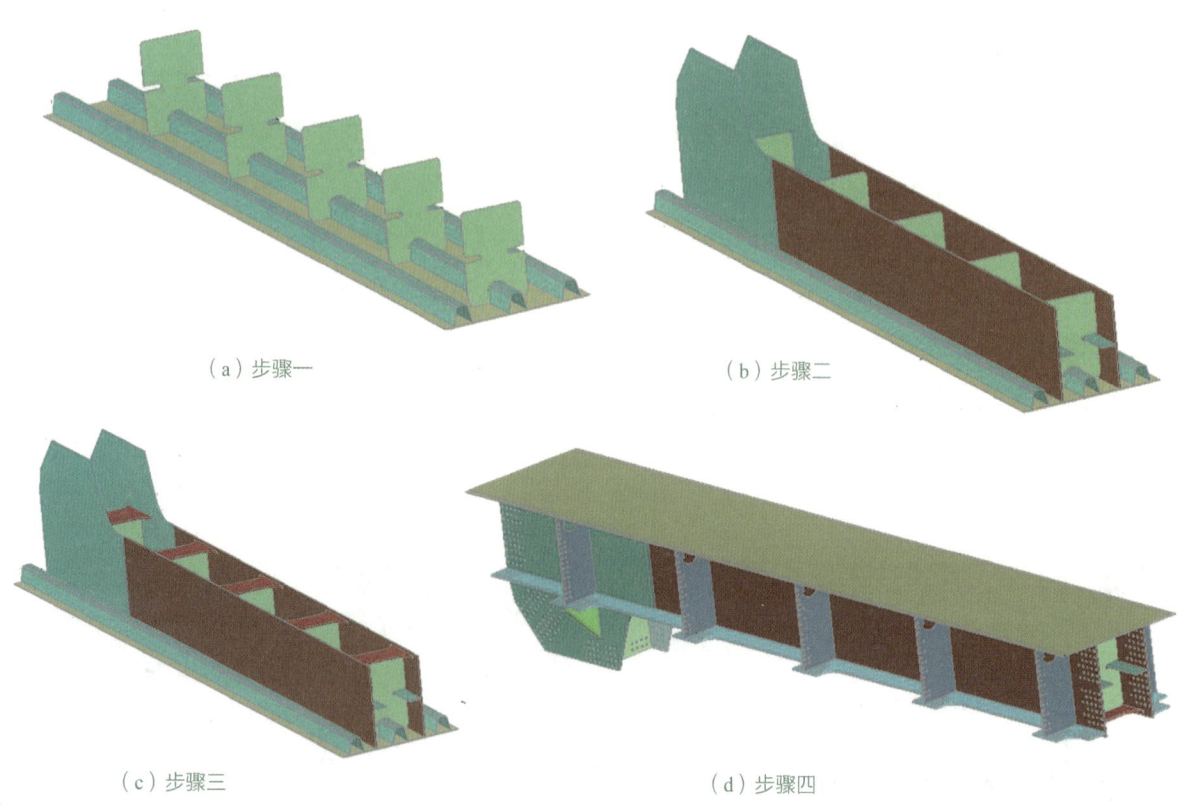

(a)步骤一　　　　　　　　　(b)步骤二

(c)步骤三　　　　　　　　　(d)步骤四

图 4-159　箱体组装

③箱体钻孔。

箱体制孔是弦杆制造的关键工序,必须保证尺寸精度满足规范要求。弦杆箱体组焊修整后,先采用双龙门数控机床钻制定位孔,再用样板接钻剩余栓孔。附属件在半成品加工中已完成制孔。零部件采用平板数控钻床或样板制孔的工艺。

步骤一:每个孔群采用双龙门数控最少钻制四个定位孔,然后卡样板接钻,如图 4-160(a)所示。

步骤二:划线钻制横梁翼缘接头板栓孔,以孔定位组焊横梁接头板,如图 4-160(b)所示。

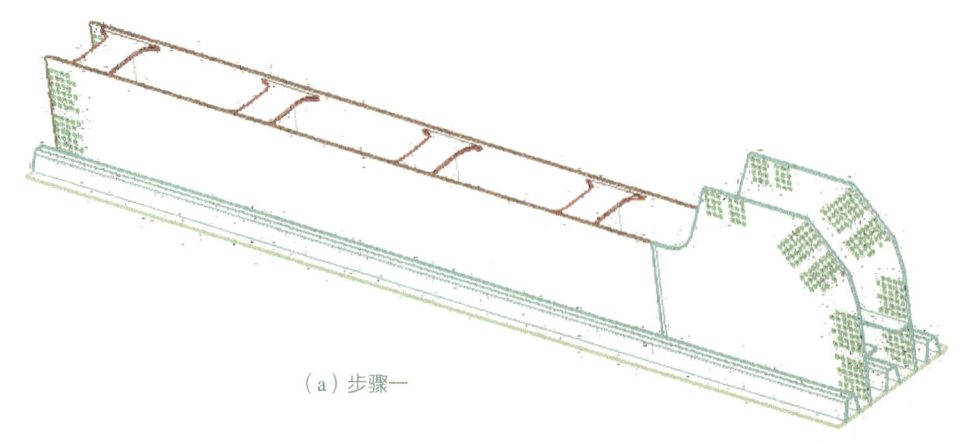

(a)步骤一

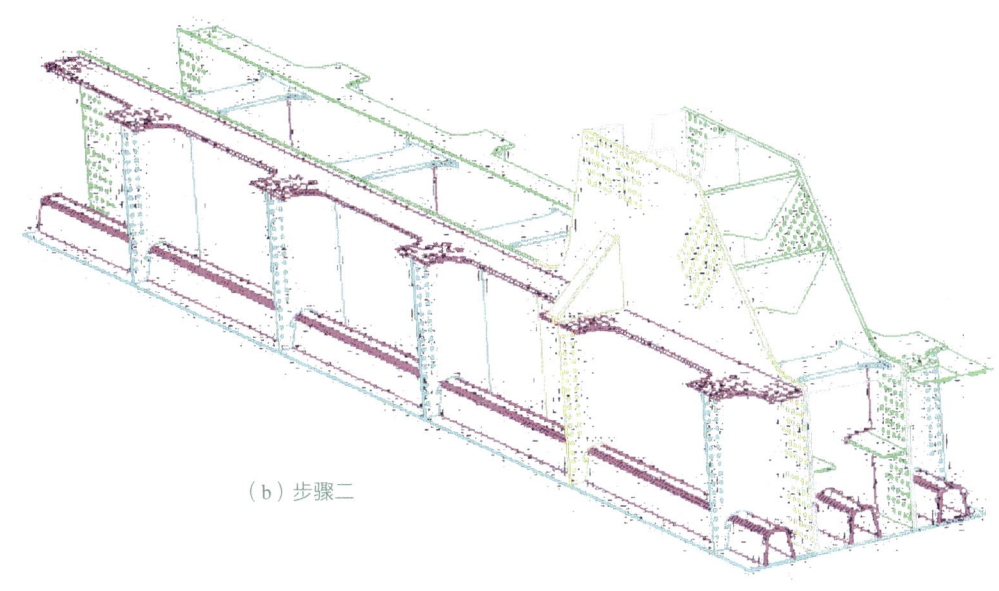

(b)步骤二

图 4-160　箱体钻孔

在龙门数控平台上将弦杆调平，检测杆件扭曲及旁弯满足规范要求后准备钻孔；定位孔钻制完成后注意该项点作为停止点检查，合格后用冲钉将机械样板卡到杆件上，进行钻孔；以螺栓孔为基准划线切头及手孔及顶板工地对接坡口，划线时保证孔边距。

（2）公路边桥面板。

公路边桥面板主要由边纵梁、边横梁、面板等组成，如图 4-161 所示。边纵梁外侧在主桁节点位置设置钢锚箱，内侧设置副桁节点板，相邻节间边纵梁采用高强度螺栓连接。边桥面板的顶板分别与上弦杆上水平板及边纵梁通长焊接。边横梁外端与腹板及翼缘与边纵梁焊接，内端与主桁上弦杆采用高强螺栓连接，横梁间距 2.8 m。

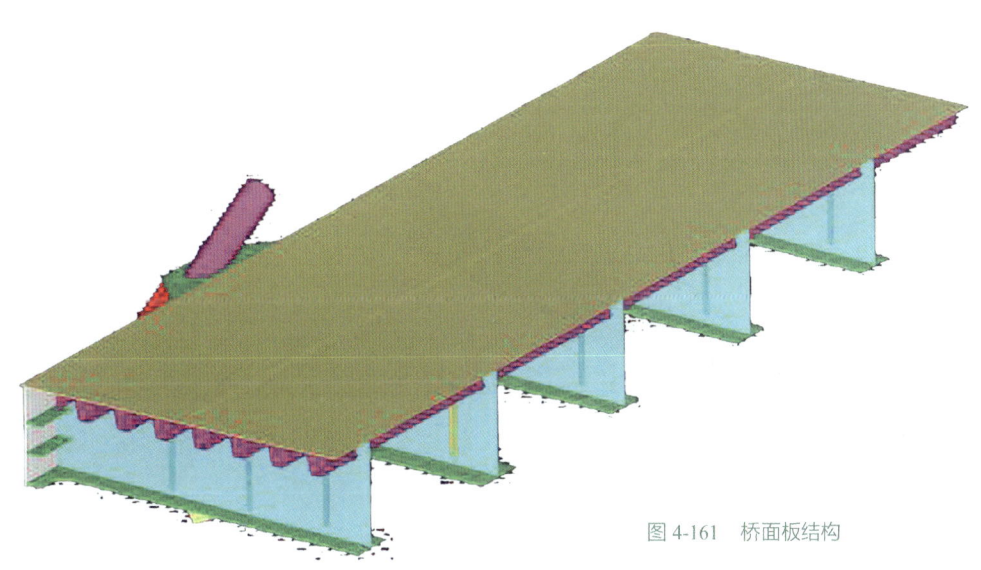

图 4-161　桥面板结构

边桥面板按照先单元件(顶板单元、边纵梁、边横梁)组焊,再整体总拼的方案制作。顶板单元、边纵梁、边横梁等单元件在工厂车间内完成制作,整体总拼在拼装场采用多节段连续匹配组焊与预拼装。

边纵梁由竖板、钢锚箱、副桁节点板、肋板等组成,如图4-162所示。边纵梁竖板及板肋两端设栓孔接头,在主桁节点位置设置锚箱及副桁节点板,锚箱与竖板、竖板与副桁节点板的连接焊缝为关键传力焊缝,副桁节点板设置高栓孔与副桁杆件连接。

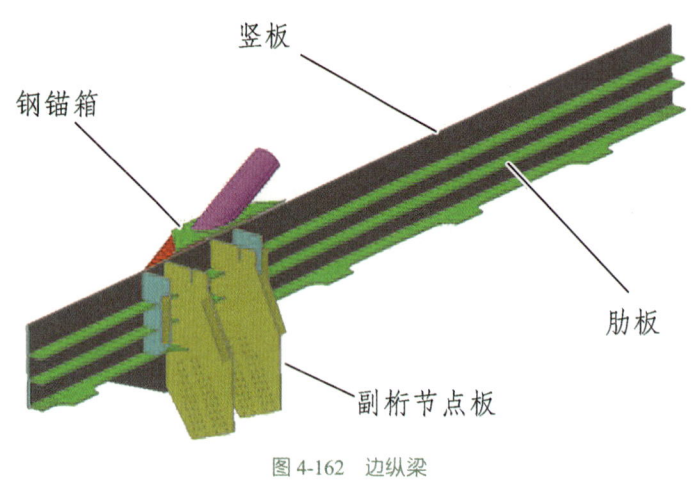

图4-162 边纵梁

①主要零件、单元件加工。

a. 竖板节点板、副桁节点板等异形板件全部采用数控火焰切割或数控等离子切割下料,如图4-163(a)所示。

b. 副桁节点板冲切下料后以槽口为基准划线机加工焊接边,对边卡样钻孔,如图4-163(b)所示。

c. 锚箱承压板与锚垫板机加工焊接边组焊为锚箱单元,再机加工锚垫板平面,如图4-163(c)、(d)所示。

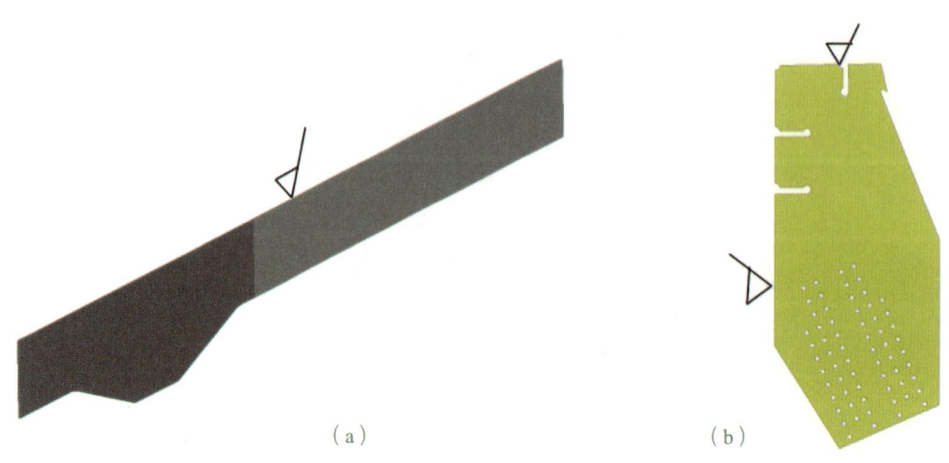

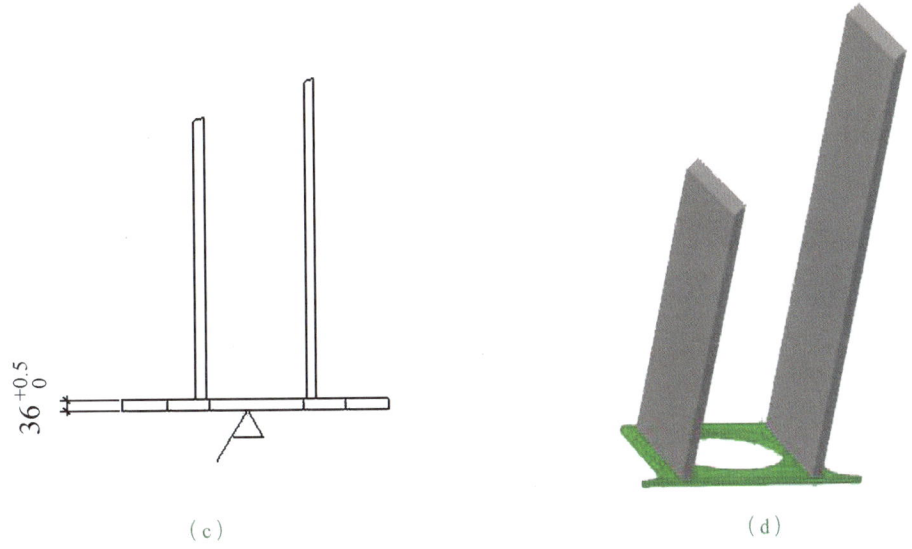

图 4-163 零件加工

② 组装。

a. 竖板先与板肋组焊完成,为不影响锚箱与腹板的熔透角焊缝探伤,板肋预留嵌补段,待锚箱组焊完成再补焊。

b. 组装在平台上进行,保持竖板肋板垫平,依次划横纵系统线、锚箱中心线(角度线)、锚垫板线等(注意成对划线组对),如图 4-164 所示。

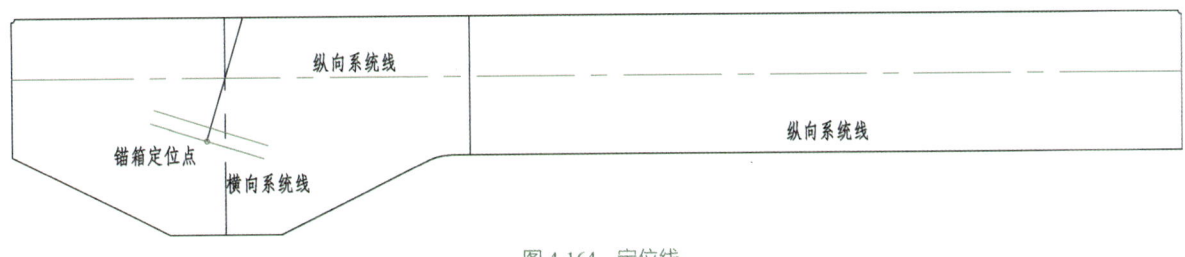

图 4-164 定位线

c. 控制锚垫板与腹板垂直度,垂直度允许偏差小于 0.5 mm,材料组装顺序如图 4-165 所示。

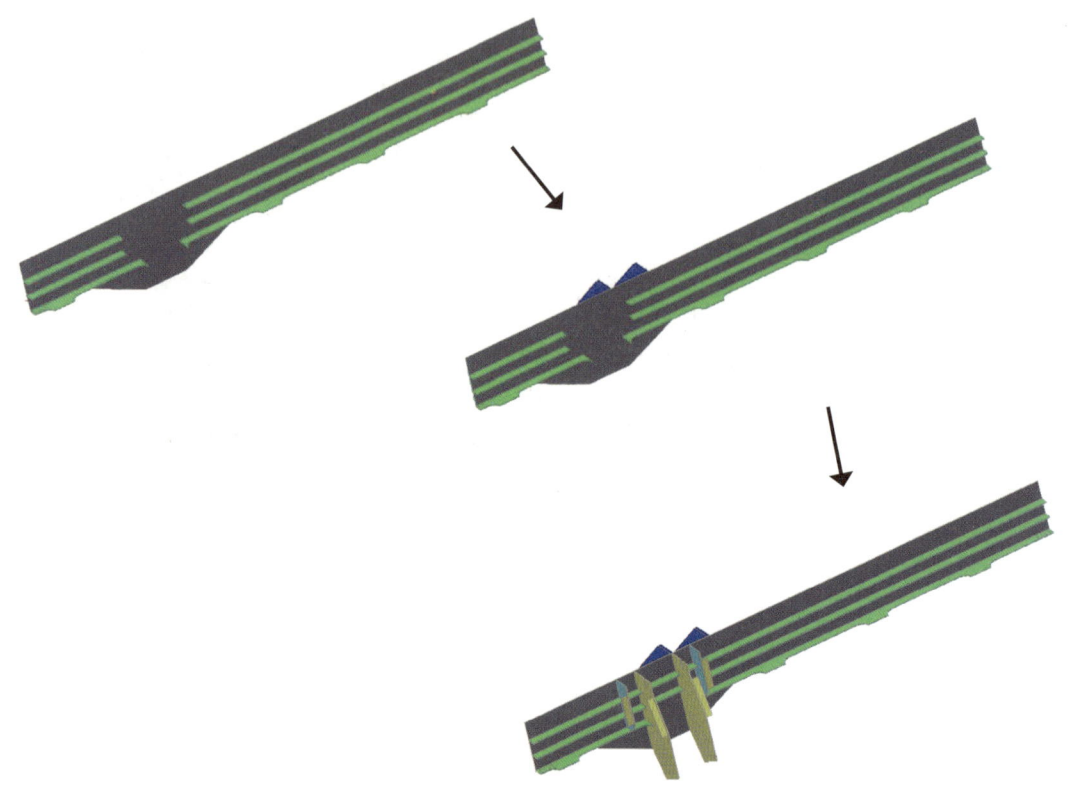

图 4-165 杆件组装顺序

d. 组装副桁节点板,控制节点板内宽公差。

e. 最后划线卡样钻制两端高强度螺栓孔。

③边桥面板拼装。

边桥面板采用正位拼装。利用模拟胎架先定位边横梁,然后组装与弦杆相邻的顶板单元,之后精确定位边纵梁(锚箱的桥面连接板、锚管等暂不组装,待边顶板与边纵梁柱脚焊缝焊接完成后再组装),再安装护栏加劲底座、组装边顶板。待边顶板与边纵梁主角焊缝焊接完成后,组装锚箱其余零件,最后划线组装护栏底座、吊耳,边桥面板组焊完成。边桥面板拼装顺序如图 4-166 所示。

组装顺序如下:

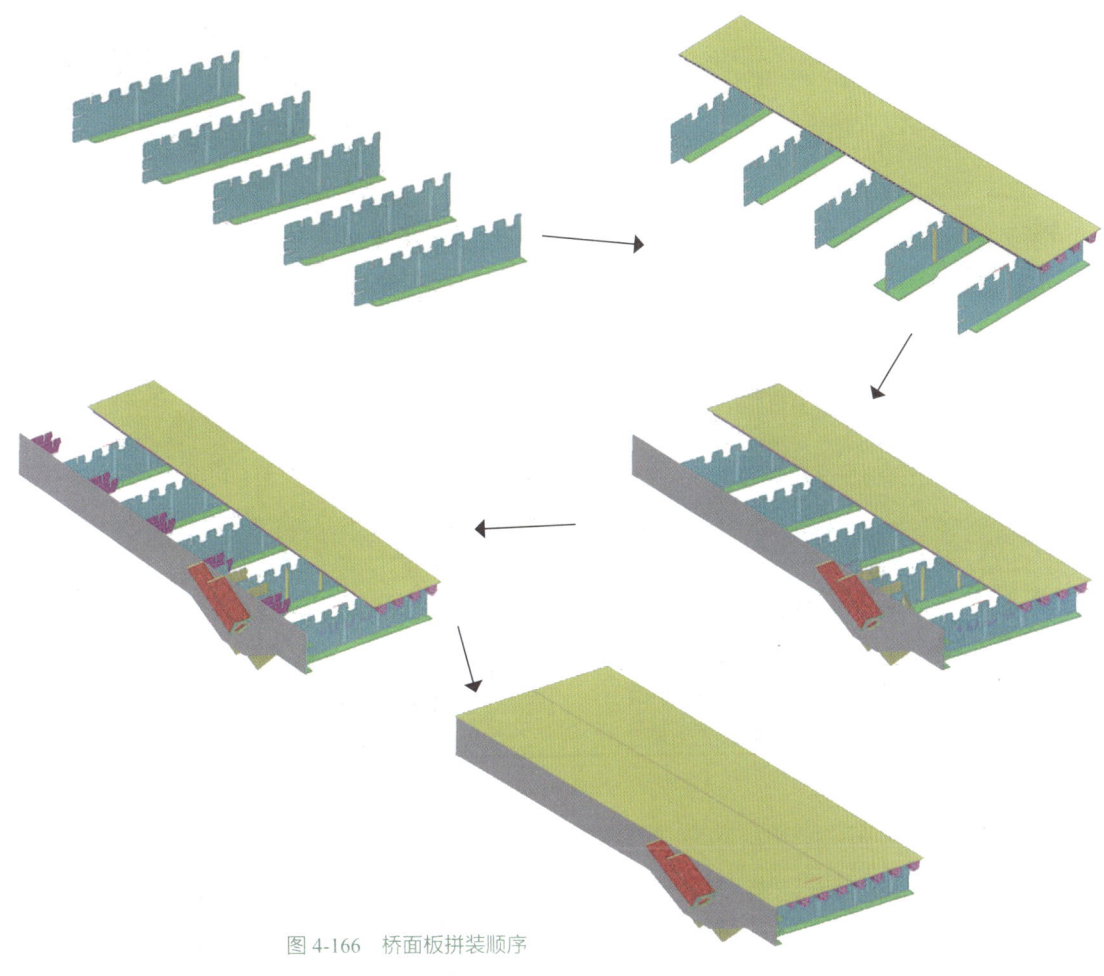

图 4-166　桥面板拼装顺序

④钢梁生产各环节如图 4-167 所示。

（a）数控切割下料

（b）铣过渡坡

(c)铣边

(d)船位焊接

(e)上弦杆组装隔板

(f)上弦杆组装竖板

(g)上弦杆箱体焊接

(h)双龙门钻制定位孔

(i)主桁试装过程(首节间)

(j)桥面拼装施工

图4-167 钢梁生产

4.2.2.2 试拼装

1. 试拼装方案

试拼装有三个目的：一是验证施工图纸的正确性，检验制造工艺的合理性和工艺装备的精确度；二是检查构件拼接处有无相互抵碰、安装空间受限的问题；三是通过试装发现问题，及时进行尺寸修正和调整，避免在施工现场高空调整，减少高空作业难度和加快安装速度，确保全桥钢桁梁的顺利架设。

试拼装分为主桁、副桁、铁路和公路整体钢桥面四个部分，均为平面内试拼装。公路桥面与铁路桥面采用多节段连续匹配组焊与预拼装方案，在制造同时完成试拼装；主桁选取有代表性的包含上弦伸长和缩短的节间（E18～E23节间）进行试拼装，副桁选用22～23号节间的23号节点进行试拼装，上、下层桥面选用18～23号节点进行预拼装。

试拼装如图4-168～图4-172。

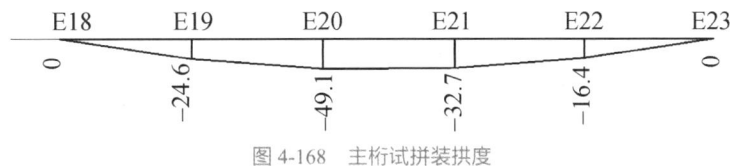

图4-168 主桁试拼装拱度

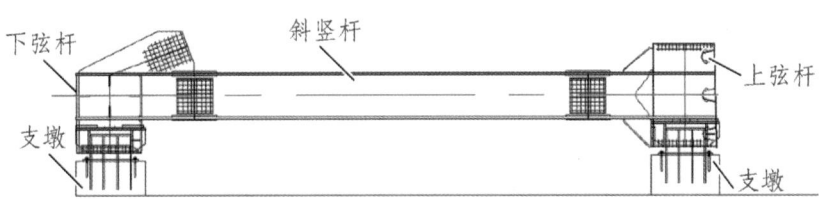

图4-169 主桁杆件试拼装

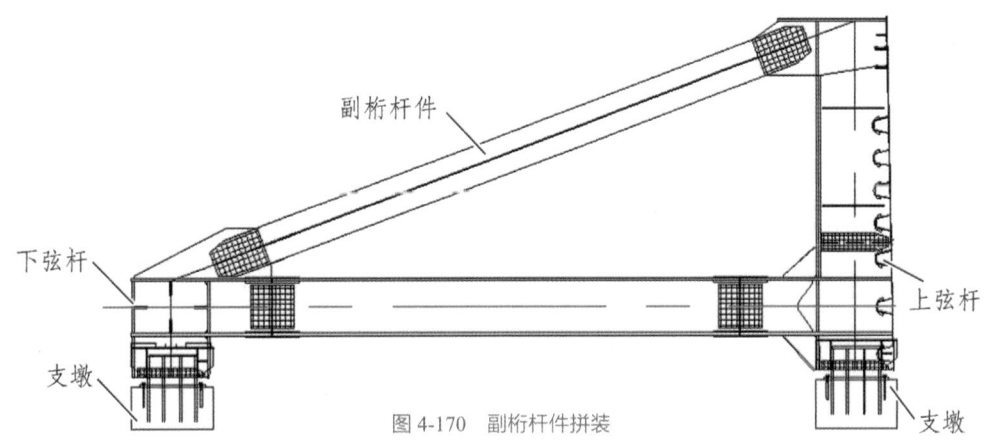

图4-170 副桁杆件拼装

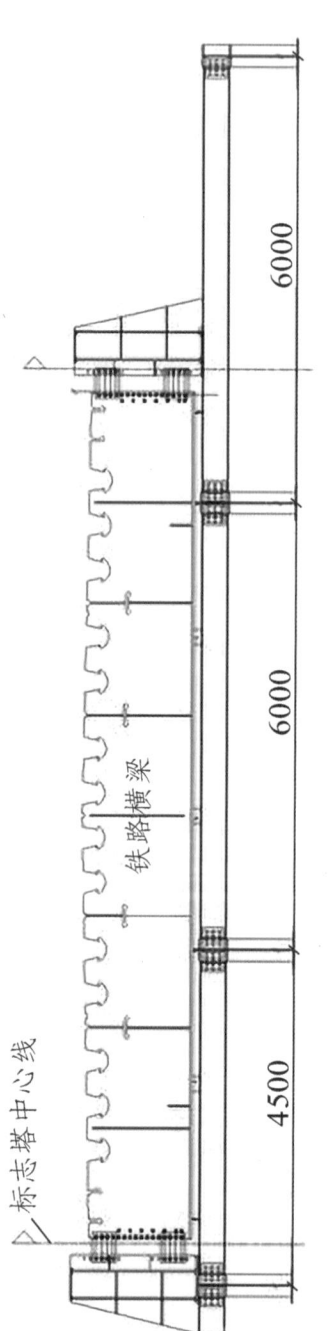

图 4-171　铁路桥面连续匹配组焊与预拼装

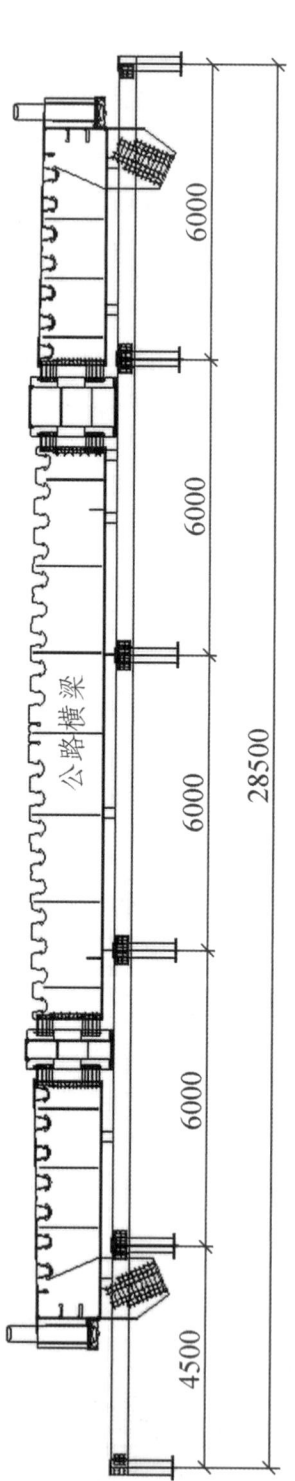

图 4-172　公路桥面连续匹配组焊与预拼装

2. 主桁试拼装

试拼装在钢梁制造厂的拼装场地进行（3号塔钢梁在江苏中铁山桥重工基地如皋厂，4号塔在中铁九桥厂九江基地）。所有参加试拼装的杆件须检验合格，杆件制造精度符合本桥制造规则要求。

（1）试拼装方法。

①试装各部位构件的拼接口在自由状态对准、拼接。

②主桁每拼完一个节间，在调整几何尺寸合格后方可继续进行下一节间试装。

③主桁试装由 A20～E20 开始，对称向两侧 A18～E18 和 A23～E23 方向进行。

④试装过程中严禁用锤击、扳扭等强制方法使各节段接口、构件及拼接板等勉强就位。

（2）试拼装顺序。

主桁试拼装顺序如图 4-173 所示，具体为：

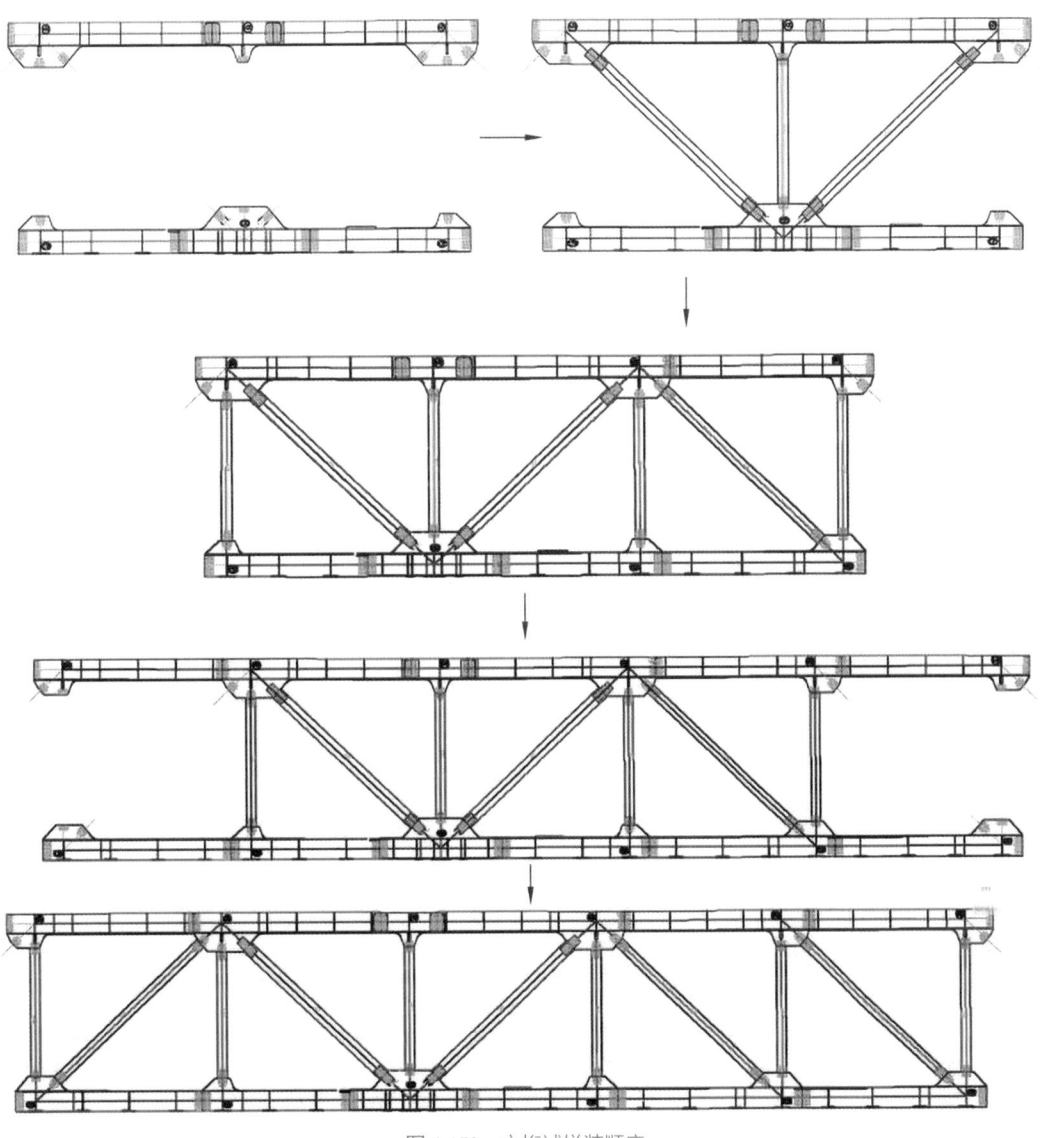

图 4-173 主桁试拼装顺序

20号节点上、下弦杆→19号、21号节点上、下弦杆→拼装斜、竖杆→测量试拼装数据→合格后拼22号节点上、下弦杆→依次拼装斜、竖杆→测量试拼装数据→合格后定位拼接18号、23号上、下弦杆→依次拼装斜、竖杆→测量试拼装数据→完成主桁片拼装。

（3）试拼装。

主桁 E18~E23 五个节间试拼装长度 70 m，桁高 13 m，节间长度 14 m，如图 4-174 所示。试拼装杆件包括：整体节点上、下弦杆，斜竖杆，拼接板，填板等。

图 4-174 主桁试拼装图片

3. 副桁试拼装

副桁试拼装在主桁试拼装完成后进行。主桁试装完成后，预留23号节间不解体，在主桁23号节间基础上进行副桁试拼装。

（1）副桁试拼装顺序。

副桁试拼装顺序如图 4-175 所示，具体为：

主桁试装完成→检测统计数据→拼装边公路桥面→副桁杆件→测量拼装数据、抵碰情况检查→拼装完成，解体。

（2）副桁试拼装。

副桁 E23 节间试拼装（均为系统线尺寸）节间长度 14 m，桁高 13 m，高度 6 m，如图 4-176 所示。试拼装杆件包括：整体节点上下弦杆、斜竖杆、副桁杆件、边桥面板块、拼接板、填板等。

4. 整体钢桥面组焊与预拼装

整体钢桥面分为上层公路桥面和下层铁路桥面，均采用多节段连续匹配组焊及预拼装的方案，首轮完成 18~23 号节间的拼装。桥面板单元及横纵梁等构件在车间内制造完成后，分别运至拼装场进行上层公路桥面和下层铁路桥面的连续匹配组焊及预拼装，公路桥面和铁路桥面面板单元划分分别如图 4-177 和图 4-178 所示。

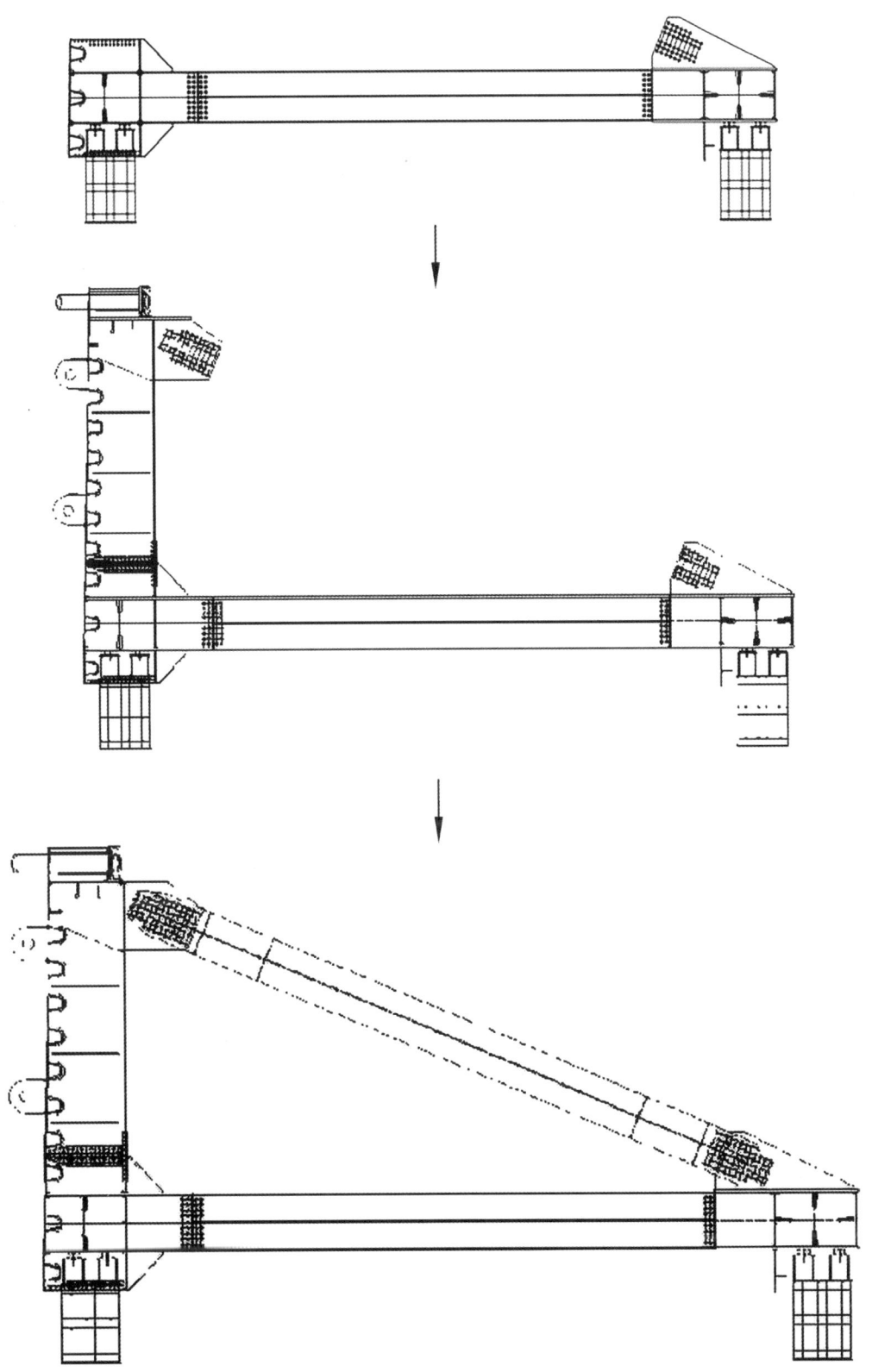

图 4-175 副桁试拼装顺序

图 4-176 副桁试拼装

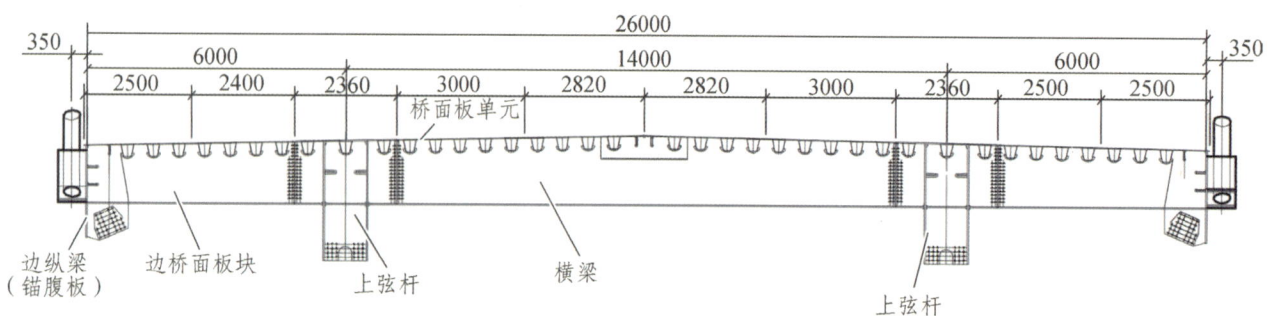

图 4-177 上层公路桥面板单元划分

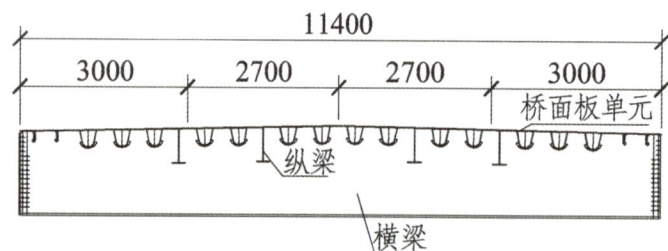

图 4-178 下层铁路桥面板单元划分

（1）拼装场地和胎架。

桥面拼装胎架利用现有胎架改造，设置上层公路桥面及下层铁路桥面共两台套，每台套 5 个节间。在胎架上设置纵、横基线和基准点，以控制桥面的位置，确保各部尺寸。拼装胎架用牙板按桥梁竖曲线及预拱度设置线型，桥面板接口在非基准端留 50 mm 工艺间隙，胎架外设置测量基点和基线，以便随时对胎架进行检测，公路桥面和铁路桥面胎架分别如图 4-179 和图 4-180 所示。

总拼胎架上设置模拟弦杆的横梁定位装置，确保横梁与弦杆连接的相对位置尺寸准确无误。

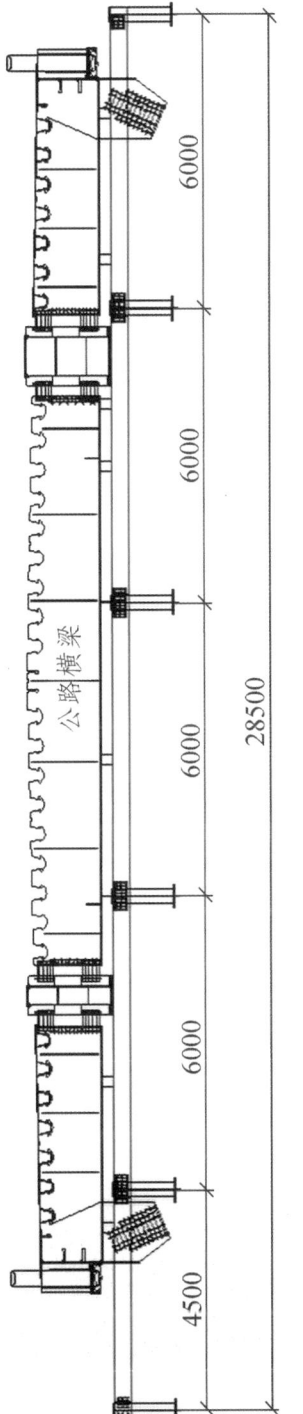

图 4-179 公路桥面胎架

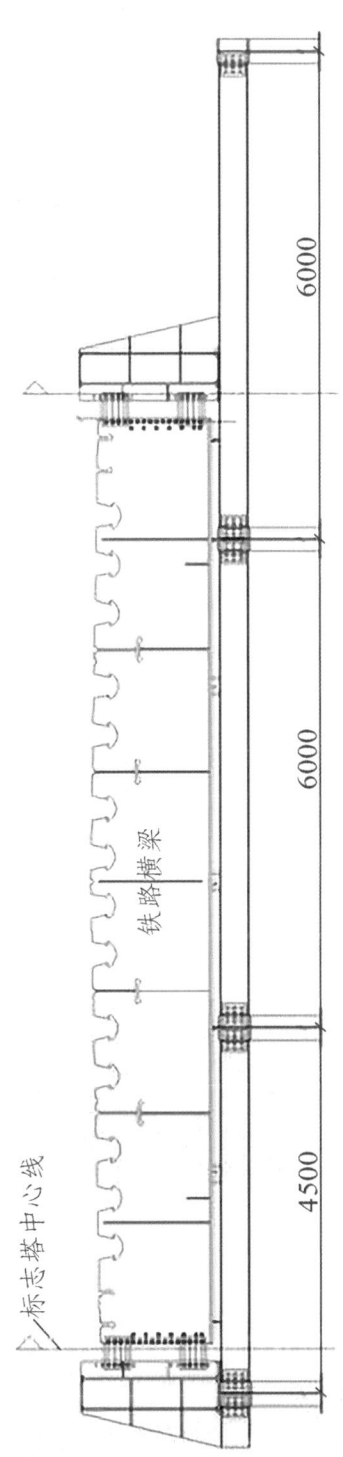

图 4-180 铁路桥面胎架

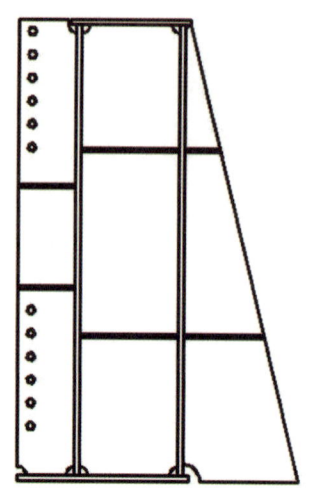

图 4-181　公路、铁路桥面横梁定位工装

（2）拼装顺序。

铁路桥面按照横梁→纵梁→中间桥面板→边桥面板的顺序进行拼装，如图 4-182 所示。

公路桥面分为中桥面和边桥面，中桥面按照横梁→中间桥面板→边桥面板的顺序拼，装如图 4-182 所示；边桥面则按横梁→主桁侧桥面板单元→边纵梁定位→边桥面板的顺序拼装，组焊完成并检测合格后，划线切割桥面板非基准端。

横梁在胎架上定位后，需要复测横梁间距，并采用经纬仪复测横梁位置，确保横梁孔群横向位置精确，纵向用水准仪调整横梁孔高度，确保其纵向线形。

顶板拼装时在工地拼接接口处采用工艺拼接板定位如图 4-183，确保相邻段间 U 形肋孔距。

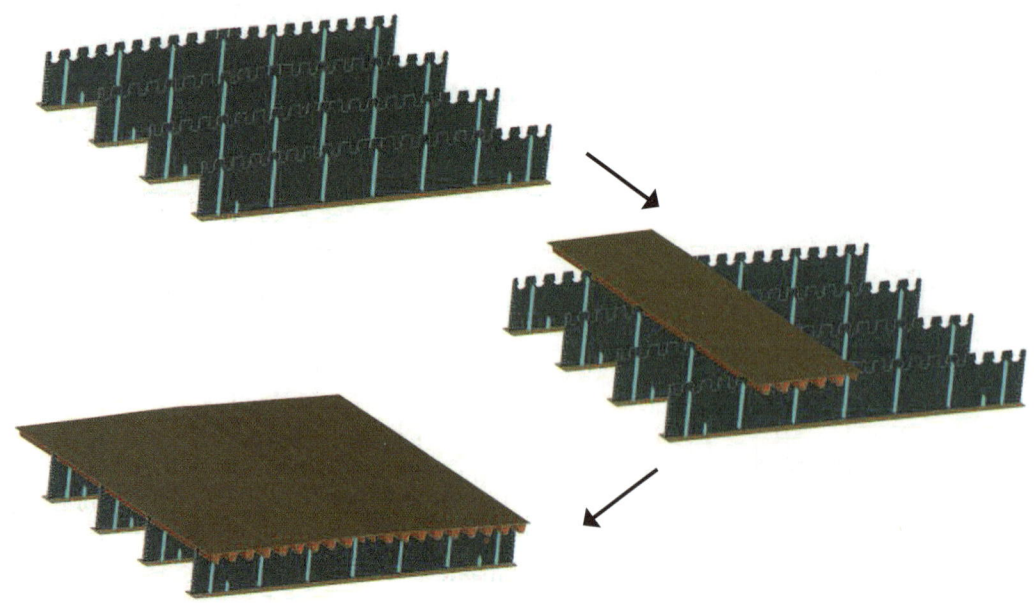

图 4-182　铁路桥面及公路中桥面拼装

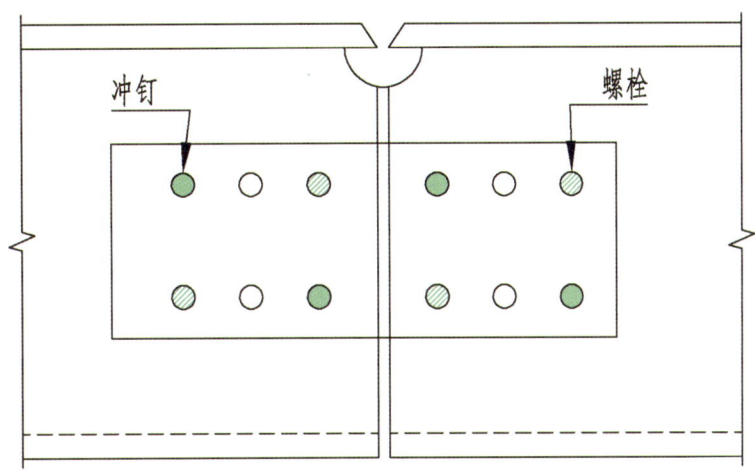

图 4-183 顶板 U 形肋临时联

（3）拼装。

铁路桥面和公路桥面分别完成了五个节间（E18 ～ E23 号）的组焊和预拼装。铁路桥面拼装宽度 11.4 m，全长 70 m；公路桥面拼装宽度（4.9+2.36+11.6+2.36+4.9）m，长 70 m，如图 4-184 ～ 图 4-185 所示。

图 4-184 公路及铁路桥面拼装

图 4-185 铁路桥面拼装

图 4-186 公路桥面拼装

4.2.3 钢桁梁安装

4.2.3.1 钢梁杆件运输

1. 钢梁厂至桥位区间的运输

跨中以南钢梁划分为 E0～E38（不含合龙段）38 个节间，由中铁九桥有限公司负责制造。跨中以北部分 39 个节间由中铁山桥集团制造（合龙段运至九桥厂试拼装）。

钢梁构件均采用水路运输至桥位。杆件在码头上岸由 120 t 桅杆吊机装卸，码头至存放场或存放场预拼好的杆件至架设地点采用专用轮式运梁车装运。

运梁车运梁时需设置钢胎架支承，胎架同车体固定，运输不同杆件采用不同的钢胎架，并固定拴挂牢靠，确保运输稳固安全。

2. 钢梁安装现场的运输

钢梁从制造厂到桥址码头全部采取船运。南岸杆件在码头上岸起初由 165 t 浮吊装卸，待 120 t 码头吊机安装好后，由码头吊机装卸；北岸杆件在码头上岸由 120 t 桅杆吊机装卸。码头至存放场或存放场预拼好的杆件至架设地点采用专用轮胎式运梁车（图 4-187）装运。

4 号墩墩顶 4 个节间的钢梁杆件预拼下河后用船运至墩位处，架梁吊机起吊架设。其余构件先由运梁车运至边跨侧架梁点对应栈桥位置处，由边跨侧架梁吊机起吊上桥，中跨侧的钢梁上桥后要用公路面运梁车运至中跨侧进行架设，边跨侧的钢梁则是架梁吊机直接从运梁车上取梁后直接架梁。

图 4-187 ZH100PB 型轮胎式运梁车

4.2.3.2 钢梁存放及预拼

1. 钢梁存放

南岸工区钢梁预拼存放场地长 95 m，宽 40 m，占地 3 800 m²，场地地面铺浇 20 cm 厚的混凝土地坪。场内设置一条宽 6 m 运输通道，跨存梁台座设置 1 台跨度 38 m，起重能力 65 t 的龙门吊机用于重件装卸，另配置一台 25 t 的汽车吊用作小杆件及节点板等构件装卸。

北岸工区钢梁预拼存放场地长 150 m，宽 41 m，占地 6 150 m²，场地地面铺浇 20 cm 厚的混凝土地坪，确保钢梁构件不受地面泥浆或灰尘污染，场地四周设置排水沟，防止雨天被水浸泡。场内设置一条宽 4 m 的混凝土道路作为运输通道，同时跨存梁台座设置 1 台跨度 40 m、起重能力 100 t 的龙门吊机用于较重钢梁构件装卸，另配置一台 25 t 的汽车吊用作小杆件及节点板等构件装卸。

预拼场分区设置，共设下弦杆区、上弦杆区、桥面板区、斜杆区及节点板区等。台座采用型钢结构，高度分 1.1 m（存放下弦杆和斜杆）和 2.2 m（存放上弦杆）两种，台座顶面加垫胶皮或木板，以免损伤构件涂装层。杆件分类按架设顺序排列存放，上、下弦杆单层存放。斜杆及竖杆原则上单层存放，需要叠放时最多不超过 3 层，且先架设的存在上层，避免翻吊，各层之间在台座处加垫厚 5cm、宽度不小于 20cm 的硬木板。杆件间应留有适当空间，以利人员进、出装吊作业和查对杆件号。南岸钢梁预拼存放场布置如图 4-188。

2. 钢梁预拼

钢梁预拼的目的是在预拼场内按设计图准确无误地将接头所有拼接板事先带在构件上随杆件一起吊装，以便杆件对接时尽量一次性完成各拼接面的连接，避免桥上二次吊装，防范吊装安全风险。

预拼好的钢梁杆件用油漆标出质量和重心位置，在拼接板上用记号笔标出螺栓长度、数量、拼装方向。

上、下弦杆预拼时，拼接板及有关填板带在后端，只穿 4 个高强螺栓，不拧紧。斜杆及竖杆两端拼接板及填板用 4 个螺栓带在杆件拼接端头的根部。多板束预拼时，先按板的内外先后次序水平叠放对孔，不与预拼弦杆连接的一端用少量螺栓夹紧，再将整组板束和弦杆连接，禁止使用分块拼贴，避免分块逐层拼贴产生错孔。

下弦杆与桥面板横梁连接底面及侧面拼接板带在横梁上，底面上拼接板及侧面拼接板在预拼场用螺栓带上时先偏转一角度以便在桥上和下弦杆拼接。

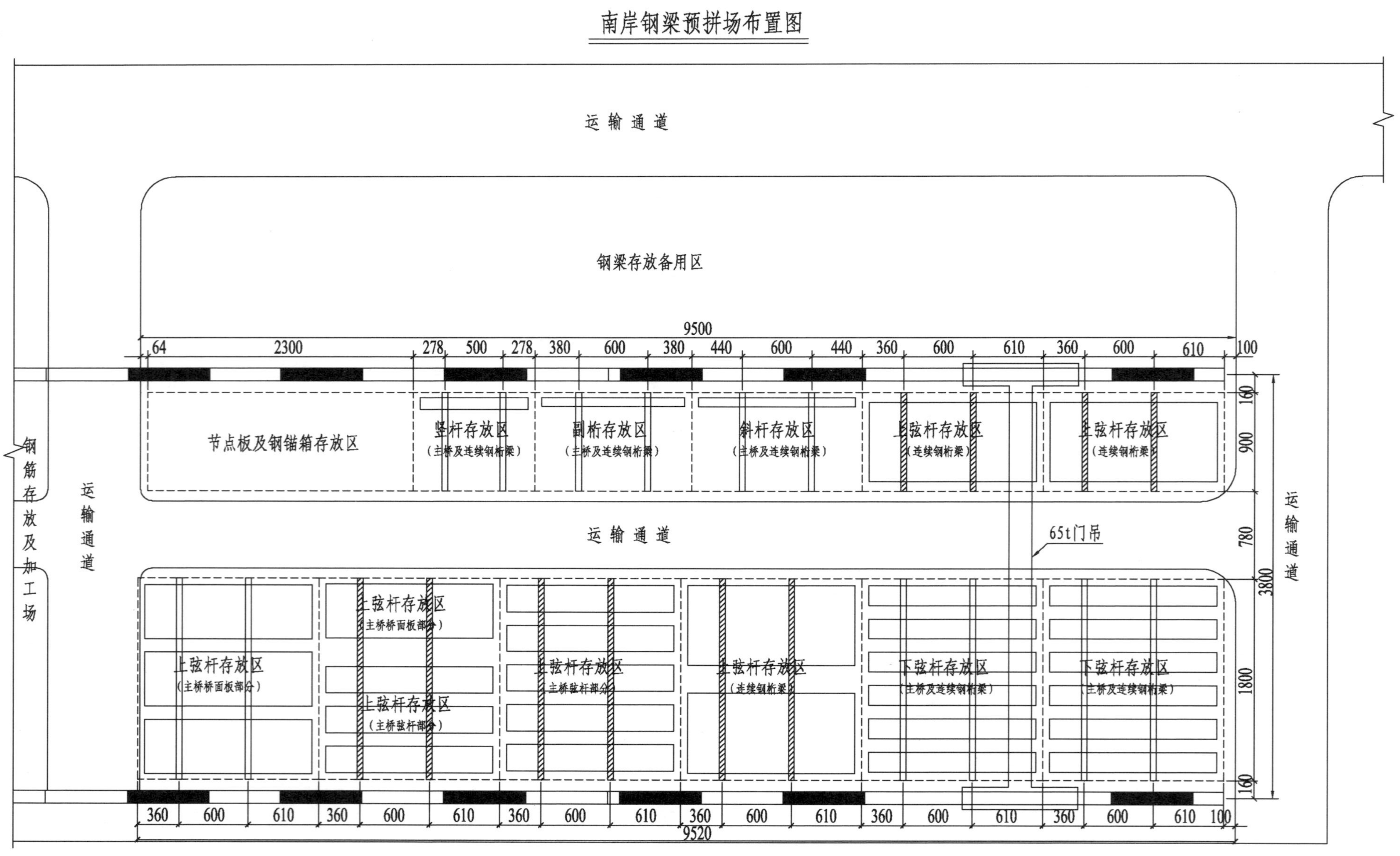

图 4-188 南岸钢梁预拼存放场布置图

4.2.3.3 斜拉桥钢桁梁架设步骤与方法（含合龙）

（98+182+518+182+98）m 斜拉桥钢桁梁共 76 个节间（不含合龙段），分别由 3 号、4 号主墩开始同步施工。以 4 号墩为例，采用桥面 WD70 型全回转架梁吊机散拼法安装，4 号墩墩顶 4 个节间钢梁采用在先拼装于江陵侧托架顶面支架上的架梁吊机架设第一个节间（A19A20E19E20 节间），然后架梁吊机（江陵侧）移至已架节间钢梁上逐节间安装完其余 3 个节间钢梁，墩顶 4 节间钢梁架设后，移动架梁吊机（江陵侧）至 A21A22E21E22 节间锚固，拼装公安侧架梁吊机，之后利用架梁吊机伸臂逐节间架设其余节间钢梁，先中跨合龙，最后架设边跨 2 节间。

悬臂架设时，边跨侧钢梁杆件通过栈桥和便道运输至待安装工作面由架梁吊机直接起吊安装，中跨侧钢梁杆件利用边跨侧的架梁吊机作为提升站先提升至公路面，然后再由公路桥面运梁车运输至中跨侧待安装工作面进行起吊安装。

4 号墩支座在钢梁架设前安装，待拼装 A18A19E18E19 节间和 A21A22E21E22 节间钢梁的下弦杆、斜杆和铁路桥面板，并起顶调整钢梁线型后灌浆锚固；5 号、6 号墩支座在钢梁安装之前摆放到位，仅作为支承垫块，待中跨钢梁合龙后支座灌浆锚固。

1. 施工准备

（1）墩旁托架。

墩旁托架是双悬臂对称架设钢桁梁斜拉桥时的最重要和最关键的大型临时设施，一是作为墩顶四节间钢梁安装所需支承平台，二是要承担钢梁伸臂架设过程中桁梁的重量（斜拉索挂设前）和悬臂架梁到达边墩前的风荷载作用所产生的水平荷载。

荆州长江公铁大桥墩顶四节间钢梁采用短节间托架支承方案。墩旁托架体系由顺桥向南北两个托架、滑道梁、滑座、纵移装置和横移装置组成，托架主要结构由底座结构（立柱及垫梁）、托架主桁、横联、平联组成。托架立柱设计采用钢管柱结构，横桥向两排，顺桥向三排，其中南岸侧为一排，支承在承台上；北岸侧为 2 排，里面靠近塔柱的一排支承在承台上，外侧一排支承在围堰顶上。墩旁托架具体布置如图 4-189 所示，托架图片如图 4-190。

（2）架梁吊机支承平台。

4 号塔地处江中，根据工期安排，按常规先架墩顶四节间钢梁再安装梁面架梁吊机做法，因架梁吊机拼装时的长江水位不能满足浮吊吊高要求，需趁高水位时才能完成架梁吊机拼装。结合架梁吊机安装需要，4 号墩墩顶四节间采用自身架梁吊机架设方案，即先在江陵侧托架顶面拼装架梁吊机支承平台，然后在支承平台上拼装架梁吊机，最后利用架梁吊机进行墩顶四节间钢梁架设。

支承平台采用四柱立体桁架结构，其顶面标高与钢梁顶面一致，柱脚与托架顶平台梁锚固形成整体。支承平台总重 40.0 t，先在钢梁上岸码头平台上整体制造，然后由驳船运至主塔墩旁，由浮吊整体吊装就位（如图 4-191）。

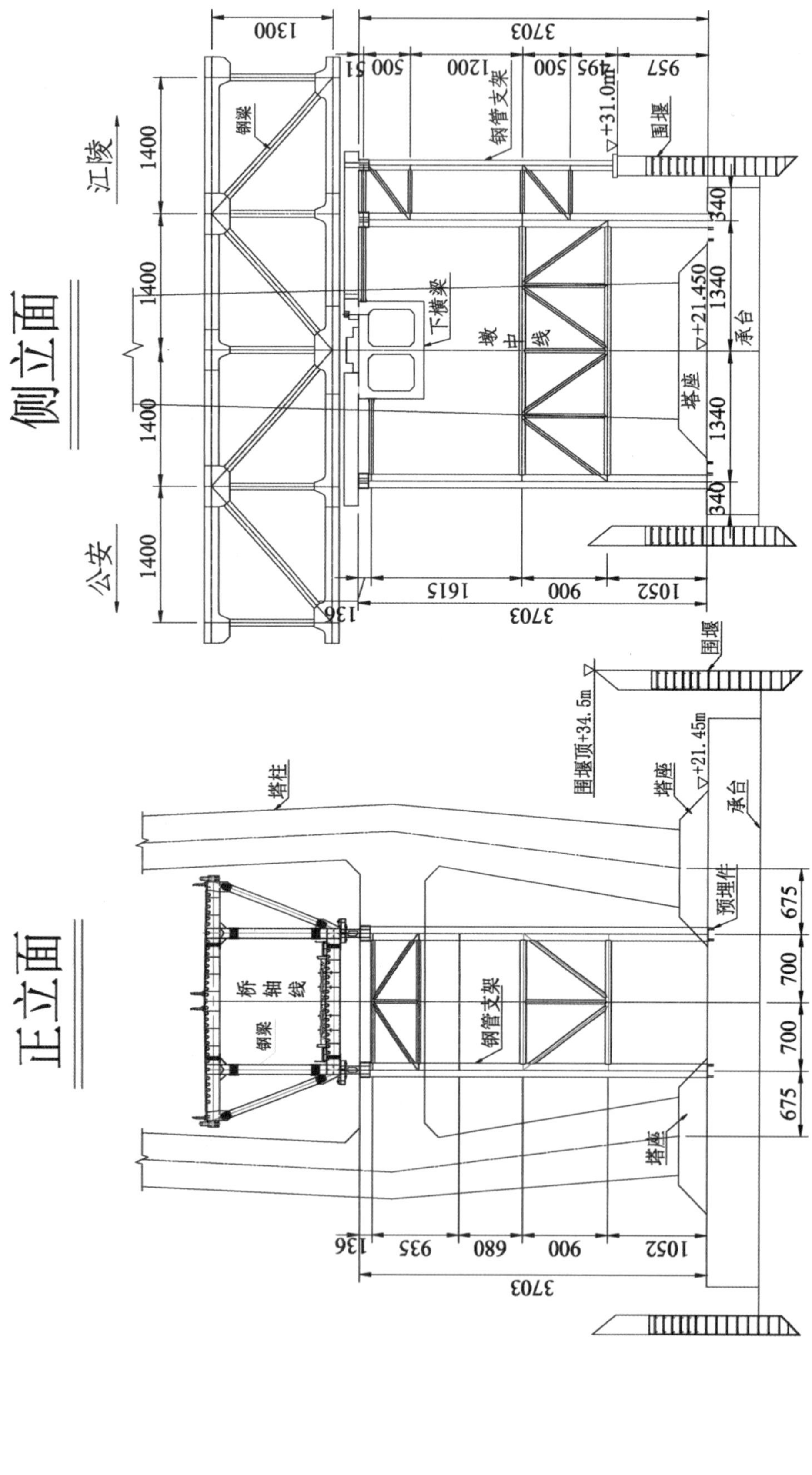

图 4-189 墩旁托架布置图

图 4-190 墩梁托架及吊机支承平台

图 4-191 浮吊整体吊装架梁吊机拼装支架

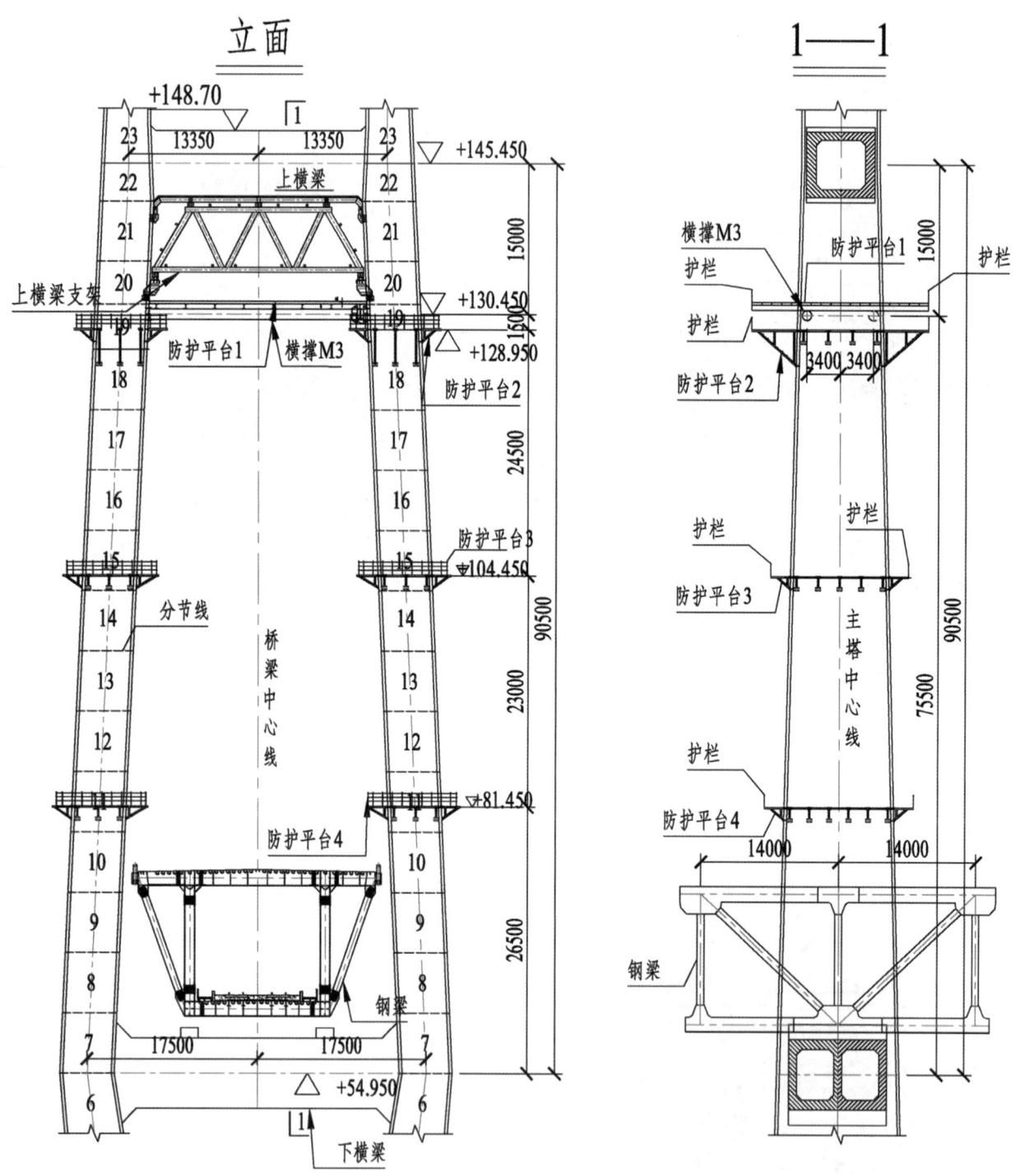

图 4-192 主塔防护平台布置图

（3）主塔防护平台。

3号塔施工稍许落后4号墩进度，为确保大桥施工总工期，该墩顶四个节间钢梁采取塔梁同步施工，即在中塔柱完成第三道横撑后，进行墩顶四个节间钢梁架设。

防护平台设在塔柱第三道横撑顶面位置，起塔梁同步施工时上、下两层立体交叉作业时的安全防护。防护平台顺桥向18 m，横桥向37.7 m（含塔柱外侧2 m范围）。防护平台用HM488×300型钢作为承重结构，与横撑钢管通过连接底座固定。型钢顶面用[28b作分配梁，分配梁上再满铺花纹钢板封挡。防护平台四周设置踢脚挡板，花纹钢板上满铺脚手木板或彩钢板作为缓冲层，防止高空意外坠物下落后弹跳坠落。防护平台布置如图4-192。

（4）起重码头及栈桥。

起重码头设在南岸栈桥前方下游，码头吊机均采用1台80 t桅杆吊机。钢梁水路运至工地后，通过码头吊机上岸，经码头、栈桥再运至钢梁预拼场进行存放、预拼。3号墩下游起重码头由原上游侧位置（前期用于基础施工和墩顶四个节间钢梁安装和架梁吊机拼装）改移至下游作为钢梁上岸的起重码头使用。80 t桅杆吊机由原120 t桅杆吊机改作而来，其参数见表4-27，其吊机吊重曲线如图4-193所示，吊机如图4-194所示。

表4-27　80 t桅杆吊机参数

	项　目	单　位	数　据			
规格	最大起重量×幅度	t×m	主钩	120×(10.73~38)	副钩	15×(13.4~48)
	最大工作幅度	m	主钩	47	副钩	48
	最大幅度时起重量	t	主钩	55	副钩	15
	最大起重高度	m	主钩	40+22	副钩	
主要尺寸	起重臂长度	m	主钩	55	副钩	
	变幅角度	(″)	35~78.6			
	臂杆水平回转角	(″)	±95			
	支撑点中心距	m	24			
速度	主钩钩速	m/min	4.2（额定起重量80 t时）~6.3（起重量≤30 t时）			
	副钩钩速	m/min	12			
	变幅绳速	m/min	2			
	回转	r/min	0.2			
钢丝绳	主钩	mm×m	$\phi 34\times 630$			
	副钩	mm×m	$\phi 28\times 220$			
	变幅	mm×m	$\phi 34\times 510$			
动力	电源		209 kW，380 V			
其他	传动与控制		机械传动，电击开关控制			
	整机重量		180			

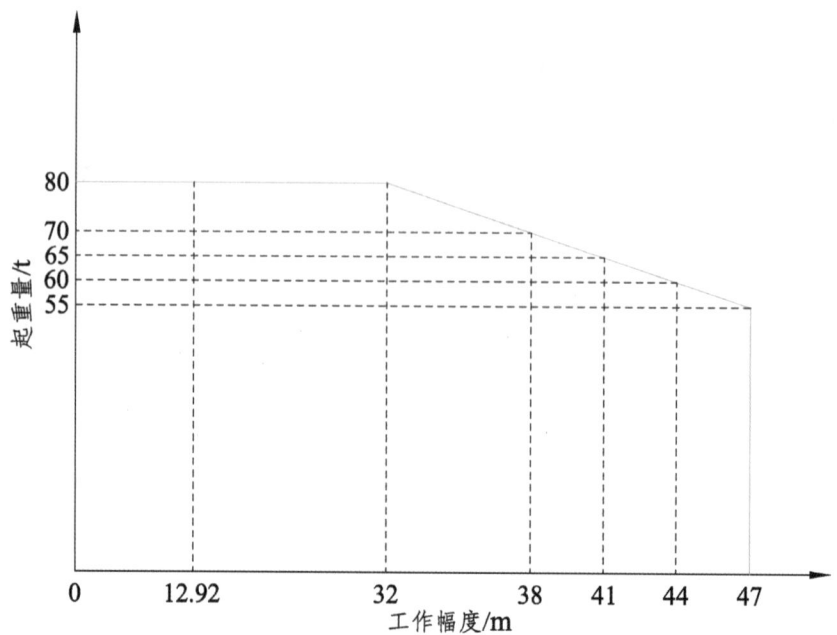

图 4-193　80 t 桅杆吊机吊重曲线

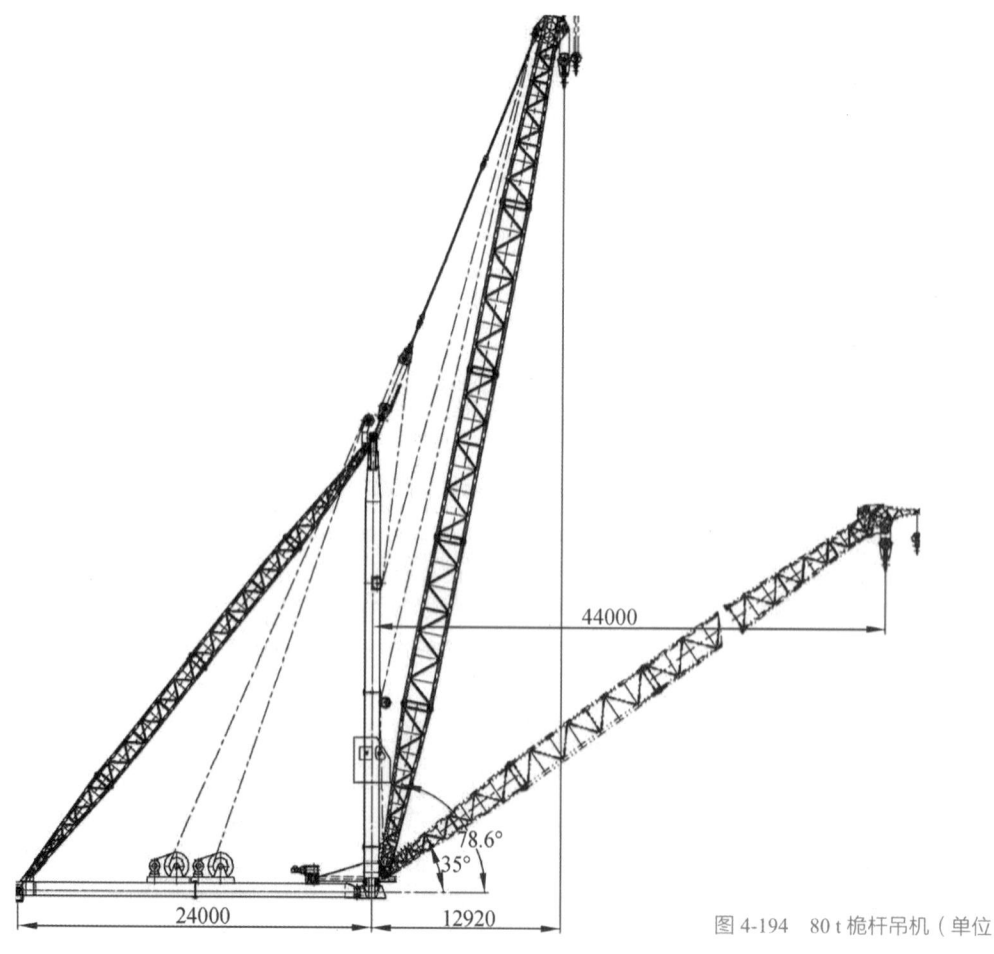

图 4-194　80 t 桅杆吊机（单位：mm）

南岸工区起重码头距栈桥中心为 20.5 m，起重码头、栈桥及生产区总体布置图 4-195。

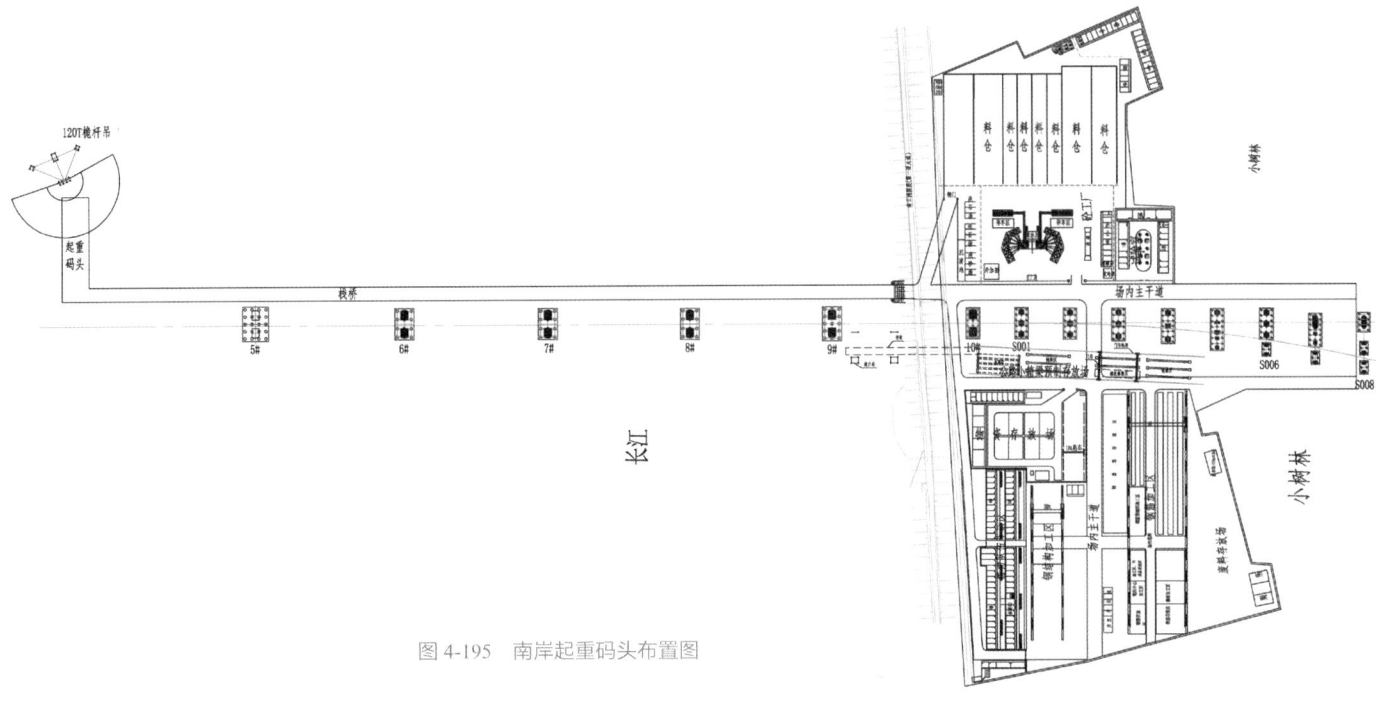

图 4-195　南岸起重码头布置图

（5）架梁吊机。

3 号、4 号墩架梁吊机均采用中铁大桥局集团自有全回转 WD70 型架梁吊机，最大吊重为 70 t。前移采用卷扬机在钢桁梁桥面板上牵引走行，走行到位后，通过八个支顶油缸将整机调平并利用锚固装置将起重机锚定在已架设的钢桁梁桥面板上，然后进行吊装作业。WD70 型架梁吊机相关参数见表 4-28，其吊重曲线如图 4-196 所示。WD70 架梁吊机作业站位如图 4-197 和图 4-198 所示。

表 4-28　WD70 型架梁吊机参数

整机参数			起升机构	
工作级别	A3		主钩	副钩
起升高度	主钩 90 m	额定起重量	70 t	15 t
	轨面上最大 35 m	幅度	8.5～21 m	10～25 m
吊臂长度	36.5 m	起升速度	4 m/min（空载）	11 m/min
安全装置	力矩限制器，防风报警仪		9 m/min（空载）	

续表

整机参数		起升机构		
限位装置	极限位置限动	容绳量	480 m	220 m
电源	280 kW 380V	钢丝绳	32NAT 18×K7+IWR-1870	28NAT 18×7+IWS-1770
工作最大风速	13.8 m/s	倍率/单绳拉力	5/156 kN	2/90 kN
非工作最大风速	41 m/s	电机功率	75 kW	37 kW
防风装置	底盘锚固、吊臂防后倾回转锁定	变幅机构		回转机构
整机重量	218 t	变幅范围	23°～78.8°	回转范围	0°～360°
轨距	14.0 m	变幅速度	1.5 m/min	回转速度	0～0.48 r/min
基距		容绳量	220 m	支承型式	三排液柱式全回转支承
回转半径	≤10 m	钢丝绳	30NAT 6×36WS+IWR-1770	电机功率	22 kW×2
走行机构				
走行速度	1.5 m/min	电机功率	11 kW+kW	单绳拉力	90 kN

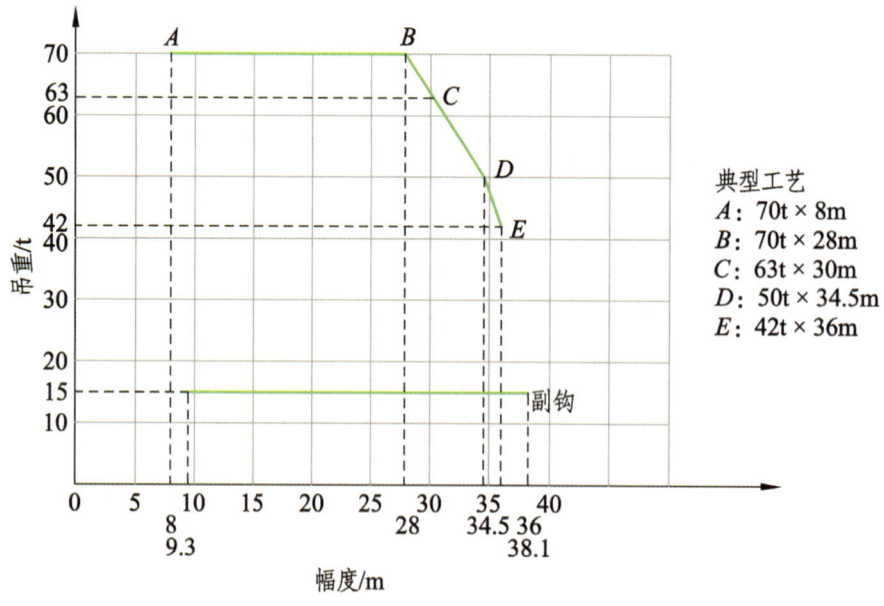

图 4-196　WD70 型架梁吊机吊重曲线

4　大桥施工 | 287

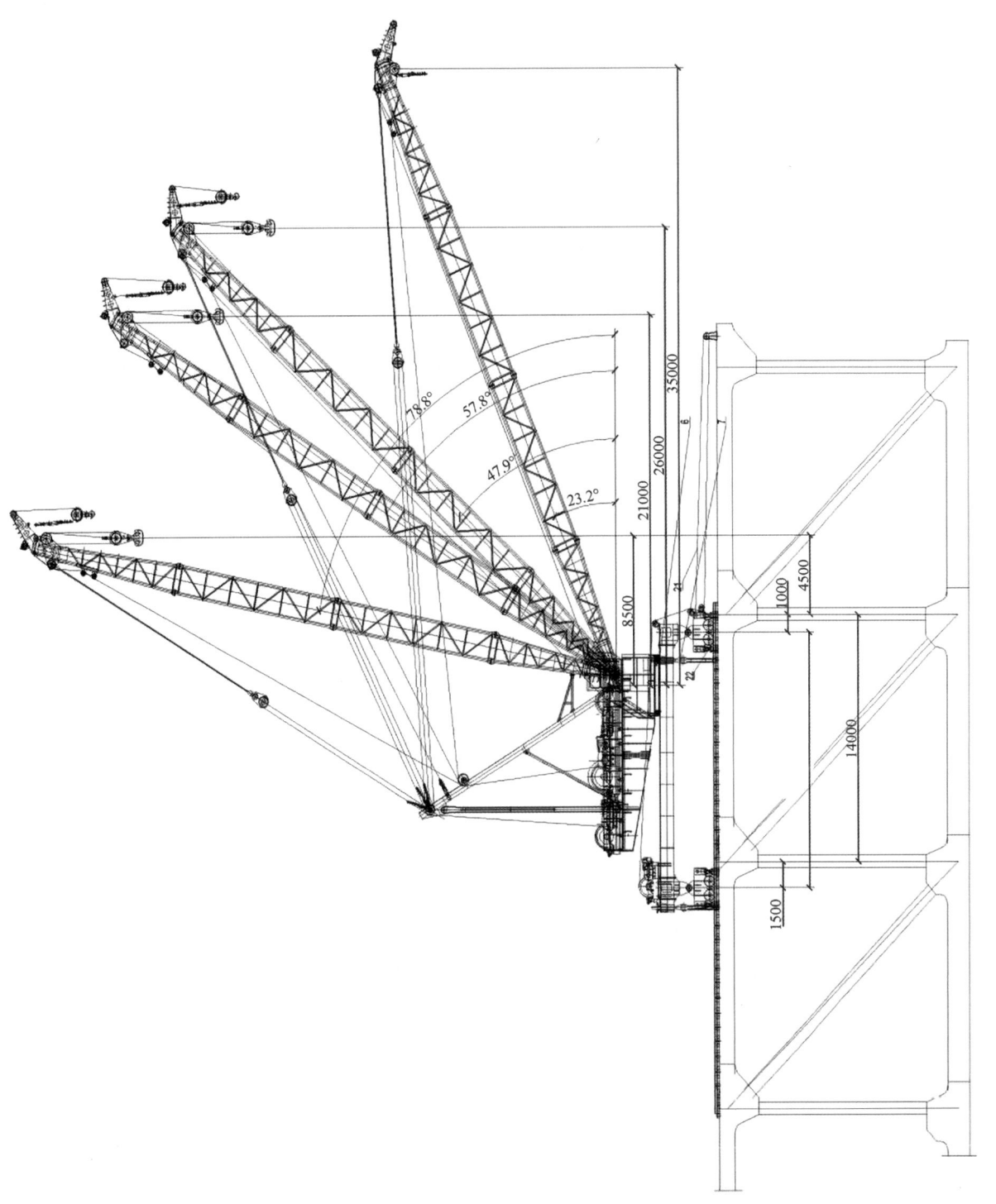

图 4-197　WD70 型架梁吊机作业站位示意

图 4-198　4 号墩钢梁面架梁吊机图

2. 墩顶四节间钢梁架设

塔柱第三道横撑安装完成后，拆除第一、二道横撑，以便开始墩顶四个节间钢梁的架设。

受长江水位、浮吊资源及钢梁供应时间等因素影响，4 号墩钢梁采用先在钢梁托架上拼装架梁吊机支承平台及架梁吊机，利用架梁吊机拼装首节间钢梁，然后架梁吊机转移至已拼装的首节间钢梁公路桥面，拆除架梁吊机支承平台，最后架梁吊机拼装其余 3 个节间钢梁。

四节间钢梁安装完成后，调整钢梁位置，使其纵、横向中心位置与设计位置重合，然后落梁，使钢梁中支点支承并连接在支座上，其余支点支承在托架上，设置锁定措施，防止被外力作用发生移动。至此，横梁顶四节间钢梁安装完成，挂设拼张拉第 1 对 4 根斜拉索。

4 号墩墩顶四节间架梁步骤如下：

步骤一：

（1）拼装墩旁托架和滑道梁，完成墩顶抄垫；

（2）利用浮吊和墩旁塔吊拼装架梁吊机支承平台；

（3）在支承平台上拼装架梁吊机；

（4）架梁吊机拼装第一个节间钢梁。

架梁步骤一如图 4-199 所示。

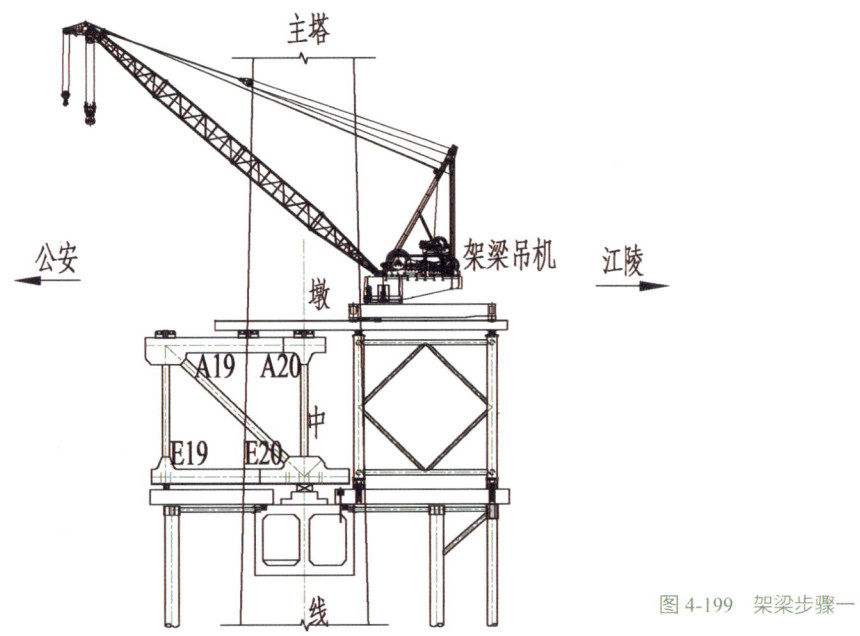

图 4-199 架梁步骤一

步骤二：

（1）安装支承平台到第一个节间钢梁公路桥面的架梁吊机走行滑道；

（2）架梁吊机从支承平台上走行到第一个节间的钢梁上并锚固；

（3）拆除支承平台，架梁吊机架设第二个节间的钢梁。

架梁步骤二如图 4-200 所示。

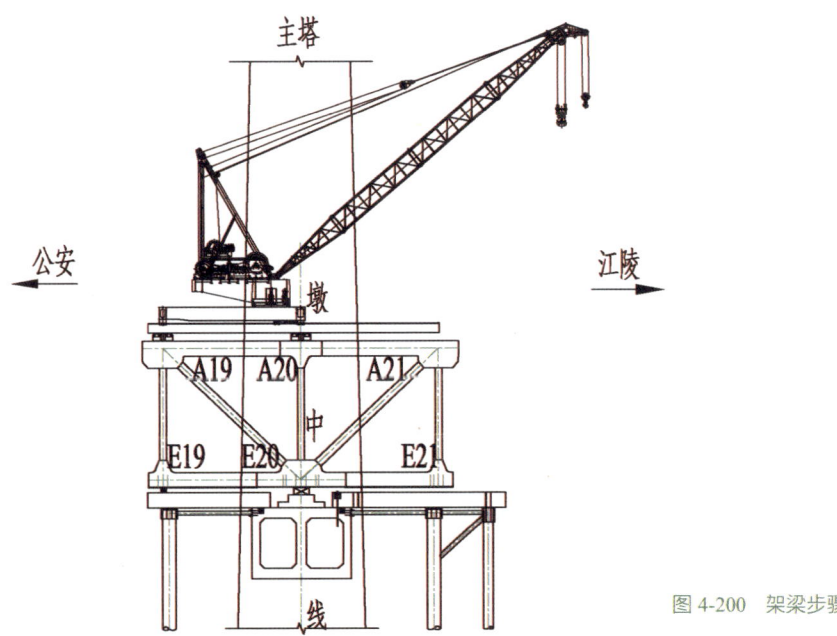

图 4-200 架梁步骤二

步骤三：

（1）架梁吊机分别拼装南北侧的第三、四节间的钢梁；

（2）利用布置于墩顶上纵横移千斤顶调整四个节间钢梁平面位置、高程，完成钢梁定位、支座安装和灌浆锚固；

（3）利用第一台架梁吊机和墩旁塔吊拼装第二台架梁吊机；

（4）安装第一对4根斜拉索并张拉，竖向脱空钢梁与墩旁托架间连接，完成墩顶四节间钢梁架设。

架梁步骤三如图4-201所示。

3. 其余节段钢梁架设

墩顶四节间以外钢梁采用公路面架梁吊机散拼法对称悬臂拼装。在4个节间拼装完、支座连接就位后，挂设第1对S1、M1斜拉索并张拉，架梁吊机前移，此后按每侧对称悬臂端架设1个节间钢梁，对称挂设1组斜拉索，架梁吊机再前移架设下一节间，依次循环架设，直至合龙。合龙后拆除中跨吊机，边跨剩余节间钢梁再继续悬臂架设到达边墩。悬臂架设时，钢梁焊接及螺栓施拧不得滞后两个节间，斜拉索张拉不得滞后钢梁架设超过2个节间。

图4-201 架梁步骤三

（1）其余节段钢梁架设步骤。

步骤一：

江陵侧架梁吊机站位于A18～A19架设A17A18～E17E18节间，公安侧架梁吊机站位于A21～A22架设A22A23～E22E23节间，之后再分别继续拼装A16A17～E16E17、A23A24～E23E24节间。

架梁步骤一如图4-202所示。

步骤二：

江陵侧架梁吊机前移一个节间站位于A17～A18架设A15A16～E15E16节间，公安侧架梁吊机前移一个节间站位于A22～A23架设A24A25～E24E25节间。

架梁步骤二如图4-203所示。

步骤三：

江陵侧架梁吊机站位于A16～A17架设A14A15～E14E15节间，公安侧架梁吊机站位于A23～A24架设A25A26～E25E26节间。

架梁步骤三如图4-204所示。

步骤四：

①分别挂设S2、M2斜拉索，并张拉。

②江陵侧架梁吊机前移站位于A15～A16节间，公安侧架梁吊机前移站位于A24～A25节间。

架梁步骤四如图4-205所示。

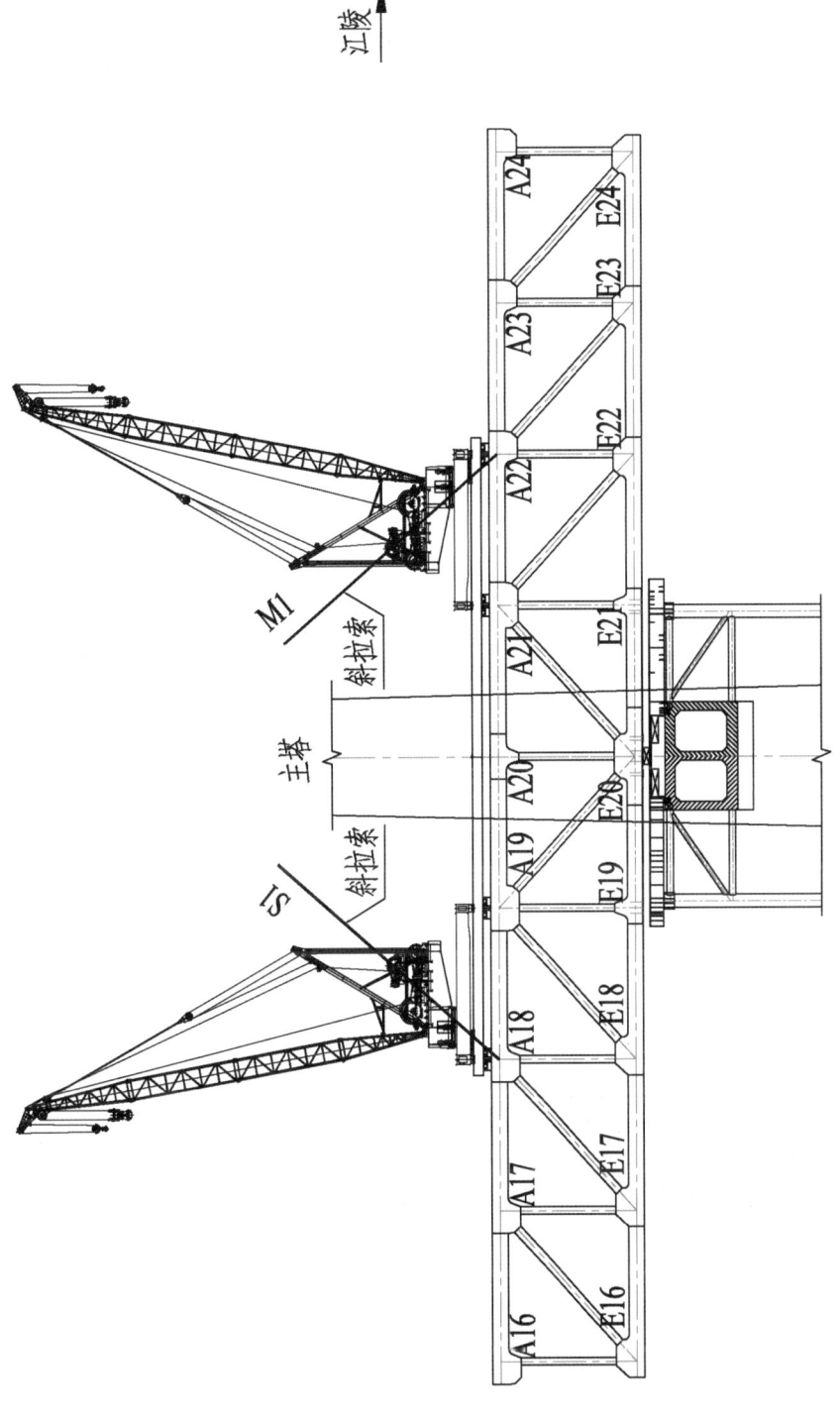

图 4-202 架梁步骤一

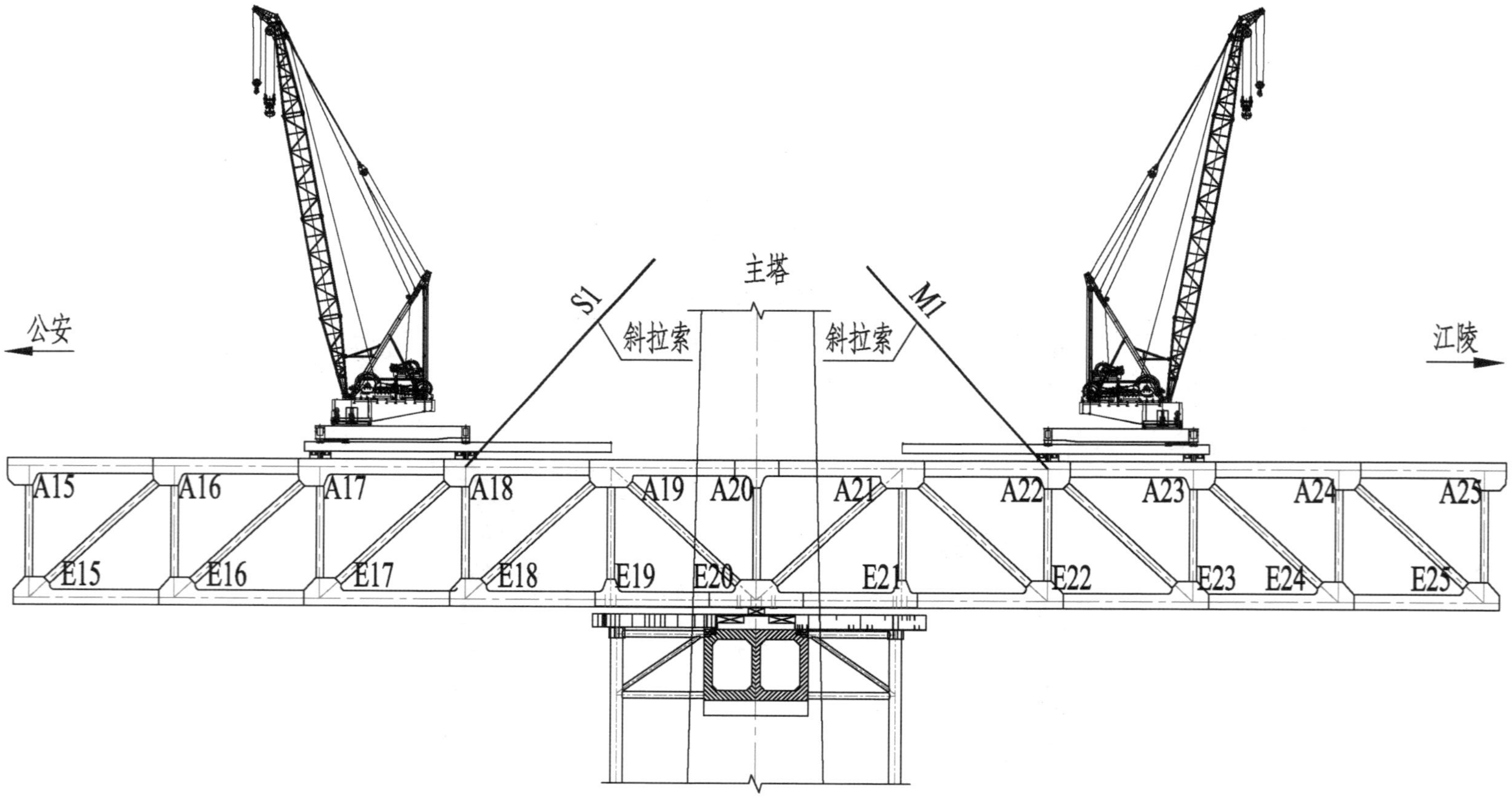

图 4-203 架梁步骤二

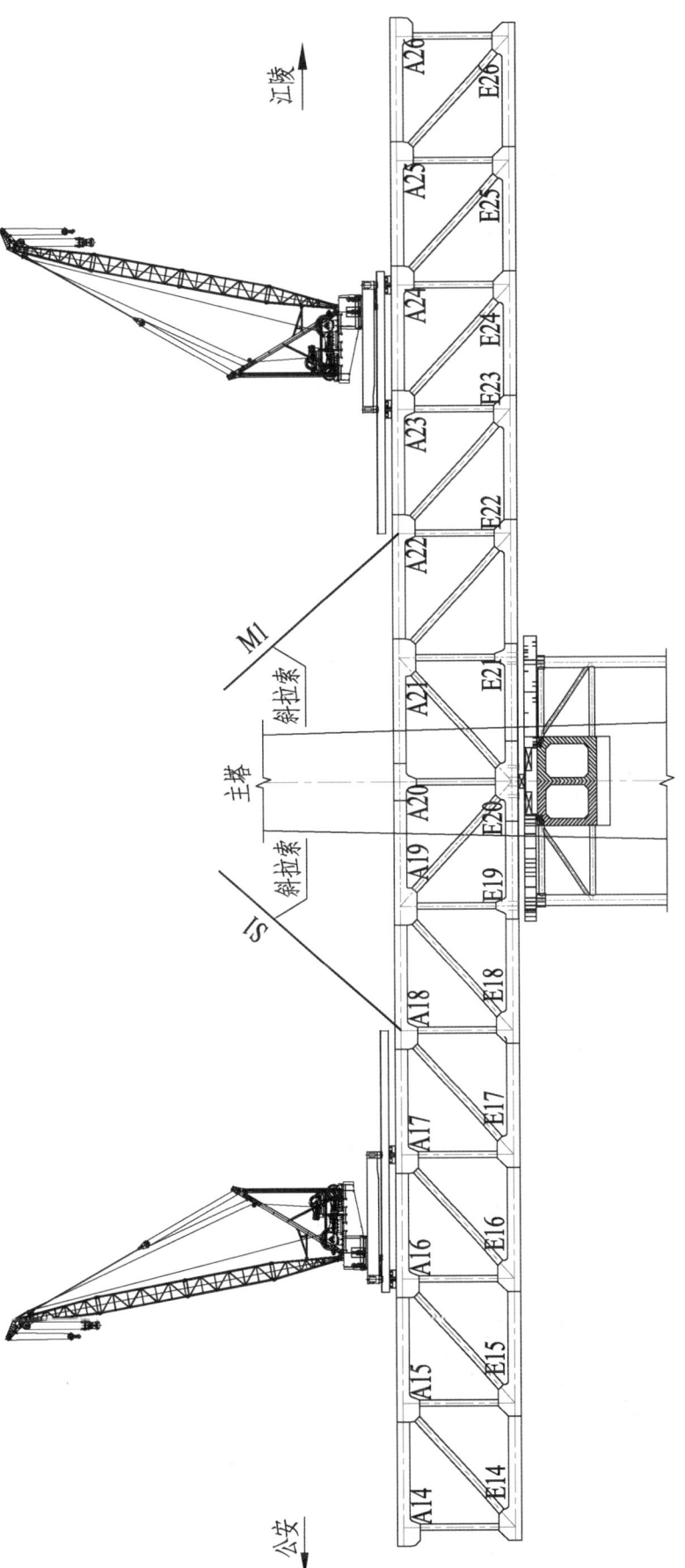

图 4-204 架梁步骤三

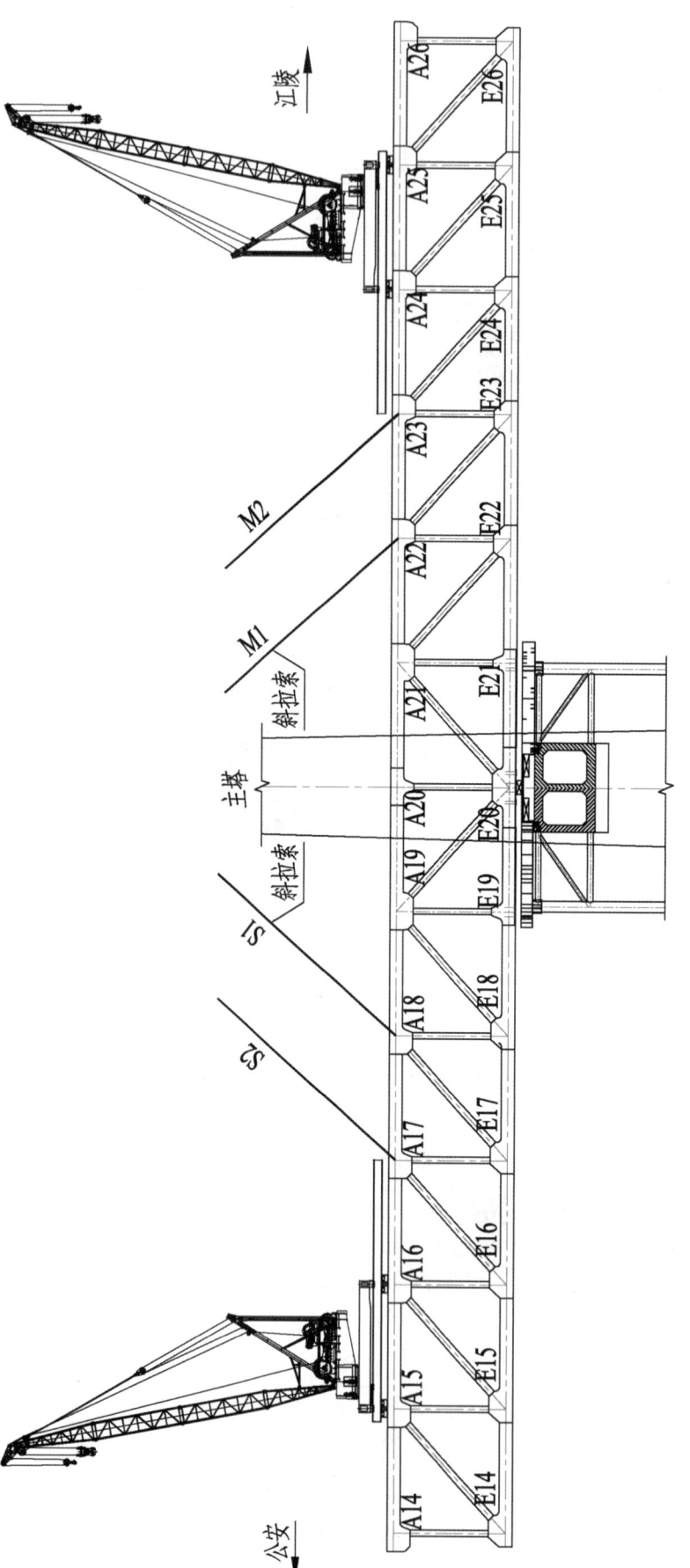

图 4-205 架梁步骤四

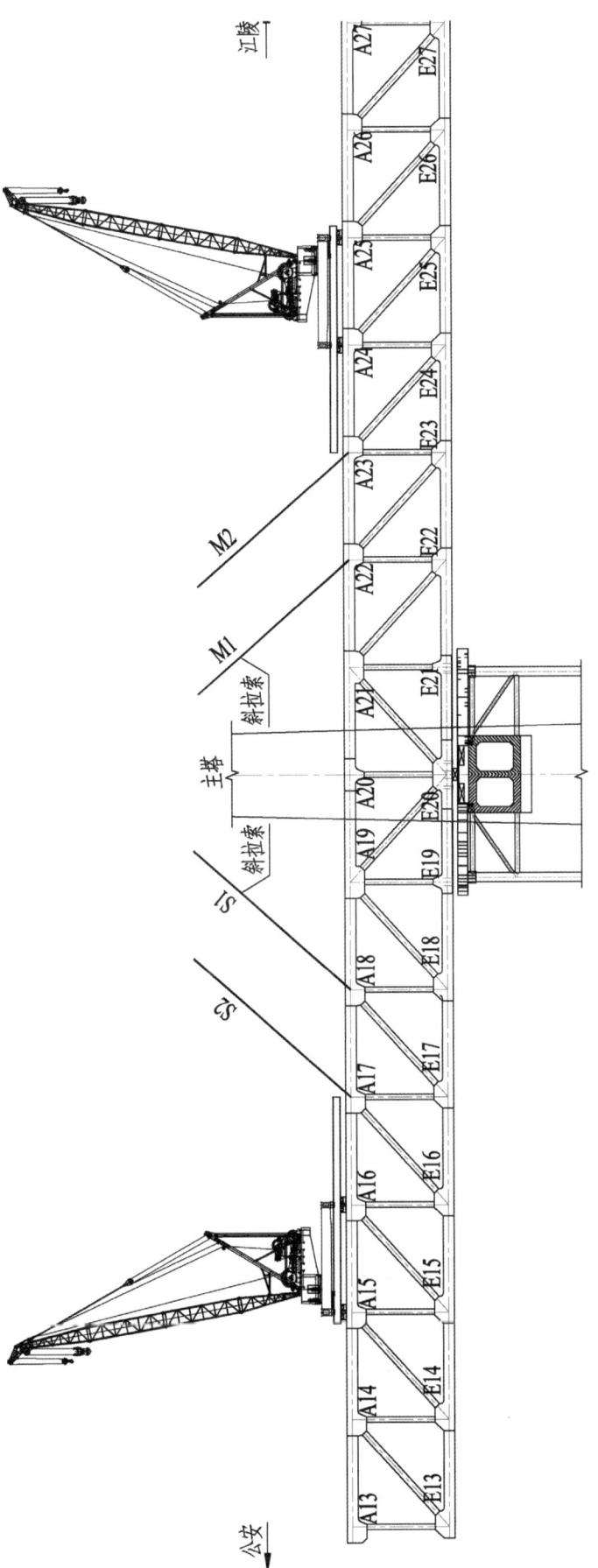

图 4-206 架梁步骤五

步骤五：

①逐节间对称架设钢梁。

②按每对称架设一个节间，分别挂设一对斜拉索，并张拉，然后架梁吊机前移一个节间架设下一节间钢梁。

架梁步骤五如图4-206所示。

（2）钢梁下弦整体移动式脚手平台。

悬臂架梁时采用随架梁吊机整体移动的钢梁下弦整体移动式脚手平台，该平台具备高拴施拧和安全防护一体化平台功能。

主平台为纵、横桁架框整体结构，桁架框沿主桁和节间接头处布置，其余地方镂空。平台桁架用∟75 mm×8 mm 角钢和∟63 mm×6 mm 角钢焊接成，作业区和通道处的桁架框底面铺钢板网，平台底及四周另挂尼龙安全网防护。平台通过8根钢丝绳和4根挑梁吊挂支承于架梁吊机底盘上，平台可覆盖2个半节间的作业区域。挑梁由双肢HW588和双肢[40a焊接而成。平台通过悬吊钢丝绳由架梁吊机挑臂牛腿受力，并随架梁吊机整体移动，以达到一次安装、随机移动，一次拆除，避免了中间各节间架设过程中下弦操作平台的安装、拆除工程量，且对作业人员能提供可靠防护。防护平台作业示意如图4-207和图4-208所示。

（3）合龙段施工。

①合龙前准备工作。

合龙前随温度测量合龙节点处的实际偏移值、合龙点坐标值及两伞合龙口距离，并对斜拉索作测试，作为合龙时调整的依据。3号主塔墩横梁顶塔梁之间均设置2台水平千斤顶，作为钢梁横向微调设备。墩顶原有竖向千斤顶保证状态正常。

②合龙基本步骤：先贯通两侧桁中线，再调整合龙口两侧竖向高差，之后调整纵向位移，长圆孔合龙，利用温度变化，再圆孔合龙。

③合龙方法。

合龙时先合龙下弦杆，再合龙斜杆，最后合龙上弦杆，所有主桁杆件闭合后，安装铁路桥面板、公路桥面板。

合龙段钢梁安装前测量上、下弦钢梁中线偏差，各合龙口相对高差及节间距离（上、下弦均应测量）。根据记录的气温日照对测量影响的资料，利用实测数据及时调整合龙指令。

④调整措施。

（1）悬臂端加减荷载，载荷变化利用架梁吊机前移（后退）实现。

（2）在一侧悬臂端铁路横梁上对应连接一副滑车组进行对拉，调整横桥向偏差。

（3）当长圆孔销轴穿入后，即可进行圆孔销轴穿入工作，圆孔销轴的穿入是通过调整桥轴线方向位移来实现。其措施有：①利用弦杆上合龙顶拉装置施力；②利用温差的变化微调。

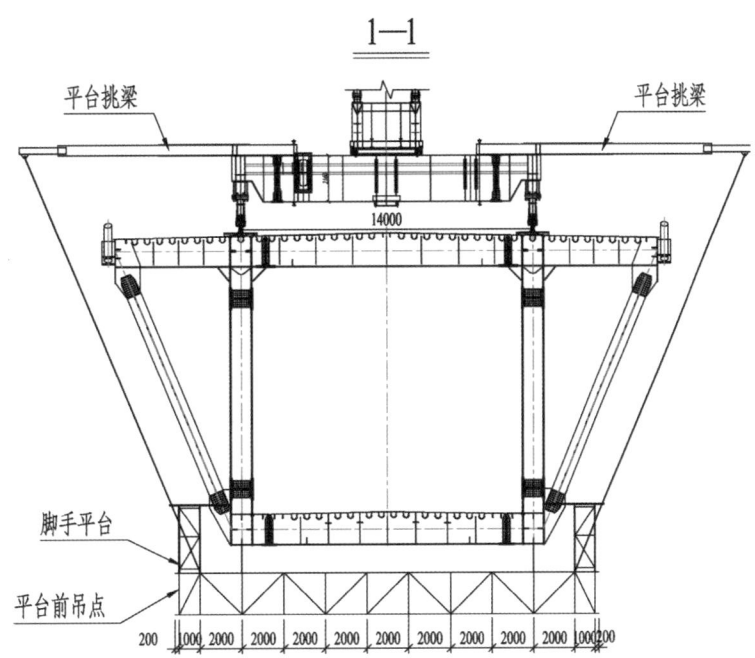

图 4-207 钢梁下弦整体脚手平台横桥向布置（单位：mm）

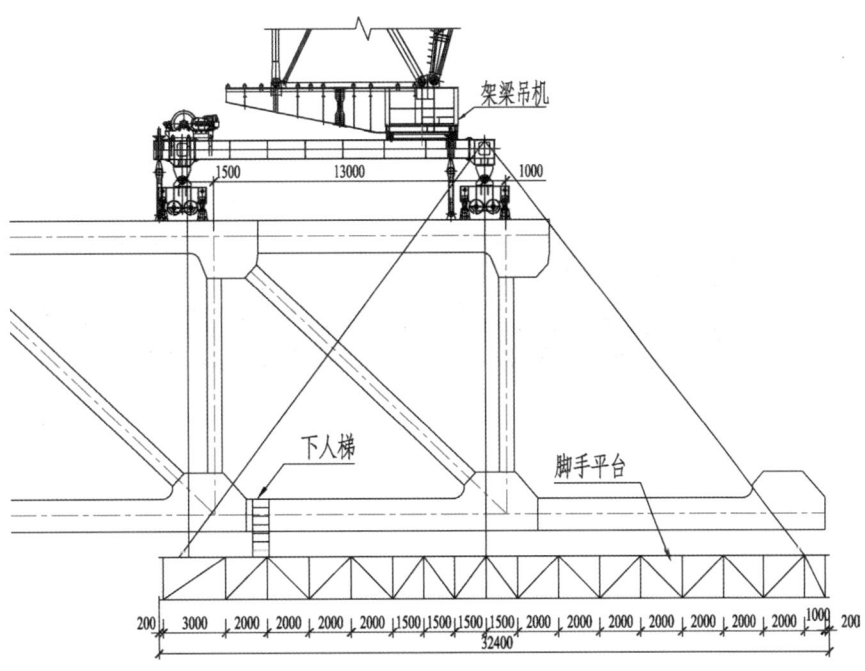

图 4-208 钢梁下弦整体脚手平台顺桥向布置（单位：mm）

4.2.3.4　4×94.5 m 连续钢桁梁架设

1. 施工方法

4×94.5 m 连续钢桁梁共 4 孔 28 个节间，采用桥面 WD70 型全回转架梁吊机散拼法安装，自 10 号墩向 6 号墩方向架设，逐节间逐孔进行。其中 10～9 号墩跨在满布膺架上拼装，9～8 号墩跨为部分膺架法伸臂安装，剩余 8～6 号墩跨钢梁均为全伸臂法安装。

伸臂架梁时钢梁依靠安放于墩顶的钢垫块支承，9 号、10 号墩支座在第一孔钢梁架设完成（超过 9 号墩 2 个节间）后正式安放支座灌浆固定，其余 6～8 号墩支座架梁过程中先就位仅起支承钢梁作用，暂不灌浆，待钢梁全部架设完成、调梁合格后再正式灌浆固定。

架设 6～8 号墩跨钢梁时，7 号墩和 8 号墩支座处需设横向抗风挡块装置，抵抗伸臂段钢梁承受的外部水平力作用和控制线形。

（1）钢梁运输。

钢梁在九江中铁科工集团九桥厂制造，从制造厂到桥址码头一般情况下采取船运（图 4-209），特殊情况时采用汽车运输。杆件在码头上岸由 165 t 浮吊或 120 t 码头桅杆吊装卸。码头至存放场或存放场预拼好的杆件至架设地点采用 100 t 专用轮式运梁车装运，如图 4-210 所示。

图 4-209　钢梁杆件船运现场

图 4-210　钢梁杆件码头上岸由专用轮式运梁车装运现场

（2）钢梁存放。

钢梁存放与主桥钢梁存放相同，详见 4.2.3 节钢桁梁架设。对于超重杆件 TQM2，上岸后直接存放于码头；对于上弦杆件，可视情况选择存放于码头或者预拼场，如果码头没有空闲场地确需进入预拼场时，需核算杆件净重，采用少装拼接板方式控制杆重，确保进出预拼场的杆件净重在 65 t 以内。

（3）钢梁预拼。

钢梁在预拼场预拼时根据不同的杆件类型采用不同的预拼方式。具体可分为下弦杆预拼、上弦杆预拼、斜杆预拼、桥面板预拼。杆件预拼的方式根据架设需要而确定，基本的方式是采用"伸出式"，即将拼接板以伸出杆件端头的形式拼装在杆件上，架设时只需插入已架设的杆件即可完成架设。

当"伸出式"不适用时，则采用"旋转式"预拼，即将拼接板按原位摆放好后用一个螺栓夹紧，然后将拼接板旋转到一定位置。在架设时，待杆件落到位时，再将拼接板旋转到原位。当"插入式"和"旋转式"都不适用时，则采用"内缩式"预拼，即拼接板内缩不露头（不超过杆件外缘），架设对位后再人工或者倒链将拼接板推到原位连接，这种方法最费力，只在斜杆上口处和下弦杆板肋拼装时使用。

预拼时采用65 t门吊配合预拼，预拼时需要准备钢钎、撬棍、安装螺栓、冲钉、大锤等工具。预拼最省力、最快速的方法是采用"插入法"预拼，即先使用安装螺栓将内外两块拼接板孔位对正成为一组，再使用门吊一次吊装将这组拼接板插入需拼装的杆件并用2~4个临时螺栓夹紧。拼接板拼装的顺序是先拼装底板拼接板，再拼装侧板拼接板，最后拼装顶板拼接板。拼接板按要求拼装完成后每个面再打入2~4个冲钉以保证孔眼对正。

①下弦杆预拼。

下弦杆拼接板的拼装方式除板肋拼接板采用"内缩式"，其余节点均采用"插入式"预拼，如图4-211所示。

图4-211　下弦杆预拼

②上弦杆预拼。

上弦杆及边纵梁竖向拼接板采用"插入式"预拼,水平拼接板采用"旋转式"预拼,如图4-212所示。

图4-212 上弦杆预拼

③腹杆预拼。

腹杆下口的拼接板全部采用"外伸式"拼装,如图4-213所示,腹杆上口的拼接板拼装方式分为三类:第一类是上口所有拼接板均采用"外伸式"预拼,如图4-214所示;第二类是上口除了翼缘板外侧的拼接板采用"旋转式"拼装,其他拼接板均采用"内缩式"拼装,如图4-214所示;第三类是上口翼缘板外侧拼接板采用"外伸式"拼装,腹板及翼缘板内侧的拼接板采用"内缩式"拼装,如图4-215所示。

由于上弦杆的架设方法只能是"先竖直落下,再水平插入",斜杆拼接板采用"旋转式"和"内缩式"的拼装方法。

图4-213 腹杆下口预拼

图 4-214 腹杆上口第一类、第二类预拼

图 4-215 腹杆上口第三类预拼

④桥面板预拼。

桥面板拼接板拼装的方式均采用"旋转式"拼装。多块拼接板旋转时，旋转螺栓固定在同一位置，以便转动。

桥面板横梁、横肋底板的板厚与弦杆对应底板的板厚不一致，因而存在填板，填板的位置存在两种情况，一部分填板位于桥面板上，一部分位于弦杆上。当填板位于弦杆上时，需用铁丝将填板与底板拼接板绑扎在一起。同时由于U形肋的手孔较小，不能在钢梁架设完成后将U形肋拼接板塞进手孔内，因此需事先对U形肋拼接板进行预拼，将U形肋拼接板放在U形肋里面。

(4)大临设施。

①架梁吊机支承平台。

架梁吊机支承平台布置在 10 号墩后方（南侧），用于连续钢桁梁起始几个节间安装架设时架梁吊机作业的站位平台。支承平台由 4 组钢管柱支墩联结成，高 38 m。每个支墩由 2 根 1 000 mm 钢管桩组成（横桥向排列），钢管之间用小钢管连成整体，4 组钢支墩两两之间用 3 道横联连成整体。钢管柱支墩顺桥向间距 13.5 m，横桥向中心距 12 m。靠近 10 号桥墩的钢支墩支承在 10 号桥墩承台顶面，中心距 10 号桥墩中心 3.75 m，远离 10 号桥墩的钢支墩则支承在扩大基础上。架梁吊机支承平台布置如图 4-216。

② 9～10 号墩间膺架。

9～10 号墩间膺架采用 ϕ1 000 mm 钢管柱支墩结构，支墩对应钢梁下弦节点布置，每个节点下方的支墩布设 2 根钢管桩，钢管桩顺桥向间距 3 000 mm。钢管柱支墩采用扩大基础，钢梁横桥向同一节点下方的 2 个支墩（间距 14 m）高度上设置 2 层横联连成整体。膺架布置如图 4-217。

③ 8～9 号墩间临时支墩。

8～9 号墩间设置一个临时支墩，支墩距 8 号桥墩中心 27 m，距 9 号桥墩中心 67.5 m。主桁节点下方临时支墩由 4 根 ϕ1 000 mm 钢管柱组成，下部采用 1.2 m 钻孔桩基础。临时支墩钢管纵、横向间距 4.5 m，相互之间用小钢管连成整体，高度上共设 2 道连接系，对应连接系位置，上、下游支墩设有横联将其连成整体。临时支墩布置如图 4-218。

④架梁吊机。

根据钢梁杆件重量及现有设备情况，选择中铁大桥局集团自有 WD70 型架梁吊机，该吊机为全回转式架梁吊机，吊机起重曲线及吊机结构如图 4-219 和图 4-220。

⑤墩顶布置。

膺架（临时墩）顶布置主要包括：型钢分配梁、临时抄垫（钢垫块和垫板）、顶移千斤顶等。各墩顶直接设置三向调整千斤顶装置。6 号墩、10 号墩各设 2 组 500 t 千斤顶，7～9 号墩各设 4 组 1 000 t 千斤顶。

⑥施工平台。

10～9 号墩跨下弦杆件吊装对位、高栓施拧、涂装均可利用膺架顶平台，无需另外搭设，其他墩跨钢梁下弦杆件、斜腹杆、上弦杆及公路桥面板吊装对位、高栓施拧作业时均搭设了专用脚手平台，脚手平台四周均挂设安全网防护，确保人员施工安全。

a. 斜腹杆对接安装采用预先在上口设置型钢抱箍脚手平台，脚手平台顶面满铺脚手板的方式施工。

b. 上弦杆对接安装平台采用预先在横梁（肋）处挂设脚手架，然后在脚手架上铺设脚手板形成操作平台的方式进行。

c. 公路桥面板对接安装平台同样采用预先在横梁（肋）处挂设脚手架，然后在脚手架上铺设脚手板形成操作平台的方式进行。

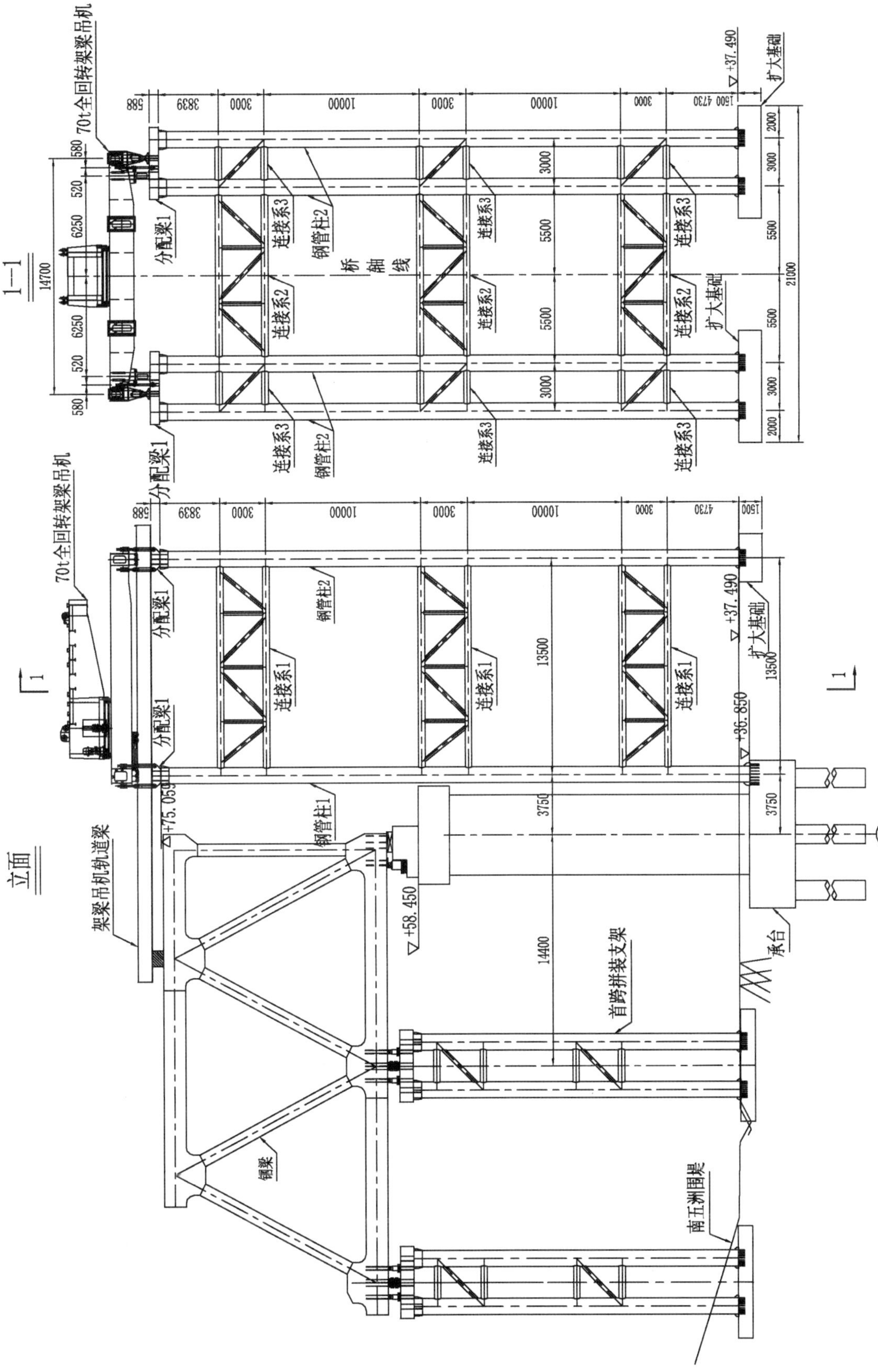

图 4-216 架梁吊机支承平台布置图

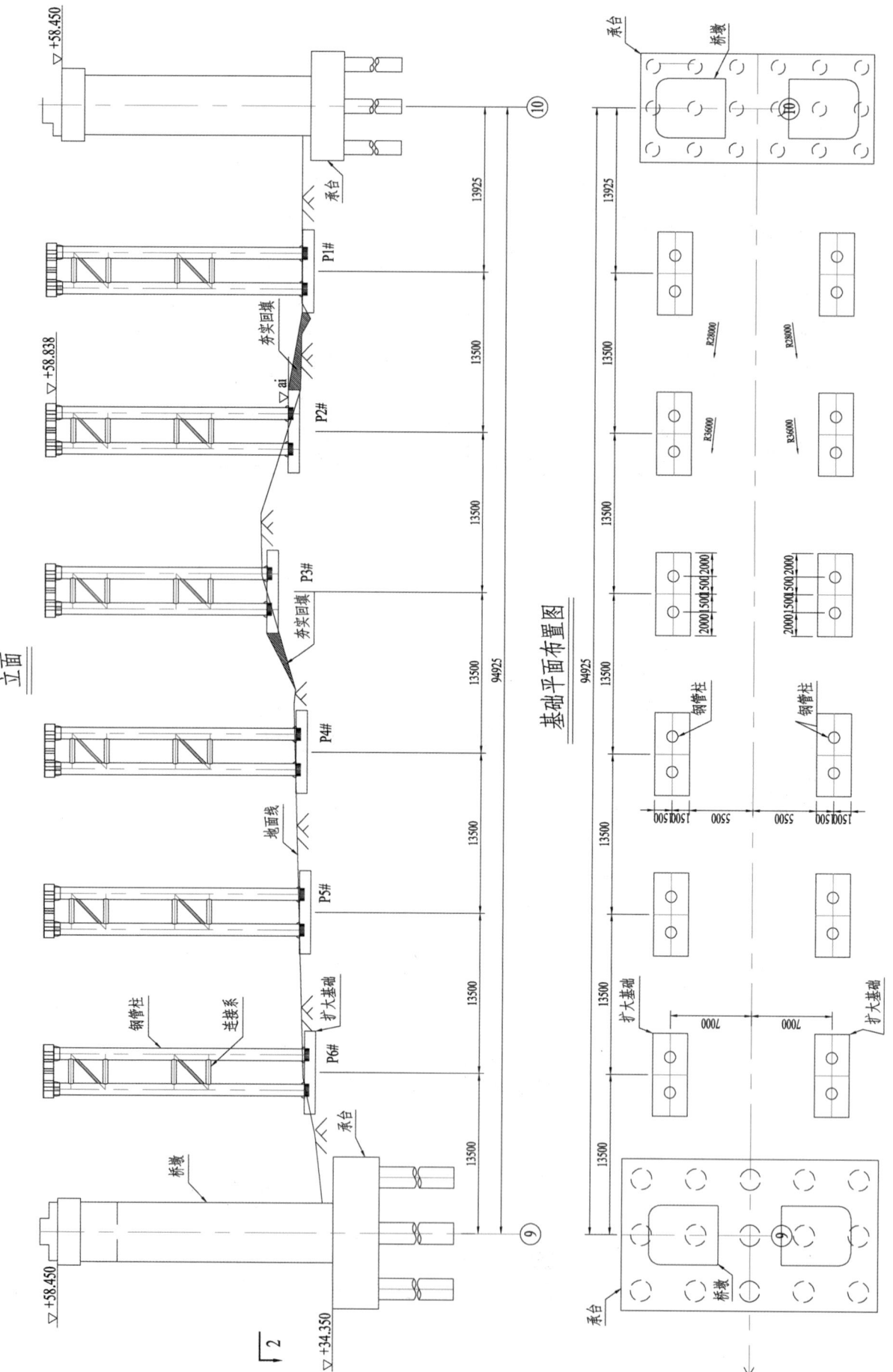

图 4-217 9～10 号墩门滑架

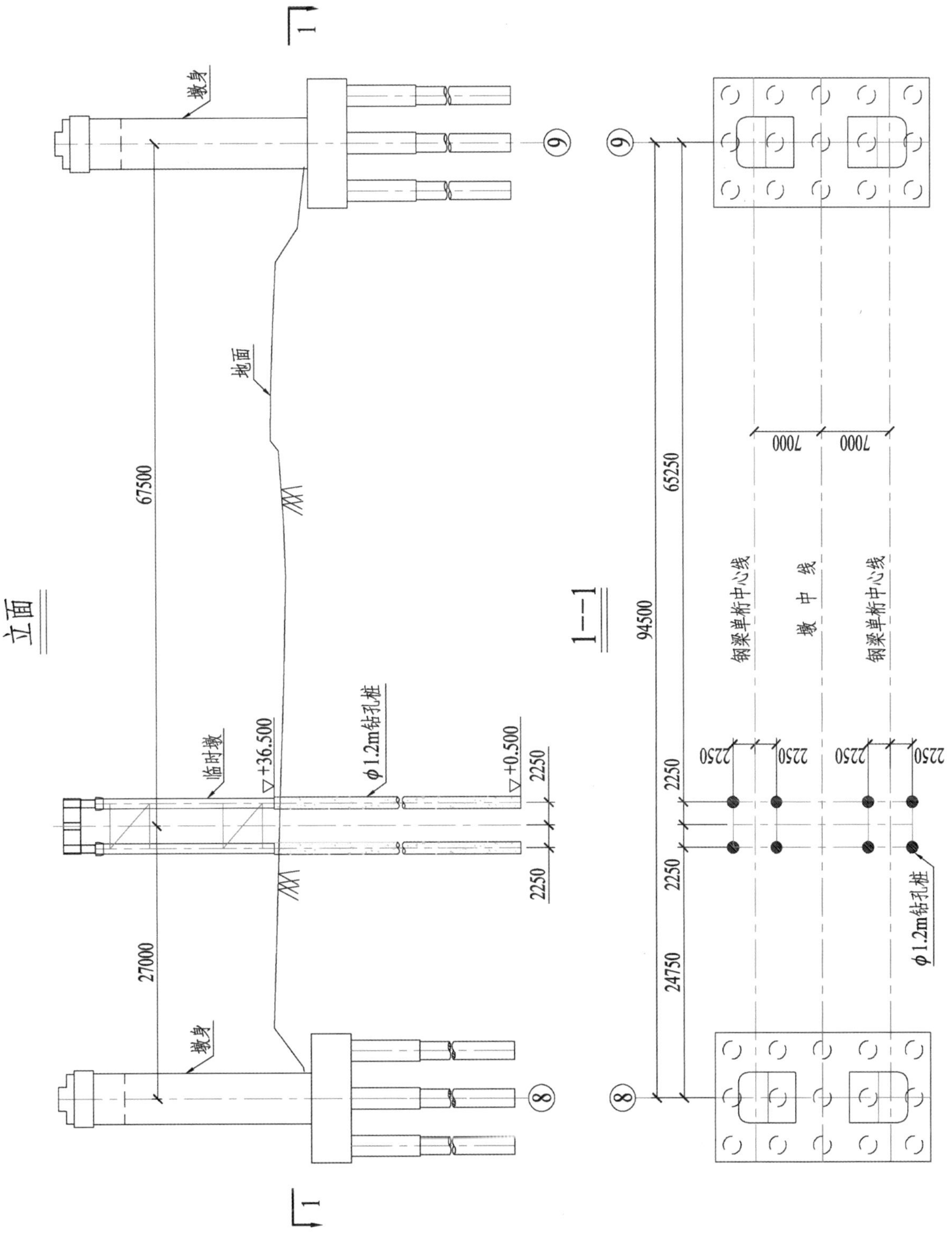

图 4-218 8~9 号墩间临时支墩

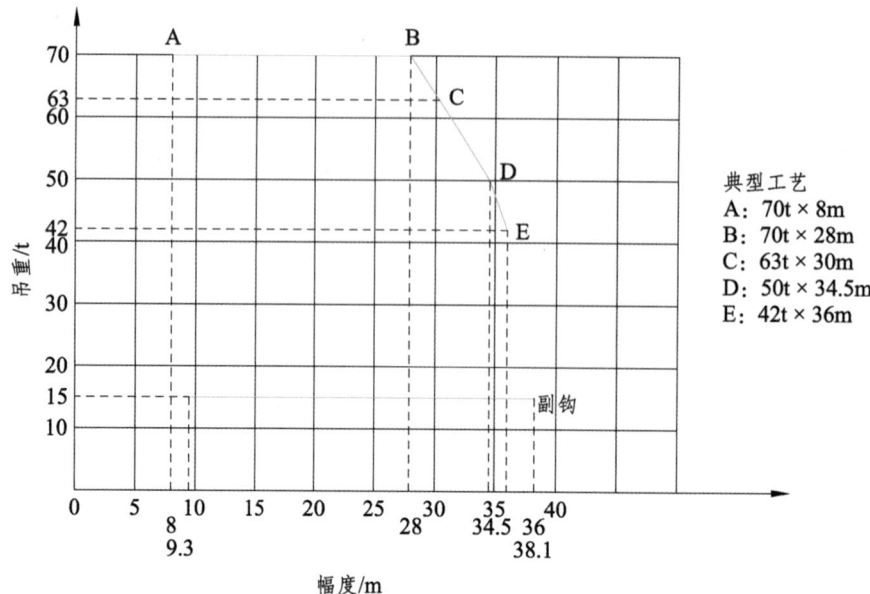

图 4-219　WD70 型架梁吊机吊重曲线

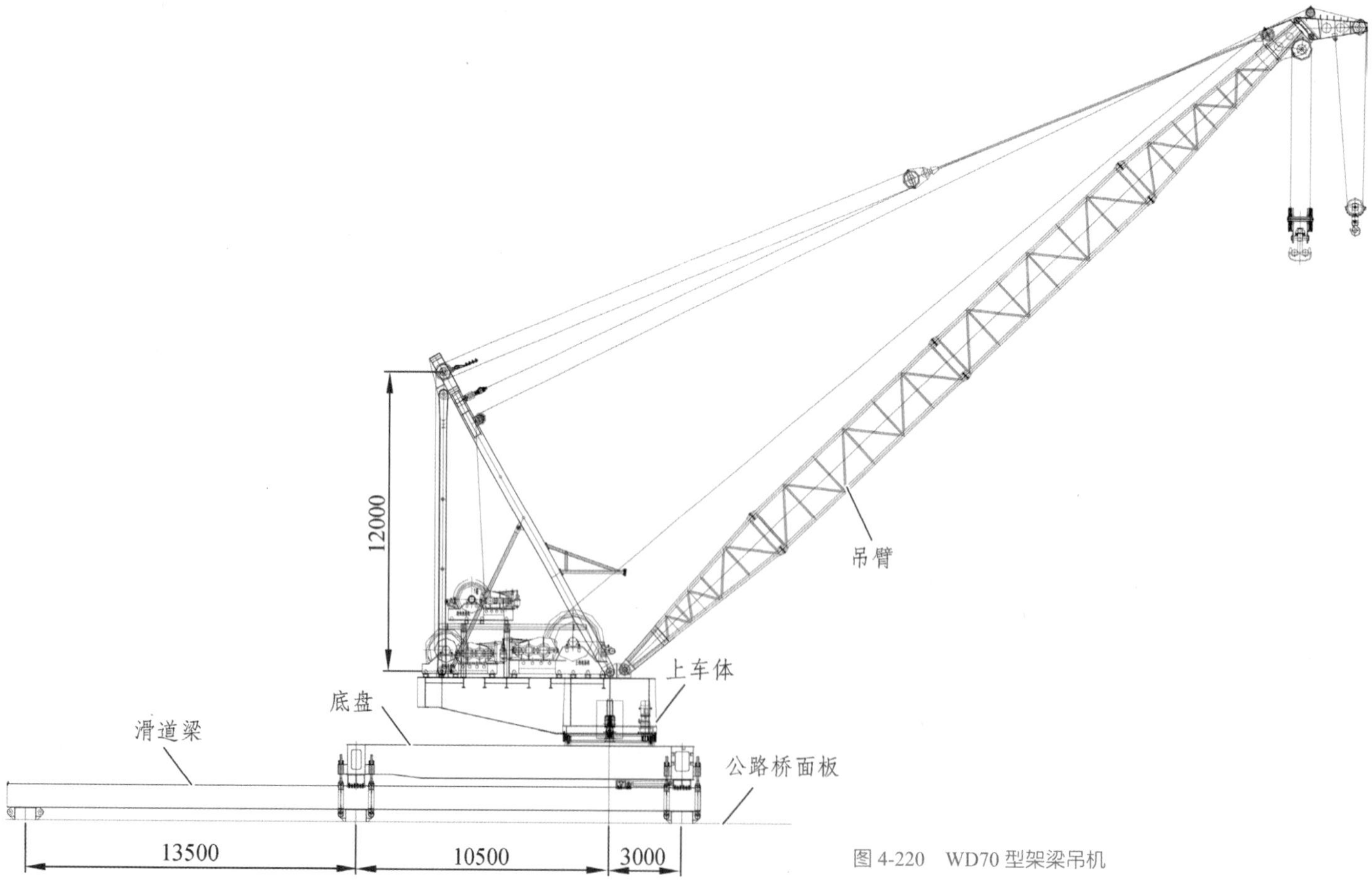

图 4-220　WD70 型架梁吊机

图 4-221　三向调整千斤顶装置

（5）架梁步骤。

① 10～9 号墩跨钢梁架设。

10～9 号墩跨钢梁在满布膺架上进行拼装。安装顺序如下：

a. 吊装左、右桁的下弦杆件 E54～E56（单根质量：49.566 5 t），下弦杆端轴线（事先测放标示）及节点中心线与支座上座板十字轴线及膺架顶钢垫块上十字墨线对位重合，安装支座上座板锚栓，拧紧。杆件临时锁定防止移动。

b. 吊装铁路桥面板 TQM2（平面尺寸：16.83 m×11.4 m；质量：73.967 5 t）。

c. 吊装左、右桁的下弦杆件 E52～E54（单根质量：31.110 7 t）。

d. 吊装铁路桥面板 TQM1（平面尺寸：13.5 m×11.4 m；质量：57.090 9 t）。

e. 吊装 E56 节点的腹杆 A56～E56、斜杆 A55～E56、斜杆 E54～A55。

f. 吊装上弦杆件 A55～A56（单根重：56.516 1 t），吊装公路桥面板 GQM9（单块重：48.059 1 t），完成第一个节间的钢梁拼装，如图 4-222 所示。

g. 吊装斜杆 A53～E54、A53～E52，吊装上弦杆件 A53～A55（单根重：64.001 2 t），吊装公路桥面板 GQM2b（单块重：59.59 t），完成第二个节间钢梁拼装，如图 4-223 所示。

h. 架梁吊机前移 13.5 m（架梁吊机后锚到达前排钢管柱分配梁），架设第三个节间钢梁。

i. 架梁吊机前移行走至钢梁面，逐节间架设其余 6 个膺架顶节间钢梁（E42～E52），第 1 跨钢梁架设完成，如图 4-224 所示。膺架上其余节间钢梁架设顺序按照"下弦杆→近端斜腹杆→上弦杆→远端斜腹杆→铁路桥面板→公路桥面板"的总体顺序进行架设。

图 4-222　钢梁第一节间拼装现场

图 4-223　钢梁第二个节间拼装现场

图 4-224　首跨钢梁架设完成

2. 10～9号墩跨钢梁支承体系转换

架梁吊机伸臂法安装完9号墩前方1个节间钢梁，待高栓终拧、桥面板焊缝全部焊接完成后，开始9号、10号墩钢梁起顶，进行首孔钢梁支承体系转换，拆除钢梁膺架。

（1）起顶。过程如图4-225所示，具体步骤如下：

①在墩顶节点起顶位置下方布置竖向起顶千斤顶。千斤顶和钢梁之间设分配梁分配传力，千斤顶的顶部、底部与钢垫块及钢垫块与钢梁之间铺设防滑石棉板。

②起顶钢梁约20 mm，使钢梁脱离墩顶钢垫块及膺架顶支垫结构，钢梁调平，锁定千斤顶。起顶时两墩分开进行，先顶9号墩，后顶10号墩。

③利用三维千斤顶调整钢梁纵、横向位置，直至满足规范要求。先调横向，后调纵向。调梁时E42节点中心及钢梁轴线中心与墩中线和桥轴线重合，E56节点处钢梁轴线中心与10号墩桥轴线重合。

图4-225 钢梁起顶

（2）支座安装及灌浆。

①抽出垫块下方临时钢垫板，清除垫石顶面铺设的砂垫层。砂子清理完成后先用高压风吹净，然后再细心清除锚栓孔四周的孔洞堵塞物。

②安装支座，10号墩支座采用吊机配合安装，当支座吊装高度高于垫石顶面50 mm左右，采用倒链拖拉支座至垫石顶设计位置；9号墩支座安装前，在两侧垫石内边放置支撑架，待钢梁起顶高度满足支座安装时，利用倒链拖拉支座就位，如图4-226所示。

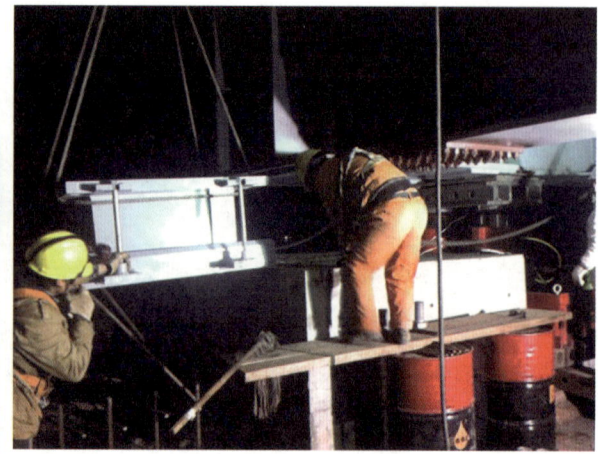

图 4-226 支座安装

③再次检查钢梁位置,确认无误后进行支座位置调整固定。先测放支座平面高程,然后调整平面位置,确保支座纵横向轴线与桥墩纵横轴线重合,上座板螺栓孔与钢梁支座螺栓孔位置吻合,支座顶面高程与设计相符,并保持水平。

④再次测量确认支座高程、支座十字线扭转偏差及其四角相对高差符合设计及规范要求且与钢梁支座螺栓连接孔正确后,进行支座灌浆。先在支座底板与垫石之间打入钢楔块定位(钢楔块仅作定位用,每面应各打入2个钢楔块,钢梁重量由千斤顶支承),经全面检查签证后封堵支座四周,然后进行重力式灌浆,如图4-227所示。砂浆灌注时从支座一侧进浆孔进入,将锚栓孔和垫石与支座板之间的垫层填满后从另一侧出浆孔流出,当流出砂浆与灌入砂浆一致时封堵出浆孔。支座底板下的钢楔块在砂浆达强度后取出,楔块孔洞处用同级别砂浆填补。

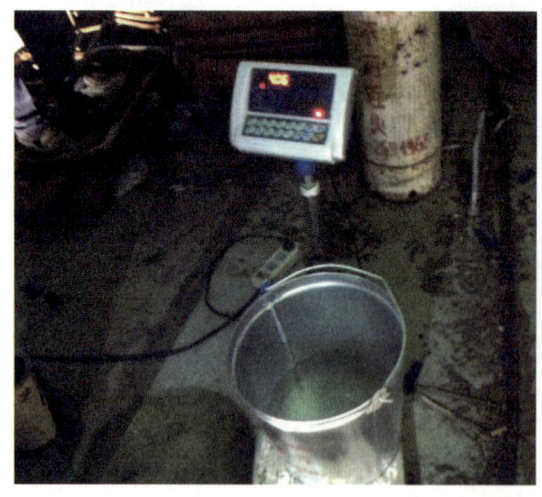

图 4-227 重力式灌浆现场

⑤当支座灌浆料强度达到设计要求后,卸落千斤顶,将钢梁落放在支座上,并穿入支座和钢梁的连接螺栓并拧紧,钢梁转为正式支座受力。

（3）9~8号墩跨钢梁架设。

为了平衡架梁吊机自重及增加钢梁架设过程中的抗倾覆能力，如图4-228所示，9~8号墩跨采用部分膺架法伸臂法架设，临时支墩设置在E32节点处。临时支墩为钻孔桩基础，地面以上为钢管柱。

①当9号~10号墩支座灌浆完毕、首跨钢梁支承体系转换完成后，架梁吊机伸臂法继续逐节间安装钢梁，直至到达临时墩墩顶位置。临时支墩墩顶事先预留500 mm高度空间，以便满足钢梁前端顺利上墩。抵达临时墩后，需将已架节间高拴终拧完成、桥面板焊缝施焊后，将临时墩支点抄紧。

②按先形成三角形主桁后架设铁路桥面板和公路桥面板的顺序继续架设钢梁直至8号墩顶（E28节点）。

③高拴终拧完成、桥面板施焊后，8号墩墩顶起顶钢梁高于设计高程100 mm，安放支座但不压浆，以便满足钢梁支点处安全转动并支承钢梁，减少钢垫块使用数量。择机拆除临时支墩支架。

④设置8号墩顶面横向抗风装置，确保大伸臂架梁时安全。

图4-228　9~8号墩跨钢梁架设现场

（4）8~6号墩跨钢梁架设。

8~6号墩跨钢梁采用全伸臂法架设，架设方法、顺序同9~8号墩，如图4-229所示。

①架至7号墩并完成高拴终拧后，先将钢梁起顶至规定高程，然后安放支座但不灌浆，支座顶面加垫100 mm高钢垫块，以便钢梁顺利抵达6号墩顶，支座下方抄平方法同前。当7号墩支座及垫块安装完成，千斤顶落梁，使钢梁支承在支座上，然后安装7号墩抗风装置。

②8号墩钢梁稍许起顶，抽出支座顶面钢垫块，然后再将钢梁落下，支承在支座上。此时抗风装置不能解除。

③继续架梁设至6号墩（A0E0、A0A1、GQM1暂不装），高拴终拧完成后起顶至规定高程，安装临时支垫。

④安装6号墩梁端剩余钢梁杆件A0E0、A0A1、GQM1，架梁完成。

图 4-229 8～6 号墩跨钢梁架设现场

（5）8～6 号墩支座安装、落梁。

8～6 号墩支承体系转换顺序为：先 8 号墩，后 7 号墩，最后 6 号墩，逐墩进行。起顶、支座安装、支座灌浆方法同 10～9 号墩。

4.2.3.5 高强度螺栓施拧

1. 高强度螺栓规格

主桥上部结构为栓焊钢桁梁，工地连接除桥面板接头有焊接外，其余均为高强度螺栓连接。本桥采用 M22、M24、M30 共 3 种规格的螺栓，主桁节点为 M30 高强度螺栓，桥面板纵梁、横梁、横肋为 M24 高强度螺栓，桥面板 U 形肋、板肋为 M22 高强度螺栓。

高强度螺栓符合《钢结构用高强度大六角头螺栓、大六角螺母、垫圈技术条件》规定中的 10.9S 级，钢梁杆件栓接面采用厂内电弧喷铝 180±40 μm，架设时其板面之间的抗滑移系数不得小于 0.45。高强度螺栓施拧采用扭矩法施工。本桥使用的 3 种高强度螺栓有关参数见表 4-29。

表 4-29 高强度螺栓有关参数表

规　格	M22	M24	M30
螺杆材质	20 MnTiB	20 MnTiB	35VB
螺母材质	45 钢	45 钢	45 钢
垫圈材质	45 钢	45 钢	45 钢
设计预拉力（轴力）	200 kN	240 kN	360 kN
扭矩系数	0.12～0.14	0.12～0.14	0.12～0.14
执行标准	TB 1002.2—2005 GB/T 1228～1231—2006	J 461—2005 GB/T 1228～1231—006	J 461—2005 GB/T 1228～1231—2006

2. 高强度螺栓验收及储存管理

（1）高强度螺栓质量复验：生产厂以批为单位，提供产品质量检验报告（含扭矩系数）及出厂合格证，施工现场根据 GB/T 1228～1231—2006 的规定，对高强度螺栓连接进行外形尺寸、形位公差、表面缺陷、螺纹参数、机械性能、螺纹脱炭、扭矩系数、标记与包装等检查和复验，并做好记录，不合格产品不使用。

（2）螺栓、螺母及垫圈入库时核查数量，分批号、分规格、分厂家存放，并做好防潮、防尘工作，下面以木板垫高，保持通风，防止锈蚀和表面状态改变，影响螺栓的扭矩系数。

（3）螺栓、螺母、垫圈清理后成套配好，每套为一个螺杆，一个螺母，两个垫圈。垫圈放置时要注意将 45° 斜坡面贴向螺杆头和螺母支承面。

3. 螺栓施拧准备工作

高强度螺栓施拧方法采用扭矩法施工，施工前做好施拧工艺性试验：

（1）高强度螺栓的扭矩系数；

（2）施拧扭矩及检查扭矩；

（3）温度与湿度对扭矩系数的影响试验；

（4）复合应力作用下屈服轴力和破坏轴力试验；

（5）板面滑动摩擦系数试验及群栓试验。

高强度螺栓扭矩系数在专用轴力计上测定，设备的精度、测试方法和测试时的环境温度及相对湿度等都会对测试结构造成影响。根据《钢结构用高强度大六角头螺栓、大六角头螺母、垫圈技术条件》中规定：10.9S 级高强度大六角头螺栓连接副必须保证按扭矩系数供货，同批连接副的扭矩系数平均值为 0.120～0.140，扭矩系数标准差应小于或等于 0.010。每一连接副包括一个螺栓、一个螺母、两个垫圈，并应分属同批制造。同批次高强度螺栓连接副最大数量为 3 000 套，连接副试验扭矩按批抽取 8 套。

板面之间的摩擦系数是影响栓接强度的一个重要因素。摩擦系数试验通过万能试验机进行，架梁前要对板面进行摩擦系数试验，满足 $f \geq 0.45$ 才能架梁。试件随钢梁杆件发运到工地后，立即取一组进行复验，另一组在架梁前进行复验。

4. 高强度螺栓施拧及检查

高强度螺栓施拧方法采用扭矩法施工，检查验收方法采用紧扣法。高强度螺栓的初拧值取终拧值的 50%，每个螺栓初拧后须及时在螺栓丝扣端头部做点标记，之后对已初拧完螺栓做划线标记（做点或划线均用白色油漆）。终拧采用扭矩法，采用电动扳手（不能使用电动扳手的部位可用带响扳手或数显扳手），自中间向四周将初拧后的螺栓拧至终拧值，终拧并检查合格的螺栓群，在螺栓丝扣端头部划线做出标记（红色油漆），以便检查有无漏拧情况。考虑到螺栓预应力损失及施工误差，实际施拧扭矩应按设计预拉力提高 10% 确定。扭矩值可按下式计算：

$$M = K \cdot N \cdot d$$

式中： M——扭矩值（N·m）

K——扭矩系数（按试验的数理统计值）；

N——螺栓的施工预拉力（kN）（设计预拉力的1.1倍）；

d——螺栓的公称直径（mm）。

上式扭矩系数值，随各种自然及人为因素的变化，需跟踪取得试验资料并作相应修改，做好各类螺栓在不同温度、湿度情况下的扭矩系数的试验，施工过程中按工艺要求做好施工记录。

初拧检查：采用 0.3 kg 小锤敲击螺母一侧，手按住相对的另一侧，如颤动较大者为不合格，应再初拧。

终拧检查：根据试验资料，采用紧扣法检查。首先检查初拧划线，再看在终拧后螺母的转动角度，即可判断是否漏拧，同时也可发现垫圈、螺杆是否转动，然后用标定好的指针扳手（或数显电动扳手），再拧紧螺栓，读取螺母刚刚转动时扭矩值。超拧、欠拧值均不得大于实际规定值的 10%。

4.2.3.6 工地焊接

现场焊接分为桥面板横向对接缝焊接、桥面板与上、下弦杆箱型杆件上盖板纵向对接缝焊接及工厂预留 U 形肋、板肋、横梁、纵梁两端与桥面板焊缝。现场焊接在本节间螺栓全部终拧完成后开始。

1. 桥面对接主焊缝

桥面板主焊缝采用先横缝后纵缝对称焊接的顺序，焊接时采用反面贴陶质衬垫、CO_2 气体保护焊打底，埋弧自动焊填充盖面，平位焊接，单面焊双面成型的焊接工艺。

所有焊缝全长 100% 超声波探伤，质量等级为 Ⅰ 级；另对纵向对接焊缝抽取其数量的 10% 进行 X 射线探伤，范围为中间 250 ~ 300 mm；对横向对接焊缝所有十字接头进行 X 射线探伤，范围为以十字接头为中心检测每个十字接头处 250 ~ 300 mm，质量等级 Ⅱ 级。

图 4-230 主焊缝焊接及焊缝无损检测现场

2. 工厂预留 U 形肋、板肋、横梁、纵梁两端与桥面板焊缝

焊接前应认真清理、打磨焊缝区域，不得有水、锈、氧化皮、油污、油漆或其他杂物，使其表面露出金属光泽。采用 CO_2 气体保护焊仰位焊接。

4.2.3.7 钢梁涂装

1. 现场涂装部位

杆件拼装完成后，所有隅角部位及拼接板间缝隙的两端，都必须用以聚硫橡胶为基料的阻蚀型防腐密封腻子填实后再做涂装。

公路桥面铺装结构施工前，两侧挡水板范围的钢板表面需清理达到 Sa2.5 级，涂装完成后施工桥面铺装层。

道砟槽结构施工前，道砟槽范围的钢板表面清理达到 Sa2.5 级，涂装完成后浇筑防水耐磨层。

杆件因运输、安装等原因造成涂装破坏的，现场要按设计要求补涂。根据设计要求，钢梁安装完成后，现场须进行最后一道面漆涂装。

2. 现场涂装工艺

工地使用的钢梁面漆与工厂油漆相配套，涂装所用涂料有产品合格证和出厂日期，进场后按规定进行取样，对黏度、干燥时间、耐水性和柔韧性进行物理性能检验，合格后使用。

（1）钢梁杆件油漆前，应用棉纱或破布清理杆件表面的污尘，积水、霜、雪、雨、露及油脂物等。

（2）各种涂料调整至施工所需黏度后，应用 40～100 目金属筛过滤，滤去漆皮和杂质后方可进行涂装。中间漆、面漆必须熟化 30 min 后方可使用。

（3）油漆喷涂应由上至下，由内到外，先难后易。

（4）喷漆时，风压应保持 0.4～0.6 MPa；风力不能含有水和油等杂质；喷嘴与工作面相距 25 cm 左右为宜。喷涂时不得出现缺漏、皱纹、流淌现象。

（5）钢梁涂装宜在天气晴朗，无三级以上大风和温暖天气进行，在夏季应避免阳光直射，可在背阳处或早晚进行。

3. 油漆喷涂质量检查

（1）每道油漆涂装过程中，应用滚轮式或梳式湿膜测厚仪测量湿膜厚度，以控制干膜厚度。干膜厚度按设计文件及其相关规定进行检测。棱角、死角部分应加大检查力度，不合格处应补涂。对涂层外观进行目测检查，涂层基本无流挂，有一定光泽。

（2）按《色漆和清漆膜厚度测定》的规定用磁性测厚仪法或杠杆千分尺法测量涂料涂层厚度。钢梁主要杆件抽检 20%，次要杆件抽检 5%，每件构件测三处，每一处取 10 cm × 10 cm 测五点。

涂层厚度平均值须在标准规定厚度 90% 以上，其最低值在标准规定厚度 80% 以上，测点厚度差不得超过平均值 30%。

（3）钢梁涂装完成后，应颜色均匀，不允许有露底、漏涂、涂层脱落、漆膜破裂、起泡、划伤及咬底等缺陷。手工涂刷的不得显有刷痕。涂料屑料和尘土微粒所占涂装面各不得超过 10%。桔皮、针孔和流挂在任一平方米范围内，小于 3 cm×3 cm 面积的缺陷，不得超过两处；小的凸凹不平不得超过四处。

4.2.4　斜拉索挂设施工

4.2.4.1　斜拉索运输和存放

斜拉索采用平面扇形布置，其结构如图 4-231 所示，全桥共 17×4×2 = 136 根斜拉索，分 PESC7-199、PESC7-283、PESC7-313、PESC7-349、PESC7-367 五种规格。斜拉索钢丝的抗拉标准强度 R_{by} = 1 670 MPa，最长索长 280.358 m（无应力索长），最短索长 91.278 m，单根索最大重量 34.3 t（包含锚具及填料重量）。两端锚具均采用张拉端冷铸锚具，塔端为张拉端，锚固在塔内齿块上，梁端为固定端，锚固在梁端钢锚梁上。

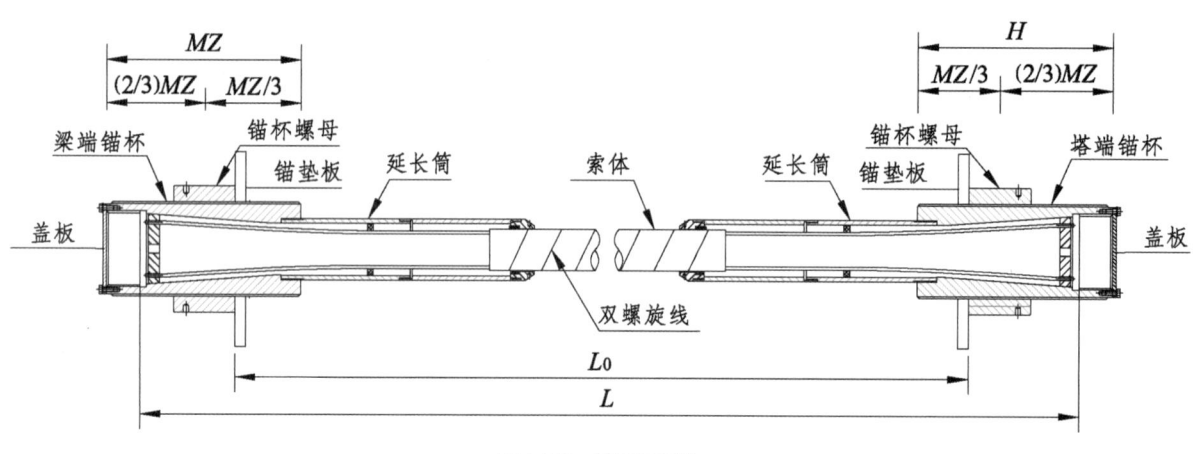

图 4-231　斜拉索构造

斜拉索在郑州缆索厂制造加工，根据斜拉索最大长度、重量参数，采用在厂内盘卷后汽车陆路运输至现场，如图 4-232 所示。斜拉索出厂前按设计要求，对斜拉索有关性能进行检验，斜拉索到达现场后，查验并索取每根成品索的质量保证书（质量保证书含本批交货的数量、质量及各种检验结果）。

为保证现场钢梁架设需要，要求在南、北岸现场分别至少存放不少于一对节间（即 4 根）的斜拉索，为防止运输及装卸过程中磕、碰刮伤斜拉索 PE 护套，斜拉索厂内打卷时用纱布和彩条布缠绕包裹保护，斜拉索运至现场后，在钢梁预拼厂内临时存放，底下用型钢、方木抄垫存放，上面防水棚布覆盖。

图 4-232 成盘斜拉索存放与运输

成盘斜拉索起吊时设 3 个吊点，使用专用的软质吊装带，严禁用钢丝绳直接兜吊斜拉索，以避免损坏 PE 护套或碰损锚头螺纹。

4.2.4.2 辅助安装设施

1. 塔顶吊架

考虑到塔吊起重能力及拆除时机因素，以及后期斜拉索挂索、塔内千斤转移等需要，在每塔塔柱顶部安装一套 400 kN 级起吊吊架系统。塔顶吊架分钢结构支架和卷扬起重系统两部分，如图 4-233 所示。塔顶吊架主要负责成盘索吊装、塔端挂设、桥面展索工作。

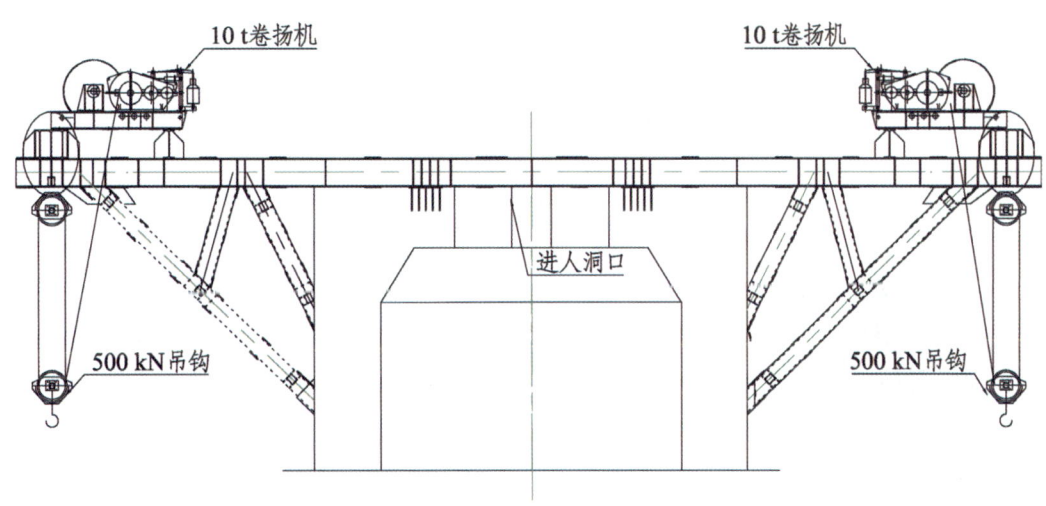

图 4-233 塔顶吊架结构

2. 展索、放索系统

重量小于 10 t 的斜拉索，通过主塔墩旁塔吊直接提升上桥，由塔吊起吊展索盘。超过 10 t 的斜拉索，采用桥面边跨侧全回转架梁吊机吊装上桥放在梁面的 350 kN 放索盘上，然后通过牵引板，滚轮小车等牵引至塔下，如图 4-234 所示。

图 4-234　350 kN 放索盘及单轴滚轮小车

3. 张拉设备

本桥最大成桥索力为 9 438 kN，配置 650 t、1 000 t 千斤顶各一套，统一使用配套 YBZ10-50 型电动油泵，短索张拉使用 650 t 张拉千斤顶，当张拉索力超过 620 t 时，更换为 1 000 t 的张拉千斤顶，如图 4-235 所示。高压油表精度为 0.4 级，最小刻度 0.5 MPa，估读到 0.1 MPa，满足斜拉索张拉精度控制需要，油表与千斤顶进场之前由有资质的检验单位进行配套标定。

图 4-235　电动油泵和张拉千斤顶

斜拉索张拉系统主要包含：千斤顶、张拉撑脚、张拉杆及其主副螺母、连接套、接长张拉杆及其主螺母、油泵、油管等。张拉杆长度选择时应综合考虑塔内张拉空间和塔端锚杯下放距离。张拉杆选取规格如下：

6 500 kN 级：A 型 Tr180×10×1 700 mm；

7 000 kN 级：B 型 Tr190×12×1 400 mm；

2 800 kN 级：C 型 Tr125×10×1 500 mm；

2 000 kN 级：D 型 Tr110×6×1 500 mm。

注：① A 型、B 型张拉杆为主张拉杆，A 型用于边跨、B 型用于中跨，张拉杆拆除时先拆除 A 型后拆除 B 型；② C 型、D 型张拉杆为接长张拉杆，C 型张拉杆接于 B 型张拉杆后端，D 型张拉杆接于 A 型张拉杆后端。

4. 梁面设备

为配合钢梁面斜拉索梁端牵引、戴帽及辅助塔端展索、牵引，在钢梁公路梁面配置 50 t 汽车吊 2 台，平板车 1 辆，梁面卷扬机 4 台。

4.2.4.3 斜拉索挂设

1. 斜拉索提升上桥

根据重量分两种方式上桥，早期进场且重量较轻在 10 t 以下的 S1～S3 号、M1～M3 号斜拉索（索重 6.4～7.6 t），通过主塔墩旁塔吊直接提升上桥；后期进场且重量较重在 10 t 以上的 S4～S17 号、M4～M17 号斜拉索（索重 11.7 t～34.3 t），采用桥面边跨侧全回转架梁吊机吊装上桥，由桥面运索汽车（运梁车改制）运至塔下挂设位置，如图 4-236 所示。

图 4-236　斜拉索提升上桥方式

2. 梁面展索

对斜拉索短缩，放索盘上剩余索体的展开，采用塔吊或塔顶吊架提升索体的方式直至将斜拉索梁端锚杯脱离放索盘。长索展索时由于塔吊或塔顶吊架提升索体高度有限，采用单次提升无法将放索盘上索体全部展开，此时先在梁面将拉索一端向梁面锚拉点牵引从展索盘上展开。展索时为保护拉索锚头、PE护套不受损伤，在锚头处设置双轴滚轮小车，沿拉索一定距离4~5 m放置一个单轴滚轮小车，滚轮小车随拉索移动，锚头处设置牵引拉耳，通过布置在梁面卷扬机和转向滑车牵引展索，如图4-237所示。

图4-237　桥面展索

3. 梁端卷扬机牵引

（1）短索施工。

短索采用腾空展索时，当梁端锚杯脱空放索盘0.5~1 m时，停止提升，梁面50 kN卷扬机钢丝绳通过转向滑车与梁端锚杯相连，落下索体，将锚杯安置在锚杯小车上，50 kN卷扬机收绳，收绳的速度与索体下落的速度匹配好，卷扬机钢丝绳通过转向滑车将梁端锚杯牵至对应索导管附近。

在距梁端锚杯5~8 m处的索体上安装400 kN专用哈弗夹，用300 kN软质吊装带设置牵引点，与400 kN梁面卷扬机牵引系统相连。哈弗夹上设置吊点，梁面汽车吊机吊起吊点，启动梁面卷扬机牵引系统，进行斜拉索梁端牵引。

当锚杯牵引到梁面索导管口时，利用汽车吊和导链配合调整锚杯倾角，使其与梁端索导管轴线一致。此过程由专人指挥索体提升的快慢，严防锚杯丝扣受损。当锚杯及延长筒全部进入索导管时，在管导管下端口上铺设橡胶皮或麻布袋，严防牵引后期索体与索导管下端口直接接触造成损伤。当锚杯外露出梁下锚垫板5~10 cm时，停止牵引，梁下工作人员将锚固螺母旋入锚杯上2~3丝扣，以保证后期牵引安全，如图4-238所示。卷扬机继续牵引，同时旋紧锚固螺母，直至将锚杯牵引至设计位置。

(2)中、长索施工。

当卷扬机牵引力大于 320 kN 时(根据牵引力计算结果),安装梁下钢绞线软牵引系统,斜拉索 S9～S17、M9～M17 号采用软牵引方式压锚、带帽。

梁端钢绞线软牵引之前,施工人员将钢绞线穿入挤压锚板并将挤压锚板满丝扣旋入锚杯内丝扣,钢绞线另一端从索导管中穿入到梁下,安装软牵引张拉机具。当钢绞线受力均匀后,拆除卷扬机牵引系统,采用钢绞线软牵引进行下一步施工。

根据安装的斜拉索索号并对照计算的软牵引吨位,选取一定根数与长度的钢绞线,钢绞线单端挤成 P 锚,每根钢绞线上以 P 锚处为起点,以 0.5 m 为单位做上标记线,便于多根钢绞线的等长控制(如图 4-239 所示)将钢绞线逐根穿入梁端的锚杯连接器。用高压油管将电动油泵与 2 500 kN 张拉千斤顶连接好,准备工作就绪。

图 4-238 梁端牵引压锚、带帽

将已安装好钢绞线的锚杯连接器满丝扣旋入固定端锚杯上。连接器钢绞线逐根从索导管中穿进,依次从锚杯螺母、软牵引撑脚、工具锚环、限位板、2 500 kN 张拉千斤顶穿出,穿好的钢绞线通过专用分丝板确保相互之间平行顺直,严禁产生交叉错位。软牵引启动前先将多根钢绞线按照钢绞线上的长度标记调成等长。等长调节时可用人工或 270 kN 千斤顶进行。

启动梁下软牵引系统。当梁端锚杯牵引到距离梁端索导管口 1 m 左右位置时,采用全回转架梁吊机调整锚杯的倾角,使其与索导管轴线一致,此过程由专人指挥索体提升的快慢,严防锚杯丝扣受损。当锚杯及延长筒全部进入索导管时,在索导管下端口上铺设橡胶皮或麻布袋,严防牵引后期索体与索导管下端口直接接触造成损伤。当锚杯外露出梁下锚垫板 5～10 cm 时,停止牵引,工作人员将锚固螺母旋入锚杯上 2～3 丝扣,以保证后期牵引安全。继续软牵引,同时旋紧锚固螺母,直至将锚杯牵引至设计位置。

图 4-239 牵引钢绞线

拆除软牵引体系（图 4-240），检查钢绞线表面的受损情况，视受损情况的程度来决定是否更换钢绞线，以便于下一根斜拉索的安全牵引。

图 4-240　梁端软牵引装置

4. 塔端硬性牵引

当梁端安装结束后，用塔吊或塔顶吊架提升斜拉索塔端锚头，开始进行塔端硬性牵引。提升前在梁面预先把牵引杆与锚头连接好，提升后在塔内通过索导管放出牵引绳，将牵引杆、锚头拉入索导管内，如图 4-241 所示。

图 4-241　塔端锚头与牵引杆

牵引杆拉过塔内锚垫板时，安装千斤顶张拉杆与牵引杆连接器，启动千斤顶，直到将张拉杆牵引出千斤顶后端 20 cm，锚固张拉杆主螺母，拆除牵引杆及其连接器，塔端硬性牵引结束。如果塔内张拉空间影响塔端硬性牵引，无法保证两套张拉机具同步作业，此时采用单侧硬性牵引，不对称牵引力控制在 1 000 kN 以内，如图 4-242 所示。

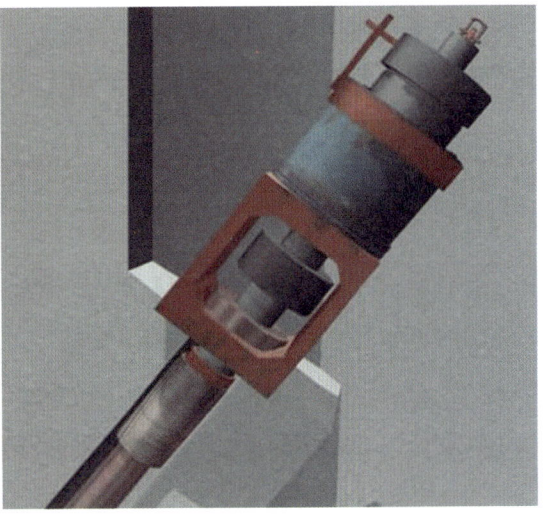

图 4-242　塔端硬牵引

5. 斜拉索张拉

（1）斜拉索张拉设备安装。

塔内张拉设备由塔顶卷扬机配合安装及拆除。

（2）斜拉索张拉前的准备工作。

①检查斜拉索是否与索导管相碰，防止张拉时擦伤斜拉索保护层。

②张拉千斤顶与张拉油表进场前标定合格，并提供标定证书，标定证书中的回归方程是油表读数与张拉力换算的重要依据。

③斜拉索张拉前应进行技术交底，确认本次斜拉索的张拉力和伸长量，检查张拉千斤顶位置是否居中并调整固定，检查千斤顶配套设备的编号，以便确认该千斤顶标定的回归方程。

④检查锚头和张拉杆丝口在挂设中是否有碰伤。

⑤准备不同厚度的钢垫板，以备张拉时用于螺母加垫。

⑥斜拉索张拉前各种记录表格准备齐全。

⑦斜拉索张拉前要求各项安全措施都已具备完善，并经检查合格。

（3）斜拉索的张拉。

斜拉索张拉时，应根据监控领导小组下达的张拉指令进行张拉。做好伸长量、油表读数记录，张拉顺序按设计要求办理，张拉所需千斤顶，油泵、油表应配套标定、配套使用，张拉记录应完整齐全。

斜拉索张拉以设计规定的张拉应力值或监控领导小组的指令值控制，过程中分级张拉的张拉力以油表读数控制为主,伸长量作为校核。张拉完成后的索力以监控索力测量值为主,张拉油表读数、伸长量作为校核。

张拉过程中,要详细记录油表读数、索力、伸长量、索头相对锚垫板的位置,便于相互校核,张拉前后应量取索头与锚垫板的相对位置。油泵操作人员读取油表读数时,视线应与油表面垂直,保证读数精确。如斜拉索张拉时外界噪声大,油泵操作人员应佩戴对讲机和耳机。

张拉时,考虑塔偏受力影响,要求分级张拉,中、边跨侧千斤顶对称张拉,斜拉索张拉前后,必须对桥梁和索塔的应力和变位进行监控,测量索力时应在温度恒定时进行,一般情况应在日出前测量完毕。

4.2.4.4 调索

钢桁梁悬臂架设过程中及架设完成后,在桥梁施工的不同阶段,考虑到桥梁线形和受力安全等,不同阶段索力是不相同的,以及随着钢桁梁悬臂架设后续斜拉索的安装、张拉,会对先前已经安装、张拉的索力产生叠加影响。因此,要根据实测桥梁线型、索力等参数,在必要时要对索力进行调整。全桥斜拉索共进行了3次调索;钢桁梁合龙前全桥调索,合龙后全桥调索及二恒加载后调索。

1. 架设过程中索力调整

钢桁梁在悬臂架设过程中,各索受力不断发生变化,早先安装的斜拉索索力受索的限制或钢梁线形、杆件应力等条件限制,不能一次张拉到位,或后期随着钢梁悬臂长度增加,索力不断增大,需要减小索力,以保证斜拉索和钢梁受力安全。索力需要在钢梁架设过程进行一次或多次调整,需要调整索力的索号和调整量根据监控测量结果及计算分析进行确定,调整索力张拉方法和要求与斜拉索安装张拉要求一致。

测量索力和调索时,均要解开斜拉索临时减振辅助措施,以保证索力测量准确。调增索力时,调索前计算各级调整值并列出相应的延伸量,安装千斤顶,分级对称张拉到目标调整值。需要调减索力的,则先进油拉动斜拉索,使锚圈能够松动,在旋开锚环后可回油使斜拉索索力降低,调减索力也要注意中、边跨对称、分级释放索力。

2. 桥梁二恒加载后调索

桥梁二恒加载后调索也是成桥后最后一次索力调整。二恒加载后的索力调整将是桥梁最终线型,主要是根据索力和钢桁梁线型进行调整,索力调整如图4-243所示。由于索力调整过程中各索索力相互叠加影响,需要2个轮次调整,最后控制钢梁线型在设计或监控要求范围之内,索力值在允许误差范围之内。

二恒加载后的索力调整也存在调增或调减索力。监控指令下达后,按照监控指令要求进行索力调整,直至满足设计要求。最终索力调整完成后,将塔内张拉千斤顶、油泵吊出塔外,进行塔内锚头附属的安装,拆除塔顶吊架、卷扬机等临时设施。

图 4-243 索力调整

3. 附属构件安装

斜拉索最后一次索力调整完成后,即进行索导管内内置式减振器、防雨罩、桥面不锈钢护套管等附属构件的安装,最后进行桥面外置式阻尼减振器的安装。内置减振器的安装如图 4-244 所示。

图 4-244 内置减振器安装

4.2.5 桥面系

4.2.5.1 铁路桥面系

1. 道砟槽

铁路道砟槽宽 8.7 m，道砟槽两侧沿纵桥向布置有挡砟板，挡砟板板厚 16 mm，高 767 mm，长度有 6 m 与 7 m 两种。每道挡砟板单独与钢梁铁路桥面采用角焊缝焊接固定，相邻挡砟板之间不做任何连接。

2. 温调器

在主桥 1 号墩和 6 号墩位置分别设有 2 个轨道温度调节器，温调器采用德国进口产品，由中铁十一局集团铺架 3 标与铁路轨道铺架同步安装。

3. 铁路桥面防水铺装层

主桥钢桁梁铁路道砟槽宽度为 8 700 mm，由铺设于钢桥面板上的防水耐磨层和侧面钢挡砟板组成。原设计道砟槽内防水耐磨层结构为钢梁表面抛丸后涂 2 道各 50 μm 的富锌环氧防锈底漆，再涂 3 mm 弹性环氧聚氨酯防水涂料，涂料表面浇筑 6 cm 厚的 C40 纤维细石混凝土。原道砟槽防水耐磨层铺装结构见图 4-245。

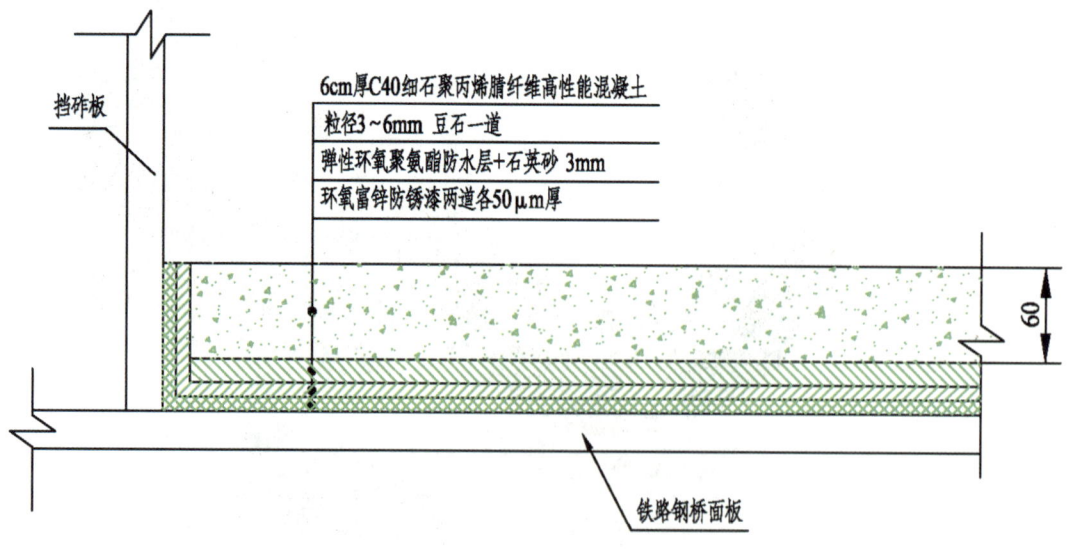

图 4-245 原道砟槽防水铺装层结构大样

为掌握了解桥面弹性环氧聚氨酯防水材料及耐磨层施工工艺，确保铁路桥面防水铺装层施工质量，钢桁梁斜拉桥施工完成后，在江陵岸边跨 E0~E1 节间桥面用经检验合格的材料进行了一段防水铺装层试验段施工。试验段起始端距梁端 1 m，宽 8.7 m，长 12 m，共 105 ㎡。防水耐磨层试验段于 2016 年 6 月 23 日开始施作防水涂层，6 月 26 日摊铺 6 cm 厚耐磨层混凝土，之后进行覆盖保湿养护。防水耐磨层试验段完工后经检查，外观平整光洁，整体质量符合原设计要求。试验段施工效果如图 4-246 所示。

（a）涂层施作

（b）涂层完成固化

（c）耐磨层摊铺

（d）铺装层成型

图 4-246 试验段施工效果

因该桥原防水材料中标厂家的产品进场后，其产品屡次委外检测，但检测结果部分指标达不到原设计要求的技术指标。为使铁路钢桥面铺装能够及时施工同时具有良好的防水、耐磨性能和耐久性，2017 年 10 月 31 日蒙华铁路湖北指挥部组织召开会议，对该桥钢梁铁路面铺装层（防水耐磨层）变更方案进行了研究讨论，同意将原铁路 3mm 弹性环氧聚氨酯 +6 cm 纤维混凝土的结构体系改为超高性能混凝土铺装层。变更后的铁路钢桥面铺装层采用 50 mm 厚超高性能混凝土作为防水层，整个铺装范围，纵向：1 066 m（斜拉桥，扣除 12 m 试验段）+378 m（4×94.5 m 连续钢桁梁）= 1 456 m；横向：8.7m。

铁路桥面防水铺装层采用分幅施工（靠 10 号墩附近约 70 m 采用全幅施工），自江陵侧向公安侧方向依次进行,先施工下游侧,后施工上游侧。顺桥向分段施工,每段约 150 m。

(1)桥面抛丸清理(见图 4-247)。

每节段施工前在桥面划线标记施工区域,用抛丸机将道砟槽内钢梁面的油漆、浮锈等清理干净。抛丸磨料采用钢丸、钢质棱角砂,其比例通过试验确定。磨料必须保持干燥、清洁、不含油脂、盐分等影响抛丸质量的有害物质。

抛丸机每次清理范围宽 80 cm,作业时顺桥向从一侧向另一侧依次进行抛丸作业,作业时第二道抛丸宽度必须与第一道抛丸的宽度重叠 10 cm,避免 2 道之间存在漏抛现象。挡砟板侧面 6 cm 范围内表面使用手提式小型抛丸机进行表面清理。

抛丸除锈次数 2~3 遍,以抛丸后钢梁表面露出金属光泽且清洁度达到 Sa2.5 级、表面粗糙度(Rz)达到 50~100 为合格标准。

图 4-247　铁路桥面抛丸作业

(2)剪力钉焊接(见图 4-248)。

采用 ϕ19 mm×35 mm 剪力钉,按间隔 300 mm×300 mm 布置。除锈完成后利用墨线在钢桥面上定好剪力钉的位置,保证定位标志清晰可见和准确。当剪力钉的设计位置与钢主梁拼接焊缝位置冲突时,应将剪力钉偏离焊缝边界 20~30 mm,不得将剪力钉直接焊接在拼接焊缝的顶面。采用螺柱焊机在钢面板上焊接剪力钉。焊接时,按剪力钉焊机操作的技术要求控制好焊接时间等各项技术指标。

焊接要求达到钢结构焊接质量的标准，保证焊接面饱满、焊透和牢靠连接。焊接之后，通过打磨和高压风机清除陶瓷护罩、焊渣、飞溅物和毛刺等物，并重新彻底清洁桥面。

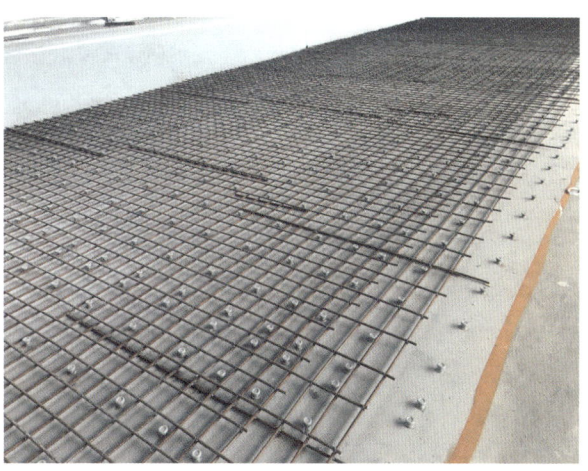

图 4-248　铁路桥面剪力钉焊接

（3）防腐层底漆涂装。

桥面底涂采用环氧富锌底漆，底漆质量按规范《铁路钢桥保护涂装及涂料供货技术条件》执行。焊接完剪力钉、清理桥面后随即进行防腐层底漆涂装。

涂装施工环境温度不得低于 0℃，相对湿度 80% 以下。构件表面结露不得涂装，金属表面温度高于露点 3℃ 以上方可施工，涂装后 4 h 内应保护免受雨淋。

拌好后的涂料应在规定的时间内用完。如果是长时间涂装作业需要大量配制涂料时，不能采取一次配制的方式进行涂装，而要多次配制和涂装：每配好一桶，摊铺涂装一桶，直至涂完规定施工范围。

桥面使用高压无气喷涂机喷涂，喷嘴口径、喷嘴压力、喷涂距离等技术参数按涂料说明书要求选用。喷出的漆流应尽量与喷涂表面垂直，喷涂速度以一次达到漆膜厚度要求为宜，两枪之间有一定的重叠。喷漆规则是先挡砟板再桥面，桥面上喷涂应从一边向另一边依次进行。第一遍油漆喷涂完成等待 4 h 左右待其固化后再进行第二遍油漆喷涂，施工工艺与第一遍相同。

涂装完成后，在自然环境中养护，涂层干燥前不允许任何人员在上面行走或进行其他作业，养护期间避免水淋，养护时间 12 h。

（4）安装钢筋网（见图 4-249）。

采用直径 10 mm HRB400 钢筋网，纵横间距均为 100 mm。

将长度为 400 ~ 500 mm 的垫层钢筋沿纵向每隔 2 m 平放一根在桥面上，横向不能留间隙，确保每根纵向钢筋底下均能有垫层钢筋，垫层钢筋横向放置。垫层钢筋型号为 $\phi 14$ mm。

先摆放纵向钢筋,再摆放横向钢筋。纵向钢筋摆放在垫层钢筋上,横向钢筋摆放在纵向钢筋上。每隔一个交叉点绑扎一个,绑扎点采用梅花形分布。所有的绑扎扎丝头朝下,切勿直接将扎丝头朝上竖立。

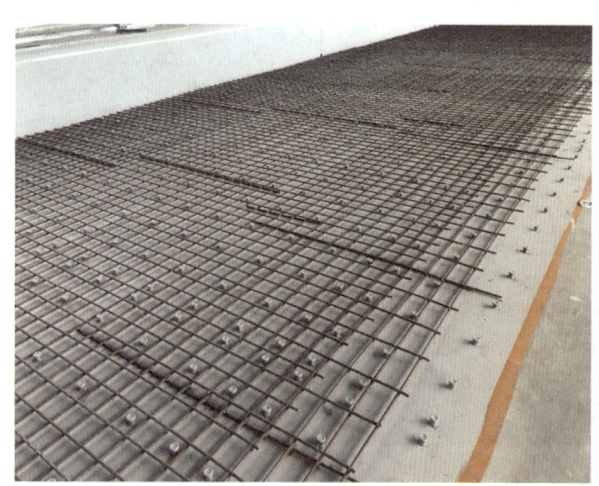

图 4-249 铁路桥面钢筋网安装

(5)超高性能混凝土浇筑。

现浇超高性能混凝土分为混凝土拌和、运输与摊铺,其中混凝土的拌和又分为干拌和湿拌。

①干拌。

超高性能混凝土的原材料由多种组分组成,将除水和钢纤维之外的所有组分按照配比预先在干料加工厂内拌和均匀,并包装成袋运至施工现场搅拌站料仓内存放,使用时将干料开封投入拌和机内搅拌 15 min,使各组分充分搅拌均匀。干料拌和的各种原材料计量精度最大误差不超过 ±1%。

②湿拌。

将钢纤维按照配比均匀投入拌和机,与预先拌制好的超高性能混凝土干混料一起先搅拌 2~3 min,使其充分混合均匀,然后加水湿拌 3~5 min,使超高性能混凝土开始流化。待超高性能混凝土流化后继续搅拌 2 min,最后成型出料。1 台搅拌机每盘生产 1 m³ 超高性能混凝土,每小时搅拌 6 盘,1 台搅拌机实际产量为 6 m³/小时。

③运输。

超高性能混凝土在公安侧搅拌站生产,采用混凝土罐车运输。罐车从南岸铁路引桥 S112 号墩附近的 24 标路基段上桥,然后沿桥运至摊铺点放料。10 号墩附近约 70 m 长范围内采用桥下汽车泵送料。

④摊铺。

通过滑槽和人工接料方式布料,布料后人工摊铺扒平,堆料高度略高于模板,然后用振动整平梁和收浆工作桥进行振捣铺平、收浆(振动整平梁在前,收浆工作桥在后)。挡砟板边端处采用人工收面,且在泄水孔出口处采用人工顺坡,保证泄水孔排水通畅。

摊铺过程中安排专人检查摊铺厚度，如有厚度不足需及时进行补料，混凝土从布料到摊铺完成应控制在 5 min 以内，如图 4-250 所示。

图 4-250　超高性能混凝土摊铺养护

⑤养护。

混凝土摊铺好后，需立即用养生薄膜覆盖进行保湿养护，并由专人负责对养护情况进行检查，保证养护质量。覆盖用养生薄膜卷安装在收浆工作桥架后方（相邻的养生薄膜卷保证相互搭接 10 cm 左右），随振动整平梁同步一起移动。养生薄膜需展平覆盖，不得存在褶皱，否则影响防水层表面的平整和光洁。养生薄膜覆贴混凝土面后，宜用喷壶在薄膜上方均匀喷洒一层水珠压覆，防止薄膜被风吹起。待混凝土硬化，养生薄膜上再覆盖潮湿土工布进行保温保湿养护，养护时间28天，如图 4-251 所示。

图 4-251　超高性能混凝土自动覆膜及养护

⑥涂刷乳化沥青。

挡砟板与防水铺装层结合部的倒角处涂刷乳化沥青，增强此处防水铺装层防水效果。挡砟板内侧道砟厚度范围也涂刷乳化沥青，防止石砟尖利的边角划伤钢板涂层，如图 4-252 所示。

图 4-252 铁路桥面挡砟板边涂刷乳化沥青

4.2.5.2 公路桥面系

1. 伸缩缝

主桥公路桥面共计有 3 道伸缩缝，分别位于主桥 1 号墩、6 号墩和 10 号墩处，其中 1 号墩为 D960 mm 模数式伸缩缝，6 号墩为 720 mm 模数式伸缩缝，10 号墩为 160 mm 模数式伸缩缝。伸缩缝需根据伸缩缝安装时现场预测的气温数据，厂家事先在厂内将伸缩缝在同样气温条件下的伸缩量调整好，并焊接定位，然后运至现场进行安装。伸缩缝主体通过焊接与钢梁连接，焊接完成后及时解除锁定，最后用超高性能混凝土填充伸缩缝与钢梁主体之间的缝隙。伸缩缝下方设有检修和防护平台，防止易损件或其他易老化件意外掉落铁路面，确保铁路行车安全。

2. 公路桥面铺装层

公路桥面铺装总厚度 70 mm，由 35 mm 沥青马蹄脂碎石（SMA10）+35 mm 浇筑式沥青混凝土（GA10）构成。主要施工工序为：喷砂除锈→防腐涂装→防水粘结层→浇筑式沥青混凝土→粘层→SMA-10 沥青混凝土。

（1）钢桥面喷砂除锈。

公路桥面采用多台抛丸机并行直线连续抛丸的方式进行除锈，喷砂除锈材料采用金属混合磨料（70% 钢丸和 30% 钢砂）。抛丸机每次行走距离不超过 50 m（相邻抛丸机除锈幅宽互相搭接 5~10 mm），往返多次，确保除锈合格，直至将单幅全宽钢桥面除锈完成。经抛丸处理后的钢板表面不应有焊渣、焊疤、灰尘、油污、水和毛刺等，其清洁度应达到 Sa2.5 级，粗糙度（Rz）应为 50~100 μm。

对无法用回收式真空抛丸机抛丸的边角处及桥面的凹坑等部位，采用手提式真空抛丸机进行补充抛丸，确保该部位的清洁度与粗糙度满足设计要求，如图4-253所示。

图4-253　钢桥面喷砂除锈施工

（2）钢桥面防腐涂装。

检查并确认桥面有无油污污染、清洁度满足要求后方可涂装施工。喷砂除锈后在3 h内实施底漆施工。即将施工前，用风钻和搅浆板灯机械混合器将底涂底漆彻底搅拌，防止多余空气以气泡状存在于拌和物中。涂装作业采用滚涂施工，边角处预涂和少量补涂时采用刷涂法。纵向及横向焊缝处因凸凹不平，采用人工局部刷涂。涂层应均匀，无漏喷、干喷，无龟裂、流坠、针眼和气泡等缺陷。如施工过程中有局部涂层损坏，根据损坏面积的大小及损坏的程度按修补涂装流程的要求进行修复和检验，经修复的涂层其各项性能应与母体涂层相近。涂装完毕应及时组织防水粘结层施工，以减少漆膜的老化与氧化，如图4-254所示。

图4-254　钢桥面防腐涂装

(3)钢桥面防水粘结层施工。

公路桥钢桥面行车道铺装层与钢板之间的防水粘结层采用甲基丙烯酸防水体系。首先由人工对行车道进行喷涂双组分防水粘结层施工,然后进行边带防水粘结层施工。

首先将桥面的尘埃、杂物等清除干净,然后仔细清洁洒布作业面,确保作业面干净、无污染。同时保证钢桥面的涂装层无破损,否则应按照有关操作程序进行补涂。喷涂施工人员着专用喷涂防护服装,并佩戴防护面具,防止吸入防水材料。

施工前,A 组分和 B 组分均需要彻底搅拌均匀,使用机械混合器,如风钻(每分钟转数为 400~800)和搅浆板。需以不同搅浆板去搅拌 A 组分和 B 组分,以免交叉污染。按温度,将适量催化剂加入 B 组分,用机械混合器彻底搅拌,直至所有催化剂分散。刮擦容器旁边及底部,确保物料彻底搅拌均匀。因加入催化剂后,B 组分会变得不稳定,为避免产生问题,物料当天用完。

防水涂膜分两道施涂,每道涂膜于平滑表面必须形成厚度 1.2 mm 的湿膜,以三种方式检查:①每隔 2 m^2 使用测量针或标准梳状厚度测量尺;②计算涂料使用量;③相对于所处理的面积,目测法(第一涂层涂布不足的区域会露底,基体可见;第二涂层的颜色对比,会突出该层涂布不足的区域)。

施涂后,尽量减少车辆在甲基丙烯酸类树脂涂膜上开行,以免造成不必要的污染。必须让涂膜完全固化,才可以进行下一阶段施工。当新甲基丙烯酸类树脂涂膜与旧固化甲基丙烯酸类树脂涂膜交接于短期施工接头处,若搭接边未受污染,新涂膜在旧膜上最少搭接 50 mm,无需准备处理。若旧甲基丙烯酸类树脂涂膜肮脏或搭接边缘受污染,则必须用抹布浸湿溶剂 1 号(丙酮)清洁搭接边缘,如图 4-255 所示。

施工过程中,按照要求频率对防水粘结层进行粘结强度检验,结果需符合设计要求。

图 4-255 钢桥面甲基丙烯酸防水层施工现场

甲基丙烯酸类树脂防水层喷涂结束并完全固化后，应立即喷涂反应性粘结剂，可采用刷涂、滚涂或无气喷涂的方法施工。施工时，用直尺或其他工具将反应性粘结剂与短期接头或搭接区分隔，如图4-256所示。反应性粘结剂的喷涂用量为100～200 g/m²，待其完全固化后，搁置或进行下一道工序施工。

已涂刷好的区域要进行保护，严禁被油污、油脂和脏物等污染。小块甲基丙烯酸类树脂防水层修补施工、涂层的划破处理、修补及施工仪具清洁等参考材料供应商的要求执行。

图4-256　钢桥面防水层粘结剂涂刷

（4）浇筑式沥青混凝土施工。

①主要设备配置。

因当地及周边并无浇筑式沥青生产站，经考察，选择将湖北同盛生物科技有限公司的德基4000型拌和站（图4-257）进行改造生产本桥所用GA-10浇筑式沥青，以确保工程质量。该沥青拌和站位于荆州市沙市区荆江大道沈家咀附近，占地约50亩，在该站基础上，新配置1台德基4 000型沥青混合料拌和站、1台浇筑式沥青混合料摊铺机、10台升温搅拌运输车。

浇筑式摊铺机采用德国制造的推杆式摊铺机。由于浇筑式沥青混凝土的流动性，需设置边侧模板，防止沥青玛蹄脂侧向移动。根据钢板表面情况进行测量放样，确定一定间隔某一点的摊铺厚度，然后调整模板高度。摊铺机整平板由自动的水平设备控制，按照模板高度摊铺路面，摊铺宽度为3.0～7.0 m。

浇筑式沥青混合料使用专门的运输设备Cooker车（图4-458）。Cooker主要由三部分构成：沥青混凝土搅拌系统、加热系统和搅拌罐储存系统。

图 4-257　德基 4000 型沥青混合料拌和站

图 4-258　浇筑式沥青混凝土专用运输设备 Cooker

②拌和生产。

浇筑式沥青混凝土生产温度要求极其严格，以达到设计要求的拌和温度为条件，调整集料加热温度，控制适宜的产量，保证混合料的出料温度。

由于浇筑式沥青混合料拌和温度高，搅拌时间长，因此对拌和楼的拌和能力和耐高温能力有很高的要求。同时，浇筑式沥青混合料所用的沥青黏度大，而且沥青含量比较高，混合料容易黏附在设备上，每次生产完毕后，立即对黏附的混合料进行彻底清理，在生产前应对运料小车、储罐或卸料斗清理并涂刷隔离剂。

混合料拌和温度控制：如果矿粉未加热，则石料加热温度应为300℃左右，混合料拌和后出料温度按220～250℃目标控制。由于混合料中矿粉含量很大，因此混合料的拌和时间比较长，拌和时间为干拌15 s，湿拌90 s，上述工艺均需现场试拌后确定。

拌和过程中应充分注意矿粉掺加、聚合物掺加，沥青用量及出料温度的控制。同时，冷料仓上料速度的设置应充分考虑到加热鼓风中细集料的粉料（< 0.3 mm 材料）损失。

沥青、矿料加热温度、混合料出厂温度符合设计文件及规范的规定。每天用抽提试验检验各种材料的配比和GA油石比的误差。GA的拌和控制重点为三要素：温度、时间、计量，控制方法见表4-30所示。

表4-30　GA拌和重点控制内容

拌和控制要素	控制原因	控制范围
温度	集料、沥青、矿粉的温度最终影响到出料温度，温度设置不佳或控制不稳定会导致GA过于老化、流动性不佳、拌和不够均匀等现象	集料温度：300℃左右 沥青温度：175～185℃ 出料温度：210～240℃
时间	每盘料拌和时间控制在120 s左右，需要对各拌和流程时间进行精确控制	干拌时间：15 s 湿拌时间：90 s 放料时间：8 s
计量	计量系统是否正常直接影响到拌和站生产正常与否，工程质量的好坏，材料消耗成本的高低	经常检查整个计量系统，定期校验 保证各卸料口保持畅通，无沉积物，在计量时，石料和矿粉能迅速均匀流下 保证卸料门关闭及时，密封良好，无漏料现象 保证沥青和矿粉输送管道畅通，无阻滞现象

③运输。

从拌和楼生产出来的GA-10还需不断搅拌和加温，因此，GA-10使用专门的运输设备Cooker。在Cooker初次进料之前，应将其温度预热至160℃左右，装入Cooker中的混合料应保持不停地搅拌，同时应让混合料升温至210～230℃。拌和站至桥址的运输距离约35 km。

④摊铺。

GA是自流成型无须碾压的沥青混合料，因此，铺装下层的摊铺使用浇筑式专用摊铺机。在施工前需对摊铺机进行仔细检查。检查主要有三方面：摊铺机发电和动力系统、摊铺机的液压系统、整平板的加热系统，在确保摊铺机处于正常工作状态后，方可进行混合料的拌和生产。进行混合料的摊铺前，提前30 min对摊铺机进行预热，预热温度应达到160～200℃。运至现场的GA应进行流动性试验，符合设计要求后，方可摊铺。

a. 边侧限制。

GA 在 210～240℃ 摊铺时具有流动性，需设置边侧限制，防止混合料侧向流动，如图 4-259 所示。边侧限制采用约 35 mm 厚、30 mm 宽的钢制挡板，设在车道连接处的边缘。根据钢板表面平整度的情况，用不同厚度的铁片或木片调节，以达到保证铺装表面平整的目的。

图 4-259　浇筑式沥青混合料摊铺边侧限制

b. 厚度控制。

在摊铺之前，根据钢板表面情况进行测量放样，确定一定间隔某一点的摊铺厚度，然后调整导轨的高度及边侧限制板，从而确定摊铺厚度。摊铺机整平板有自动的水平设备控制，按照侧限板高度摊铺规定厚度的路面。

c. 行车道摊铺。

根据摊铺机及桥面宽度设定合理的摊铺宽度，尽量避免接缝位于车行道轮迹带上（可设置在行车道划线区位置或行车道正中间），边缘带采用人工方式铺设 GA。

Cooker 倒行至摊铺机前方，把混合料通过其后面的卸料槽直接卸在钢桥面板上。摊铺机的整平板的前方布料板左右移动，把 GA 铺开。摊铺机向前移动把沥青混合料整平到控制厚度。

紧跟摊铺机后，对接缝进行加热并由工人使用木制的刮板修整。摊铺机应带有红外加热设备，用于对先铺路面的加热，保证与新铺的沥青混合料形成整体，接缝处连接可靠，如图 4-260 所示。

在 GA 摊铺过程中，会产生部分气泡，需采用带尖头的工具刺破，排出内部空气，使其充分致密。拆除边侧限制之前，让铺装层冷却，留下一个轮廓清晰的边侧连接。摊铺机行走速度应尽可能放慢，以便与拌和运输能力相匹配。

图 4-260　行车道摊铺现场

d. 撒布预拌碎石。

为了提高浇筑式沥青混合料与上部铺装层之间的结合力和整体抗剪强度，在完成浇筑式沥青混合料施工后，采用专用预拌碎石撒布机撒布一层粒径为 10 ~ 15 mm 的预拌碎石，用量为 7 ~ 12 kg/m²，以撒布 60% ~ 80% 覆盖率为宜。碎石撒布完后，可用人工滚筒等方式将预拌碎石压入浇筑式沥青混合料中，碎石嵌入深度为集料粒径的 1/2 ~ 2/3，如图 4-261 所示。

图 4-261　预拌碎石撒布及滚压

(5)粘层施工。

沥青面层施工时,首先在下层上喷洒粘层沥青。粘层沥青采用 SBS 改性乳化沥青粘层,采用智能沥青洒布车喷洒,喷洒量一般为 0.3~0.6 kg/m²,具体根据试洒确定。

施工过程中控制洒布速度和喷洒量,使之保持均匀稳定,不得漏洒,不得过量。喷洒的粘层油成均匀雾状,在路面全宽度内均匀分布成一薄层,不得有洒花漏空或成条状,也不得有堆积。喷洒不足的要补洒,喷洒过量处应予刮除。喷洒粘层油后,严禁运料车外的其他车辆和行人通过。

粘层油在沥青面层施工当天洒布,待乳化沥青破乳、水分蒸发完成,紧跟着铺筑沥青面层,确保粘层不受污染。

(6)SMA-10 沥青混凝土施工。

①主要设备配置。

为保证 SMA 施工的顺利进行,配置 1 台德基 4000 型沥青混合料拌和站,采用 2 台沥青混合料摊铺机阶梯式双机联铺同时施工,配备沥青洒布车 1 台,双钢轮振动压路机 2 台,双钢轮振荡压路机 3 台,小钢轮压路机 1 台,沥青混合料运输车 15 台。

②拌和生产。

沥青采用导热油加热,沥青、石料加热温度,混合料出厂温度,碾压温度符合设计文件及规范的规定。SMA 沥青混合料拌和时间及加料顺序为加矿料、纤维,干拌 15 s 后在拌和同时投入矿粉,再加沥青湿拌 45 s,总生产时间约 60~70 s,必须使集料颗粒全部裹覆沥青结合料,并以沥青混合料拌和均匀为宜。严格掌握沥青和集料的加热温度以及沥青混合料的出厂温度,其中 SMA 沥青加热温度为 160~170℃,集料加热温度为 190~220℃,混合料出厂温度 170~185℃,超过 195℃废弃。

要注意目测检查混合料的均匀性,及时分析异常现象,如混合料有无花白、冒青烟和离析等现象,如确认是质量问题,应作废料处理并及时予以纠正。

③运输。

沥青混合料运输采用载重 25 t 以上的自卸车运输。进入待铺的桥梁区域前 50~100 m 设清洗站,先将运输车辆底盘及车轮清洗干净,防止泥土杂物掉落在铺装施工范围内。运输过程中,加盖帆布保温。运输车辆从装入混合料起至开始摊铺为止,运料及等待时间不超过 1.5 h。

④摊铺。

行车道面层半幅拟采用两台摊铺机分阶梯状摊铺,以防止混合料离析,每台摊铺机宽度 6.1 m,边缘采用人工进行施工。

开始摊铺前 30 min 摊铺机就位于起点,前端伸出横杆吊垂球于行走路线上,将熨平板垫至虚铺表面高程。并启动摊铺机电加热系统,充分预热熨平板。摊铺机采用双边传感器方式控制熨平板两端标高,传感器初始位置调整好后,架设在平衡梁上行走。

汽车卸料对准摊铺料斗倒退至后轮离摊铺机 10~30 cm 处停下,挂空挡。摊铺机前进时逐渐靠近自卸车,并推动自卸车一起前进,此时汽车边移动边卸料于摊铺机料斗内。

摊铺机熨平板内设置有电加热系统,施工开始前 20~30 min,启动摊铺机熨平板电加热系统,将熨平板加热至摊铺温度。

摊铺机熨平板的振动有夯锤和熨平板两部分,振动的作用是使熨平板不黏附沥青料和使熨平板下的沥青混合料获得初始的密实度,夯锤振动器不宜开得太大,过大的振动量易引起较多设备故障和平整的破坏,一般在4级左右即可,直接达到规定的密实度。振动强度使熨平板不粘料,沥青混凝土表面不松散即可。

摊铺机摊铺的速度实际受拌和产量控制,同时又必须与前场相匹配。因此行走速度不宜过快,一般控制在 1 ~ 3 m/min,以免造成摊铺机在某一断面长时间停滞待料,造成局部平整度不好。对于改性沥青 SMA 混合料一般只有普通料产量的 60% ~ 80%,行走速度要慢一些,如图 4-262 所示。

图 4-262 SMA-10 沥青混凝土摊铺

⑤碾压。

初压采用追随式碾压,即紧跟摊铺机均匀行驶的碾压方式。初压 SMA 层的温度大于 160℃。初压(稳压)一般2遍即可,即一进一退然后就错位横移,一般来说,初压后退停机反向的位置尽可能要退到复压基本完成的位置,不能在初压表面停机反向,以免增加较深的停机痕迹,如图 4-263 所示。

SMA 层复压采用水平振荡的双钢轮压路机进行振动碾压。该碾压方式类似于轮胎压路机的搓揉碾压,可有效确保 SMA 铺装层的压实度。一般复压 4 ~ 6 遍即可完全达到密实度的要求。主要控制的是复压温度,改性沥青 SMA 复压温度大于 130℃。达到复压标准的表面尽快采取收迹碾压的措施,以免温度过低无法消除复压痕迹。复压压路机前进后退的标准是:前行不超过光轮稳压的表面,后退不进入已收迹的最终路面,碾压顺序与稳压的顺序相一致。

收光碾压由光轮压路机静压完成,其作用仅仅是消除各种施工痕迹,最终形成满意的外观。

碾压工作除上述的原则需要谨守外,还需要注意以下事项:

a. 光轮初压需洒水进行,但既要尽可能少用水,避免过多的水进入空隙较大的沥青料面内,又要保持光轮绝对不能黏料。必要时由人持拖把及时擦洗钢轮表面。

b. 绝对禁止任何压路机直接接触沥青粘层油。

c. 稳压和复压的压路机前后停机反向时的速度一定要慢，尽量减少停机造成路面的凹凸不平。

d. 施工工程中，应对路面成品进行保护。

图 4-263　SMA-10 沥青混凝土碾压

在边缘、角落及雨水井周围难以用大型压路机压实的部位，专门安排小型压路机及人工操作的机动夯锤夯实。特别是雨水井周围部位，安排有 2～3 人，采用人工夯锤紧跟摊铺机，在混合料温度较高时，人工夯实，保证这些部位混合料的密实性，如图 4-264 所示。雨水井侧壁在沥青面层高度范围新开泄水槽，以利桥面沥青层内积水排除。

图 4-264　边缘、角落沥青压实及雨水井侧壁开槽处理

4.2.6 附属结构

4.2.6.1 检查小车

1. 检查车轨道安装

根据设计图对各节间的要求，按照主梁翼板上的安装孔进行初步安装，待主桥进行一次调索完成后，然后根据主桥线型进行微调，确保轨道对接位置的直线度和轨道间距符合设计要求，调整完成后，螺栓拧紧。

2. 检查车安装

（1）上弦检查车：

①在地面上将主桁架拼装好，将伸缩桁架、发电机及电控箱等在主桁架上固定好，伸缩桁架在主桁架内。将检查车运到桁架梁内。

②用手拉葫芦将走行机构升起，并将走行机构安装在轨道上。

③安装人员在作业平台上将主桁架用汽车吊拉起，与走行机构对接。连接主桁架与走行机构，解除电控箱、发电机、伸缩桁架等的固定。

④通电，对下弦检查车进行调试。

（2）下弦检查车：

①在地面上将主桁架拼装好，将伸缩桁架、发电机及电控箱等在主桁架上固定好，伸缩桁架在主桁架内。将检查车装在船上，航行到安装位置，固定。可在岸边安装的，则直接在边墩处进行安装。

②用手拉葫芦将走行机构升起，并将走行机构安装在轨道上。

③安装人员在主桥上将主桁架用汽车吊拉起，与走行机构对接。连接主桁架与走行机构，解除电控箱、发电机、伸缩桁架等的固定。

④通电，对下弦检查车进行调试。

4.2.6.2 员工走道

铁路面员工检查走道由侧面栏杆和铁路员工走道栓接而成，上面铺设不锈钢格栅板。侧面护栏主体由∟63 mm 角钢焊接而成，单件长度 3.5 m；铁路员工走道由槽钢和角钢焊接而成，单节长度 7 m；两部分构件在厂内分开制作，工地进行栓接。

先在安装位置进行划线，确保纵向安装的偏差符合设计要求，然后按顺序进行安装，安装时，对每个构件的标高进行监控，确保高度符合设计要求，然后进行栓接（或焊接）固定。

4.2.6.3 风水管路

根据钢梁维修养护的需要，斜拉桥和 4×94.5 m 连续梁区域布置了风、水管路。风管和水管分别布置在铁路桥面两侧的员工走道上，上游侧为水管，下游侧为风管。桥上共设 3 个风包，分别位于 3 号塔、4 号塔和 8 号墩附近的下游侧，风包容积 2.5 m³。风管和水管均采用镀锌管结构，法兰盘连接，长度按 5 m 进行分段，在厂内制造，工地按长度方向进行拼接。

4.2.6.4 下墩梯子和竖梯及墩顶围栏

江陵侧和公安侧主桥端头，分别在 1 号、10 号墩附近各设 1 座上桥人行梯道及其围墙，方便检修人员上桥。人行梯道采用混凝土结构，1 号墩梯道设在上游侧，10 号墩梯道设在下游侧，里程桩号分别为 DK28+296.837 5 和 DK29+788.962 5。

首先施工人行梯道立柱。先开挖至梯道钻孔桩顶以下 1 m 位置，破除桩顶以下 80 cm 桩身混凝土，表面凿毛，将立柱钢筋骨架伸入钻孔桩钢筋笼内部与钻孔桩连成整体，在桩头套入 ϕ12 m，长 1 m 的护筒（包裹桩头 20 cm），然后浇筑混凝土。

人行梯道为钢筋混凝土结构，采用支架法分节段进行浇筑，每两个平台之间为一节段，每节段先浇筑立柱再浇筑踏步及平台。立柱模板采用钢模、步梯及平台模板均采用木模。

步梯及平台支架采用 ϕ48 mm×3.5 mm 钢管搭设脚手架，支架顶纵向间距 60 cm 布设 I20 型钢，作为底模支撑，型钢顶横向间距 20 cm 铺 10 cm×10 cm 方木作为底模平台，方米上铺 10 mm 竹胶板作为底模。详见图 4-265。

从底节开始先浇筑 1 节立柱再浇筑步梯及平台。两层平台之间折返步梯采用支架法分开浇筑。横梁与对应的平台一同进行浇筑。

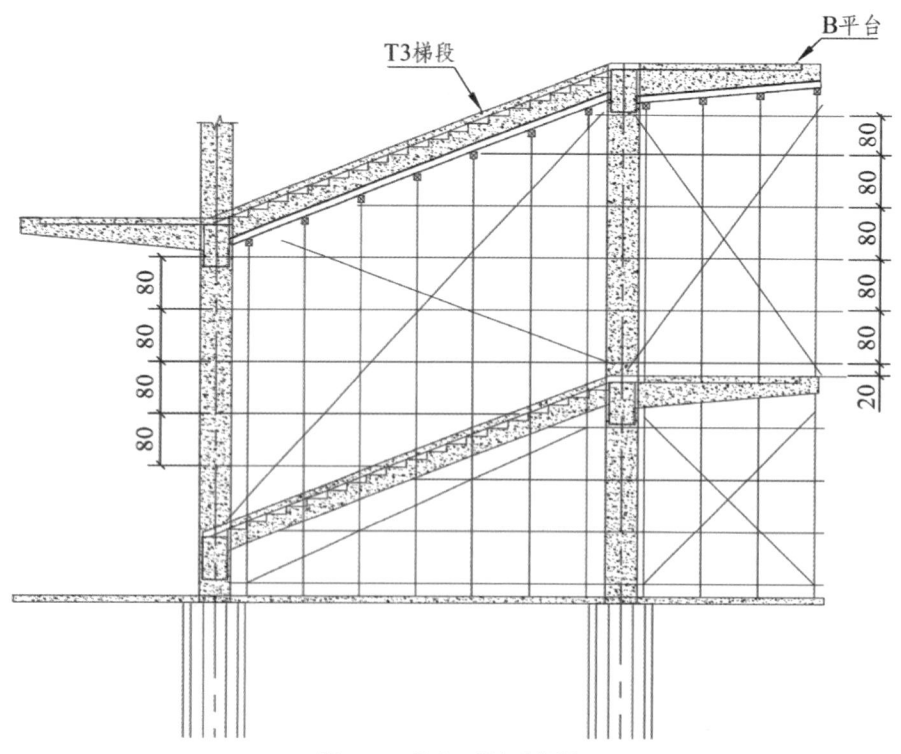

图 4-265　踏步、平台支架图

墩顶防护栏杆及航标灯架均采用型钢焊接而成，所有构件按照单元件在加工厂制造组拼完成后油漆涂装。

主塔航标灯架及上横梁防护栏杆单元件运至现场，吊机配合与预先埋设的预埋件进行焊接。

主桥 1 号、2 号、5 ~ 10 号墩及 3 号、4 号墩下横梁中间段部分护栏为活动式，单片护栏直接插入预留孔内，以方便检查小车通过时拆除。墩顶固定部位护栏插入预留孔后用 M50 砂浆填实固定。

4.2.6.5 塔内爬梯和电梯

每个主塔的两个塔柱内均设有步梯和休息平台，在上游侧塔柱内设有一部电梯，可直达上横梁下方的爬梯休息平台。在上、下横梁内设有竖直爬梯，供检修人员到达相关区域。

塔内步梯和休息平台在后场制作，运至现场逐节焊接安装，塔内共设 50 层平台，由公路面处人孔进入，可直达塔顶，每节段间距 2.0 ~ 3.0 m。

电梯由生产厂家负责制造安装。

4.2.6.6 航空障碍灯和助航标识安装

在每座主塔顶部各安装 4 盏高强光航空障碍灯，塔身中部安装 2 盏中强光航空障碍灯。

在主桥 3 号、4 号桥墩上、下游侧各安装一套桥柱灯架（含检修通道），并分别配布四盏桥柱灯（绿色）；最低位桥柱灯位于最高通航水位 2 m 以上，灯间距 2 m。

在主桥 5 号桥墩的上游侧安装一套桥柱灯架（含检修通道），并配布两盏桥柱灯（绿色）；下游侧为通航规划预留桥柱灯悬挂装置，两侧均按四盏桥柱灯（绿色）安装条件预留。

在 4 号、5 号桥墩之间辅助通航孔上游侧的中心线处配布一套圆形桥涵标和一盏绿色桥涵灯（含安装支架）；其对应面为通航规划预留桥涵标、灯悬挂装置。

主通航孔上游侧距 4 号墩 144.95 m、下游侧距 3 号墩 148.05 m 处各配布一套方形桥涵标和一盏红色桥涵灯（含安装支架）；其对应面为通航规划预留桥涵标、灯悬挂装置。

另外，主通航孔中心线上、下游侧为通航规划各预留一套桥涵标、灯悬挂装置。悬挂装置为安装预埋（预焊）件。

4.2.6.7 桥上供电和照明

1. 供、配电系统

铁路桥面在 3 号、4 号主塔墩下横梁上各安装一组 10/0.4 kV 变、配电设施。电源取自铁路 10 kV 贯通线，在高压端配置 10 kV 电缆分路器，设置埋地式变压器，在低压侧设配电柜。低压供电方式为三相四线制加 PE 线。对桥上照明、维修小动力、塔内照明、航空障碍灯等分回路供电。其中一级负荷包括航空障碍灯和通航标志灯，航空障碍灯重要回路配 EPS 作为备用电源。通航标志电源（开关箱进线）接自低压配电柜 TBX2，配 DUPS 电源。

2. 检修道照明

桥上检修道照明为双侧对称布置，灯间距为 14 m，灯头距检修道面 3.5 m 高，灯杆安装在检修道的栏杆上。检修道面平均照度不小于 5 lx。照明采用微电脑时钟自动控制系统。

3. 检修道小动力维修电源

检修道动力维修电源为双侧交错布置，单边间距约 84 m。

4. 主塔内检修走道照明

主塔内为维修人员提供照明灯和插座。塔内每间隔 3～4 m 安装一盏 23 W 荧光灯，每间隔一盏灯安装一个插座。

5. 低压电缆敷设

电缆从低压配电柜配出后，沿桥梁两侧检修走道栏杆外挂的电缆通道敷设。负荷处分支线穿金属可绕管至灯位。

4.2.6.8 健康监测

桥梁健康监测系统由中铁桥隧技术有限公司设计、安装。

主要包括以下子系统：

（1）自动化数据采集监测子系统：通过传感器、数据采集、数据传输设备实时采集结构响应及环境特征数据，并通过数据处理和控制设备对采集到的数据做进一步处理。可分为传感器模块、数据采集及传输模块、数据处理与控制模块 3 个主要模块。

（2）人工巡检养护管理子系统：基于巡检养护手册，结合养护指导意见，进行日常的结构巡检数据管理，并对巡检数据、巡检任务的执行情况进行有效的管理。主要包括巡检任务管理和巡检数据管理 2 个模块。

（3）数据库管理子系统：该子系统主要管理整个大系统全寿命期桥梁的所有动态、静态数据（包括设计资料、施工期资料、实时监测数据、人工巡检数据、桥梁基本信息、系统管理信息等），并完成数据的归档、查询、存储等。

（4）综合监测应用子系统：对传感器监测及人工巡检得到的各类数据，进行统一的专项分析、病害统计、报表管理。

（5）用户界面子系统：用户界面子系统主要是向业主、科研单位、设计单位、养护单位、结构工程师、巡检工程师等相关人员提供桥梁结构监测及巡检管理的人机界面。

桥梁健康监测终端设置在浩吉铁路江陵中心站，时刻监测桥梁的实时状态。

4.2.6.9 附属细节处理

桥梁附属工程作为桥梁养管人员检查作业的设施和通道（平台），依据设计图纸施工安装完成后经自检发现的问题及路局工务部门检查验收提出的要求，对以下细节方面进行了改进和完善：使其具有安全、可靠，实用、方便的功能。

（1）下墩（塔）梯道及梯道处弦杆外临边防护改进。主桥桥墩（塔）处铁路面上下游侧的钢梁下弦杆外侧设有下墩竖梯，原设计竖梯护圈仅高出弦杆面 0.4 m 左右，桥墩处梯道至员工走道栏杆间采用悬挂式链条栏杆防护。由于梯道护圈高度过低，人员从挡砟板面员工走道下至弦杆面竖梯时不便手扶和拦挡，悬挂式链条也起不到临边围挡作用。故对上述问题进行了改进：一是将竖梯护圈接高 2 层至 1.5 m 左右；二是将 2 层链条栏杆改成 2 层角钢栏杆，角钢栏杆之间增焊竖向钢筋网片；三是员工走道至下弦杆顶面高度增设 2 级钢步梯，步梯撑脚底部垫橡胶块防磨；四是桥塔处通道两侧增加栏杆扶手，斜通道步板加焊防滑横挡。如图 4-266 和图 4-267 所示。

图 4-266 增设护圈、临边栏杆、步梯

图 4-267 桥塔通道增设栏杆扶手、防滑横挡

（2）梁端温度位移调节器处梁缝增设防踩空盖板。这个问题是路局工务段验收时提出，要求在两条轨道线路之间、轨道线路与员工走道之间的梁缝临空位置也要铺设盖板，防止人员通过时意外踩空造成伤害。梁缝临空段设置钢盖板，盖板一端与挡墙固定，另一端搁支于相邻挡墙顶并稍许脱空，以便在温度变化时随梁活动伸缩。如图 4-268 所示。

（3）1号墩、6号墩处公路面梁端伸缩缝下方增设防坠落检修平台（通道）。主桥公路面在 1 号墩、6 号墩处设计有大位移量公路毛勒伸缩缝，为便于今后伸缩缝维修、更换，同时也为防范伸缩缝的连接配件在长期工作过程中突发疲劳破坏坠落，危及下方铁路行车安全，1 号墩、6 号墩处公路面梁端伸缩缝下方均增设了钢检修平台（通道），平台底板采用钢格栅板。检修平台有 2 个作用：一是作为今后公路伸缩缝检修、更换的操作平台；二是作为伸缩缝配件等易损件损伤破坏坠落的拦截平台，防止坠落物体危及铁路行车或损坏下方铁路行车设备。10号墩处梁缝小，不设检修平台。如图4-269所示。

图4-268　铁路面轨道间梁缝增设钢盖板

图4-629　公路伸缩缝下方增设检修拦截平台

4.2.7　塔柱预防护

近年来，采用预应力精轧螺纹钢筋作预应力的混凝土结构在施工期和竣工运营后出现崩断的情况时有发生。出现崩断的既有桥塔，也有预应力混凝土连续梁，甚至还有轨道板。精轧螺纹钢筋崩断时会产生瞬间巨大撞击力，此撞击力足以将锚头区域混凝土撞掉、撞裂，极端情况下，精轧螺纹钢筋崩断后还会冲出，危及行人或过往车辆、船舶的安全。

精轧螺纹钢筋属高强脆性材料，其使用过程中出现的意外断裂原因和断裂机理目前尚不十分清楚。从目前的冶炼技术、产品出厂和进场检测判定手段也达不到确保其100%受力状态下不会断裂的水平。因此，预应力精轧螺纹钢筋（钢棒）在桥梁结构中是否会崩断、何时崩断无法预见。但若一旦在工程竣工运营后精轧螺纹钢筋（钢棒）发生意外崩断冲出，则后果难以预料。因此，为安全保险起见，一些采用预应力精轧螺纹钢筋（钢棒）作预应力的混凝土结构，采取了主动或被动防护，以防崩断的精轧螺纹钢筋（钢棒）或撞裂掉的混凝土块飞（冲）出造成事故。比如有的市政公路桥桥塔锚固区采取包裹的主动防护措施。有的铁路斜拉桥则在钢桁梁顶面进行被动防护，防止从塔柱上方坠落的物体危及下方高速行驶的列车和行车设备；一些高铁线路轨道板侧面的锚穴区则是采取全线封挡防护，防止预应力钢棒崩断射出危及行车。

荆州长江公铁大桥上塔柱也是采用井字型布置预应力精轧螺纹钢筋的结构，后期运营过程中存在精轧螺纹钢筋意外崩断的可能。为消除隐患，做到万无一失，确保桥塔下方公路面运行车辆的绝对安全，经研究，3号、4号主塔墩塔柱锚固区实施了主动预防护。主动预防护的做法是：在塔柱锚固区环向预应力筋锚头表面一定范围覆盖封挡高强高韧性防护材料，防止万一发生精轧螺纹钢筋崩断时，确保崩断的钢筋不会冲出，锚头处被崩断钢筋撞裂的混凝土也不会鼓出掉落，以免危及塔柱下方桥面的行车安全。

该防护方案是在试验基础上确定的。为做到预防护合理有效，安全、可靠，事前对各种防护材料及其厚度的防护效果进行 4 个轮次、13 种防护方式的足尺模拟试验。根据试验结果，从防护效果、耐久性、施工难度、经济性和对结构外观影响程度等方面考虑，决定桥塔锚固区采取"吸能承撞板＋封固承载层"的组合式主动预防护方案，预防护示意见图 4-270。

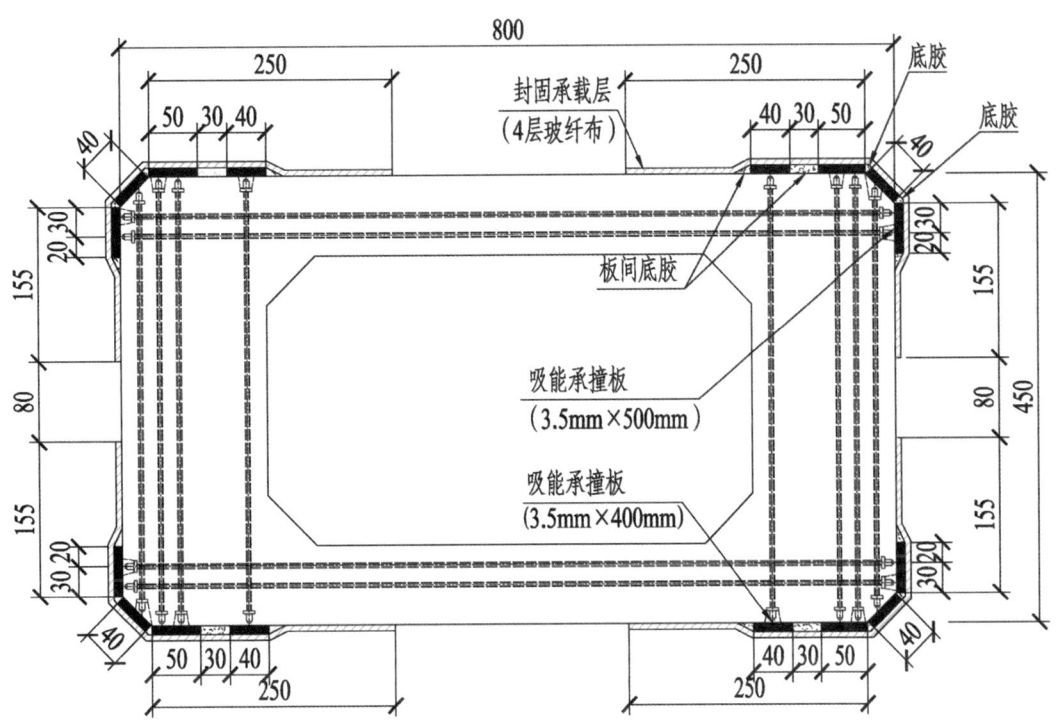

图 4-270 单个塔肢预防护平面示意图（尺寸除注明外以厘米计）

1. 预防护材料规格及性能指标

（1）吸能承撞板和封固承载层。

吸能承撞板可用真空成型的 12 层 E 型双向玻璃纤维布制作，封固承载层可采用无碱 E 型双向布玻璃纤维布。其规格及性能需满足表 4-31 和表 4-32 中的指标要求。

表 4-31 吸能承撞板规格及性能

种 类	双向玻璃纤维布层数	设计厚度 /mm	强度 /MPa			弹性模量 /（×10^{4}MPa）		伸长率 /%
			抗拉	弯曲	层间剪切	抗拉	弯曲	
E 型（无碱）真空玻璃纤维板	12	3.5	≥330	≥330	≥25	≥1.5	≥1.5	≥2.0

表 4-32　E 型（无碱）玻璃纤维布（双向）规格及性能

种　类	单层布面积重 /（g/m²）	单层布设计厚度 /mm	抗拉强度标准值 /MPa	弹性模量 /（×10⁴MPa）	伸长率 /%
E 型（无碱）玻璃纤维布	400	0.35	≥ 1 500	≥ 7.2	≥ 2.0

（2）底胶及修补胶.

粘贴吸能承撞板和玻璃纤维布封固承载层使用 Lica-110 底胶和 Lica-120 修平胶，其强度指标均满足《公路桥梁加固设计规范》的要求，性能指标见表 4-33。

表 4-33　底胶与修补胶安全性能指标

性能项目		性能要求（A 级胶）
底胶	钢 - 钢抗剪拉伸强度标准 /MPa	≥ 14
	与混凝土的正拉粘结强度 /MPa	≥ 2.5，且为混凝土内聚破坏
	不挥发物含量（固体含量）/%	≥ 99
	混合后初粘度（23℃ 时）/（mPa·s）	≤ 6 000
修补胶	胶体抗拉强度 /MPa	≥ 30
	胶体抗弯强度 /MPa	≥ 40
	与混凝土的正拉粘结强度 /MPa	≥ 2.5，且为混凝土内聚破坏

吸能承撞板和封固承载层玻璃纤维布、底胶与修补胶采用南京海拓复合材料有限责任公司产品。材料进场后，现场取样送具有检测资质的机构进行检测，符合施工设计文件要求或规范标准方能使用。

2. 预防护施工

（1）施工设施。

作业平台：主塔预防护及涂装施工均在高空作业吊篮内进行，3 号墩、4 号墩两个主塔共四个塔柱均布置吊篮，不考虑周转。

作业内容有：吊篮安装、基层处理、粘贴吸能承撞板、粘贴封固承载层玻纤布、防护涂装、拆卸吊篮。主要施工工艺流程：施工准备 → 吊篮安装 → 基层处理 → 粘贴吸能承撞板 → 粘贴四层玻璃纤维布封固承载层 → 表面涂装 → 拆吊篮 → 现场恢复。

每个塔柱上设置 8 套吊篮，其中 4 米吊篮、2 米吊篮各 4 套，吊篮布置见图 4-271。

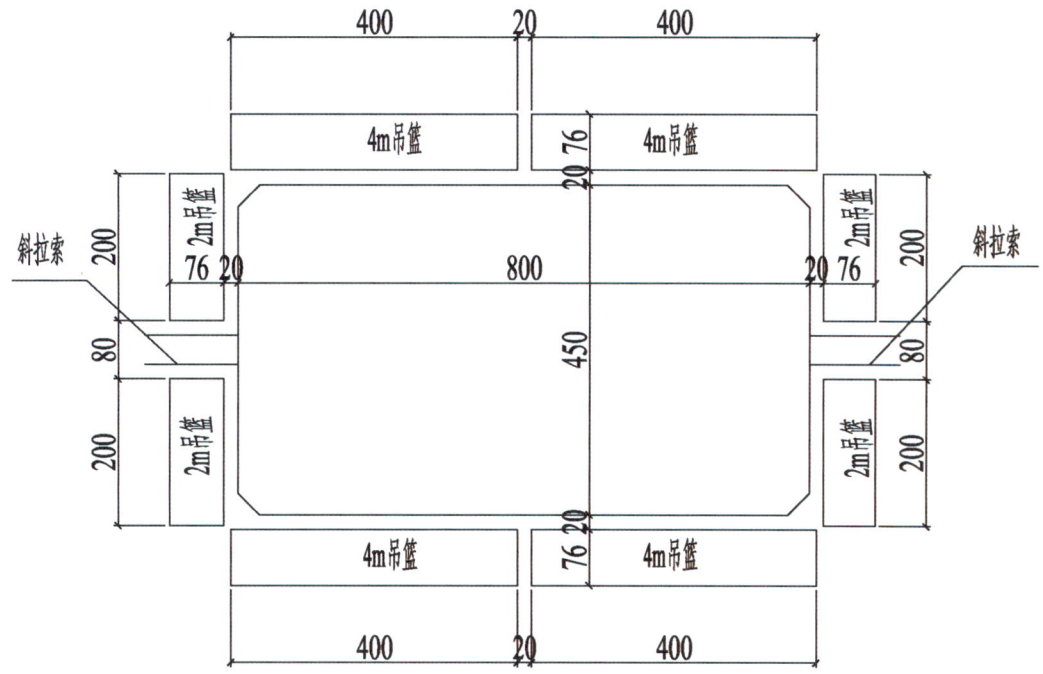

图 4-271　预防护施工吊篮布置

（2）基层处理。

对塔柱混凝土基面采用角向磨光机进行打磨处理（图 4-272），并满足以下要求：

①磨去混凝土表面浮浆和饰面层，露出坚实的混凝土结构层。

②将混凝土表面的夹渣、疏松、蜂窝、麻面、起砂等缺陷去除，用结构胶进行修补，保证混凝土表面平整。

③转角处进行倒角处理并打磨成圆弧，半径不小于 20 mm。

④用干净棉布将打磨面表面灰尘擦拭干净。

图 4-272　混凝土基面打磨

（3）粘贴吸能承撞板。

吸能承撞板按从下而上顺序进行粘贴（参见图 4-274 和图 4-275），工艺流程为：定位放线→吸能承撞板表面打磨→涂刷底胶→拌制贴板胶→粘贴吸能承撞板→固定加压→质量检查。

①定位放线。

板块粘贴前，先对预应力粗钢筋的实际分布位置进行定位。然后按照设计图纸中尺寸放出吸能承撞板的粘贴位置，再检查吸能承撞板与预应力粗钢筋的相对位置关系，核对吸能承撞板是否在有效防护的位置。如不符合要求，查明原因并适当调整板块粘贴位置。

②粘贴吸能承撞板。

a. 吸能承撞板表面处理：对待粘贴的吸能承撞板粘贴面进行轻微打磨，用丙酮清洗板块粘贴面使其清洁，无油污、粉尘。在吸能承撞板上预钻定位安装小孔，每块板上钻 8 个孔，每侧 4 个。如图 4-273 所示。

图 4-273　吸能承撞板表面打磨处理

b. 涂刷底胶：确认混凝土表面干净、干燥后，用修补胶将混凝土表面不平处补平；然后对粘贴区域划线；配制底胶，将其涂刷在粘贴区域混凝土表面上，涂刷需均匀，无漏底。胶层厚度控制在 3 mm 左右。

c. 粘贴吸能承撞板：先将按比例配制好的粘板胶涂在吸能承撞板的粘贴面上，再将板粘贴在塔柱规定的防护位置。用 3 cm 长的平头螺丝从板上小孔穿过拧紧在混凝土里，固定并加压。加压顺序按从中间向两端逐点加压，不得由两端向中间加压。粘贴需平整、密实。以板周边有少量胶体均匀挤出为合格。

塔柱面吸能承撞板位置放线及粘贴见图 4-274 和图 4-275。

图 4-274 承撞板粘贴位置放线　　图 4-275 粘贴吸能承撞板

③质量检验。

吸能承撞板粘贴位置与设计位置偏差不大于 5 mm；胶层应均匀，无局部过厚、过薄现象；用锤击法检查粘结质量，有效粘贴面积不小于总粘贴面积的 95%。检查时逐区测定空鼓面积，若单个空鼓面积不大于 10 000 mm^2，钻孔注胶填补空腔；若单个空鼓面积大于 10 000 mm^2，需揭开重贴和重新检查验收。

④粘贴封固承载层玻纤布。

玻纤布按自上向下的顺序进行粘贴（参见图 4-276）。粘贴工艺流程：定位放线 → 基层修平 → 拌制涂刷底胶 → 拌制涂刷贴布胶 → 粘贴第一层玻纤布 → 拌制涂刷贴布胶 → 粘贴第二层玻纤布 → 拌制涂刷贴布胶 → 粘贴第三层玻纤布 → 拌制涂刷贴布胶 → 粘贴第四层玻纤布 → 拌制涂刷贴布胶 → 表面盖胶植砂 → 质量检查。

a. 基层处理：配制修补胶，先将吸能承撞板之间的凹槽用修补胶抹平，然后对粘贴好的吸能承撞板表面进行清理、打毛，待粘贴的混凝土基面打磨平整并清理干净。

b. 放线：按设计图弹线放出玻纤布粘贴位置。

c. 涂刷底胶：配制底胶，涂刷在粘贴区域混凝土表面上。

d. 粘贴玻纤布：待指触法确认底胶干燥后，涂刷配制好贴布胶，将裁剪好的玻纤布贴于粘贴位置，用刮板在布表面均匀平衡滚压，使胶浸透布材。粘贴要平顺紧密，无褶皱、无气泡，保证密实无空鼓。多层粘贴重复以上操作，每层时间间隔以指触干燥为准。最后一层玻纤布粘贴完成后，表面刷胶进行盖胶处理，盖胶同时植粗砂粒，以保证与饰面涂装之间的粘结力。

玻纤布粘贴时在竖向搭接不小于 150mm，每层的搭接位置错开。每个区域内的 4 层玻纤布粘贴完毕后，再粘贴下一区域的四层玻纤布。

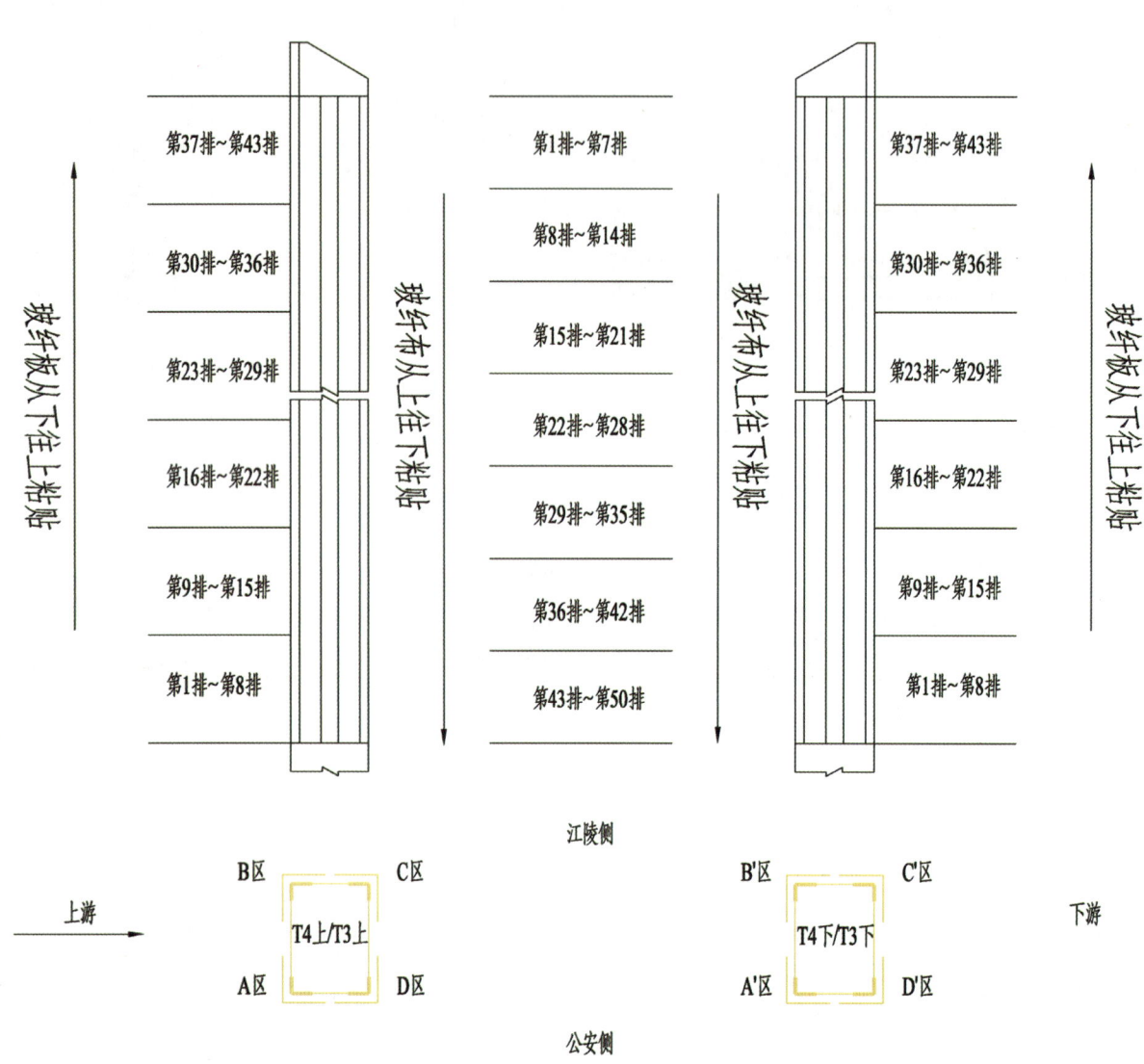

图 4-276 粘贴承撞板、封固承载层玻纤布分区及顺序

E. 质量检验

①粘结质量检查。用锤击法检查承撞板、玻纤布与混凝土之间的粘结质量，有效粘贴面积不应小于总粘贴面积的95%。检查时，逐区测定空鼓面积，若单个空鼓面积不大于10 000 mm²，采用注射法充胶修复；若单个空鼓面积大于10 000 mm²，应割除修补，重新粘贴等量承撞板、玻纤布。

②粘结强度检查。用拉拔试验检查玻纤布与塔柱基面混凝土的正拉粘结强度，合格指标为正拉粘结强度≥2.5MPa，且为混凝土内聚破坏。如图4-277所示。

图4-277 粘贴玻纤布正拉粘结强度检验

（5）表面涂装。

塔柱预防护材料粘贴完成后，在其表面进行防老化保护涂装。防老化保护涂装体系如下表，设计保护年限15年。防老化保护涂装体系要求附着牢固，无起皮、开裂，面漆颜色要求与塔柱混凝土本色基本接近，均匀一致。防护涂装体系见表4-34。

表4-34 防护涂装体系

序 号	涂 层	材 料	厚度/μm
1	底漆	环氧封闭底漆	50
2	腻子	环氧高强腻子	找平
3	中间漆	环氧树脂漆	100
4	面漆	丙烯酸脂肪族聚氨酯面漆	80

4.3 引桥施工

4.3.1 公铁合建段引桥施工

4.3.1.1 钻孔桩基础施工

1. 工程概况

合建段引桥分为公安侧与江陵侧，分别与主桥相连。江陵侧与公安侧合建段引桥各有12个桥墩，桩基础均为$\phi 1.2\ m$的桩径形式，各有271根钻孔桩，江陵侧桩长为45 m，公安侧桩长为40 m。

2. 地质地貌

引桥地面高程约36.0～40.0 m，地形平坦，地势开阔，通过区主要为农田和村庄。区内水系均与长江有直接或间接联系，地下水发育，第四系软弱土结构松散、孔隙率大、基本承载力低、高压缩性，工程性质极差，基坑开挖易产生变形、坍塌、震陷等危害。

桥址区地层大致可分为5大层：①层厚6.25～27.50 m，主要由黏性土、粉土和松散～稍密状的粉、细砂组成；②层厚14.1～40.6 m，主要由中密状的粉、细砂和细～粗圆砾土组成，局部夹透镜体状的卵石土，其中卵砾石土层厚7～30 m；③层厚26.15～44.5 m，其中卵砾石土层厚21～24 m，卵砾石土层中局部夹粉细砂透镜体；④层仅揭露于部分深孔，层厚26.8～42.85 m，其中卵砾石土层厚17～30 m，卵砾石土层中局部夹粉细砂透镜体；⑤层未揭穿，仅下游黄林垱桥位CZI-2、CZI-3孔揭示，其厚度大于21.7 m，土层主要为黏性土及粉细砂层。

3. 施工方法

根据现有地质资料情况和大桥试桩成果，选择旋挖钻机进行钻孔桩施工，旋挖钻机型有TR360D、TR280D、SR220等类型。

引桥钻孔桩通过优质泥浆护壁，旋挖钻机钻进成孔，换浆法进行清孔；钢筋笼采用长线法制造，分节安装；桩身混凝土采用垂直导管法水下灌注。

所有引桥的钻孔桩都采用陆地法钻孔施工，其中部分处在沟河、水塘中的墩位，通过筑岛形成陆地施工平台，墩位钻孔场地地面标高按高于承台顶设计标高50 cm控制。场地平整压实后，采取挖埋法埋设钢护筒，护筒与孔壁之间用黏土挤密夯实，护筒直径比桩径大20 cm，埋设深度至承台底标高以下50 cm，一般4～4.5 m长。

S001～S012号墩、N001～N012号墩每2个桥墩共用一个泥浆池。泥浆池由造浆池、存浆池和沉淀池3部分组成，开钻前泥浆储备量不少于单根桩设计方量的1.5倍，平均成桩速度为1.5天/根。

钻孔泥浆选用不分散、低固相、高黏度的pHP优质膨润土化学泥浆。泥浆由优质膨润土、碱（Na_2CO_3）、羟甲基纤维素（CMC）和聚丙烯酰胺（pHP）等原料组成。泥浆性能指标：比重为1.05~1.15；黏度为16~22 s；pH值为8~10；含砂率小于4%；胶体率大于95%。制浆及每班开始工作时，依次检测泥浆的全套指标，钻进过程中每隔2 h检测一次进浆口和排浆口处泥浆的比重、黏度、含砂率、pH值四项指标。

4. 钻孔遇到问题

荆江河段是长江管涌多发地段，历史上由于管涌发生，地下卵砾石层中粉细砂因管涌被带走，因而地层卵砾石土中填充物少、空隙大，稳定性差极易发生漏浆、坍孔等。针对此类地质灾害不利因素，在施工中虽有针对性地采取了一些如采用长护筒，使用优质泥浆，提高护筒孔口标高增加孔内水头等预防措施，但实际施工中仍有不少桩孔因为地质条件太差而出现严重漏浆、坍孔等问题，给施工造成了不小影响。

经统计，合建段引桥钻孔桩施工过程中漏浆、坍孔等问题主要集中在江陵岸，共有N008号、N010~N012号墩出现漏浆、坍孔，其中N012号墩地面塌陷。经分析对比：漏浆地层均为圆砾土层，且地勘资料提示填充物以粉细砂为主，应是引起桩孔漏浆坍孔的主要原因。

5. 漏浆及坍孔处理方法

①钻进至圆砾土层时降低钻进速度，放慢进尺。
②根据长江水位上涨情况，填高施工墩位地面高程，接高孔口增加孔内水头压力。
③采用长护筒，防止坍孔或减少坍孔范围，及时补浆。
④漏浆严重时则及时回填黏土直至不再漏浆，然后再用螺旋钻头反钻，向孔底及四周孔壁挤压，增加孔壁密实度后再继续钻进，泥浆面高出地下水位1.5 m以上。
⑤在不稳定地层钻进时，泥浆比重调至1.2~1.3，黏度大于35 s。
⑥发生坍孔和地面塌陷的，采取桩孔回填和地表填平压实，静置一个月后再重新钻孔。

4.3.1.2 承台施工

公铁合建段引桥承台数量江陵侧、公安侧各17个（含5个公路承台），矩形结构，厚度2.5 m。引桥承台尺寸及工程量见表4-35。各承台顶面基本在原始地面以下0.5 m位置，承台基坑开挖深度3~4.5 m。地下水埋深洪水期一般在0.5~2.0 m。

表 4-35　引桥承台尺寸及工程量统计

位置	墩　号		承台尺寸 /m			数量	单个承台钢筋重量 /t	钢筋总重量 /t	单个方量 /tm³	总方量 /m³
			长	宽	厚					
江陵岸引桥	N001～N002 号		20.2	9.2	2.5	2	34.0	67.9	464.6	929.2
	N003 号		21.3	9.2	2.5	1	35.7	35.7	489.9	489.9
	N004 号		22.6	9.2	2.5	1	37.8	37.8	519.8	519.8
	N005～N007 号		27.4	9.2	2.5	3	45.8	137.3	630.2	1 890.6
	N008 号		30.2	9.2	2.5	1	52.4	52.4	694.6	694.6
	N009 号	铁路	20.2	9.2	2.5	2	34.0	47.2	600.9	600.9
		公路	9.4	5.8	2.5		13.2			
	N010 号	铁路	20.2	9.2	2.5	2	34.0	47.2	600.9	600.9
		公路	9.4	5.8	2.5		13.2			
	N011 号	铁路	21.1	9.2	2.5	2	35.4	48.7	621.6	621.6
		公路	9.4	5.8	2.5		13.2			
	N012 号	铁路	12.7	8.2	2.5	3	14.8	41.2	533	533
		公路	9.4	5.8	2.5		13.2			
		公路	9.4	5.8	2.5		13.2			
公安岸引桥	S001～S002 号		20.2	9.2	2.5	2	34.0	67.9	464.6	929.2
	S003 号		21.3	9.2	2.5	1	35.7	35.7	489.9	489.9
	S004 号		22.6	9.2	2.5	1	37.8	37.8	519.8	519.8
	S005～S007 号		27.4	9.2	2.5	3	45.8	137.3	630.2	1 890.6
	S008 号		30.2	9.2	2.5	1	52.4	52.4	694.6	694.6
	S009 号	铁路	20.2	9.2	2.5	2	34.0	47.2	600.9	600.9
		公路	9.4	5.8	2.5		13.2			
	S010 号	铁路	20.2	9.2	2.5	2	34.0	47.2	600.9	600.9
		公路	9.4	5.8	2.5		13.2			
	S011 号	铁路	21.1	9.2	2.5	2	35.4	48.7	621.6	621.6
		公路	9.4	5.8	2.5		13.2			

续表

位置	墩号	承台尺寸/m			数量	单个承台钢筋重量/t	钢筋总重量/t	单个方量/tm³	总方量/m³
		长	宽	厚					
公安岸引桥	S012号				3		41.2	533	533
	铁路	12.7	8.2	2.5		14.8			
	公路	9.4	5.8	2.5		13.2			
	公路	9.4	5.8	2.5		13.2			
合计		—	—	—	34	—	1 030.8	—	13 761

承台施工步骤：桩基检测→测量放样基坑边线→基坑支护及放坡开挖（内支撑随深度加设）→基顶及基底设置排水沟→凿桩头→浇筑垫层（封底）混凝土→测量放样承台边线→绑扎承台钢筋→安装冷却水管和测温元件→安装墩身预埋钢筋及其他预埋件→安装模板→浇筑承台混凝土→混凝土养护→拆模、竣工验收→基坑回填。

根据基坑开挖深度和周围地形地貌情况选择不同的开挖方式：基坑开挖深度未超过3.5 m的，周边无重要结构物或沟渠的，采用全放坡开挖；基坑开挖深度未超过3.5 m，但周边有重要结构物或沟渠的，采用局部支护、局部放坡开挖，支护采用拉森Ⅵ钢板桩或型钢（工钢、钢管或槽钢）支护；基坑开挖深度在3.5～4 m，采用不设内支撑的拉森Ⅵ钢板桩或型钢（工钢、钢管或槽钢）支护。基坑开挖深度超过4 m的，采用拉森Ⅵ钢板桩支护开挖，且需设置内支撑。

承台钢筋在钢筋加工车间加工成型，平板车运至墩位绑扎。模板采用钢模，设置双向拉杆。混凝土由南北岸混凝土工厂生产供应，搅拌车运输到墩位，泵送入模。承台施工完成后及时进行基坑回填。

承台混凝土一次浇筑，按照大体积混凝土施工的要求，采取埋设测温元件掌握混凝土温度和降低混凝土入模温度，保温、保湿养护等一系列技术措施，控制混凝土内部因水化热引起的绝热温升，防止内外温差过大产生有害裂纹，确保大体积混凝土质量。

4.3.1.3 墩身施工

公铁合建段S001～S010号、N001号～N010号铁路墩均为框架结构，S011号、S012号和N011号、N012号墩铁路墩为托盘式板式墩，公路墩为框架墩，南北岸桥墩结构相同，平面布置反对称。铁路立柱尺寸3.0 m×3.5 m（横向×纵向），铁路墩帽尺纵向尺寸3.9 m，横桥向尺寸18.0～25.8 m。公路框架立于铁路墩帽之上，公路立柱尺寸1.8 m×1.8 m，公路帽梁高度2.0 m，宽度2.1 m。

1. S001～S010号、N001～N010号墩墩身施工

S001～S010号、N001～N010号墩墩身均采用分节浇筑，翻模法施工，模板倒用一次。墩身结构以江陵岸为例，详见图4-278～图4-280。

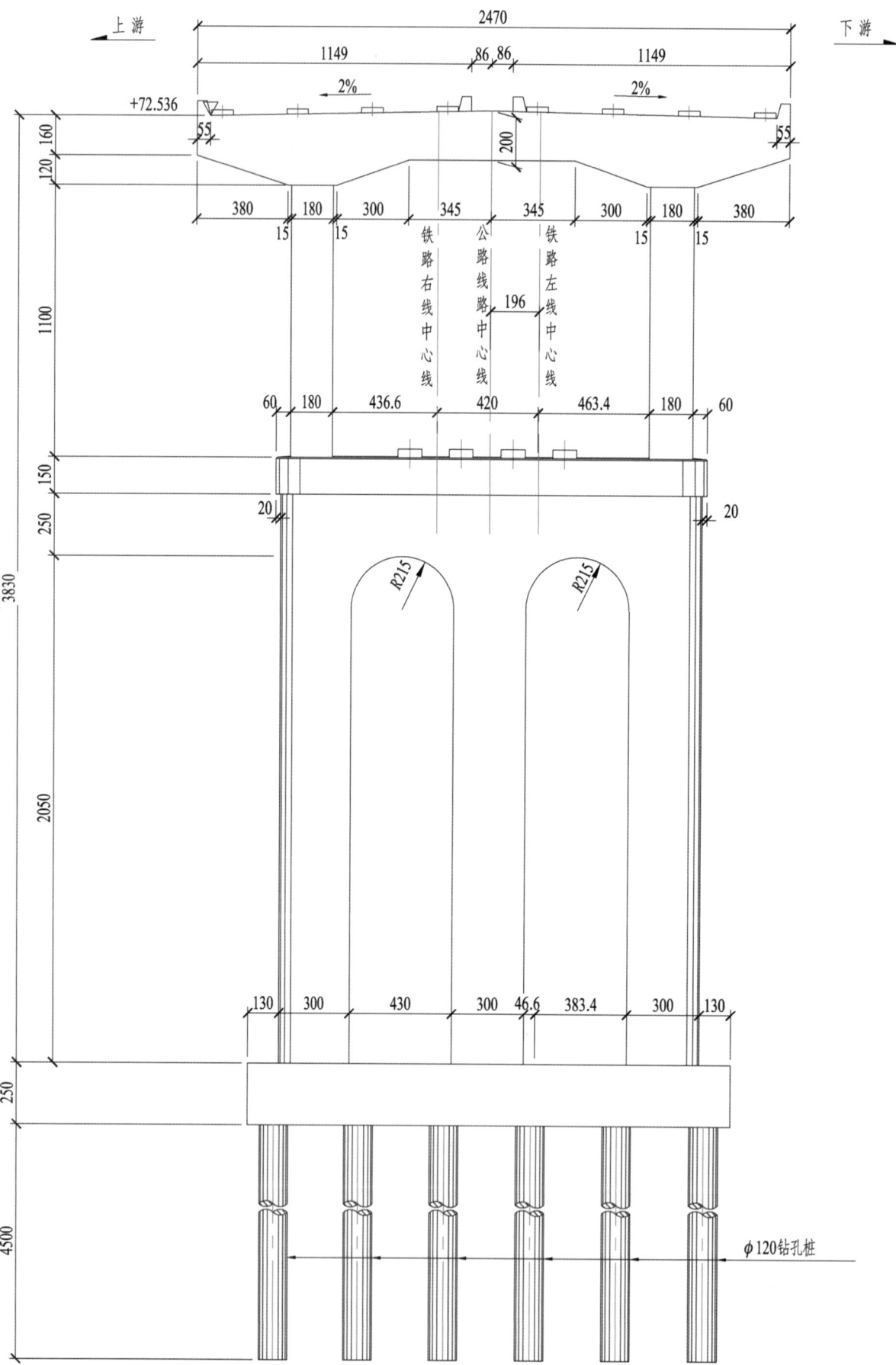

图 4-278 N001～N004 号墩立面图

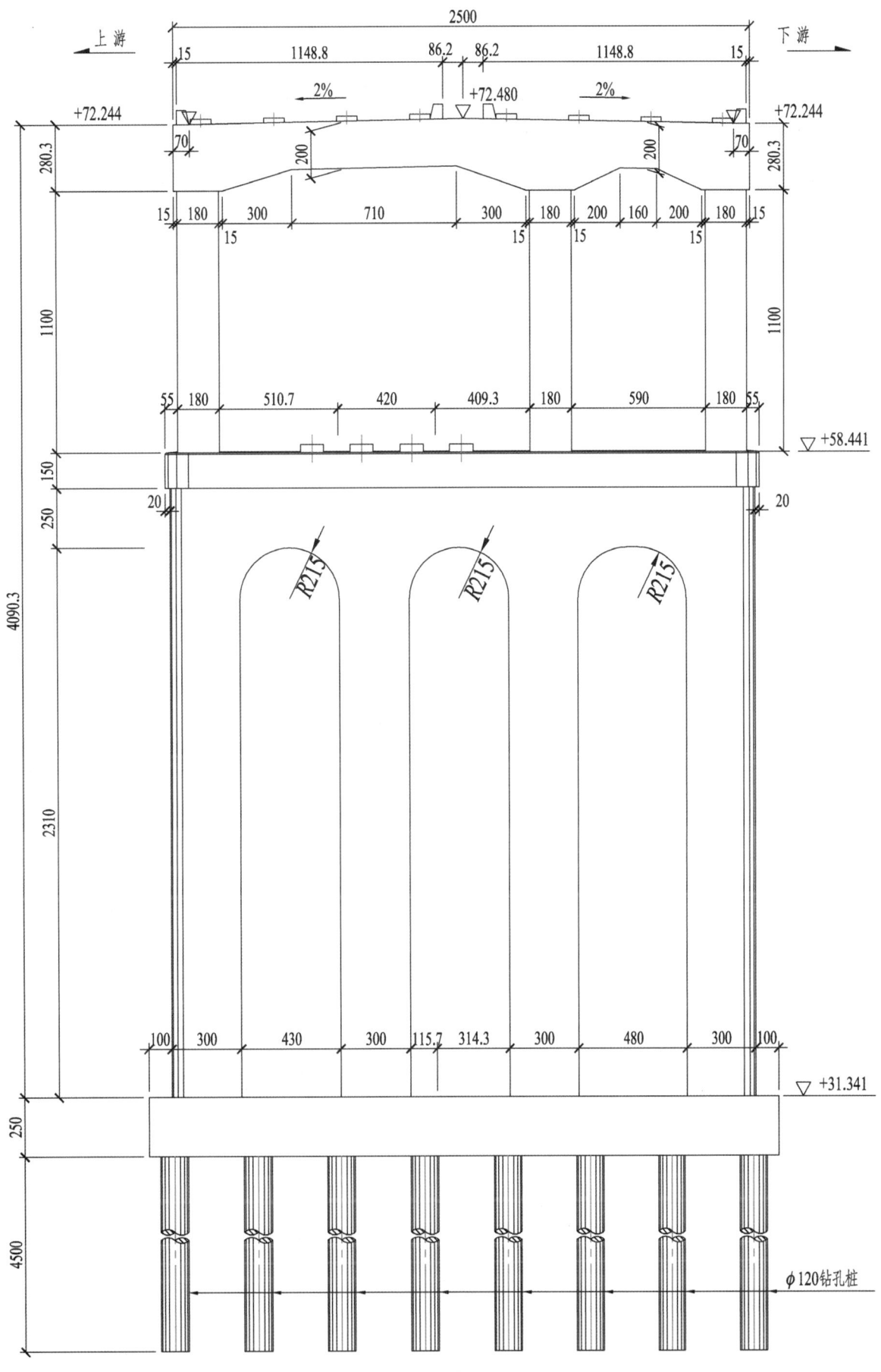

图 4-279　N005～N007 号墩立面图

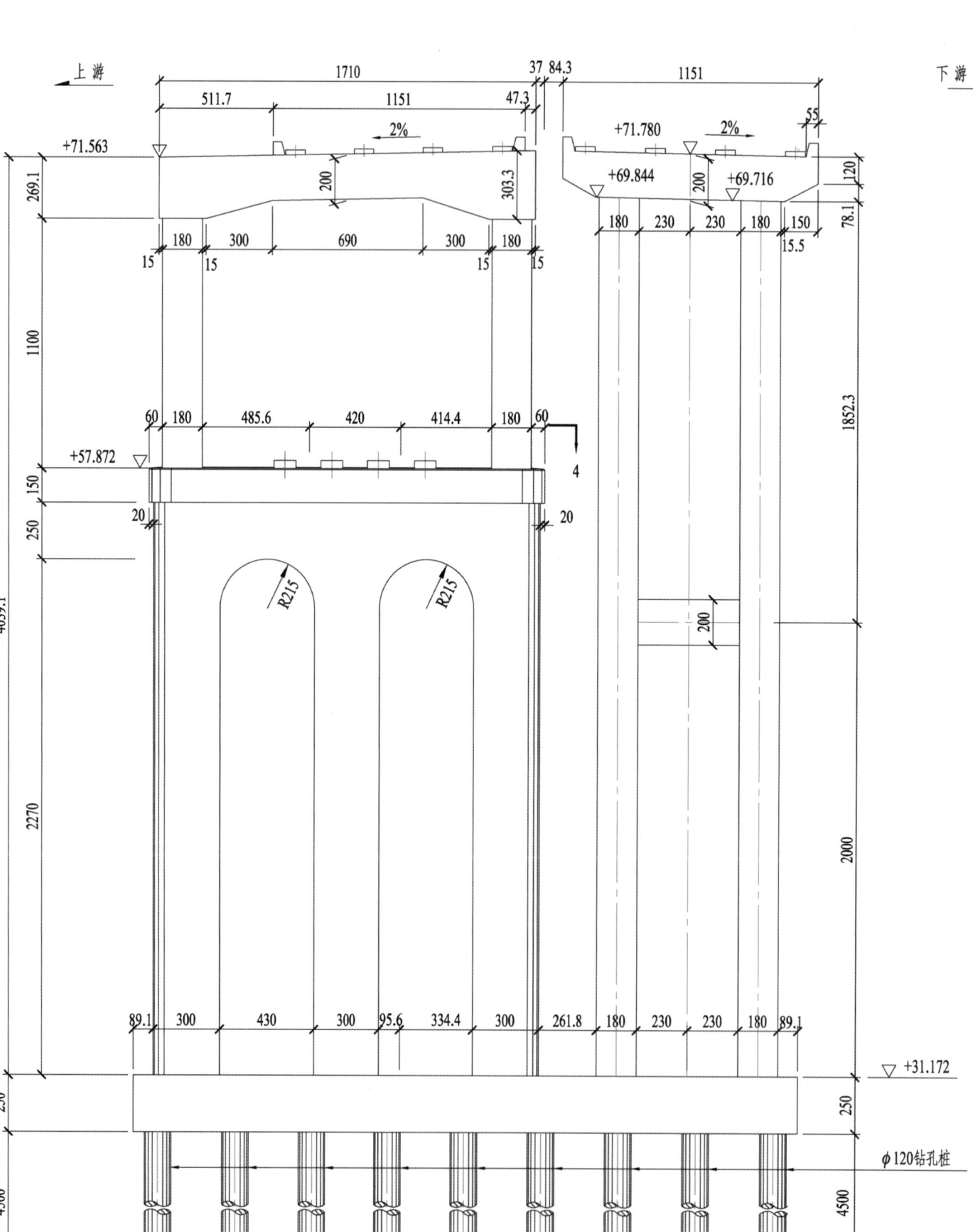

图 4-280 N008～N010 号墩立面图

施工工艺流程如图 4-281 所示。

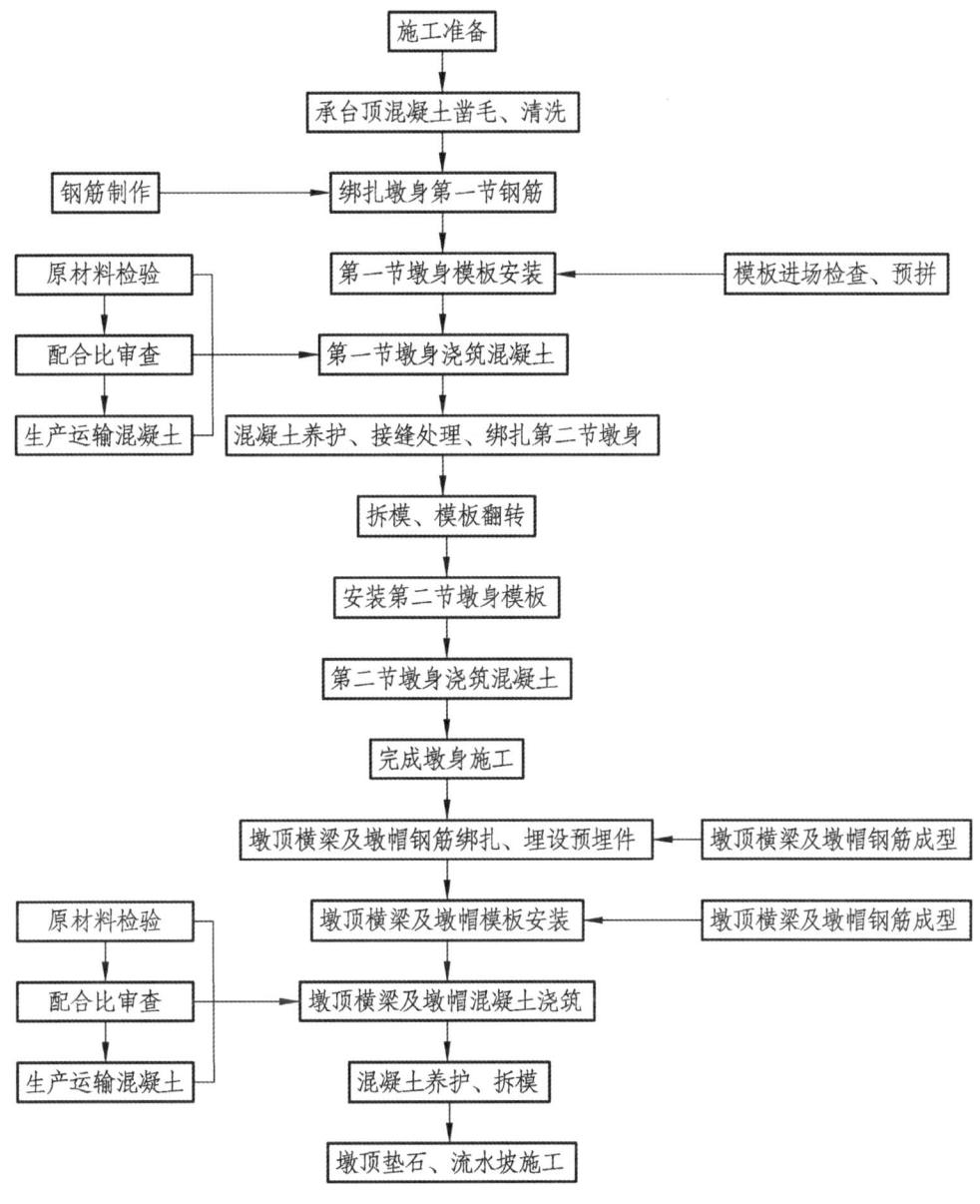

图 4-281 墩身结构施工工艺流程

2. S011～S012 号、N011～N012 号墩铁路墩身施工

S011、S012 号、N011、N012 号墩采用带托盘的圆端型板式实体墩，托盘平面尺寸 2.9 m×11.6 m，高 2.5 m，桥墩断面为变截面，坡率 45：1，墩顶处横桥向墩宽 7.4 m，顺桥向宽 2.5 m。墩身采用分节、分次完成，模板不倒用，翻模法施工（预留顶部导向模定位和固定下一节段模板）。墩身高度大于等于 15 m（不含墩帽高度）的分两次浇筑，墩身浇筑完成后最后浇筑墩帽；墩身高度小于 15 m（不含墩帽高度）的一次性浇筑，顶帽及托盘单独浇筑一次。

墩身结构以江陵侧为例，详见图 4-282。

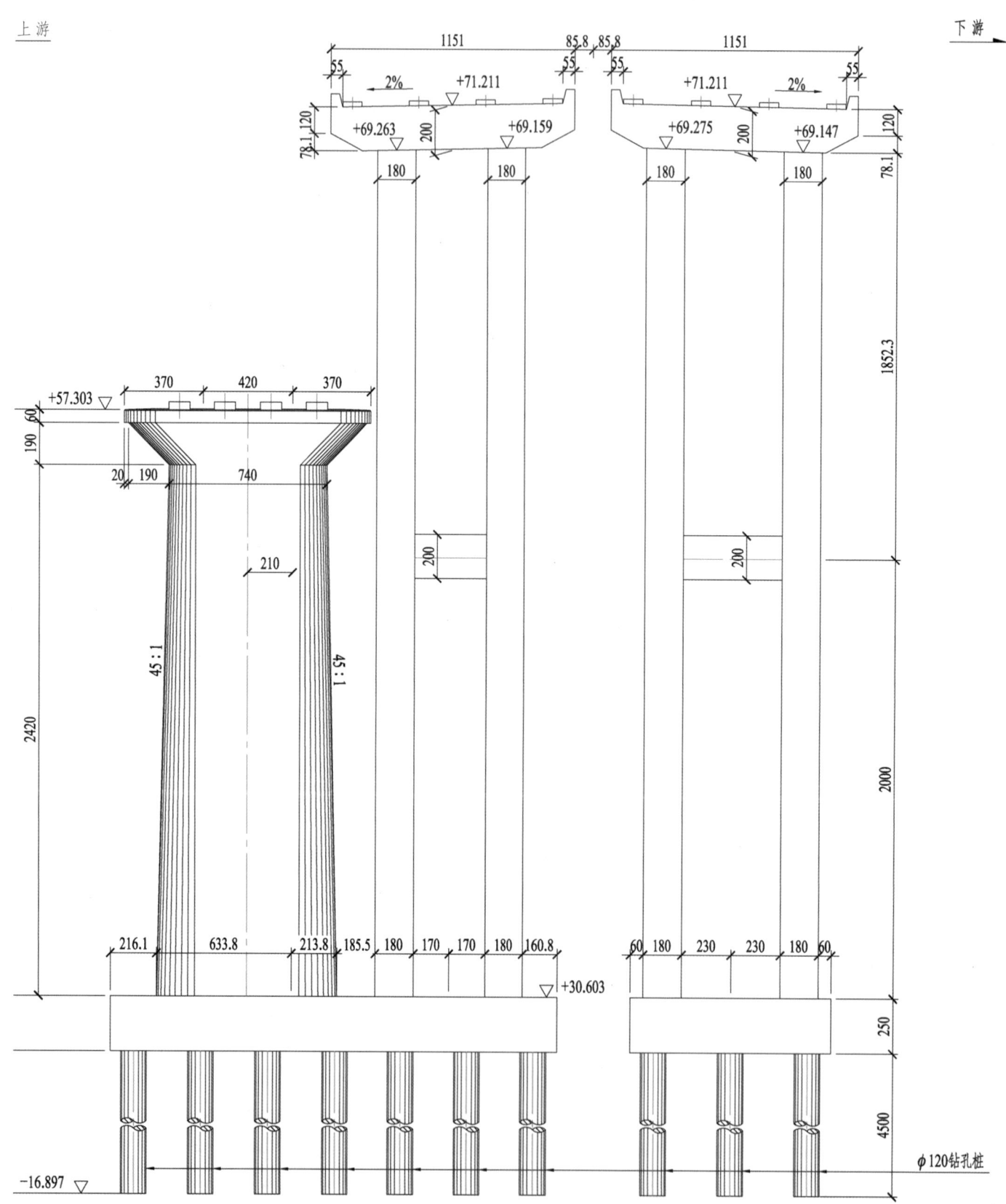

图 4-282 N011～N012 号墩立面图

施工工艺流程如图 4-283 所示。

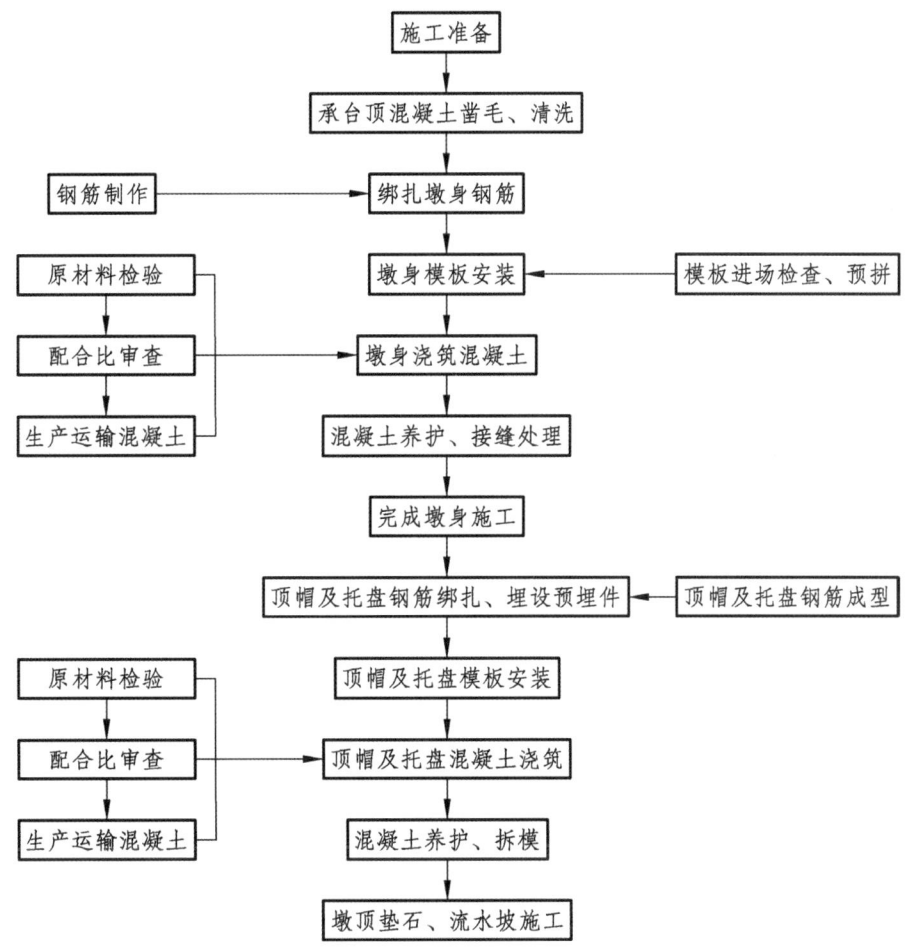

图 4-283 铁路墩身施工工艺流程

3．铁路墩身分节施工

（1）底节施工。

在承台顶面测量放线、凿毛，同时检查墩身预埋钢筋的位置、尺寸规格及数量。利用 50 t 履带吊机安装底节墩身钢筋、模板、施工平台及爬梯。各工序施工完成经报验合格后浇筑底节混凝土，混凝土采用汽车泵泵送入模，并通过顶部施工平台及串筒将混凝土下落至浇筑点。控制混凝土的浇筑速度一般不大于 1.5 m/h，一次浇筑高度大于 9 m 的，任何情况下不得超过 2.0 m/h。在混凝土浇筑完毕后，按设计顶标高进行找平与收浆，及时覆盖洒水养护，确保顶面平整光滑无裂纹。

（2）标准节段施工。

将墩身顶面凿毛，拆除墩身第一节除顶部 3 m 外的模板，保留顶部 3 m 模板不动。以第一节墩身顶部模板的上脚手平台作为施工平台，绑扎第二节段钢筋，安装墩身第二节模板，浇筑第二节墩身混凝土，养生，以此类推完成墩身直线部分施工。

墩旁设置人行爬梯，爬梯随墩身浇筑接高。

4. 公路墩身施工

公安桥合建段 S001～S012 号，N001～N012 号公路墩有两种不同结构形式，即立于铁路墩帽之上的框架结构墩与公路单建的双柱结构墩。其中 S001～S007 号，N001～N007 号墩只有框架墩；S008～S010 号，N008～N010 号墩既有框架墩又有单建墩；S011～S012 号，N011～N012 号墩只有单建墩。

（1）公路单建墩施工。

公路单建墩分节高度 6 m 左右，根据模板配置，公安岸公路单建墩高度上均分 6 次进行浇筑完成，江陵岸分 8 次进行浇筑完成。其中系梁与同高度墩身立柱一起浇筑，墩顶盖梁单独浇筑，盖梁采用预埋牛腿搭设平台进行施工。

支架采用标准节段钢管桩支架拼装作为人员上下通道。

公路单建墩主筋采用滚轧直螺纹套筒连接，主筋分节与立柱混凝土浇筑分节相对应。

公路单建墩施工投入 2 套模板，模板采用整体钢模，由专业化钢结构厂家制造。在墩柱内侧布设钢管桩支架既作为施工盖梁及系梁的支架，同时也作为施工人员的上下梯道。

（2）公路框架墩施工。

公路框架墩分三次进行浇筑。其中墩顶盖梁单独浇筑，盖梁采用铁路墩顶安装钢管桩支架进行施工，墩柱采用翻模施工，分两次进行混凝土浇筑，每次施工高度不大于 6 m。

公路框架墩主筋采用滚轧直螺纹套筒连接，主筋分节与立柱混凝土浇筑分节相对应。

公路框架墩施工计划共投入 4 套模板，模板采用整体钢模，由专业化钢结构厂家制造。在墩身外侧四周搭设钢管脚手架作为施工步梯和钢筋安装、模板安拆平台。利用汽车吊、履带吊或两墩位间塔吊进行吊装作业。

公路墩混凝土均由生产区混凝土工厂生产，搅拌车运输至工点，采用汽车泵送入模，并通过顶部施工平台及串筒将混凝土输送至浇筑点。

5. 墩顶横梁和墩帽施工

墩身顶节拱形横梁和墩帽施工同步进行，横梁圆弧底模配置钢管支架和型钢支架作为承重体系，承担上层混凝土浇筑时的施工荷载。墩身直线段施工时，可在墩壁预埋一定数量预埋件（单面 2～3 块），若与拱形横梁底模相接的模板存在标高累计差，在预埋板上焊接型钢支点作为模板调整支座。

圆拱横梁混凝土和墩帽混凝土分别浇筑，由于墩帽混凝土体积较大，采用优化配合比，降低入模温度，保湿蓄热措施，控制混凝土内部水化热引起的绝热升温，防止内外温差过大而产生裂纹。

6. 支承垫石施工

支承垫石混凝土在墩帽混凝土浇筑完成并具有一定的强度后再单独进行施工，墩帽混凝土施工前按设计图纸预埋支承垫石钢筋或完成支承垫石钢筋的绑扎作业。支承垫石混凝土采用钢模一次浇筑完成,其顶面标高及四角高差应严格控制在设计及规范要求内,并按支座地脚螺栓预留螺栓孔。

7. 施工难点及措施

(1)混凝土养护。

混凝土浇筑后及时覆盖洒水养护,同时尽量晚拆模,控制内外温差。拆模后喷洒养护液或用薄膜包裹养护。

(2)大节段立柱浇筑爆模事故防范。

模板结构进行设计复核计算,并由专业钢结构厂家制造。模板进场后严格验收,不合格不予使用。混凝土浇筑前对模板连接螺栓、拉杆逐一检查核实。混凝土初凝时间控制在10 h以内,浇筑速度控制在30 m³/h以内,加强对模板结构的检查巡视。

(3)砂线控制方法。

一是要砂石料、粉煤灰、水泥等原材料批次尽量相同,砂石料含泥量严禁超标,石子干净;二是混凝土搅拌时间严格控制在120~150 s,确保材料搅拌均匀;三是通过试验确定浇筑层厚、振捣时时间、振捣部位等关键工艺参数,并随时调整。

(4)裂纹的控制方法。

一是从浇筑工艺入手,采取多点均匀下料灌注,禁止采取定点下料、长距离振赶混凝土的浇筑方式,确保均匀振捣,振捣时间足够,符合要求;二是精心养护,当节段浇筑完成,顶部需经两次收浆,收浆完成后覆盖养护。冬季施工时,顶面和墩身侧面包裹保温掩护,拆模不早于10天,拆模后外包塑料薄膜继续养护;夏季施工时,顶面覆盖蓄水养护,且将模板拉杆适当放松(混凝土终凝后),使养护水顺板缝渗入模板内部进行养生,养护时间7天,拆模后同样包裹塑料薄膜继续养护。

图 4-284 墩身外观施工控制

施工效果:墩身节段施工周期10~15天。经过逐墩检查,墩身模板拆除时几乎未出现收缩裂纹情况,但随时间推移(定期观测),少数桥墩在宽面出现宽度小于0.2 mm的竖向裂纹。绝大多数墩身(81%)经数年观测,均未发现裂纹。

墩身外观施工控制见图4-284。

（5）钢筋倒伏防范和 45°拉筋安装。

墩身截面尺寸不大、但施工节段高度较大时，节段钢筋绑扎时容易发生倒伏情况，施工中须严加防范。合建段铁路墩柱拉筋弯钩设计为 45°钩，且纵横交错布置，间距较密，安装困难。采取以下措施解决：钢筋绑扎时在支架顶面设置钢筋定位架，保持绑扎过程中钢筋稳定，先安装竖向主筋，然后再安装水平钢筋，水平筋从底部逐层安装，每层绑扎好后才能进行上一层绑扎。钢筋绑扎完毕、模板安装完成后方能拆除临时定位支架。

翻模现场施工见图 4-285。

图 4-285　墩身施工

4.3.1.4　小箱梁制架

1. 小箱梁梁场布置

合建段公路小箱梁两岸各 12 孔，每孔 8 片，总计 192 片。两岸小箱梁原为分设梁场进行制、架，后根据本桥合同工期需要及节约用地考虑，最后改为只设一处制梁场，但两岸分开架设。梁场布置在公安岸 10 号墩～S006 号墩段桥位上游侧，长约 175 m，宽 20 m。运梁便道及提升站区长约 130 m，宽约 11 m，共占地面积约 4 930 m²。布置图如图 4-286 所示。

梁场布置 8 个制梁台座，台座为钢筋混凝土结构，顶面宽为 1 m，台座两端基础加固处理，以满足张拉起拱后承担箱梁重量。梁场存梁区双层存梁，最多存 8 片梁；提升区钢梁桥面存梁 3 片；装梁区活动台座可存 1 片，最大存梁数量共计 12 片。钢筋在既有车间内加工，倒运至制梁台座绑扎，梁场内不另设钢筋加工、预应力材料存储堆放场地。

2. 小箱梁预制

（1）总体方案。

小箱梁在预制场内完成预制。先在制梁台座绑扎钢筋、安装模板、浇筑混凝土及初张拉，然后由

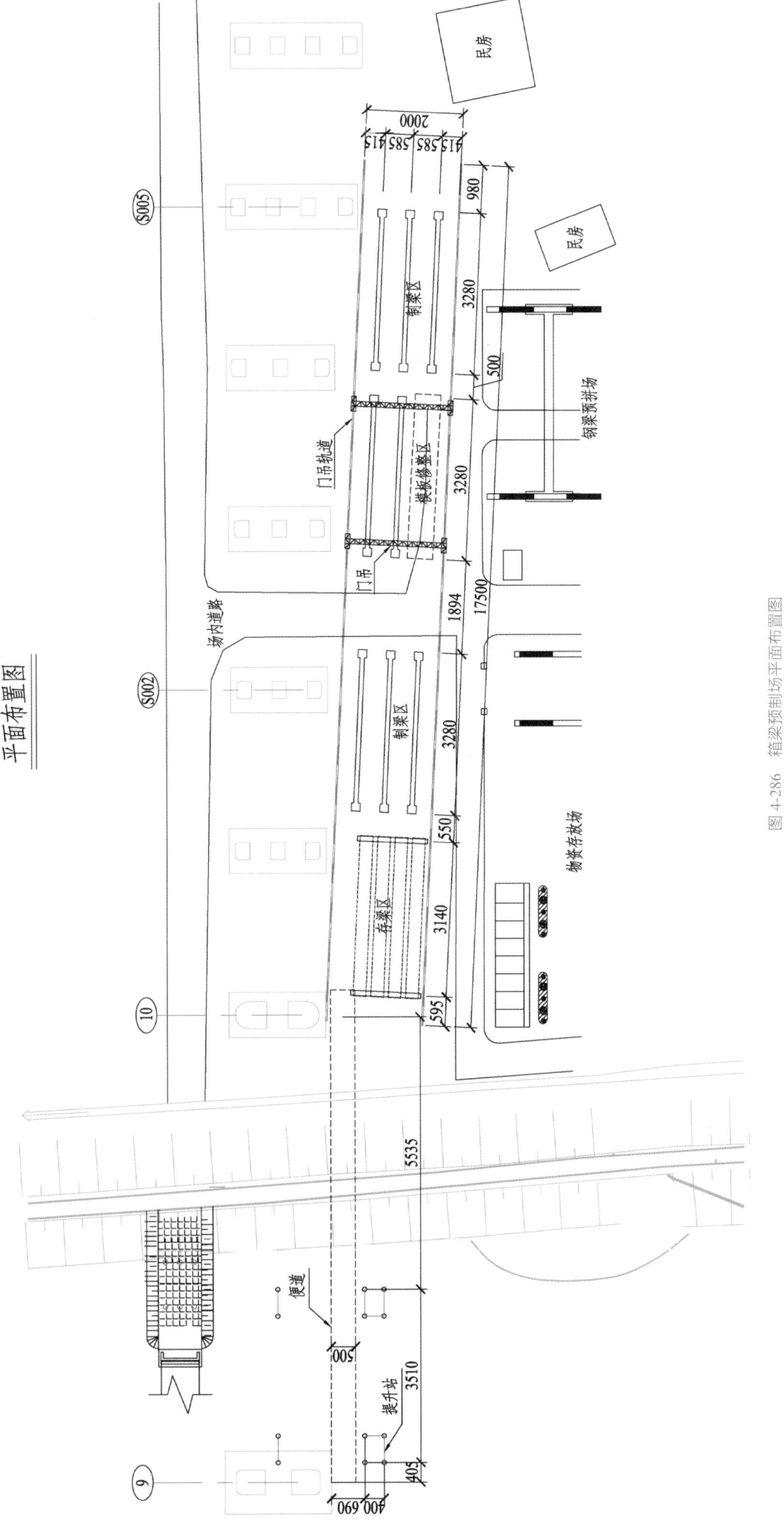

图 4-286 箱梁预制场平面布置图

2台65 t龙门吊装至存梁台座上继续养护,在存梁台座上进行终张拉、压浆和封端施工。之后由运梁台车转运至提升站提升至钢梁桥面,最后由桥面运梁车运至待架桥跨,用架桥机架设。

公路箱梁预制架设施工工艺流程见图4-287。

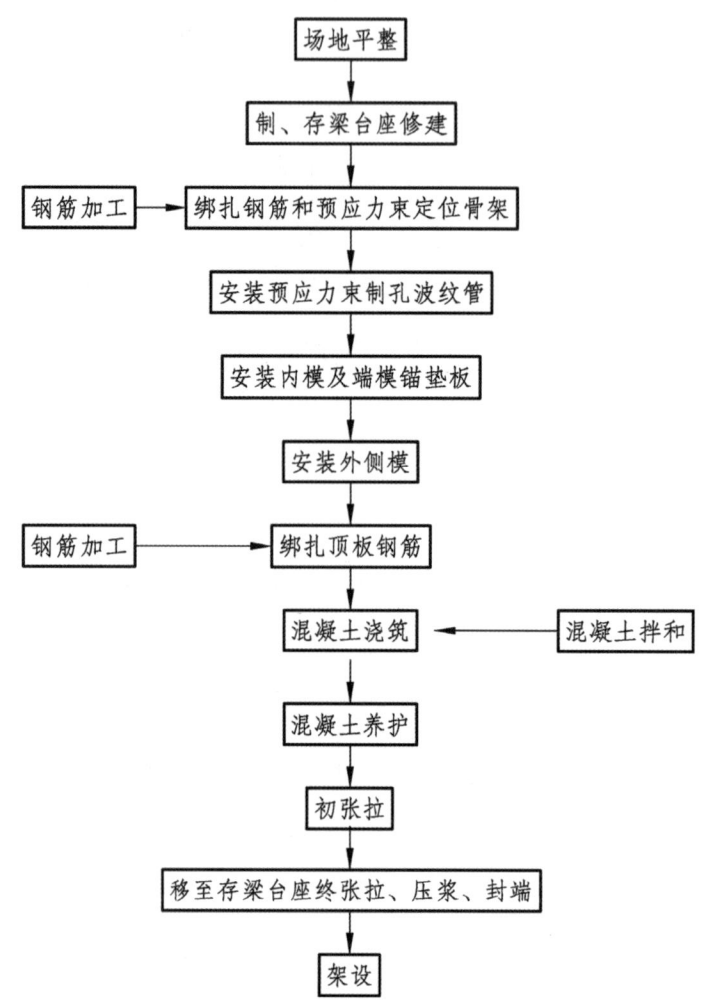

图4-287 公路箱梁预制架设施工工艺流程

(2)钢筋安装。

纵向主筋采用直螺纹机械连接、其他规格钢筋采用焊接接长。先绑扎底板及腹板钢筋并安装预应力管道,内模安装后再绑扎顶板钢筋,伸缩缝预留槽口筋、防撞护栏等预埋钢筋均随梁体钢筋一起安装。

(3)模板安装。

台座顶铺设钢板作为底模,底模根据设计要求设有反拱,从跨中向两端按二次抛物线内插设定。跨中反拱值见表4-36所示。

表 4-36　箱梁底模反拱值

梁位	边梁		中梁	
	边跨	中跨	边跨	中跨
反拱值 /mm	−30	−25	−30	−25

受梁长和跨中横隔板位置影响，边跨边梁、中梁及中跨边梁、中梁侧模配长稍有不同，除标准节外，还设置调节段模板。

外侧模打磨除锈涂好脱模剂后采用龙门吊配合从台座一端开始安装，模板接缝粘贴海绵条并用螺栓压紧，保证接缝平整不漏浆。底腹板钢筋绑扎好后用门吊将预先组装好的内模吊入，内模顶面与顶板钢筋或顶拉杆之间设置限位块，防止浇筑混凝土时内模上浮。内模采用抽拉式脱模拆除，需待梁体混凝土强度达 2.5 MPa 时，才能开始抽拉脱模。

（4）混凝土施工。

箱梁混凝土浇筑顺序为先浇筑底板混凝土，然后依次浇筑腹板、顶板混凝土。通过两侧斜腹板下料，底板及腹板波纹管以下混凝土由设置于外侧模上的附着振动器来振实；腹板束波纹管以上及顶板混凝土由插入式振捣器振实。箱梁混凝土浇筑完成，表面收浆后，顶面拆模后的外箱采用专用养护液养护。内模拆除后，用无纺布覆盖两端头，箱室内洒水养护。

（5）预应力施工。

预应力孔道采用波纹管成孔，为防止浇筑过程中孔道漏浆，提前在波纹管内按设计钢绞线根数插入废钢绞线或塑料衬管。箱梁正弯矩束在梁场内完成张拉，负弯矩束布置在顶板上，在架设成联后穿束张拉。

张拉顺序为 $0 \rightarrow 10\%\sigma_k$（初张拉）$\rightarrow 20\%\sigma_k$ 张拉力 $\rightarrow 100\%\sigma_k$ 张拉力（持荷 2 min 锚固），张拉时实行张拉力与伸长量双控，以张拉力控制为主，量测的伸长量与理论计算伸长量偏差应控制在 ±6% 范围。

（6）移梁及存放。

箱梁初张拉完成后采用 2 台 65 t 门吊从制梁台座移往存梁区存梁，移梁采用吊绳兜托梁底方式。箱梁在存梁台座上继续进行养护，至强度和弹性模量达到设计要求后，再进行预应力张拉、压浆。

3. 箱梁架设

（1）总体方案。

箱梁用门吊从存梁台座吊运至运梁台车上，再用运梁台车转运至 10 号墩处 160 t 提升站提升至公路桥面，然后由桥面运梁车运至待架桥跨架设。箱梁由 NF150 t-40 m 架桥机起吊、架设，先架设南岸合建段小箱梁，后架设北岸合建段小箱梁。南岸第 1、2 联逐孔全幅架设，第 3 联先架设左幅，待左幅架设完成后，架桥机退回再架设右幅。北岸箱梁全部为全幅架设。箱梁就位后，按设计顺序先进行横、纵湿接缝施工，然后安装剩余负弯矩区预应力束，张拉、压浆，完成体系转换。

架设主要施工流程为：预制公路小箱梁及支座验收→支座（非连续端）、临时支座安装→预制梁运输至提升站→箱梁提升上桥→桥上运梁车运输至待架孔位→架桥机取梁架设→梁体落位→梁体连接及体系转换。

单幅箱梁安装顺序（外侧至内侧）：①→②→④→③，如图4-288所示。

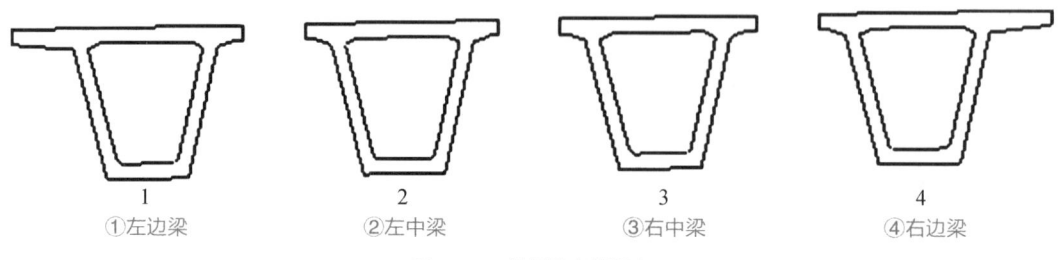

图 4-288 单幅梁安装顺序

（2）箱梁移运。

存梁区设置出梁通道，架设前由2台65 t门吊装梁，三轴160 t轮胎式运梁台车运输，由运梁台车将预制梁运输至提升站下。小箱梁由提升站提升至桥面上，由桥面上的运梁台车沿公路面运梁至架设位置。

预制梁与运梁车接触的部位布放软抄垫，保证支承受力匀称并防止损坏梁体边角混凝土。预制梁在运梁车上使用导链和$\phi 22$ mm钢丝绳捆绑牢靠，运输过程中保持匀速缓慢行驶，防止发生侧翻倾倒。合建段引桥桥面运输时以两片中梁作为桥上运梁通道，运梁过程中运梁车保持直线行驶。

提升站设在9～10号墩跨已架钢梁段，提升高度约38.6 m。提升站一侧支腿利用钢梁桥面作为支点，外侧落地支腿采用打入式钢管柱，主梁为贝雷梁。提升站横桥向布置示意如图4-289所示。

（3）主要架设方法。

架设顺序：左边梁→左中梁→右边梁→右中梁（参见图4-288）。

架设步骤：喂梁→起梁→送梁就位→落梁。

天车吊起边梁送至桥跨位置后，架桥机横移边梁到位，提升小车缓慢松钩，将梁体落于临时砂筒上，提升小车带劲提吊不松钩，人工配合用直径15 cm圆木在梁体两端的腹板外侧设置临时支撑，确保边梁稳定。圆木上端抵于翼缘板与腹板交界梗肋处，下端抵于桥墩盖梁挡块顶面，并用木楔顶紧，确认梁体稳定后提升小车方可完全松钩，解除吊具。中梁架设原理与边梁相同，中梁架设时应缓慢落钩，点动横移，严禁碰撞边梁。相邻两片箱梁就位后，立即焊连箱梁间隔板预留连接钢筋，确保梁片整体稳定。中梁竖向依靠四个临时砂筒支承，横向由翼缘和隔板钢筋拉连，不设圆木斜撑。

公路小箱梁设计采用简支-连续结构，箱梁架设到位后，需尽快进行各跨横隔梁湿接缝、翼板湿接缝及墩顶横隔梁的现浇施工，以形成设计的成桥结构状态。湿接缝和横隔墙处新老混凝土接合面必须凿毛合格，疏松或劈裂状混凝土块务须彻底清除，并冲洗干净。混凝土和易性良好、浇筑振捣充分、翼缘结合面收浆到位，保证新老混凝土之间良好结合，防止今后收缩开裂渗水。

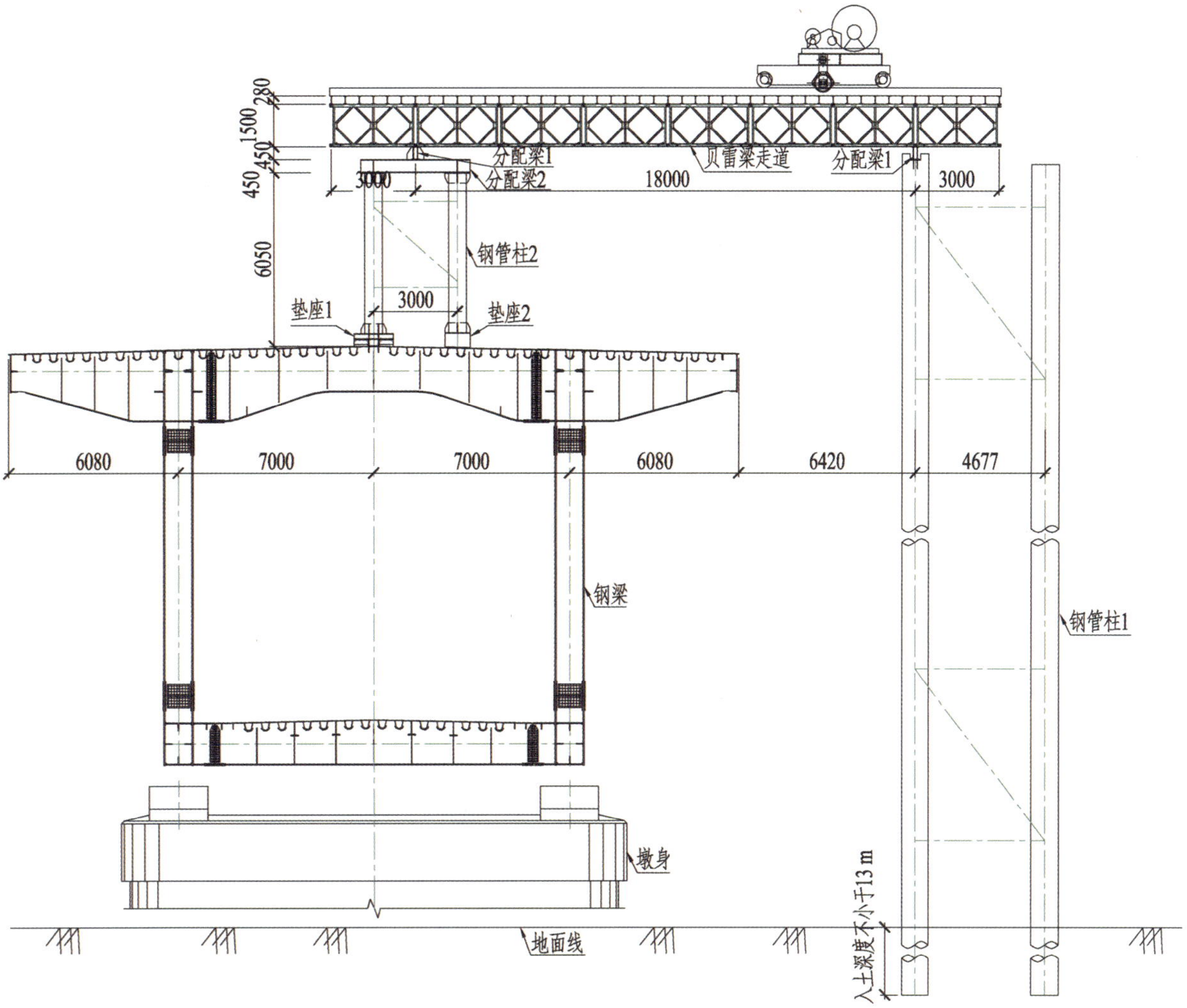

图 4-289 提升站横断面布置图

图 4-290 公路小箱梁架设就位

各联箱梁架设完成及梁间横隔墙湿接缝施工完成后，按图 4-291 中步骤施工各联的横、纵湿接头及预应力，完成体系转换后再施工桥面现浇钢筋混凝土铺装层。

墩顶横隔墙湿接头混凝土一次浇筑完成，养护时间不小于 14 天。待湿接头混凝土强度及弹性模量达到设计值的 100%，且龄期达到 7 天后，方可张拉负弯矩钢束。负弯矩束张拉完成后，浇筑桥面板及跨中横隔板湿接缝混凝土，浇筑时从跨中向支座方向浇筑。湿接缝混凝土达到设计强度及龄期后，拆除一联内临时支座，完成简支梁向连续梁的体系转换。

小箱梁均采用球型支座，中间墩支座规格为 TQZ3000，边墩支座规格为 TQZ1500。

4.3.1.5 桥面系施工

合建段公路小箱梁桥面系施工顺序为：外侧防撞护栏→中央分隔带护栏→桥面铺装→防抛网。

1. 防撞护栏及中央分隔带护栏施工

防撞护栏采用单联分段施工，每次施工段长约 32 m，先施工外侧防撞护栏，再施工中央隔离带护栏。

钢筋在钢筋工厂下料、弯制成型，运至现场进行安装。合建段公路桥面设置有公路桥面照明及交通工程相应的预埋设施，外侧防撞栏杆预留供电管道、接线盒、灯柱基础等预埋件。引桥 S008～S012 号，N008～N012 号墩邻近铁路侧的防撞栏杆上设置有防抛网，施工该段防撞栏杆时预埋防抛网立柱基础钢底座板。

护栏模板采用定制整体式钢模，模板在使用之前经过除锈打磨等技术处理，涂刷专用脱模剂，经验收合格后方可使用。模板分节拼装，普通护栏模板标准节长度为 2 000 mm，安装防抛网处护栏模板标准节长度为 1 500 mm，另外做几块调节段模板以及灯杆基础模板。模板安装顺序为先内侧后外侧。在模板安装前，采用墨线弹放出两侧的底边线，以便进行模板安装。安装时，首先测量护栏底基面的标高及平整度，然后对不满足要求处采用同标号砂浆进行调平处理。待内外侧模板都装完后，进行模板垂直度和线形的精确调整，直至符合规范要求。

外侧防撞护栏及中央分隔带护栏均采用 C30 混凝土，混凝土在搅拌站集中拌和，搅拌车运送至施工现场，通过汽车吊吊起料斗至桥面入模。采用振捣棒振捣，洒水养护。护栏每隔 10 m 左右设置 1 条断缝，断缝宽 20 mm。

2. 桥面铺装施工

公铁合建段桥面铺装公安侧、江陵侧各为 393.6 m。铺装结构层为：9 cm 桥面调平层 +FYT-1 改进型防水层 +5 cm 改性沥青混凝土 AC-16+4 cmSMA 沥青玛蹄脂。

（1）桥面调平层施工。

桥面调平层为 9 cm 厚 C40 钢筋混凝土现浇层，在防撞护栏施工完成后进行浇筑。调平层内设置 ϕ10 mm 钢筋，钢筋纵横间距均为 10 cm，采取搭接连接，如图 4-293 所示。

①桥面调平层混凝土分两幅浇筑，先浇筑上幅，后浇筑下幅。单幅桥面宽度为 13m（现浇层净宽

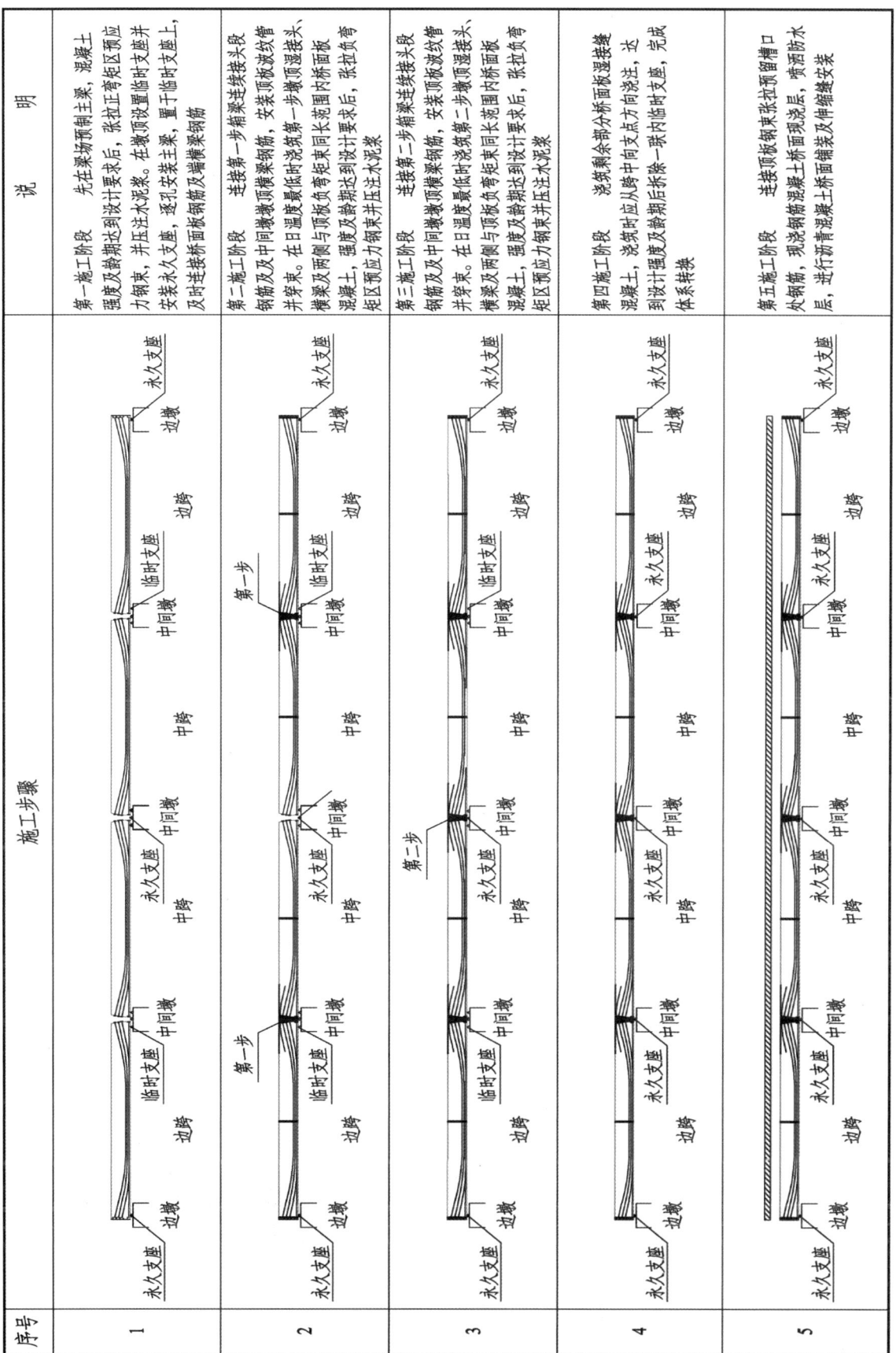

图 4-291 公路小箱梁简支-连续法施工步骤

图 4-292 合建段公路小箱梁护栏施工

12.097 m），单联单幅一次施工，每次按单幅全宽施工。横桥向钢筋在接缝处按接头错开 50 cm 布置，端头处模板开槽便于钢筋水平穿过。

②按要求先安装 ϕ10 mm 钢筋，安装泄水管及补强钢筋。端部非连续伸缩缝处用 10 cm×10 cm 宽的木方作端模，卡于钢筋上，并用钢筋固定，底部用同标号砂浆封堵。每 2 m 将高程点引至模板顶面及护栏侧面。拉线检查钢筋顶面保护层厚度，不符合要求处进行调整。

③混凝土浇筑：混凝土由拌和站集中搅拌，罐车运输至桥下，通过汽车泵泵送或汽车吊吊起料斗至浇筑点处直接浇筑。混凝土浇筑前先将桥面洒水湿润（但不得有积水），将护栏用彩条布覆盖，防止污染。为保证下料均匀可采用人工辅助进行摊铺，摊铺时铁锹应倒扣铺料，禁止扬锹甩料。

④采用滚轴式振捣器进行振捣，抹面机进行收光抹面。

⑤拉毛：在第二次收浆后，采用钢丝刷对其表面进行拉毛处理，要求拉毛深度 1~2 mm，纹理宽度 2~3 mm。

⑥养护：当混凝土初凝后，采用覆盖土工布养生，刚开始养生时不宜洒水过多，防止混凝土表面起皮，待混凝土终凝后，再洒水养生，养生期不少于 7 天以上，桥面保持湿润为宜。

⑦待桥面混凝土达到一定的强度后，沿纵向每隔 5 m 锯 3~5 mm 宽、1.0~1.5 cm 左右深的伸缩缝，防止桥面开裂。

图 4-293 合建段桥面调平层施工现场

（2）桥面沥青铺装。

①桥面抛丸处理。

表面清理是桥面抛丸处理施工前的表面预处理过程，清除桥面表面的油污、浮浆、杂物、尘土等附着物。采用多台抛丸机直线连续抛丸的方式，抛丸设备两次施工抛丸带之间需要搭接 3～5 cm，根据工程的具体特点和施工需要，合理调节设备，使搭接的部分与整体抛丸处理后的效果一致，无明显结痕，保证抛丸处理后的表面平整度，以防出现高低差等缺陷。根据表面处理的状况，调整抛丸设备的参数，确保抛丸处理后的表面有均匀的粗糙度和良好的清洁度，如图 4-294 所示。

图 4-294　合建段桥面抛丸处理现场

② FYT-1 改进型防水层施工。

防水层采用滚涂工艺，涂刷三遍，用量控制在 1.5～2 kg/m^2。第一遍涂料实干后即可涂第二遍，第二遍涂料实干后即可涂第三遍，如图 4-295 所示。

图 4-295　FYT-1 改进型防水层滚涂施工

③ AC-16 生产与摊铺施工。

采用 2 台沥青混合料摊铺机阶梯式双机联铺同时施工,配备沥青洒布车 1 台,双钢轮振动压路机 2 台,双钢轮振荡压路机 3 台,小钢轮压路机 1 台,沥青混合料运输车 15 台。

选用湖北同盛生物科技有限公司的德基 4000 型拌和站进行改造。该沥青拌和站位于荆州市沙市区荆江大道沈家咀附近,距离施工现场约 40 km。由大里程向小里程方向铺设,即距拌和站远端向近端铺设。

AC-16 沥青混合料拌和时间及加料顺序为加矿料、纤维,干拌 15 s 后在拌和同时投入矿粉,再加沥青湿拌 45 s,总生产时间约 45 ~ 60 s。必须使集料颗粒全部裹覆沥青结合料,并以沥青混合料拌和均匀为宜。

沥青混合料运输采用载重 25 t 以上的自卸车运输。运输车辆先将底盘及车轮清洗干净,防止泥土杂物掉落在铺装施工范围内。运输过程中,加盖帆布保温。运输车辆从装入混合料起至开始摊铺为止,运料及等待时间不超过 1.5 h。

行车道面层半幅采用两台摊铺机分阶梯状摊铺,以防止混合料离析,每台摊铺机宽度 6.1 m,边缘采用人工进行施工。摊铺机熨平板的振动有夯刀和熨平板两部分,振动的作用是使熨平板不黏附沥青料和使熨平板下的沥青混合料获得初始的密实度,夯锤振动器不宜开得太大,过大的振动量易引起较多设备故障和平整的破坏,一般用 4 级左右即可,即可达到规定的密实度。振动强度使熨平板不粘料,沥青混凝土表面不松散即可。

AC-16 沥青混合料碾压分初压、复压及收光碾压。初压采用追随式碾压,即紧跟摊铺机均匀行驶的碾压方式。初压的温度大于 145℃。初压(稳压)一般 2 遍即可,即一进一退然后就错位横移。一般来说,初压后退停机反向的位置尽可能要退到复压基本完成的位置,不能在初压表面停机反向,以免增加较深的停机痕迹。AC-16 层复压采用水平振荡的双钢轮压路机进行振动碾压。复压一般 4 ~ 6 遍即可完全达到密实度的要求。主要控制的是复压温度,改性沥青 AC-16 复压温度大于 120℃。收光碾压由光轮压路机静压完成,其作用仅仅是消除各种施工痕迹,最终形成满意的外观。

④ SMA-13 生产与摊铺施工。

SMA-13 生产与摊铺与主桥钢桥面 SMA-10 施工工艺一致。

3. 防抛网施工

公安岸防抛网安装于 S008 ~ S012 号墩之间的下游侧外侧防撞栏杆上,全长 132 m。江陵岸防抛网安装于 N008 ~ N012 号墩之间的上游侧外侧防撞栏杆上,全长 132 m。防抛网立柱基础与 ϕ16 预埋锚栓外侧防撞护栏同步施工、同时浇筑。

防抛网高 2 m,立柱由三块 12 mm 厚钢板焊接成,截面为工字型。防抛网采用 2 mm 厚钢板网,热浸镀锌防腐。立柱 N1 与底面钢板 N4 焊接,底面钢板为 10 mm × 310 mm × 310 mm 钢板,钢板四角处开 ϕ19 mm 螺栓孔,用 M16 螺母固定于防撞墙内预埋的 ϕ16 mm 车丝螺纹钢筋上。在横防抛网立柱方向,每两根防抛网立柱之间每隔 660 mm 设置一根 ∠ 63 mm × 63 mm × 6 mm × 1 450 mm 角钢 N2

和一块 6 mm×36 mm 的钢板 N3，利用 M6 螺栓将钢板网固定。防抛网于伸缩缝处设置断缝，断缝两侧各设 N1 立柱一根。除钢板网采用热浸镀锌防腐外，其余钢构件均涂环氧富锌底漆二度共 70 μm，环氧云铁中间漆 70 μm，聚氨酯面漆 40 μm，如图 4-296 所示。

图 4-296 防抛网施工

4.3.2 分建段铁路引桥施工

4.3.2.1 钻孔桩施工

1. 工程概况

分建段铁路引桥分为江陵侧陆地铁路引桥 N013～N031 号墩；公安侧南五洲滩地引桥 S013～S078 号墩；跨公安侧第二道子堤铁路预应力混凝土连续箱梁 S078～S082 号墩，跨荆南干堤铁路预应力混凝土连续箱梁 S082～S085 号墩，公安侧陆地铁路引桥 S085～S112 号墩。

分建段铁路引桥钻孔桩分为两种，分别为 1.2 m 和 1.5 m，桩长 34~57 m。江陵侧引桥钻孔桩均为 1.2 m 直径，总计为 190 根；公安侧引桥钻孔桩总计 728 根，其中 1.2 m 为 668 根，1.5 m 为 60 根。

引桥钻孔桩工程量为：混凝土 $7.5\times10^4 m^3$，钢筋 4 100 t，声测管 830 t。

桩长大于 40 m，采用超声波无损检测方法对钻孔桩成桩进行检测，否则按低应变反射波法对成桩进行检测。

2. 施工方法

施工方法与合建段引桥相同，均采用陆地法钻孔施工，旋挖钻机钻进成孔，水下混凝土灌注法成桩。

3. 钻孔遇到问题

引桥分建段地质情况与合建段类似，也是地下卵石层间填充物少、空隙大，地层稳定性差极易发生漏浆、坍孔等。对钻孔施工时虽然采取了埋设长护筒、使用优质泥浆并将墩位地面填高以提高护筒孔口标高，增加孔内水头等措施。但在实际施工中仍发生较多漏浆、坍孔等问题，尤以公安则严重。

公安侧引桥钻孔桩自 2014 年 5 月至 9 月，施工过程中，因地质原因造成 S013、S014、S015、S016、S017、S018、S027、S028、S029、S030、S050、S051、S052、S053、S054、S056、S058、S059、S062、S063 号墩出现漏浆、坍孔，其中 S063-1 号桩坍孔严重。

4. 漏浆及坍孔处理方法

分建段铁路引桥桩基施工漏浆、坍孔问题应对措施如下：

（1）钻进至圆砾土层时降低钻进速度，放慢进尺。

（2）根据长江水位上涨情况，填高施工墩位地面高程，接高孔口增加孔内水头压力。

（3）采用长护筒，防止坍孔或减少坍孔范围，及时补浆。

（4）漏浆严重时则及时回填黏土直至不再漏浆，然后再用螺旋钻头反钻，向孔底及四周孔壁挤压，增加孔壁密实度后再继续钻进，泥浆面高出地下水位 1.5 m 以上。

（5）在不稳定地层钻进时，泥浆比重调至 1.2~1.3，黏度大于 35 s。

4.3.2.2　承台施工

分建段铁路引桥江陵侧和公安侧共计 119 个承台，矩形结构，按厚度有 2.5 m、3.0 m、3.5 m 三种类型。各承台顶面基本在原始地面以下 0.5 m 位置，承台基坑开挖深度 3~4.5 m。地下水埋深洪水期一般在 0.5~2.0 m。分建段铁路引桥承台尺寸及工程量见表 4-37。

表 4-37 分建段铁路引桥承台尺寸及工程量统计表

位置	墩号	承台尺寸 /m			数量	单个承台钢筋重量 /t	钢筋总重量 /t	单个方量 /m³	总方量 /m³
		长	宽	厚					
江陵侧引桥	N013～N031 号	12.7	8.2	2.5	19	14.3	271.7	260.4	4 947.6
公安侧引桥	S013～S021 号	12.7	8.2	2.5	9	12.8	115.1	260.4	2 343.6
	S022～S048 号	11.8	6.7	2.5	27	11.1	300.7	197.7	5 337.9
	S049～S077 号、S086～S112 号	10.2	6.2	2.5	56	8.9	496.2	158.1	8 853.6
	S078 号、S082 号、S085 号	13	7	3	3	18.6	55.7	273	819
	S079～S081 号、S083～S084 号	14.5	10.9	3.5	5	31.2	155.9	553.2	2 766
合计		—	—	—	153	—	1 395.3	—	25 067.7

引桥承台根据土层性质、周围环境及地下水情况，分别采用放坡开挖和钢板桩支护开挖的施工方案。其中江陵侧部分承台基坑采用四面放坡开挖，部分采用两面支护、两面放坡开挖，如图 4-297 所示。公安侧承台基坑全部采用四面钢板桩支护开挖。

钢板桩使用液压机械手进行插打和拔出，如图 4-298～图 4-300 所示。承台混凝土采用汽车泵进行灌注，一次浇筑完成。

4.3.2.3 墩身施工（含垫石）

1. 工程概况

公安侧分建段铁路引桥 S013～S021 号桥墩墩身均采用带托盘的圆端型板式实体墩，托盘平面尺寸 2.9 m×11.6 m，高 2.5 m，桥墩断面为变截面，坡率 45∶1，墩顶处横桥向墩宽 7.4 m，顺桥向宽 2.5 m；分建段 S022～S077 号、S086～S112 号墩身采用带托盘的圆端型板式实体墩，托盘平面尺寸 2.9 m×11.6 m，高 2.5 m，桥墩断面为等截面，桥墩墩身横桥向宽 7.4 m，顺桥向宽 2.5 m。引桥连续梁 S078～S085 号中墩墩身采用圆端型板式实体墩，横桥向墩宽 10.0 m，顺桥向宽 4.0 m；边墩墩身采用圆端型板式实体墩，横桥向墩宽 10 m，顺桥向宽 3.5 m。

江陵侧分建段铁路引桥 N013～N031 号墩铁路墩采用带托盘的圆端型板式实体墩，托盘平面尺寸 2.9 m×11.6 m，高 2.5 m，桥墩断面为变截面，坡率 45∶1，墩顶处横桥向墩宽 7.4 m，顺桥向宽 2.5 m。

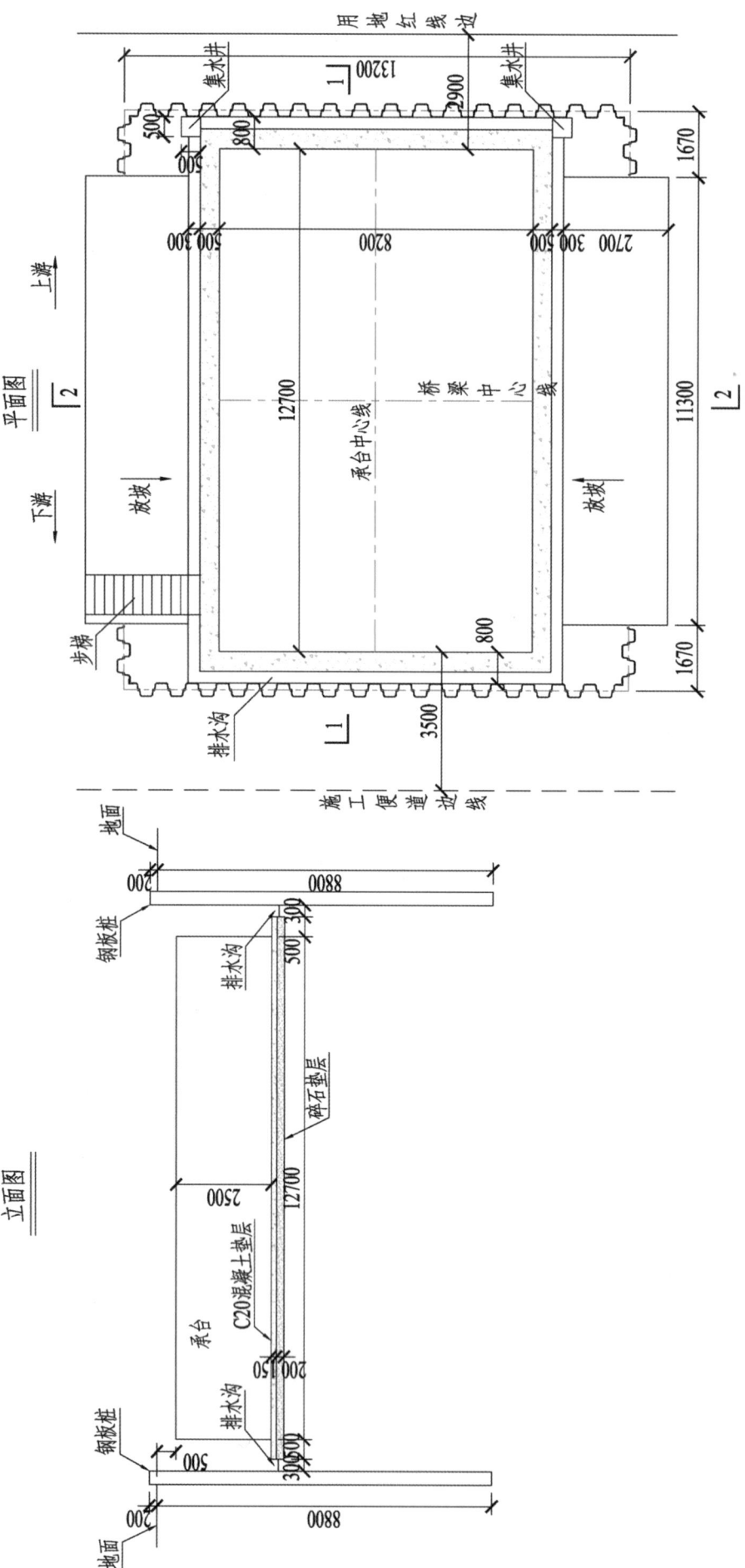

图 4-297 江陵岸引桥承台基坑支护及放坡开挖布置图

图 4-298　钢板桩插打施工

图 4-299　承台钢筋绑扎

图 4-300　承台二次收面

2. 墩身施工

S013～S112号铁路墩墩身高度大于等于15 m（不含墩帽高度）的分两次浇筑，墩身高度小于15 m（不含墩帽高度）的一次性浇筑，顶帽及托盘单独浇筑一次。

S013～S112号墩身主筋标准节段长9 m或12 m，利用墩身模板、脚手一体化施工平台进行绑扎。主筋采用滚轧直螺纹套筒连接，其余钢筋连接采用焊接接头。施工时利用50 t履带吊配合安装模板、钢筋。

N013～N031号铁路墩墩身高度拟分两次浇筑，其中顶帽及托盘与第二次墩身一起浇筑，模板采用整体钢模。

N013～N031号铁路墩墩身主筋标准节段长12 m，利用墩身模板、脚手一体化施工平台进行绑扎。主筋采用滚轧直螺纹套筒连接，其余钢筋连接采用焊接接头。施工时利用50 t履带吊、汽车吊配合安装模板、钢筋。

两岸引桥墩身混凝土均由主生产区混凝土工厂生产，搅拌车运输至工点，采用汽车泵或地泵泵送入模，并通过顶部施工平台及串筒将混凝土输送至浇筑点。

3. 墩帽施工

墩帽混凝土分别浇筑，由于墩帽混凝土体积较大，采用优化配合比，降低入模温度，保湿蓄热措施，控制混凝土内部水化热引起的绝热升温，防止内外温差过大而产生裂纹。

4. 支承垫石施工

支承垫石混凝土在墩帽混凝土浇筑完成并具有一定的强度后再单独进行施工，墩帽混凝土施工前应按设计图纸预埋支承垫石钢筋或完成支承垫石钢筋的绑扎作业。支承垫石混凝土采用钢模一次浇筑完成，其顶面标高及四角高差应严格控制在设计及规范要求内，并按支座地脚螺栓设计图预留螺栓孔。

4.3.2.4 公安岸柳子河70 m、80 m连续梁施工

公安岸引桥在跨越南五洲围堤及荆南干堤采用（45+70+70+45）m+（50+80+50）m两联预应力混凝土连续箱梁桥跨结构。具体立面布置如图4-301和4-302。

70 m、80 m跨连续梁梁体均为单箱单室、变高度、直腹板变截面结构。结构尺寸以70 m跨为例：中支点处梁高6.585 m，跨中截面梁高4.085 m，梁底下缘按圆曲线变化；箱梁顶宽12.30 m，箱梁底宽6.60 m；顶板厚度48.5 cm，腹板厚有55 cm（中跨段）、85 cm（墩顶0号块段）及55～85 cm按折线变化的变厚段；底板厚度50～75 cm，按曲线线形变化。全联在端支点、中跨跨中及中支点处共设7个横隔板，横隔板中间设有过人孔洞，供检查人员通过。

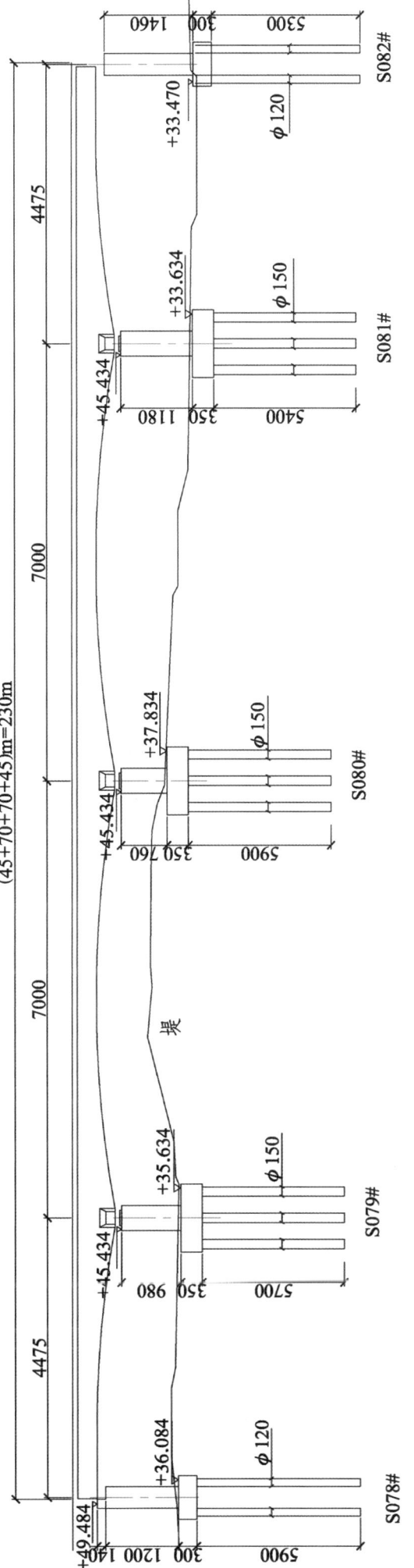

图 4-301 （45+70+70+45）m 连续梁立面图

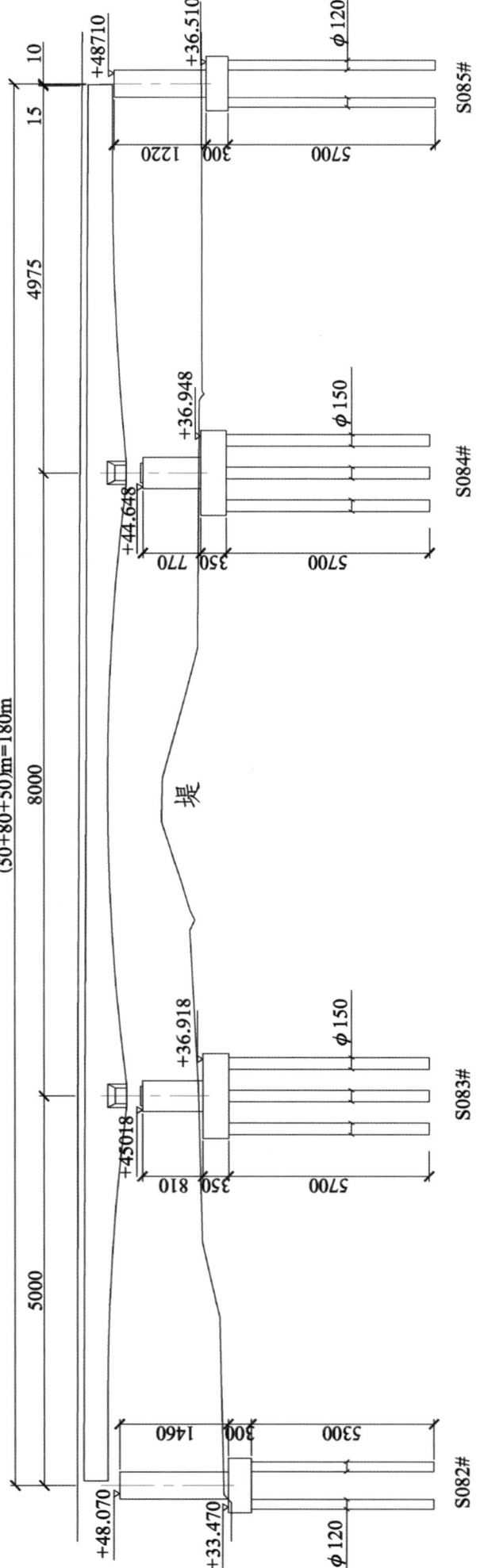

图 4-302 (50+80+50) m 连续梁立面图

70 m、80 m 跨连续梁均采用纵向和竖向预应力体系,纵向预应力钢束采用 $\phi^s 15.2$ mm 高强低松弛钢绞线;竖向预应力均采用 $\phi 25$ mm PSB830 级精轧螺纹钢筋,铁皮管内径 35 mm 成孔。

1. 施工总体方案

墩顶现浇段(0 号、1 号段),采用支承在承台上的临时墩旁托架法施工;悬浇节段采用菱形挂篮分段悬臂对称浇筑施工;边跨现浇段采用落地型钢支架法施工;合龙段采用吊架施工,先合龙边跨,再合龙中跨。以 70 m 跨连续梁施工为例,其施工步骤如下:

步骤一:S079 号、S080 号、S081 号墩身完成后,在承台上搭设箱梁 0 号块现浇支架,安装支座、钢筋,立模板,灌注 0 号块混凝土,张拉预应力,完成 0 号块施工。如图 4-303 所示。

图 4-303 施工步骤一

步骤二:安装 A1 号节段施工模板,绑扎钢筋,浇筑混凝土,张拉预应力,完成 1 号块施工。然后在 0 号、1 号块桥面对称安装挂篮,并进行预压。如图 4-304 所示。

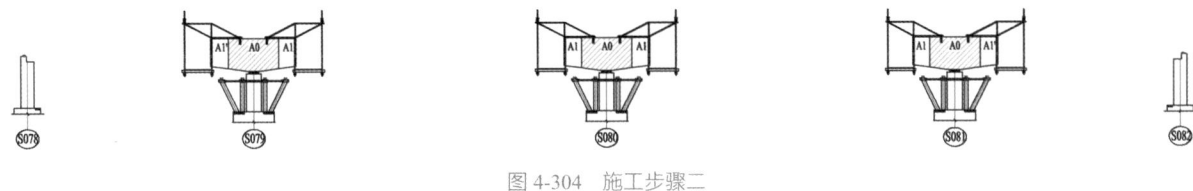

图 4-304 施工步骤二

步骤三:以 S079、S080、S081 号墩为中心,对称移动挂篮悬臂浇筑 A2～A8、A2′～A8′,适时进行边跨现浇段施工,如图 4-305 所示。

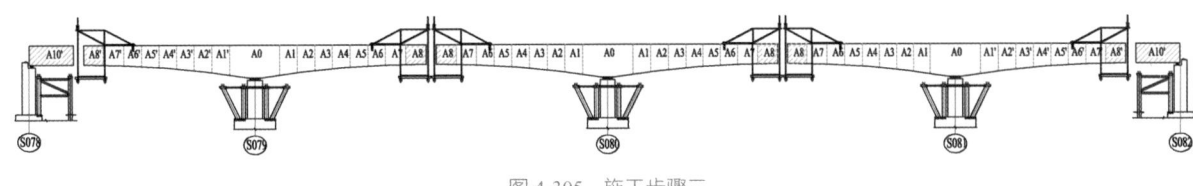

图 4-305 施工步骤三

步骤四:边跨合龙,解除支座锁定。如图 4-306 所示。

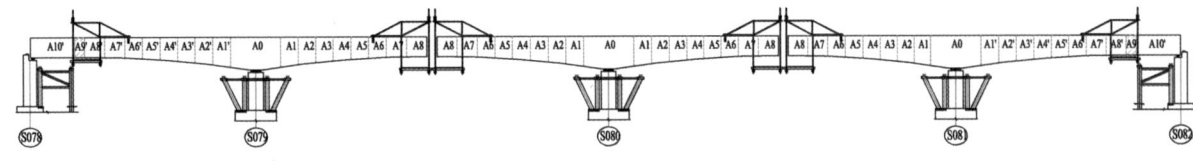

图 4-306 施工步骤四

步骤五：拆除边跨支架，中跨合龙。如图 4-307 所示。

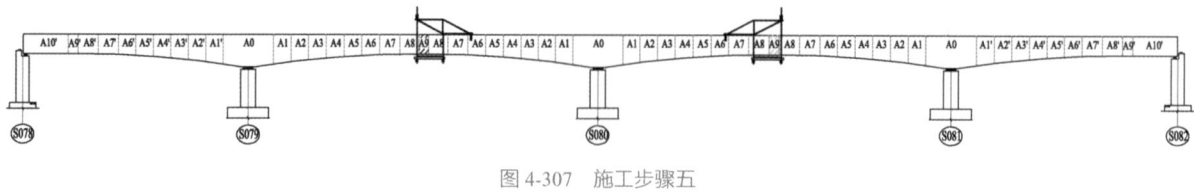

图 4-307　施工步骤五

2. 施工方法

（1）0 号、1 号节段施工。

①墩旁托架施工。0 号段长 10 m，1 号段长 3.5 m。0 号、1 号段墩旁托架采用支承于承台上的钢管柱支架，钢管柱高度 6.2～10.4 m，直径 ϕ1 000 mm，壁厚 10 mm。钢管柱横桥向对应腹板位置布置，每侧两排；顺桥向每侧布置四排钢管，其中顺桥向外侧钢管柱向外倾斜，顶部用型钢和竖直钢管柱焊连成整体，并通过拉杆穿过墩身对拉固定。柱顶设置砂筒，砂筒上分配梁 1，分配梁 1 上布置桁架梁，桁架梁上铺设底模。托架布置图如图 4-308。

②支座安装及预偏。支座就位后用钢楔块楔入支座四角，将支座上摆顶面调整到设计标高并整平后固定，支座底面与支承垫石之间应留 20～30 mm 空隙；支座灌浆采用专用灌浆料，灌浆采用重力灌浆方式，由支座中心部位向四周注浆；解除主墩活动支座上、下摆连接螺栓，根据预计的合龙时间和温度计算预偏值，进行活动支座预偏，之后再将支座锁定。

墩梁临时固结、支座锁定。墩梁临时固结通过设置临时支墩和锁定支座的方式来实现。S079 号、S080 号、S081 号、S083 号、S084 号墩顺桥向墩顶垫石两侧各设置 1 个临时支墩，临时支墩内各布置有 20 根 ϕ25 mm 精轧螺纹钢筋将墩身与箱梁锚固在一起，以承担悬臂浇筑时的不平衡荷载，临时支墩为厚 40～60 cm 混凝土结构，体系转换时，通过凿除该支墩混凝土方法来解除临时固结，如图 4-309 所示。

③0 号、1 号节段施工要点。0 号、1 号块底模采用木模，外侧模采用钢模，内侧模板采用钢木组合模板，并与外模对拉，箱内拼装碗扣支架作为模板支撑。0 号、1 号段采用汽车泵进行灌注，一次性浇筑成形，先浇底板，后浇腹板，最后浇筑顶板。腹板分层浇筑，层厚 0.3～0.4 m，顶板浇筑时自悬臂端向内侧进行。由于 0 号、1 号段内钢筋、预应力孔道、锚具、预埋件、拉杆等构件密集，尤其是支座顶面处受力复杂，布置有多片网格密集的钢筋网片，混凝土数量多，施工难度大，不能出现任何闪失，否则很难补救。因此制订专项方案进行 0 号、1 号段浇筑，施工要点如下：

a. 腹板和支座位置底板采取设专用下料管定点下料，平面上共布置 8 个下料点。下料管采用 ϕ150 mm PVC 管，在钢筋绑扎的同时埋设，底口靠近底板钢筋面。灌注管随混凝土浇筑面上升不断抽出截断。

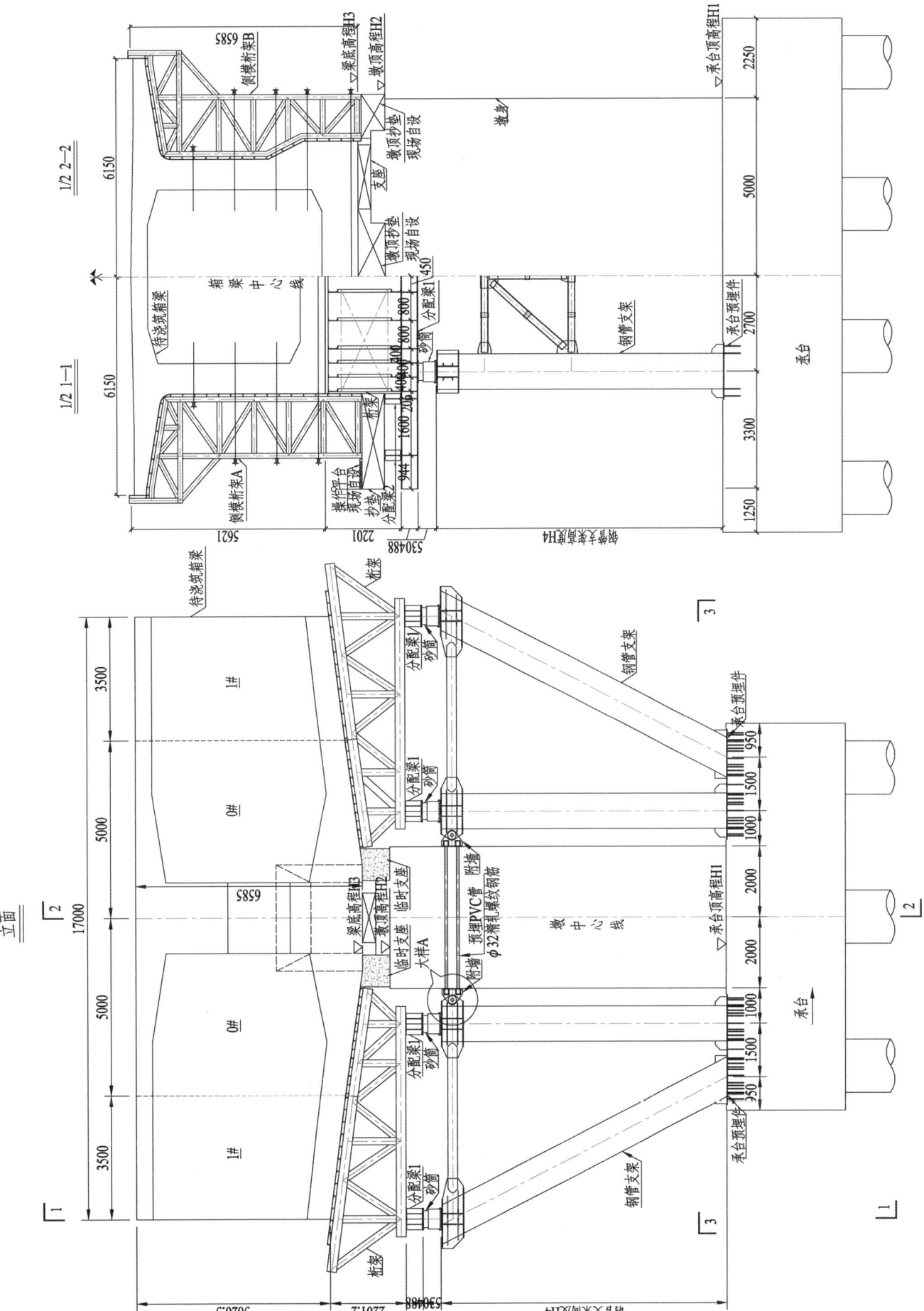

图 4-308 墩顶 0 号、1 号段劲性托架布置图

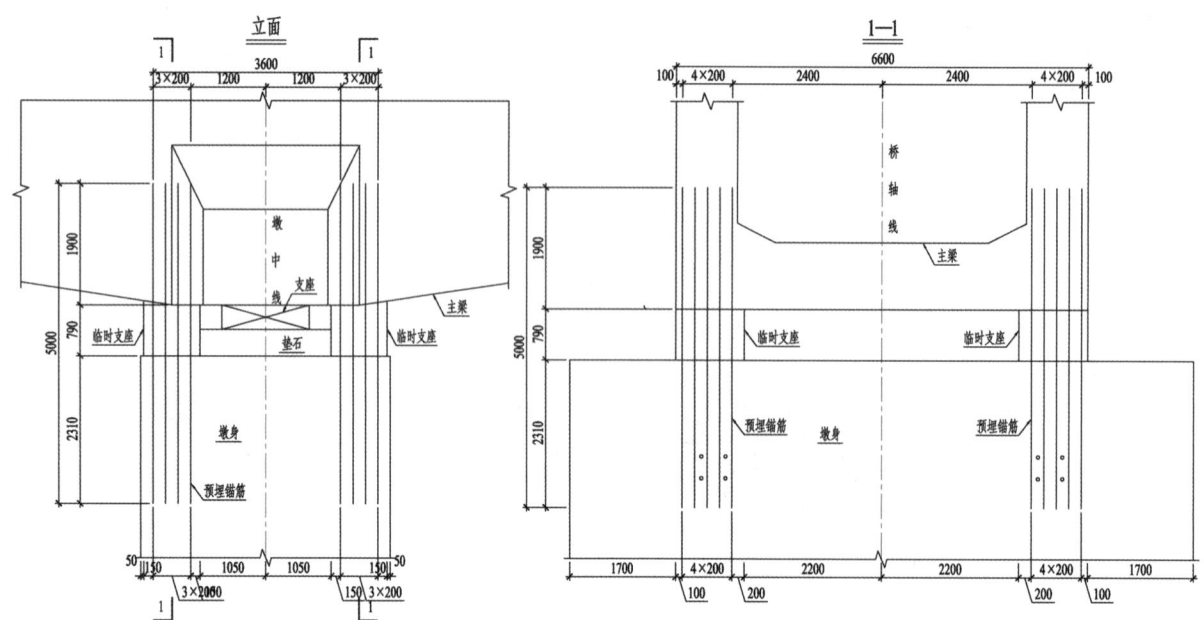

图 4-309 连续梁主墩墩梁临时固结示意图

b. 配置和易性和流动性优异的混凝土，确保灌注时混凝土能顺利通过密集钢筋网格和覆盖钢筋。

c. 在支座附近及支座加宽的外凸部位模板开设观测孔，以便观察该部位灌注时混凝土流动情况和进行振捣，防止漏灌、漏振情况发生；所开孔洞在混凝土即将溢出时封闭。灌注前用水冲洗清理干净模板底部杂物，防止杂物堆积造成蜂窝麻面。

d. 设置数量和空间足够的专门振捣通道，备齐长度足够的 $\phi50$ mm 和 $\phi70$ mm 规格振捣棒，确保灌注时各部位混凝土得到充分振捣。

e. 白天开始浇筑，并准备足够照明工具，安排有经验人员负责检查各部位灌注情况，发现异常迅速报告处理。

f. 浇筑完成，顶面进行 2 次收浆，之后覆盖养护，防止收缩开裂。

0 号、1 号节段施工顺序为：托架钢管柱安装→安装底模支架，铺设底模→安装外侧模→安装底板、腹板钢筋、预应力管道 - 内模安装→安装顶板钢筋→安装封端模板→浇筑混凝土、养生→拆模→穿预应力束→预应力筋张拉、压浆。

（2）挂篮悬臂施工。

墩顶 0 号、1 号块预应力筋张拉完毕后，在 0 号、1 号块上拼装挂篮，逐节段对称悬浇施工箱梁。悬臂浇筑节段施工主要包括挂篮前移、挂篮调整及锚固、钢筋及预应力孔道安装、混凝土灌注及养护、预应力张拉、孔道压浆 6 个工序，循环进行。

施工挂篮采用菱形挂篮，由主桁架、底模平台及吊挂系统、内外模吊挂及走行系统、后锚固、内外模、施顶系统等组成。挂篮侧模、内模及底模均采用钢模结构。挂篮结构参见图 4-310。

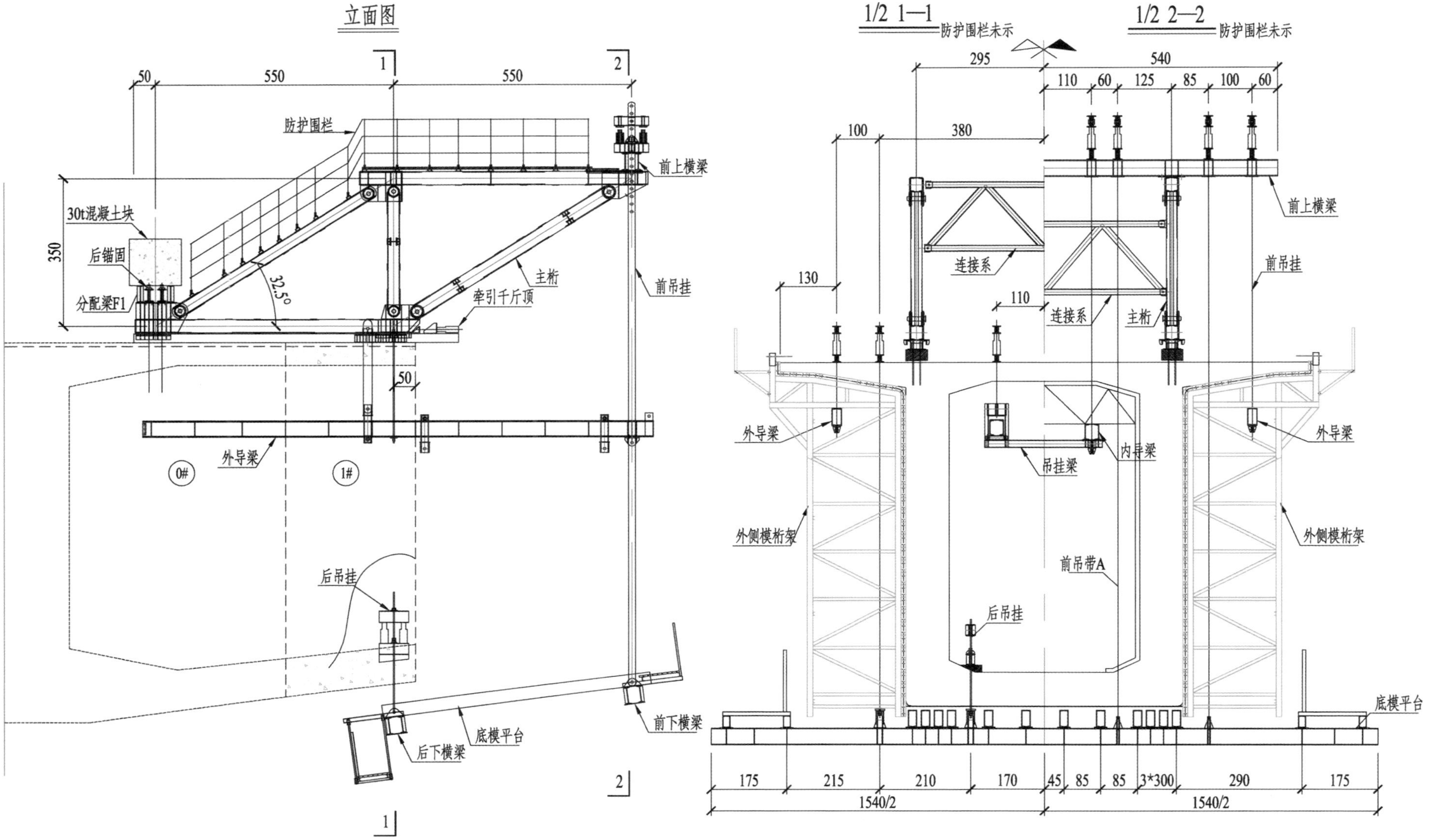
立面图
50
550
550
1
2
防护围栏
前上横梁
30t混凝土块
350
后锚固
32.5°
主桁
分配梁F1
牵引千斤顶
前吊挂
50
外导梁
0#
1#
后吊挂
前下横梁
后下横梁
底模平台
1/2 1—1
防护围栏未示
1/2 2—2
防护围栏未示
295
540
110
60
125
85
100
60
100
380
连接系
130
110
连接系
主桁
外导梁
吊挂梁
内导梁
外侧模桁架
前吊带A
后吊挂
底模平台
175
215
210
170
45
85
85
3*300
290
175
1540/2
1540/2

图 4-310　挂篮结构

①挂篮拼装。

连续箱梁从 0 号、1 号块中心向两侧对称安装两只挂篮。挂篮结构构件运达施工现场后，利用吊机吊至已浇梁段顶面，在已浇好的 0 号、1 号梁段桥面拼装。

组拼顺序为：安装下滑道、前支点及后勾板→组拼菱形挂篮主桁及其连接系→安装后锚固→安装前上横梁→拼装挂篮底模平台→提升并收紧挂篮底模平台→安装外模、外导梁及其吊挂→安装内模、内导梁及其吊挂。

②挂篮静载试验。

挂篮静载试验采用腹板端自平衡反力架液压千斤顶加载方式进行，试验按照 2 号梁段（最重梁段）的 1.1 倍进行压重，分三级进行：0 → 50% → 100% → 110% →卸载，每级荷载加载后均要进行测量并记录数据，为立模标高提供依据。

③悬臂节段挂篮施工。

悬臂块段混凝土浇筑时从前端向后端（已浇节段）推进，浇筑速度严格控制，节段浇筑方量相差不能超过 3 m³。块段混凝土浇筑完毕，混凝土养护 7 天且强度达到 95% 后张拉纵向预应力，挂篮前移至下一节段施工。

（3）边跨直线段施工。

边跨直线段采用钢管柱支架法施工，钢管柱横桥布置两排，顺桥向采用 2 排。靠边墩侧钢管支承在承台上，外排为打入桩。承重梁采用贝雷梁。支架安装完成后预压。支架布置见图 4-311。

施工流程：支架安装→底模安装→底板、腹板钢筋绑扎、预应力管道安装→侧模、内模安装→顶板钢筋绑扎、预应力管道安装→混凝土浇筑→养护→张拉压浆。

（4）合龙段施工。

合龙段长度为 2 m，采用挂篮底模吊架施工，先合龙边跨，后合龙中跨。合龙时在箱梁顶、底板的顶面设置临时钢支撑锁定结构，张拉临时合龙束，使合龙口两端保持相对固定，防止合龙时梁体伸缩开裂。合龙段钢支撑安装和混凝土浇筑选择在一天中的气温最低且变化小的夜间进行。

①边跨合龙段施工。

合龙段混凝土浇筑前，在中跨悬臂端顶部中央处设配重水箱，浇筑混凝土过程中，依据浇筑混凝土的速度向水箱中加注同等质量的水。

合龙段施工完成，混凝土强度及弹性模量均达到设计值时张拉剩余预应力束并补拉临时束到设计吨位。然后拆除支架，解除支座锁定，完成边跨支承体系转换，如图 4-312 所示。

②中跨合龙段施工。

边跨合龙全部完成后进行中跨合龙。在一天中最低温度时焊接合龙口临时锁定钢支撑，也是选择在当天最低温度灌注合龙段混凝土，施工步骤与边跨合龙段相同。临时锁定完成后解除合龙口一侧的梁墩固结，保证连续梁在体系转换时处于自由状态，如图 4-313 所示。

待合龙段混凝土达到设计强度后按顺序张拉中跨各预应力束，最后拆除挂篮。

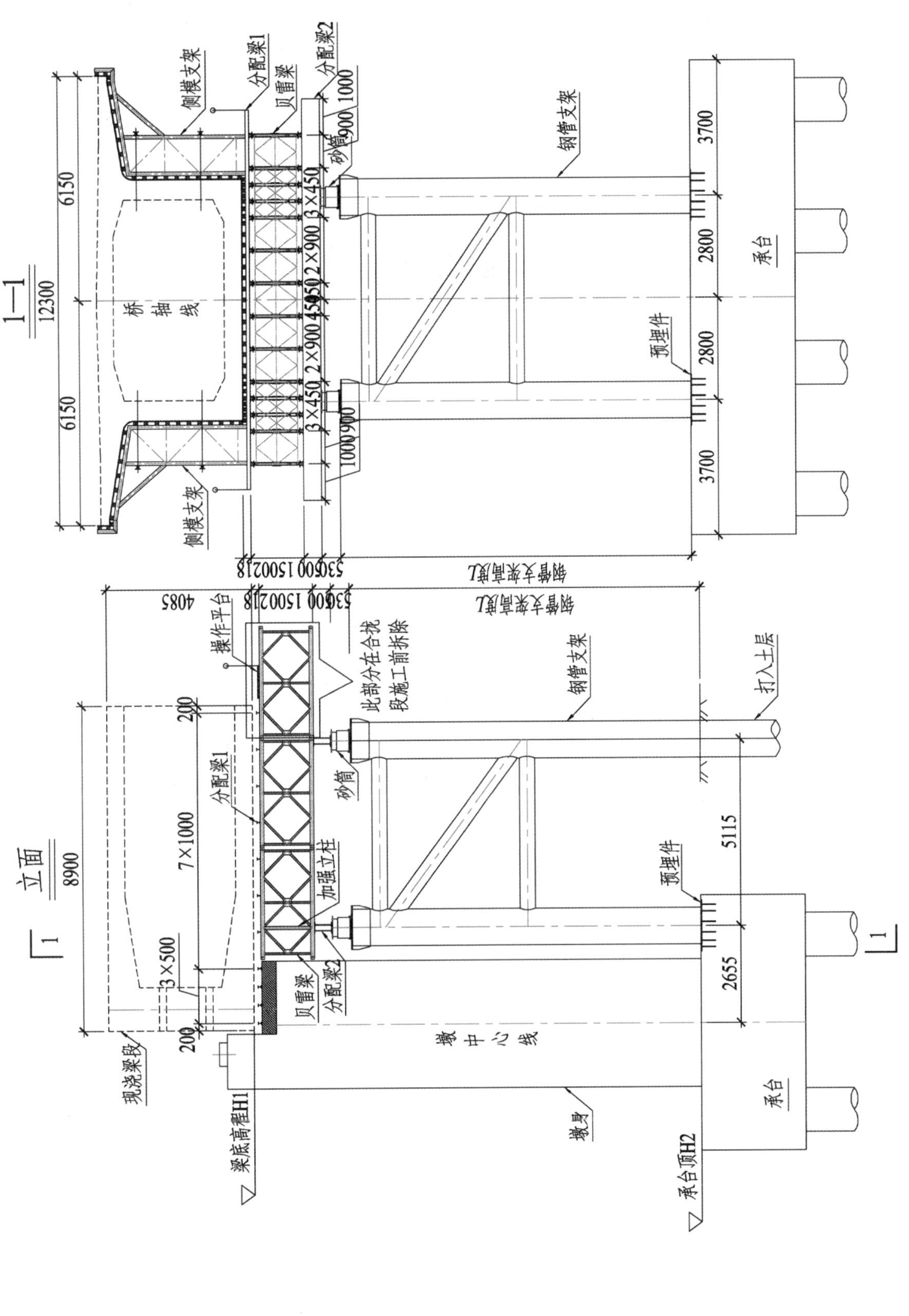

图 4-311 边跨现浇段支架布置图

图 4-312　边跨合龙段施工

图 4-313　中跨合龙段施工

（5）桥面防水层及防护层施工。

①防水层施工。

施工前基面应彻底清除油脂、灰尘、污物、脱模剂、浮浆和松散的表层（应采用机械打磨或机械抛丸处理）等，确保基面洁净、干燥、平整。预留后浇混凝土等部位进行密封处理。基面必须具有良好的平整度，不得有明显的坑洞或凸起。有明显的坑洞时提前 3～7 天，使用早强聚合物修补砂浆进行修补。

高聚物改性沥青基层处理剂采用滚涂的方式进行。桥面高聚物改性沥青防水卷材采用火烤法施工，聚氨酯防水涂料采用滚涂施工。防水卷材纵、横向的搭接长度均不小于100 mm，铺贴卷材从一端开始，桥面横向由低向高的顺序进行，如图4-314所示。卷材底面熔化以沥青接近流淌、呈亮黑色为度，不应过分加热或烧穿卷材，卷材搭接处应完全热熔粘合，搭接处应有自然溢出的熔融沥青。防水卷材应铺设至挡砟墙根部，采用聚氨酯防水涂料封边，封边高度不小于80 mm，涂刷厚度不小于1.5 mm。

图4-314 连续梁防水层施工现场

②保护层施工。

混凝土保护层采用全幅施工，按150 m左右分段浇筑，自S078号墩向S085号墩方向进行。混凝土搅拌车通过引桥桥头路基段上桥，运输至浇筑点直接浇筑，采用专用振动梁振捣摊铺，覆膜洒水养护，如图4-315所示。保护层设置纵、横向断缝，纵向断缝按每隔4 m设置一条宽约10 mm、深约30 mm的断缝，横向在中线位置设置一条一条宽约10 mm、深约30 mm的断缝。当保护层混凝土强度达到设计强度的50%以上时，用聚氨酯防水涂料将断缝填实、填满。

图4-315 连续梁保护层施工现场

4.3.3 两岸引桥钻孔桩施工所遇问题及处理

江陵岸引桥钻孔桩施工过程中遇到了漏浆、坍孔、扩孔、管涌等情况。漏浆出现在钻进至 25~28 m 的粗圆砾土层，至 28m~48 m 的细圆砾土层时漏浆情况变得更严重，最严重时孔内泥浆突然下降甚至出现坍孔。出现漏浆的墩位有 N010 ~ N013 号墩，其中 N010 号墩 3 号、8 号、14 号桩位钻进至粗圆砾土层时发现漏浆，现场回填大量黄土继续跟钻，在钻进至 40 m 时泥浆面急剧下降，随后现场立即回填黄土补充泥浆，但漏浆情况依然无法止住，最终造成 3 根桩在钻进过程中坍孔；N012 号墩桩基在钻进过程中也出现坍孔情况，且造成墩位地面较大范围沉陷、地表开裂。漏浆及坍孔的处置方法是：

（1）漏浆不严重时，采取泥浆比重加大、及时补充泥浆的办法继续钻进。

（2）当出现孔内泥浆面急剧下降时，停止钻进回填黄土，投放锯末，利用钻头在孔内空转将黄土充分搅拌封堵地层空隙，当孔内不再漏失泥浆后再继续钻进。

（3）对出现坍塌的桩孔，现场采取回填黄土，等待地层稳定后再进行钻进。

桩孔严重漏浆或坍孔的，桩身灌注时混凝土多出现超方现象。从灌注记录可以看出，灌注时超方多出现在桩顶以下 10 m 以内，桩顶以下 10 m 至桩底范围灌注量较正常。超方最多的是 N010 号墩 1 号桩，该桩长 45 m，桩径为 1.2 m，设计计算桩身混凝土方量为 51 m^3，实际桩底至承台底以下 10 m 范围灌注 45 m^3，承台底以下 10 m 范围灌注量达 50 m^3，总灌注方量为 95 m^3，超方率达到 86%，扩孔率很大。查阅地质勘查报告显示，该桩桩顶以下 10 m 区段地层为淤泥质土，流塑。现场钻孔记录显示该桩钻孔时虽存在较严重漏浆现象，但并未出现坍孔，出现超方较大的原因应是流塑淤泥质地层钻进时扩孔了。

N017~N031 号墩钻孔桩施工正值汛期，N017 号墩 6 号桩钻孔时出现疑似管涌现象：自 8 月 3 日 17:00 开始钻进，钻进至 38 m 处出现泥浆面急剧上升，泥浆面出现翻滚。现场发现后即停止钻进提升钻具，并将钻渣回填孔内，回填完后再未出现翻砂渗水等现象。

公安岸引桥钻孔桩施工遇到的主要问题也是漏浆或坍孔，部分钻孔桩扩孔率较大。漏浆的墩位有 S013~S018、S027~S030、S050~S054、S056、S058、S059、S062、S063 号墩，漏浆地层均为孔隙率大、以粉细砂为主要填充物的圆砾土层。坍孔则均发生在稳定性差的软塑~流塑的粉质黏土及淤泥质土层。公安岸针对漏浆和坍孔问题采取的防范措施有：

（1）加高孔口高程或接长护筒以增加孔内水头压力，保持泥浆面高出地下水位 1.5 m。

（2）对照地质图，钻进至圆砾土层时降低钻进速度，及时补浆。如发现严重漏浆，先用黄黏土回填、孔内投放锯末，再用钻头在孔内空转将黏土和锯末充分搅拌封堵地层空隙，当孔内不再漏失泥浆后再继续钻进。

（3）在不稳定易坍地层钻进时，增加泥浆比重至 1.2~1.3，粘度大于 35 s。若坍孔经回填并放置一段时间后重新钻孔仍发生坍孔的，采用回填低标号素混凝土，待凝固后再重新钻孔。

如 S063 号墩 1 号桩，桩底标高 -15.016 m，桩顶标高 +32.984 m，护筒顶标高 +36.80 m。2014 年

7月14日开钻,钻至 +25.80 m 标高左右时,出现坍孔现象:钻筒斗每次均携带满斗钻渣,但钻进却无明显进尺。为防大面积坍孔影响其他桩位,桩孔回填静置处理。2014 年 10 月 02 日 S063 号墩 1 号桩重新钻孔,钻至 +25.721 m 时,又出现坍孔现象,情况与第一次相同。于是改用 C20 素混凝土填充至护筒底口附近,共浇筑混凝土 36 m³(顶面标高 +32.321m)。间隔约 8 h 后于 5 日晨 2:00 再次开钻,10:30 终钻成孔,未再发生坍孔现象。

(4)在稳定性差的软塑~流塑的粉质黏土及淤泥质土层进行桩基施工,除了前面所说的容易发生较严重的坍孔现象外,同样也容易出现孔壁缩径或孔型不好。公安岸引桥基坑开挖进行承台施工时,就发现有一些桥墩桩基的桩头开挖出来后外形极不规则,即呈现常说的"蘑菇头"形状,给桩头处理和承台施工增加了不少工作量。根据这个情况,项目部随后对后续的桩基施工采取了改进和防范措施:①加大护筒埋置深度:最好护筒能穿过这些软塑~流塑的粉质黏土及淤泥质土地层。如穿过软弱层有困难,则至少规定护筒底口低于承台底以下不得少于 0.5~1.0 m,确保承台施工时桩头形状完整、规则。②在容易塌方的地层中,采用慢速钻进。当钻进至接近钢护筒底口位置 1 ~ 2 m 时,须采用低钻压、低转数钻进,并控制进尺,确保护筒底口部位地层的稳定;当钻头钻出护筒底口 2 ~ 3 m 后,再恢复正常钻进状态。

4.3.4 桥面附属结构

4.3.4.1 电缆槽道

1. 后场制作

混凝土电缆槽制作:混凝土电缆槽在预制场内制作。预制场内设置台座,钢筋场内下料,整体绑扎成型。模板采用定制钢模板,混凝土采用叉车配合料斗放料入模,采用覆盖洒水养护,如图 4-316 所示。

图 4-316 电缆槽制作

RPC 盖板制作：RPC 盖板在预制场内批量生产。主要工艺流程：生产准备→原材料检验→上料→拌和（先干拌 5 min，再湿拌 4 min）→下料入模盒→振动台整平振捣→加盖竹胶板码垛→静停养护 6 h→叉运至养护房→拆模（洗模后进入下一循环上料）→终养 48 h→自然养护→成品检验→成品出厂，如图 4-317 所示。

钢筋场内下料，加工成钢筋网片。模板采用定制塑料模板。活性粉末混凝土是由石英砂、掺合料、钢纤维、水泥、外加剂等原材料组成的，采用小型拌和设备拌和，螺旋分料输送机分料至模板内，通过皮带机传送至工作台人工整平。成型后静停养护 6 h 后放入蒸养室进行蒸养。蒸养分带模初养和脱模后终养。初养室温一般控制在 40±5℃，相对湿度≥70%。分升温、恒温、降温 3 个阶段，静停及初养总时间控制在 24 h。终养室温度控制在 80±5℃，养护 48 h。

图 4-317　RPC 盖板制作

2. 现场安装

预制电缆槽运至现场后。利用叉车配合摆放至对应位置，人工依次摆放好 RPC 盖板，如图 4-318 所示。

图 4-318　电缆槽及 RPC 盖板安装

4.3.4.2 桥面栏杆

引桥桥面栏杆主要由牛腿、立柱、扶手和圆钢构成，钢结构牛腿采用后场定制，现场组装，利用梁体上的预埋件螺栓连接，连接螺栓型号 M24。栏杆立柱及扶手为角钢，护栏为 HPB300，$\phi16$ mm 钢筋，其中立柱角钢与牛腿钢板焊接，扶手角钢与立柱角钢采用 M16 螺栓及螺帽栓接，护栏经过立柱角钢处在角钢上开 $\phi20$ mm 圆孔，穿入 $\phi16$ mm 钢筋，如图 4-319 所示。

油漆前将钢构件表面用电动钢丝刷进行彻底清理，清除表面浮锈、杂物及焊渣。钢件表面清理达到 Sa2.5 级后进行油漆喷涂。钢构件表面油漆采用喷枪进行涂装，喷漆时可以横喷或竖喷，不易喷到的地方用刷涂补足。

图 4-319　栏杆安装

4.3.4.3 员工走道

铁路引桥简支 T 梁范围电缆槽及 RPC 盖板组成员工走道，下游侧人行道宽 0.85 m，上游侧人行道宽 1 m。

70 m、80 m 混凝土连续梁范围设有 3 道现浇电缆槽竖墙，竖墙顶面内侧带 50 mm 宽折角用于盖板安装，铺设盖板作为员工走道。

4.3.4.4 墩顶围栏

引桥各墩顶四周设置了钢结构围栏及其步板走道，走道设在围栏底部，走道用预制混凝土板铺成。防落梁挡块设在墩中间位置，钢筋混凝土结构，防止 T 梁在运营过程中发生位移从支座处滑落。

引桥墩顶围栏由锚固在墩顶侧面的悬挑支架及栏杆单元件组成，型钢焊接结构，所有悬挑支架及栏杆构件按照单元件在加工厂制造组拼完成后油漆。钢围栏的悬挑支架及栏杆单元件汽车吊机配合安装，再铺设预制好的混凝土步板。步板提前批量预制。

N001～N031号、S001～S078号、S085～S112号墩铁路墩顶均有2个混凝土防落梁挡块，挡块高度85 cm，菱形截面，内置4根P43旧钢轨，每个挡块约0.5 m³。模板采用定制钢模，混凝土与支座垫石混凝土一并浇筑，如图4-320所示。

图4-320　引桥墩顶围栏、防落梁挡块

4.3.4.5　下墩梯子

铁路引桥在每个墩顶处均设有下墩梯子，简支T梁下墩梯设置在线路左侧（上游），采用钢结构固定在主梁和墩顶上，钢结构采用后场定制，现场组装，利用梁体上的预埋件螺栓连接，连接螺栓型号M24。

70 m、80 m混凝土连续梁下墩梯设置在线路右侧（下游），采用钢结构固定在主梁和人行道外侧竖墙上。钢结构除与预埋件连接采用栓接外，所有钢构件间的连接均采用焊接，焊脚高度不小于6 mm，如图4-321所示。

4.3.4.6　声屏障

铁路引桥在有声屏障处设置声屏障，声屏障采用H形钢直悬臂结构，声屏障单元板采用承插方式安装，声屏障总长度2 311 m，如图4-322所示。声屏障安装2019年6月20日开始，至2019年10月5日结束。声屏障设置范围见表4-38。

图 4-321　混凝土连续梁下墩梯道安装

表 4-38　声屏障设置范围

序号	起点历里程	终点里程	与线路相对位置	起点墩号	终点墩号	声屏障长度/m
1	DK29+838.300	DK30+165.300	左侧	S002	S012	327
2	DK29+838.300	DK30+165.300	右侧	S002	S014	392.4
3	DK30+982.800	DK31+211.757	左侧	S037	S044	228.957
4	DK30+982.800	DK31+211.757	右侧	S037	S044	228.957
5	DK32+225.661	DK32+553.761	左侧	S075	S082	328.1
6	DK32+127.561	DK32+508.761	右侧	S072	S081	381.2
7	DK32+929.961	DK33+355.061	右侧	S091	S104	425.1

由于本标段声屏障属于新增工程，且安装是在钢轨铺设后进行，已无法在铁路桥面使用起重机械进行声屏障的立柱、隔声板等较重构件安装，只能使用一台小型履带挖机起吊配合人工安装。履带挖机从相邻标段路基段上桥，上桥挖机履带全部安装防磨橡胶板，以确保在铁路桥面的混凝土轨枕和钢轨上行走时不会造成轨枕和钢轨损伤。

声屏障安装顺序：安装立柱→安装底部垫板→安装吸声板→安装紧固橡胶→安装接地扁钢。声屏障标准间距 2 m，非标准间距 70 cm。

（1）立柱安装：立柱利用上桥挖机起吊安装。人工扶正对位螺栓孔，使用标定过的扭矩扳手扭紧，螺栓预拉力值为 150 kN，避免超拧和欠拧。

（2）焊接底部镀锌角钢垫板：镀锌角钢垫板与立柱基座外侧的槽钢焊接，开口朝向桥梁外侧，焊缝高度不小于 8 mm，焊接后打磨焊渣并涂刷油漆。在镀锌角钢焊接完成后、吸声板安装前，在角钢上铺设一条三元乙丙橡胶垫。

（3）吸声板安装：吸声板采取自下而上逐块插入的方式插入 H 形钢立柱之间，利用挖机吊装辅助人工安装。安装时须注意吸声板的朝向和上下位置的正确性，插入时自上而下水平插入，避免单元板倾斜时造成损坏。局部地段如单元板与立柱间缝隙较小无法插入，可用橡胶锤轻敲缓慢插入。部分地段如 70 m 连续梁处新增声屏障与供电专业安装的接触网平衡坠砣支架冲突，无法安装，采用将混凝土单元板变更为整体钢板的形式处理。

（4）接地连接：单元板安装完成后，安装接地设施。接地方式采用镀锌扁钢与每根立柱的 1 个地脚螺栓相连后就近接入每孔梁的接地系统。扁钢及螺栓等所有外露金属构件均采用热镀锌防腐处理。

（5）在混凝土连续梁 S078 ~ S081 号墩处下游侧有下墩梯道，在下游侧声屏障对应位置设置检修人员通道。检修通道采用镀锌钢板来替换混凝土隔音板，钢板底部做铰轴，上端使用插销结构，保证通道门从桥梁内侧打开。

图 4-322　声屏障竣工图

4.3.4.7　伸缩缝盖板

在铁路引桥桥面相邻两孔梁梁端有约 10 cm 宽的间隙，在道砟铺设前用钢盖板覆盖，防止道砟掉落，钢盖板下方焊接 3 组限位钢筋，防止盖板在铁路 T 梁伸缩时掉落。

4.3.4.8 护轮轨

为防止列车脱轨在桥上倾覆，适应大型捣固机桥上作业要求，对特大桥及大桥、中桥（桥长 50 m 及以下的桥不铺设），以及跨越铁路、公路等交通要道的立交桥，均规定应铺设护轨。公安长江公铁大桥铁路护轮轨施工从 2019 年 6 月 20 日开始至 2019 年 7 月 15 日结束，总工期 25 天。

护轮轨采用 60 kg/m 的旧钢轨，扣除轨道伸缩调节器长度（单个 17.5 m），全桥护轮轨总长度 25 132 m，总重 1 507.92 t；护轮轨单根长度 12.5 m，重量 750 kg。

护轨扣件采用《新Ⅲ型混凝土桥枕及护轨扣件铺设图》（专线 3448-Ⅲ）中 60 kg 护轨扣件。护轨扣件中扣铁分为中间和接头两种，分别为 60A 型和 60B 型。A 型用于中间护轨上，B 型用于接头处的护轨上。扣件扭矩为 30 ~ 50 N·m。

施工方法：

（1）人工卸、散钢轨。钢轨利用铁路轨道车运输，用拨轨法卸钢轨，卸一根挪走一根，以免互相撞碰击伤钢轨，卸轨时应使钢轨两端同时着地，以免摔弯钢轨；根据所需根数沿铺轨方向均匀备放。

（2）道钉硫黄锚固。锚固工序为清孔→填堵孔底→配置硫黄水泥砂浆→安装锚固架灌浆→插入道钉→修整钉孔面。硫黄水泥砂浆配合比：硫黄（1）：水泥（0.5）：砂子（1.4）：石蜡（0.02）；按设计配合比称好各项材料后，先将砂子放入熔浆锅内，加热炒拌到 100 ~ 120℃时，再将水泥倒入，继续炒拌到 130℃，最后加入硫黄和石蜡，继续搅拌加热到 160℃，使其均匀地由稀变稠呈浓胶状，温度升高到 160℃ 左右时即可使用。

（3）钢轨锁定。施工顺序为安装垫板→钢轨就位→安装扣板，扣板应涂油拧紧，垫圈压平，要求扣板螺栓扭矩不小于 80 N·m，不大于 120 N·m，各零部件安装顺序自下而上依次为扣板、双层弹簧垫圈、平垫圈、六角螺母。

（4）钢轨连接。铺轨顺序应由一端依次推进，避免分段铺轨接头误差累积造成大范围串轨的返工作业。用撬棍将钢轨拨正，使两轨头对齐，上鱼尾板时，先用螺丝把尖端插入鱼尾板第二孔中，然后托住鱼尾板，使其与钢轨靠近，将螺丝把插入相应钢轨眼中，再将第二块鱼尾板相对应的孔套在螺丝上，使两块鱼尾板同时与钢轨靠紧，再用鱼尾板卡子，从钢轨头部将两块鱼尾板卡住。

鱼尾板螺丝帽应交叉在线路内外侧，防止列车脱轨时螺栓全部被车轮切断。待螺栓全部上完后，再统一拧紧一次，以防遗漏。

4.3.4.9 值得重视和关注的专业接口问题

1. 公铁合建桥公跨铁区段公路桥面排水

大桥两岸的合建段公路桥原桥面排水是采取外挂 PVC 管的排水方式，PVC 排水管吊挂在公路桥最外侧混凝土小箱梁翼缘下方，排水管进口和桥面泄水管相连，出口通过弯管与附着在墩身上的竖直管相连，积水最后排放至地面。因合建段公路桥与铁路分叉时存在上跨铁路，分叉区段的公路桥面排水管就处在了铁路线上方。在大桥竣工后，武汉铁路局验收时提出要求取消公铁交叉段的外挂排水管，以防其日后脱落危及下方铁路行车设备安全。后经建设单位研究决定，铁路线路和电气化接触网上方的外挂排水管拆除（对应的桥面泄水管封堵），保留靠墩顶附近的泄水管并将其桥面处的汇水井适当扩大，以满足雨水集中排放要求。根据上述拆除原则，排水管拆除墩跨为江陵岸上游侧 N008~N011 墩，公安岸为下游侧 S008~S011 墩。需拆除的桥面 PVC 竖直泄水管先用钻头取出，然后灌填 C40 聚丙烯纤维细石混凝土进行封堵。因拆除事项是在铁路开通运营后才决定进行，故拆除只能在铁路"天窗点"内实施，自 2020 年 7 月 20 日—8 月 31 日，每天作业时间 120 分钟，先拆江陵岸，后拆公安岸。

值得总结的是，今后需关注类似公跨铁桥梁的桥面排水设置方式，对公跨铁区段的排水沟槽设计时就设在主体结构桥面上，不能采取梁外或翼缘下外挂的方式，以免后续仍要改造、返工。

2. 接触网坠砣支架冲突、声屏障开门问题

受各专业接口对接不畅影响，始终存在一些交叉工程互相矛盾、结构安装冲突问题。如在公安岸柳子河连续梁地段，一是四电专业的接触网拉线坠砣支架与声屏障立柱发生冲突，没有避开；二是接触网立柱支架、坠砣与声屏障隔声板的安装空间尺寸未予考虑导致相互影响：隔声板按原设计结构先施工，则坠砣无法安装，若坠砣先安装，则隔声板不能安装。出于拆解难度和工作量考虑，最后只得挪移声屏障立柱安装位置，此处原加工好的隔声板也作废不能使用，改为用钢结构制作。如图 4-323 所示。

此外，柳子河连续梁桥范围系设声屏障区段，而设声屏障后，桥面下墩进行支座维护检查的通道就被完全封堵。为解决两者之间的矛盾，最终也是将下墩通道口处声屏障进行开门处理：一是门洞两侧声屏障增加开门用所需的立柱；二是门洞两侧隔声板为非标尺寸另外加工制作；三是采用转铰式上翻门，钢制结构，不使用时门扇用卡杠锁死，防止高速列车通过时被气流掀开侵限。如图 4-324 所示。

图 4-323　坠砣支架冲突改造

图 4-324　声屏障下墩处开门

3. 道路上方栏杆增设坠物防护网

浩吉铁路为有砟铁路，道砟多高出 T 梁两侧的挡砟墙，且引桥两侧的员工走道板面与栏杆横挡之间在设计上存在很大空挡，若有道砟滚落至步板上时，存在着会从步板的临空边空挡掉落桥下的风险，危及从桥下道路穿过的车辆或行人安全。为安全起见，在有行车道路穿过铁路桥梁时，对应行车道路正上方的铁路桥栏杆侧面增设防桥上坠物的防护网。防护网为镀（浸）锌钢板网，与栏杆同高，顺桥向超出下方道路两侧一定长度。防护网仅在江陵岸侧设置，公安侧铁路两侧设计有声屏障，无需另设防护网。如图 4-325 所示。

图 4-325　道路上方栏杆增设坠物防护网

4.4　其他工程

4.4.1　护岸工程

4.4.1.1　荆江大堤防护工程

项目部成立护岸工程组织机构，抽出专业技术人员具体负责工程实施。护岸工程应严格按《堤防工程施工规范》中规定的各项技术要求进行，必须准确定位及严格控制虚吨位，做好各项施工记录。按时上报施工进度，确保工程在汛前竣工，做好竣工验收资料工作。

1. 水下抛石护脚工程

水下抛石工程属隐蔽工程，为确保抛石工程质量，施工时应严格按《堤防工程施工规范》中规定的要求进行，严把石质、定位和吨位关。块石新鲜坚硬、水稳定性好，饱和抗压强度不小于 50 MPa，软化系数不小于 0.7，冻融损失率不大于 1%，块石粒径 20～30 cm，比重 ≥ 2.65 t/m³，单块质量不小于 25 kg，严禁采用风化石、泥岩及页岩，不允许使用薄片、条状、尖角等形状的块石。采用量方、抽磅和划吃水线相结合的方法严格控制虚吨位，抽磅率不少于 5%。采用经纬仪定位，按施工设计图施工，抛石后及时填写档位记录和各项施工记录，每档抛石量误差要控制在 +5% 以内，做到定位准确、抛石均匀、移位及时、保证数量。

遵循"先远后近、先深后浅、先上游后下游"的施工顺序，达到先镇脚、后稳坡的效果。施工区水流紊乱，并伴有回流，为了保证抛石的准确性，在工区的上游布设定位船一条，使进挡料船首尾相连挂在定位船上,.确保抛石准确到位。

（1）测量放样：根据施工桩坐标，在岸上放出施工断面，插上断面旗，作为平面定位的基准。

（2）定位船定位：根据断面位置，指挥定位船移到施工断面设计位置上抛锚固定。

（3）石料验收：运料船只在指定岸边停靠后，进行石料吨位、质量、规格的验收。

（4）石料船挂挡：验收后的石料船，由施工人员指挥，依次进挡。

（5）石料抛投：石料船进挡挂牢后，开始抛投，并时刻注意抛石船的位置，如船只不在所在档位，应摆正位置后再抛石料。

（6）船只离挡：各档船只全部抛完后，解缆离挡。

（7）质量控制。

水下抛石是隐蔽性工程，要做到抛准、抛足、抛匀，必须做到以下几点：

①掌握块石落距，适时调整定位船位置。

②控制虚吨位采取量方结合抽磅或核定吨位后划吃水线的方法。

③定量抛投根据各施工小区的设计抛石数量，定量抛投，误差控制在 5% 之内。

④勤移定位船，消除抛石空档。

⑤纵向移位：运料船长度多在 20 m 左右，装石部位在船体中段 10 m 范围。串联挂挡时，船头和船尾搭接处会出现 10 m 左右的装石空白区，约占小区长度的一半。为了保证纵向抛石均匀，施工中，当一个施工小区的抛石量达到该小区应抛石量的 50% 时，将定位船下移 10 m，再抛总量的 50%。

⑥横向位移：第一次挂挡时，进挡船只挂在定位船中间；第二、三次挂挡时，分别左偏、右偏 2.5 m，依此顺序，直到抛足为止。

2. 干砌石护坡施工

护坡工程的施工工序为：清理坡面→坡脚脚槽开挖及砌筑→铺砂卵石混合垫层→干砌块石→浆砌石封顶。

（1）清理坡面：采用人工挖除清坡，对局部凹凸不平处进行整平，坡面上少许杂物进行清理。

（2）浆砌石施工：采用坐浆法施工，砂浆采用搅拌机拌制，胶轮车运输入仓。雨天施工时应适当减少砂浆水灰比，且及时排除沟内积水，妥善保护砌体表面。

（3）铺垫层施工：自下而上进行垫层铺设，并及时砌筑上部干砌石，尽量做到随铺随砌。

（4）干砌石施工：人工挑抬砌筑。铺筑前应将石料锋边尖敲掉，若用旧石，应凿掉风化层；检查垫层设施是否符合设计要求。砌筑时不得破坏垫层，应自下而上，错缝竖砌，靠紧密实。块石应使用质地坚硬的灰岩、花岗岩等，严禁使用风化石和易水解的石料。

3. 锥探灌浆施工

本工程堤身及堤基锥探灌浆加固处理以及其配套的地面沉降变形观测和灌浆质量检查等项目的钻孔（取芯）、灌浆、压水和封孔等工序的施工应遵循以下技术要求：

（1）本技术要求是根据《水工建筑物水泥灌浆施工技术规范》，并结合本工程地质条件制订的。凡本技术要求未作专门规定者，按规范执行；本技术要求与规范有差别时，以本技术要求为准。

（2）施工前必须进一步确定大堤堤身断面与防渗结构，并根据施工资料认真核对荆州长江公铁大桥桥墩承台桩基与大堤的相关关系，避免钻孔灌浆对大堤防渗结构和桥墩桩基产生不利影响。

（3）对施工影响区进行锥探灌浆，应按照设计要求，布置锥探灌浆孔，分段进行注浆。施工工艺流程为：灌浆材料的选择和检验→现场生产实验→测量放线→钻孔→浆液制备→初灌→复灌→封孔→检查。

（4）施工前，承包人应按照设计图纸、文件要求编制施工细则，制订详细的施工措施计划，明确施工方式、工艺，建立质量保证体系，报监理工程师批准后才能进行施工。同时该施工措施计划亦应抄报设计单位，以便设计单位据此调整、修改设计。

（5）生产性试验。

在正式施工前，选取一试验段进行锥探灌浆试验，以便探明堤身土质、选择钻孔及灌浆机具，并确定最优的灌浆压力、水泥浆浓度、黏度、复灌次数等指标。通过生产性试验论证锥探灌浆施工工艺、灌浆浆液等灌浆参数。先导孔需钻孔取芯，并详细描述和照相。

生产性试验成果应报监理工程师批准。

（6）灌浆系隐蔽工程，施工中必须如实、准确地做好各项原始记录。对施工中出现的各种事故和异常情况、揭露的地质问题等，均应详细作记录并及时报告监理工程师。

（7）灌浆工程各项资料（含取芯、压水、灌浆、地面沉降变形观测、质量检查等）必须及时整理分析，并及时提供监理工程师、设计单位及业主，以指导灌浆工作的顺利进行。施工结束后，应及时进行质量检查和验收。

（8）灌浆材料及制浆：锥探灌浆采用黏土、膨润土浆液，灌浆涂料技术要求见表4-39，浆液物理力学性能指标见表4-40。

表 4-39 灌浆土料技术要求

项　目	指标值
塑性指数	10% ~ 20%
黏粒含量	30% ~ 45%
粉粒含量	30% ~ 60%
砂粒含量	< 10%
有机质含量	< 2%
可溶岩含量	< 8%
灭蚁药物	0.5 kg/m³

表 4-40 黏土－膨润土浆液物理力学性能指标

项　目	指标值
重度	1.3 ~ 1.6 kN/m³
黏度	30 ~ 100 s
稳定性	< 0.1 g/cm³
胶体率	> 80 %
失水率	10 ~ 30 cm³/30 min

（9）钻孔与取芯。

①钻孔开孔孔位偏差一般不得大于 10 cm，因故变换孔位时，应征得设计同意，实际孔位、孔深、孔口高程应予以测量、记录。

②钻孔深度应达到设计图纸、文件规定的孔深或高程。

③钻孔孔径：锥探灌浆造孔机具应根据造孔效率高，定位准确，造孔斜度易于控制的特点进行选择，成孔直径不小于 32 mm。

④钻孔过程中应采取可靠的防斜措施，保证孔向准确，孔斜偏差值不得大于孔深的 1%。

⑤锥探灌浆孔分为Ⅰ序孔和Ⅱ序孔，按照Ⅰ序孔和Ⅱ序孔的顺序进行灌浆施工。

⑥钻孔取芯：先导孔、灌浆质量检查以及设计文件中规定和监理单位指示的有取芯要求的钻孔应采取岩芯。取芯钻孔的岩芯获得率要求不小于 80%。所有岩芯均应统一编号，填牌装箱，并进行岩芯描述，绘制钻孔柱状图，特殊地段的岩芯需摄影存档。

⑦特殊情况记录：钻孔时应对钻孔中发现的各种情况如涌水、失水、外漏、坍孔、掉块、卡钻、地质构造、岩性变化等作详细记录，并反映在钻孔综合成果表中，作为分析灌浆质量的基本资料。

（10）灌浆工艺。

①根据设计文件提供锥探灌浆处理范围合理布置钻孔，并通过现场生产性试验选择合理的灌浆孔布置、灌浆方法、灌浆压力和灌浆浆材等灌浆参数，并在实际灌浆施工过程中不断完善灌浆施工工艺。

②锥探灌浆时，应先灌下游排，再灌上游排，最后灌中间排，以免浆液过多地流失到灌浆区范围以外，并减少堤身出现裂缝和冒浆的概率。

③灌浆孔段长划分：土层中灌浆一般分段长度为不大于3.0 m。

④灌浆压力：锥探灌浆压力一般不大于0.2 MPa。灌浆压力应随着灌浆过程逐步提高，达到设计灌浆压力并继续注浆30 min以上。实际灌浆压力根据生产性试验适当调整。

（11）灌浆质量检查：锥探灌浆应分序逐渐加密，提高浆液固结的密实性，通过后灌序孔单位吸水量和单位吸浆量的分析，推断先灌序孔的灌浆效果。每个需质量检查的加固区由监理工程师布置1~3个质量检查孔。质量检查孔的压水检查工作应在单元工程灌浆结束7天后进行。

（12）灌浆封孔：所有灌浆孔及其配套进行的检查孔等均应严格地进行封孔处理。所有灌浆孔与检查孔灌浆（或压水）结束后应紧接着进行灌浆封孔。灌浆封孔采用压力灌浆封孔法，浆液采用水灰比为0.5∶1的浓水泥浆。为了确保封孔质量，所有封孔施工宜在监理工程师的现场指导下进行。

4.4.1.2 公安岸大堤防护施工

桥位右岸南五洲围堤处岸坡平缓，主要为滩地且近岸处于小幅淤积状态，自桥轴线上游200 m至下游300 m采用干砌石块对直接挡水的南五洲围堤的临水面堤身进行防护。大堤横向（垂直流向）护坡从堤脚处防护到大堤顶部。脚槽位于大堤坡脚，采用M7.5浆砌石砌筑，断面为75 cm×75 cm。坡面采用干砌石护坡，厚度30 cm，下设15 cm厚砂卵石混合垫层。

大堤护坡施工流程为：清理坡面→坡脚脚槽开挖及砌筑→铺砂卵石混合垫层→干砌石块→浆砌石封顶。先进行测量放点，对需防护的区域进行人工清理坡面，人工挖脚槽并采用坐浆法分层砌筑。浆砌脚槽完成后，人工自下而上进行砂卵石混合垫层铺设，并及时砌筑上部干砌石，做到随铺随砌。

4.4.2 防撞设施安装

4.4.2.1 施工组织及计划

根据《交通运输部长江航务管理局关于荆岳铁路公安长江大桥通航净空尺度和技术要求的函》（长航函道［2010］59号）：选用内河Ⅰ-（2）级内河航道9×3 000吨级内河船队、5 000吨级海轮作为大桥通航代表船队和代表船型；大桥主通航孔、副通航孔桥墩按照代表船队和代表船型考虑防撞标准；其他水中墩按照不小于1 000 t级船舶考虑防撞。

大桥3~5号桥墩采用自浮式筒形复合材料防撞圈进行防撞，防撞圈如游泳圈浮套在墩柱周围。全桥共5个防撞圈，其中3号、4号主塔墩每根墩柱上设置1个防撞圈，5号辅助墩墩柱设置1个防撞圈，其余水上墩按自身抗撞进行设计。防撞设施主要工程量见表4-41。荆州长江公铁大桥桥墩防撞圈布置如图4-326和4-327所示。

防撞设施安装完成后，防撞设施最外侧仅超出桥墩边线最大为3.9 m，并不会占用原桥梁通航尺度。故防撞设施安装后不影响通航尺度。

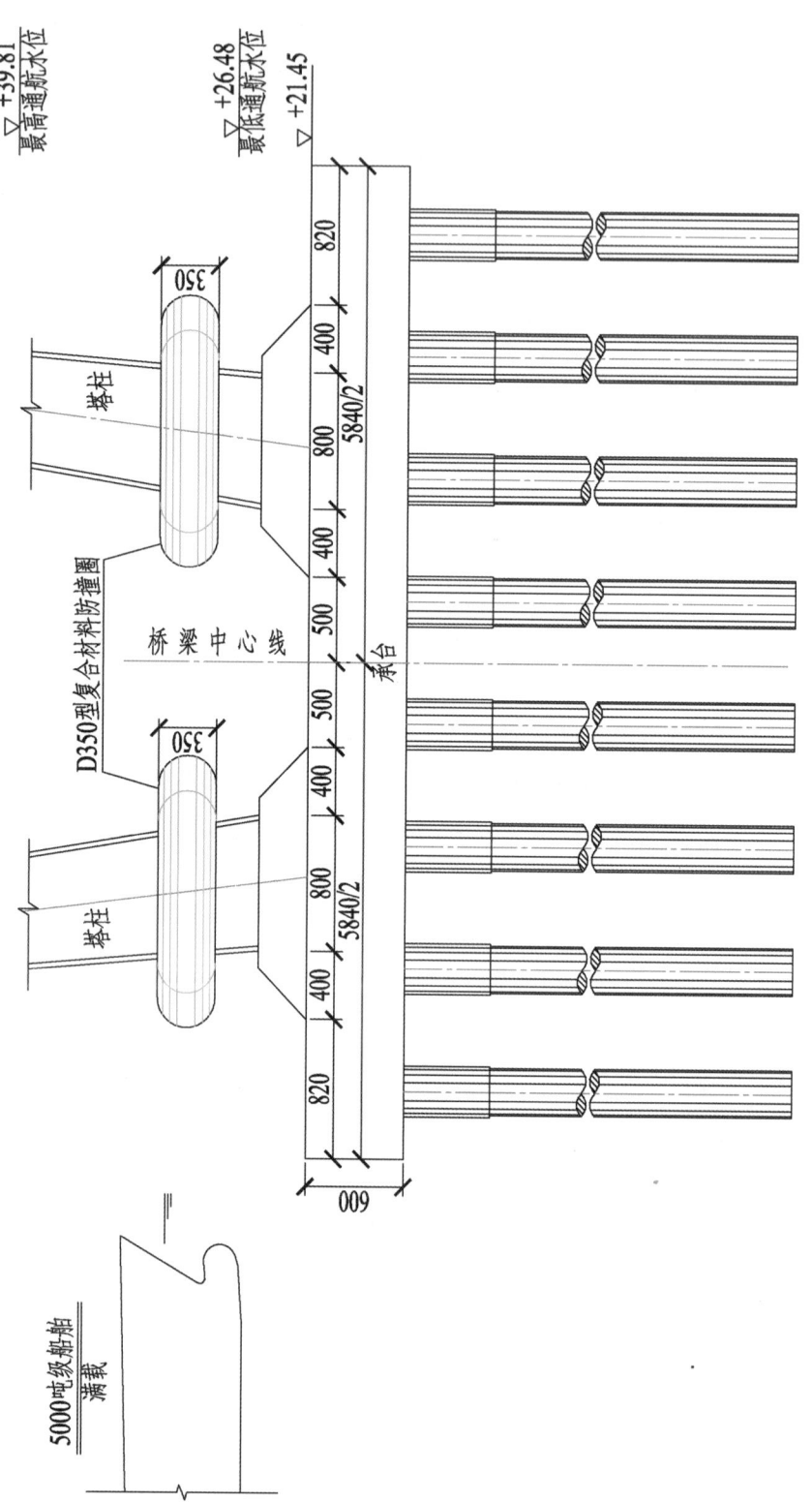

图 4-326　主桥 3 号、4 号墩防撞圈与船舶位置关系

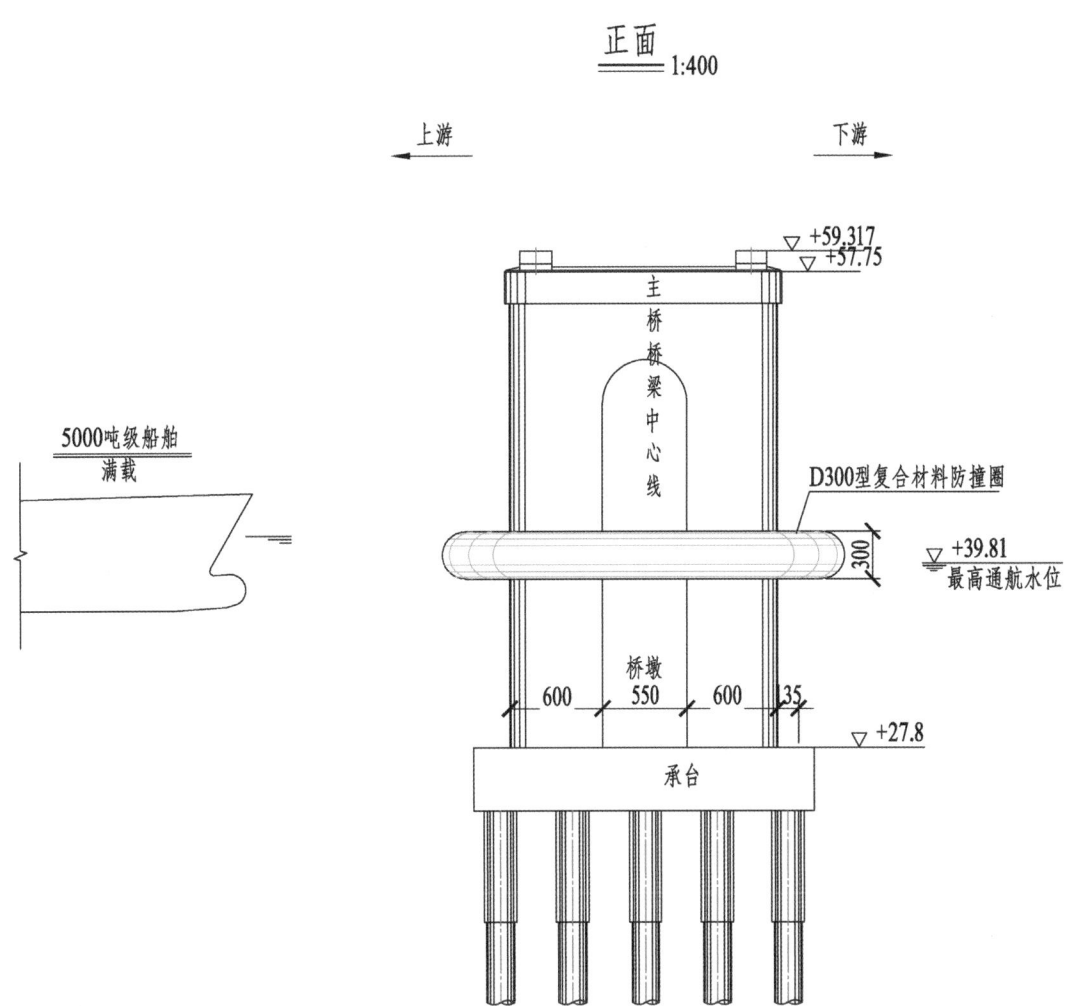

图 4-327 主桥 5 号墩防撞圈与船舶位置关系图

表 4-41 荆州长江公铁大桥主桥 3～5 号墩防撞设施主要工程量

序号	项目名称		材料规格	单位	3号、4号桥墩（单套）	5号桥墩（单套）	合计	备注
1	D350型复合材料防撞圈	节段①	直径3.5 m，共4套	t	16.6	—	340.44	
		节段②			16.6	—		
		节段③			9.35	—		
		节段④			16.6	—		
		节段⑤			16.6	—		

续表

序号	项目名称	材料规格	单位	3号、4号桥墩（单套）	5号桥墩（单套）	合计	备注
2	D300型复合材料防撞圈 节段⑥	直径3.0 m，共1套	t	—	7.37	61.20	
	节段⑦			—	7.37		
	节段⑧			—	7.93		
	节段⑨			—	7.93		
3	D350钢法兰	—	套	16		64	
4	D300钢法兰	—	套	—	12	12	
5	摩擦板	四氟滑板	套	48	12		
6	M24螺栓	不锈钢	套	1 152	288		
7	M36螺栓	A4L-70	套	3 712	696	4 408	

经现场考察，上下游并不具备平整场地，故采用船运＋水上拼装的施工形式。

复合材料防撞设施在厂内分段制作，节段平均质量约为12 t。出厂前应进行试拼装，检查无误后，确保设施总体几何尺寸的形位公差控制在设计要求范围内，同时也应在厂内完成相应配套摩擦板及检修孔的安装，运输路线基本为常州港沿长江途经南京、池州、铜陵至九江，继续沿长江往北至湖北荆州。

4.4.2.2 防撞设施现场安装

1. 安装吊点

在塔身侧边通风孔和横梁底下通风孔，进行高强度钢丝绳固定，通过计算得出钢丝绳规格和数量及吊点位置，在吊点固定吊装葫芦。

2. 防撞圈吊装

现场安装时利用起重船将每个独立单元体通过钢丝绳搭配吊装葫芦逐个吊装在桥墩周围，如图4-328所示。

3. 防撞圈拼接

拼接时，两个单元体如有高低、错位、晃动等，则通过起重船起吊调整平衡，确保法兰盘顺利衔接，然后进行钢法兰螺栓固定连接，拼接成一个完整封闭的复合材料防撞筒系统，如图4-329所示。

图 4-328　防撞圈吊装

图 4-329　防撞圈拼接

4. 防撞圈拼接处手糊

防撞圈法兰拼接完成后，防撞圈法兰接头外侧用复合材料进行手糊，用来加强连接处的牢固性，如图 4-330 所示。手糊厚度 1 cm，两边搭接各 50 cm。

5. 防撞圈松放、吊点拆除

防撞圈法兰手糊完成后放入水面，拆除吊点。

图 4-330 防撞圈手糊

6. 防撞圈陶粒灌注

防撞圈入水，内部垃圾清理完毕后，将陶粒灌注入防撞圈内。

7. 防撞圈外观涂抹修整

陶粒填充完成后，盖上检修孔法兰盖板，检修孔法兰盖板与筒体空隙用环氧树脂胶（结构胶）、毛毡、玻璃纤维密封处理，防撞圈全部密封后，通过人工给防撞圈外表涂上环氧树脂胶及防水漆。

4.5 施工测量

4.5.1 控制网复测

1. 交桩资料和复测等级

设计院共提供平面控制点 26 个，即 DQ1～DQ26，等级为铁路二等，其中 DQ5、DQ6、DQ7、DQ8、DQ9、D10 为强制对中墩点。高程控制点 28 个：DQ1～DQ26，QBM1，QBM2，等级为二等水准。设计院提供的资料见表 4-42。

表 4-42 平面控制点及水准点交桩资料

序号	点名	坐 标/m			备注
		X	Y	H	
1	DQ1	3 329 432.809	483 329.887	30.290 2	
2	DQ2	3 329 347.618	483 623.525	31.196 3	
3	DQ3	3 328 915.585	483 603.158	30.437 5	
4	DQ4	3 328 796.361	483 296.881	32.046 2	
5	DQ5	3 328 415.115	482 672.142	42.662 9	
6	DQ6	3 328 433.367	483 335.391	42.641 7	
7	DQ7	3 328 283.016	483 713.205	42.879 5	
8	DQ8	3 327 106.447	482 298.471	41.155 7	
9	DQ9	3 327 095.848	483 070.855	40.839 4	
10	DQ10	3 326 973.368	483565.485	40.950 6	
11	DQ11	3 326 532.730	482823.468	36.527 4	
12	DQ12	3 326 389.515	483 104.375	36.721 3	
13	DQ13	3 326 125.583	482 622.815	36.483 6	
14	DQ14	3325930.291	483 035.382	36.556 9	
15	DQ15	3 325 675.274	482 618.722	35.957 2	
16	DQ16	3 325 458.393	482 953.982	35.944 6	
17	DQ17	3 325 200.128	482 483.306	36.509 7	
18	DQ18	3325022.886	482 830.868	37.376 1	
19	DQ19	3 324 755.893	482 474.343	36.615 8	
20	DQ20	3 324 516.067	482 826.785	36.501 2	
21	DQ21	3 324 328.001	482 486.053	42.466 7	
22	DQ22	3 324 166.866	482 727.570	42.492 4	
23	DQ23	3 323 714.816	482 453.792	34.679 3	
24	DQ24	3 323 644.123	482 729.819	35.629 7	
25	DQ25	3 323 268.026	482 385.724	33.506 9	
26	DQ26	3 323 172.697	482 706.412	35.7117	
27	QBM1			34.491 2	
28	QBM2			36.228 4	

注：采用 1980 西安坐标系，中央子午线经度 112°30′，投影面大地高 0 m，采用 85 国家高程基准。

2. 历次复测情况

按照规范要求，需定期（6个月）对整个标段内设计院交接的平面和高程控制点进行复测，分析评估整个测量控制网的稳定性。复测的基准、精度等级、方法与设计院相同。

从 2012 年 12 月 6 日开始，至 2017 年 7 月 6 日截止，按照每半年的周期复测一次，本项目控制网共进行了 10 次复测。此外，2019 年 4 月，进行了一次地面控制网复测与桥上 CP Ⅱ 加密测量。历次复测控制点的沉降和位移情况见表 4-43，平面复测及高程复测网形图分别如图 4-331 和图 4-332。

表 4-43 历次复测坐标与交桩坐标比较表

点号	2012年12月复测坐标与交桩坐标比较/mm	2013年6月复测坐标与交桩坐标比较/mm	2013年12月复测坐标与交桩坐标比较/mm	2014年7月复测坐标与交桩坐标比较/mm	2015年01月复测坐标与交桩坐标比较/mm	2015年7月复测坐标与交桩坐标比较/mm	2015年12月复测坐标与交桩坐标比较/mm	2016年6月复测坐标与交桩坐标比较/mm	2016年12月复测坐标与交桩坐标比较/mm	2017年7月复测坐标与交桩坐标比较/mm
DQ1	6.0	−0.3	1.0	1.3	0.0	−0.1	1.5	0.0	0.0	−15.3
	3.8	5.5	2.2	−1.2	0.0	−2.9	−2.0	0.0	0.0	−1.6
DQ3	6.2	−3.2	2.6	1.5	4.4	−2.3	−1.4	−2.7	1.6	0.0
	5.4	8.1	5.7	1.7	0.8	−0.7	1.6	4.1	0.6	0.0
DQ7	4.7	8.5	4.3	2.9	4.8	−3.5	4.6	−1.7	3.4	1.0
	2.5	7.6	2.2	−1.5	−1.1	−1.1	0.5	0.5	−0.6	−2.2
DQ5	8.4	9.3	4.4	2.9	—	−4.7	4.5	−3.5	6.3	2.3
	0.7	2.8	−0.2	−3.0	—	1.1	−0.4	−1.7	−1.8	−5.0
DQ11	−0.8	−4.0	−7.1	−5.0	−3.2	−2.4	−0.1	−5.9	−0.2	−5.0
	0.7	1.4	0.3	−3.4	1.4	2.3	0.4	2.3	1.0	−1.0
DQ12	0.4	−1.9	−4.7	−3.9	−0.7	2.2	2.3	−2.8	0.3	−0.5
	3.4	2.5	0.4	−2.9	2.0	2.7	2.5	3.6	4.3	−1.4
DQ15	−6.4	−7.0	−11.0	−6.4	−7.3	−4.2	−11.5	−12.6	−5.8	−12.4
	−6.5	−5.7	−6.8	−12.7	−8.5	−8.1	−9.5	−7.4	−8.6	−12.7
DQ16	−13.0	−17.4	−18.4	−17.5	−18.2	−4.1	−8.3	−10.6	−6.1	−12.1
	−7.5	−11.0	−11.9	−14.9	−13.8	−22.6	−24.6	−21.8	−23.1	−27.1

续表

点号	2012年12月复测坐标与交桩坐标比较/mm	2013年6月复测坐标与交桩坐标比较/mm	2013年12月复测坐标与交桩坐标比较/mm	2014年7月复测坐标与交桩坐标比较/mm	2015年01月复测坐标与交桩坐标比较/mm	2015年7月复测坐标与交桩坐标比较/mm	2015年12月复测坐标与交桩坐标比较/mm	2016年6月复测坐标与交桩坐标比较/mm	2016年12月复测坐标与交桩坐标比较/mm	2017年7月复测坐标与交桩坐标比较/mm
DQ17	−6.4	−7.5	−8.4	−7.1	−6.2	−5.9	−8.7	−27.8	−23.4	−29.1
	−0.8	−7.4	−3.4	−7.4	−5.3	−3.8	−3.0	3.1	2.5	−1.2
DQ19	−0.5	−1.3	1.1	4.4	2.0	5.7	3.6	2.1	7.0	3.1
	−4.9	−7.9	−1.7	−5.1	−2.8	−0.1	−0.3	−0.3	−3.1	−2.6
DQ20	−3.2	3.3	17.3	18.4	19.8	25.0	22.6	23.7	27.0	25.8
	−1.0	0.7	14.1	11.7	11.5	17.5	16.7	19.0	16.7	16.1
DQ21	−6.4	−6.8	−6.7	−5.3	−5.6	−3.8	−10.2	−4.4	−16.5	−30.3
	−6.4	−6.7	−1.9	−5.7	−6.2	−0.5	−3.1	−9.2	−15.2	−28.6
DQ22	−4.1	−5.8	−4.9	−3.0	−3.0	−3.2	−9.9	−2.1	−2.4	−0.5
	−2.0	−3.5	−1.5	−4.3	−2.9	0.8	−1.1	−3.0	−4.8	−7.3
DQ24	−3.8	−4.5	−2.9	−1.1	−1.2	0.0	0.0	0.0	0.0	0.0
	−4.1	−2.7	−2.1	−3.3	−4.6	0.0	0.0	0.0	0.0	0.0
DQ25	−7.4	−6.5	−3.5	−1.0	−2.2	−2.4	−5.4	0.4	0.2	0.0
	0.8	−0.7	5.8	4.6	8.3	12.7	10.4	10.0	11.2	12.1
DQ26	0	0	4.0	8.7	10.6	27.2	22.0	35.2	35.3	38.9
	0	0	0.1	−1.9	−2.0	2.7	1.2	1.0	2.2	−1.3

3. 复测技术依据

(1)《铁路工程测量规范》TB 10101—2009；

(2)《全球定位系统（GPS）测量规范》GB/T 18314—2009；

(3)《国家一、二等水准测量规范》GB/T 12897—2006；

(4)《中短程光电测距规范》GB/T 16818—2008；

(5)《荆岳铁路公安长江大桥工程定测技术报告》（中铁大桥勘测设计院有限公司 2011 年 4 月）

4. 主要人员、仪器配备

主要人员配置见表 4-44，主要仪器配备见表 4-45。

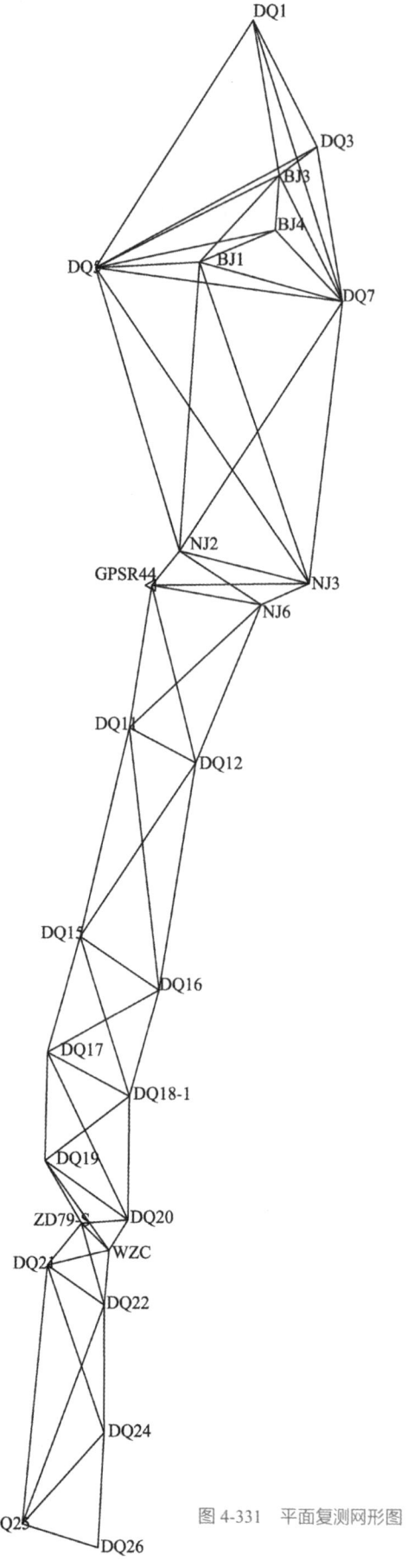

图 4-331 平面复测网形图

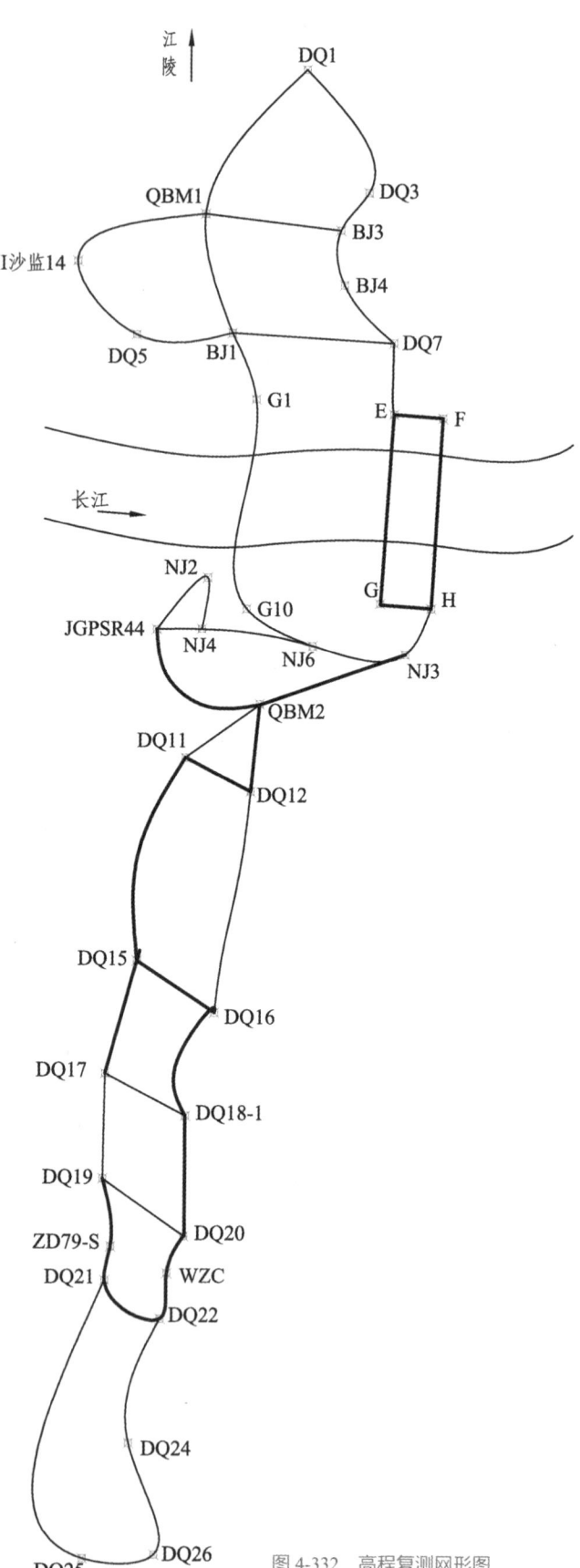

图 4-332 高程复测网形图

表 4-44 测量人员一览

序号	职责	姓名	年龄	职务	职称	从事测量工作时间	备注
1	协调	黄红林	43	测量总工	高级工程师	1993	
2	司镜、复核	王平	38	负责人	工程师	1996	
3	司镜、复核	罗威	24	—	助理工程师	2009	
4	复核、前尺	高峰	26	—	技术员	2006	
5	复核、前尺	江淮	20	—	技术员	2014	
6	复核、后尺	樊亚平	56	—	高级技师	1974	

表 4-45 测量仪器一览

序号	仪器名称	型号	生产厂家	测量精度	仪器状况	备注
1	GNSS 接收机	5700	天宝	5 mm+1 ppm	合格	6 台
2	全站仪	TCR1201	徕卡	1″/（1 mm+1.5 ppm）	合格	
3	全站仪	TM30	徕卡	0.5″/（1 mm+1 ppm）	合格	2 台
4	全站仪	TCA2003	徕卡	0.5″/（1 mm+1 ppm）	合格	
5	水准仪	NA2	徕卡	0.7 mm/km	合格	2 台
6	水准仪	Dini03	天宝	±0.3 mm/km	合格	
7	钢尺	50 m			合格	

5. 控制网复测内容及精度要求

（1）复测内容。

①平面控制点的复测

根据《铁路工程测量规范》，平面控制点按二等精度进行测量，由 5（4）台 GNSS 接收机利用静态测量进行同步观测，GNSS 测量同步图形之间的连接采用边联式和网联式，每个点至少观测 2 个时段，每个时段 90 min。

②高程控制点的复测。

高程控制点的复测分为三个部分进行，分别为北岸（即江陵岸）陆地水准测量、南岸（即公安岸）陆地水准测量以及跨江三角高程测量。南北岸陆地水准测量采用 DINI03 电子水准仪，根据《铁路工程测量规范》按照二等水准测量技术要求进行，往返测量相邻两水准点间的高差，取往返测量的平均值与交桩高差进行对比。

跨江高程测量运用全站仪测距三角高程法测量，采用双线过江，组成四边形闭合环，最大跨河长度约 1 100 m。

（2）复测结果评判标准。

根据《铁路工程测量规范》的要求，施工单位应对设计院交接的控制桩，包括平面控制点、水准点，以同等的精度和等级进行全面的复测。平面控制点复测按二等的要求进行，高程控制点复测按二等水准的要求进行。

当复测成果与设计院提供的成果较差满足下表要求时，采用原测成果。当较差超限时，应进行二次复测，查明原因，提交监理和设计单位确认。

表 4-46　平面复测相邻点间坐标差之差的相对精度限差

控制网等级	相邻点间坐标差之差的相对精度限差
二等	1/130 000

水准点复测限差 $\leqslant 6\sqrt{L}$ mm（L 为测段长度，以 km 计）。

（3）精度控制标准。

表 4-47　二等 GNSS 测量控制网的主要技术指标

等级	固定误差 a	比例误差系数 b	基线方位角中误差	约束点间的边长相对中误差	约束平差后最弱边边长相对中误差
二等	≤ 5 mm	≤ mm/km	1.3″	1/250 000	1/180 000

表 4-48　二等 GNSS 测量作业的基本技术要求

卫星截止高度角	≥ 15°
同时观测有效卫星数	≥ 4
有效时段长度	≥ 90 min
观测时段数	≥ 2
数据采样间隔	10 ~ 60 s
PDOP 或 GDOP	≤ 6

表 4-49　二等水准观测主要技术要求（数字水准仪）

水准尺类型	视距 /m	前后视距差 /m	前后视距累计差 /m	视线高度 /m	水准仪重复测量次数
因瓦	≥ 3 且 ≤ 50	≤ 1.5	≤ 6.0	≥ 0.55 且 ≤ 2.8	≥ 2

表 4-50　二等水准测量精度要求　　　　　　　　　　　　　　　　　　　单位：mm

项　目	每千米水准测量偶然中误差	每千米水准测量全中误差	检测已测段高差之差	往返测不符值	附和线路或环形闭合差	左右线路高差不符值
限差	1	2	$6\sqrt{L}$	$4\sqrt{L}$	$4\sqrt{L}$	—

6. 外业观测的实施

高程控制网复测采用二等水准测量精度施测。

（1）陆地水准测量。

高程控制网复测按国家二等水准的要求进行，采用天宝 DINI03 电子水准仪及配套水准尺，对相邻两水准点高差进行往返测量，将测量高差与交桩高差进行比对。

水准观测中，每千米水准测量的偶然中误差应小于 ±1 mm。使用数字水准仪时，视线长度 ≥ 3 m 并 ≤ 50 m；前后视距差 ≤ 1.5 m；任一测站上前后视距累积 ≤ 6.0 m；视线高度 ≥ 0.55 m 并 ≤ 2.8 m；重复读数次数应 ≥ 2。往测观测照准标尺分划的顺序为：奇数站：后—前—前—后；偶数站：前—后—后—前。返测观测照准标尺分划的顺序为：奇数站：前—后—后—前；偶数站：后—前—前—后。测站观测限差为 0.6 mm；检测间歇点高差的差为 1.0 mm。往返测高差不符值、环闭合差应不超过 $4\sqrt{L}$，检测已测高差之差的限差应不超过 $6\sqrt{L}$。

视准轴与水准轴的夹角 i 角值规定：二等水准测量 $i \leqslant 15''$。

水准尺立尺时要使用尺垫、尺撑，保持水准标尺稳定、铅直。晴天观测时应给仪器打伞，避免阳光直射。

（2）跨江水准测量。

跨江水准测量在点 DQ7 和 NJ3 之间与 NJ6 和 BJ1 之间进行，采用双线过江。跨江长度约 1.1 km，采用三角高程法测量。将 TM30 全站仪按图 4-333 的平行四边形进行对向观测。

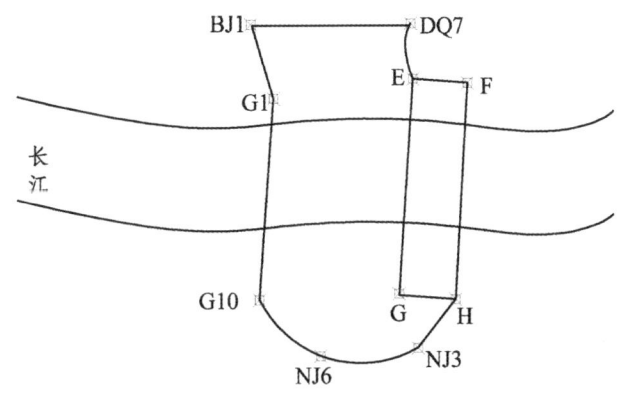

图 4-333　跨江水准测量

四边形的两长边和两短边应分别大致相等。进行高差观测时，将仪器摆在 E、H 点，分别观测本岸近标尺 F、G，再分别观测对岸标尺 G、F，记录高差和距离；将 E 点仪器置于 F 点，H 点仪器置于 G 点，分别观测近标尺 E、H 和远标尺 H、E，记录高差和距离，这样完成一个双向观测单测回数。将两岸仪器对调，按同样的方法测一个单测回，这样两个单测回组成一个双向观测双测回。

二等跨河水准测量有关技术要求见表 4-51。

表 4-51　二等跨河水准三角高程测量的技术要求

视线长度 /m	双测回数	半测回观测组数	双测回高差互差 /mm
1001 ~ 1200	8	6	$4M_\Delta\sqrt{NS}$

注：M_Δ——每千米水准测量相应等级的偶然中误差限值（mm），二等为 1 mm；
N——双测回的测回数；
S——跨河视线长度（km）。

同一时段里各条边组成的独立闭合环差 W 不应大于下式所计算的限值。

$$W = 6M_W\sqrt{S}$$

式中：M_W——每千米水准测量相应等级的全中误差限值（mm），二等为 2 mm；
　　　S——跨河视线长度（km）。

7. 数据处理和平差方法

（1）高程控制网复测数据处理和平差。

对各个测段往返测高差不符值进行检核，当往返测高差不符值满足 $4\sqrt{L}$ 的限差要求时，取往返测高差的平均值作为复测值与交桩高差进行比对，并按下式计算每千米高差中数偶然中误差：

$$M_\Delta = \sqrt{\frac{1}{4n}\left[\frac{\Delta\Delta}{L}\right]}$$

式中：Δ —— 测段往返高差不符值（mm）；
　　　L —— 测段长（km）；
　　　n —— 测段数。

高程控制网采用 CosaLEVEL V2.0 平差软件对附合水准线路进行整体严密平差，平差时以水准点 Ⅱ沙监 14 和 QBM2 为起算点，平差后计算每千米水准测量偶然中误差和最弱点的高程中误差。

（2）平面控制网复测数据处理和平差。

外业观测数据采用 TBC 2.50 软件进行基线解算，使用武汉大学研制的平差软件 CosaGPS 软件进行网平差。基线解算时对重复基线、独立环的长度或坐标闭合差按下列公式进行限差验算，剔除超限的基线观测值。

重复基线的长度闭合差限差：

$$d_s \leq 2\sqrt{2}\sigma$$

独立闭合环的坐标闭合差限差:

$$W_x \leq 3\sqrt{n}\sigma$$
$$W_y \leq 3\sqrt{n}\sigma$$
$$W_z \leq 3\sqrt{n}\sigma$$

$$W_s \leq 3\sqrt{3n}\sigma$$
$$W_s = \sqrt{W_x^2+W_y^2+W_z^2} \leq 3\sqrt{3n}\sigma$$

三维无约束平差中各分量改正数限差:

$$V_{\Delta x} \leq 3\sigma$$
$$V_{\Delta y} \leq 3\sigma$$
$$V_{\Delta z} \leq 3\sigma$$

约束平差中基线向量各分量改正数与无约束平差同一基线改正数较差的限差:

$$dV_{\Delta x} \leq 2\sigma$$
$$dV_{\Delta y} \leq 2\sigma$$
$$dV_{\Delta z} \leq 2\sigma$$

式中: n ——闭合环边数,

σ ——相应级别规定精度 (按平均边长计算)。

8. 问题处理与复测评判

(1) 平面控制网复测评判方法及标准。

复测相邻点间坐标差之差的相对精度应 ≤ 1/130 000。控制网复测跨江水准测量见图 4-334。

图 4-334 控制网复测跨江水准测量

（2）二等水准复测评判方法及标准。

对比复测高差与原测高差，其高差较差应$\leq 6\sqrt{L}$（L为距离，以km计），当较差满足要求时采用原测成果。对不满足要求的高程控制点，应重新测量高差，并进行相邻高差的对比、分析，以确定该点是否发生显著沉降，若发生显著沉降，应将结果上报监理、设计单位，由设计单位确认新成果。

9. 复测应提交的成果和资料

（1）《新建蒙西华中铁路公安长江公铁两用特大桥控制网复测技术设计书》；

（5）《新建蒙西华中铁路公安长江公铁两用特大桥控制网复测报告》；

（3）测量单位的测绘资质证书、测绘人员的专业证书和仪器检定证书；

（4）GNSS测量原始观测数据的文件拷贝；

（5）水准测量的原始记录电子文件拷贝；

（6）平差计算的项目文件拷贝。

4.5.2 施工测量

4.5.2.1 钢围堰的制作拼装和定位测量

主桥3号墩基础施工围堰为双壁钢吊箱围堰，4号墩为双壁钢套箱围堰。围堰尺寸为68.2 m（横桥向）×40.0 m（顺桥向）×23.5 m（高）（4号墩高23.7 m），壁厚2 m，平面图见图4-335。围堰分两节，底节高18.0 m，顶节高5.5 m（待围堰下沉到设计标高后接高顶节）。钢围堰底节的底板、侧板、底隔舱、吊杆、内支架等先分成若干单元块进行制造，然后依次组拼形成整体，在围堰底板下安装气囊，运用气囊断缆法沿岸坡（坡度10%）滚动下河，最后利用拖轮将钢吊箱浮运到桥位。

对于围堰拼装测量，要建立以钢围堰轴中心线为坐标轴的拼装坐标系，建立独立控制网。首先准确定出各龙骨的定位方格线，要确保龙骨的相对尺寸，防止影响钢护筒的插打。吊杆拼装时，必须严格控制吊杆的顶面坡度与龙骨底板坡度保持一致。拼装侧板时，定出围堰侧板的外边线和平面尺寸控制点（主要包括4个拐角点、直线段与圆弧段的分界点、四边的中点和单元块接缝点）位置，根据侧板的位置线，先拼装靠长度方向的侧板，最后拼装宽度方向的侧板，控制侧板接缝位置平顺和拐角段的相对位置准确。钢围堰制作完成后，应对围堰的长、宽、高、圆弧段做竣工测量，将四边的中点、直线段与圆弧段的分界点锐眼标注，侧面标注水深线，为围堰的精确定位做好准备。

在第一节围堰浮运到位前，需进行锚碇系统的布设工作，锚碇系统采用一艘前定位船和一艘后定位船的形式，在第一节围堰浮运到位后通过调整锚绳来定位。

在围堰定位和下沉过程中，需要实时详细了解围堰实际姿态，实时提供围堰在桥轴线和墩轴线方向上的偏差，为方便快捷地提供围堰的各项偏差数据，需以3号墩中心为原点建立施工坐标系，通过3个以上已知的同一点的设计坐标和施工坐标计算出坐标系转换参数，运用坐标转换公式计算出控制点的施工坐标。

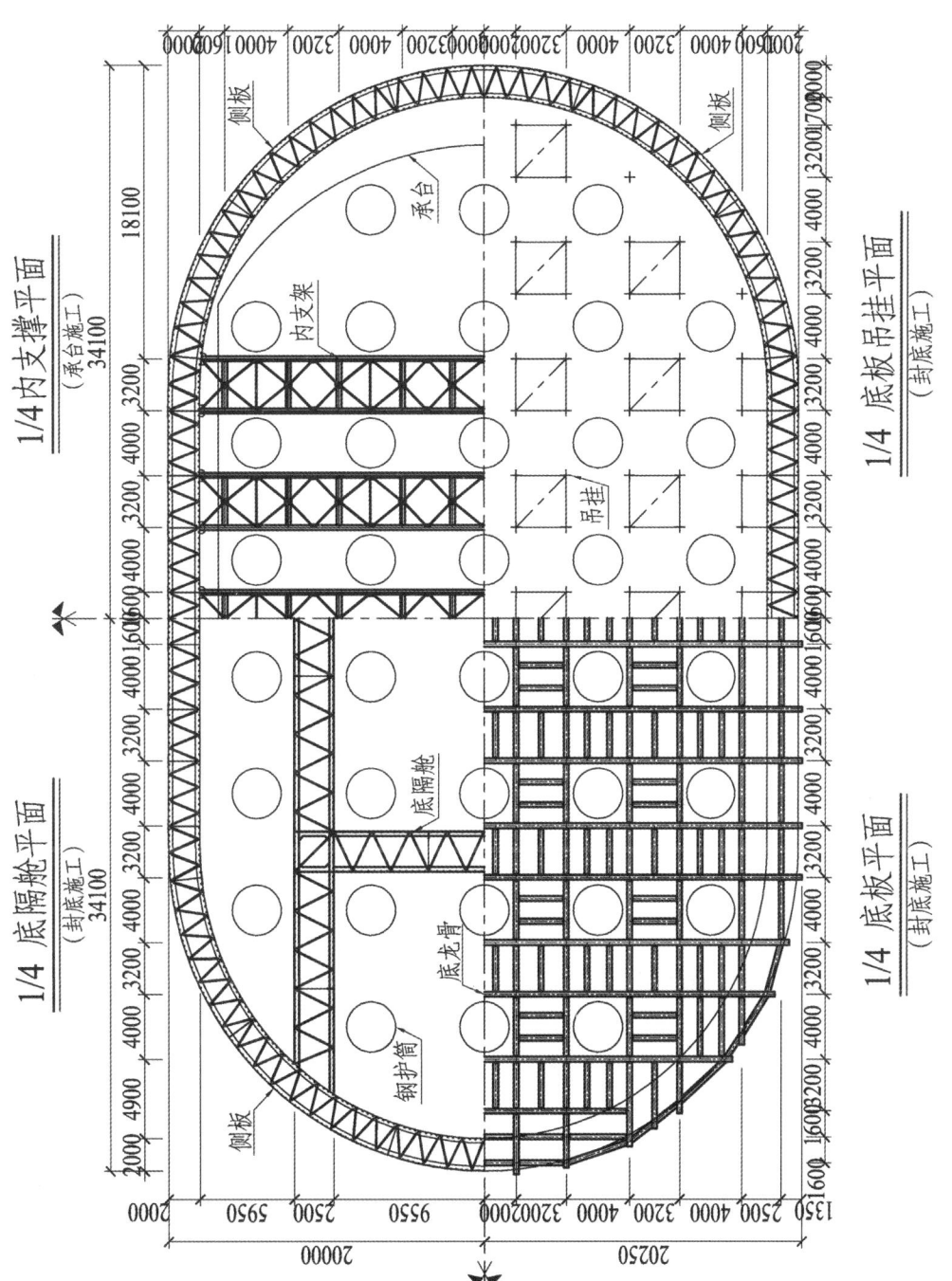

图 4-335 3号墩钢围堰平面图

定位时，通过测量围堰的 8 个特征点坐标与设计坐标进行比较，确定位移量直接指挥围堰调整，通过轴线上 4 个点位的坐标偏差和高程偏差，计算出围堰的扭转角、倾斜角及垂直度，不断调整围堰姿态，直至符合规范要求。

4.5.2.2 钻孔桩施工测量

钻孔桩的施工放样采用全站仪坐标法或自由设站的方法进行定位放样与复核。为了施工现场操作的便利，直接放样结构物的特征点。

1. 钻孔桩的施工放样

根据施工设计图计算钻孔桩的桩位中心坐标，复核同一墩台内各个桩位之间的几何关系，对施工放样数据的计算须由两人独立计算，然后进行复核。

根据施工现场和控制点的通视情况，采用全站仪控制点直接放样和自由设站法放样进行桩位放样。

2. 护筒的检查

钻孔桩的护筒埋设好后，应对护筒的中心位置及倾斜度进行检查。用全站仪放样出桩位的中心位置并测量护筒顶面高程，用钢卷尺量出护筒的偏差。

护筒倾斜度用铅锤法测量，控制在 1% 以内。由于护筒在制作和运输过程中存在误差和变形，因此在护筒埋设前应对护筒的尺寸进行复核检查。

3. 钻孔桩竣工测量

当每个墩台的钻孔桩全部施工完毕，承台基坑开挖到位、桩头破除到设计高程后，即可进行钻孔桩竣工测量。用弦线和钢卷尺定出每根桩顶的中心位置，再用全站仪测量出每根桩中心位置的坐标，跟设计坐标进行比较，计算出在纵、横两个方向上的坐标差值。根据工程质量检验标准的要求，桩顶竣工偏差 $\sqrt{\Delta_{横}^2+\Delta_{纵}^2} \leqslant 100$ mm （群桩）。

4.5.2.3 承台施工测量

承台的施工放样、承台模板的检查和承台竣工测量：

（1）根据施工设计图计算每个墩台的承台角点坐标，复核角点之间的几何关系，统计计算承台顶面的高程，并对计算数据由第二人单独进行复核。

（2）根据施工现场和控制点的通视情况，采用全站仪控制点直接放样或自由设站进行承台角点的放样（方法同钻孔桩放样）。

（3）承台模板的检查、轴线偏位计算及模板验收标准。

承台模板的检查可以采用全站仪直接测量模板角点坐标或者放样出承台的纵横轴线用钢卷尺进行丈量，根据测量的数据计算出模板的尺寸偏差和轴线偏位。用水准仪在模板上放样出承台顶面的设计高程,并用油漆标示,作为混凝土浇筑时的控制依据。

(4)承台的竣工测量。

承台混凝土浇筑、养护完成拆模后,即可进行承台的竣工测量。用全站仪放样出承台的纵横轴线,用钢卷尺量出承台边缘到轴线的距离,测量承台混凝土顶面的高程。将实测平面尺寸、高程值与设计尺寸、高程进行比较,计算出承台的轴线、高程偏差。

4.5.2.4 墩身施工测量

墩身的测量主要是控制其十字轴线、模板尺寸高程,依靠常规测量手段即可达到,可采用全站仪坐标法设站+极坐标法,全站仪后方交会法设站+极坐标法两种方法放样。

1. 墩身模板测量

如图 4-336,墩身模板立模后,对墩身四角坐标、墩身轴线进行检查。放样出墩身的中心轴线(采用前述方法),测量模板四角坐标与高程,与设计坐标进行比较。用钢卷尺检查模板尺寸,用铅锤法检查墩身模板垂直度,几项数据应相互吻合,保证测量数据和墩身模板位置的准确。用水平仪配合长钢尺测量墩顶模板高程。对于带斜坡的墩身首先根据模板高度,斜坡的坡率,计算出模板顶口尺寸,模板顶口坐标,空心墩壁厚,检查方法如前述方法。

图 4-336 引桥墩身施工

超出墩身模板容许偏差的,进行模板调整,直至所有点的偏差全部在容许范围内,才可进行下一步的施工。

2. 墩身的竣工测量

墩身混凝土浇筑、养护完成拆模后，即可进行墩身的竣工测量。用全站仪放样出墩身的纵横轴线，用钢卷尺量出墩身边缘到轴线的距离，测量墩身混凝土顶面的高程。将实测平面尺寸、高程值与设计尺寸、高程进行比较，计算出墩身的轴线、高程偏差。

3. 垫石测量

（1）垫石平面放样时，在墩顶加密点上架设仪器，采用极坐标法放样墩身纵、横轴线和垫石纵、横轴线，并根据垫石尺寸弹出垫石四周墨线。垫石模板检查依据墨线来进行，检查内容主要包含孔位偏差、垫石尺寸差、垫石轴线偏差。

（2）高程放样时，在墩顶架设水准仪，测出模板上各垫石的四角高程并用红色油漆作标记，并与相邻墩顶高程加密点联测进行复核。

（3）垫石竣工测量，把墩身轴线引测至垫石顶面，并用墨线弹出十字线用于支座安装，采用检定钢尺测量垫石轴线偏位和孔位偏差，利用墩顶高程点传递垫石顶高程，测量每个垫石四个角点和一个中心点高程。

4.5.2.5 主塔施工测量

主塔采用 H 形桥塔，钢筋混凝土结构。塔顶高程 +203.95 m，塔根（承台顶）高程 +21.45 m，承台以上塔高 182.5 m。塔柱顺桥向尺寸 8～14 m，上塔柱横桥向尺寸为 4.5 m，中塔柱横桥向尺寸为 5.5 m，下塔柱横向尺寸为 5.5～8.0 m。

1. 测量重点及内容

塔柱施工测量的重点是保证塔柱的倾斜度、垂直度和外形几何尺寸以及索导管等一些内部构件的空间位置。测量的主要内容有：塔柱的中心线放样、各节段劲性骨架的定位与检查、模板定位与检查、预埋件定位、索导管各节段竣工测量及施工中的塔身各项变形观测等。

2. 塔柱位置放样

按三维坐标放样主塔位置，当塔柱逐渐升高，测站点与塔中心铅垂线的距离，将随高程面的升高而发生改变，这个改变都是由于地球的曲率所形成。

在测站点所在的高程面上，塔柱轴线中心到测站的平距为 S，则在放样点所在的高程 H 的高程面上，测站点到塔柱轴线中心的 S 改变至 $S±\Delta S$，ΔS 为高程面不同所引起的距离变化，就此而作的改正即为投影面改正。可按下式计算：

$$S_{投影} = S \times [1+(H_{投影面}-H_{平均})/R]$$

变截面塔柱不同高程截面的结构特征点的平面坐标也不同，所以在施工测量放样中，必须根据测出塔柱结构物的高程精确算出该高程对应特征点的平面坐标。

3. 劲性骨架定位

劲性骨架的位置相对塔柱成比例缩放，不同高程截面的结构特征点的平面坐标也不同，所以定位中，必须根据测出劲性骨架的结构特征点的高程精确算出该高程对应特征点的平面坐标。具体测量方法是：将全站仪安置在稳定的控制点上，后视另一控制点，然后按测回法测量劲性骨架特征点，测得此点的 X，Y，Z 初始坐标，运用手持编程计算器按实测高程反算该高程截面点的平面坐标与实测坐标进行比较，逐步趋近调整到理论位置。

4. 塔柱模板检查与调整

模板的检查方法与放样方法相同，用全站仪按测回法（两测回）测量模板特征点的三维坐标，根据实测高程计算设计平面坐标，与实测坐标比对，得出模板的偏位值，根据此值调整模板，再检查调整直至合格。用钢尺检查模板尺寸，在模板上标注混凝土浇筑标高线。在昼夜温差、日照、风力较大、钢梁架设时，会引起已施工的塔柱发生倾斜或扭转，模板定位时应考虑上述因素对施工测量的影响进行修正。

5. 塔柱模板测量数据的修正

塔柱在没有日照、风力、外力及温度均衡时，各高程截面轴线应保持一致，但在实际施工中不可能做到，应采用实时改正的方法进行修正。

中塔柱施工需要确定塔柱的在各种状态和时间段下变形情况。在下横梁处的塔柱的上、下游埋设棱镜，当中塔柱施工中高度超过横梁每隔 50 m 时，需要在已竣工段埋设一组棱镜，选择昼夜温差大的晴天进行 36 h 连续观测，观测频率为 2 h 一次，绘制纵横桥向的变形曲线，确定塔柱"零"状态时棱镜的坐标值和观测时间。在塔柱放样或模板检查时，测量棱镜的坐标变化值，对设计坐标进行修正。

上塔柱施工时，在塔柱放样或模板检查前，测量棱镜中心坐标，与"零状态"时棱镜的坐标值进行比对，计算变化值，对放样数据进行修正。当连续作业时间较长，尤其温度变化大，或阳光照射塔柱的方向发生变化时，应及时测量棱镜中心，计算坐标差进行再次修正。

在塔梁同步施工过程时，考虑在此状态时影响塔柱变形的因素很多，需选择外界因素影响塔柱变形最小时进行测量作业，因此选择在塔柱"零状态"时间段（温度变化不大，凌晨时段）进行塔柱放样或模板检查作业，测量埋设监测棱镜中心坐标，计算变化值，对放样数据进行修正。

6. 塔柱高程测量

塔柱设计高度为 182.5 m，传统的高程测量方法不能满足施工的要求，采用全站仪三角高程差分法、全站仪天顶测距法相结合的办法来传递高程。每 50 m 以全站仪天顶测距法从下向上传递一次高程，平时施工高程传递采用全站仪三角高程实时差分法。

（1）全站仪天顶测距法原理。

全站仪天顶测距法进行高差测量，其原理如图 4-337 所示。B 和 a 是处在同一铅垂线上的不同高度的两点，记其高程分别为 H_B 和 H_a，a、B 两点之间的高差为：

$$H_a - H_B = i+b。$$

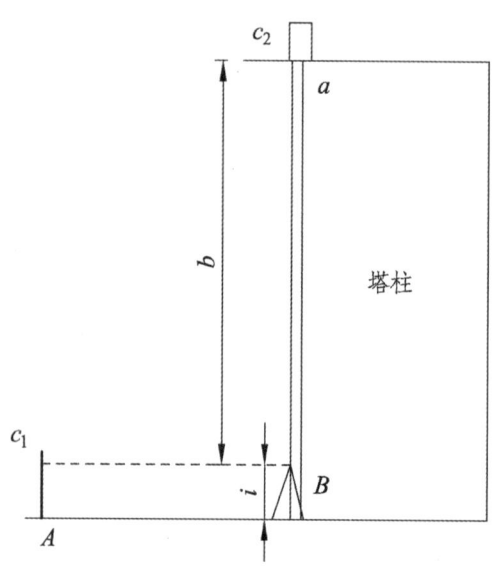

图 4-337　全站仪天顶测距法原理

用全站仪的测距功能进行垂直向上测距，则其所测距离 b 与仪器高 i 之和即为所测高差，从而达到高程传递的目的。

作业时，全站仪可以通过照准已埋设的棱镜测得距离 b，从而获得高差。由于此法望远镜垂直向上，照准无法按照常规的瞄准方法，在作业时，测量棱镜的坐标，然后放样全站仪设站点的坐标，保证棱镜中心和全站仪中心在一条垂线上。也可在全站仪天顶角为 0° 时，打开免棱镜模式，通过光斑中心确定棱镜中心。仪器高 i 采用水平视线法，即把仪器安置好后放平望远镜直至垂直角读数为 90°00′00″，从已知点 A（点 A 与点 B 相离较近）处所立的水准尺上读取读数 c_1，从而实现从已知点 A 到待求点 a 之间的高程传递，即 $H_a = H_A + c_1 + b$，从而避免了直接量取仪器高而带来的低精度。具体施测时，应多测回、多时段测量，以保证 a 处高程测量的精度，每 2 h 观测 1 次，共测 4 个时段，每个时段测 2 个测回并取中数。

（2）全站仪测距三角高程法。

在控制点安置全站仪及棱镜，设置仪器参数，对向观测垂直角和距离，计算两点之间的高差，从而求得主塔墩高程工作基准点的高程。

当主塔施工至较高时，在外界环境影响下会产生振动，影响测量精度。此法有一定局限性，仅适用于下横梁往上 50 m 左右。

4.5.2.6 索导管施工测量

1. 索导管定位测量内容

索导管的定位精度包括两个方面：一是锚固点空间位置的三维坐标应符合设计要求；二是索导管轴线与斜拉索轴线的相对允许偏差满足设计要求。根据两方面的要求和斜拉索的结构受力特性，索导管的定位应优先保证其轴线精度，其次才是锚固点位置的三维精度。索导管轴线与斜拉索轴线的相对偏差主要由索导管两端口中心的相对定位精度决定。索导管安装定位主要用全站仪三维坐标法定位。高程测量采用单向三角高程差分法，结合悬挂钢尺、全站仪天顶测距法进行复核，以确保索导管处出塔点和锚固点精确定位。索导管平面定位是以中心定位为主，以其他部位定位为辅，根据现场实际情况，采用可调吊挂系统、花篮螺丝、微调装置、辅助水平尺角钢焊接固定定位架的方式进行控制。微调装置见图4-338。

2. 索导管的设计坐标计算

复核主塔斜拉索锚固系统图纸，复核索导管实际锚固点坐标与索导管轴线出塔点坐标及各项参数值。

根据图纸提供的主塔斜拉索锚固系统提供的参数计算索导管两端中心点三维坐标。建立的桥梁施工坐标系以桥轴线为X轴，里程增加方向为X轴，数值与线路里程一致。垂直于桥轴线方向为Y轴，数值为距桥轴线距离，左线为负，右线为正。转换后，3号墩中心施工坐标为：$X = 28\,594.0$ m，$Y = 0$ m，4号墩中心施工坐标为：$X = 29\,112.0$ m，$Y = 0$ m。根据索导管与墩中心的相对关系，计算出索导管在桥梁施工坐标系中的各点三维坐标，用于指导现场测量定位。

3. 索导管的定位方法

（1）索导管的复核验收。

首先在索导管进场后对其结构尺寸进行检查，检查内容包括索导管长度、内外直径、十字轴线、锚板与管身垂直度，误差应小于2 mm，并在索导管上标定轴线位置、锚固端和出塔口中心点，为定位测量做好准备工作，见图4-339。

（2）地面安装初定位。

索导管地面安装利用主塔劲性骨架作为安装骨架，在施工现场制作 安装平台，平台尺寸根据劲性骨架的最大宽度和长度确定，如图4-340所示。

在平台上以劲性骨架中轴线建立相对坐标系，前后方向为骨架立面的高程轴，左右方向为骨架在塔柱的上下游轴，上下为骨架在塔柱的里程方向。按照图纸中索导管位置及其与劲性骨架的相对关系，在平台上放出索导管上下口中心点的投影位置。根据平台上的投影中心点及索导管上下口中心点与投影面的高度，确定索导管位置。安装采用吊机，手拉葫芦及人工进行调整。调整完成后将索导管用微

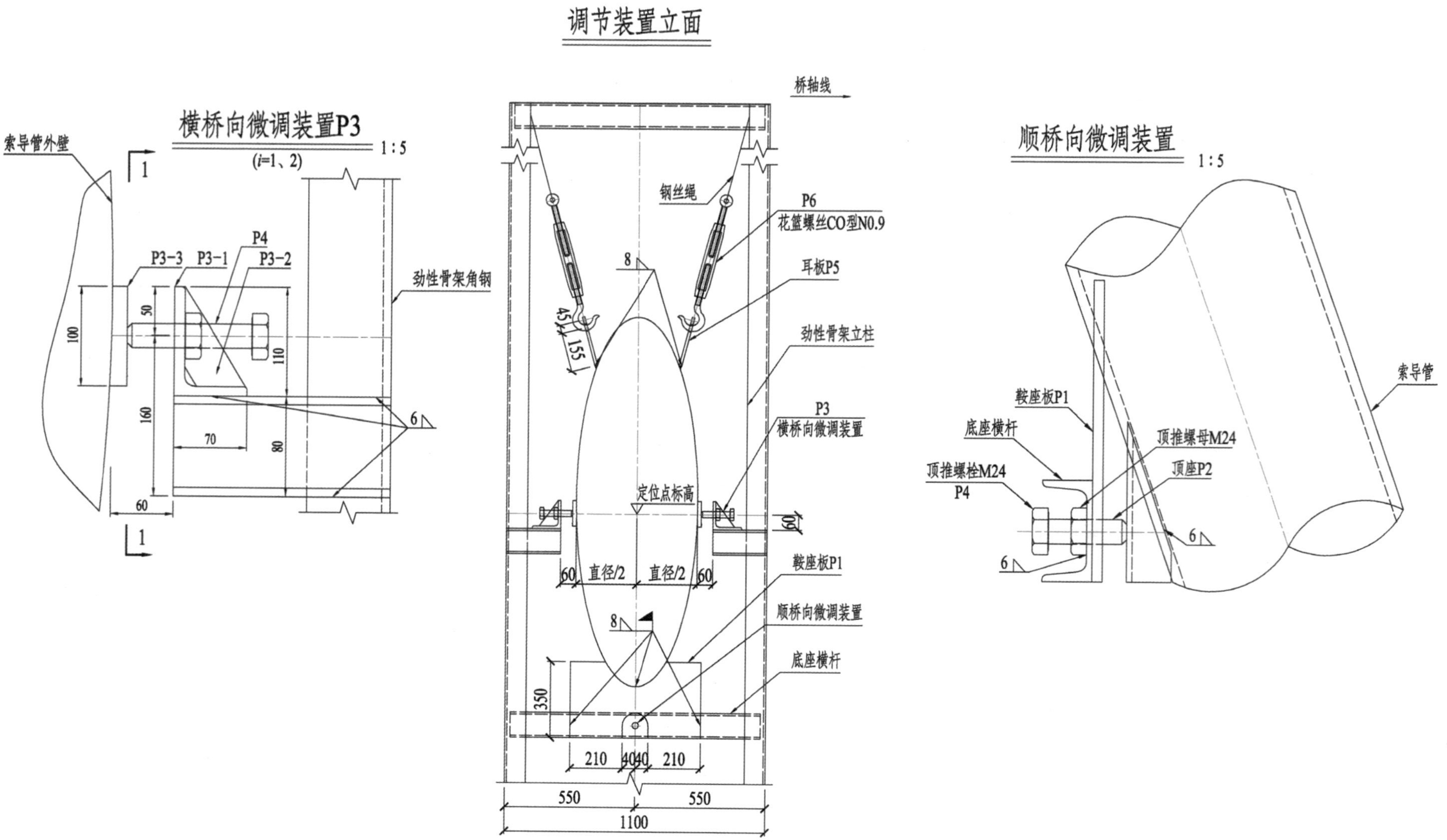

图 4-338 调节索导管位置的微调装置

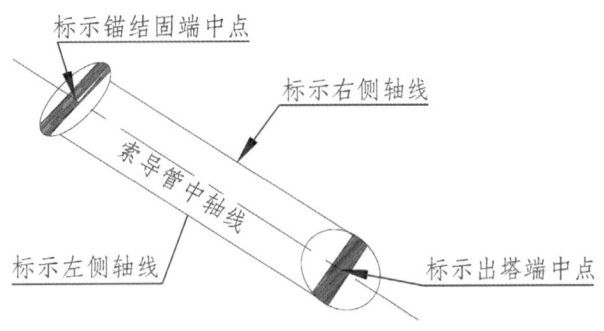

图 4-339　索导管中点和轴线标示

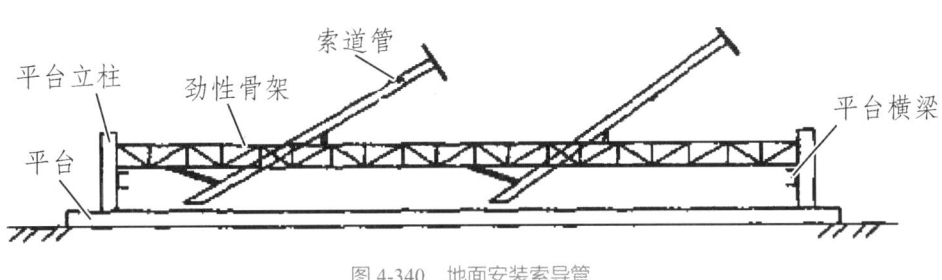

图 4-340　地面安装索导管

调装置固定在劲性骨架上。安装完成后通过尺量以及仪器测量复核，确认骨架与索导管相对关系无误后，将其整体移出平台，准备进行主塔安装。场地平台上继续安装后续索导管。

（3）索导管安装定位（精定位）。

对索导管进行定位测量，测量时间应尽量选在塔柱"零状态"时间进行。所谓塔柱"零状态"是指塔柱受到日照温度变形、受风力荷载及混凝土收缩变形最小的状态。塔柱"零状态"可以通过测量预埋在上塔柱的监测棱镜变形值确定。

索导管的安装测量步骤：

将直径等于预埋索导管内径的圆盘和半圆盘标志件放入预埋索导管顶部，并固定，使其盘面与锚垫板位于同一平面，并标出十字线中心，如图 4-341 所示。

用全站仪进行三维坐标测量，测出索导管的顶口与底口中心点的三维坐标。将测得坐标值与设计值比较，得出三维坐标偏离值，移动两端管口，直至达到设计要求。固定两端管口，如图 4-342 所示。

图 4-341　索导管锚固点定位装置

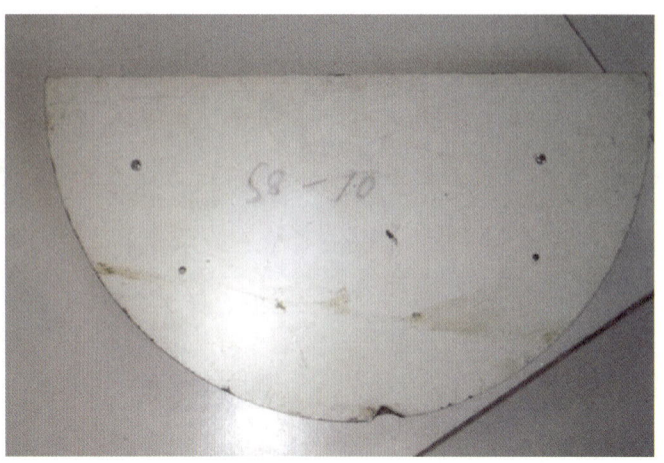
图 4-342　索导管出塔口定位装置

索导管调整至设计位置后，用全站仪进行复核测量，测量检查索导管的空间位置及角度，确保索导管安装正确，精度达到要求。

4. 索导管竣工测量

混凝土浇筑完成并拆除模板后，进行索导管的竣工测量。其方法与索导管安装时相同。用塔柱转点测量索导管的锚固端和出口端的三维坐标，编制索导管竣工位置偏差资料。

4.5.2.7　钢梁架设测量

1. 钢梁结构概况

斜拉桥主梁为 N 形桁式，采用焊接的整体节点，工地架设时，在节点之外用高强度螺栓拼接。主桁桁高 13 m，节间距 14 m，主桁横向中心距为 14 m，主桁节点处两侧设倾斜副桁，上端连接横梁端部，下端连接下弦节点。

钢梁杆件的吊装顺序为：下弦杆→斜杆→铁路桥面板→竖杆→上弦杆纵梁部分→上弦内侧公路桥面板→副桁杆件→上弦杆外侧公路桥面板，如图 4-343 所示。

安装过程中对节点挠度、轴线及断面尺寸进行测量。每安装一个节段，各节点测一次挠度和轴线偏差并与计算值比较，以便决定是否需要采取调整措施；测量断面尺寸有无扭转情况，以便实时采取改变施工顺序措施进行调整。

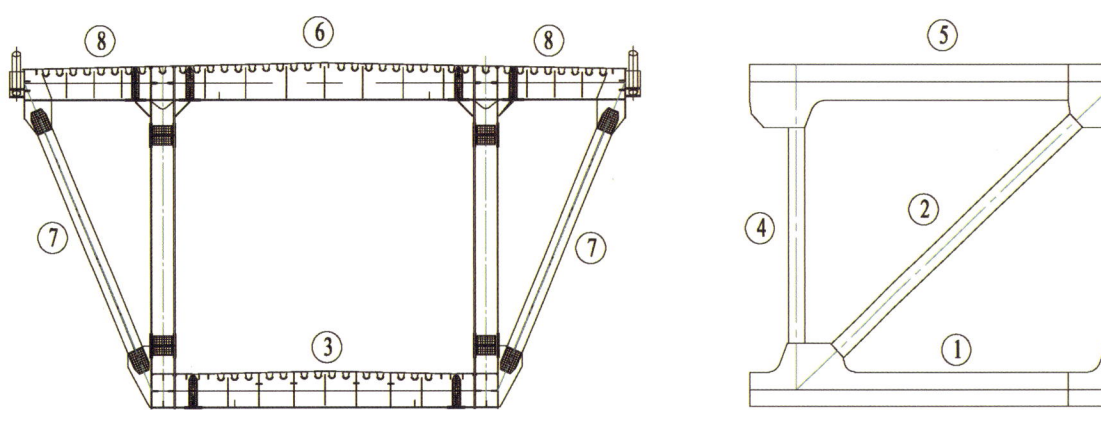

图 4-343 钢梁杆件安装顺序

2. 钢梁检查及中线标示

钢梁安装过程中,需要测量钢梁的中线位置、里程和高程,测量钢梁的桁高、桁宽、节间长度及钢梁的拱度,判断门架是否发生扭转或倾斜,这些数据均通过测量钢梁上游、中间、下游桁的下弦和上弦节点的三维坐标求得。

钢梁下弦测量点在轴线方向上,为避免铁路桥面和公路桥面横坡的影响,下弦测量点从桥梁中心线向两侧平移 6.0 m,测量点位置在下弦杆顶面;上弦杆测量点从桥梁中心线向两侧平移 6.0 m,测量点位置在上弦杆顶面,如图 4-344 所示。

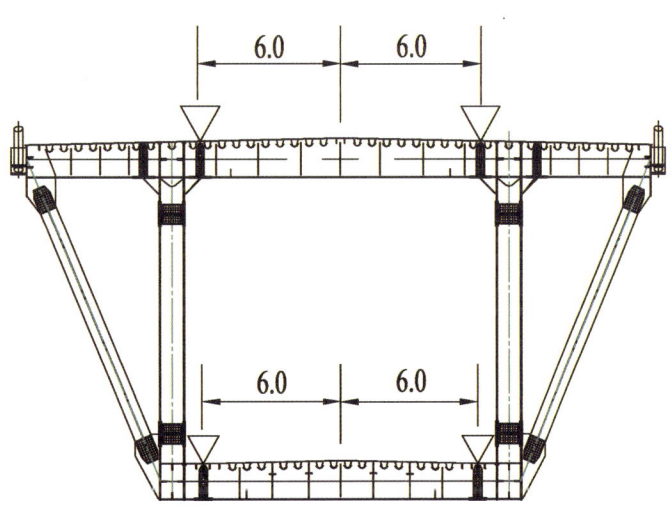

图 4-344 钢梁上弦杆和下弦杆轴线方向测点布置图(单位:m)

在钢梁安装前,按照钢梁杆件的结构尺寸,做好测量点,用冲钉打眼标识。施工过程中,测量点做好保护工作,附近禁止堆放物品。各测点的内业数据,最后全部换算到节点中心位置。

3. 钢梁架设测量的工况及测量内容

钢梁测量工况及内容见表4-52。

表4-52 钢梁测量工况及测量内容

序号	测量工况	测量内容	目的
1	边跨及主塔下横梁顶钢梁拼装	各个桁片所有节点的三维坐标	调整桁片位置、滑块高程及此节段钢梁拼装完成焊接前、后的状态
2	悬臂架设阶段	各个节间所有节点的三维坐标	每个节间安装完成后,测量其平面位置和高程,按照监控指令进行调整;此节间钢梁拼装完成后,对焊接前后及架梁吊机移动后的状态进行测量
3	挂索前、后线形测量	测量悬臂端相邻两个节间的节点三维坐标,其他节点的高程和轴线偏差、拱度及倾斜值	提供线形监控单位,签发下一节段钢梁安装指令,进行钢梁线形、拱度调整
4	中跨合龙测量	测量合龙口相邻两节段所有节点的三维坐标、其他主桁上、下弦的高程、轴线、拱度及倾斜值	合龙段24 h监测为合龙提供依据
5	调索阶段	测量各个节点的高程,上弦、下弦节点轴线位置	结合索力监测,调整钢梁线形
6	二恒安装	二恒安装前后,对所有节点的高程、主桁上弦、下弦节点轴线位置进行测量	测量二恒荷载对钢梁线形的影响
7	钢梁支座安装	测量钢梁底板位置、四角高差	支座安装精度满足规范要求
8	成桥线形测量	钢梁所有节点的三维坐标	对钢梁成桥的线形、拱度等进行竣工测量

4. 钢梁拼装测量

（1）墩顶四节间拼装。

在公路、铁路桥面板吊装后焊接前,测量该节段钢梁所有节点的三维坐标,检查钢梁桁宽、节点高程及对角线是否满足要求。钢梁拼装完成后,架梁吊机移动前对该节段钢梁所有节点三维坐标进行复核测量。

（2）悬臂架设测量方法。

钢梁悬臂架设采用WD70型架梁吊机,按如下顺序拼装：下弦杆→斜杆→铁路桥面板→竖杆→上弦杆纵梁部分→上弦内侧公路桥面板→副桁杆件→上弦杆外侧公路桥面板。

在节间桁片安装时,根据施工监控指令调整桁片的高程和位置,保证桁片高栓、焊接连接后的状态满足规范要求,在铁路桥面板安装完成后,测量桁片4个节点的位置和高程,在公路桥面板安装完成,焊接前,测量钢梁的状态,在高栓、桥面板全部焊接完成后,再次测量该节段钢梁 4 个节点的位置和高程。

双伸臂对称安装每一个节间至设计规定的单侧悬臂长度时,调整钢梁中线,测量其偏差,达到设计规定的允许值后进行横向约束,并安装第一对斜拉索。每一个节段钢梁拼装完成后,挂索前测量该节段钢梁所有节点三维坐标及其他节段钢梁节点的高程。挂索后,对主塔的变形、沉降、扭转进行监测。调整索力时,与索应力监控单位同时间测量该节段钢梁所有节点三维坐标、拱度、倾斜值和其他节段钢梁所有节点的高程,保证钢梁测量数据与索力匹配,测量时详细记录架梁吊机的位置、空气温度、钢梁温度及其他荷载情况。

(3)钢梁线型监控。

钢桁梁悬拼过程中进行线型测量监控。每架设一个节间,配合监控单位对钢梁的中线、高程、拱度、倾斜度进行测量,测绘出钢梁的拱度曲线和钢梁中线图,并与理论预拱度进行比较,结合索应力、温度变等外界因素的影响,由监控单位计算出下一个节间的施工控制参数。为了加强测量的准确度和避免外界因素的干扰,测量监控在凌晨 3 时内完成。

(4)钢梁合龙测量。

跨中合龙前,对钢梁桁片最前端合龙口相邻的位置,参照螺栓孔位置在钢梁上弦、下弦做好里程、中线标志,测量其三维坐标,其他钢梁观测 3 号(4 号)墩至合龙口部分的上、下弦节点的高程和轴线,为合龙做好准备,并结合应力监控情况进行调整。

(5)钢梁支座安装测量。

在墩顶四节间钢梁架设到位后,即进行主墩(3、4 号墩)支座安装。将支座上板与钢梁进行连接,整体调整钢梁位置满足设计要求后,调整支座下板平面位置满足设计要求,再调整支座顶面高程和高差满足设计要求(通过钢梁横梁下的油顶调整),将支座压浆固定。支座调整、位置测量、压浆尽量在阴天或日出前进行。

钢梁合龙后,安装边墩(1、2、5、6 号墩)支座。边跨活动支座底板安装应按照设计文件并结合实测跨距进行,计算温度引起的修正值以钢梁温度为准。

(6)贯通测量。

钢梁合龙、支座安装完成后,对钢梁所有节点的三维坐标进行测量,对钢梁节点轴线、里程、拱度进行竣工测量。

(7)调索阶段测量。

钢梁合龙后,对全桥钢梁所有节点的三维坐标进行测量。索力调整后对钢梁所有节点的高程进行测量,监测钢梁拱度的变化情况,同时测量钢梁上弦、下弦的轴线位置,提供钢梁线型数据给监控单位,以便下达调控指令。

(8)二恒荷载安装测量。

二恒荷载安装需对钢梁所有节点的高程进行测量,监测钢梁拱度的变化情况,同时测量钢梁上弦、下弦节点的轴线位置,调整钢梁位置,直至符合规范要求。

4.5.3 沉降观测

4.5.3.1 沉降观测实施方案

1. 基准网的构成

利用已有的大桥测量控制点以及施工加密点为整体框架,加密后的水准点间距不大于 200 m。用电子水准仪配合专用铟瓦条码尺,按二等水准要求进行施测,具体要求见表 4-53 和表 4-54。

表 4-53 二等水准测站观测限差

视距 /m	前后视距差 /m	前后视距累计差 /m	视线高度 /m	两次读数差 /mm	两次读数高差之差 /mm	检测间歇点高差之差 /mm
≥ 3 且 ≤ 50	≤ 1.5	≤ 6.0	≤ 2.8 且 ≥ 0.55	≤ 0.4	≤ 0.6	≤ 1

表 4-54 二等水准测量精度要求　　　　　　　　　　　　　　单位：mm

项目	每千米水准测量偶然中误差	每千米水准测量全中误差	检测已测段高差之差	往返测不符值	附和线路或环形闭合差	左右线路高差不符值
限差	1	2	$6\sqrt{L}$	$4\sqrt{L}$	$4\sqrt{L}$	—

注：表中 L 为水准线路长度,以 km 计。

为了确保变形观测成果的可靠性,必须定期或不定期地对基准网和工作基点进行复测。监测网复测周期根据控制点稳定情况和变形观测的精度需要来确定。原则上每 3 个月复测一次。实施过程中根据控制点的稳定性调整复测周期,也可根据各点稳定情况和实际需要采取全面复测与局部复测相结合的方案进行监测网的复测。

2. 观测点设置

为了满足变形观测的需要,原则上每个墩台均设置墩台观测标,具体可根据设计要求进行调整。单柱墩观测标数量为每墩 2 个,分别位于墩身横桥向两侧,如图 4-345 所示;双柱墩观测标数量为 2 个,分别位于墩身横桥向外侧,桥墩观测标岸上墩设置在高出地面 0.5 m 左右。对部分低矮桥墩、桥台,空间小、尺子不能直立的部位,选择在厂家定制短尺进行测量,或者倒尺测量,倒尺测量时予以注明,防止数据处理错误。

墩身观测标采用不锈钢材质、厂家定制的标准构件,埋设时先在墩身侧钻孔打眼,后用植筋胶固定,注意弯钩向上,且离墩身表面 1 ~ 2 cm,便于立尺。

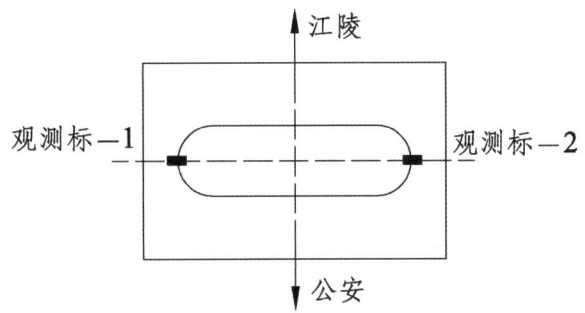

图 4-345 单柱墩身观测标埋设位置

3. 沉降观测技术要求

沉降变形观测采用 Trimble DINI03 电子水准仪（每千米往返测标准偏差≤ ± 0.3 mm）观测，配备专用铟瓦条码尺。仪器设备必须经过专业机构检定合格后方能投入使用。

首次观测应进行两次测量，并取测量结果的中数，经严密平差处理后的高程值，作为变形测量的初始值。为了将观测中的系统误差减到最小，达到提高精度的目的，各次观测应使用同一台仪器设备，按照固定的观测路线和观测方法进行，观测路线必须形成附合或闭合水准路线，使用固定的工作基点对变形观测点进行观测。

沉降观测应从最近的水准基点引测，引测前应对水准基点进行检核，检核采用复测方式进行，将前后相邻的水准基点之间的高差值与原差值进行比对，当检测的高差值与原高差的差值满足 $\leq \pm 6\sqrt{L}$ mm（L 为两相邻水准基点之间的距离，单位为 km）时，可认为拟引测水准基点处于稳固状态，否则应进一步复测，查明原因、消除问题后再进行引测。

4. 观测线路

桥梁墩台水准路线观测按二等水准测量精度要求形成附和、闭合水准路线，沉降观测点位布设于墩台两侧，水准路线观测示意见图 4-346。

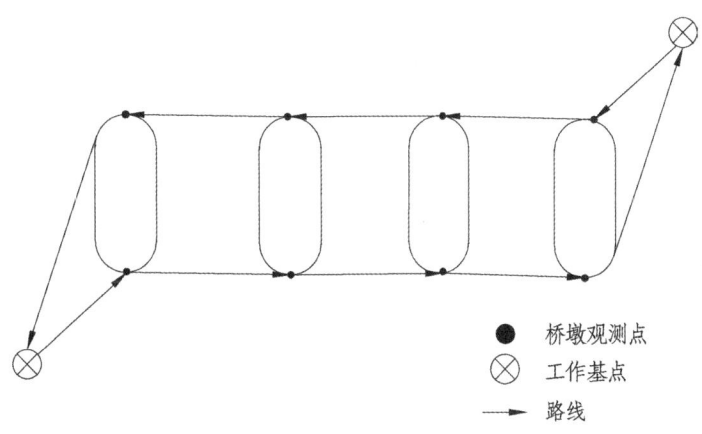

图 4-346 桥墩沉降观测线路

附合水准路线往返测的高差之差及附合路线闭合差均应满足 $\leqslant \pm 4\sqrt{L}$（mm），否则应查清原因，重新测量直至满足要求。

5. 沉降变形观测频次

墩身沉降观测频次见表 4-55。

表 4-55 墩身沉降观测频次

观测阶段		观测频次		备注
		观测期限	观测周期	
墩台施工到一定高度			1 次	设置观测点
墩台混凝土施工		全程	完成后 1 次	相应墩台
预制梁桥	架梁前	全程	1 次 / 月	相应墩台
	预制梁架设	全程	架梁前后各 1 次	
桥位施工桥梁	制梁前	全程	1 次 / 月	
	上部结构施工中	全程	荷载变化前 1 次，荷载变化后前 3 天 1 次 / 天	
架桥机（运梁车）通过		全程	首次通过前 1 次，首次通过后前 3 天 1 次 / 天，以后 1 次 / 周	相应墩台
桥梁主体工程完工后		第 1~3 个月	1 次 / 周	
		第 4~6 个月	1 次 /2 周	
		6 个月以后	1 次 / 月	
轨道铺设期间		前后	1 次	
轨道铺设完成后		第 1 个月	1 次 /2 周	工后沉降长期观测
		第 2~3 个月	1 次 / 月	
		4~12 个月	1 次 /3 月	
		12 个月以后	1 次 /6 月	

4.5.3.2 内业台账管理

1. 内业台账要求

根据相关要求，建立项目部沉降变形观测台账，并由专人负责，统一管理。

沉降变形观测台账有如下内容：

（1）成立沉降变形观测组织机构：成立沉降变形观测小组（包括组织机构、人员构成、上岗证书及人员变动情况），明确小组职责及分工，做好平时沉降观测会议及人员培训记录。

（2）沉降观测仪器设备应经过检定（测量仪器检定证书、配套水准尺检定证书）。

（3）及时搜集、整理水准网测量资料（包括基准网观测外业手簿、点之记、复测报告、水准点高程比较文档）。

（4）建立完整的点位属性信息表（如有设计变更将及时更新并将变更结果进行报审）。

（5）绘制沉降变形观测网图。

（6）外业观测手簿及观测记录表按观测线路装订，外业观测手簿需及时打印，观测记录表按三个月为周期同观测手簿一起进行打印装订，但电子版需实时生成并对数据及时进行分析。

2. 观测数据记录

每月及时将采集的观测数据进行汇总整理，要求按照统一格式填写；所有观测数据必须真实准确，不得造假；记录必须清晰，不得涂改；观测、记录人员必须签名；观测数据整理完后以书面及 Excel 电子表格两种形式，首先由观测机构负责人审核签字，再报送相关单位分析处理。

观测数据要求结合施工过程，详细记录各个施工节点前后的观测数据。沉降观测资料要进行自检、互检、专检、抽检，合格后由总负责人签字认可后报监理单位对观测资料进行确认。

3. 监测数据分析处理

当墩台沉降基本稳定，观测期次满足评估要求后，及时整理数据，提交评估报告，由评估单位对沉降变形观测数据进行分析处理，评估桥梁的沉降变形。

4.6 工程试验

4.6.1 试验室设置模式及分工安排

本标段桥梁全长 6.317 km，横跨长江两岸，其中北岸 0.99 km，跨江 1.49 km，南岸 3.84 km。为便于施工检测，设置有 1 个中心试验室和 1 个试验分室（呈江南江北分布）。中心试验室由中铁大桥局集团第四工程有限公司试验中心授权成立，承担南岸主桥 4 号墩主塔以南（含 4 号墩）及南岸引桥试验检测工作；试验分室由中铁大桥局集团第二工程有限公司中心试验室授权成立，承担北岸主桥 3 号墩主塔以北（含 3 号墩）及北岸引桥试验检测工作。试验分室接受中心试验室的监督检查和业务指导。

4.6.2 试验工作内容

根据标段试验检测工作内容结合母体单位授权项目,工地试验室主要开展的检验检测产品和项目有水泥、粉煤灰、粒化高炉矿渣粉、细集料、粗集料、混凝土用外加剂、钢筋、锚具、钢绞线、钢筋接头、管道压浆料、混凝土、砂浆、高强度螺栓、千斤顶校验、混凝土结构等。

4.6.3 试验所依据的规范和标准

主要采用的规范及标准见表4-56。

表4-56 试验依据的主要规范及标准一览

序号	标准名称	标准号	备注
管理规范			
1	铁路建设项目工程试验室管理标准	TB 10442—2009 Q/CR 9204—2015	行标
2	检验检测机构诚信基本要求	GB/T 31880—2015	国标
3	铁路工程试验表格	铁建设〔2009〕27号 Q/CR 9205—2015	表格
施工规范			
4	铁路混凝土工程钢筋机械连接技术暂行规定	铁建设〔2010〕41号	行标
5	混凝土泵送施工技术规程	JGJ/T 10—2011	行标
6	混凝土质量控制标准	GB 50164—2011	国标
7	公路桥涵施工技术规范实施手册	JTG/T F50—2011	行标
8	铁路混凝土桥面防水层技术条件	TB/T 2965—2011	行标
9	客货共线铁路桥涵工程施工技术指南	TZ 203—2008	行标
10	钢结构高强度螺栓连接技术规程	JGJ 82—2011	行标
11	铁路专用几何量计量器具通用技术条件	TB/T 3235—2010	行标
12	混凝土试验用搅拌机	JG 244—2009	行标
13	用于水泥和混凝土中的粉煤灰	GB/T 1596—2005	国标
14	用于水泥和混凝土中的粒化高炉矿渣粉	GB/T 18046—2008	国标
15	铁路混凝土钢筋机械连接技术暂行规定	铁建设〔2010〕41号	行标
16	钢筋机械连接技术规程	JGJ 107—2010/2016	行标

续表

序号	标准名称	标准号	备注
17	铁路混凝土结构耐久性修补及防护	TB/T 3228—2010	行标
18	预拌砂浆应用技术规程	JGJ/T 223—2010	行标
19	混凝土外加剂应用技术规范	GB 50119—2013	国标
20	铁路混凝土	TB/T 3275—2011	行标
21	预应力筋用锚具、夹具和连接器应用技术规程	JGJ 85—2010	行标
验收规范			
22	钢筋焊接及验收规程	JGJ 18—2012	行标
23	混凝土结构工程施工质量验收规范	GB 50204—2011/2015	国标
24	混凝土耐久性检验评定标准	JGJ/T 193—2009	行标
25	混凝土强度检验评定标准	GB/T 50107—2010	国标
26	铁路混凝土强度检验评定标准	TB 10425—94	行标
27	铁路混凝土工程施工质量验收标准	TB 10424—2010	行标
设计规范			
28	普通混凝土配合比设计规程	JGJ 55—2011	行标
29	砌筑砂浆配合比设计规程	JGJ/T 98—2010	行标
30	铁路混凝土结构设计规范	GB 50010—2010	国标
31	铁路混凝土结构耐久性设计规范	TB 10005—2010	行标
32	铁路桥梁钢结构设计规范	TB 10002.2—2005	行标
检验规范			
33	金属材料 拉伸试验 第1部分:室温试验方法	GB/T 228.1—2010	国标
34	金属材料 弯曲试验方法	GB/T 232—2010	国标
35	热轧圆盘条尺寸、外形、重量及允许偏差	GB/T 14981—2009	国标
36	焊接接头拉伸试验方法	GB/T 2651—2008 ISO 4136:2001	国标
37	铁路桥梁盆式支座	TB/T 2331—2013	行标
38	钢筋混凝土用钢 第1部分:热轧光圆钢筋	GB 1499.1—2008	国标
39	钢筋混凝土用钢 第2部分:热轧带肋钢筋	GB 1499.2—2007	国标
40	钢筋焊接接头试验方法标准	JGJ/T 27—2014	行标

续表

序号	标准名称	标准号	备注
41	建设用砂	GB/T 14684—2011	国标
42	建设用卵石、碎石	GB/T 14685—2011	国标
43	铁路工程岩石试验规程	TB 10115—98	行标
44	混凝土用水标准	JGJ 63—2006	行标
45	普通混凝土拌和物性能试验方法标准	GB/T 50080—2002/2016	国标
46	普通混凝土力学性能试验方法标准	GB/T 50081—2002	国标
47	普通混凝土长期性能和耐久性能试验方法标准	GB/T 50082—2009	国标
48	回弹法检测混凝土抗压强度技术规程	JGJ/T 23—2011	行标
49	铁路工程结构混凝土强度检测规程	TB 10426—2004	行标
50	预拌混凝土	GB/T 14902—2012	国标
51	数值修约规则与极限数值的表示和判定	GB/T 8170—2008	国标
52	铁路混凝土工程预防碱—骨料反应技术条件	TB/T 3054—2002	行标
53	铁路工程预应力筋用夹片式锚具、夹具和连接器技术条件	TB/T 3193—2008/2016	行标
54	水泥取样方法	GB 12573—2008	国标
55	水泥标准稠度用水量、凝结时间、安定性检验方法	GB/T 1346—2011	国标
56	水泥胶砂强度检验方法（IOS法）	GB/T 17671—1999	国标
57	水泥密度测定方法	GB/T 208—94/2014	国标
58	水泥比表面积测定方法　勃氏法	GB/T 8074—2008	国标
59	通用硅酸盐水泥	GB 175—2007	国标
60	水泥化学分析方法	GB/T 176—2008	国标
61	混凝土外加剂	GB 8076—2008	国标
62	混凝土外加剂匀质性试验方法	GB/T 8077—2012	国标
63	混凝土防冻泵送剂	JG/T 377—2012	行标
64	预应力混凝土用金属波纹管	JG 225—2007	行标
65	预应力混凝土用钢绞线	GB/T 5224—2003/2014	国标
66	预应力筋用锚具、夹具和连接器	GB/T 14370—2007/2015	国标
67	预应力孔道灌浆剂	GB/T 25182—2010	国标

续表

序号	标准名称	标准号	备注
68	金属材料 洛氏硬度试验 第1部分：试验方法	GB/T 230.1—2012	国标
69	金属材料 洛氏硬度试验 第2部分：硬度计	GB/T 230.2—2012	国标
70	金属材料 洛氏硬度试验 第3部分～第5部分	GB/T 230.3—2012	国标
71	冶金技术标准的数值修约与检测数值的判定	YB/T 081—2013	行标
72	铁路后张法预应力混凝土梁管道压浆技术条件	TB/T 3192—2008	行标
73	建筑砂浆基本性能试验方法标准	JGJ/T 70—2009	行标
74	粉煤灰混凝土应用技术规范	GB/T 50146—1990/2014	国标
75	矿粉掺合料应用技术规范	GB/T 51003—2014	国标
76	钢结构用高强度大六角头螺栓	GB/T 1228—2006	国标
77	钢结构用高强度大六角头螺母	GB/T 1229—2006	国标
78	钢结构用高强度垫圈	GB/T 1230—2006	国标
79	钢结构用高强度大六角头螺栓、大六角螺母、垫圈技术条件	GB/T 1231—2006	国标
80	混凝土膨胀剂	GB 23439—2009	国标
81	铁路钢桥制造规范	TB 10212—98 Q/CR 9211—2015	行标
82	铁路桥梁球型支座	TB/T 3320—2013	行标
83	实验室废弃化学品收集技术规范	GB/T 31190—2014	国标
84	钢结构焊接规范	GB 50661—2011	国标
85	铁路混凝土工程施工技术指南	铁建设〔2010〕241号	行标
86	铁路混凝土拌和站机械配置技术规程	Q/CR 9223—2015	企标
87	自密实混凝土应用技术规程	JGJ/T 283—2012	行标
88	水泥基灌浆材料应用技术规范	GB/T 50448—2008/2015	国标
89	水泥化学分析废液的处理方法	GB/T 29422—2012	国标
90	水泥胶砂流动度测定方法	GB/T 2419—2005	国标
91	高强高性能混凝土用矿物外加剂	GB/T 18736—2002	国标
92	铁路钢桥栓接板面抗滑移系数试验方法	TB 2137—90	行标
93	聚羧酸系高性能减水剂	JG/T 223—2007	行标

4.6.4 试验所用仪器设备

主要采用的仪器设备见表4-57。

表4-57 试验检测主要仪器设备一览

序号	设备名称	量程	精度（分辨率）
1	万能材料试验机	1 000 kN	±1 %
2	万能材料试验机	300 kN	±1 %
3	压力试验机	2 000 kN	±1 %
4	恒压力试验机	300 kN	±1 %
5	电动抗折机	6 000 N	5 N
6	水泥比表面积测定仪	200 ~ 1 000 m²/kg	—
7	负压筛仪	4 000 ~ 6 000 Pa	—
8	雷氏沸煮箱	—	—
9	胶砂流动度测定仪	100 ~ 260 mm	1.0 mm
10	行星式水泥胶砂搅拌机	—	±1 s
11	水泥净浆搅拌机	—	±1 s
12	水泥胶砂振实台	—	—
13	水泥标准稠度仪	0 ~ 75 mm	1 mm
14	水泥恒温恒湿养护箱	10 ~ 20℃	±1 ℃
15	强制式混凝土搅拌机	—	—
16	混凝土渗透仪	4 MPa	0.05 MPa
17	混凝土含气量测定仪	10%	0.5 %
18	压力泌水仪	—	—
19	贯入阻力仪	1 200 N	±5 N
20	混凝土保护层测定仪	5 ~ 60 mm	±1 mm
21	刻度显微镜	5 ~ 40 倍	0.01 mm
22	回弹仪	—	—
23	电通量测定仪	4 000 C	1.0 %
24	自动控温控湿设备	20 ℃	±1 ℃
25	砂浆稠度仪	0 ~ 145 mm	1 mm
26	钢材洛氏硬度计	0 ~ 130 HR	1 HR

续表

序号	设备名称	量程	精度（分辨率）
27	电热干燥箱	300 ℃	±1 ℃
28	箱式高温炉	0～1 200 ℃	±20 ℃
29	涂层厚度测试仪	0.03～0.2 mm	0.01 mm
30	分析天平	200 g	0.000 1 g
31	电子天平	1 000/3 000 g	0.01/0.1 g
32	静水力学天平（配网蓝）	5 000 g	0.01 g
33	电子秤	10/20/30 kg	0.1/1/1 g
34	游标卡尺	200 mm	0.02 mm
35	深度卡尺	200 mm	0.02 mm
36	混凝土真空保水机	−0.098 MPa	—
37	螺栓扭矩系数试验仪	1～3 000 N·m	1 N·m
38	便携式扭矩测试仪	1～2 000 N·m	1 N·m

4.6.5　主要仪器设备的期间核查

为验证特定设备在两次正式检定/校准间隔期间是否保持原有状态，防止使用不符合检验检测技术规范要求的设备，需对部分设备进行期间核查。

1. 确定期间核查对象

试验室根据所用设备的稳定性和使用情况来判断设备是否需要进行期间核查，判断依据包括但不限于：

（1）性能不够稳定，容易产生漂移的设备；

（2）因出现过载可能造成损坏的设备；

（3）能力验证结果有问题的设备；

（4）使用条件恶劣的设备；

（5）对检验检测数据有疑问的设备；

（6）单纯校准不能保证在有效期内准确、可靠的设备；

（7）历次检定或校准结果差异大的设备；

（8）使用范围发生变化的设备。

工地试验室主要对万能材料试验机、压力试验机、电子天平、电子秤、螺栓扭矩系数测试仪等设备进行期间核查。

2. 期间核查可选用的方法

（1）采用参考标准或高一精度等级的设备进行核查；

（2）采用有证标准物质验证；

（3）采用仪器比对、方法比对；

（4）选用稳定性好的样品进行复测；

（5）参加能力验证或实验室之间比对；

（6）加标回收；

（7）单点自校。

工地试验室对压力试验机、万能试验机、电子天平、水泥抗折抗压试验机、混凝土含气量测定仪等设备定期进行期间核查。

4.6.6 原材料检测

原材料主要试验检测项目及频次见表4-58。

表4-58 主要试验检测项目及频次一览

序号	材料名称	检验项目	检验频率
1	水泥	细度、比表面积、凝结时间、安定性、胶砂强度	同厂家、同批号、同品种、同强度等级、同出厂日期的散装水泥每500 t（袋装水泥每200 t）检验一次，当不足500 t或200 t也需检验一次
2	粉煤灰	细度、需水量比、烧失量	同厂家、同批号、同品种、同出厂日期的产品每200 t检验一次，当不足200 t也需检验一次
3	矿粉	比表面积、密度、烧失量、流动度比、活性指数	同厂家、同批号、同品种、同出厂日期的产品每200 t检验一次，当不足200 t也需检验一次
4	砂	颗粒级配、含泥量、泥块含量、云母含量、轻物质含量、有机物含量	连续供应同厂家、同规格的砂400 m^3（或600 t）检验一次，不足400 m^3（或600 t）时也需检验一次。其中有机物含量每3月检验一次
5	石子	颗粒级配、含泥量、泥块含量、压碎指标值、针片状颗粒含量	连续供应同厂家、同规格的石400 m^3（或600 t）检验一次，不足400 m^3（或600 t）时也需检验一次
6	外加剂	减水率、泌水率比、含气量、凝结时间差、抗压强度比	同厂家、同批号、同品种、产品每50 t检验一次，当不足50 t也需检验一次

续表

序号	材料名称	检验项目	检验频率
7	钢筋	屈服强度、抗拉强度、伸长率、冷弯	同一牌号、同一炉罐号、同一规格的产品每60 t检验一次，当不足60 t也需检验一次
8	钢筋焊接	抗拉强度、冷弯	在同一台班内，由同一焊工完成的200个同牌号、同直径焊接接头为一批检验一次，不足200个也需检验一次
9	钢筋机械连接	抗拉强度	同一施工条件下采用同一批材料的同等级、同形式、同规格接头以500个为一批检验一次，不足500个也需检验一次
10	钢绞线	屈服强度、抗拉强度、伸长率	同一牌号、同一规格、同一生产工艺的产品每60 t检验一次，当不足60 t也需检验一次
11	锚具、夹片	外观、硬度	同一类产品，同一批原材料，同一种工艺生产的数量每批不超过1 000套。其中抽取10%，且不少于10套
12	孔道压浆	流动度、泌水率、24 h自由膨胀率、抗折强度、抗压强度	同厂家、同批号、同品种、同出厂日期的产品每30 t检验一次，当不足30 t也需检验一次
13	支座灌浆	流动度、泌水率、膨胀率、抗折、抗压强度	同厂家、同批号、同品种、同出厂日期的产品每30 t检验一次，当不足30 t也需检验一次
14	混凝土	坍落度、含气量、入模温度、泌水率、强度	①搅拌站首盘混凝土；②在浇筑地点每50 m³混凝土取样检验一次；③每班或每一单元结构物至少2次；④每100 m³或100盘制作试件1组
15	高栓	扭矩系数、楔负载、保证荷载、硬度	同批号、同规格、同生产工艺的高强度螺栓连接副8套（3 000套为一个检验批次、不足3 000套也为一个检验批次）

4.6.7 混凝土配合比设计、试验及质量控制

桥梁主体结构混凝土设计上均采用高性能混凝土，包括桩基、承台、墩身、主塔、梁部及桥面道砟槽防水层等。

1. 混凝土原材料

（1）水泥选用了湖北华新水泥（宜昌）有限公司P·O 42.5普通硅酸盐水泥。

（2）矿物掺合料选用荆门热电生产的Ⅰ级、Ⅱ级粉煤灰、武汉新型建材有限公司生产的S95级矿粉。

(3)细骨料采用洞庭湖汨罗中砂,细度模数在 2.3 ~ 3.0(现浇梁用细骨料控制在 2.6 ~ 2.9)。细骨料经检验不具有碱-碳酸盐活性;其碱-硅酸反应膨胀率大部分情况下小于 0.1%,当抽检出现膨胀率大于 0.10% 小于 0.20% 的情况时,则控制混凝土中总碱含量不超过 3.0 kg/m³,且进行矿物掺和料和外加剂抑制混凝土碱-骨料反应有效性评价(本桥委托国家铁路产品质量监督检验中心进行该有效性评价,证明抑制有效)。

(4)粗骨料选用宜昌沉积岩碎石,颗粒级配为二级配组成的 5 ~ 16 mm 与 16 ~ 26.5 mm 连续粒级,岩石抗压强度达到 100 MPa 以上。粗骨料的碱活性经检验不具有碱-骨料反应活性。

(5)外加剂采用江苏中铁奥莱特新材料有限公司生产的 ART-JR 缓凝型聚羧酸高性能减水剂,该外加剂减水率高,坍落度损失小,质量稳定,外加剂与水泥之间具有良好的相容性。

(6)混凝土拌和用水采用长江水。

混凝土所用原材料均满足《铁路混凝土工程施工质量验收标准》要求。

2. 混凝土配合比设计

高性能混凝土配合比根据混凝土原材料品质、设计强度等级、结构耐久性以及施工工艺对工作性能的要求,通过计算、试配、调整、优化等步骤选定。本桥设计使用年限为 100 年,按照大桥工程结构特点、所处环境类别及其作用等级,依据设计文件及《铁路混凝土结构耐久性设计规范》确定不同部位混凝土的耐久性指标。主要结构部位混凝土理论配合比及耐久性指标见表 4-59。

表 4-59 主要结构部位混凝土理论配合比及耐久性指标一览

工程部位	C30 桩基	C35 承台	C35 墩身	C40 主塔承台	C40 墩身	C50 塔柱
水泥 / (kg/m³)	252	282	290	249	319	384
粉煤灰 / (kg/m³)	168	122	96	166	106	96
细骨料 / (kg/m³)	760	712	756	722	716	660
粗骨料 / (kg/m³)	1 007	1 078	1 088	1 083	1 074	1 077
水 / (kg/m³)	168	170	170	166	170	158
外加剂 / (kg/m³)	5.04	5.26	4.63	4.15	4.68	5.76
水胶比 /%	0.40	0.42	0.40	0.40	0.40	0.33
三氧化硫含量 / (kg/m³)	2.0	2.1	2.1	2.0	2.1	2.1
碱含量 / (kg/m³)	1.917	1.972	1.913	1.854	2.085	2.403
电通量 /C	632	586	581	644	606	571
氯离子含量 /%	0.041	0.044	0.044	0.040	0.048	0.056

3. 混凝土生产质量控制

混凝土拌和用水为长江水，夏季在拌和水箱中加冰块，控制水温不超过20℃；冬季用水全部加热。砂、石料及外加剂仓全部采用钢屋架大棚遮阳遮风储料。

高性能混凝土拌制严格控制搅拌时间，通常搅拌时间不少于120 s，按照配合比准确投料，拌和机启动前进行零点校核，搅拌前测定粗细骨料的含水率，准确测定因天气变化而引起的粗细骨料含水量的变化，及时调整施工配合比。出机后及时检验混凝土拌和物的坍落度、含气量、出机温度、和易性、泌水率等指标，满足要求后方可继续生产。

4.6.8 钢筋连接接头

1. 钢筋机械连接

钢筋机械连接主要采用滚轧直螺纹机械连接。套筒进场后，首先检查外观、直径及内螺纹等，其次由专业持证上岗的操作工制作满足要求的连接件并委托有相应资质的检测中心做型式检验，最后在工地试验室进行连接件工艺试验，以上试验全部合格后方能进行批量操作。同一施工条件下采用同一批材料的同等级、同形式、同规格接头以500个为一个检验批，不足500个也需检验一次。

2. 钢筋焊接

钢筋的焊接主要采用单面搭接焊，其焊接工艺、性能指标、人员配备都应满足《钢筋焊接及验收规程》中相关要求，进场操作人员均应经过培训及考核，取得相关部门颁发的上岗操作证。在正式焊接前，需进行焊接件的工艺试验，经过工地中心试验室试验合格后，才能进行钢筋焊接的批量操作。在同一台班内，由同一焊工完成的200个同牌号、同直径焊接接头为一个检验批，不足200个也需检验一次。

4.6.9 支座灌浆料及孔道压浆材料

1. 支座灌浆料

支座灌浆材料采用常州诺邦生产的支座灌浆系列材料，产品具有良好的填充和微膨胀性能，早期强度发展迅速，后期强度高。灌浆材料水胶比为0.14。支座自流平砂浆所检项目符合《铁路混凝土工程施工质量验收标准》《铁路桥梁盆式支座》要求，具体参数见表4-60。

表 4-60　支座自流平砂浆主要参数性能

流动度 /mm		抗折强度 /MPa		抗压强度 /MPa				膨胀率 /%	弹性模量 /GPa
初始	30 min 后	24 h	28 d	8 h	24 h	28 d	56 d	28 d	28 d
≥ 320	≥ 240	≥ 10	≥ 10	≥ 20	≥ 40	≥ 50	不降低	0.02 ~ 0.1	≥ 30
345	320	10.6	11.1	26.4	54.9	71.6	78.5	0.044	35.1

2. 孔道压浆料

预应力孔道压浆材料采用常州诺邦生产的压浆剂，该产品具有良好的防止钢筋锈蚀功能和微膨胀性能，与普通硅酸盐水泥、硅酸盐水泥混合使用可配制出流动性好，泌水率低、强度发展迅速的高性能水泥浆体，适用于后张法预应力孔道压浆。本桥采用 P·O 42.5 低碱普通硅酸盐水泥，压浆剂掺量为 10%（内掺），水胶比为 0.28。孔道压浆材料检测项目符合《铁路后张法预应力混凝土梁管道压浆技术条件》要求。

4.6.10　高强度螺栓试验及施拧质量控制

主桥钢梁主桁杆件采用 M30 高强度螺栓连接，桥面系和联结系构件采用 M24 高强度螺栓连接，桥面 U 形肋和板肋的拼接采用 M22 高强度螺栓连接。全桥高强度螺栓由宁波中京联合科技实业有限公司供应。高强度螺栓相关参数、执行标准见表 4-61。

表 4-61　高强度螺栓有关参数表

规　格	M 22	M 24	M 30
性能等级	10.9S	10.9S	10.9S
设计预拉力（轴力）	200 kN	240 kN	360 kN
施工预拉力	220 kN	264 kN	396 kN
扭矩系数（国标 K）	0.110 ~ 0.150	0.110 ~ 0.150	0.110 ~ 0.150
扭矩系数（内控 K）	0.120 ~ 0.140	0.120 ~ 0.140	0.120 ~ 0.140
扭矩系数标准偏差	≤ 0.010 0	≤ 0.010 0	≤ 0.010 0
执行标准	GB/T 1228 ~ 1231—2006		

1. 高强度螺栓施拧工艺性试验

高强度螺栓采用扭矩法施拧，紧扣法检查。施工前进行施拧工艺性试验，试验数据经数理统计分析后作为施拧及检查依据。

施拧工艺性试验内容如下：

（1）高强度螺栓的扭矩系数；

（2）施工扭矩及检查扭矩；

（3）施工预拉力及其损失试验；

（4）紧扣检查试验。

从第一批进场 3 000 套高栓（中京联合科技有限公司供货）中抽取 25 组（每组 5 套）进行扭矩系数试验。

高栓规格为 M30 mm×130 mm（批号 215372）。试验温度为 15℃，相对湿度为 72%RH。试验数据见表 4-62。

表 4-62　高强度螺栓施拧工艺性试验数据

组　数	1	2	3	4	5
扭矩平均值	0.137	0.136	0.133	0.132	0.135
标准差	0.000 8	0.002 8	0.003 1	0.004 4	0.003 9
组数	6	7	8	9	10
扭矩平均值	0.134	0.132	0.129	0.135	0.138
标准差	0.002 1	0.003 4	0.002 4	0.007 8	0.004 6
组数	11	12	13	14	15
扭矩平均值	0.139	0.137	0.137	0.138	0.140
标准差	0.002 1	0.003 1	0.004 0	0.003 5	0.004 6
组数	16	17	18	19	20
扭矩平均值	0.133	0.135	0.135	0.134	0.134
标准差	0.007 8	0.002 3	0.003 1	0.002 9	0.005 0
组数	21	22	23	24	25
扭矩平均值	0.137	0.136	0.139	0.136	0.138
标准差	0.002 1	0.002 0	0.006 3	0.004 3	0.001 6

扭矩系数最大值 K_{max} 为 0.147；最小值 K_{min} 为 0.125；扭矩系数平均值 $\overline{K}$ 为 0.138；标准偏差 υ_{n-1} 为 0.004 4。

2. 高强度螺栓进场复验

高强度螺栓进场后，每个验收批随机抽样高强度螺栓连接副 8 套（≤3 000 套为一个检验批次）在工地中心试验室进行复验。主要检测项目包括：扭矩系数平均值、标准偏差、螺栓楔负载、螺母保证荷载、螺母及垫圈表面硬度等。各项指标值均应符合《钢结构用高强度大六角头螺栓、大六角螺母、垫圈技术条件》的技术要求，严禁使用不合格产品，对不合格批次进行有效记录，通知物资部做好标识，在监理见证下做退场处理。检测项目各项指标见表 4-63～表 4-66。

表 4-63 螺栓楔负载规定值

螺栓规格	M22	M24	M30
拉力载荷 /kN	315～376	367～438	583～696

表 4-64 螺母保证荷载规定值

螺栓规格	M22	M24	M30
保证载荷 /kN	315	367	583

表 4-65 螺母硬度规定值

性能等级	洛氏硬度		维氏硬度	
	最小值	最大值	最小值	最大值
10 h	98 HRB	32 HRC	222 HV30	304 HV30

表 4-66 垫圈硬度规定值

性能等级	洛氏硬度		维氏硬度	
	最小值	最大值	最小值	最大值
10 h	35 HRC	45 HRC	—	—

3. 抗滑移系数试验

钢梁架设前必须进行抗滑移系数检验。以钢梁制造 2 000 t 为一批，不足 2 000 t 视为一批，每批 3 组。试件由钢梁厂家加工，与所代表的钢梁应为同一材质、同批制造、同一摩擦面处理工艺，随钢梁运送至工地，在相同条件下运输、存放。试验方法应符合相关标准的规定，试验结果须满足设计要求（不小于 0.45）。

4. 施拧扭矩确定

初拧扭矩取终拧扭矩的 50%，终拧扭矩由下式计算确定：

$$T_{终} = K \times P_c \times d$$

式中：$T_{终}$——终拧扭矩（N·m）；

K——扭矩系数（试验数理统计值）；

P_c——高栓施工预拉力（kN）；

d——高栓公称直径（mm）；

考虑到螺栓预拉力的损失及误差，实际使用扭矩按设计预拉力提高 10% 确定。

5. 施拧工具及标定

本桥高强度螺栓施拧采用电动扳手，紧扣法检查采用便携式扭矩测试仪。

电动扳手采用扭矩轴力仪标定。用当天施拧用的 5 套同批号高强度螺栓进行标定，取其扭矩平均值。班前班后各标定 1 次，班前标定误差不得大于施工扭矩的 ±3%；班后标定误差不得大于施工扭矩的 ±5%。若班后标定误差大于 ±5%，应立即检查并校正，同时对该扳手当班施拧的全部螺栓进行紧扣检查。

扭矩轴力仪及便携式扭矩测试仪每年委托有资质的计量单位检定 1 次。两次检定周期间，扭矩轴力仪采用挂重法标定，便携式扭矩测试仪利用扭矩轴力仪比对标定，其扭矩误差不得大于使用扭矩值的 ±2%。

4.6.11 铁路钢桥桥面防水层

本桥铁路钢桥桥面防水耐磨层采用 50 mm 厚超高性能混凝土铺装结构，桥面铺装范围为主桥钢桁梁范围，纵向：1 080 m（斜拉桥）+378 m（连续钢桁梁桥）= 1 458 m；横向：8.7 m。

钢桁梁铁路桥面两侧焊接挡砟板形成道砟槽，道砟槽宽度为 8.7 m，在道砟槽内的钢梁表面先喷砂除锈后焊接剪力钉，并立即涂 2 道 50 μm 的富锌环氧防锈底漆，再绑扎钢筋网浇筑 5 cm 厚超高性能混凝土，超高性能混凝土养护完毕表面抛丸处理，最后洒布改性乳化沥青。

超高性能混凝土是一种新型水泥基复合材料，加水拌和后在标准养护条件下（20℃ ±2℃，90% 相对湿度以上），应达到表 4-67 的技术指标要求。

表 4-67 超高性能混凝土性能指标

指　标	技术要求	检验标准
初始扩展度 /mm	≥ 500	GB/T 50080—2016
初始坍落度 /mm	≥ 220	GB/T 50080—2016
28d 抗弯拉强度 /MPa	≥ 20	GB/T 31387—2015
28d 立方体抗压强度 /MPa	≥ 100	GB/T 31387—2015
28d 弹性模量 /GPa	≥ 38.5	GB/T 31387—2015
56d 氯离子扩散系数 /（m^2/s）	≤ 0.5	GB/T 50082—2009
抗冻等级	≥ F500	GB/T 50082—2009
抗渗等级	≥ P40	GB/T 50082—2009

注：氯离子扩散系数试验采用相同配方不加钢纤维的材料成型试件。

4.7 信息化

铁路建设以机械化、工厂化、专业化、信息化为支撑的标准化管理,是集建筑管理之大成的智慧结晶,是打造精品工程和不朽工程的根本,更是施工企业自身管理提升的需要。推行信息化是建设不朽工程的必然需要、推行信息化是有效控制投资和预防腐败的内在要求、推行信息化是促进建设与运营管理结合的现实需要。中国国家铁路集团有限公司和业主要求在本项目推行工地试验室和工地混凝土拌和站信息化建设,并接入铁路建设信息管理平台。

4.7.1 试验室信息化管理工作情况

4.7.1.1 体系建设

荆州长江公铁大桥信息化系统采用由北京金舟神创科技发展有限公司研发的铁路信息管理系统,具有对混凝土试件、钢筋原材、钢筋机械连接及焊接信息实时采集和储存传输,对其他原材料如胶材、骨料、外加剂等的相关信息实时录入传输至铁总工管中心的功能。使用信息化系统具有实时监控检测数据,防止资料丢失,保证检验检测结果的客观、公正。

1. 试验室信息化管理制度

(1)为推进铁路系统试验检测管理水平,更有效地控制工程质量,试验检测工作使用软件管理,选用的软件应与信息化管理相匹配。
(2)选用的试验管理软件应具有安全性,并通过有关部门组织的技术评审。
(3)试验管理软件使用前要组织人员培训,使用过程中不定期培训,并建立考核机制。
(4)试验管理软件使用过程中,软件开发单位要提供及时、全面的技术服务。
(5)利用管理软件及时进行数理统计分析,通过授权各级管理者及时掌握试验数据,全面掌握施工质量动态。
(6)利用管理软件严格控制随意更改试验检测数据的现象,确保数据的真实可靠。

2. 试验室信息化管理岗位职责

(1)信息员负责中心试验室的信息化管理工作。
(2)及时上传试验检测数据及报表,监控检测频次。
(3)对人员、设备及检测项目进行动态统计上传。
(4)查询检测数据,确保数据的准确性。
(5)负责信息化系统的维护。

3. 信息化管理系统操作流程及岗位工作流程

信息化管理系统操作流程如图 4-347 所示。

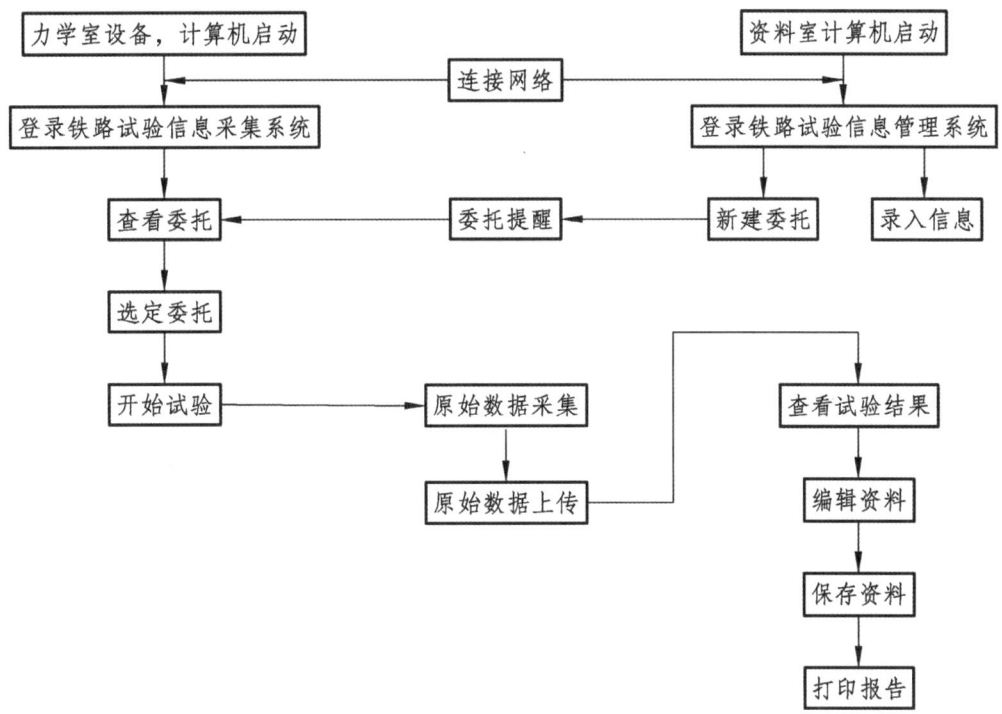

图 4-347　信息化管理系统操作流程

试验室应编制信息管理工作流程，明确人员信息管理工作职责，如实做好数据录入、分析和管理工作。主要包括以下方面：

（1）试验室基本情况（人员、设备、环境设施、检测能力）；

（2）样品及试验检测任务登记；

（3）试验检测数据及报告；

（4）不合格品管理及质量问题分析；

（5）检查发现的问题及整改情况；

（6）其他工作数据。

（7）试验室应及时录入各项数据信息，其中试验检测数据及报告应在工作结束 24 h 内录入。

（8）试验室负责人每周应组织对信息管理系统运行和数据录入工作进行检查确保信息管理系统正常运行，满足数据查阅需要。

4.7.1.2 人员管理

中心试验室配备经培训合格的专职信息化管理员 1 名,具体实施信息化管理工作。试验室信息化管理员应具有大专及以上文化程度、3 年以上试验检测工作经历、熟悉计算机应用及掌握信息管理系统操作。

4.7.1.3 试验室现场信息化管理

1. 终端设备要求

(1) 中心试验室具备带宽独享 2 M 及以上网络。

(2) 数据接口满足以下要求:

①信息化管理系统须符合铁路建设项目管理信息系统的接入、数据传输接口技术标准及相关要求。

②信息技术中心统一发布试验室编码、试验类别编码和试验报告编码等关键数据编码规则。

③自动采集的试验检测数据通过终端接口实时传输,试验报告按规定要求传输至建设单位工地试验室信息化管理系统。

④数据接口应满足数据传输中的实时性、可靠性、安全性等相关要求,采用接口认证机制等技术加以保障。

2. 试验室信息系统实施要求

(1) 试验室在启用前布置好操作软件并接入建设单位试验室管理平台软件。

(2) 选用满足本意见相关要求并经建设单位组织评审通过的信息化管理操作软件。

(3) 本试验室信息化系统软件功能齐全,主要实施方法如下:

①试验方面:试验员提前输入委托编号,当到达试验日期后会出现龄期提醒今天有试验要做(同时会有短信提醒今天有哪些试验),就可以登录采集软件开始试验,当试验完成后,数据会自动上传到试验软件上面,试验室人员无需记录试验数据,再出报告和再抄写记录、打印报告。

②管理方面:建设单位、监理单位、施工单位领导都可以通过网站查询管段内各试验室资料完成情况,例如某一时间段哪个试验室资料上传数量多、哪个试验室上传资料少、每个试验项目资料数量、所占比例多少,时间段不合格排名。此外,不合格报告情况,例如报告中哪个试验项目不合格,具体数据多少,处理情况如何等也都可以通过网站查询出来。监理平行、见证数量、频率、是否满足规范要求等也可通过网络查询。

③检验检测过程中出现不合格时,试验室信息化系统会发出报警。首先应立即针对信息化报警进行分析,并填写原因,上传图片,并提出处理建议,联系监理。监理对报警情况进行核实,对处理方式进行确认。试验室按照监理确认的方式对报警进行处理,并填写处理完成情况上传图片。

④监理对处理结果进行闭合确认,处理完成。

3. 实时采集数据的试验设备要求

依据信息化建设要求,在试验室建设过程中,压力试验机和万能材料试验机须支持串口通信协议,提供数据传输格式,采用微机伺服控制系统。

4.7.2 工地混凝土拌和站信息化建设要求

4.7.2.1 设备及设施要求

(1)生产系统必须采用工控电脑。最低配置 CPU 性能不低于英特尔奔腾四处理器 2.4 G,内存不低于 1 G,硬盘容量不得低于 80 G,操作系统所在分区剩余空间容量不得低于 2 G,操作系统不得低于 Windows XP 版本。

(2)拌和站具备基本的网络条件,可采用 GPRS、3 G、宽带网络。

(3)数据采集须实时、逐盘、不可修改。数据传输应具备断点续传功能,传输过程采取加密方式。

(4)预留从建设指挥部建设项目信息管理系统向中国国家铁路集团有限公司级建设项目管理信息系统的数据传输接口。

4.7.2.2 人员要求

拌和站应配备经培训合格的专职信息化管理员,具体负责拌和站信息化管理工作。信息化管理员应具有大专及以上学历、3 年以上工作经历并熟悉计算机应用及掌握信息管理系统操作。软件厂商应配备现场专业维护人员。

科技创新

5.1 工程特点及科研

5.1.1 工程特点

荆州长江公铁大桥作为浩吉铁路的重点控制性工程，具有以下特点：

3号、4号主墩常年位于水中，主墩墩位处河床在汛期易冲刷，3号主塔墩毗邻荆江大堤，护堤抛石厚，桩基和围堰施工困难；钻孔桩穿过地层为强透水少填充物的卵石土层，施工风险高；远距岸边的主塔为H形钢筋混凝土塔，钢筋和环向预应力筋密集，施工困难，索道管精确定位技术复杂，难度大；钢梁采用带副桁的整体节点钢桁梁结构，杆件制造工序多，尺寸精度控制复杂，安装对位困难；桥面采用节间不分块的钢正交异性板，尺寸大，制造加工复杂，精度控制要求严，现场运输和吊装难度大，安全风险高。

5.1.2 科研

该桥共开展了八项科研课题研究，共分为四类：铁路总公司科研课题；中国中铁股份有限公司课题；集团公司科研课题及项目部科研课题。具体如下：

1．《带副桁斜拉桥拉索锚固形式结构制造安装方法研究及比较分析》

该课题为铁路总公司科研课题"新型、大跨度铁路桥梁关键技术研究——新建蒙西至华中铁路公安长江公铁两用特大桥建造关键技术研究"之子课题。

2．《公安长江公铁两用特大桥带副桁斜拉桥架设技术研究》

该课题为中国中铁股份有限公司课题，包含内容有：
①总体架梁方案。
②墩顶四节间钢梁架设方案；研究墩旁托架设置方法；架梁吊机安装方案。
③钢梁上桥提升站、运输方式及设备研究，钢梁上桥方式；钢梁运输方式；钢梁运输设备。
④架梁线形控制技术；主桁栓孔及锚箱制造精度控制；桥面板焊接对轴线影响；钢梁节点高程控制。
⑤双斜杆合龙节间钢桁梁结构合龙技术研究。

3．《大跨度公铁两用带副桁梁斜拉桥施工技术研究》

该课题为集团公司课题，包含内容有：

①大型钢围堰气囊法断缆整体下水技术研究。
②厚砂、卵石层复杂地质条件下大直径钻孔桩施工技术研究。
③承台大体积混凝土温控防裂施工技术研究。
④施工期荆江干堤安全防护研究。
⑤大跨度重载铁路钢桁梁架设及合龙方案研究。

4. 项目部开展科研课题有：

①《大体积混凝土温控防裂》；
②《桥面板焊缝焊接顺序对节点群栓影响研究》；
③《不具备水上或固定提升站取梁条件的大跨度钢桁梁斜拉桥钢梁提升、架设技术研究》；
④《4×94.5 m 连续钢桁梁非对称异形大尺寸构件运输、安装技术研究》；
⑤《长联薄层无筋防水混凝土层防裂技术研究》。

5.2 施工技术研究及创新

5.2.1 主塔墩基础施工技术研究

5.2.1.1 研究背景

荆州长江公铁大桥主桥位于荆江河段，荆江大堤防护等级高。3 号墩毗邻荆江大堤，墩位距离大堤仅 150 m，由于大堤曾经常出现崩岸，桥位处存在大量抛石，给 3 号墩基础施工带来很大的影响。主墩墩位处河床表层为粉、细砂，在汛期极易冲刷，河床的冲刷情况对基础施工安全影响大；钻孔桩穿越地层为强透水少填充卵石土层，该地层卵石粒径达 15 ~ 25 cm，钻孔桩施工难度大、风险高。

5.2.1.2 科研内容

根据 3 号、4 号主墩基础施工环境及施工难点，开展了以下施工课题研究：

1. 大型钢围堰气囊法断缆整体下水技术研究

围堰气囊法下河在国内已有不少应用实例，但以往围堰气囊法下河主要依靠经验，缺乏计算理论。本桥需要研究解决的问题为：如何计算分析围堰下河所需关键参数，为围堰的顺利下河提供理论依据。

2. 主墩围堰挂桩高程研究

3号墩封底混凝土底面位于河床以下1.5 m，4号墩封底混凝土底面位于河床以下11 m。河床表层为易冲刷的粉、细砂层，钻孔桩施工时，底节围堰挂桩作为钻孔平台，依靠14根定位钢护筒渡洪。本课题需要研究解决的问题：在围堰挂桩时，如何计算合理的围堰底高程，实现墩位河床自然冲刷，以减少围堰下沉时河床清理工作量。

3. 厚砂、卵石层复杂地质条件下大直径钻孔桩施工技术研究

桥址处卵石土层厚14.1～40.6 m，该地层强透水、无胶结填充物，卵石粒径大，平均粒径在15～25 cm。需要研究解决的问题为：如何防止无胶结填充物强透水卵石层钻孔桩施工漏浆、坍孔。

4. 大体积混凝土温控止裂施工技术研究

大体积混凝土结构中，由于结构体积大，水泥用量多，水泥水化热会使结构产生较大的温度变化和收缩膨胀作业，由此引起的温度应力超过抵抗拉应力，导致混凝土出现裂缝，影响结构安全。需要研究解决的问题为：分析桥梁大体积混凝土水化热的影响因素，确定大体积混凝土温控方案。

5. 施工期荆江干堤安全防护研究

大桥位于荆江河段，荆江大堤防护等级高。大桥基础施工时，存在管涌、堤岸滑坡的风险。需要研究解决的问题为：基础施工时，如何防止管涌现象发生，如何保证大堤堤岸稳定。

5.2.1.3 关键施工技术

1. 大型围堰气囊法下河过程分析

行业内首次运用静力和运动计算分析相结合的方法，进行围堰下河全过程模拟计算分析，确定围堰下河所需坡道、围堰断缆位置、下水区域水深、气囊配置等关键参数，为围堰的顺利下河提供理论依据，解决了以往围堰气囊法下河依靠经验、缺乏计算理论的问题。

2. 运用冲刷计算理论，合理确定挂桩时围堰底高程，有效减少河床清理工程量

根据冲刷计算理论，对围堰底距河床间的多种距离情况和多种流速情况进行计算、比较分析，并结合底节围堰下河、浮运施工要求、钻孔平台在钻孔施工期间的渡洪要求和历年荆江河段的水位、流速等资料，确定围堰挂桩时，围堰顶面高程+39 m，3号墩围堰底高程+21 m（距河床8 m），4号墩围堰底+23 m（距河床2 m）。

在主墩钻孔桩施工过程中，荆江河段的最高水位为+36.8 m，围堰下沉前，3号墩墩位处河床冲刷深度为4.0 m，4号墩墩位处河床冲刷深度为10 m，大大减少围堰下沉时河床清理工作量。

3. 少填充物强透水卵石地层钻孔桩施工技术

针对地层特点，主墩大直径钻孔桩采用 KTY3000 和 KPG3000 型气举反循环钻机进行钻孔作业。通过对滚刀钻头和刮刀钻头钻进效果进行对比研究，改进刮刀钻头形式，调整翼板的锥角，采用改进后的四翼加密刮刀钻头进行钻孔，快速顺利完成钻孔施工。

钻孔过程中，当钻进至卵石层时，泥浆漏失严重，增加了发生坍孔的概率。为了改善严重漏浆的情况，通过多次实验，在普通泥浆中添加锯末和纤维素，采用锯末纤维素泥浆护壁，锯末通过泥浆渗透封闭卵石空隙，止漏效果好，解决了无胶结填充物强透水卵石层钻孔桩施工漏浆、坍孔的难题。

4. 大体积混凝土温控止裂技术

在承台、墩身、塔柱与横梁结合段的大体积混凝土设置冷却水管降温，实施温控监测。塔柱施工时，在主筋外侧设置镀锌钢板防裂网片，同时设置主筋及网片定位装置，确保钢筋保护层厚度满足设计要求，塔柱表面采用养护液养护，节段顶面蓄水养护，有效防止大体积混凝土开裂。

5. 荆江大堤在桥梁施工期间的安全防护

2 号墩位于大堤旁，承台施工前，在靠近大堤侧采用直径 $\phi 1$ m 的钻孔桩防护，桩顶设置 1 m 高的冠梁；在不影响 3 号墩围堰施工的前提下，对桥位上、下游河岸坡进行抛石防护，防止施工期间岸坡冲刷，维持岸坡稳定；采用视水位高低变化竖向可调控的先围堰后平台的主墩钢吊箱围堰施工方案，设法减小墩位平台阻水面积，防止或减少河岸冲刷；制订荆江大堤监控测量方案，对荆江大堤进行变位和沉降观测（汛期每半个月一次，枯水期每个月一次），同时对桥梁结构进行观测，通过对测量监控数据进行评估、分析，防止大堤出现异常，确保荆江大堤安全。

5.2.2 主桥上部结构施工技术研究

5.2.2.1 研究背景

该桥钢梁采用带副桁的整体节点钢桁梁结构，杆件制造工序多，尺寸精度控制复杂，安装对位困难；桥面采用节间不分块的钢正交异性板，尺寸大，制造加工复杂，精度控制要求严，现场运输和吊装难度大，安全风险高。

5.2.2.2 科研内容

1. 斜拉桥钢桁梁架设及合龙方案研究

主要研究内容为：斜拉桥总体架梁方案；墩顶四节间钢梁架设；研究墩旁托架设置方法；架梁吊机方案；钢梁上桥提升站、运输方式及设备研究；钢梁上桥方式；钢梁运输方式（铁路面、公路面）；

钢梁运输设备（轨道、轮式）；架梁线形控制技术；主桁栓孔及锚箱制造精度控制；桥面板焊接对轴线影响；钢梁节点高程控制；双斜杆合龙节间钢桁梁结构合龙技术研究等。

2. 非通航孔连续钢桁梁施工方案研究

主要研究内容为：连续钢桁梁总体架梁方案；首跨钢梁拼装支架设置方案；临时支墩及架梁吊机拼装及首节间钢梁架设方案；钢梁运输设备；架梁线形控制研究等。

3. 公路钢梁桥面浇筑式沥青铺装与铁路超高性能混凝土防水层施工研究

主要研究内容为：沥青混凝土拌制、运输、摊铺方案；超高性能混凝土拌制、运输、浇筑及养护方案研究等。

5.2.2.3 关键施工技术

1. 斜拉桥钢桁梁架设施工技术

（1）短托架安装墩顶节间钢梁技术。

对墩旁托架传统结构形式进行优化，将四节间钢梁墩旁托架优化为两节间钢梁墩旁托架，节省了大量结构材料用量，减少了托架安拆工作量，降低了成本，加快了施工速度。

3号墩墩顶四节间钢梁架设采用靠江陵侧前期基础施工时的120 t桅杆吊机先安装2个节间钢梁，随后在已架设节间钢梁顶面上拼装第1台架梁吊机（公安侧），墩顶第3（江陵测第2个节间）、第4个节间钢梁（公安侧第2个节间）利用拼好的第1台架梁吊机进行拼装，最后再用第1台架梁吊机（公安侧）拼第2台架梁吊机（江陵侧）。

墩旁托架高36.5 m，采用直立柱（质量为238 t），作为墩顶节间钢梁架设的临时支承、拼装和纵横移调整的工作平台，也是第一对斜拉索挂设前悬臂端钢梁质量和架梁吊机的主要支承结构。

将四节间钢梁墩旁托架优化为两节间钢梁墩旁托架，节省墩旁托架用钢量375 t，减少了托架安拆工作量，降低了成本，加快了施工速度。

（2）采用整节间桥面板结构，创新桥面板接头栓焊技术。

钢梁采用整节间桥面板，减少了现场连接作业，节省了接头连接及施工脚手等材料用量；针对整节间桥面板，研发了多功能运梁胎架，解决了大块钢梁杆件运输难题，降低了施工成本，加快了施工速度。

进行焊缝收缩变形及螺栓接头滑移研究，优化桥面板连接接头施工工序，将传统工艺中"高栓初拧→横缝焊接→高栓终拧→纵缝焊接"优化为"高栓初拧→横、纵缝焊接→高栓终拧"，减少了工序转换次数，实现了施工连续性，加快了施工速度。

（3）双斜杆钢梁节间快速、精确合龙技术。

中跨合龙口结构特殊，合龙口有两根斜杆，合龙口斜杆呈V形，其安装和合龙有别于传统的单斜杆结构。通过对钢梁杆件合龙顺序的分析研究，从合龙杆件的敏感性、杆件受力等方面进行了详细的计算对比，将合龙顺序从传统的"下弦杆→上弦杆→斜杆"调整为"下弦杆→斜杆→上弦杆"，降低了合龙难度，实现了钢梁的快速、精确合龙。合龙过程仅用时 2 h 左右，刷新了大跨度钢桁梁桥合龙用时记录。

2. 非通航孔连续钢桁梁施工技术

连续钢桁梁从 10 号墩向 6 号墩单悬臂架设，采用 WD70 型全回转架梁吊机拼装。

由于整联钢桁梁质量为 1.02×10^4 t，整联起顶投入设备多、施工风险高，经研究讨论，对方案进行了优化：首跨架设完成后，调整钢桁梁位置及高程，安装支座，随后逐跨架设、逐跨调整并安装支座（不灌浆）。该方案解决了大吨位钢梁起顶难题，降低了钢桁梁起顶作业安全风险程度，减少了大吨位起顶设备一次投入数量。因利用墩顶正式支座在架设过程中发挥作用，较好解决了钢桁梁在架设过程中的转角变化和温度变化带来的水平位移释放问题。

3. 公路小箱梁提升上桥技术

公安长江公铁大桥先行施工建设，合建段公路小箱梁无法由引桥进行运、架，两岸合建段公路小箱梁最初按各自设置梁场进行架设的方案考虑，且公安桥南岸合建段公路小箱梁原采用布置于合建段全跨高龙门吊架设方案。受征地和施工场地限制及工期影响，最后调整为设公安岸一处制梁场，采取小箱梁通过桥头提升站上桥、架桥机架梁的施工方案，江陵岸合建段小箱梁用运梁车从公路面运至北岸桥跨架设。提升站设在 10 号墩处的上游侧，采取高低腿门架结构形式（一端支在地面钢桩基础上，另一端支在钢梁公路面）。调整后的方案不需要新购或租赁大型龙门吊设备，也少了门吊轨道基础处理工作，还避免了北岸梁场建设及其临时土地租用，在节约了成本和投资的同时，也降低了施工安全风险。

4. 公路钢桥面浇筑式沥青摊铺技术

公路面设计采用 35 mm 浇筑式沥青混凝土 GA10+35 mm 高弹改性沥青 SMA10 铺装结构形式。浇筑式沥青混凝土整体性好，防水性能优良，在服务期内性能表现好，维修量很小。它通常用作桥面铺装的下层，在重交通条件下，浇筑式沥青混凝土可以作为基层，上面加铺改性沥青混凝土面层。浇筑式沥青混凝土桥面铺装初期投资较高，但其寿命周期成本及优良的路用性能，与普通铺装材料相比则具有优越性。

我国于20世纪90年代引进浇筑式沥青摊铺技术，先后应用于山东胜利黄河大桥、天津子牙河大桥、上海东海大桥、重庆菜园坝长江大桥、重庆朝天门长江大桥、贵州北盘江大桥等桥面铺装，使用效果良好。本桥为提升钢桥面的密水性、抗腐蚀能力以及耐久性能，有效提高钢板和铺装层之间的结合程度，采用了甲基丙烯酸防水体系。防水层采用人工喷涂，通过区域厚度测量、涂料用量控制、目测涂布颜色对比三种方式确保了防水层施工质量。综合考虑沥青拌和站现场建站成本及环保影响，本项目选择租赁距桥位处 30 km 的德基 4000 型沥青拌和站进行混合料加工，并配备了专门的 Cooker 车运输混合料，在运输过程中，通过对混合料低速搅拌、加热，确保了浇筑式沥青摊铺的温度要求。本桥公路桥面铺装采用分幅施工，其中浇筑式沥青混凝土每幅宽约 5.5 m，共分 4 幅，SMA 沥青混凝土每幅宽约 12 m，共分 2 幅。浇筑时采用德国制造的推杆式摊铺机。

5. 铁路钢桥面超高性能混凝土防水层施工技术

超高性能混凝土是近年来研发使用的一种新型材料，其抗压强度是普通 C50 混凝土的 3 倍，抗拉强调更高达 4～6 倍，经历 700 次冻融循环后仍然完好无损。超高性能混凝土不仅强度高、耐久性强，同时还具备低收缩、免蒸养等特点，已成功应用于多座公路桥、城市桥及各类桥梁的修补加固工程。本桥铁路防水层后期变更为这种 UHPC 组合桥面，属首次在铁路桥上使用，通过搅拌、运输、摊铺、覆膜养护等工艺研究，解决了施工中遇到的难题，取得了铁路桥超高性能混凝土防水耐磨层施工成套技术和经验，有效解决了铁路钢桥面防腐难题。

5.2.3 施工技术创新

1. 大型围堰气囊法下河过程分析

行业内首次运用静力和运动计算分析相结合的方法，进行围堰下河全过程模拟计算分析，确定围堰下河所需关键参数，为围堰的顺利下河提供理论依据，解决了以往围堰气囊法下河依靠经验、缺乏计算理论的问题。

2. 少填充物强透水卵石地层钻孔桩施工技术

针对地层特点，主墩大直径钻孔桩施工时，对 KTY3000 和 KPG3000 型气举反循环钻机刮刀钻头形式进行改造，调整翼板的锥角，采用改进后的四翼加密刮刀钻头进行钻孔，快速顺利完成钻孔施工。

3. 短托架安装墩顶节间钢梁技术

对墩旁托架传统结构形式进行优化，将四节间钢梁墩旁托架优化为两节间钢梁墩旁托架，节省了大临结构材料用量，减少了托架安拆工作量，降低了成本，加快了施工速度。

4. 采用整节间桥面板结构，创新桥面板接头栓焊技术

钢梁采用整节间桥面板，减少了现场连接作业，节省了接头连接及施工脚手等材料用量；针对整节间桥面板，研发了多功能运梁胎架，解决了大块钢梁杆件运输难题，降低了施工成本，优化桥面板连接接头施工工序，减少了工序转换次数，实现了施工连续性，加快了施工速度。

5. 非通航孔桥连续钢桁梁施工技术

将整联钢桁梁起顶方案优化为逐跨架设、逐跨调整方案，解决了大吨位钢梁起顶难题，降低了钢梁起顶作业安全风险程度，减少了大吨位起顶设备一次投入数量。因利用墩顶正式支座在架设过程中发挥作用，较好解决了钢桁梁在架设过程中转角和温度变化带来的水平位移释放问题。

6. 桥塔上横梁支架预压技术

将主塔上横梁支架高空预压改成地面模拟预压，避免了大量高空预压荷载来回吊装和卸除，大大降低了施工安全风险，提高了工作效率。

7. 公路小箱梁提升、架设技术

结合项目环境特点，将原合建段公路小箱梁两岸分别预制、高龙门吊骑跨架设方案优化为一岸预制固定高低腿门架提升、架桥机架设方案，既节省了梁场土地临时租用，又避免了新购或租赁使用大型龙门吊设备，在节约成本的同时，还有效降低了施工安全风险，很好地解决了先行施工的合建段高墩区公路小箱梁架设难题。

8. 超高性能混凝土在铁路钢桥面防水层的应用

原铁路桥面采用 3 mm 弹性环氧聚氨酯 +6 cm 纤维混凝土的防水结构体系，因进场材料的部分关键技术性能指标不能满足设计要求，最后设计改用超高性能混凝土铺装层结构防水体系，这种体系属铁路桥首次使用。施工中取得和总结的超高性能混凝土搅拌、运输、摊铺、覆膜养护等成套技术和经验，为其进一步推广应用积累了实例，具有现实意义。

6

大桥验收

6.1 桥梁工程验收

6.1.1 公路工程验收

2018年7月7日—7月15日，湖北省交投智能检测公司对荆州长江公铁大桥的公路部分进行了交工初验，初验期间对现场桥梁实体和内业资料进行了详细的检查，主要检查项目为：①检查墩身、塔柱、小箱梁混凝土强度、弹性模量及外观质量；②检查主桥、合建段引桥支座型号及安装位置；③检查公路面沥青混凝土铺装层厚度、坡度、压实度、抗滑构造深度等参数；④检查公路面防撞护栏、斜拉索阻力器安装质量；⑤检查合建段公路全套资料填写质量。提出现场可直接处理类问题91项，需专家论证后处理问题27项（为墩身裂纹类问题），内业资料问题40项。2018年11月19日，监理单位在武汉主持召开了"蒙华铁路公安长江公铁两用特大桥墩身裂纹评估与处治方案审查会"，经专家论证，得出结论："公安长江公铁两用特大桥墩身裂纹均属非受力裂纹，建议对裂纹缝宽≤ 0.15 mm的做封闭处理，缝宽> 0.15 mm做注浆处理。"项目部组织分部专项处置班组于2018年12月10日完成了所有问题整改，于2018年12月12日通过了湖北省交投智能检测公司现场复验，并于2018年12月29日完成荆州长江公铁大桥公路部分交工验收。荆州长江公铁大桥公路于2019年8月1日正式通车运营。

6.1.2 铁路工程验收

6.1.2.1 蒙华公司验收

蒙华铁路股份有限公司于2018年7月13日下发了《蒙西华中铁路股份有限公司关于印发<蒙华铁路专业工程验收管理办法（试行）》的通知>（蒙华质安〔2018〕102号），根据文件要求，蒙华铁路（现浩吉铁路）工程验收分为：专业工程单元验收、标段工程综合验收、工程竣工验收等三个阶段。

1. 自验

2018年7月16日—7月17日荆州长江公铁大桥项目部组织南北岸工区对荆州长江公铁大桥主桥及引桥铁路工程范围进行了验收前自查自验，发现问题21项，主要问题为：部分铁路墩身存在非结构裂纹、混凝土掉块；部分墩顶围栏锈蚀；墩顶存在杂物未清理等。项目部于2018年7月25日完成问题整改，并通过监理单位验收。

2. 蒙华专业验收

2018 年 9 月 25 日蒙华专业工程验收组对荆州长江公铁大桥进行了专业工程验收，提出专业工程验收问题 2 项，分别为：柳子河连续梁部分防落梁钢挡块位置存在偏差；柳子河 70 连续梁与 80 m 连续梁梁缝宽达 30 cm，需安装特殊盖板。现场质量安全问题 14 项，主要内容为：部分引桥墩顶围栏螺母缺失；柳子河连续梁部分下墩顶检查梯与声屏障立柱冲突；柳子河连续梁接触网支柱基础处电缆槽堵死；主桥钢梁支座缺少防护罩；部分钢梁铁路面栏杆损伤、锈蚀；部分引桥墩身存在细小裂纹和砂线等。内业资料问题 13 项，主要内容为：部分检验批表格数据填写不规范；部分质量验收记录表不全；部分混凝土搅拌记录缺失；孔道摩阻检测单位资质文件缺失等。项目部于 2019 年 2 月 28 日完成全部问题整改，并于 2019 年 3 月 1 日通过蒙华专业工程验收组复验。

6.1.2.2 武汉铁路局验收

中国铁路武汉局集团有限公司（以下简称"武汉局"）于 2018 年 11 月 3 日下发了《中国铁路武汉局集团有限公司关于印发 < 中国铁路武汉局集团有限公司铁路建设项目竣工验收交接实施细则 > 的通知》（武铁建〔2018〕634 号），根据文件要求，铁路项目工程验收分为：静态验收、动态验收、初步验收、安全评估和国家验收五个阶段。

1. 静态验收

2019 年 6 月 4 日，武汉局和蒙西华中铁路股份有限公司共同组织召开蒙西至华中地区铁路（武汉局管段）静态验收布置会，公布静态验收方案，启动静态验收工作。2019 年 6 月 11 日武汉局信阳工务段验收组对蒙华铁路公安长江公铁大桥进行了桥梁专业静态验收，提出问题 16 项，主要内容为：钢梁铁路面风水管路未接通；主桥通航标识未安装；公路面部分防抛网锈蚀；合建段公路面泄水管位于接触网上方，存在隐患；1 号、10 号墩人行梯道未封闭；部分下墩顶爬梯底部未固定；N014 号墩挡渣板偏位；部分墩顶围栏缺失螺栓，墩顶存在杂物等。除通航标识安装、公路面泄水管改造及防抛网更换因图纸原因未能及时完成整改外，其他问题于 2019 年 7 月 17 日全部整改完成，并于 2019 年 7 月 19 日通过武汉局信阳工务段验收组复验。2019 年 8 月 12 日，武汉局和蒙西华中铁路股份有限公司共同完成了蒙西至华中地区铁路（武汉局管段）静态验收工作，形成了静态验收报告。报告认为：蒙西至华中地区铁路（武汉局管段）轨道、路基、桥涵、隧道、精密工程测量、声屏障、通信、信号、电力、电力牵引供电、房屋建筑工程正线站台及四电房屋、环水保等工程及专业接口满足设计要求和验收标准，工程总体质量合格，具备动态验收条件。

2. 动态验收

武汉局和蒙西华中铁路股份有限公司于 2019 年 8 月 14 日启动了动态检测；2019 年 8 月 19 日—8 月 22 日验收组对蒙华铁路石首站至构林南站进行了正线检测列车 80 km/h、100 km/h、120 km/h 逐级提速试验，荆州长江公铁大桥顺利通过检测试验。2019年9月3日，武汉局和蒙西华中铁路股份有限公司共同完成了蒙西至华中地区铁路（武汉局管段）动态验收工作，形成了动态验收报告。报告认为：蒙西至华中地区铁路（武汉局管段）符合相关标准和设计规范的要求，构林南至坪田段满足列车以120 km/h及以下速度运行时相关标准要求，坪田至吉安段满足列车以110 km/h及以下速度运行时相关标准要求，同意通过动态验收，具备初步验收条件。

3. 初步验收

2019年9月7日，武汉局、蒙西华中铁路股份有限公司组成初步验收委员会，组织完成蒙西至华中地区铁路（武汉局管段）初步验收。根据武汉局、蒙西华中铁路股份有限公司的静态、动态验收报告及铁科院检测报告等，新建蒙西至华中地区铁路煤运通道（武汉局管段）满足设计要求，工程质量合格，通过初步验收。

4. 安全评估

2019年9月10日武汉局验收组对蒙华铁路武汉局管段进行了安全评估检查，对荆州长江公铁大桥共提出问题项4项，分别为：①钢梁铁路面部分位置需增加护栏；②钢梁铁路面部分员工走道格栅板缺失；③主桥部分下桥检查梯高度不足；④钢梁铁路面伸缩缝位置空档较大，缺少防护措施。项目部于2019年9月15日完成全部问题整改，并通过验收组复验。2019年9月16日安全评估小组根据检测结果形成安全评估报告，报告认为：蒙西至华中地区铁路（武汉局管段）的安全管理、规章制度、作业标准、应急预案、安全保障措施、人员配备和培训、劳动安全、路外安全、治安防范等工作和设备设施配备已基本到位，工程质量合格，满足设计要求，初步具备列车构林南至坪田段以120 km/h及以下速度运行、坪田至吉安段以110 km/h及以下速度运行的开通运营条件。

5. 通车

荆州长江公铁大桥铁路于2019年9月28日正式通车运营。

6.2 环水保和职业健康

6.2.1 水土保持验收

荆州长江公铁大桥施工段位于浩吉铁路江陵车站—公安车站区间，统一里程K1238+010～K1244+328（施工里程DK1287+299～DK1293+617），征地拆迁工作共涉及江陵县2个乡镇2个行政村，公安县境内1个乡镇4个行政村；共计新征永久用地14.447 3公顷（折合216.71亩），均为铁路区间新征永久用地。改路、改沟、改渠中共涉及用地 0.654 公顷（折合 9.81 亩），其中改路 6 处，占用土地面积 0.072 公顷（折合 1.08 亩）；改渠 23 处，占用土地面积 0.582 公顷（8.73 亩）。

荆州长江公铁大桥水土保持工程主要分为土地整治和表土保护 2 个单位工程，表土保护措施是对桥梁、施工便道、施工生产生活区的表层土进行剥离，然后集中堆放，并采取拦挡、苫盖、临时排水沟、沉砂池、临时植草等防护措施，预防水土流失。两岸工区 2013 年 6 月开始各防治区表土的剥离施工，于 2014 年 1 月基本完成剥离施工。2018 年 4 月，公安桥项目部基本完成工程建设任务，用于工程建设的拌和站、小型构件厂、钢筋加工场、施工驻地、施工便道等临时用地逐渐结束使用，土地复垦工作于 2018 年 6 月 15 日全面开展，于 2018 年 9 月 15 日结束，经过 3 个月的施工，标段内临时用地土地复垦完成。

2019 年 7 月 20 日，在蒙西华中铁路股份有限公司的主持下，设计单位中铁大桥勘测设计院集团有限公司、施工单位中铁大桥局集团股份有限公司、主体监理单位铁科院（北京）工程咨询有限公司、水土保持监理单位西安黄河工程监理有限公司蒙华铁路水保监理湖北分部、水土保持监测单位长江水利委员会长江科学院等单位对大桥标段范围水土保持工程进行了联合验收，并顺利完成验收工作。验收组经过实地现场查勘工程建设情况、查阅施工资料档案，对荆州长江公铁大桥实施的表土保护措施给予肯定，符合施工图设计及批复水土保持方案要求，分部工程质量评定、验收资料全面、签认手续齐全，同意通过验收，为合格工程。

6.2.2 环境保护工程验收

根据设计图纸，荆州长江公铁大桥声屏障工程全部位于公安岸引桥范围，其中声屏障共 2 312 延米；距线路 800 m 范围村庄住户安设隔声窗，统计共 173 户，隔声窗面积 5 713 m^2。

1. 声屏障

声屏障技术要求：使用的钢材质量符合现行国家标准《碳素结构钢》《低合金高强度结构钢》和《建筑结构用钢板》的规定。所有外露及隐蔽的钢构件、连接件、角钢等采用热浸镀锌防腐处理，热镀锌厚度立柱不小于 100 μm，其他构件要求满足《金属覆盖层 钢铁制件热浸镀锌层技术要求及试验方法》中的相关标准；防腐标准满足《铁路钢桥保护涂装》中第六套标准，满足 25 年的使用寿命。

声屏障于 2019 年 6 月开始施工，2019 年 9 月施工结束。主体监理单位铁科院（北京）工程咨询有限公司、建设单位蒙西华中铁路股份有限公司负责对荆州长江公铁两用特大桥项目声屏障工程进行验收。

验收结论：经过现场查看和资料审查，建设单位和监理单位形成一致意见，同意通过验收。

2. 隔声窗

隔声窗工程于 2019 年 6 月开始施工，2019 年 10 月施工结束，共计安装隔声窗 5 713 m^2。

建设单位通过对隔声窗现场实地检测，隔声量满足《隔声窗》中规定，力学性能、技术要求、施工要求均满足《未增塑聚氯乙烯（PVC-U）塑料门窗》的要求。产品出厂前按相应检验内容、标准及检验方法进行检验，产品质量检验体系完善。

验收结论：安装质量合格、资料齐全，同意验收。

6.2.3 职业健康验收

2017年11月17日，中国铁路总公司办公厅印发了《中国铁路总公司办公厅关于印发铁路建设项目职业病防治工作指南的通知》（铁总办劳卫［2017］130号文），文件要求各铁路局劳卫部门在建设项目初步验收前，应组织开展并完成职业卫生专项验收，重点检查建设项目职业病危害预评价报告、职业病防护设施设计专篇编制与落实情况，掌握职业卫生防护设施设备建设情况，施工过程中劳动者职业健康监护情况，以及施工过程中职业危害因素检测报告和防护情况。铁路建设项目职业卫生专项验收后，铁路局劳卫部门应编制《铁路建设项目职业卫生专项验收评估报告》，评估报告应明确合格、基本合格和不合格的专项验收结论。对职业卫生专项验收不合格的，不得进行初步验收。

1. 本项目涉及的职业病危害因素及防护措施

荆州长江公铁大桥建设施工过程中可能涉及的职业病危害因素为电焊作业和油漆作业。

电焊工焊接作业时，产生的电焊烟尘、锰及其无机化合物、一氧化氮、二氧化氮、一氧化碳、二氧化碳、臭氧、电焊弧光、噪声，可能导致电焊工尘肺、锰及其化合物中毒、一氧化碳中毒、氮氧化合物中毒、电光皮炎、电光性眼炎、噪声聋等。

油漆工作业时，产生的苯、甲苯、二甲苯、乙苯、乙酸乙酯、乙酸丁酯，可能导致油漆工苯中毒、甲苯中毒、二甲苯中毒、苯所致白血病等。

在项目施工过程中采取的职业病防护措施如下：

（1）遵循低毒物质代替高毒物质的原则，优先选用了无毒建筑材料，未使用国家明令禁止或不符合国家标准的有毒化学品，未使用含苯的涂料、稀释剂和溶剂；根据工艺需要尽可能采用部分无锰焊条进行焊接作业，并尽可能减少了有毒物品使用量。

（2）油漆、涂料施工作业时设置了排风装置，配备了防护用品。

（3）分装和配制油漆、防腐、防水材料等具有挥发性有毒材料时，尽可能采取露天作业。

（4）各种涂料、有机溶剂的容器及时加盖封严，废弃容器进行了回收处理。

（5）焊接作业采取局部通风或全面通风换气措施，流动焊接作业量较多时，焊接作业时要求作业人员在上风侧进行焊接操作。

（5）合理安排工序：各工序相对独立、轮班作业，其余人员不在作业区域内停留，减少接触尘毒的时间。

2. 职业健康专项验收

2019年8月，蒙西华中铁路湖北指挥部向武汉局递交《建设项目职业病防护设施竣工验收申请书》，由武汉铁路局劳动和卫生处组成专家组对新建蒙西至华中地区铁路项目进行审查。

2019年9月11日，在蒙西华中铁路湖北指挥部会议室，召开了竣工验收会，在会上，荆州长江公铁大桥项目部向专家组汇报了项目开工以来职业病防护设施建设及运行情况、职业病防治管理措施及其实施情况、建设项目职业病危害控制效果评价等情况。专家组对荆州长江公铁大桥职业病防护相关资料进行查阅和审核，检查的资料主要有：

（1）设立的职业卫生管理组织机构、人员、职责文件；

（2）建立的有关职业卫生管理制度文件；

（3）建设期间职业病防护设施清单及照片；

（4）职业病防治经费使用情况证明文件；

（5）个人使用的职业病防护用品发放台账（台账需领用人签字），重点为防尘、防毒、防振降噪、护目等个人用品；

（6）职业病危害公告栏、警示标识清单的现场照片；

（7）接触职业病危害因素人员健康监护档案，包括人员名册，上岗前、在岗期间、离岗时职业健康体检报告等；

（8）管理人员职业病防治培训记录；

（9）包含职业病危害告知条款内容的劳动合同；

（10）现场接触职业病危害因素作业人员岗前职业病防治培训记录；

（11）针对建设单位职业病防治监督检查问题整改记录；

（12）职业病危害事故应急预案；

（13）施工期的职业病防治总结报告。

此外还通过现场调查，对配套的职业病防护设施、职业病危害事故应急设施等进行检查验收。

综合上述核查情况，专家组对公安长江公铁大桥工程职业健康管控情况进行评议，形成了验收意见，同意通过验收。